LEI GERAL DE PROTEÇÃO DE DADOS NO SETOR PÚBLICO

RODRIGO PIRONTI
Coordenador

LEI GERAL DE PROTEÇÃO DE DADOS NO SETOR PÚBLICO

2ª edição

Belo Horizonte
FORUM
CONHECIMENTO JURÍDICO
2024

FÓRUM
CONHECIMENTO JURÍDICO

Luís Cláudio Rodrigues Ferreira
Presidente e Editor

Coordenação editorial: Leonardo Eustáquio Siqueira Araújo / Aline Sobreira de Oliveira
Revisão: Gabriela Sbeghen
Capa e projeto gráfico: Walter Santos
Diagramação: Derval Braga
Ilustrações: Bruno Lanza

Rua Paulo Ribeiro Bastos, 211 – Jardim Atlântico – CEP 31710-430
Belo Horizonte – Minas Gerais – Tel.: (31) 99412.0131
www.editoraforum.com.br – editoraforum@editoraforum.com.br

Técnica. Empenho. Zelo. Esses foram alguns dos cuidados aplicados na edição desta obra. No entanto, podem ocorrer erros de impressão, digitação ou mesmo restar alguma dúvida conceitual. Caso se constate algo assim, solicitamos a gentileza de nos comunicar através do *e-mail* editorial@editoraforum.com.br para que possamos esclarecer, no que couber. A sua contribuição é muito importante para mantermos a excelência editorial. A Editora Fórum agradece a sua contribuição.

Dados Internacionais de Catalogação na Publicação (CIP) de acordo com ISBD

P672l Pironti, Rodrigo
Lei Geral de Proteção de Dados no setor público. -- 2. ed. -- / Rodrigo Pironti. Belo Horizonte: Fórum, 2024.

541p. 14,5x21,5cm

ISBN impresso 978-65-5518-731-1

ISBN digital 978-65-5518-732-8

1. Direito Público. 2. Lei Geral de Proteção de Dados. 3. Dados pessoais. I. Título.

CDD 342
CDU 342

Ficha catalográfica elaborada por Lissandra Ruas Lima – CRB/6 – 2851

Informação bibliográfica deste livro, conforme a NBR 6023:2018 da Associação Brasileira de Normas Técnicas (ABNT):

PIRONTI, Rodrigo. Lei Geral de Proteção de Dados no setor público. 2. ed. Belo Horizonte: Fórum, 2024. 541p. ISBN 978-65-5518-731-1.

Uma vez mais a minha família, cujo apoio e amor são incondicionais. Aos filhos Enrico e Chiara e a minha esposa Ana dedico não apenas esta obra, mas todo meu esforço e amor.

Agradeço a todos os coautores pela confiança no propósito desta obra e, mais uma vez, à Editora Fórum, pela parceria em projetos cujo alcance e extensão transcendem a cada dia nossas expectativas.

SUMÁRIO

Lei Geral de
PROTEÇÃO DE DADOS
no Setor Público
APRESENTAÇÃO & COORDENAÇÃO:
RODRIGO PIRONTI
SOCIEDADE DA INFORMAÇÃO
TRATAMENTO
CONTROLADOR
DADOS PESSOAIS
Diretos, Indiretos e Sensíveis
COMPARTILHAMENTO
BASES LEGAIS
CONSENTIMENTO?
LEGÍTIMO INTERESSE?
TITULAR
SEGURANÇA DA INFO
"DATA BREACH"
CONTEXTOS INESPERADOS
DADOS
"MEMÓRIA DE FERRO"
OPERADOR
ADEQUAÇÃO DE PROCESSOS, POLÍTICAS E CONTRATOS
BEM-VINDO À OBRA!
BRUNO LANZA. 2021
IDEIA CLARA

TARJAR OU MASCARAR DADOS PESSOAIS EM ATOS OU CONTRATOS ADMINISTRATIVOS: UMA PROPOSTA DE INTERPRETAÇÃO RAZOÁVEL

RODRIGO PIRONTI

A Lei Geral de Proteção inaugurou um novo cenário naturalmente complexo e desafiador na Administração Pública direta e indireta e eventuais interpretações equivocadas podem dificultar a materialização da proteção de dados no país ou, ainda, representar a criação de entraves formais que, antes de traduzirem a boa aplicação da Lei nº 13.709/18, podem conduzir à consolidação de um estamento burocrático tendente à ineficiência do Estado e à ineficácia da própria lei.

Já dissemos em outras oportunidades que a adequação à LGPD em órgãos públicos é um dos temas que mais preocupam gestores e servidores, não apenas pela responsabilização civil e administrativa decorrente do próprio texto normativo, mas pelas incertezas geradas, em grande medida, por uma inadequada interpretação da lei ou por completo desconhecimento do regime jurídico administrativo incidente nas relações da Lei Geral de Proteção de Dados, com as estruturas da Administração direta e indireta.

Nesse sentido, vários são os mitos que se colocam decorrentes desta falha interpretativa ou do desconhecimento do regime jurídico incidente nestas relações. Um dos principais deles continua a ser o do "mascaramento" ou "tarjamento" dos dados pessoais de documentos, decisões e contratos públicos, que, para além de traduzir conduta não exigida pela Lei Geral de Proteção de Dados, ampliam a ineficiência estatal e burocratizam ainda mais a atividade administrativa.

Importante lembrar, antes de adentrarmos ao mérito deste texto, que estamos em tempos em que a eficiência estatal como princípio deve ser um vetor e a redução de práticas típicas do estamento burocrático devem ser abandonadas. É esse inclusive o contexto trazido no art. 1º, da Lei nº 13.726/18 (Lei da Desburocratização), quando informa como premissa a necessidade de se racionalizar

> atos e procedimentos administrativos dos Poderes da União, dos Estados, do Distrito Federal e dos Municípios mediante a supressão ou a simplificação de formalidades ou exigências desnecessárias ou superpostas, cujo custo econômico ou social, tanto para o erário como para o cidadão, seja superior ao eventual risco de fraude.

O que motiva ampliar a discussão por este texto, da impossibilidade da interpretação pelo "mascaramento" ou "tarjamento" dos dados pessoais constantes nos atos e contratos administrativos, é o fato de que inúmeros são os questionamentos sobre a orientação de assessorias jurídicas e outras estruturas de controle, no sentido de que, em razão da vigência da LGPD, deveriam ser tarjados ou mascarados os dados pessoais constantes de decisões administrativas, documentos obtidos nas fases interna e externa das licitações e nos contratos administrativos. Nesse sentido, inclusive, a recente publicação da Resolução nº 354/23 do TCU, que regulamenta, no âmbito da Corte de Contas da União, o tratamento da informação relativa ao número de inscrição no CPF dos jurisdicionados nas peças e publicações do Tribunal.

Tudo isso causa estranheza, não pelas dúvidas ou pela resolução em si (resolução essa que traz uma obviedade tamanha e que evidencia a preocupação excessiva dos órgãos em formalizar o "cumprimento" e "respeito" a LGPD), mas pela excessiva burocratização das "exigências" legais, quando a própria Lei nº 13.709/18, já resolveu essas questões em seu texto, sem deixar nenhuma dúvida. Explico.

Veja que tratamento de dados pessoais em razão da vigência da LGPD deve seguir alguns princípios básicos, entre eles, os princípios da finalidade, da adequação e da necessidade.

É isso que deflui do próprio conceito dos referidos princípios:

> Art. 6º As atividades de tratamento de dados pessoais deverão observar a boa-fé e os seguintes princípios:
>
> I - finalidade: realização do tratamento para propósitos legítimos, específicos, explícitos e informados ao titular, sem possibilidade de tratamento posterior de forma incompatível com essas finalidades;

> II - adequação: compatibilidade do tratamento com as finalidades informadas ao titular, de acordo com o contexto do tratamento;
>
> III - necessidade: limitação do tratamento ao mínimo necessário para a realização de suas finalidades, com abrangência dos dados pertinentes, proporcionais e não excessivos em relação às finalidades do tratamento de dados; [...].

No âmbito do regime jurídico administrativo, o tratamento de dados pessoais pelas pessoas jurídicas de direito público segue regra adicional à observância de tais princípios, qual seja, aquela elencada em seu art. 23, que prescreve que deverá ser observada a "finalidade pública, na persecução do interesse público, com o objetivo de executar as competências legais ou cumprir as atribuições legais do serviço público".

Diante disso, no âmbito dos contratos administrativos, é necessário se avaliar, quando da coleta de dados pessoais, *a pertinência destes dados com as respectivas exigências trazidas pelos editais e contratos, tanto no que se relaciona com a fase interna (fase preparatória) quanto a sua fase externa (seleção do fornecedor) do procedimento licitatório, bem como na execução do contrato (gestão e fiscalização)*.

Aí nasce a possível dúvida ou falha interpretativa, pois se é certo que, para participação em procedimentos licitatórios e para contratar com a Administração Pública, as empresas deverão fornecer alguns dados pessoais vinculados aos seus sócios e/ou representantes, também é certo que os dados pessoais coletados em razão desses certames e na execução dos contratos administrativos deverão obedecer aos ditames da Lei Geral de Proteção de Dados. Nada mais lógico!

Ora, de onde então deriva essa equivocada interpretação?

Veja que a Lei Geral de Proteção de Dados, ao estabelecer, em seu art. 7º e incisos, as diversas bases legais autorizatórias do tratamento de dados pessoais, trouxe, entre outras, a base legal do consentimento, que orienta que o tratamento de dados pessoais, quando fundamentado naquela base, só pode ser realizado com a aquiescência livre, inequívoca e informada do titular de dados.

> Art. 7º O tratamento de dados pessoais somente poderá ser realizado nas seguintes hipóteses:
>
> I - mediante o fornecimento de consentimento pelo titular; [...].

> Art. 5º Para os fins desta Lei, considera-se: [...]
>
> XII - consentimento: manifestação livre, informada e inequívoca pela qual o titular concorda com o tratamento de seus dados pessoais para uma finalidade determinada; [...].

Isso induz a uma conclusão lógica: quando a base legal autorizatória do tratamento dos dados for o consentimento, eu só poderei fazê-lo com a concordância expressa do particular[1]. E é possível o consentimento no tratamento de dados pela Administração Pública, a própria ANPD deixou evidente:[2]

> *Exemplo 2. Inscrição em evento acadêmico*
> Estudante realiza inscrição para participar de um evento organizado por uma universidade pública. O procedimento é realizado online, ocasião em que são solicitadas informações básicas de cadastro, como nome e número de matrícula, este para o fim específico de concessão da gratuidade da inscrição, benefício exclusivo para estudantes. Adicionalmente, o estudante tem a opção de fornecer e-mail, caso queira "receber informações de outros eventos organizados pela universidade". Uma mensagem esclarece que o fornecimento do e-mail é facultativo e a recusa não impede a participação no evento. Ademais, as informações sobre os outros eventos são rotineiramente divulgadas na página da universidade na Internet. Na hipótese, o consentimento é a base legal apropriada para a coleta do e-mail do estudante, podendo ser considerado válido, haja vista a finalidade específica informada ao titular, bem como a existência de condições efetivas para a livre, informada e inequívoca manifestação de vontade.

Ocorre que o consentimento é apenas uma das bases legais autorizatórias de tratamento de dados pessoais na LGPD, tendo, entre as demais, ao menos três bases legais que fundamentam diretamente o tratamento dos dados relativos aos contratos administrativos, quais sejam, as bases legais da obrigação legal, do tratamento de dados pela Administração Pública, a base das diligências pré-contratuais ou

---

[1] Isso porque, da leitura do dispositivo legal, que conceitua consentimento como "manifestação livre, informada e inequívoca pela qual o titular concorda com o tratamento de seus dados pessoais para uma finalidade determinada", é possível concluir que não existe pela Lei Geral de Proteção de Dados a hipótese de consentimento tácito, já que ao controlador não seria possível comprovar, diante do caso concreto, a inequivocidade do consentimento, quando por hipótese, dado de forma tácita.

[2] ANPD. *Tratamento de dados pessoais pelo Poder Público*. Versão 1.0. Brasília: ANPD, jan. 2022. p. 7.

execução dos contratos.[3] Isso porque a Lei nº 8.666/93 (ainda vigente), a Lei nº 14.133/21 e a Lei nº 13.303/16, ao disporem sobre as formas de contratação na Administração direta e indireta, tornam evidente o caráter público do procedimento, tanto em sua fase interna, quanto em sua fase externa, entre outros em privilégio ao *controle da atividade administrativa*, intrínseco ao Estado democrático de direito.

É exatamente esse o entendimento da ANPD:

> 18. Diante dessas características, em muitas ocasiões, o consentimento não será a base legal mais apropriada para o tratamento de dados pessoais pelo Poder Público, notadamente quando o tratamento for necessário para o cumprimento de obrigações e atribuições legais. *Nesses casos, o órgão ou a entidade exerce prerrogativas estatais típicas, que se impõem sobre os titulares em uma relação de desbalanceamento de forças, na qual o cidadão não possui condições efetivas de se manifestar livremente sobre o uso de seus dados pessoais.*[4] (Grifos nossos)

Nota-se que a própria Agência Nacional de Proteção de Dados, em seu *Guia orientativo do tratamento de dados pessoais pelo Poder Público*,[5] destaca a relevância de se perquirir a base legal adequada a cada tipo de tratamento de dados realizado, deixando expresso o seguinte entendimento:

> uma das principais providências a serem tomadas antes de realizar o tratamento de dados pessoais é a de identificar a base legal aplicável. O tratamento de dados pessoais pelo Poder Público deve se amparar em uma das hipóteses previstas no art. 7 ou, no caso de dados sensíveis, no art. 11 da LGPD. Esses dispositivos devem ser interpretados em conjunto e de forma sistemática com os critérios adicionais previstos no art. 23, que complementam e auxiliam a interpretação e a aplicação prática das bases legais no âmbito do Poder Público.

---

[3] "Art. 7º O tratamento de dados pessoais somente poderá ser realizado nas seguintes hipóteses: [...] II - para o cumprimento de obrigação legal ou regulatória pelo controlador; III - pela administração pública, para o tratamento e uso compartilhado de dados necessários à execução de políticas públicas previstas em leis e regulamentos ou respaldadas em contratos, convênios ou instrumentos congêneres, observadas as disposições do Capítulo IV desta Lei; V - quando necessário para a execução de contrato ou de procedimentos preliminares relacionados a contrato do qual seja parte o titular, a pedido do titular dos dados; [...]".

[4] ANPD. *Tratamento de dados pessoais pelo Poder Público*. Versão 1.0. Brasília: ANPD, jan. 2022. p. 6.

[5] ANPD. *Tratamento de dados pessoais pelo Poder Público*. Versão 1.0. Brasília: ANPD, jan. 2022. p. 6.

Resta claro, da manifestação da ANPD, que a conformidade da adequação com a LGPD deve guardar uma análise sistêmica entre a base legal autorizatória dos dados objeto de tratamento e as legislações incidentes nesta relação. Com isso, no âmbito dos processos licitatórios e contratos administrativos, não resta dúvida de que a interpretação sistemática e teleológica da LGPD (e suas bases legais) e das leis que orientam os processos de contratação pública (com seus princípios e regras) traz como pressuposto a noção de publicidade e não de sigilo. O sigilo é exceção nestes procedimentos e possui hipóteses bastante específicas para seu reconhecimento.

Esse é, inclusive, o entendimento consolidado no Enunciado nº 5/2023 da CGU, quando expressamente dispõe:

> informações sobre licitações, contratos e gastos governamentais, inclusive as que dizem respeito a processos conduzidos pelas Forças Armadas e pelos órgãos de polícia e de inteligência, são em regra públicas e eventual restrição de acesso somente pode ser imposta quando o objeto a que se referem estritamente se enquadrar em uma das hipóteses legais de sigilo.

Esse é o entendimento da própria Lei nº 14.133/21, quando expressamente manifesta em seu art. 13 que "os atos praticados no processo licitatório são públicos, ressalvadas as hipóteses de informações cujo sigilo seja imprescindível à segurança da sociedade e do Estado, na forma da lei". A publicidade é, inclusive, um dos princípios vetores da Nova Lei de Licitações e Contratos, previsto no *caput* de seu art. 5º.

Nos contratos administrativos, a incidência da LGPD é lógica: se os dados coletados em contrato atendem à finalidade, adequação e necessidade do tratamento estabelecido pela relação contratual e se ajustam aos princípios e regras estabelecidos nas legislações específicas (nºs 8.666/1993, 14.133/2021 e 13.303/2016), a base legal será aquela estabelecida no art. 7º, inc. V da LGPD, com incidência do inc. II do mesmo artigo e das regras estabelecidas no art. 23. É dizer, a regra do consentimento prevista no inc. I do art. 7 da LGPD não derroga o princípio da publicidade e as regras de participação e controle previstas nas leis de contratação administrativa, possuindo hipóteses bastante limitadas e específicas nestes casos e, apenas, quando não incidentes as hipóteses autorizatórias de tratamento pelas diligências pré-contratuais, pela execução dos contratos ou pela execução de políticas públicas e prestação de serviços públicos.

E que não se diga que os dados pessoais constantes dos registros contratuais da pessoa jurídica poderiam afetar os direitos dos titulares de dados, pois inclusive estes dados, como regra, são públicos e respeitam uma base legal específica que justifica seu tratamento. É exatamente isso que esclarece a Lei nº 8.934/94 (Lei de Registro Público de Empresas Mercantis), por exemplo, quando assevera em seu art. 1º, inc. I, que a finalidade da lei é "dar garantia, publicidade, autenticidade, segurança e eficácia aos atos jurídicos das empresas mercantis",[6] e quando, em seu art. 29, manifesta que "qualquer pessoa, sem necessidade de provar interesse, *poderá consultar os assentamentos existentes nas juntas comerciais e obter certidões*, mediante pagamento do preço devido".

Não há, portanto, justificativa na LGPD que autorize a interpretação pelo "tarjamento" ou "mascaramento" dos dados pessoais constantes dos documentos da fase pré-contratual ou contratual, pois públicos e com previsão expressa nas legislações específicas. Entender de forma diversa seria negar a necessidade de integração desses documentos ao processo e o seu caráter público.

Exemplificando: a existência de dados pessoais do sócio, em um documento constitutivo da empresa (contrato social), juntado na fase habilitatória do procedimento competitivo, por exemplo, não induz à noção de que os dados pessoais ali constantes devam ser "mascarados" ou "tarjados" pela Administração. Se assim o fosse, estaríamos diante de um excesso de formalidades ou exigências desnecessárias ou superpostas, da violação do caráter público do documento e das informações ali constantes, bem como, da criação de mecanismos direcionados à ineficiência estatal quando sequer existe determinação neste sentido pela LGPD. A regra ao se tratar de documento público é a da publicidade, e o sigilo é a exceção, em hipóteses específicas. A regra da LGPD também é a da transparência e da publicidade nestes casos, desde que haja base legal para o tratamento, o que já vimos, neste caso, existir, no mínimo pelas regras constantes do art. 7º, II, III e V, c/c o art. 23.

---

[6] Aquele que exerce profissionalmente atividade econômica organizada para produção ou circulação de bens ou prestação de serviços é considerado empresário nos termos do art. 966 da Lei nº 10.406/2002 (Código Civil). Sobre o empresário, recai a obrigação de registrar os atos societários de sua sociedade na junta comercial da unidade da Federação na qual está localizada sua sede, sendo a junta comercial, portanto, o órgão responsável pela execução do registro público mercantil, conforme disposto no art. 967 do Código Civil. As juntas comerciais são responsáveis pela inscrição das sociedades, bem como pelo registro e arquivamento do contrato social e de suas alterações posteriores. O propósito de tais registros é garantir a publicidade, autenticidade e segurança dos atos jurídicos, bem como a atualização cadastral da sociedade e a proteção de seu nome empresarial. A Lei nº 8.934/1994, que dispõe sobre o registro público de empresas mercantis, estabelece em seu art. 36 que os documentos com registro obrigatório na junta comercial deverão ser apresentados para arquivamento dentro do prazo de 30 (trinta) dias contados de sua assinatura, de cuja data retroagirão os efeitos do arquivamento.

São essas, inclusive, salvo uma ressalva específica, as linhas gerais e a conclusão a que parece chegar o Parecer nº 00009/2022/DECOR/CGU/AGU:

> Deste modo, nos temos de tudo o esclarecido neste Opinativo, forçosa é a conclusão no sentido de que os dados pessoais tratados pela Administração Pública em razão de licitações e contratos administrativos devem subsumir- se à nova Política desde a entrada em vigor da Lei Geral de Proteção de Dados - Lei nº 13.709/2018, mesmo no caso das licitações em curso e dos contratos já firmados, que parâmetros impostos pela norma, para atentar-se especialmente ao seguinte:
>
> 1. O tratamento de dados pessoais pelas pessoas jurídicas de direito público deverá guardar compatibilidade com a finalidade específica informada ao titular para o fornecimento dos dados (art. 6º) e "deverá ser realizado para o atendimento de sua finalidade pública, na persecução do interesse público, com o objetivo de executar as competências legais ou cumprir as atribuições legais do serviço público" (art. 23)
>
> 2. O tratamento dos dados pessoais poderá ocorrer se houver consentimento do titular do direito; para o cumprimento de obrigação legal; para a execução de contrato ou de procedimentos preliminares relacionados a contrato do qual seja parte o titular; e também na hipótese do uso compartilhado de dados necessários à execução de políticas públicas previstas em leis e regulamentos ou respaldadas em contratos, convênios ou instrumentos congêneres. (art. 7º, inc. I, II, III, e V)
>
> 3. Os atos da Administração Pública são regidos pelo princípio da publicidade (CRFB/88, art. 37, c/c §3º, art. 3º, da Lei nº 8.666/93). Assim, "os agentes de tratamento devem adotar medidas de segurança, técnicas e administrativas aptas a proteger os dados pessoais de acessos não autorizados e de situações acidentais ou ilícitas de destruição, perda, alteração, comunicação ou qualquer forma de tratamento inadequado ou ilícito." (art. 46), "com o objetivo de proteger os direitos fundamentais de liberdade e de privacidade e o livre desenvolvimento da personalidade da pessoa natural." (art. 1.)
>
> 4. Há a necessidade de manutenção dos dados fornecidos pelos licitantes não contratados e pelos contratados após o encerramento do contrato, visando o cumprimento de obrigação legal (art. 16, I).

A conclusão a que chega o parecer, após os fundamentos expostos neste artigo, parece óbvia, contudo, nos tempos atuais e diante das equivocadas interpretações anunciadas em nome da "boa aplicação" da LGPD, parece importante reforçarmos o óbvio. Com isso, o referido opinativo alerta, em síntese, que o princípio da finalidade deve ser respeitado no tratamento dos dados fornecidos ao Poder Público; que o tratamento de dados poderá ocorrer quando do enquadramento em uma das bases legais do art. 7º, em especial, em seus incs. I, II, III e V; e que a regra norteadora do regime jurídico administrativo é a da publicidade, em razão disso, assevera que *os agentes de tratamento devem adotar medidas aptas a proteger os dados pessoais fornecidos pelo titular, ressaltando por fim* que há a necessidade de manutenção dos dados fornecidos pelos licitantes não contratados e pelos contratados após o encerramento do contrato, visando ao cumprimento de obrigação legal.

É dizer, as conclusões parecem estar adequadas ao propósito da LGPD, contudo, faz-se uma importante ressalva ao item 27 deste mesmo opinativo, pois, ao contrário de toda sua fundamentação e justificativa técnico-jurídica, surpreende ao lançar aleatoriamente:

> no caso, o consentimento do titular do direito, que é definido pela lei como sendo a "manifestação livre, informada e inequívoca pela qual o titular concorda com o tratamento de seus dados pessoais para uma finalidade determinada", será um dos pilares do tratamento dos dados fornecidos pelo licitante e pelo contratante (Art. 5., inc. XII c/c Art. 7., inc. I)

Após todos os argumentos elencados acima e com o acato devido, equivocado tal posicionamento estampado no parecer anteriormente mencionado, pois parece conflitar até mesmo com a conclusão por ele exarada, já que, como visto, o consentimento é apenas uma das bases legais autorizatórias do tratamento de dados pessoais pelo Poder Público, tendo, entre as demais, as bases legais da obrigação legal, do tratamento de dados pela Administração Pública e das diligências pré-contratuais ou execução dos contratos, que fundamentam diretamente o tratamento dos dados relativos aos contratos administrativos. Importante esclarecer, portanto, que, em não havendo consentimento tácito na LGPD, a consideração exarada no parecer de que o consentimento "será um dos pilares do tratamento dos dados fornecidos pelo licitante e pelo contratante" é distante das normas que instituem o regime jurídico licitacional, pois o fundamento para o tratamento dos dados trazidos nas fases interna e externa do procedimento competitivo e do próprio contrato tem relação direta com o regime jurídico administrativo da Lei nº 14.133/21, e, em larga medida, com a indisponibilidade dos interesses públicos ali envolvidos, que não poderiam sucumbir ao interesse particular do consentimento ou de sua retirada, em razão, entre outros, dos princípios constitucionais previstos no art. 37, *caput* da Constituição e no art. 5º da NLLC.

Em síntese, ao se interpretar pelo "mascaramento" ou "tarjamento" de tais documentos, para além de não encontrar suporte jurídico na legislação vigente, estar-se-iam violando princípios constitucionalmente reconhecidos, como o postulado do controle (social, interno e externo) e o princípio da eficiência, cuja consequência se traduz, entre outros, em uma necessidade de desburocratização do Estado.[7] É dizer, ainda que a LGPD orientasse de maneira expressa tal "mascaramento" ou "tarjamento", o que não o faz, seguramente tal regra careceria de fundamento constitucional que lhe desse amparo.

Assim, o tratamento desses dados pessoais estará autorizado, sem necessidade de "mascaramento" ou "tarjamento" quando as respostas às seguintes perguntas forem positivas:

1) O dado pessoal constante no documento atende a uma finalidade de interesse público com propósito legítimo?
2) Existe compatibilidade do tratamento com as finalidades de interesse público que o legitimam?
3) O dado pessoal está limitado ao tratamento mínimo necessário para a realização de suas finalidades, com abrangência dos dados pertinentes, proporcionais e não excessivos em relação às finalidades do tratamento de dados?

Exemplificativamente teríamos:

1) O dado pessoal constante no documento atende a uma finalidade de interesse público com propósito legítimo?

Sim, o tratamento do dado pessoal do sócio atende às regras de participação em processos competitivos públicos, conforme regras estabelecidas na Lei nº 14.133/21 ou regulamento da estatal derivado da Lei nº 13.303/16, bem como bases legais dos arts. 7º e 23 da LGPD.

2) Existe compatibilidade do tratamento com as finalidades de interesse público que o legitimam?

Sim, as regras de publicidade dos dados pessoais dos sócios em processos concorrenciais vinculados à Administração Pública importam, entre outros, para evidenciação dos princípios da legalidade, da moralidade, do controle (social, interno e externo), entre outras regras de direito material, como a da publicização dos atos de registro da sociedade mercantil.

---

[7] Em um exercício pragmático, fico a imaginar que, em se conduzindo a esta interpretação, em breve teríamos que ter, em algumas administrações, áreas específicas para o "tarjamento" de contrato, dado o volume de contratos e dados coletados para estes fins.

3) O dado pessoal está limitado ao tratamento mínimo necessário para a realização de suas finalidades, com abrangência dos dados pertinentes, proporcionais e não excessivos em relação às finalidades do tratamento de dados?

Sim, todos os dados pessoais constantes no processo estão incluídos em documentos aptos a comprovar e evidenciar a capacidade jurídica, técnica e operacional da empresa, bem como a inexistência de qualquer condição pessoal impeditiva ou que frustre o caráter competitivo do processo.

Veja que o que se pretende com este artigo é, de um lado, conferir máxima eficácia aos dispositivos e às bases legais da LGPD e, de outro lado, garantir razoabilidade interpretativa aos dispositivos da referida lei, para que as garantias dos direitos dos titulares não representem burocratização desproporcional e onerosa a um Estado que já sofre com a escassez de pessoal e orçamentária.

Em conclusão: ou a finalidade, a adequação e a necessidade do tratamento do dado pessoal nos atos ou contratos administrativos estão presentes, com ao menos uma das respectivas bases legais que autorizam o tratamento (obrigação legal, execução de políticas públicas, execução de contratos ou diligências pré-contratuais, entre outros), e, portanto, compatíveis com a LGPD e sem necessidade de qualquer hipótese de "mascaramento ou tarjamento", ou não há nenhuma autorização para o tratamento do dado, hipótese em que sequer se cogitaria o "tarjamento", mas, sim, a impossibilidade do próprio tratamento, ou seja, hipótese em que sequer poderia estar versado no documento (pré-contratual ou contratual).

Informação bibliográfica deste texto, conforme a NBR 6023:2018 da Associação Brasileira de Normas Técnicas (ABNT):

PIRONTI, Rodrigo. Tarjar ou mascarar dados pessoais em atos ou contratos administrativos: uma proposta de interpretação razoável. *In*: PIRONTI, Rodrigo (Coord.). *Lei Geral de Proteção de Dados no setor público*. 2. ed. Belo Horizonte: Fórum, 2024. p. 21-31. ISBN 978-65-5518-731-1.

LEI GERAL DE PROTEÇÃO DE DADOS: OS AGENTES DE TRATAMENTO E O ENCARREGADO DE DADOS PESSOAIS NO SETOR PÚBLICO

RODRIGO PIRONTI

I Introdução

Há tempos tenho manifestado que minha maior preocupação com a implantação e adequação ao ambiente normativo da Lei Geral de Proteção de Dados não é a complexidade de alguns temas versados no texto, mas a inadvertida interpretação dada pelos seus aplicadores. É dizer, sabemos que tecnicamente alguns temas da lei são complexos e demandam uma refinada técnica em sua aplicação, contudo também é notório que, em alguns casos, a capacidade do intérprete em ampliar o escopo da lei, dificultando sua efetivação ou criando figuras esdrúxulas ao texto, é cada vez mais presente.

Nesse sentido, a Autoridade Nacional de Proteção de Dados, com a missão, entre outras, de orientar e regular o adequado processo de proteção e privacidade de dados em nosso país, garantindo a aplicação da Lei Geral de Proteção de Dados (LGPD) e zelando pelo seu *enforcement*, elaborou o Guia *Orientativo para definições dos agentes de tratamento de dados pessoais e encarregado* (versão atual – abril 2022), com o seguinte objetivo:

> estabelecer diretrizes não-vinculantes aos agentes de tratamento e explicar quem pode exercer a função do controlador, do operador e do encarregado; as definições legais; os respectivos regimes de

responsabilidade; casos hipotéticos que exemplificam as explicações da ANPD e as perguntas frequentes sobre o assunto.[1]

Com isso, a ANPD presta um importante serviço à efetivação do texto normativo, mitigando o risco de interpretações esdrúxulas ou desconectadas da finalidade legal e delimitando o escopo interpretativo para direcionar o entendimento de alguns temas.

O referido guia esclarece de forma didática e pragmática conceitos e definições que necessariamente transcendem o texto legal da LGPD e que, por sua dinâmica, precisam ser mais bem desenvolvidos e aprimorados para permitir uma interlocução efetiva da lei com a realidade da sociedade, a permitir a proteção dos direitos fundamentais de liberdade e privacidade dos titulares.[2]

A preocupação da agência não é imotivada, já que os agentes de tratamento de dados e os encarregados são fundamentais na estrutura de governança de dados, seja no ambiente privado, seja no setor público e na relação desses setores com a autoridade nacional.

II Os controladores e operadores de dados no setor público

Quando estes temas são tratados no ambiente público, agregase uma outra importante preocupação, qual seja, o necessário entendimento sobre o regime jurídico administrativo, que, sob a égide dos postulados da supremacia do interesse público sobre o privado e da indisponibilidade dos bens e interesses públicos, afeta e limita, diretamente, a interpretação e aplicação do conteúdo normativo da Lei Geral de Proteção de Dados.

A questão fica ainda mais delicada quando a aplicação deve ser direcionada ao entendimento de regimes jurídicos que ora versam a prestação de serviços públicos, ora versam a exploração de atividade econômica, como é o caso, por exemplo, das empresas estatais.

---

1 AUTORIDADE NACIONAL DE PROTEÇÃO DE DADOS – ANPD. *Guia orientativo para definições dos agentes de tratamento de dados pessoais e encarregado* – Versão 2.0. Brasília: ANPD, abr. 2022. p. 6.

2 "Art. 1º Esta Lei dispõe sobre o tratamento de dados pessoais, inclusive nos meios digitais, por pessoa natural ou por pessoa jurídica de direito público ou privado, com o objetivo de proteger os direitos fundamentais de liberdade e de privacidade e o livre desenvolvimento da personalidade da pessoa natural".

Em linhas iniciais, fundamental o *Guia* da ANPD, para direcionar as relevantes intepretações afetadas por este regime de direito público.

Assim, considerando a exorbitância do referido regime, um dos temas que mais preocupa pela grande confusão interpretativa existente é a definição de quem são os denominados controladores e operadores de dados, notadamente quando se está diante da figura do agente público.

A Lei Geral de Proteção de Dados, no seu art. 5º, incs. VI e VII, considera controlador a "pessoa natural ou jurídica, de direito público ou privado, a quem competem as decisões referentes ao tratamento de dados pessoais", e operador a "pessoa natural ou jurídica, de direito público ou privado, que realiza o tratamento de dados pessoais em nome do controlador". De uma leitura menos atenta, não resta dúvida de que o enquadramento destas duas figuras é simples, ou seja, a literalidade do artigo manifesta que serão ambos ou pessoas físicas ou jurídicas cujo tratamento realizado deriva do cenário de governança de dados da instituição.

Porém, alguns órgãos da Administração Pública, recentemente, designaram em seus atos regulamentares os controladores de dados, como pessoas físicas vinculadas à sua alta administração (presidentes, vice-presidentes, entre outros) e como operadores, servidores e/ou funcionários vinculados à sua estrutura administrativa (e ainda insistem em fazê-lo). Isso é um verdadeiro equívoco, não apenas sob o prisma interpretativo e finalístico da Lei Geral de Proteção de Dados, mas, principalmente, em razão de teorias já consolidadas.

A consequência desse equivocado enquadramento não é meramente conceitual, mas possui reflexos diretos na responsabilidade patrimonial dos agentes públicos. É que o art. 42 da Lei nº 13.709/18 foi claro ao prever que o "controlador ou o operador que, em razão do exercício de atividade de tratamento de dados pessoais, causar a outrem dano patrimonial, moral, individual ou coletivo, em violação à legislação de proteção de dados pessoais, é obrigado a repará-lo".

Isso quer dizer que, em sendo o controlador ou o operador a pessoa natural do agente público, é esta que, em tese, por determinação legal e pelo exercício dos direitos dos titulares, ficará obrigada a reparar o dano. É dizer, o enquadramento da pessoa natural como controladora ou operadora de dados sem a devida cautela pode causar grave prejuízo à esfera individual e patrimonial do agente, que poderá se ver demandado diretamente pelo titular de dados, por decorrência lógica da própria responsabilização civil que titulariza.

O Regulamento Geral de Proteção de Dados da União Europeia (RGPD), por meio do Comitê Europeu para a Proteção de Dados (CEPD), já divulgou orientações exatamente sobre esse tema e foi enfático ao esclarecer que geralmente é a organização que é classificada como controladora e não um indivíduo dentro da mesma organização, justamente porque quem decide sobre as finalidades e os meios utilizados nos tratamentos de dados é a organização e, consequentemente, quem pode ser responsabilizado pelos prejuízos decorrentes dessas decisões é ela e não seu agente.

O entendimento da Autoridade Nacional de Proteção de Dados também é enfático neste ponto e, de forma absolutamente coerente, pauta, em seu guia orientativo, as seguintes diretrizes:

> Por outro lado, *os funcionários atuarão em subordinação às decisões do controlador, não se confundindo, portanto, com os operadores de dados pessoais.*
> [...]
> Embora a delegação de decisão quanto aos meios para a DGP possa sugerir que essa diretoria atue como operadora de dados, esta não é a análise correta: como a DGP é uma unidade administrativa da autarquia, a delegação interna não altera o papel do agente de tratamento, uma vez que, como exposto, o operador será sempre pessoa distinta do controlador. O mesmo raciocínio se aplica para a DTI. Desse modo, a autarquia será a controladora de dados e a empresa SIERRA será a operadora de dados. A Secretaria e as Diretorias, *assim como os seus respectivos servidores, são apenas unidades organizacionais do ente controlador de dados, razão pela qual não se caracterizam como agentes de tratamento.*[3]

Neste sentido, com o respeito devido, é equivocada a interpretação de que, em órgãos da Administração Pública, seus agentes deveriam ser os respectivos controladores e operadores, pois para além dos fundamentos já mencionados, tal interpretação também sepultaria a conhecida e tradicional teoria do órgão, pela qual a atuação da Administração não se confunde com seu agente, mas apenas é por ele externada. As pessoas físicas que atuam nestas posições seriam apenas veículos de manifestação do Estado. A vontade/decisão, portanto, é do Estado e não de seu agente. Daí derivam princípios comezinhos como o da impessoalidade, por exemplo.

E que não se diga que as áreas administrativas dos entes públicos e entidades da Administração indireta poderiam figurar como operadores,

[3] Disponível em: https://www.gov.br/anpd/pt-br/assuntos/noticias/inclusao-de-arquivos-para-link-nas-noticias/2021-05-27-guia-agentes-de-tratamento_final.pdf. p. 6; 16.

como é o caso de diretorias, secretarias, gerências, departamentos, entre outros, pois, consoante os critérios de governança e organização administrativa no Poder Público, a pessoa jurídica repassa competências internamente por meio da denominada desconcentração de atividades aos vários setores e/ou órgãos que dão execução ao feixe de atribuições que lhes foi repassado pelo controlador (neste caso, a pessoa jurídica de direito público ou privado), por determinação legal ou normativa. É dizer, não se pode confundir o exercício interno deste feixe de atribuições com as atribuições de operador de dados, pois, em essência, essas áreas e pessoas nada mais são do que a expressão fiel das atividades do controlador, agindo em nome deste, dentro de seu estrito exercício funcional e não se caracterizando como agentes de tratamento, pois, efetivamente, não o são.

Contudo, um dos pontos mais relevantes na definição dos controladores de dados na Administração Pública refere-se à estrutura de governança de dados em órgãos públicos, em razão de não possuírem personalidade jurídica própria e, portanto, não se enquadrarem no conceito do art. 5, incs. VI e VII, da Lei nº 13.709/18.

É que, consoante os critérios de organização administrativa e repartição constitucional, as pessoas jurídicas de direito público são integradas pela União, estados, DF e municípios e, em sua Administração direta, repassam competências por desconcentração administrativa aos vários órgãos que dão execução ao feixe de atribuições que lhes foi repassado ou, em razão do *munus* constitucional exercido, tal feixe de atribuições é repassado aos poderes de Estado, por determinação constitucional e legal.

Diante disso, alguns questionamentos são relevantes em face dos conceitos trazidos pela Lei Geral de Proteção de Dados: quem é efetivamente o controlador de dados, a pessoa jurídica de direito público ou poder ou órgão que representa o feixe de atribuições por determinação legal ou constitucional? Quem detém o "dever-poder" de decisão sobre os dados dos titulares? Poderia um órgão ou poder, sem personalidade jurídica, se enquadrar no conceito trazido no art. 5º, inc. VI da Lei nº 13.709/18?

A questão, como alguns pontos que envolvem a Lei Geral de Proteção de Dados é – em meu sentir – de simples solução, demanda do intérprete uma visão finalística dos institutos envolvidos e da própria estrutura normativa do texto legal.

Veja que o órgão ou poder não possui personalidade jurídica, pois integrante de uma das pessoas jurídicas de direito público que lhe dá existência ou, ainda, derivado de um *munus* constitucional exercido e, portanto, não poderia atuar como controlador de dados, pois lhe faltaria substrato formal de enquadramento no art. 5º, inc. VI da LGPD.

Neste sentido, o controlador de dados é sempre, para fins de responsabilização, a pessoa jurídica de direito público.

Ocorre que, muito apesar de os órgão e poderes não poderem por ausência de substrato formal ser enquadrados como controladores para fins da responsabilização da Lei Geral de Proteção de Dados, não se pode negar que o repasse de competências, seja por desconcentração administrativa, seja como decorrência do exercício do *munus* decorrente do próprio texto constitucional ou legal, faz com que tais órgãos e poderes tomem decisões independentes e assumam atribuições de controlador em inúmeros casos quando do exercício dessas competências, como exemplo: a manutenção do registro das operações de tratamento de dados pessoais que realizarem (art. 37, *caput*); a elaboração do Relatório de Impacto de Proteção de Dados (art. 5º, inc. XVII); a indicação do encarregado de dados para tratamento de dados pessoais (art. 23 inc. III c/c art. 41), o atendimento aos direitos do titular (art. 18 c/c art. 23 inc. I), o fornecimento de informações claras e adequadas a respeito dos critérios e dos procedimentos utilizados para a decisão automatizada (art. 20, parágrafo primeiro), entre outros.

É dizer, o exercício delegado de decisão sobre o tratamento de dados pode (e deve) ocorrer pelos órgãos ou poderes públicos, pois decorrente de repasse de competência constitucional ou legal, porém, tal controle não os torna responsáveis perante a Lei Geral de Proteção de Dados, uma vez que quando tal decisão ou tratamento ocasionar prejuízo ou lesão ao titular, responderá como controlador a pessoa jurídica de direito público, detentora de personalidade jurídica.

Em hipótese e exemplificativamente: o Tribunal de Justiça do Estado X exercerá, pela consecução de suas competências constitucionais e legais, atribuições de controlador em relação ao exercício de seu *munus*; e não poderia ser diferente, pois goza de autonomia e independência em relação ao Governo do Estado X e, em razão disso, possui decisão concreta sobre os dados que em seu âmbito de competência são tratados. Contudo, o exercício dessas atribuições delegadas de controlador não enquadram o TJ no conceito do art. 5º, inc. VI da LGPD, porque lhe falta o substrato formal da personalidade jurídica própria. Neste sentido, eventual responsabilização por falha ou irregularidade no tratamento do dado pelo Tribunal de Justiça sujeitará o controlador, Estado X, à responsabilização perante a Lei Geral de Proteção de Dados.

É exatamente esse o entendimento da Autoridade Nacional de Proteção de Dados, em seu *Guia orientativo*:

> 24. Nesse sentido, a União, como controladora, é a responsável perante a LGPD, mas as atribuições de controlador, por força da desconcentração administrativa, *são exercidas pelos órgãos públicos que desempenham funções em nome da pessoa jurídica da qual fazem parte*, fenômeno que caracteriza a distribuição interna das competências. É o que se verifica nas hipóteses de uso compartilhado de dados pessoais (art. 26), de atendimento às exigências da ANPD (art. 29) e de aplicação de sanções administrativas (art. 52, §3º). [...]
>
> 27. Em uma contratação de uma solução de computação em nuvem de uma empresa por um determinado Ministério do Poder Executivo a controladora é a União, mas é o Ministério, na condição de órgão público federal, que exercerá as funções típicas do controlador. Por sua vez, o operador será a empresa contratada. Por exercer funções típicas de controlador, cabe ao Ministério designar um encarregado, bem como realizar notificações à ANPD em casos de incidentes de segurança, dentre outras obrigações previstas na LGPD. No entanto, caso um titular de dados decida ajuizar uma ação judicial, questionando o tratamento realizado, deverá ingressar contra o controlador, que é a União.[4]

E complementa:

> 29. Assim, em conclusão: nas operações de tratamento de dados pessoais conduzidas por órgãos públicos despersonalizados a pessoa jurídica de direito público a que os órgãos sejam vinculados é a controladora dos dados pessoais e, portanto, responsável pelo cumprimento da LGPD.
>
> 30. Contudo, em razão do princípio da desconcentração administrativa, o órgão público despersonalizado desempenhará funções típicas de controlador de dados, de acordo com as obrigações estabelecidas na LGPD.
>
> 31. Essa conclusão refere-se apenas à Administração Pública direta, já que a administração indireta segue o regramento de pessoa jurídica estabelecido pela LGPD.

Em síntese, os conceitos de "controlador" e "operador" são fundamentais para um adequado processo de proteção de dados, e a definição dada pela Autoridade Nacional de Proteção de Dados (ANPD)

---

[4] AUTORIDADE NACIONAL DE PROTEÇÃO DE DADOS – ANPD. *Guia orientativo para definições dos agentes de tratamento de dados pessoais e encarregado* – Versão 2.0. Brasília: ANPD, abr. 2022. p. 10.

procura dar à norma seu melhor sentido, de enquadrar o controlador como a pessoa jurídica de direito público que dá suporte ao exercício delegado das competências constitucionais e legais levadas a cabo pelos órgãos e poderes do Estado.

III Os encarregados de dados em âmbito público: atribuições, garantias e forma de nomeação

Resta ainda analisar a figura do encarregado de dados, que, sob o influxo do regime jurídico administrativo, conduz a algumas peculiaridades que, se não aclaradas e devidamente pontuadas, dificultam o exercício e o entendimento sobre essa importante função no setor público.

Quando tratamos do encarregado em âmbito público, dúvidas incomuns ao setor privado são levantadas, como exemplo: quem será a pessoa do encarregado? Como será nomeado ou contratado? Como se dará a investidura (cargo comissionado, função gratificada, concurso público específico)? É possível eleger encarregados setoriais? Se sim, quais os critérios para se eleger tais encarregados ou setores?

A LGPD é clara ao definir, em seu art. 5º, inc. VII, que o encarregado é a "pessoa indicada pelo controlador e operador para atuar como canal de comunicação entre o controlador, os titulares dos dados e a Autoridade Nacional de Proteção de Dados (ANPD)".

Diferentemente dos controladores e operadores, os encarregados não são considerados agentes de tratamento e, portanto, não respondem objetivamente por eventuais danos causados.[5]

Também fica evidente, em razão do art. 41 da LGPD, que os controladores têm a obrigatoriedade e não a faculdade de indicar o encarregado, dever este reforçado no art. 23, III, quando informa a necessidade de o encarregado ser indicado por órgãos e entidades públicas que realizam operação de tratamento de dados pessoais:

> Art. 41. O *controlador deverá indicar encarregado pelo tratamento de dados pessoais*.
>
> §1º A identidade e as informações de contato do encarregado deverão ser divulgadas publicamente, de forma clara e objetiva, preferencialmente no sítio eletrônico do controlador.

---

[5] "Art. 5º Para os fins desta Lei, considera-se: [...] IX - agentes de tratamento: o controlador e o operador; [...]".

> §2º As atividades do encarregado consistem em:
> I - aceitar reclamações e comunicações dos titulares, prestar esclarecimentos e adotar providências;
> II - receber comunicações da autoridade nacional e adotar providências;
> III - orientar os funcionários e os contratados da entidade a respeito das práticas a serem tomadas em relação à proteção de dados pessoais; e
> IV - executar as demais atribuições determinadas pelo controlador ou estabelecidas em normas complementares.
>
> Art. 23. [...]
> III - seja indicado um encarregado quando realizarem operações de tratamento de dados pessoais, nos termos do art. 39 desta Lei; [...].

Não há na Lei Geral de Proteção de Dados nenhuma distinção sobre a natureza da pessoa do encarregado, podendo ser designada uma pessoa física vinculada ao órgão (servidor ou funcionário público concursado) ou contratada para este fim (cargos comissionados), ou, ainda, uma pessoa jurídica com expertise e características que permitam sua contratação. Nos casos em que o encarregado seja pessoa física, deverá ser designado por ato formal (como regra, portaria, ou outro ato normativo), já nos casos de contratação de pessoa jurídica terceirizada (alheia à Administração), deverá a designação ser antecedida de regular processo de contratação (licitação ou as hipóteses de contratação direta em estando presentes os requisitos legais). Existem hipóteses excepcionais em que se poderia imaginar a relação entre encarregado, pessoa jurídica e Administração, formalizada por meio de termo de parceria, consórcio ou convênio, contudo, nestes casos, a relação que autoriza tal relação deve ser precedida da justificativa de interesse comum e da demonstração da existência de pertinência do vínculo e efetividade do exercício da função. É o caso, por exemplo, da criação de uma pessoa jurídica – de direito público ou privado – com a finalidade específica de servir como encarregado de um grupo ou setor específico no atendimento de interesse público.

Neste sentido, ainda que a lei não impeça que um mesmo encarregado atue em favor de diferentes organizações, é importante que as atribuições que lhe sejam imputadas permitam o exercício de seu múnus com eficiência e qualidade técnica, ficando a cargo do controlador (agente de tratamento responsável),[6] a garantia deste pleno exercício.[7]

---

6 A responsabilidade pelas atividades de tratamento de dados pessoais continua sendo do controlador ou do operador de dados (art. 42 da LGPD).

7 Conforme orienta o *Guia orientativo para definições dos agentes de tratamento de dados pessoais e encarregado*, também "é importante observar que a LGPD não proíbe que o encarregado

Uma dúvida que pode se fazer presente quando da nomeação para a função do encarregado de dados é a forma de sua investidura, se por cargo comissionado originário, função gratificada ou concurso público específico? Obviamente que qualquer destas hipóteses seriam juridicamente viáveis, desde que preenchidos seus requisitos objetivos; ocorre que, diante da natureza do múnus a ser exercido, as opções do cargo comissionado originário e de concurso público para a função específica, parecem ser residuais, explico: em se tratando de função cuja a expertise e vínculo com o setor público são essenciais, o cargo comissionado originário seria uma opção residual pela ausência de vínculo direto do seu titular com o serviço público, é dizer, o vínculo orgânico com o Poder Público torna o servidor público efetivo e estável mais recomendável na função de encarregado. Contudo, o vínculo de efetividade e estabilidade não está necessariamente vinculado a concurso público específico para a função de encarregado, pois, isso não necessariamente garantiria o preenchimento dos requisitos legais para o exercício da função. Neste caso, parece mais recomendável que a investidura se dê por meio de função gratificada dada a servidores públicos já concursados e cujas atribuições do cargo, agregadas às suas qualificações profissionais e pessoais, autorizem e orientem a melhor satisfação do interesse público por meio da nomeação.

Dito isso, outra questão se coloca em razão do exercício da função de encarregado no setor público, qual seja: é possível que sejam designados encarregados setoriais? Se sim, quais os critérios para se eleger tais encarregados ou setores?

Neste quesito, perfeitamente possível a designação de encarregados setoriais, justamente porque a LGPD não limita o número de encarregados ou seus setores, mas orienta suas características e qualificações.

No setor público, ainda mais justificável o exercício da função de encarregados setoriais, como exemplo, no caso dos municípios, onde a presença dos encarregados setoriais se justificaria em razão da complexidade do tratamento material dos dados (secretarias de saúde ou educação, por exemplo) ou da independência do órgão (órgãos com atribuição de ordenação de despesa e com independência orçamentária

---

seja apoiado por uma equipe de proteção de dados. Ao contrário, considerando as boas práticas, é importante que o encarregado tenha recursos adequados para realizar suas atividades, o que pode incluir recursos humanos. Outros recursos que devem ser considerados são tempo (prazos apropriados), finanças e infraestrutura" (AUTORIDADE NACIONAL DE PROTEÇÃO DE DADOS – ANPD. *Guia orientativo para definições dos agentes de tratamento de dados pessoais e encarregado* – Versão 2.0. Brasília: ANPD, abr. 2022. p. 23).

e muitas vezes decisória em razão de sua magnitude e do serviço público atendido).

Qualquer que seja a natureza do encarregado (pessoa física ou jurídica), deverá ter liberdade e independência para a realização de suas atividades, com qualificações profissionais bem definidas no atendimento da finalidade dos tratamentos orientados pelo controlador.

Para fins de determinação do atendimento desta função no Poder Público, parece interessante a circunscrição trazida pela Instrução Normativa SGD/ME nº 117, de 19.11.2020, que evidencia as qualificações profissionais indicadas ao encarregado, bem como as garantias ao exercício de sua função:

> Art. 1º [...].
>
> §1º O Encarregado pelo Tratamento dos Dados Pessoais indicado:
>
> I - deverá possuir conhecimentos multidisciplinares essenciais à sua atribuição, preferencialmente, os relativos aos temas de: privacidade e proteção de dados pessoais, análise jurídica, gestão de riscos, governança de dados e acesso à informação no setor público; e
>
> II - não deverá se encontrar lotado nas unidades de Tecnologia da Informação ou ser gestor responsável de sistemas de informação do órgão ou da entidade.
>
> Art. 2º A identidade e as informações de contato do Encarregado pelo Tratamento dos Dados Pessoais deverão ser divulgadas publicamente, de forma clara e objetiva, no sítio eletrônico institucional do órgão ou da entidade, nos termos do §1º do art. 41 da Lei nº 13.709, de 2018.
>
> Art. 3º A autoridade máxima do órgão ou da entidade deverá assegurar ao Encarregado pelo Tratamento dos Dados Pessoais:
>
> I - acesso direto à alta administração;
>
> II - pronto apoio das unidades administrativas no atendimento das solicitações de informações; e
>
> III - contínuo aperfeiçoamento relacionado aos temas de privacidade e proteção de dados pessoais, de acordo com os conhecimentos elencados no inciso I do §1º do art. 1º e observada a disponibilidade orçamentária e financeira do órgão ou entidade.

IV Conclusão

Em conclusão, as instituições públicas e empresas privadas integrantes do setor público devem agir com muita responsabilidade e cautela na definição dos controladores e classificação dos seus operadores, bem como, avaliar com cuidado as características e atribuições do encarregado de dados, permitindo assim uma dinâmica mais efetiva entre os titulares de dados e a ANPD e uma maior segurança jurídica na formatação da estrutura de governança de dados.

Informação bibliográfica deste texto, conforme a NBR 6023:2018 da Associação Brasileira de Normas Técnicas (ABNT):

PIRONTI, Rodrigo. Lei Geral de Proteção de Dados: os agentes de tratamento e o encarregado de dados pessoais no setor público. *In*: PIRONTI, Rodrigo (Coord.). *Lei Geral de Proteção de Dados no setor público*. 2. ed. Belo Horizonte: Fórum, 2024. p. 33-44. ISBN 978-65-5518-731-1.

BREVE ENSAIO SOBRE O ENCARREGADO DE DADOS (*DATA PROTECTION OFFICER – DPO*) E A ESTRUTURA RESPONSÁVEL PELO SISTEMA DE PROTEÇÃO E PRIVACIDADE DOS DADOS NO BRASIL

RODRIGO PIRONTI

1 A figura do encarregado de dados ou DPO (*data protection officer*)

Um dos temas mais debatidos atualmente em relação à governança da estrutura de proteção de dados no país diz respeito à figura do encarregado de dados, bem como, onde deve ser alocada a área responsável pelo tratamento dos dados. Este breve ensaio tem por objetivo organizar um pouco as ideias sobre o tema, bem como permitir sua "tropicalização" sem os sobressaltos decorrentes de interpretações desconexas de nossa realidade e daquilo que efetivamente pretende a Lei Geral de Proteção de Dados.

A LGPD, inspirada no Regulamento Europeu sobre Proteção de Dados Pessoais (*General Data Protection Regulation* – GDPR),[1] estipulou a necessidade de as empresas indicarem a figura de um encarregado responsável pelos tratamentos de dados pessoais:

> Art. 41. O controlador deverá indicar encarregado pelo tratamento de dados pessoais.

[1] *Regulation (EU) 2016/679 of the European Parliament and of the Council of 27 April 2016.*

O encarregado, que por influência da legislação europeia é comumente conhecido como *data protection officer* (DPO), possui função primordial, entre elas, o importante papel de atuar como um facilitador na comunicação entre empresas, titulares de dados e a Autoridade Nacional de Proteção de Dados (ANPD),[2] para bem cumprir sua função de monitoramento interno do Sistema de Privacidade de Dados.

Para desempenhar este papel, o encarregado de dados será o responsável por conduzir atividades vinculadas ao recebimento das reclamações encaminhadas pelos titulares de dados, prestando os devidos esclarecimentos em prazo razoável; receberá as comunicações emitidas pela ANPD, adotando todas as medidas necessárias para o seu gerenciamento interno; bem como deverá emitir orientações para os colaboradores da empresa em relação às boas práticas de proteção de dados pessoais.[3] Deve, ainda, supervisionar as vulnerabilidades de segurança nos dados pessoais em todo ciclo de vida dentro da organização, com o objetivo de garantir a conformidade de todas as coletas, tratamentos e eliminações dos dados pessoais realizados, reportando à alta administração eventuais inconformidades e adequações dos processos que se façam necessárias, com o objetivo de atender às exigências da LGPD em relação à proteção e privacidade de dados.

Para além disso, com o objetivo de facilitar a interação entre todas as partes envolvidas, a LGPD determina que a identidade e as informações do encarregado sejam amplamente divulgadas, de maneira clara e objetiva,[4] sendo possível que esta divulgação ocorra no sítio eletrônico ou nos instrumentos contratuais firmados com os titulares e fornecedores/parceiros, sem prejuízo de outras práticas que ampliem esta publicidade.

Em relação aos atributos profissionais do encarregado, recomenda-se, em especial, o conhecimento das leis e boas práticas de

---

2 "Art. 5º Para os fins desta Lei, considera-se: [...] VIII - encarregado: pessoa indicada pelo controlador e operador para atuar como canal de comunicação entre o controlador, os titulares dos dados e a Autoridade Nacional de Proteção de Dados (ANPD)".

3 "Art. 41. O controlador deverá indicar encarregado pelo tratamento de dados pessoais. [...] §2º As atividades do encarregado consistem em: I - aceitar reclamações e comunicações dos titulares, prestar esclarecimentos e adotar providências; II - receber comunicações da autoridade nacional e adotar providências; III - orientar os funcionários e os contratados da entidade a respeito das práticas a serem tomadas em relação à proteção de dados pessoais; e IV - executar as demais atribuições determinadas pelo controlador ou estabelecidas em normas complementares".

4 "Art. 41. O controlador deverá indicar encarregado pelo tratamento de dados pessoais. §1º A identidade e as informações de contato do encarregado deverão ser divulgadas publicamente, de forma clara e objetiva, preferencialmente no sítio eletrônico do controlador".

proteção e privacidade de dados.[5] O nível de conhecimento sobre o tema deve ser estabelecido de acordo com a quantidade e complexidade das operações de tratamentos realizadas pela empresa, bem como do nível de proteção exigido para estes processos. Para além disso, deve estar totalmente familiarizado com o funcionamento das tecnologias utilizadas pela empresa e das particularidades relacionadas ao setor no qual a companhia está inserida, visando garantir a efetiva adequação dos tratamentos realizados por meio do estabelecimento de processos de supervisão e auditoria que busquem falhas nas políticas, normas e processos.

É crucial, portanto, que o encarregado e sua equipe estejam envolvidos em todas as questões relacionadas à proteção e privacidade de dados, desde o estágio inicial de criação de um novo produto, serviço ou processo, até sua efetiva conclusão ou estruturação, com o objetivo de que a cultura de proteção dados e o princípio de *privacy by design*[6] sejam disseminados dentro da organização.

Neste sentido, para o sucesso do sistema de privacidade de dados, é importante que o encarregado seja entendido como um parceiro de discussão dentro da organização e que possua comunicação direta com os grupos de trabalho que estejam vinculados a atividades de processamento de dados.

Por ser responsável por gerenciar o sistema de privacidade de dados, é essencial que o DPO defina e acompanhe o cumprimento de estratégias para gerir os dados da empresa, incluindo a definição de políticas, diretrizes, papéis, responsabilidades e processos relacionados à gestão de dados. Neste aspecto, deve identificar problemas, buscar oportunidades, propor iniciativas e monitorar as ações vinculadas ao tratamento dos dados, com o objetivo de auxiliar no alcance da maturidade e segurança pretendidos.

Quanto ao aspecto de governança da privacidade dos dados, a LGPD fomenta a formulação de boas práticas, o estabelecimento de políticas, ações educativas, identificação e mitigação de riscos. Para

---

5 *WP29 Guidelines on Data Protection Officers ('DPOs'), adopted on 13 December 2016*, p. 11: "Article 37(5) provides that the DPO 'shall be designated on the basis of professional qualities and, in particular, expert knowledge of data protection law and practices and the ability to fulfil the tasks referred to in Article 39'."

6 Conceito criado pela Doutora Ann Cavoukian, Ex-Comissária de Informação e Privacidade da Província de Ontario e Diretora Executiva do Instituto de Privacidade e *Big Data* da Universidade Ryerson: "Privacy by Design é uma metodologia na qual a proteção de dados pessoais é pensada desde a concepção de sistemas, práticas comerciais, projetos, produtos ou qualquer outra solução que envolva o manuseio de dados pessoais".

atender a tais requisitos, o DPO deve difundir as boas práticas voltadas à proteção dos dados pessoais por meio de palestras e informativos (impressos ou eletrônicos) que demonstrem a mudança cultural que se espera dentro da organização, enaltecendo a importância do sistema de privacidade de dados.

As políticas e processos de proteção aos dados pessoais deverão estar adequadamente dimensionados aos riscos de privacidade previamente identificados na empresa. Quanto maior a priorização destes riscos, definida com base nas escalas de probabilidade e impacto anteriormente descritas na política de gestão de riscos da empresa, mais rígido deverá ser o monitoramento do DPO e o controle em relação à efetividade dos planos de ação implementados no processo.

Mas talvez uma das perguntas mais recorrentes é se a figura do encarregado deve ser exercida pelo corpo técnico interno da empresa, ou se esta atividade pode ser "terceirizada" e em que termos. A resposta é simples, a empresa pode designar como DPO um colaborador interno ou contratar um DPO externo para o exercício desta função, podendo, ainda – nesta hipótese de "terceirização" da atividade – optar entre a contratação de uma pessoa física ou jurídica. Ao eleger a nomeação de um colaborador interno, é essencial que não haja conflito de interesse entre os papéis já desempenhados e as novas funções diretamente relacionadas ao papel de DPO, ou seja, o DPO não deve governar o controle de dados e ao mesmo tempo definir por quais meios os dados serão processados. Como regra geral, posições conflitantes com a figura do encarregado incluem cargos de gerência sênior, como diretor executivo, diretor operacional, diretor financeiro, diretor de *marketing*, diretor de recursos humanos ou diretor de TI.

Recomenda-se que a função de DPO seja exercida dentro da denominada segunda linha, sugerindo-se como boa prática estruturas como diretoria ou gerência jurídica, diretoria ou gerência de *compliance* ou integridade ou, ainda, diretoria ou gerência de controles internos, uma vez que as habilidades inerentes a estas áreas serão extremamente úteis na comunicação a ser estabelecida com a Autoridade Nacional de Proteção de Dados, aspecto central das responsabilidades do encarregado, evitando-se possíveis conflitos de interesse no desempenho das demais funções já exercidas na empresa.

A recomendação justifica-se, pois é indispensável que a escolha considere um colaborador (interno ou externo) que compreenda as exigências estabelecidas na lei e que tenha habilidades de aplicá-las na organização, além de ser alguém que possua as ferramentas de relacionamento interpessoal e de comunicação necessárias para se tornar um "consultor" confiável da empresa, um verdadeiro ponto focal do diálogo interno sobre proteção de dados, devendo, portanto, ser visto por todos os colaboradores como um aliado essencial na busca pela conformidade dos negócios em relação à proteção e à privacidade de dados.

Importante mencionar que a recomendação acima representa, diante da ausência de regulamentação específica sobre a matéria pela Autoridade Nacional de Proteção de Dados, um direcionamento das melhoras práticas de governança corporativa, lembrando que outras estratégias, como nomear o DPO entre colaboradores vinculados a áreas operacionais da empresa (áreas da primeira linha), poderiam ensejar eventual conflito de interesses entre as funções já realizadas e as novas atribuições vinculadas ao papel de encarregado de dados. De qualquer forma, como o possível conflito de interesses deve ser analisado no caso concreto, ainda que não recomendado segundo as melhores práticas, a indicação de um colaborador interno pertencente à primeira linha para ocupar o cargo de DPO deve assegurar a ausência de conflito de interesses, para que seja possível se cogitar – frise-se, a depender do caso concreto – a oportunidade desta nomeação.

Contudo, parece evidente que o colaborador vinculado à área responsável pela gestão de tecnologia da informação (ou assemelhada) não poderia ocupar esta função, pois, como o encarregado deverá apontar eventuais adequações sistêmicas ou falhas e melhorias de segurança de informação, haveria potencial conflito de interesses decorrente do simples exercício direto da atividade desempenhada; é dizer, não se poderia cogitar que o DPO tivesse as funções de fiscalizar a área de TI e ser fiscalizado ao mesmo tempo.[7]

---

[7] "Art. 1º A autoridade máxima do órgão ou da entidade da administração pública federal direta, autárquica e fundacional deverá indicar Encarregado pelo Tratamento dos Dados Pessoais, nos termos do disposto no inciso III do art. 23 e no art. 41 da Lei nº 13.709, de 14 de agosto de 2018". É esse, inclusive, o entendimento expressamente exarado na IN nº 117/20 – SGD/ME, veja-se: "Art. 1º A autoridade máxima do órgão ou da entidade da administração pública federal direta, autárquica e fundacional deverá indicar Encarregado pelo Tratamento dos Dados Pessoais, nos termos do disposto no inciso III do art. 23 e no art. 41 da Lei nº 13.709, de 14 de agosto de 2018. §1º O Encarregado pelo Tratamento dos Dados Pessoais indicado: II - não deverá se encontrar lotado nas unidades de Tecnologia da Informação ou ser gestor responsável de sistemas de informação do órgão ou da entidade".

2 A estrutura de governança de dados: uma definição necessária

Ultrapassadas as atribuições e competências do encarregado de dados, bem como uma análise de à qual estrutura deveria pertencer o DPO em sendo eleito internamente, relevante definirmos onde deveria estar alocada a estrutura responsável pela governança de dados, que, muito embora seja decorrência quase lógica das definições estabelecidas em razão da figura do DPO, com elas não se confunde.

Neste sentido, o *Institute of Internal Auditors* (IIA), que é uma entidade sem fins lucrativos, reconhecida nacional e internacionalmente, recentemente apresentou declaração de novo posicionamento sobre o modelo de governança corporativa pautado nas denominadas "Três Linhas", responsáveis pelo gerenciamento de riscos e controles da organização, que estão intrinsecamente vinculadas ao sistema de privacidade de dados.

A gestão de riscos e os controles internos são ferramentas de prevenção e mitigação de incertezas. Entre estes riscos há, naturalmente, o risco à privacidade e proteção de dados. Tais riscos são amplamente analisados e discutidos durante as atividades de estruturação do sistema de privacidade de dados, tendo em vista que a materialização de suas consequências podem implicar aplicação de sanções pela Autoridade Nacional de Proteção de Dados (ANPD), entre as quais multa de até 2% do faturamento da empresa limitada a 50 milhões de reais, suspensão do exercício da atividade de tratamento dos dados pessoais, danos à imagem institucional, danos financeiros, processos administrativos e judiciais, entre outros.

De acordo com o IIA, o Modelo das Três Linhas consiste na segregação de funções específicas de gerenciamento de riscos e controles internos de diferentes agentes da empresa, levando em consideração as atividades e o papel que exercem, permitindo, de forma eficiente, a delegação de responsabilidades dentro da organização.

A *primeira linha*, de acordo com a Declaração de Posicionamento do IIA,[8] deve ser composta pelos *gestores operacionais*, que são os donos do risco e consequentemente responsáveis pela manutenção dos controles que visam à mitigação destes (o que denomino autocontrole). Desta forma, a primeira linha realiza a aplicação prática das políticas e

---

[8] THE INSTITUTE OF INTERNAL AUDITORS. *Modelo de Três linhas do IIA 2020* – Uma atualização das três linhas de defesa. [s.l.]: IIA, 2020. p. 2.

procedimentos internos criados pelo sistema de privacidade de dados, bem como as demais normas e controles internos que visam ao gerenciamento de riscos na empresa no exercício e execução da operação.

A *segunda linha* realiza a supervisão dos riscos e, portanto, são áreas que executam o monitoramento do exercício da atividade executiva e de (auto)controles aplicados pelas áreas vinculadas à primeira linha. Atividades como controles internos, gestão de riscos e *compliance* e integridade são típicas da segunda linha. A estrutura responsável pela implantação e manutenção do sistema de privacidade de dados, chamada de *estrutura de proteção de dados*, integra a segunda linha e é – como regra – gerenciada pelo *data protection officer (DPO)* da empresa, com possível apoio do comitê de proteção de dados (a depender da estrutura de governança de dados da companhia).

Diante da incumbência das áreas pertencentes à segunda linha de fiscalizar e inspecionar as atividades-fim e operacionais da empresa, é indispensável para a imparcialidade e lisura no exercício de suas atribuições que possuam independência funcional. Desta forma, o reporte deve ser realizado diretamente à Alta Administração, uma vez que seria incompatível e incoerente uma área dirigida à fiscalização também estar sujeita à ingerência da própria área fiscalizada.

A independência funcional das áreas pertencentes à segunda linha não diz respeito somente ao reporte, mas também à liberação de acessos a sistemas, documentos e processos internos da empresa para eventuais averiguações de desvios de conduta e desconformidade às normas de proteção de dados, bem como para a realização do monitoramento contínuo das atividades de tratamento e eliminação dos dados pessoais.

Por fim, no que diz respeito à *terceira linha*, esta é composta pela *auditoria interna*, área também independente, responsável por promover avaliações sobre a eficácia da governança, do gerenciamento de riscos e dos controles internos.

A área de auditoria interna é a última instância de fiscalização interna, sendo a responsável por analisar a conformidade na atuação das áreas da primeira e segunda linha. Deste modo, seria incompatível a alocação da estrutura responsável pelo Sistema de Privacidade de Dados junto à auditoria interna, visto que esta fiscaliza aquela e é a que deve ter condição de, dentro dos controles e tratamentos realizados e acompanhados nos planos de ação, direcionar eventuais distorções existentes no sistema de controle interno.

A terceira linha, em decorrência da natureza de suas atividades de avaliação da eficácia da governança, do gerenciamento de riscos e dos controles internos executados pela primeira e segunda linha, também necessita de independência para atuação, sendo este um requisito indispensável para o exercício imparcial das suas atividades. Assim, a independência exigida para o desempenho das atividades da terceira linha é ainda maior em comparação com a independência esperada da segunda linha.

De acordo com o IIA, as três linhas se reportam à alta administração, conforme figura a seguir.

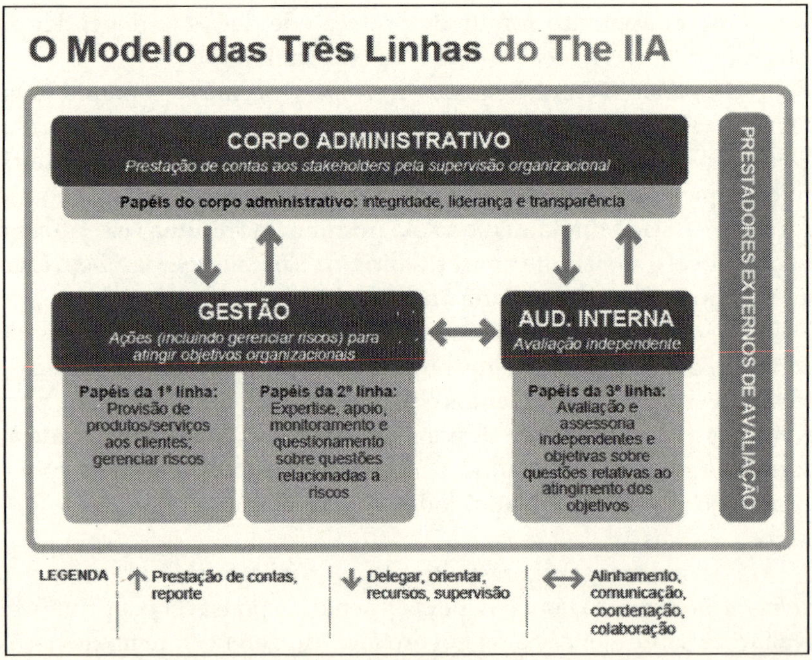

Fonte: THE INSTITUTE OF INTERNAL AUDITORS. *Modelo de Três linhas do IIA 2020* – Uma atualização das três linhas de defesa. [s.l.]: IIA, 2020. p. 4.

Considerando as peculiaridades relacionadas à proteção e privacidade de dados em um ambiente no qual a segurança das informações é primordial para atender às exigências da Lei Geral de Proteção de Dados, resta evidente a adequação da área de privacidade de dados ao modelo trazido pelo IIA e, neste sentido, inclusive, algumas adaptações são possíveis dentro do modelo das Três Linhas, com a inclusão da figura do DPO, por exemplo, veja-se:

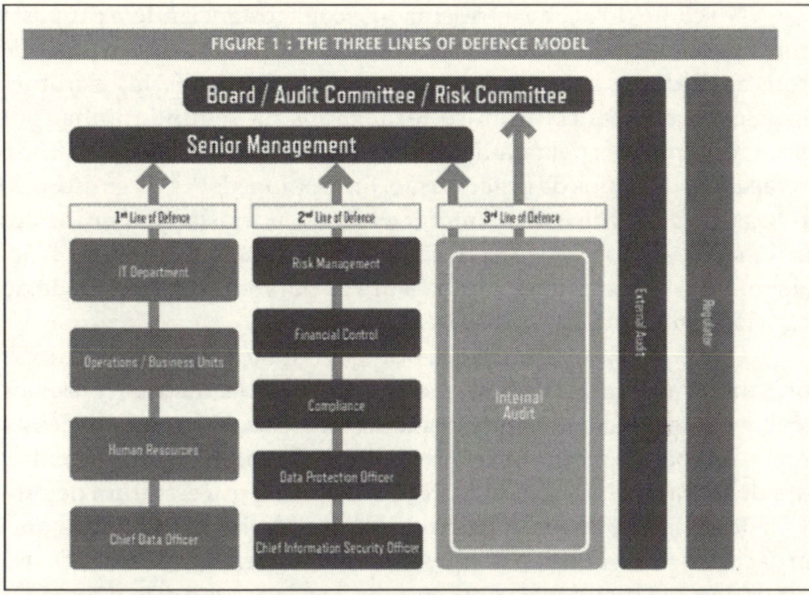

Fonte: THE FEDERATION OF EUROPEAN AND RISK MANAGEMENT ASSOCIATIONS (FERMA); THE EUROPEAN CONFEDERATION OF INSTITUTES OF INTERNAL AUDITING (ECIIA). *At the junction of corporate governance & cybersecurity*. 2017. p. 12.

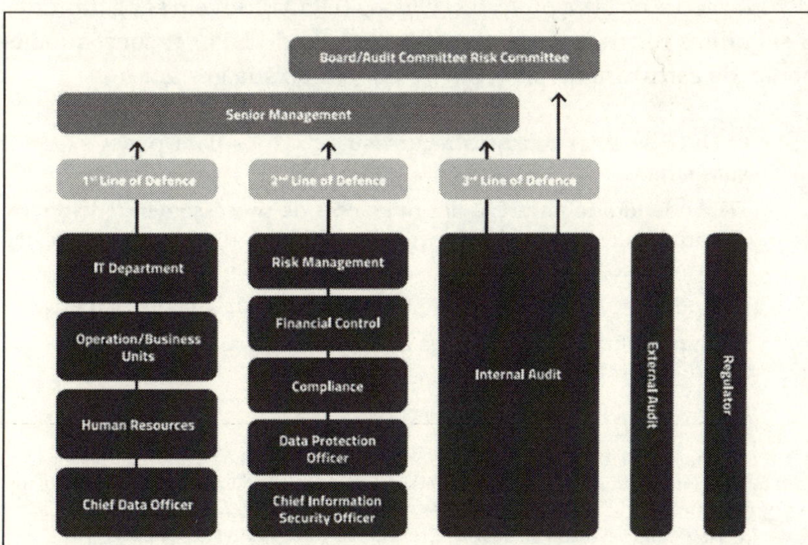

Fonte: THE FEDERATION OF EUROPEAN AND RISK MANAGEMENT ASSOCIATIONS (FERMA); THE EUROPEAN CONFEDERATION OF INSTITUTES OF INTERNAL AUDITING (ECIIA). *GDPR and Corporate Governance The Role of Internal Audit and Risk Management One Year After Implementation*. 2019. p. 21.

No contexto acima apresentado e consubstanciando a proposta deste breve ensaio de aproximação da figura do DPO e da estrutura de proteção de dados às boas práticas de governança, a referida estrutura e o encarregado encontram-se localizados na segunda linha, por serem responsáveis pela avaliação dos riscos relacionados à proteção e privacidade de dados da organização. Em apoio ao DPO, a estrutura de proteção de dados deverá monitorar os riscos, as legislações pertinentes ao tema e os processos de tratamento de dados da organização, colaborando com a primeira linha a fim de garantir a continuidade do negócio e o apropriado *privacy by design*.

O modelo de boas práticas de governança sugerido pelo IIA apresenta a alta administração e os órgãos de governança (conselhos e comitês) desvinculados das três linhas, ou seja, os membros desses órgãos recebem o reporte das atividades executadas pelas três linhas, para deliberação. Neste sentido, recomenda-se que a estrutura de proteção de dados emita reportes diretos à alta administração,[9] para que, em decorrência das atividades que deverão ser exercidas pelo DPO, seja garantida a independência e autonomia das decisões a serem tomadas para efetividade do sistema de privacidade de dados.[10]

Segundo as orientações emitidas pela *Article 29 Working Party* (WP29)[11] sobre os *Data Protection Officers* (DPOs), devem ser garantidos os seguintes recursos para a efetiva atuação do DPO e, consequentemente, da estrutura de proteção de dados sob sua gestão:

> O DPO deve ter todos os recursos necessários para poder executar suas tarefas.
>
> Dependendo da natureza das operações de processamento de dados, das atividades e tamanho da organização, os seguintes recursos devem ser fornecidos ao DPO:
>
> - suporte ativo das funções do DPO por parte da gerência superior
> - tempo suficiente para que os DPO cumpram suas tarefas

---

[9] *IAPP-EY Annual Governance Report 2019*, p. 15: "Article 37 of the GDPR requires the DPO to have reporting lines to the highest levels of management" (Disponível em: https://iapp.org/resources/article/iapp-ey-annual-governance-report-2019/. Acesso em: 14 fev. 2020).

[10] *WP29 Guidelines on Data Protection Officers ('DPOs'), adopted on 13 December 2016*, p. 5: "Appointing a DPO is a first step but DPOs must also be given sufficient autonomy and resources to carry out their tasks effectively".

[11] Grupo de Trabalho do Artigo 29º (WP29) é o grupo de trabalho europeu independente que lidou com as questões relacionadas à proteção e privacidade de dados pessoais até 25.5.2018, data em que foi substituído pelo Comitê Europeu de Proteção de Dados (EDPB).

- apoio adequado em termos de recursos financeiros, infraestrutura (instalações, equipamentos) e pessoal, quando necessário
- comunicação oficial da nomeação do DPO a todos os colaboradores
- acesso a outros serviços dentro da organização, para que os DPO possam receber suporte, contribuições ou informações essenciais desses outros serviços
- treinamento contínuo.[12]

De acordo com essas responsabilidades, a estrutura de proteção de dados deverá apoiar o DPO nas atividades relacionadas ao mapeamento dos dados e tratamentos realizados, gerenciamento dos riscos de proteção de dados, monitoramento e respostas de incidentes, acompanhamento dos planos de ação para mitigação dos riscos de segurança da informação, elaboração de políticas de segurança da informação, estabelecimento de procedimentos internos de controle de segurança da informação, realização de treinamentos e capacitações sobre temas correlatos à proteção e privacidade de dados, controle de indicadores de desempenho relacionados ao sistema de privacidade de dados, avaliação de terceiros e fornecedores cujas atividades envolvam tratamento de dados, entre outras atividades vinculadas ao sistema de privacidade de dados.

Em razão disso e de todas estas atribuições é que deve se reconhecer, em meu sentir, que o ambiente interno para alocação da estrutura de proteção de dados deve estar sob responsabilidade das áreas jurídicas, de conformidade ou de controles internos da organização, pois são elas que detêm – entre aquelas integrantes da segunda linha – a maioria das características descritas no parágrafo anterior. Haveria ainda que se cogitar se estruturas vinculadas à segunda linha, porém com escopo mais específico, poderiam abarcar tal estrutura, como é o caso, por exemplo, das ouvidorias. Ora, diante das descrições de atribuições do sistema de proteção de dados e da abrangência de suas atividades,

[12] Tradução livre de *WP29 Guidelines on Data Protection Officers ('DPOs'), adopted on 13 December 2016*, p. 23: "The DPO must have the resources necessary to be able to carry out his or her tasks. Depending on the nature of the processing operations and the activities and size of the organisation, the following resources should be provided to the DPO: active support of the DPO's function by senior management; sufficient time for DPOs to fulfil their tasks; adequate support in terms of financial resources, infrastructure (premises, facilities, equipment) and staff where appropriate; official communication of the designation of the DPO to all staff; access to other services within the organisation so that DPOs can receive essential support, input or information from those other services; continuous training".

bem como da multidisciplinariedade de suas necessidades, não parece razoável entregar sua condução a uma estrutura mais limitada dentro da companhia, cujas funções e competências não detêm características mais abrangentes. É dizer, estruturas com abrangência e escopo mais específicos e limitados como ouvidorias e canais de comunicação seriam uma opção residual dentro da companhia, uma vez que, havendo uma área interna que satisfaça os critérios de multidisciplinariedade e abrangência técnica, vinculada à segunda linha, essa deve ser preferencial na opção de governança para privacidade dos dados.

Por fim, relevante mencionar que, para apoiar o DPO em todas as decisões estratégicas relacionadas ao sistema de privacidade de dados, é recomendável a constituição de um comitê de privacidade e proteção de dados, composto por – no mínimo – representantes da primeira linha diretamente envolvidos na execução das atividades-fim da companhia e no (auto)controle da privacidade dos dados, por representantes da segunda linha, entre eles integrantes da área jurídica, de integridade, de controles internos e gestão de riscos e, para aferir o apetite de riscos e direcionamento das políticas de proteção de dados, ao menos um representante da alta administração. Importante frisar que, diante do que já foi anteriormente exposto, não é possível a participação no referido comitê de integrante da auditoria interna, pois, se assim o fosse, prejudicada estaria a independência desta área na avaliação dos controles e tratamentos direcionados à proteção de dados pelas áreas da primeira e segunda linhas.

Um sistema de privacidade de dados torna-se mais efetivo quando a responsabilidade pela gestão dos dados é compartilhada entre as áreas de negócios, operações e tecnologia. A adoção de uma cultura de incentivo ao debate sobre os problemas e oportunidades relacionados ao tratamento de dados, bem como o direcionamento e priorização das ações de melhoria, torna-se muito mais abrangente e eficaz quando envolve várias áreas da empresa. Logo, a estruturação de um comitê multidisciplinar dedicado a sistema de privacidade de dados é uma prática recomendada para adequação da empresa à LGPD.

Em conclusão, não se olvida que a tarefa de adequação à LGPD é responsabilidade que deve ser assumida pela instituição e por todo seu corpo funcional, para que contribuam neste processo de maneira sólida e efetiva, porém, também não se pode olvidar que qualquer contribuição para o sucesso do programa de proteção de dados passa pelo bom senso e por critérios de interpretação jurídica razoável dos cenários existentes na realidade das empresas brasileiras, pelo que devemos ultrapassar com agilidade e assertividade a discussão burocrático-formal sobre a alocação da estrutura de proteção de dados no organograma da companhia e fazer, o quanto antes, a diferença no dia a dia dos inúmeros titulares de dados que com a empresa se relacionam.

Informação bibliográfica deste texto, conforme a NBR 6023:2018 da Associação Brasileira de Normas Técnicas (ABNT):

PIRONTI, Rodrigo. Breve ensaio sobre o encarregado de dados (data protection officer – DPO) e a estrutura responsável pelo sistema de proteção e privacidade dos dados no Brasil. *In*: PIRONTI, Rodrigo (Coord.). *Lei Geral de Proteção de Dados no setor público*. 2. ed. Belo Horizonte: Fórum, 2024. p. 45-57. ISBN 978-65-5518-731-1.

DIREITO À REVOGAÇÃO DO CONSENTIMENTO

RODRIGO PIRONTI

MARIANA TOMASI KEPPEN

Introdução

A Lei Geral de Proteção de Dados (Lei nº 13.709/18), vigente desde setembro de 2020, instaurou um novo paradigma em relação à privacidade e proteção de dados no Brasil. Principalmente seguindo a tendência da União Europeia, todos os agentes públicos ou privados que realizem tratamento de dados pessoais precisam estar adequados às suas previsões.

Com seu advento, a LGPD inaugurou diversos conceitos que agora se incorporam ao nosso ordenamento jurídico. Para além dos agentes de tratamento, dos princípios que baseiam as suas previsões e as próprias classificações de dados, foi também estreado um rol de direitos à disposição dos titulares de dados.

Talvez esta seja uma de suas principais inovações e que certamente produz diretamente impactos às instituições públicas e empresas, tendo em vista que estas agora precisam se adaptar para adequadamente prestarem atendimento aos titulares que desejam exercer seus direitos.

Ainda, os direitos conferidos aos titulares, previstos mais especificamente nos arts. 17 a 22 da Lei Geral de Proteção de Dados, estão intimamente ligados ao direito fundamental da privacidade e da proteção de dados – recém-recepcionado pela nossa Constituição, por meio da EC nº 115/22. Ou seja, para que, de fato, tenhamos a efetivação do direito fundamental à privacidade e proteção de dados, os direitos dos titulares previstos na LGPD precisam ser resguardados e atendidos.

Nesse sentido, é essencial que sejam implementadas medidas específicas para garantir o atendimento aos direitos dos titulares,[1] citadas na LGPD, na seção das boas práticas e da governança, por meio, por exemplo, da elaboração de políticas que formalizam e divulguem esse compromisso da instituição, da criação de processos que viabilizam a execução das solicitações e, ainda, da capacitação da equipe que auxiliará o encarregado de dados, também conhecido como *data protection officer* – DPO, no andamento e conclusão das solicitações.

É importante também que exista um controle e acompanhamento das solicitações dos titulares de dados, tendo em vista que aprimoramentos e melhorias podem ser extraídos a partir da análise dessas informações. Por exemplo, suponhamos que está sendo recebido um grande número de questionamentos relacionados à informação das entidades públicas e privadas com as quais o controlador realiza uso compartilhado de dados. Mesmo que este seja um direito previsto no rol do art. 18, e o titular poderá sempre acionar o controlador para exercê-lo, neste caso, diante do grande volume de solicitações, poderia ser sugerida uma redação mais clara e destacada sobre esse tema na política de privacidade da instituição, para que possivelmente o titular nem sequer precisasse ter de questionar o encarregado de dados da instituição para conhecer essa informação.

As solicitações contendo o exercício de direitos por parte dos titulares, portanto, precisam ser recebidas e atendidas de forma satisfatória, não apenas para garantir a observância e respeito a este novo rol trazido pela legislação de proteção de dados, garantindo, assim, o direito fundamental à proteção de dados, mas também pelo fato de que este pleno atendimento traz maior segurança à organização, uma vez que, conforme o inc. V, do art. 55-J, da LGPD, a ANPD irá apreciar petições de titulares contra controlador apenas após comprovada pelo titular a apresentação de reclamação ao controlador não solucionada satisfatoriamente no prazo estabelecido em regulamentação.

O presente artigo, portanto, diante da importância do tema dos direitos dos titulares, tem como objetivo abordar e contribuir para o

---

[1] "Art. 50. Os controladores e operadores, no âmbito de suas competências, pelo tratamento de dados pessoais, individualmente ou por meio de associações, poderão formular regras de boas práticas e de governança que estabeleçam as condições de organização, o regime de funcionamento, os procedimentos, incluindo reclamações e petições de titulares, as normas de segurança, os padrões técnicos, as obrigações específicas para os diversos envolvidos no tratamento, as ações educativas, os mecanismos internos de supervisão e de mitigação de riscos e outros aspectos relacionados ao tratamento de dados pessoais".

debate relacionado ao direito à revogação do consentimento, o qual passamos a abordar na sequência.

I O direito à revogação do consentimento

Conforme mencionado anteriormente, o titular de dados possui diversos direitos a serem resguardados, isso porque a LGPD tem como um de seus princípios a autodeterminação informativa, a qual garante ao titular de dados o controle sobre como os seus dados serão utilizados e para quais finalidades.

Assim, estes poderão, por exemplo, solicitar a confirmação de tratamento, acesso, alteração, anonimização, portabilidade, bloqueio ou eliminação de dados desnecessários, excessivos ou tratados em desconformidade com a Lei Geral de Proteção de Dados.

Junto a esses, tem-se também o direito à revogação do consentimento, objeto deste estudo. Entretanto, para que possamos discutir sobre o direito à revogação do consentimento, faz-se necessário tecer algumas considerações referentes a esta base legal e seus requisitos.

I.I Os requisitos de validade do consentimento

O consentimento é elencado pela LGPD como uma das 10 bases legais que amparam o tratamento de dados comuns e uma das 8 bases legais passíveis de aplicação ao tratamento de dados sensíveis. Conforme prevê o art. 5º, inc. XII, considera-se consentimento a manifestação livre, informada e inequívoca pela qual o titular concorda com o tratamento de seus dados pessoais para uma finalidade determinada.

O consentimento, portanto, para que seja válido, precisa cumprir com exigências específicas, previstas tanto no citado artigo, quanto no art. 8º, conforme a seguir:

> Art. 8º O consentimento previsto no inciso I do art. 7º desta Lei deverá ser fornecido por escrito ou por outro meio que demonstre a manifestação de vontade do titular.
>
> §1º Caso o consentimento seja fornecido por escrito, esse deverá constar de cláusula destacada das demais cláusulas contratuais.
>
> §2º Cabe ao controlador o ônus da prova de que o consentimento foi obtido em conformidade com o disposto nesta Lei.
>
> §3º É vedado o tratamento de dados pessoais mediante vício de consentimento.

> §4º O consentimento deverá referir-se a finalidades determinadas, e as autorizações genéricas para o tratamento de dados pessoais serão nulas.
>
> §5º O consentimento pode ser revogado a qualquer momento mediante manifestação expressa do titular, por procedimento gratuito e facilitado, ratificados os tratamentos realizados sob amparo do consentimento anteriormente manifestado enquanto não houver requerimento de eliminação, nos termos do inciso VI do caput do art. 18 desta Lei.
>
> §6º Em caso de alteração de informação referida nos incisos I, II, III ou V do art. 9º desta Lei, o controlador deverá informar ao titular, com destaque de forma específica do teor das alterações, podendo o titular, nos casos em que o seu consentimento é exigido, revogá-lo caso discorde da alteração.

Pelo exposto, depreende-se que não é válida a obtenção do consentimento de forma genérica ou tácita, devendo haver a demonstração da manifestação de vontade do titular e a comprovação de que foram apresentadas as finalidades específicas de tratamento às quais a coleta se relaciona.[2]

Ainda, o tratamento dos dados deve ser utilizado apenas para as finalidades indicadas e, seguindo o princípio da necessidade, deverão ser coletados apenas os dados estritamente necessários ao fim a que o tratamento se propõe.[3]

Nesse sentido, supondo-se que o consentimento tenha sido coletado de forma correta e encontra-se válido, poderá o titular exercer a revogação do consentimento. Esse aposto é necessário tendo em vista que, caso o consentimento não seja válido e não havendo a possibilidade de enquadramento em nenhuma outra base legal prevista na legislação de proteção de dados, o tratamento encontra-se em desconformidade e deve ser cessado, independentemente de solicitação por parte do titular de dados.

Supondo, então, que estamos diante de um tratamento de dados legitimamente pautado no consentimento, haverá a hipótese de revogação deste consentimento, conforme passamos a abordar a seguir.

---

2 MONTEIRO, Renato Leite. Da proteção aos registros, aos dados pessoais e às comunicações privadas. *In*: MASSO, Fabiano del *et al.* (Coord.). *Marco civil da internet*. São Paulo: Revista dos Tribunais, 2014. p. 149.

3 KHOURI, Paulo R. Roque A. O problema do consentimento informado na Lei Geral de Proteção de Dados Pessoais. *Conjur*, 2021. Disponível em: https://www.conjur.com.br/2021-mar-31/garantias-consumo-problema-consentimento-informado-lgpd#_ednref16. Acesso em: 2 nov. 2022.

I.II O atendimento à solicitação de revogação do consentimento

Para além da já citada previsão do §5º do art. 8º, a revogação do consentimento está prevista no Capítulo III, Dos Direitos do Titular, mais especificamente no inc. IX, do art. 18, e faz remissão ao artigo anteriormente mencionado:

> Art. 18. O titular dos dados pessoais tem direito a obter do controlador, em relação aos dados do titular por ele tratados, a qualquer momento e mediante requisição: [...]
> IX - revogação do consentimento, nos termos do §5º do art. 8º desta Lei.

Da mesma forma, este é um direito previsto no Regulamento Geral de Proteção de Dados – GDPR, legislação da União Europeia que regulamenta a proteção de dados em âmbito europeu e muito inspirou a legislação brasileira. Em seu também Capítulo III, Direitos do Titular dos Dados, a GDPR prevê que, tanto nos casos em que os dados pessoais são recolhidos junto do titular quanto nos casos em que não são, será a eles facultada a retirada de consentimento, mencionada também em seu art. 7º, que trata das condições aplicáveis ao consentimento, conforme recorte a seguir:

> Artigo 13º, 2. c), e Artigo 14º, 2. d) Se o tratamento dos dados se basear no artigo 6.º, n.º 1, alínea a), ou no artigo 9.º, n.º 2, alínea a), a existência do direito de retirar consentimento em qualquer altura, sem comprometer a licitude do tratamento efetuado com base no consentimento previamente dado; [...].

> Artigo 7º, 3. O titular dos dados tem o direito de retirar o seu consentimento a qualquer momento. A retirada do consentimento não compromete a licitude do tratamento efetuado com base no consentimento previamente dado. Antes de dar o seu consentimento, o titular dos dados é informado desse facto. O consentimento deve ser tão fácil de retirar quanto de dar.

Percebe-se, portanto, que ambas as legislações se preocupam com o caráter facilitado da revogação do consentimento. A GDPR prevê que o "[...] consentimento deve ser tão fácil de retirar quanto de dar", e a LGPD, que o "[...] consentimento pode ser revogado a qualquer momento mediante manifestação expressa do titular, por procedimento gratuito e facilitado, [...]".

Nesse sentido, para cumprir com a previsão da nossa legislação de proteção de dados, os agentes de tratamento devem elaborar um procedimento específico para atendimento à revogação do consentimento por parte dos titulares de dados.

Para além da disponibilização clara e acessível do contato do encarregado de dados no *site* do controlador e nas políticas que compõem o sistema de privacidade da instituição, como exemplos, política de privacidade, política de *cookies*, política de segurança da informação,[4] é sugerida como melhor prática a criação de um formulário no *site* do agente de tratamento que permita que o titular possa selecionar qual direito pretende exercer e, tão logo, solicitá-lo.

É, por exemplo, o caso do fornecimento do consentimento relativo ao uso da imagem de um colaborador para campanhas internas de divulgação da empresa. Nesse caso, o colaborador poderá solicitar ao encarregado de dados, por meio de contato por *e-mail*, que deseja retirar o seu consentimento e que sua imagem não mais poderá ser utilizada para mencionadas campanhas, porém, em relação às campanhas já realizadas, que estavam autorizadas mediante consentimento, se mantém.

Além disso, é recomendado que, em todos os contatos que ocorram com o titular em decorrência do tratamento de dados consentido, haja sempre a previsão de que este poderá retirar seu consentimento, caso desejado.

Imaginemos a seguinte situação hipotética: uma empresa de imóveis faz uma parceria com sua empresa vizinha que vende cosméticos, pensando que podem fomentar os consumidores que visitam a outra loja a conhecerem também seus produtos e vice-versa. Em um primeiro momento, poderia ser ventilada a base legal do interesse legítimo do controlador ou de terceiro, porém, por ofertarem produtos tão distintos, o envio de *e-mails* promocionais de cosméticos após o titular conceder seus dados para a aquisição de imóveis feriria a legítima expectativa desse, motivo pelo qual resta possível apenas a base legal do consentimento.

Tendo os titulares que assim desejam consentido com o recebimento dos *e-mails marketing* da loja de cosméticos, neste contato e comunicação comercial decorrente é importante que se tenha a previsão de revogação do consentimento previamente concedido, no mesmo

---

[4] "Art. 41. O controlador deverá indicar encarregado pelo tratamento de dados pessoais. §1º A identidade e as informações de contato do encarregado deverão ser divulgadas publicamente, de forma clara e objetiva, preferencialmente no sítio eletrônico do controlador".

formato em que há a opção de "descadastrar-se" em diversos *e-mails marketing* enviados mediante a base legal do interesse legítimo.

Neste último caso, já que não há dúvidas de que o tratamento de dados está embasado na hipótese do consentimento, pode ser acatada de forma automática a solicitação do titular de dados, diferentemente da hipótese anterior, em que é necessária a análise do encarregado de dados.

Porém, em ambas as hipóteses, não poderá ser cobrada qualquer taxa administrativa, já que este é um ônus que recai sobre o controlador de dados.

I.III A viabilidade e consequências da retirada do consentimento

Nos casos em que a solicitação seja recebida por meio do contato com o encarregado de dados da instituição, ou por meio do sugerido formulário no *site*, essa solicitação terá de ser analisada pelo encarregado para que seja confirmado que se trata de tratamento baseado na hipótese legal do consentimento.

Isso porque, por óbvio, o consentimento apenas poderá ser revogado quando tiver sido em primeiro momento concedido. Caso verifique-se que outra base legal ampara o referido tratamento, o encarregado de dados deverá responder ao titular, de forma motivada, a impossibilidade do atendimento à sua solicitação.

Um importante ponto a ser mencionado é que a revogação do consentimento não se confunde conceitualmente com a eliminação dos dados, trata-se de direitos distintos, inclusive previstos em incisos diferentes do art. 18 da LGPD.[5] Entretanto, apesar de distintos, o titular de dados poderá exercer estes direitos conjuntamente e a própria LGPD os menciona de forma correlacionada:

> Art. 8º [...].
>
> §5º O consentimento pode ser *revogado* a qualquer momento mediante manifestação expressa do titular, por procedimento gratuito e facilitado,

---

5 "Art. 18. O titular dos dados pessoais tem direito a obter do controlador, em relação aos dados do titular por ele tratados, a qualquer momento e mediante requisição: [...] VI - eliminação dos dados pessoais tratados com o consentimento do titular, exceto nas hipóteses previstas no art. 16 desta Lei; [...] IX - revogação do consentimento, nos termos do §5º do art. 8º desta Lei".

> ratificados os tratamentos realizados sob amparo do consentimento anteriormente manifestado enquanto não houver requerimento de *eliminação*, nos termos do inciso VI do caput do art. 18 desta Lei. (Grifos nossos)

Ainda, apesar de teoricamente não serem o mesmo direito a ser exercido pelo titular, na prática acabam se confundindo, isso porque, uma vez retirado o consentimento, cessa-se o tratamento destes dados, segundo previsão do art. 15, inc. III da LGPD:

> Art. 15. O término do tratamento de dados pessoais ocorrerá nas seguintes hipóteses:
>
> I - verificação de que a finalidade foi alcançada ou de que os dados deixaram de ser necessários ou pertinentes ao alcance da finalidade específica almejada;
>
> II - fim do período de tratamento;
>
> III - comunicação do titular, inclusive no exercício de *seu direito de revogação do consentimento* conforme disposto no §5º do art. 8º desta Lei, resguardado o interesse público; ou
>
> IV - determinação da autoridade nacional, quando houver violação ao disposto nesta Lei. (Grifos nossos)

E, como consequência do término do tratamento, deve-se proceder com a eliminação destes dados, conforme a regra estabelecida pelo art. 16 da LGPD:

> Art. 16. Os dados pessoais serão eliminados após o término de seu tratamento, no âmbito e nos limites técnicos das atividades, autorizada a conservação para as seguintes finalidades:
>
> I - cumprimento de obrigação legal ou regulatória pelo controlador;
>
> II - estudo por órgão de pesquisa, garantida, sempre que possível, a anonimização dos dados pessoais;
>
> III - transferência a terceiro, desde que respeitados os requisitos de tratamento de dados dispostos nesta Lei; ou
>
> IV - uso exclusivo do controlador, vedado seu acesso por terceiro, e desde que anonimizados os dados.

Ou seja, pragmaticamente, o que se verifica é que o titular de dados, quando solicita a revogação do consentimento, não precisará solicitar a eliminação destes para que isso de fato ocorra. Até por essa razão que o art. 8º, §5º os utiliza quase que como sinônimos.

Ainda, fazendo-se um paralelo com o inc. VIII do art. 18, que prevê como um direito dos titulares terem a "informação sobre a possibilidade de não fornecer consentimento e sobre as consequências da negativa", sugere-se que, da mesma forma, seja explicitado ao titular de dados quais as consequências da revogação do consentimento previamente concedido, para que esse possua as informações necessárias à sua tomada de decisão.

Por tudo exposto, percebe-se que a base legal do consentimento é uma base de difícil gestão, em primeiro lugar pelo fato de que, diferentemente de outras bases, possui critérios específicos para a sua validade e, soma-se a isso, o fato de ser possível a sua revogação a qualquer momento.

Exatamente por isso, orienta-se que os dados coletados sob esta hipótese legal sejam geridos e armazenados em base de dados específica. Desta forma, diante da solicitação de um titular, será maior o controle em relação a quais titulares possuem dados fundamentados no consentimento e consequentemente será mais fácil cumprir com a solicitação de sua revogação.

Por apresentar essa complexidade na gestão, mesmo não havendo hierarquia entre as hipóteses de tratamento previstas nos arts. 7º e 11 da Lei Geral de Proteção de Dados, sugere-se que a base legal do consentimento seja utilizada apenas quando não for possível enquadrar o tratamento em outra base legal prevista. Essa orientação fica ainda mais pertinente quando se fala do tratamento de dados pela Administração Pública. Fato este que passará a ser tratado no tópico a seguir.

II O uso da base legal do consentimento pelo Poder Público

O Poder Público possui especificidades que devem ser observadas na aplicação da Lei Geral de Proteção de Dados. Além de prerrogativas e finalidades determinadas e previstas em lei, o Poder Público possui ainda uma extensa base de dados para cumprir com os papéis aos quais se propõe.

Exatamente por isso, o Capítulo IV da LGPD se dedica a previsões sobre o tratamento de dados pessoais no âmbito público, e a Autoridade Nacional de Proteção de Dados – ANPD – lançou em janeiro de 2022 o *Guia orientativo sobre o tratamento de dados pessoais pelo Poder Público*.[6]

---

[6] BRASIL. Autoridade Nacional de Proteção de Dados (ANPD). *Guia orientativo para o tratamento de dados pessoais pelo Poder Público*. Brasília: ANPD, 2022.

No mencionado *Guia* são abordadas as 4 bases legais que mais geram debate e questionamento quando dos tratamentos de dados realizados pelo Poder Público, quais sejam: cumprimento de obrigação legal ou regulatória, execução de políticas públicas, interesse legítimo e consentimento.

Em relação ao consentimento, o *Guia* expressamente aborda que esta base legal não é a mais apropriada para o tratamento de dados pessoais pelo Poder Público. Isso porque, em sua maioria, os tratamentos realizados no âmbito público estão amparados pelo cumprimento de obrigações e atribuições legais e porque, diante das prerrogativas estatais, não haveria um equilíbrio de forças entre o titular de dados/cidadão e um órgão ou instituição pública, motivo pelo qual não estaria este em condições de manifestar livremente sua vontade.

De qualquer forma, o *Guia* reconhece a possibilidade de utilização da base legal do consentimento para situações excepcionais e cita como exemplo a situação hipotética a seguir:

> Estudante realiza inscrição para participar de um evento organizado por uma universidade pública. O procedimento é realizado online, ocasião em que são solicitadas informações básicas de cadastro, como nome e número de matrícula, este para o fim específico de concessão da gratuidade da inscrição, benefício exclusivo para estudantes. Adicionalmente, o estudante tem a opção de fornecer e-mail, caso queira "receber informações de outros eventos organizados pela universidade". Uma mensagem esclarece que o fornecimento do e-mail é facultativo e a recusa não impede a participação no evento. Ademais, as informações sobre os outros eventos são rotineiramente divulgadas na página da universidade na Internet. Na hipótese, o consentimento é a base legal apropriada para a coleta do e-mail do estudante, podendo ser considerado válido, haja vista a finalidade específica informada ao titular, bem como a existência de condições efetivas para a livre, informada e inequívoca manifestação de vontade.

Nesse sentido, mesmo que possível, a base legal do consentimento não é a mais recomendada para amparar os tratamentos realizados pelo Poder Público. Para além dos pontos mencionados do *Guia*, citam-se também os outros motivos neste artigo levantados: a complexidade em relação à sua coleta, que demanda um ponto de contato com o titular de dados e a previsão específica da finalidade para a qual o dado será tratado; os requisitos que precisam estar presentes, mais especificamente que se comprove a manifestação inequívoca, informada e livre da vontade do titular; a gestão da base de dados para garantir que não sejam os dados pessoais coletados pelo consentimento utilizados para outra finalidade, diferente da exposta na coleta; e a possibilidade de o titular de dados revogar seu consentimento a qualquer momento, o que gera uma imprevisibilidade em relação à manutenção da base de dados.

Dessa forma, devem ser preconizadas as bases legais do cumprimento de obrigação legal e de execução de políticas públicas e, de forma excepcional, recorrer-se ao consentimento. Entretanto, como, ainda assim, esta é uma possibilidade, o Poder Público precisará criar procedimento específico para o exercício do direito de revogação do consentimento por parte dos titulares de dados.

Em outras palavras, mesmo que a base legal do consentimento não seja a mais adequada para a maioria dos tratamentos realizados pelo Poder Público, esta ainda é uma opção e poderemos estar diante de situações em que esta seja a única hipótese legal viável. Nesse cenário, após a coleta do consentimento, o titular poderá solicitar a sua retirada e o Poder Público precisará estar preparado para dar uma resposta satisfatória ao titular e garantir a observância ao direito à revogação do consentimento.

Conclusão

Por todo o exposto, o que se conclui é a necessidade de que seja implantado um programa de governança em privacidade, também conhecido como sistema de privacidade, com o objetivo de viabilizar a adequação das instituições às novas previsões da Lei Geral de Proteção de Dados e também garantir o atendimento aos direitos dos titulares.

Este mencionado sistema deverá prever um conjunto de ferramentas, entre as quais citamos políticas e procedimentos que estabeleçam de forma transparente como se dão os tratamentos de dados no âmbito das atividades exercidas pela organização. Sendo esse um aspecto essencial, tanto para que os titulares tenham conhecimento sobre os usos de seus dados, quanto para que os próprios colaboradores conheçam os princípios, balizas e cuidados necessários no tratamento de dados no exercício de suas funções.

Quando falamos, então, sobre o tratamento de dados realizado pelo Poder Público, isso precisa ser especialmente observado diante da importância dos papéis desempenhados por órgãos e instituições públicas em nossa sociedade, e que, mais uma vez, são convidados a promover o compromisso com a nova legislação de proteção de dados e a provocar os demais agentes para que também o façam.

Isso porque, sem a garantia aos direitos previstos na LGPD, não há o devido atendimento ao direito fundamental à proteção de dados, recentemente recepcionado pela nossa Constituição. Assim, o cumprimento e estrita observância aos direitos previstos entre os arts. 17 a 22 são essenciais para a própria efetivação dos ditames constitucionais.

Desse modo, quando expressamente solicitado pelo titular, há de ser garantido o direito à revogação do consentimento, por procedimento gratuito e facilitado, para que esse, considerando que os tratamentos baseados no consentimento são uma faculdade conferida ao titular de dados, possa a qualquer momento o revogar.

A aplicação prática das previsões da LGPD não é trabalho simples, tampouco a construção de uma cultura de proteção de dados, sendo que, até recentemente, esta não era uma preocupação. Neste sentido, o debate acadêmico mostra-se ferramenta de extrema relevância, que, aliado às diretrizes que vêm sendo publicadas pelas autoridades de proteção de dados, traz luz a esta importante tarefa que se incumbe às nossas instituições.

Referências

BRASIL. Autoridade Nacional de Proteção de Dados (ANPD). *Guia orientativo para o tratamento de dados pessoais pelo Poder Público*. Brasília: ANPD, 2022.

BRASIL. *Lei nº 13.709, de 14 de agosto de 2018*. Lei Geral de Proteção de Dados (LGPD). Brasília, 2018.

KHOURI, Paulo R. Roque A. O problema do consentimento informado na Lei Geral de Proteção de Dados Pessoais. *Conjur*, 2021. Disponível em: https://www.conjur.com.br/2021-mar-31/garantias-consumo-problema-consentimento-informado-lgpd#_ednref16. Acesso em: 2 nov. 2022.

MONTEIRO, Renato Leite. Da proteção aos registros, aos dados pessoais e às comunicações privadas. *In*: MASSO, Fabiano del *et al*. (Coord.). *Marco civil da internet*. São Paulo: Revista dos Tribunais, 2014.

UNIÃO EUROPEIA. *Regulamento nº 2016/679, de 04 de maio de 2016*. Regulamento Geral de Proteção de Dados (GDPR). 2016.

Informação bibliográfica deste texto, conforme a NBR 6023:2018 da Associação Brasileira de Normas Técnicas (ABNT):

PIRONTI, Rodrigo; KEPPEN, Mariana Tomasi. Direito à revogação do consentimento. *In*: PIRONTI, Rodrigo (Coord.). *Lei Geral de Proteção de Dados no setor público*. 2. ed. Belo Horizonte: Fórum, 2024. p. 59-70. ISBN 978-65-5518-731-1.

A LEI GERAL DE PROTEÇÃO DE DADOS E O TRATAMENTO DE DADOS SENSÍVEIS PELA JUSTIÇA ELEITORAL

RODRIGO PIRONTI

EDUARDO RAMOS CARON TESSEROLLI

1 Aspecto fundamental da LGPD

A regulamentação da proteção de dados pessoais surgiu incentivada pelo desenvolvimento dos negócios em ambiente digital, fato que desencadeou o crescimento exponencial dos fluxos nacionais e internacionais de base de dados. Por isso, tornou-se necessário reafirmar a necessidade de proteção dos dados pessoais, que se viam vulnerados pelo desenvolvimento multifacetado da tecnologia por todo o mundo.[1]

Não somente no ambiente dos negócios firmados entre agentes econômicos privados, mas também, e com enfoque e preocupação especiais, sobre a base de dados controlada pelo Estado.[2] Danilo Doneda relata que, desde 1960, surgiu séria discussão nos Estados Unidos da América diante da proposta de criação do *National Data Center*, uma base de dados central contendo todos os dados pessoais coletados em algum momento por aquele Estado. Este banco de dados daria uma vasta gama de poderes aos operadores dos dados pessoais armazenados.

---

[1] PINHEIRO, Patricia Peck. *Proteção de dados pessoais*: comentários à Lei nº 13.709/2018 (LGPD). 2. ed. São Paulo: Saraiva Educação, 2020. p. 14.

[2] REIS, Luciano Elias; LIPPMANN, Rafael Knorr. A Administração Pública na Lei Geral de Proteção de Dados. *In:* PIRONTI, Rodrigo. *Lei Geral de Proteção de Dados*: estudos sobre um novo cenário de Governança Corporativa. Belo Horizonte: Fórum, 2020. p. 167-168.

O maior receio da época era permitir a alguém mal-intencionado realizar controle inédito sobre a sociedade.[3]

Imagine o poder de determinação da personalidade do indivíduo que tal banco de dados poderia oferecer ao gestor público mal-intencionado? Imagine as possibilidades que teriam os partidos políticos, desde que mal-intencionados – o que não pode ser suposto –, ao conhecerem as preferências políticas de eleitores de uma cidade – qualquer delas? Claramente, este projeto oferecia grande risco para a democracia e para a existência dos direitos fundamentais e, claro, para o direito ao voto e à proteção de dados.

Este debate repercutiu mundialmente e chegou ao Brasil. Por isso, o Estado brasileiro discutiu o tema e publicou, dentre outras legislações, a Lei Geral de Proteção de Dados. Seu objetivo fundamental é proteger a vulnerabilidade do titular dos dados pessoais, mediante a garantia dos direitos fundamentais da liberdade e da privacidade e do livre desenvolvimento da personalidade da pessoa natural. Isso pode ser extraído do art. 1º da Lei.

Prever a proteção de direitos fundamentais – especialmente, o da liberdade, o da privacidade e o do livre desenvolvimento da personalidade da pessoa natural – é o mínimo que se espera de qualquer lei válida e eficaz no ordenamento jurídico constitucional brasileiro. De todo o modo, faz-se necessário que a lei assim disponha; dizer o essencial garantirá a clareza do objetivo fundamental da LGPD.

Os dados pessoais são necessários em todas as relações firmadas entre o Estado e os administrados – todos nós. Informamos nossos dados pessoais para declarar nossa renda e dar motivo ao lançamento do imposto sobre a renda; ao procurar atendimento médico em unidade de pronto atendimento ou hospital público, para requerer nosso alistamento eleitoral, perante a Justiça Eleitoral, informamos nossos dados pessoais e nossa biometria – um dado sensível, é dizer, a coleta e o tratamento de dados pela Administração Pública são inerentes à sua própria finalidade.

O aspecto fundamental da LGPD está descrito no seu art. 1º, qual seja: regular o tratamento de dados pessoais, por pessoa natural ou jurídica de direito público ou privado, com o objetivo de proteger

---

[3] O *National Data Center* comparado ao Big Brother neste artigo de DONEDA, Danilo. Panorama histórico da proteção de dados pessoais. *In:* DONEDA, Danilo; MENDES, Laura Schertel; SARLET, Ingo Wolfgang; RODRIGUES JR., Otavio Luiz (Coord.); BIONI, Bruno (Coord.). *Tratado de Proteção de Dados Pessoais*. Rio de Janeiro: Forense, 2021. p. 27.

direitos fundamentais, como o da liberdade, o da privacidade e o livre desenvolvimento da personalidade da pessoa natural. A partir deste aspecto, surge o questionamento sobre o tratamento de dado sensível essencial ao exercício do direito ao voto: a biometria do cidadão que requer o alistamento eleitoral.

2 Algumas definições de dados pessoais na LGPD

Antes, analisamos as definições de dados pessoais que interessam ao estudo do tratamento de dados sensíveis pela Administração Pública.

Ana Paula O. Ávila afirma que os dados pertencem a pessoa natural. A autora traz exemplos de coleta de dados que somente podem ocorrer após o consentimento do titular, como, por exemplo: casos em que são solicitados dados pessoais para acesso a descontos em relação comercial com determinada empresa. Nesses casos, o consentimento da coleta de dados do titular coincide com o seu fornecimento por vontade própria.[4]

Há outras hipóteses em que o fornecimento de dados é obrigatório, pois atrelado a uma atividade pública, e exemplifica: "ao comprar medicamentos de uso controlado nas farmácias, a ANVISA exige a identificação do usuário e do comprador".[5] Este é o exemplo de paciente que recebe receita para aquisição de medicamento controlado, como um antibiótico. O profissional de farmácia é obrigado a coletar os dados pessoais do paciente.

Em razão disso, o conceito de tratamento de dados é bastante amplo e envolve desde a coleta dos dados pessoais até seu uso, armazenamento, análise ou compartilhamento.[6] Segundo a ótica da relação

---

[4] Destaque para este trecho: [...] como expressão do seu direito constitucional à privacidade e intimidade, você não é obrigado a fornecê-los a quem quer que seja; isso é muito importante ter em mente: em geral, você só fornece seus dados se assim desejar. Em muitos casos, seus dados são solicitados se você deseja obter alguma facilidade (por ex., para acessar gratuitamente uma rede wi-fi ou aplicativos) ou descontos em preços; são situações em que você deverá avaliar a conveniência em fornecê-los e tomar sua decisão, devendo ser informado sobre o modo como seus dados serão utilizados. ÁVILA, Ana Paula O. *LGPD*: direitos do titular de dados pessoais. Disponível em: https://www.jota.info/opiniao-e-analise/artigos/lgpd-direitos-do-titular-de-dados-pessoais-26022020. Acesso em: 4 out. 2020.

[5] ÁVILA, Ana Paula O. *LGPD*: direitos do titular de dados pessoais. Disponível em: https://www.jota.info/opiniao-e-analise/artigos/lgpd-direitos-do-titular-de-dados-pessoais-26022020. Acesso em: 4 out. 2020.

[6] MASSARO, Heloisa; SANTOS, Bruna; BIONI, Bruno; BRITO CRUZ, Francisco; RIELLI, Mariana; VIEIRA, Rafael. *Proteção de dados nas eleições*: democracia e privacidade. Grupo de Estudos em Proteção de Dados e Eleições, 2020. p. 13.

tutelada pela lei, os dados pessoais integram bases de dados nacionais e internacionais e estão ao influxo de relações que dependem destas informações para melhor embasar atividades lucrativas ou não.

2.1 Dados da pessoa natural identificada ou identificável

A LGPD, como visto, objetiva proteger dado pessoal. No seu art. 5º, inc. I, dado pessoal foi definido como "informação relacionada a pessoa natural identificada ou identificável". A sua antítese seria um dado anônimo, "ou seja, aquele que é incapaz de revelar a identidade de uma pessoa".[7]

E a LGPD não incide sobre o tratamento de dados anonimizados. A Lei define dado anonimizado (inc. III do seu art. 5º) como aquele "dado relativo a titular que não possa ser identificado, considerando a utilização de meios técnicos razoáveis e disponíveis na ocasião de seu tratamento". Patrícia Peck Pinheiro define que a anonimização ocorre por meio da "utilização de meios técnicos razoáveis e disponíveis no momento do tratamento, por meio dos quais um dado perde a possibilidade de associação, direta ou indireta, a um indivíduo".[8] A anonimização pode ser considerada como um estado latente de um dado que pode se tornar identificável a qualquer tempo e, deste modo, a LGPD estabelece que o momento para classificar o dado é "na ocasião de seu tratamento" – e enquanto este durar.

Há duas formas preponderantes de definir dados pessoais: uma reducionista e outra expansionista. A primeira considera dado pessoal a informação que guarda relação com pessoa identificada, como o CPF. A segunda – expansionista – define dado pessoal como qualquer informação que identifique ou viabilize a identificação de uma pessoa.[9]

Por estas razões, Bruno Bioni afirma que a LGPD se valeu "do critério da razoabilidade para delimitar o espectro do conceito expansionista de dados pessoais". Assim, segundo o mesmo autor, a adoção do "conceito expansionista de dado pessoal" levou o legislador a estabelecer uma dicotomia entre dados pessoais e dados

---

7 BIONI, Bruno. *Compreendendo o conceito de anonimização e dado anonimizado*. Disponível em: http://genjuridico.com.br/2020/08/05/conceito-anonimizacao-dado-anonimizado/. Acesso em: 4 out. 2020.

8 PINHEIRO, Patricia Peck. *Proteção de dados pessoais*: comentários à Lei nº 13.709/2018 (LGPD). 2. ed. São Paulo: Saraiva Educação, 2020. p. 29.

9 MASSARO, Heloisa; SANTOS, Bruna; BIONI, Bruno; BRITO CRUZ, Francisco; RIELLI, Mariana; VIEIRA, Rafael. *Proteção de dados nas eleições*: democracia e privacidade. Grupo de Estudos em Proteção de Dados e Eleições, 2020. p. 11.

anônimos, porque estes últimos "seriam, em última análise, potencial e provavelmente, dados relacionados a uma pessoa identificável".[10] De acordo com o conceito expansionista, o dado protegido é aquele identificado ou identificável; vale dizer, é aquele dado que individualiza uma pessoa natural ou indica características que propiciam sua individualização.

2.2 Dados pessoais sensíveis

Questão interessante é saber como a LGPD tratou os dados sensíveis, aqueles relativos, por exemplo, ao sexo, raça, religião do titular dos dados. E também como isso pode ser relevante para a Justiça Eleitoral.

O inc. II do art. 5º da LGPD define dado pessoal sensível como o dado "sobre origem racial ou étnica, convicção religiosa, opinião política, filiação a sindicato ou a organização de caráter religioso, filosófico ou político, dado referente à saúde ou à vida sexual, dado genético ou biométrico, quando vinculado a uma pessoa natural".

Sobre o dado sensível, há maior cuidado: "o tratamento dele somente poderá ocorrer se o titular ou seu responsável legal consentir, de forma específica e destacada, para finalidades específicas, ou nas demais hipóteses listadas de forma expressa na lei".[11]

O art. 11[12] da LGPD estabelece as únicas hipóteses nas quais dados pessoais sensíveis poderão ser tratados. Trata-se de um rol taxativo.

---

[10] BIONI, Bruno. *Compreendendo o conceito de anonimização e dado anonimizado.* Disponível em: http://genjuridico.com.br/2020/08/05/conceito-anonimizacao-dado-anonimizado/. Acesso em: 4 out. 2020.

[11] TEFFÉ, Chiara Spadaccini de. Tratamento de dados pessoais de crianças e adolescentes: proteção e consentimento. *Caderno Especial: Lei Geral de Proteção de Dados (LGPD)*, São Paulo, p. 105-120, nov. 2019.

[12] Art. 11. O tratamento de dados pessoais sensíveis somente poderá ocorrer nas seguintes hipóteses:
I - quando o titular ou seu responsável legal consentir, de forma específica e destacada, para finalidades específicas; II - sem fornecimento de consentimento do titular, nas hipóteses em que for indispensável para:
a) cumprimento de obrigação legal ou regulatória pelo controlador; b) tratamento compartilhado de dados necessários à execução, pela administração pública, de políticas públicas previstas em leis ou regulamentos; c) realização de estudos por órgão de pesquisa, garantida, sempre que possível, a anonimização dos dados pessoais sensíveis; d) exercício regular de direitos, inclusive em contrato e em processo judicial, administrativo e arbitral, este último nos termos da Lei nº 9.307, de 23 de setembro de 1996 (Lei de Arbitragem); e) proteção da vida ou da incolumidade física do titular ou de terceiro; f) tutela da saúde, em procedimento realizado por profissionais da área da saúde ou por entidades sanitárias; ou f) tutela da saúde, exclusivamente, em procedimento realizado por profissionais de saúde, serviços de saúde ou autoridade sanitária; ou g) garantia da prevenção à fraude e

Nenhuma outra hipótese de tratamento de dados pessoais sensíveis será admitida. Nesta categoria estão incluídos os dados biométricos dos eleitores, que são tratados pela Justiça Eleitoral e objeto de análise neste artigo.

3 Base legal para o tratamento de dados pessoais e dados pessoais sensíveis pela Administração Pública

Compreendida a definição de dado pessoal e dado pessoal sensível como objeto de proteção pela LGPD, torna-se necessário conhecer as bases legais que definem o seu tratamento pela Administração Pública. Mais precisamente, identificar qual é a base legal que incide sobre a relação da administração ("aquela que se estrutura ao influxo de uma finalidade cogente"[13]) existente entre o eleitor (titular do dado) e a Justiça Eleitoral (controladora dos dados).

O Capítulo IV estabelece regramento específico para o "tratamento de dados pessoais pelo Poder Público". Estão contidos neste capítulo os art. 23 ao 30. O art. 23 estabelece critérios de legitimidade; o art. 24 define a abrangência; e os art. 25 a 30 determinam as hipóteses em que a Administração Pública pode compartilhar dados e controlar esse compartilhamento.[14]

Então, podemos afirmar que há base legal específica do tratamento de dados pela Administração Pública; são os art. 6º; art. 7º, inc. II e III; art. 11, inc. II, "a" e "b"; art. 23 a 30.

O art. 23, *caput*, estabelece que o tratamento de dados pessoais pela Administração Pública "deverá ser realizado para o atendimento de sua finalidade pública, na persecução do interesse público" e para o exercício de competências executivas e cumprimento de seus deveres legais. Este ambiente de legitimidade da sua atuação está previsto, também, no art. 7º, inc. II e III, e art. 11, inc. II, "a" e "b". Significa dizer que o art. 23 traz "requisitos adicionais e específicos" ao tratamento

---

à segurança do titular, nos processos de identificação e autenticação de cadastro em sistemas eletrônicos, resguardados os direitos mencionados no art. 9º desta Lei e exceto no caso de prevalecerem direitos e liberdades fundamentais do titular que exijam a proteção dos dados pessoais.

13 LIMA, Ruy Cirne. *Princípios de direito administrativo*. 6. ed. São Paulo: Revista dos Tribunais, 1987. p. 51.

14 Confira o artigo REIS, Luciano Elias; LIPPMANN, Rafael Knorr. A Administração Pública na Lei Geral de Proteção de Dados. *In:* PIRONTI, Rodrigo. *Lei Geral de Proteção de Dados:* estudos sobre um novo cenário de Governança Corporativa. Belo Horizonte: Fórum, 2020. p. 170-171.

dos dados pelo Poder Público ao complementar a base legal dos art. 7º e 11 da Lei.[15]

Os art. 23 e 24 da LGPD permitem afirmarmos que as atividades administrativas que envolvam o cumprimento de dever legal ou regulatório, a prestação de serviços públicos ou a execução de políticas públicas pela Administração Pública afastam a necessidade de se obter o consentimento prévio e expresso previsto no inc. I do art. 7º da Lei. Nesta mesma linha de argumentação, vimos que o art. 26 autoriza o uso compartilhado de dados pessoais, sem prévio consentimento do titular,[16] desde que atendidas as "finalidades específicas de políticas públicas e atribuição legal" pelo Poder Público.

Nosso entendimento sobre o prévio consentimento expresso, livre, informado e inequívoco é que a LGPD o dispensou ao tratamento de dados pelo Poder Público, como regra, desde que atendidos os seguintes requisitos legitimadores: atender a sua finalidade, conforme motivação exposta no ato administrativo de informação do tratamento; deve ser dirigido para a persecução do interesse público; deve servir para a execução de competências legais ou para cumprir atribuições legais do serviço público.

Para além de cumprir esses requisitos, a execução da atividade de tratamento de dados pelo Poder Público depende do atendimento de duas exigências que devem constar no ato que o informa: uma, quais hipóteses conduzem ao tratamento de dados, com clareza e atualidade em relação a finalidade, procedimentos e práticas adotadas ao tratamento, usando a *internet* como meio para esta divulgação; e, duas, deve indicar o encarregado de dados pessoais quando realizarem as operações de tratamento.

O *caput* do art. 26 destaca a importância dos princípios descritos no art. 6º da LGPD. São eles: finalidade, adequação, necessidade, livre acesso, qualidade dos dados, transparência, segurança, prevenção, não discriminação, responsabilização e prestação de contas. Alguns destes princípios já têm relação com o Direito Administrativo e estão presentes no regime jurídico de direito público.

---

[15] VIOLA, Mario; TEFFÉ, Chiara Spadaccini. Tratamento de dados pessoais na LGPD: estudo sobra as bases legais dos artigos 7º e 11. *In*: DONEDA, Danilo; MENDES, Laura Schertel; SARLET, Ingo Wolfgang; RODRIGUES JR., Otavio Luiz; BIONI, Bruno (Coord.). *Tratado de Proteção de Dados Pessoais*. Rio de Janeiro: Forense, 2021. p. 132.

[16] REIS, Luciano Elias; LIPPMANN, Rafael Knorr. A Administração Pública na Lei Geral de Proteção de Dados. *In:* PIRONTI, Rodrigo. *Lei Geral de Proteção de Dados*: estudos sobre um novo cenário de Governança Corporativa. Belo Horizonte: Fórum, 2020. p. 172.

Destaque para a finalidade, pois a LGPD a elevou à categoria de princípio. Portanto, informar a finalidade do tratamento expressamente no ato administrativo é sua condição de validade. Informado o tratamento, será possível controlar eventual desvio da finalidade informada. Desviar a finalidade será considerado quebra da confiança legítima e da boa-fé, que são pressupostos da atividade administrativa.[17] O tratamento de dados que se desvie da finalidade informada pode acarretar a cessação do tratamento e gerar responsabilização do agente público responsável (controlador, operador e encarregado de proteção de dados), segundo estipulado nos art. 31 e 32 da Lei. Por isso, necessário que a informação do tratamento de dados seja realizada por ato administrativo escrito, no qual sejam descritas a finalidade e a responsabilidade dos partícipes.

Os inc. II e III do art. 7º da LGPD registram que a Administração Pública[18] pode tratar e compartilhar dados (i) para dar cumprimento a obrigação legal ou regulatória ou (ii) necessários à execução de políticas públicas versadas em leis e atendidas e executadas por meio de contratos, convênios e outros, observado o disposto no Capítulo IV da Lei. Há estreita ligação entre os inc. II e III do art. 7º e os art. 23 a 30 da Lei e, assim, podemos afirmar que há dispensa do consentimento expresso previsto no inc. I do art. 7º para o tratamento de dados pela Administração Pública, como regra, desde que realizado para executar finalidade pública ou para prestar serviços públicos e concretizar políticas públicas.

Do mesmo modo, há dispensa do consentimento para o tratamento de dados sensíveis previsto nas alíneas "a" e "b" do inc. II do art. 11 da Lei, que é a mesma já prevista para o tratamento de dados pessoais nos inc. II e III do art. 7º. No entanto, dispensado o consentimento, ressalte-se que permanece o dever de informar o tratamento de forma transparente, observados os princípios do art. 6º.

O Poder Público estará dispensado do consentimento do titular para comunicar dados ou para o uso compartilhado de dados pessoais

---

[17] AMARAL, Luiz Fernando de Camargo Prudente do. Desafios da LGPD em relação à implementação pelo Poder Público. *In:* BLUM, Renato Opice. *Proteção de dados*: desafios e soluções na adequação à lei. Rio de Janeiro: Forense, 2020. p. 78.

[18] Hely Lopes Meirelles ensina que a expressão *Administração Pública,* escrita com as iniciais maiúsculas, "tanto designa pessoas e órgãos governamentais como a atividade administrativa em si mesma". E distingue: "(...) escrevemos sempre a expressão *Administração Pública,* com maiúsculas, quando nos referimos a pessoas e órgãos administrativos, e, com minúsculas – *administração pública* – quando aludimos à atividade administrativa em si mesma". MEIRELLES, Hely Lopes. *Direito administrativo brasileiro.* 14. ed. São Paulo: Revista dos Tribunais, 1989. p. 75.

entre pessoas jurídicas de direito público e de direito privado nas hipóteses do tratamento embasado no art. 23, inc. I; art. 26, §1º; 7º, inc. II e III; e art. 11, inc. II, "a" e "b", conforme concluímos da leitura do art. 27, inc. I, da Lei.

A base legal para o tratamento de dados pelo Poder Público permite afirmar que, fora de qualquer uma das hipóteses de dispensa do consentimento prévio já tratadas, sobreleva o dever de o Poder Público, como controlador do dado, solicitar o consentimento do titular. Pode parecer muito amplo, mas não é. Lembre-se dos art. 23, inc. I; 26, §1º; 7º, inc. II e III; e 11, inc. II, "a" e "b" da LGPD, os quais dispõem que as atividades públicas que dispensam o consentimento abrangem quase todas as atividades administrativas do Estado, como execução de políticas públicas previstas em lei, regulamento ou respaldada em contrato ou convênio, prestação de serviços públicos, atendimento da finalidade pública estatal, "persecução do interesse público", "execução de competências legais", "cumprimento de atribuições legais".

4 Fundamentos jurídicos para o tratamento de dados sensíveis pela Justiça Eleitoral

A Administração Pública recebeu tratamento da LGPD. Isso quer dizer que tanto a Administração direta quanto a indireta estão sujeitas ao seu regramento.

O art. 23, *caput*, dispõe que o tratamento de dados realizado pelas pessoas jurídicas descritas no art. 1º e parágrafo único da Lei de Acesso à Informação (Lei nº 12.527/11) deverá atender ao interesse público, às suas finalidades direcionadas à execução de competências e (ou) atribuições legais. Por sua vez, no art. 1º da Lei de Acesso à Informação, estão mencionados a União, os Estados e o Distrito Federal e os Municípios, Tribunais de Contas, Ministério Público de Contas, Judiciário e Ministério Público; ou seja, todos os entes da Federação e outras entidades que receberam funções e atribuições constitucionais. Todos estão incluídos sob sua incidência.

O Estado no Brasil assumiu a obrigação de prestar muitos serviços e concretizar os direitos fundamentais após a constitucionalização do Direito a partir da CRFB/88. Por isso, é possível afirmar que o Estado passou a ser um grande colecionador de dados pessoais.[19]

---

[19] BUCAR, Daniel. Administração pública e Lei Geral de Proteção de Dados. *Caderno Especial: Lei Geral de Proteção de Dados (LGPD)*, São Paulo, p. 153-165, nov. 2019, p. 155.

Este viés origina preocupação importante sobre o destino da relação de administração entre Estado e particular. Posto que o tratamento dos dados pessoais serve para atender interesse público inerente "à execução de políticas públicas previstas em leis e regulamentos ou respaldadas em contratos, convênios ou instrumentos congêneres", conforme o motivo de tratamento previsto no inc. III do art. 7º da LGPD, alguém poderia afirmar que caberia ao cidadão titular dos dados obedecer cegamente aos ditames estatais. Desde já, podemos dizer que identificamos que a LGPD afasta tal hipótese.

Há regras específicas para o tratamento de dados pessoais pelo Poder Público no Capítulo IV da LGPD, versadas para respeitar o titular dos dados e, ao mesmo tempo, viabilizar a concretização das finalidades públicas inerentes ao exercício das funções estatais, como as funções administrativa e jurisdicional exercidas pelos órgãos do Poder Judiciário eleitoral.

Inserido no Capítulo IV da LGPD, o art. 23, *caput*, prevê que o tratamento de dados pela Administração Pública direta e indireta deverá ser realizado para atender sua finalidade pública e com o objetivo de executar suas competências ou prestar serviços públicos. A Administração Pública deve demonstrar a finalidade pública específica. A leitura do art. 7º, inc. III, deve ser realizada em conjunto com o art. 23 da LGPD, pois são complementares entre si.

Neste estudo, usamos a expressão Administração Pública como sinônimo de Poder Público. A Justiça Eleitoral é o conjunto dos seguintes órgãos: Tribunal Superior Eleitoral, Tribunais Regionais Eleitorais, Juízes Eleitorais e Juntas Eleitorais (art. 118, inc. I a IV, da CRFB/88). Estes órgãos estão incluídos na noção de Poder Público, pois são integrantes do Poder Judiciário federal.

Por serem órgãos integrantes da estrutura orgânica do Poder Judiciário eleitoral, exercem função administrativa, jurisdicional e normativa. Para o foco deste estudo, destacamos – por exemplo – o alistamento eleitoral como atividade administrativa, realizada pelo exercício da função administrativa de alistamento de eleitores definida pela Constituição da República Federativa do Brasil de 1988 (art. 14, §1º, inc. I e II) e pelo Código Eleitoral (art. 6º, inc. I).

Para realização do alistamento eleitoral, a Justiça Eleitoral cadastra os dados pessoais de todos os brasileiros que cumpram os requisitos constitucionais para exercer o dever de votar: tenham 18 anos completos, para votar obrigatoriamente, ou seja maior de 16 e menor de 18 anos, maior de 70 anos ou analfabeto, para votar facultativamente.

Com o objetivo de ampliar a segurança do pleito e prevenir fraudes, o Tribunal Superior Eleitoral baixou a Resolução nº 23.440, de 19 de março de 2015, com a finalidade de disciplinar a implantação de nova sistemática de identificação do eleitor por meio da incorporação de dados biométricos e revisões de eleitorado.[20]

A coleta dos dados biométricos dos eleitores se deu em razão da referida Resolução, que determinou aos órgãos da Justiça Eleitoral realizar operação de recadastramento de eleitores, momento em que foram cadastradas as biometrias de cada eleitor.[21] Esse tema é importante, pois os dados biométricos dos eleitores estão classificados como dados pessoais sensíveis no inc. II do art. 5º da LGPD.

Então, o cenário de aplicabilidade da LGPD é o seguinte: a Justiça Eleitoral controla dados sensíveis e é nossa intenção identificar como a LGPD regula o tratamento de dados sensíveis pelo Poder Público, especificamente, os órgãos da Justiça Eleitoral.

O Tribunal Superior Eleitoral é o órgão superior hierárquico da Justiça Eleitoral. Podemos afirmar que é o controlador e o operador dos dados. E a edição da Resolução nº 23.610, de 18 de dezembro de 2019, pelo Tribunal Superior Eleitoral determinou a incidência da LGPD sobre as eleições de 2020 (art. 31, §4º).

O que mais importa no tratamento dos dados sensíveis pela Justiça Eleitoral é a observância do dever de proteção da privacidade do titular dos dados durante o tratamento. A LGPD autoriza o tratamento para o uso compartilhado de dados. Esta operação apresenta risco especial, visto que os dados pessoais biométricos podem ser compartilhados com outros órgãos ou entidades do Poder Público e o mau uso ou eventuais falhas de segurança presentes nos fluxos dos dados dentro de outras organizações ou, ainda, a má-fé de alguns agentes públicos interessados em fornecer material para o controle social dos eleitores podem acarretar violação ao direito fundamental da proteção de dados.[22]

---

[20] Mas o início do projeto de implantação da nova sistemática de identificação do eleitor por meio de dados biométricos se iniciou em 2007, com a aprovação da Resolução nº 22.688, de 13 de dezembro; sofreu alteração em 2009, com a Resolução nº 23.061, de 26 de maio; e prossegue com a vigente Resolução nº 23.440, de 19 de março de 2015.

[21] Neste estudo, tratamos do recadastramento eleitoral como um fato e, desse modo, é irrelevante saber se a totalidade dos eleitores já compareceu perante a Justiça Eleitoral para fornecer seus dados biométricos. O importante é tratarmos desta realidade já presente desde as eleições municipais de 2016. Desde 2015, a Justiça Eleitoral está tratando dados biométricos dos eleitores brasileiros devidamente alistados e recadastrados.

[22] A ideia da proteção de dados como direito fundamental autônomo é bem explicada no artigo de DONEDA, Danilo. A autonomia do direito fundamental de proteção de dados.

Há outros dados sensíveis que merecem proteção especial, como as preferências político-partidárias dos eleitores que podem ser mapeadas por meio dos votos realizados pelos eleitores. Considerando que é a Justiça Eleitoral que armazena os dados das votações e realiza a individualização dos votos. Por isso, podemos concluir que os dados armazenados são uma "mina de ouro", que poderão servir para predição, com grande antecedência, dos resultados de eleições a serem realizadas. Isso pode fornecer ao Poder Público (e não apenas aos agentes públicos vinculados à Justiça Eleitoral) espectro de possíveis eleitores e suas preferências, o que viabilizaria um direcionamento dos programas de governo e dos compromissos de mandatos ao eleitorado especialmente escolhido.[23] Com grandes poderes vêm grandes responsabilidades, mas tanto poder assim pode acarretar a realização de políticas personalíssimas desvirtuadas de seu propósito, servientes do interesse do grupo político eleito e atentatórias dos direitos fundamentais protegidos pela LGPD.

É neste sentido que a proteção dos dados pessoais sensíveis é dever da Justiça Eleitoral, norteada pelos princípios descritos no art. 6º da LGPD, que direcionam o seu tratamento e orientam a efetiva estruturação de um programa de proteção de dados.

Referências

AMARAL, Luiz Fernando de Camargo Prudente do. Desafios da LGPD em relação à implementação pelo Poder Público. *In:* BLUM, Renato Opice. *Proteção de dados*: desafios e soluções na adequação à lei. Rio de Janeiro: Forense, 2020.

ÁVILA, Ana Paula O. *LGPD*: direitos do titular de dados pessoais. Disponível em: https://www.jota.info/opiniao-e-analise/artigos/lgpd-direitos-do-titular-de-dados-pessoais-26022020. Acesso em: 4 out. 2020.

BIONI, Bruno. *Compreendendo o conceito de anonimização e dado anonimizado*. Disponível em: http://genjuridico.com.br/2020/08/05/conceito-anonimizacao-dado-anonimizado/. Acesso em: 4 out. 2020.

BUCAR, Daniel. Administração pública e Lei Geral de Proteção de Dados. *Caderno Especial: Lei Geral de Proteção de Dados (LGPD)*, São Paulo, p. 153-165, nov. 2019.

In: Caderno Especial: Lei Geral de Proteção de Dados (LGPD), São Paulo, p. 15-33, nov. 2019. Recomendamos a leitura.

23 AMARAL, Luiz Fernando de Camargo Prudente do. Desafios da LGPD em relação à implementação pelo Poder Público. *In:* BLUM, Renato Opice. *Proteção de dados*: desafios e soluções na adequação à lei. Rio de Janeiro: Forense, 2020. p. 82.

DONEDA, Danilo. A autonomia do direito fundamental de proteção de dados. *In: Caderno Especial*: Lei Geral de Proteção de Dados (LGPD), São Paulo, p. 15-33, nov. 2019.

DONEDA, Danilo. Panorama histórico da proteção de dados pessoais. *In:* DONEDA, Danilo; MENDES, Laura Schertel; SARLET, Ingo Wolfgang; RODRIGUES JR., Otavio Luiz (Coord.); BIONI, Bruno (Coord.). *Tratado de Proteção de Dados Pessoais*. Rio de Janeiro: Forense, 2021.

LIMA, Ruy Cirne. *Princípios de direito administrativo*. 6. ed. São Paulo: Revista dos Tribunais, 1987.

MASSARO, Heloisa; SANTOS, Bruna; BIONI, Bruno; BRITO CRUZ, Francisco; RIELLI, Mariana; VIEIRA, Rafael. *Proteção de dados nas eleições*: democracia e privacidade. Grupo de Estudos em Proteção de Dados e Eleições, 2020.

MEIRELLES, Hely Lopes. *Direito administrativo brasileiro*. 14. ed. São Paulo: Revista dos Tribunais, 1989.

PINHEIRO, Patricia Peck. *Proteção de dados pessoais*: comentários à Lei nº 13.709/2018 (LGPD). 2. ed. São Paulo: Saraiva Educação, 2020.

REIS, Luciano Elias; LIPPMANN, Rafael Knorr. A Administração Pública na Lei Geral de Proteção de Dados. *In:* PIRONTI, Rodrigo. *Lei Geral de Proteção de Dados*: estudos sobre um novo cenário de Governança Corporativa. Belo Horizonte: Fórum, 2020.

TEFFÉ, Chiara Spadaccini de. Tratamento de dados pessoais de crianças e adolescentes: proteção e consentimento. *Caderno Especial: Lei Geral de Proteção de Dados (LGPD),* São Paulo, p. 105-120, nov. 2019.

VIOLA, Mario; TEFFÉ, Chiara Spadaccini. Tratamento de dados pessoais na LGPD: estudo sobra as bases legais dos artigos 7º e 11. *In:* DONEDA, Danilo; MENDES, Laura Schertel; SARLET, Ingo Wolfgang; RODRIGUES JR., Otavio Luiz; BIONI, Bruno (Coord.). *Tratado de Proteção de Dados Pessoais*. Rio de Janeiro: Forense, 2021.

Informação bibliográfica deste texto, conforme a NBR 6023:2018 da Associação Brasileira de Normas Técnicas (ABNT):

PIRONTI, Rodrigo; TESSEROLLI, Eduardo Ramos Caron. A Lei Geral de Proteção de Dados e o tratamento de dados sensíveis pela Justiça Eleitoral. *In*: PIRONTI, Rodrigo (Coord.). *Lei Geral de Proteção de Dados no setor público*. 2. ed. Belo Horizonte: Fórum, 2024. p. 71-83. ISBN 978-65-5518-731-1.

OS TRIBUNAIS DE CONTAS E OS REFLEXOS DA LEI GERAL DE PROTEÇÃO DE DADOS

DAIESSE QUÊNIA JAALA SANTOS BOMFIM

RODRIGO PIRONTI

1 Introdução

A importância da aplicação da Lei Geral de Proteção de Dados Pessoais na realidade dos Tribunais de Contas decorre, por natureza, da atividade desenvolvida, não apenas em relação à gestão e controle de dados, mas também em relação à sua atividade administrativa natural.

Acerca do tratamento de dados pelos Tribunais de Contas é fundamental diferenciar, em um primeiro momento, as atividades internas e funções administrativas por ele exercidas (ex.: uso de redes sociais; portais de transparência; cursos pelas Escolas de Contas; ouvidoria e canais abertos; contratação de terceiros; cadastro de visitantes; concurso público; registro de servidores, etc.) das atividades de controle externo propriamente ditas (ex.: julgar contas, apreciar atos de admissão de pessoal; realizar auditorias operacionais; fiscalizar recursos de ajustes; prestar informações ao Poder Legislativo; aplicar sanções com inclusão de nomes em lista, etc.).

Todas estas atividades, em maior ou menor medida, importam na coleta e tratamento de dados, sendo que algumas destas atividades possuem característica predominantemente sensível, relevante, possivelmente sigilosa e que podem expor o relacionamento de determinado agente público ou terceiros.

A conjuntura estabelecida dentro dos Tribunais de Contas, em especial junto aos seus canais de denúncia, canais de relato e ouvidoria é efetivamente importante em relação ao controle destes dados, pois há necessidade de se dar vazão de maneira segura a estas informações. Da mesma forma ocorre em relação à contratação de terceiros, certo de que nos contratos administrativos que os Tribunais de Contas realizam, inúmeros são os dados que estão contemplados e que devem estar protegidos no âmbito da privacidade da informação. Na mesma seara, encontram-se os dados coletados no cadastro de visitantes nas recepções dos Tribunais de Contas, desde nome completo, telefone de contato, até registro facial por foto e cadastro biométrico, sendo de fundamental importância garantir a segurança das informações coletadas por intermédio de uma política específica de proteção destes dados.

Igualmente relevante neste cenário é a situação dos concursos públicos, já que, quando da participação em certame de seleção, dos candidatos é exigido que apresentem todos os seus dados para fins de credenciamento de cadastro de participação; ou ainda, o controle dos dados em relação aos seus servidores, em especial os dados tratados diretamente pelo setor de Recursos Humanos, que detém, além de dados pessoais de identificação, também arquivos históricos de saúde necessários à concessão de benefícios, como planos de saúde, atendimentos médicos, registros odontológicos e outras inúmeras informações sensíveis. Daí a importância de se assegurar o atendimento efetivo daquilo que preconiza a Lei Geral de Proteção de Dados Pessoais.

Para além destas situações, o Tribunal de Contas deve se preocupar também com a proteção de dados dentro do seu mister constitucional, no exercício do controle externo e nos termos previstos no art. 71 da CRFB/1988.

Exemplo disso é a atividade de julgamento de contas, que traz inúmeros dados e informações sobre as pessoas que estão sendo julgadas, ou aquelas pessoas que se relacionaram eventualmente com as pessoas que estão sendo julgadas, ou, ainda, informações que permitem a identificação de uma pessoa em determinada situação que foi relatada (pessoa identificável diante dos fatos do processo). Todas estas informações e os documentos que integram esta atividade de controle e julgamento são relevantes para fins da Lei Geral de Proteção de Dados Pessoais e devem ser objeto de políticas específicas com a respectiva relação com o autorizatório de suas bases legais. O mesmo ocorre em sua atividade típica de apreciar atos de admissão de pessoal e concessões de aposentadorias ou na realização de auditorias financeiras, operacionais e de conformidade.

2 Adequação normativa e as atividades dos tribunais de contas

Com efeito, para o desenvolvimento da sua atividade fim e buscando na sua atuação celeridade e efetividade, os Tribunais de Contas se submetem à apreciação e tratamento de inúmeros dados, cuja relevância pode se mostrar maior que o anteriormente previsto, e cuja guarda apropriada poderá prevenir reflexos negativos decorrentes da divulgação antecipada e indiscriminada, de modo que o aspecto de tratamento de dados dentro de um Tribunal de Contas é altamente complexo em razão da sua própria finalidade constitucional.

Neste âmbito, ressalta-se que, consoante esposado nas Normas Brasileiras de Auditoria no Setor Público (NBASP), a confidencialidade é um dos princípios fundamentais que norteia a atividade de controle externo. Com efeito, os Tribunais de Contas devem estabelecer um mecanismo adequado para a preservação da confidencialidade, adotando alguns procedimentos, quais sejam: (i) dispor sobre condições de segurança para a guarda de documentos de auditoria e/ou retenção de informações armazenadas em sistemas de tecnologia da informação; (ii) estabelecer regras claras para situações em que a exigência de confidencialidade deixa de ser válida em razão de deveres legais específicos e (iii) elaborar diretrizes para balancear de forma adequada a confidencialidade das auditorias com a necessidade de transparência e *accountability*. Como se vê, as normas de auditoria do setor público expressam preocupação inerente ao descrito na LGPD em relação ao tratamento de dados pelos Tribunais de Contas no exercício de sua atividade fim.

Vale destacar ainda as atividades dos Tribunais de Contas de prestar informações ao Congresso Nacional ou às Assembleias Legislativas e Câmaras Municipais, na sua atividade de colaboração com o Poder Legislativo. Neste exercício do compartilhamento e disponibilização de dados sobre as atividades de controle exercidas internamente, também se identificam elementos sensíveis e que merecem especial atenção dos agentes responsáveis pelo seu manuseio, transmissão e arquivo.

Dentro desse contexto há que se atentar ao previsto no art. 23 da LGPD, que traz informação absolutamente relevante à Administração Pública, e neste caso específico, ao Tribunal de Contas, ao permitir o exercício desta função de tratamento de dados pessoais para o atendimento de sua finalidade pública, na persecução do interesse público, e com o objetivo de executar as competências legais ou cumprir atribuições legais do serviço público.

Neste mesmo sentido é o previsto no art. 7º da LGPD, que autoriza aos órgãos públicos a possibilidade de uso compartilhado e de tratamento de dados pessoais, para além das hipóteses do mero consentimento, desde que estes sejam "necessários à execução de políticas públicas previstas em lei e regulamentos ou respaldadas em contratos, convênios ou instrumentos congêneres". É dizer, é preciso que seja demonstrada a finalidade de interesse púbico por detrás do compartilhamento ou do tratamento destes dados.

No tocante ao compartilhamento de dados, cumpre ressaltar a disposição inserta no art. 25 da Lei, ao prever que os dados deverão ser mantidos em formato interoperável e estruturado para o uso compartilhado, ou seja, que estes dados possam ser utilizáveis em estruturas diversas, que haja capacidade de comunicabilidade entre sistemas, e que sejam devidamente organizados, permitindo um fácil manuseio destes dados dentro do interesse público pretendido.

Diante deste panorama, cabe destacar a importância do compartilhamento de dados entre órgãos da esfera pública, de modo a proporcionar maior efetividade às atividades desempenhadas por cada um deles. É indubitável o crescimento de funções atribuídas aos órgãos públicos que se inter-relacionam e demandam a atuação conjunta de diferentes entidades. Neste sentido, e conferindo especial atenção ao compartilhamento de dados realizado pelos Tribunais de Contas, vale mencionar a plataforma virtual Labcontas – Laboratório de Informações de Controle –, que tem por objetivo a disponibilização de informações, *softwares* e *hardwares* para auditores e profissionais que participam desta rede de controle. Trata-se de um grande sistema que reúne quase 100 bases de dados diferentes e, aproximadamente, 55 organizações de controle, com o intuito de conferir maior eficiência à gestão pública.

Outrossim, diversos são os convênios e acordos de cooperação firmados entre as Cortes de Contas e outras instituições públicas, como, por exemplo, o Ministério Público, Junta Comercial, Receita Federal, objetivando o compartilhamento de dados e informações advindas de fontes diferentes para o cumprimento eficiente de suas atividades e que, por conseguinte, exigem cuidado e atenção ao disposto na LGPD para a materialização do binômio interesse público/direito à privacidade, respeitando os princípios da adequação, necessidade e finalidade.

Percebe-se, portanto, que é possível que os Tribunais de Contas exerçam o tratamento de dados pessoais ou permitam o uso compartilhado destes dados com outras esferas da Administração Pública, desde que a finalidade a ser atendida seja de interesse público, entendida aqui como aquela prevista na própria competência normativa em lei (ex.: tratamento dos dados necessários para a realização das atividades de controle), ou, ainda, para que seja possível a operação de um determinado serviço público.

Por outro lado, da leitura do parágrafo primeiro do art. 26 da LGPD extrai-se diretriz oposta, uma vez que destaca como regra geral a vedação de transferência a entidades privadas dos dados pessoais constantes das bases de dados que o Poder Público tenha acesso. Em complementação, o referido dispositivo elenca hipóteses de exceção à regra anteriormente citada.

Destes cenários, três deles merecem especial destaque aos Tribunais de Contas. O primeiro deles é autorização de compartilhamento de dados em casos de execução descentralizada de atividade pública que exija a transferência, exclusivamente para esse fim específico e determinado. Neste caso, o compartilhamento é autorizado desde que se proteja a informação, não apenas de acordo com a Lei de Acesso à Informação, mas também nos parâmetros exigidos pela LGPD. O segundo deles diz respeito à autorização de compartilhamento de dados do Tribunal de Contas para particulares quando houver previsão legal ou a transferência for respaldada em contratos, convênios ou instrumentos congêneres. E a terceira hipótese trata da transferência dos dados quando se objetivar exclusivamente a prevenção de fraudes e irregularidades ou proteger e resguardar a segurança e a integridade do titular de dados, desde que vedado o tratamento para outras finalidades.

Não se pode olvidar que a Lei expressamente determina a comunicação à Autoridade Nacional para os casos de convênios, contratos ou instrumentos congêneres cujo conteúdo se refira a compartilhamento de dados entre o Poder Público e entidades privadas.

Ademais, com o advento da Lei Geral de Proteção de Dados Pessoais, alguns temas assumem especial relevância no âmbito da Administração Pública, mais especificamente no âmbito dos Tribunais de Contas, tendo em vista constituírem pré-requisitos necessários que deverão ser observados para a efetiva implantação da norma, dentre os quais, destacamos: gestão de processos, estrutura de governança, gestão de riscos, relatórios de impacto e segurança da informação.

Quanto à gestão dos processos internos, a Nota Técnica nº 01/2019, do Instituto Rui Barbosa,[1] estabelece que a implantação da gestão de

---

[1] Associação civil criada pelos Tribunais de Contas do Brasil em 1973 com o objetivo de auxiliar no desenvolvimento e aperfeiçoamento das suas atividades.

processos nas Cortes de Contas tem por objetivo, dentre outros: (i) a criação de fluxos processuais distintos a partir da estratificação dos processos de negócio; (ii) criar regramentos a partir das tarefas a serem realizadas, para cada atividade encontrada, a fim de que haja o correto sequenciamento entre estas, fazendo com que os fluxos de processos não colidam ou não se sobreponham; (iii) possibilitar a proatividade nas tarefas que demandam mais esforços para que haja diminuição no tempo de resposta para com o seu jurisdicionado ou público interno e, por fim, (iv) identificar quais os gargalos que impedem a celeridade na integração das diversas ferramentas que norteiam a atuação dos Tribunais de Contas, em suas atividades diárias, possibilitando de forma prévia, a mitigação de riscos. Desse modo, o mapeamento das atividades desempenhadas pelos Tribunais de Contas e a avaliação dos seus processos internos, especialmente quanto à circulação de dados pessoais na instituição, são fundamentais para a materialização dos dispositivos da Lei, uma vez que o conhecimento e organização dos seus procedimentos possibilitarão identificar com maior segurança onde há tratamento de dados pessoais e o que deverá ser feito para compatibilizar os processos internos aos ditames legais.

Outro ponto de absoluta relevância para a temática aqui desenvolvida se refere à necessidade de que a matriz de risco do órgão de controle externo atenda a critérios objetivos em relação à ISO 31000,[2] ISO 27001[3] e ISO 27701,[4] que são as três metodologias de gerenciamento de riscos que permeiam a privacidade de dados e a segurança da informação. A relevância do atendimento destes critérios pela matriz de risco decorre, em primeiro lugar, da jurisprudência do próprio Tribunal de Contas da União, que permite que todas as fases de gestão do risco sejam, desde a sua identificação, priorização e tratamento, respeitadas. Em segundo lugar, a ISO 31000 é uma metodologia concreta para a gestão de risco e que possibilita, por exemplo, o estabelecimento também de um mapa de calor de probabilidade e impacto, que permita

---

[2] Norma internacional criada pela Organização Internacional de Padronização (ISO) cujo objetivo reside no estabelecimento de princípios e orientações gerais sobre o gerenciamento de riscos.

[3] Norma internacional criada pela Organização Internacional de Padronização (ISSO) com foco especial nos aspectos de confidencialidade, integridade e disponibilidade da informação de uma organização.

[4] Norma internacional criada pela Organização Internacional de Padronização (ISSO) que amplia o escopo da norma 27001, de modo a inserir novos controles no sistema de gestão da informação para garantir a privacidade dos dados pessoais.

uma melhor visualização dos *gaps* de segurança e daqueles eventos de risco de segurança de informação que são mais ou menos relevantes dentro de um contexto geral da LGPD.

Por sua vez, a estrutura de governança constitui outro pilar fundamental na aplicação efetiva da Lei Geral de Proteção de Dados Pessoais nos Tribunais de Contas. Neste cenário, a LGPD aponta três principais agentes desta cadeia de tratamento de informações: o controlador, o operador e o encarregado.

Nos termos do art. 5º, inc. VI, da LGPD, o controlador é a pessoa natural ou jurídica, de direito público ou privado, a quem competem as decisões referentes ao tratamento de dados pessoais. No âmbito dos Tribunais de Contas, o controlador é o próprio Tribunal de Contas, sendo aquele que controla o dado pessoal em relação ao motivo de tal dado estar sendo utilizado dentro daquela finalidade de interesse público.

De acordo com a Lei, o controlador poderá também formular regras de boas práticas e de governança que estabeleçam as condições de organização e o regime de funcionamento do tratamento de dados pessoais, observando a natureza, o escopo, a finalidade, a probabilidade e gravidade dos riscos e os benefícios decorrentes do tratamento de dados do titular. Ou seja, a legislação confere ao controlador a competência para instituir políticas adequadas que assegurem o cumprimento das normas relativas à proteção de dados pessoais.

Já nos termos do disposto no art. 5º, inc. VII, da LGPD, o operador é pessoa natural ou jurídica, de direito público ou privado, que realiza o tratamento de dados pessoais em nome do controlador. Ou seja, aqui é possível ter tanto o próprio controlador (Tribunal de Contas), nos casos de compartilhamento de dados de outros órgãos ou ajustes e termos de parceria, ou ainda, a regra geral, um terceiro responsável pela sua operação.

Por sua vez o encarregado é o responsável pelo relacionamento entre o controlador, a Autoridade Nacional de Proteção de Dados e o titular dos dados tratados, e, para além disso, todos aqueles que tenham direito de acesso às referidas informações.

Conforme assentado na Instrução Normativa nº 100/2020, da Secretaria de Desburocratização, Gestão e Governo Digital, ao encarregado deverá ser assegurado o acesso direto à Alta Administração do órgão, o apoio das unidades administrativas no atendimento à solicitação de informações, além do aperfeiçoamento contínuo, por meio de treinamentos sobre segurança da informação e tratamento de dados pessoais. Para a realização de suas atividades de modo eficaz, o encarregado deverá ter autonomia e independência funcional, possuir conhecimento especializado e multidisciplinar e, com absoluta certeza, precisará do suporte e comprometimento de toda a estrutura da organização, a fim de concretizar o respeito aos princípios que norteiam a proteção de dados pessoais.

Uma vez entendida a estrutura de governança de dados nos Tribunais de Contas, cabe ainda se atentar ao importante destaque dado ao tema do consentimento. Diferentemente do que ocorre na iniciativa privada, não se exige a anuência do detentor dos dados para que o Tribunal de Contas possa tratar estes dados, desde que tal tratamento esteja vinculado ao estrito exercício da sua função constitucional. A exceção aqui destacada é lógica, já que a necessidade de concordância inequívoca e expressa poderia prejudicar o próprio desenvolvimento da atividade de controle exercido pelos Tribunais de Contas, que certamente teriam maior dificuldade em obter autorização de acesso a dados necessários ao desenvolvimento desta finalidade pública, com o objetivo de executar suas competências legais.

É extremamente importante ressaltar que tal autorização de tratamento de dados sem o consentimento do detentor das informações é condicionada à obrigação de que sejam informadas pelos Tribunais de Contas as hipóteses em que, no exercício de suas competências, realizam o tratamento de dados pessoais, de modo a fornecer informações claras e atualizadas sobre a previsão legal, a finalidade, os procedimentos e as práticas utilizadas para a execução dessas atividades, nos termos do art. 23, inc. I, da LGPD. Ainda, faz-se necessário também que tais informações constem em veículos de fácil acesso ao público, preferencialmente em sítios eletrônicos. De forma complementar, a LGPD também indica que o tratamento de dados pelas pessoas jurídicas de direito público se atente ainda à necessidade de que seja indicado um encarregado quando realizarem operações de tratamento de dados pessoais, nos termos do art. 39 da Lei.

3 Aspectos práticos para aplicação da LGPD nos tribunais de contas

Vale ainda frisar os principais aspectos práticos relativos à aplicação da LGPD. O primeiro deles diz respeito à elaboração do Relatório de Impacto à Proteção de Dados Pessoais. Conforme evidenciado no art. 38

da Lei, a Autoridade Nacional poderá determinar ao controlador que elabore relatório de impacto, inclusive sobre dados sensíveis, referente a suas operações de tratamento de dados. A norma assevera, ademais, que o relatório deverá conter, no mínimo, a descrição dos tipos de dados coletados, a metodologia utilizada para coleta e para a garantia da segurança das informações e a análise do controlador em relação a medidas, salvaguardas e mecanismos de mitigação de risco adotados.

Outro importante aspecto que merece destaque se refere à política de segurança da informação. Inicialmente cumpre salientar que a segurança da informação deve observar os princípios relativos à confidencialidade, disponibilidade e integridade. A confidencialidade, já mencionada anteriormente, deve primar pela não divulgação da informação sem base autorizativa. Já a disponibilidade constitui propriedade da informação relacionada à sua acessibilidade e utilização sob demanda. Por sua vez, a integridade é aqui entendida como não modificação ou destruição da informação, de maneira não autorizada ou acidental.

Ademais, o processo organizacional de segurança da informação deve ainda estar alicerçado em alguns pilares, quais sejam: segregação de permissões; rígido controle de acessos (monitoramento do histórico de *logins* e movimentações); mensagens de alerta nas telas dos sistemas relacionados ao tratamento de dados pessoais; criptografia; instrumentalização jurídica; adoção de termos de confidencialidade; capacitação continuada (de modo a evitar erros não intencionais ou acessos indevidos/não motivados). Nesta seara, é imprescindível que os Tribunais de Contas elaborem diagnóstico pormenorizado acerca das informações produzidas e custodiadas no âmbito de cada Corte e que se refiram ao tratamento de dados pessoais, respeitados os princípios já enunciados, de modo a proporcionar atuação mais eficiente quando do início da implantação da LGPD.

Outrossim, a par do que foi exposto, não é possível pensar a implantação e adequação às normas dispostas na LGPD de modo dissociado da utilização de ferramentas tecnológicas. Assim, compete aos Núcleos de Tecnologia da Informação dos Tribunais de Contas adotar as providências necessárias a fim de atender aos requisitos da Lei Geral de Proteção de Dados Pessoais e, neste contexto, a Lei traz dois dispositivos absolutamente relevantes em relação à segurança da informação: "os agentes de tratamento devem adotar medidas de segurança, técnicas e administrativas aptas a proteger os dados pessoais de acessos não autorizados e de situações acidentais ou ilícitas de destruição, perda, alteração, comunicação ou qualquer forma de tratamento inadequado ou ilícito" (art. 46 da LGPD); e "o controlador deverá comunicar à autoridade nacional e ao titular a ocorrência de incidente de segurança que possa acarretar risco ou dano relevante aos titulares" (art. 48 da LGPD).

Ainda no campo do acesso e segurança da informação, não é demais recordar que a LAI (Lei Federal nº 12.527/2011) já previa o equilíbrio entre o fomento à cultura da transparência, que propicia o controle social, e a proteção da privacidade dos titulares de dados, asseverando que "o tratamento das informações pessoais deve ser feito de forma transparente e com respeito à intimidade, vida privada, honra e imagem das pessoas, bem como às liberdades e garantias individuais" (art. 31 da Lei nº 12.527/2011).

Em síntese, cumpre destacar os apontamentos constantes na Nota Técnica nº 01/2019 antes referenciada, orientadora e indicativa das providências a serem adotadas pelos Tribunais de Contas em relação à LGPD e que aqui merecem destaque: (i) implantar ou melhorar a governança de dados; (ii) definir um encarregado, também conhecido como *Data Protection Officer* – DPO, com a possibilidade, em nosso sentir, de que seja formado um comitê responsável para auxiliar essa função e a Autoridade Nacional de Proteção de Dados; (iii) instituir a gestão de riscos e incidentes de segurança, mediante a atuação de matriz de riscos; (iv) fortalecer a segurança corporativa da informação, de modo a garantir o acesso dos dados armazenados e tratados pelos Tribunais de Contas; (v) institucionalizar um programa ou uma política de governança em privacidade, com planos de ações a serem criados nos Tribunais de Contas voltados à dar vazão a esta proteção à privacidade de dados; (vi) revisar os contratos e convênios, inserindo cláusulas de observância à LGPD, sendo esta uma das principais vertentes da nova normativa, de modo a buscar que todos estejam aderentes aos parâmetros nela estipulados; (vii) promover capacitação, sensibilização e campanhas para servidores, contratados, jurisdicionados e parceiros sobre os cuidados necessários com o tratamento dos dados pessoais, de maneira a criar uma nova cultura de respeito à informação e permitir que todos os que se relacionem com os Tribunais de Contas estejam aptos a entender o que é a proteção de dados no Brasil e como trabalhar com ela.

Naquilo que diz respeito à organização interna dos Tribunais de Contas para se ajustar à nova dinâmica de proteção de dados, as atividades que se destacam são: (i) responder às demandas do cidadão com agilidade, de modo a atender ao princípio da celeridade no acesso à informação; (ii) receber e analisar o pedido do cidadão quando se opõe ao tratamento de seus dados, mesmo quando há interesse público, devendo os Tribunais de Contas estarem preparados para justificar ao cidadão o porquê daquele tratamento de dados, atendido o imperativo do binômio finalidade/necessidade à luz da LGPD; (iii) responder quanto à existência de tratamento de dados do titular, qual o seu uso e porquê, sendo necessário um desenho de processo que atenda estes questionamentos de forma ágil e adequada; (iv) dar acesso aos dados tratados pelo Tribunal de Contas que digam respeito ao particular; (v) corrigir dados pessoais incompletos, inexatos ou desatualizados, de modo a garantir a fidedignidade e a segurança desta informação.

Ainda no âmbito da dinâmica que envolve o funcionamento das Cortes de Contas, impende realçar a importância do método avaliativo denominado Marco de Medição de Desempenho dos Tribunais de Contas (MMD-TC). A referida ferramenta foi concebida pela Associação dos Membros dos Tribunais de Contas do Brasil (ATRICON), no bojo do Projeto de Qualidade e Agilidade dos Tribunais de Contas (QATC), e tem por objetivo fortalecer o sistema de controle externo e estimular a transparência das informações, decisões e da gestão dos Tribunais. A avaliação abrange itens e critérios previamente definidos que conduzem a um marco referencial que deverá ser almejado pelos Tribunais de Contas e indicam exemplos de boas práticas que podem ser reproduzidas entre as Cortes de Contas. Desse modo, entende-se relevante a inserção de itens referentes ao cumprimento das normas dispostas pela Lei Geral de Proteção de Dados Pessoais dentre os elementos avaliativos que compõem o MMD-TC, com o intuito de fomentar a efetiva implantação das condições previstas pela Lei nos Tribunais de Contas do país.

Nesse ínterim, as Cortes de Contas, uma vez entendidos os riscos que estão contemplados dentro do programa de privacidade de dados, deverão direcionar atenção ao cronograma de implantação das medidas de adequação à Lei Geral de Proteção de Dados, que, depois de estruturada a governança interna de proteção de dados e estruturado o Relatório de Impacto de Proteção de Dados, se ocupará da elaboração das políticas internas e desenhos de processo a dar vazão a este necessário processo de valorização dos dados da pessoa natural.

Relembra-se, por fim, que, para além da própria adequação ao arcabouço legal trazido pela LGPD, competirá aos Tribunais de Contas fiscalizar o cumprimento da lei por seus jurisdicionados. Neste sentido, o Tribunal de Contas da União[5] realizou auditoria entre novembro de 2020 e maio de 2021 para avaliar 382 organizações públicas por meio do método de autoavaliação de controles internos. A análise contemplou aspectos ligados à condução de iniciativas para providenciar a adequação à legislação e relacionadas às medidas implementadas para viabilizar o cumprimento das exigências estabelecidas na Lei (preparação, contexto organizacional, liderança, capacitação, operações de tratamento de dados pessoais, compartilhamento de dados pessoais, controle de acesso em sistemas). O trabalho técnico concluiu, ao verificar o grau de conformidade com a legislação, que 17,8% das organizações foram classificadas como inexpressivas, 58,9% em estágio inicial, 20,4% em nível intermediário e 2,9% atingiram o nível aprimorado. Essa conformação demonstrou uma situação de alto risco à privacidade dos cidadãos cujos dados pessoais são coletados e processados pela Administração Pública Federal.

Como se pode observar, a efetiva implantação do desenho normativo da Lei Geral de Proteção de Dados dependerá, sem dúvida, de mudança da cultura organizacional de todo o setor público, indicando grande desafio institucional aos órgãos públicos do país. Com efeito, a implantação da LGPD é um processo complexo, que envolve aspectos normativos, jurídicos, financeiros, tecnológicos e de capacitação, cuja realidade de cada entidade determinará a fluidez desse processo. Neste sentido, acredita-se que os Tribunais de Contas deveriam desempenhar papel primordial na concretização das medidas estabelecidas pela Lei, representando, por sua importância social e por sua função orientadora e pedagógica, além de fiscalizatória, modelo para os demais órgãos e para seus jurisdicionados.

Referências

ABNT. Associação Brasileira de Normas Técnicas. *ABNT NBR ISO/IEC 27701*. Disponível em: http://www.abnt.org.br/images/Docspdf/Artigos/Artigo_27701.pdf. Acesso em: 15 nov. 2022.

5 TCU – Tribunal de Contas da União. *TCU verifica risco alto à privacidade de dados pessoais coletados pelo governo*. Disponível em: https://portal.tcu.gov.br/imprensa/noticias/tcu-verifica-risco-alto-a-privacidade-de-dados-pessoais-coletados-pelo-governo.htm. Acesso em: 19 nov. 2022.

ATRICON. Associação dos Membros dos Tribunais de Contas do Brasil. *TCU usa tecnologia para combater fraudes*. Disponível em: https://www.atricon.org.br/imprensa/destaque/tcu-usa-tecnologia-para-combater-fraudes/. Acesso em: 15 nov. 2022.

BRASIL. [Constituição (1988)]. *Constituição da República Federativa do Brasil de 1988*: Texto constitucional promulgado em 05 de outubro de 1988. Brasília, DF: Senado Federal. Disponível em: http://www.planalto.gov.br/ccivil_03/constituicao/constituicaocompilado.htm. Acesso em: 16 nov. 2022.

BRASIL. *Lei Federal nº 12.527, de 18 de novembro de 2011*. Regula o acesso a informações previsto no inciso XXXIII do art. 5º, no inciso II do §3º do art. 37 e no §2º do art. 216 da Constituição Federal; altera a Lei nº 8.112, de 11 de dezembro de 1990; revoga a Lei nº 11.111, de 5 de maio de 2005, e dispositivos da Lei nº 8.159, de 8 de janeiro de 1991; e dá outras providências. Brasília, DF: Câmara dos Deputados, 2011. Disponível em: http://www.planalto.gov.br/ccivil_03/_ato2011-2014/2011/lei/l12527.htm. Acesso em 17 nov. 2022.

BRASIL. ATRICON. Associação dos Membros dos Tribunais de Contas do Brasil. *Marco de Medição de Desempenho dos Tribunais de Contas*. Brasília, DF: ATRICON, 2015. Disponível em: https://www.atricon.org.br/wp-content/uploads/2015/03/MMD-TC_Treinamento.pdf. Acesso em: 16 nov. 2022.

BRASIL. IRB. Instituto Rui Barbosa. *Normas Brasileiras de Auditoria do Setor Público (NBASP):* Nível 1 – Princípios Basilares e Pré-requisitos para o Funcionamento dos Tribunais de Contas Brasileiros. Brasília, DF: Instituto Rui Barbosa. Disponível em: https://irbcontas.org.br/wp-content/uploads/2020/04/irb-nbasp-nivel1.pdf. Acesso em 17 nov. 2022.

BRASIL. *Lei Federal nº 13. 709, de 14 de agosto de 2018*. Lei Geral de Proteção de Dados Pessoais. Brasília, DF: Câmara dos Deputados, 2018. Disponível em: http://www.planalto.gov.br/ccivil_03/_ato2015-2018/2018/lei/L13709.htm. Acesso em 17 nov. 2020.

BRASIL. IRB. Instituto Rui Barbosa. *Nota Técnica nº 01/2019*. Lei nº 13.709, de 14 de agosto de 2018. Lei Geral de Proteção de Dados Pessoais (LGPD). Considerações sobre a aplicação no âmbito dos Tribunais de Contas. Brasília, DF: Instituto Rui Barbosa. Disponível em: https://www.atricon.org.br/wp-content/uploads/2019/11/NOTA-T%C3%89CNICA.pdf. Acesso em: 17 nov. 2022.

BRASIL. Ministério da Economia. Secretaria Especial de Desburocratização, Gestão e Governo Digital. *Instrução Normativa DEGDI nº 100, de 19 out. 2020*. Dispõe sobre a indicação do Encarregado pelo Tratamento dos Dados Pessoais nos órgãos do Sistema de Administração dos Recursos de Tecnologia da Informação – SISP. Brasília, DF: Ministério da Economia. Disponível em: https://www.in.gov.br/en/web/dou/-/instrucao-normativa-degdi-n-100-de-19-de-outubro-de-2020-284432280. Acesso em: 19 nov. 2022.

TCU – Tribunal de Contas da União. *TCU verifica risco alto à privacidade de dados pessoais coletados pelo governo*. Disponível em: https://portal.tcu.gov.br/imprensa/noticias/tcu-verifica-risco-alto-a-privacidade-de-dados-pessoais-coletados-pelo-governo.htm. Acesso em: 19 nov. 2022.

WIKIPEDIA. *ISO 27001*. Disponível em: https://pt.wikipedia.org/wiki/ISO_27001. Acesso em: 21 nov. 2022.

WIKIPEDIA. *ISO 31000*. Disponível em: https://pt.wikipedia.org/wiki/ISO_31000. Acesso em: 21 nov. 2022.

Informação bibliográfica deste texto, conforme a NBR 6023:2018 da Associação Brasileira de Normas Técnicas (ABNT):

BOMFIM, Daiesse Quênia Jaala Santos; PIRONTI, Rodrigo. Os Tribunais de Contas e os reflexos da Lei Geral de Proteção de Dados. *In*: PIRONTI, Rodrigo (Coord.). *Lei Geral de Proteção de Dados no setor público*. 2. ed. Belo Horizonte: Fórum, 2024. p. 85-98. ISBN 978-65-5518-731-1.

O DIREITO À AUTODETERMINAÇÃO INFORMATIVA E A QUESTÃO DO CONSENTIMENTO NO TRATAMENTO DE DADOS PESSOAIS PELA ADMINISTRAÇÃO PÚBLICA

RODRIGO PIRONTI

MIRELA MIRÓ ZILIOTTO

1 Introdução

Os avanços constantes do paradigma da tecnologia da informação em uma sociedade de informação têm impulsionado a intervenção estatal para a regulamentação das relações entre o titular dos dados pessoais e o controlador desses dados, objetivando, notadamente, proteger aquele de possíveis usos indevidos de suas informações pessoais.

Não há como negar que os indivíduos estão cada vez mais conectados e o fluxo transfronteiriço e massificado de dados se tornou inevitável, tendo estes se tornado importantes ferramentas para a evolução da humanidade. Ocorre, à medida que os indivíduos começam a perceber que esse potencial de tratamento de dados pessoais permite a construção de uma "memória de ferro" pelas novas tecnologias e, que, de repente, dados antigos podem ressurgir em contextos inesperados, um sentimento de medo e desconforto, abrindo-se espaço à discussão de um direito ao controle efetivo do que é feito com esses dados.

Assim, como resposta à necessária regulamentação estatal sobre o tema, a Lei Geral de Proteção de Dados Pessoais – LGPD, Lei Federal nº 13.709/2018, instituiu regras expressas de como deve ocorrer o tratamento de dados pessoais fornecidos por pessoas naturais, visando à proteção e salvaguarda dos usuários ao fundamento da autodeterminação informativa, proposta nesse estudo como instrumento necessário à garantia do consentimento adequado, inclusive quando exigido nas hipóteses excepcionais de tratamento de dados pessoais pelo Poder Público.

Sendo assim, o presente estudo tem por objetivo analisar a autodeterminação informativa como instrumento de garantia aos direitos da personalidade, sobretudo em relação ao atual potencial de coleta, processamento e utilização de dados pessoais pela Administração Pública, que pode implicar sérios riscos aos titulares, quando necessário o seu consentimento. Assim, pelo método hipotético-dedutivo, analisou-se a necessidade de reconhecer o direito dos titulares de controlar o tratamento de seus dados pessoais como um direito da personalidade, corolário aos direitos fundamentais da intimidade e privacidade. Dessa forma, em um primeiro momento, realizou-se breve análise do aumento da capacidade de memória em uma sociedade de informação. Após, os princípios e fundamentos da autodeterminação informativa foram avaliados, para, na sequência, discorrer sobre o consentimento e a importância da Lei Geral de Proteção de Dados Pessoais para sua consagração no ordenamento pátrio, especialmente nas hipóteses de exceção ao tratamento de dados pela Administração Pública, isto é, quando o consentimento é necessário. Ao final, apresentaram-se as conclusões no sentido de que a autodeterminação informativa, como um dos principais fundamentos da Lei Geral de Proteção de Dados Pessoais, deve ser reconhecida como instrumento necessário à garantia dos direitos da personalidade dos titulares, materializado mediante o consentimento adequado, inclusive nos casos excepcionais em que este é necessário ao tratamento de dados pela Administração Pública.

2 A sociedade de informação e a ampliação da memória

A sociedade de informação[1] surge no contexto de uma "sociedade pós-industrial"[2] como forma de transmitir o conteúdo específico da

---

[1] Clara Coutinho e Eliana Lisbôa definem a sociedade de informação como "uma sociedade inserida num processo de mudança constante, fruto dos avanços na ciência e na tecnologia". COUTINHO, Clara; LISBÔA, Eliana. Sociedade da informação, do conhecimento e da aprendizagem: desafios para educação no século XXI. *Revista de Educação*, Lisboa, vol. XVIII, n. 1, p. 06, 2011. Disponível em: http://revista.educ.ie.ulisboa.pt/arquivo/vol_XVIII_1/artigo1.pdf. Acesso em: 10 out. 2020.

[2] Denomina-se "sociedade pós-industrial", considerando que as três características básicas da sociedade de informação são a polifuncionalidade, flexibilidade e redes

tecnologia da informação como "novo paradigma técnico-econômico".[3] Trata-se da origem, portanto, do informacionalismo, base para uma sociedade de rede construída em torno de fluxos (de capital, de informação e de tecnologia) que dominam os processos da vida econômica, política e social.[4] Nesse sentido, a tecnologia da informação se torna base para a construção do conhecimento por indivíduos, já que a geração, o processamento e a transmissão de informação se tornam matéria-prima, isto é, tornam-se a principal fonte de produtividade e poder.[5] Entretanto, o importante na sociedade de informação não é a tecnologia em si, mas o que ela proporciona através de uma cultura digital.[6] Nesse sentido, Manuel Castells assevera que a difusão da tecnologia amplifica infinitamente seu poder, de modo que as novas tecnologias da informação são, para além de ferramentas para se aplicar, processos para se desenvolver.[7]

Assim, no contexto de uma cultura digital, essa difusão da tecnologia permite a ampliação da memória dos indivíduos, aumentando-se a sua capacidade de armazenamento de informações. Ocorre, à medida que os indivíduos passam a reconhecer essa "memória de ferro" proporcionada pelas novas tecnologias, diante do seu potencial de coleta, processamento e utilização de dados, e que, de repente, dados antigos podem ressurgir em contextos inesperados, inicia-se um sentimento de medo e desconforto,[8] abrindo-se espaço à discussão sobre o controle do tratamento de dados pessoais, o que, entre outras medidas, pode se realizar mediante o adequado consentimento.

---

descentralizadas, o que vai de encontro ao modelo industrial anterior, cujas características básicas representantes eram a especialização, a padronização e a reprodução rígida. Sobre o tema cf. LOJKINE, Jean. *A revolução informacional.* São Paulo: Editora Cortez, 2002.

[3] WHERTEIN, Jorge. A sociedade da informação e seus desafios. *Scielo.* Inf., Brasília, v. 29, n. 2, p. 71-77, maio/ago. 2000. p. 71. Disponível em: https://www.scielo.br/pdf/ci/v29n2/a09v29n2.pdf. Acesso em: 10 out. 2020.

[4] CASTELLS, Manuel. A era da informação: economia, sociedade e cultura. *In: A Sociedade em rede.* v. 1. 6. ed. São Paulo: Paz e Terra, 2000. p. 501.

[5] CASTELLS, Manuel. A era da informação: economia, sociedade e cultura. *In: A Sociedade em rede.* v. 1. 6. ed. São Paulo: Paz e Terra, 2000. p. 21.

[6] COUTINHO, Clara; LISBÔA, Eliana. Sociedade da informação, do conhecimento e da aprendizagem: desafios para educação no século XXI. *Revista de Educação,* Lisboa, vol. XVIII, n. 1, 2011. p. 8. Disponível em: http://revista.educ.ie.ulisboa.pt/arquivo/vol_XVIII_1/artigo1.pdf. Acesso em: 10 out. 2020.

[7] CASTELLS, Manuel. *A Galáxia da Internet:* Reflexões sobre a Internet, os negócios e a sociedade. Rio de Janeiro: Jorge Zahar Editor, 2003. p. 07.

[8] KOOPS, Bert-Jaap. Forgetting footprints, shunning shadow. A critical analysis of the "right to be forgotten" in big data practice. *Scripted,* vol. 8, n. 3, p. 229-256, dez. 2011. Disponível em: https://script-ed.org/article/forgetting-footprints-shunning-shadows/. Acesso em: 10 out. 2020.

Com a publicação da Lei Federal nº 12.965/2014, popularmente conhecida como Marco Civil da Internet, o Brasil estabeleceu princípios, direitos e obrigações para o uso da internet, especialmente em relação aos dados que nela são disponibilizados. Para além deste diploma, ao processamento de dados pessoais são aplicáveis, ainda, simultaneamente,[9] o Código de Defesa do Consumidor, Código de Defesa do Usuário de Serviços Públicos, bem como a Lei Geral de Proteção de Dados. Isso porque a tutela dos direitos básicos da personalidade dos titulares de dados deve ser resguardada em sua dupla dimensão: (i) a tutela da personalidade do titular contra os riscos que ameaçam a sua personalidade em face do tratamento dos dados pessoais e (ii) a atribuição ao titular da garantia de controlar o fluxo de seus dados na sociedade.[10] E a Lei Geral de Proteção de Dados Pessoais veio, principalmente, reforçar a necessidade de observância dos direitos da personalidade do titular de dados pessoais dentro de um duplo controle: controle de riscos e controle de fluxos.

Fala-se em reforçar a necessidade, justamente, porque a proteção de dados pessoais não é uma novidade da Lei Geral de Proteção de Dados Pessoais, eis que já havia previsão similar no Marco Civil da Internet.[11] A regulamentação do tema, entretanto, ocorria tão somente de

---

[9] A aplicação simultânea desses regulamentos normativos representa o "diálogo das fontes" para Cláudia Lima Marques, isto é, trata-se de uma aplicação simultânea, coerente e coordenada de plúrimas fontes legislativas, com campos de aplicação convergentes, mas não mais iguais. MARQUES, Claudia Lima. O diálogo das fontes. *In:* BENJAMIN, Antônio Herman V.; MARQUES, Claudia Lima; BESSA, Leonardo Roscoe. *Manual de direito do Consumidor.* 7. ed. rev., atual. e ampl. São Paulo: Revista dos Tribunais, 2016. p. 135. No mesmo sentido, Laura Mendes destaca que o diálogo das fontes é "um modelo de aplicação simultânea de fontes normativas diversas, adequado aos atuais fenômenos jurídicos complexos, não mais passíveis de serem resolvidos à luz dos conceitos de ab-rogação, derrogação e revogação". MENDES, Laura Schertel. O diálogo entre o Marco Civil da Internet e o Código de Defesa do Consumidor. *Revista de Direito do Consumidor,* São Paulo, vol. 106, ano 25, p. 37-69, jul./ago. 2016. Disponível em: http://www.mpsp.mp.br/portal/page/portal/documentacao_e_divulgacao/doc_biblioteca/bibli_servicos_produtos/bibli_boletim/bibli_bol_2006/RDCons_n.106.02.PDF. Acesso em: 10 out. 2020.

[10] MENDES, Laura Schertel. O diálogo entre o Marco Civil da Internet e o Código de Defesa do Consumidor. *Revista de Direito do Consumidor,* São Paulo, vol. 106, ano 25, p. 37-69, jul./ago. 2016. Disponível em: http://www.mpsp.mp.br/portal/page/portal/documentacao_e_divulgacao/doc_biblioteca/bibli_servicos_produtos/bibli_boletim/bibli_bol_2006/RDCons_n.106.02.PDF. Acesso em: 10 out. 2020.

[11] Art. 7º O acesso à internet é essencial ao exercício da cidadania, e ao usuário são assegurados os seguintes direitos: I - inviolabilidade da intimidade e da vida privada, sua proteção e indenização pelo dano material ou moral decorrente de sua violação; (...) IX - consentimento expresso sobre coleta, uso, armazenamento e tratamento de dados pessoais, que deverá ocorrer de forma destacada das demais cláusulas contratuais. BRASIL. Lei Federal nº 12.965, de 23 de abril de 2014. *Marco Civil da Internet.* Brasília, Presidente da República

forma difusa, sem exposição dos critérios e definições necessários para dar efetividade concreta à proteção de dados pessoais, sendo muitas vezes equivocadamente tratada como uma questão de cibersegurança. A Lei Geral de Proteção de Dados Pessoais, por sua vez, aprofundou o tema, amadurecendo-o ao patamar da aplicação prática da proteção das vulnerabilidades dos titulares de dados pessoais.[12]

O foco da Lei Geral de Proteção de Dados Pessoais, portanto, foi assegurar à pessoa natural a titularidade e o controle permanente sobre informações pessoais dotadas de proteção legal, fundamentando-se na inviolabilidade da intimidade e da vida privada, na liberdade de expressão, comunicação e opinião, na autodeterminação informativa, no desenvolvimento econômico e tecnológico, bem como na livre-iniciativa, livre concorrência, defesa do consumidor, proteção dos direitos humanos, dignidade, livre desenvolvimento da personalidade e exercício da cidadania, conforme determinado em seu artigo 2º.

Percebe-se, nesses termos, uma preocupação expressa com a dupla dimensão da tutela dos direitos dos titulares de dados pessoais, sobretudo em relação às garantias de controle. Não sem razão, o conceito de dados pessoais tratado no artigo 5º da Lei Geral de Proteção de Dados Pessoais representa um conceito expansionista, eis que não somente a informação relativa à pessoa diretamente identificada estará protegida, mas também a informação que possui um potencial de tornar a pessoa identificável.[13] É dizer, os dados pessoais implicam vínculo objetivo com a pessoa natural, de modo que proteger o tratamento de dados pessoais é proteger a própria personalidade da pessoa, eis que aqueles constituem as características ou o conjunto de características que a distinguem. Por isso, é preciso ter muita cautela quando do tratamento de dados pessoais, já que quando tratados em larga escala podem resultar no processamento de dados sensíveis.[14]

[2014]. Disponível em: http://www.planalto.gov.br/ccivil_03/_ato2011-2014/2014/lei/l12965.htm. Acesso em: 10 out. 2020.

[12] Sobre o tema cf.: ZILIOTTO, Mirela; GREGGIO, Felipe. Fundamentos da Lei Geral de Proteção de Dados Pessoais e a responsabilidade extracontratual do Estado no tratamento de dados pessoais. *In:* PIRONTI, Rodrigo (Coord.). *Lei geral de Proteção de Dados*: estudos sobre um novo cenário de Governança Corporativa. Belo Horizonte: Fórum, 2020.

[13] VAINZOF, Rony. Disposições Preliminares. *In:* MALDONADO, Viviane Nóbrega; BLUM, Renato Opice (Coord.). *LGPD:* Lei Geral de Proteção de Dados comentada. São Paulo: Thomson Reuters Brasil, 2019. p. 89.

[14] Dados pessoais sensíveis são aqueles que podem ocasionar algum tipo de discriminação ao titular do dado. De acordo com o artigo 5º, inciso II, da Lei Geral de Proteção de Dados Pessoais, o dado pessoal sensível é o "dado pessoal sobre origem racial ou étnica, convicção religiosa, opinião política, filiação a sindicato ou a organização de caráter

Segundo o artigo 5º, inciso X, da Lei Geral de Proteção de Dados Pessoais,[15] o tratamento de dados significa qualquer operação realizada com dados pessoais, dentre as quais estão: a coleta, produção, recepção, classificação, utilização, acesso, reprodução, transmissão, distribuição, processamento, arquivamento, armazenamento, eliminação, avaliação ou controle da informação, modificação, comunicação, transferência, difusão ou extração. Como se pode notar, assim como a definição de dado pessoal, a definição de tratamento de dados é extremamente abrangente, partindo da coleta e findando com a eliminação do dado, englobando todas as opções de manuseio, não importando o meio utilizado.

Essa abrangência de conceitos coaduna com o objetivo fundamental da Lei Geral de Proteção de Dados Pessoais, que é proteger a vulnerabilidade do titular dos dados pessoais, mediante a garantia dos direitos fundamentais da liberdade, da privacidade e do livre desenvolvimento de sua personalidade, conforme disciplina o seu artigo 1º. Assim, pode-se dizer que o titular dos dados pessoais é, senão, o núcleo existencial da Lei Geral de Proteção de Dados Pessoais.

Dessa forma, ao se considerar as relações entre indivíduos em uma sociedade de informação, a necessidade de defesa dos interesses do titular de dados diante de sua vulnerabilidade, fragilidade e exposição constante,[16] torna-se ainda mais latente, já que tudo o que os indivíduos fazem pode deixar algum rastro no mundo virtual, notadamente em razão do aumento da capacidade de memória proporcionada pela tecnologia da informação. Assim, quando titulares de dados passam a ser avaliados e classificados a partir de informações disponibilizadas a seu respeito, a proteção e o cuidado para com o tratamento dessas informações "deixa de ser um aspecto que somente diga respeito às esferas do sigilo ou da privacidade, passando a figurar um componente essencial para determinar o grau de liberdade de autodeterminação individual de cada pessoa".[17]

---

religioso, filosófico ou político, dado referente à saúde ou à vida sexual, dado genético ou biométrico, quando vinculado a uma pessoa natural". Sobre o tema cf. DONEDA, Danilo. *Da privacidade à proteção de dados pessoais*. Rio de Janeiro: Renovar, 2006. p. 161.

15 BRASIL. Lei Federal nº 13.709, de 14 de agosto de 2018. *Lei Geral de Proteção de Dados Pessoais*. Brasília, DF: Presidência da República, [2018]. Disponível em: http://www.planalto.gov.br/ccivil_03/_ato2015-2018/2018/lei/L13709.htm. Acesso em: 10 out. 2020.

16 Sobre o tema, conferir a expressão "*consumidor de vidro*" destacada por Susane Lace. *In:* LACE, Susane. *The glass Consumer*: life in a surveillance society. Bristol: Policy, 2005.

17 DONEDA, Danilo. Princípios e Proteção de dados pessoais. *In:* LUCCA, Newton de; SIMÃO FILHO, Adalberto; LIMA, Cíntia Rosa Pereira de (Coord.). *Direito e Internet III*: Marco civil de internet. São Paulo: Quartier Latin, 2015. p. 370.

Por isso, na era digital, a ausência de uma tutela efetiva dos direitos da personalidade dos titulares de dados fará com que estes estejam suscetíveis a decisões imperceptíveis pautadas em seus próprios comportamentos, que, não necessariamente, estarão de acordo com seus interesses,[18] consagrando situação de violação da autodeterminação informativa do titular.

3 O direito à autodeterminação informativa

A preocupação com o desenvolvimento dos indivíduos foi construída em torno do próprio conceito de privacidade, sendo esta um direito fundamental do indivíduo e elemento indissociável da própria dignidade da pessoa humana.[19] Daí se destacar a necessidade de proteger aquele que é vulnerável perante outrem, garantindo-se, precipuamente, a sua dignidade.

A dignidade da pessoa humana é um dos postulados centrais da República Federativa do Brasil, um valor constitucional atribuído à pessoa humana que orienta todo o ordenamento pátrio.[20] O princípio da dignidade da pessoa humana, por assim dizer, está integralmente vinculado aos direitos fundamentais, essenciais para que os indivíduos tenham uma vida digna.[21] A Constituição da República de 1988, portanto, reconhecendo a existência e eminência da dignidade da pessoa humana, a transformou em um valor supremo da ordem jurídica, declarando-a como um dos fundamentos da República Federativa do Brasil, constituída de um Estado Democrático de Direito, em seu artigo 1º, inciso III.[22] Daí dizer que a dignidade da pessoa humana é um princípio fundamental, garantidor de uma vida digna, centralizador

---

[18] VAINZOF, Rony. Disposições Preliminares. *In:* MALDONADO, Viviane Nóbrega; BLUM, Renato Opice (Coord.). *LGPD:* Lei Geral de Proteção de Dados comentada. São Paulo: Thomson Reuters Brasil, 2019. p. 48.

[19] VAINZOF, Rony. Disposições Preliminares. *In:* MALDONADO, Viviane Nóbrega; BLUM, Renato Opice (Coord.). *LGPD:* Lei Geral de Proteção de Dados comentada. São Paulo: Thomson Reuters Brasil, 2019. p. 25.

[20] LAFER, Celso. *A reconstrução dos direitos humanos:* um diálogo com o pensamento de Hannah Arendt. 7. reimp. São Paulo: Companhia das Letras, 2009. p. 118.

[21] DOTTA, Alexandre Godoy; SILVA, Bruna Isabelle Simioni. Efetividade dos direitos fundamentais sociais e o respeito ao princípio da dignidade da pessoa humana. *In:* BORDAS, Eduardo; GUIMARÃES, Edgar; REYNA, Justo; GABARDO, Emerson (Coord.). *A existência digna e a administração pública do século XXI.* Curitiba: Íthala, 2019. p. 27.

[22] SILVA, José Afonso da. *Poder Constituinte e Poder Popular.* São Paulo: Malheiros, 2000. p. 146.

de todo o sistema jurídico normativo e que exprime um conjugado de valores da humanidade.[23]

Elementos indissociáveis da dignidade da pessoa humana, a privacidade e a intimidade são exemplos de direitos sem o quais a pessoa não é capaz de se desenvolver ou participar plenamente da vida.[24] São, portanto, consideradas direitos e garantias fundamentais, conforme disciplina o artigo 5º, inciso X, da Constituição da República de 1988, no sentido de que "é inviolável a intimidade e a vida privada, assegurado o direito a indenização pelo dano material ou moral decorrente de sua violação".[25]

Privacidade e intimidade, nesses termos, são partes integrantes dos direitos da personalidade, tutelando a possibilidade de toda pessoa excluir do conhecimento de terceiros aquilo que só a ela se refere e que diz respeito ao âmbito de sua vida privada, objetivando-se a integridade moral do ser humano.[26] É dizer, são uma forma de oposição à divulgação de sua vida privada. Assim, a esses direitos implica-se um dever a todas as outras pessoas de não divulgar a intimidade alheia e de não se imiscuir nela, inclusive a Administração Pública.[27]

No âmbito da sociedade de informação, a proteção desses direitos, sobretudo para resguardar a dignidade dos indivíduos, faz-se ainda mais necessária, eis que tudo o que um indivíduo faz pode ser registrado em um dado, seja de forma passiva ou ativa.[28] É dizer, o amplo desenvolvimento tecnológico, em especial no ambiente virtual que permite maior, mais rápida e constante troca de inúmeras informações, determina que a necessidade de proteção dos dados nesse ambiente se torne cada vez mais presente.[29] Assim, os problemas atinentes à esfera privada de qualquer indivíduo não podem mais ficar restritos às

---

[23] SILVA, Beatriz Ferreira Corrêa da. *Os direitos sociais como cláusulas pétreas na Constituição da República de 1988*. Curitiba: J. M., 2011. p. 18.

[24] DALLARI, Dalmo de A. *Direitos humanos e cidadania*. São Paulo: Moderna, 1998.

[25] BRASIL. [Constituição (1988)]. *Constituição da República Federativa do Brasil de 1988*. Brasília, DF: Presidência da República, [2020]. Disponível em: http://www.planalto.gov.br/ccivil_03/constituicao/constituicaocompilado.htm. Acesso em: 10 out. 2020.

[26] LAFER, Celso. *A reconstrução dos direitos humanos:* um diálogo com o pensamento de Hannah Arendt. 7. reimp. São Paulo: Companhia das Letras, 2009. p. 239-240.

[27] FERNANDES, Milton. *Proteção civil da intimidade*. São Paulo: Saraiva, 1977. p. 99.

[28] VAINZOF, Rony. Disposições Preliminares. *In:* MALDONADO, Viviane Nóbrega; BLUM, Renato Opice (Coord.). *LGPD:* Lei Geral de Proteção de Dados comentada. São Paulo: Thomson Reuters Brasil, 2019. p. 26.

[29] EFING, Antônio Carlos; KIAME, Eduarda Alencar M. O direito ao esquecimento no armazenamento de dados: análise comparada entre o direito europeu e o direito brasileiro. *Revista Jurídica Luso-Brasileira*, Lisboa, ano 6, n. 1, p. 1-21, 2020. p. 15.

fronteiras tradicionais da privacidade,[30] considerando-se imperiosa a análise do fluxo transfronteiriço de dados, possibilitado pelo ambiente virtual.

Nesse sentido, deve-se ressaltar o atributo básico do direito à inviolabilidade da intimidade e da vida privada na era digital, que se trata de assegurar ao indivíduo a capacidade de controlar a circulação de informações ao seu respeito.[31] Sobre o tema, Carlos Ferreira da Silva destaca a existência de duas concepções distintas para assegurar o direito à intimidade e à privacidade durante o tratamento de dados pessoais. A primeira delas seria a proteção de dados pessoais como liberdade negativa, bastando a recusa ou proibição do conhecimento de informações do titular por terceiros. A segunda, por sua vez, seria o reconhecimento da proteção de dados pessoais como mecanismo apto a assegurar o controle de dados pelos próprios titulares, ainda que esses dados já estejam em domínio de terceiros.[32]

Então ganha espaço o fundamento da autodeterminação informativa, que representa, senão, a necessidade de o titular controlar o fluxo de suas informações que incessantemente é aumentado em uma realidade de tratamento transfronteiriço de dados. A autodeterminação informativa, portanto, trata-se de "poder permanente de controle sobre os seus próprios dados",[33] conforme expressa Stefano Rodotà. Isto é, trata-se do controle pessoal sobre o trânsito de dados relativo ao próprio titular e que não dizem respeito apenas à esfera íntima do indivíduo, mas vão além, atingindo situações em que o tratamento de dados é de acesso público, como suas opiniões, filiações partidárias, organizacionais ou de classe.[34] Em resumo, pode-se dizer que controlar informação pessoal é controlar a identidade do seu próprio projeto de mundo,[35]

---

[30] RUARO, Regina Linden; RODRIGUEZ, Daniel Piñeiro; FINGER, Brunize. O direito à proteção de dados pessoais e a privacidade. *Revista da Faculdade de Direito – UFPR*, Curitiba, n. 53, p. 45-66, 2011. p. 54.

[31] LEONARDI, Marcel. *Tutela e privacidade na Internet*. São Paulo: Saraiva, 2012. p. 67.

[32] VAINZOF, Rony. Disposições Preliminares. *In:* MALDONADO, Viviane Nóbrega; BLUM, Renato Opice (Coord.). *LGPD:* Lei Geral de Proteção de Dados comentada. São Paulo: Thomson Reuters Brasil, 2019. p. 27.

[33] RODOTÀ, Stefano. *A vida na sociedade da vigilância:* a privacidade hoje. Organização, seleção e apresentação de Maria Celina Bodin de Moraes. Tradução: Danilo Doneda e Luciana Cabral Doneda. Rio de Janeiro: Renovar, 2008.

[34] VAINZOF, Rony. Disposições Preliminares. *In:* MALDONADO, Viviane Nóbrega; BLUM, Renato Opice (Coord.). *LGPD:* Lei Geral de Proteção de Dados comentada. São Paulo: Thomson Reuters Brasil, 2019. p. 27.

[35] AGRE, Philip E.; ROTENBERG, Marc. *Technology and privacy:* the new landscape. Cambridge: MIT. p. 7.

de modo que quando o indivíduo não consegue mais identificar quais informações serão utilizadas para quais propósitos – o que muitas vezes ocorre de forma imperceptível – haverá um problema grave de tolhimento da autodeterminação.[36] Sobre o tema, Noah Yuval Harari destaca o perigo do tolhimento da autodeterminação, afirmando que a sua ilusão de livre-arbítrio provavelmente irá se desintegrar à medida que se deparar, diariamente, com instituições que possam compreender e manipular o que era o seu "inacessível reino interior".[37]

Evidente, portanto, que o tratamento massivo e desenfreado de dados deve ativar sinais de alerta para que a proteção da pessoa humana de fato ocorra na era digital. Assim, a Lei Geral de Proteção de Dados Pessoais, ao estabelecer parâmetros objetivos aos sujeitos de tratamento (controlador e operador), parece positivar essa necessidade de atenção à autodeterminação informativa, determinando-a como fundamento e, por conseguinte, garantindo que o titular de dados tenha poder sobre o fluxo e uso dos seus dados pessoais.

Não só a autodeterminação informativa, a positivação da necessidade de controle dos dados pessoais pelos titulares na Lei Geral de Proteção de Dados Pessoais também pode ser extraída da premissa da garantia de segurança aos titulares de dados pessoais, conforme previsão expressa em seu artigo 44,[38] já que aqueles cada vez mais passam a ser avaliados e classificados a partir de informações ao respeito, de modo que o cuidado com estas informações deve ser primordial.

Não se pode esquecer que o que está em análise é o tratamento de informações de cunho íntimo de indivíduos, de modo que dados pessoais, além de permitir a identificação de um indivíduo, podem também revelar muito a seu respeito, impactando o próprio exercício de sua cidadania. Nesse caso, portanto, há necessidade da modificação cultural do tratamento dos dados pessoais, devendo-se enxergar a proteção de dados como direito dos titulares, de modo que o

---

[36] VAINZOF, Rony. Disposições Preliminares. *In:* MALDONADO, Viviane Nóbrega; BLUM, Renato Opice (Coord.). *LGPD:* Lei Geral de Proteção de Dados comentada. São Paulo: Thomson Reuters Brasil, 2019. p. 28-29.

[37] HARARI, Noah Yuval. *21 lições para o século 21*. Tradução: Paulo Geiger. 1. ed. São Paulo: Companhia das Letras, 2018. p. 74.

[38] Art. 44. O tratamento de dados pessoais será irregular quando deixar de observar a legislação ou quando não fornecer a segurança que o titular dele pode esperar, consideradas as circunstâncias relevantes, entre as quais (...). BRASIL. Lei nº 13.709 de 14 de agosto de 2018. *Lei Geral de Proteção de Dados Pessoais*. Brasília, DF: Presidência da República, [2018]. Disponível em: http://www.planalto.gov.br/ccivil_03/_ato2015-2018/2018/lei/L13709.htm. Acesso em: 10 out. 2020.

tratamento deve ser ético, íntegro, seguro e de qualidade;[39] e, assim, será reconhecida a sua dupla dimensão de tutela, mediante controle de riscos e controle de fluxos.

4 O consentimento no tratamento de dados pessoais pelo Poder Público

Conforme analisado até aqui, o maior acesso à informação proporcionado pela internet e, por conseguinte, o aumento da capacidade de memória pelas novas tecnologias contrastam com a necessidade de um maior controle dos titulares de dados.[40]

Segundo a Agência Brasil, a Pesquisa Nacional por Amostra de Domicílios Contínua – Tecnologia da Informação e Comunicação (Pnad Contínua TIC) 2018, divulgada pelo Instituto Brasileiro de Geografia e Estatística (IBGE), mostra que, em que pese um a cada quatro brasileiros não possua acesso à internet, o percentual de brasileiros com acesso à internet aumentou de 2017 para 2018, passando de 69,8% para 74,7%.[41] Assim, diante do fácil acesso e rapidez com que informações são consultadas na biblioteca viva da internet, questiona-se a possibilidade de esquecimento dessas informações, quando elas puderem causar algum tipo de transtorno ao titular da informação, afetando-lhe outros direitos fundamentais.

Nesse contexto emerge a discussão a respeito da privacidade do usuário, mediante o seu controle e consentimento ao tratamento de dados pessoais. Sobre o tema, o Comitê Central de Governança de Dados do Governo Federal publicou o Guia de Boas Práticas sobre a Lei Geral de Proteção de Dados Pessoais, determinando que o respeito à privacidade do titular deve estar "acima de tudo", podendo ser alcançado mediante "padrões fortes de privacidade, avisos apropriados e interfaces amigáveis que empoderem o titular dos dados". Isso porque, "empoderar os titulares de dados a desempenhar um papel ativo no

---

39 VAINZOF, Rony. Disposições Preliminares. *In:* MALDONADO, Viviane Nóbrega; BLUM, Renato Opice (Coord.). *LGPD:* Lei Geral de Proteção de Dados comentada. São Paulo: Thomson Reuters Brasil, 2019. p. 23, 37 e 51.

40 RODOTÁ, Stefano. *A vida na sociedade da vigilância:* a privacidade hoje. Organização, seleção e apresentação de Maria Celina Bodin de Moraes. Tradução: Danilo Doneda e Luciana Cabral Doneda. Rio de Janeiro: Renovar, 2008. p. 97-98.

41 TOKARNIA, Mariana. Um em cada 4 brasileiros não têm acesso à internet, mostra pesquisa. *Agência Brasil.* Disponível em: https://agenciabrasil.ebc.com.br/economia/noticia/2020-04/um-em-cada-quatro-brasileiros-nao-tem-acesso-internet. Acesso em: 10 out. 2020.

gerenciamento de seus próprios dados pessoais pode ser o meio mais eficaz de verificação contra abusos de uso indevido".[42] Segundo o Guia, o respeito à privacidade dos titulares será suportado pelos seguintes aspectos:

> • *Consentimento ou hipótese de tratamento prevista em lei* - é necessário o consentimento livre e específico do titular dos dados para a coleta, uso ou divulgação de dados pessoais, exceto onde permitido por lei. As hipóteses de tratamento de dados pessoais e dados pessoais sensíveis estão preconizadas pelos arts. 7º e 11 da LGPD.
>
> • *Precisão* - os dados pessoais devem ser precisos, completos e atualizados, conforme necessário para cumprir finalidades especificadas.
>
> • *Acesso* - os titulares devem ter acesso aos seus dados pessoais e ser informados do uso e divulgação de tais dados. Os mencionados titulares devem ser capazes de contestar a precisão e integridade dos dados e alterá-los conforme apropriado.
>
> • *Conformidade* - as instituições devem estabelecer mecanismos de reclamação e reparação e comunicar informações sobre eles ao público.[43]

Sobre o primeiro aspecto indicado pelo Guia, importante frisar que o consentimento no tratamento de dados pela Administração Pública, a partir de uma interpretação teleológica da Lei Geral de Proteção de Dados, especialmente em relação ao seu artigo 7º, inciso III, e seu Capítulo IV, pode ser considerado como exceção. É dizer, via de regra, a Administração Pública, para execução de políticas públicas previstas em leis e regulamentos ou respaldadas em contratos, convênios ou instrumentos congêneres, não dependerá de consentimento, devendo, entretanto, observar as disposições do citado Capítulo IV, conforme será analisado na sequência.

O consentimento, por assim dizer, como exigência excepcional ao tratamento de dados pela Administração Pública, está disciplinado no artigo 5º, inciso XII, da Lei Geral de Proteção de Dados, devendo preponderar em manifestação livre, informada e inequívoca do titular,

---

[42] BRASIL. Comitê Central de Governança de Dados do Governo Federal. *Guia de Boas Práticas sobre a Lei Geral de Proteção de Dados Pessoais*. p. 49. Disponível em: https://www.gov.br/governodigital/pt-br/governanca-de-dados/guia-lgpd.pdf. Acesso em: 10 out. 2020.

[43] BRASIL. Comitê Central de Governança de Dados do Governo Federal. *Guia de Boas Práticas sobre a Lei Geral de Proteção de Dados Pessoais*. p. 49. Disponível em: https://www.gov.br/governodigital/pt-br/governanca-de-dados/guia-lgpd.pdf. Acesso em: 10 out. 2020.

no sentido de que concorda com o tratamento de seus dados para uma finalidade específica.

Assim, a manifestação livre será demonstrada quando for dada ao titular a clara oportunidade de dispor ou não de seus dados pessoais. Já o consentimento informado somente será comprovado quando o titular dos dados pessoais possuir conhecimento e capacidade reais para tomar sua decisão, inclusive em relação às suas consequências. Segundo Rony Vainzof,[44] "deve-se garantir ao titular o conhecimento prévio do motivo pelo qual seus dados estão sendo coletados, de forma objetiva, cristalina e de fácil compreensão para qualquer ser humano". Por fim, será inequívoco o consentimento que demonstrar a concordância clara do titular, não sendo reconhecido o silêncio, a omissão ou as opções pré-validadas como formas de consentimento inequívoco.

Não é novidade que a Administração Pública diariamente exerce ampla gama de atividades administrativas e implementa políticas públicas em cumprimento do interesse público, pelo que sua atuação administrativa "subordina-se às regras legais, e, acima disso, ao Direito".[45] Não sem razão, as políticas públicas não podem ser consideradas como "meros programas de governo, mas ações e pautas administrativas que precisam guardar vinculação com as prioridades constitucionais, imprimindo, de modo consciente, eficácia aos direitos fundamentais de todas as dimensões".[46] Dessa forma, não se pode olvidar que um dos maiores interessados na coleta de dados pessoais é a própria Administração Pública, que exige dos titulares a exposição constante e crescente de suas informações pessoais para fins de execução daquelas políticas públicas. A título de exemplo, cita-se a biometria obrigatória de impressão digital dos eleitores para exercer o direito ao voto, o uso de tecnologias de reconhecimento facial para vigilância pública, o cruzamento de dados bancários para fiscalização da tributação e diversas outras informações que a Administração Pública necessita para a persecução de seus objetivos.

Considerando esse fato, a Lei Geral de Proteção de Dados Pessoais disciplina o tratamento de dados pessoais não apenas pelos

---

[44] VAINZOF, Rony. Disposições Preliminares. *In:* MALDONADO, Viviane Nóbrega; BLUM, Renato Opice (Coord.). *LGPD:* Lei Geral de Proteção de Dados comentada. São Paulo: Thomson Reuters Brasil, 2019. p. 28-29.

[45] FREITAS, Juarez. *O controle dos atos administrativos e os princípios fundamentais.* 5. ed. rev. e ampl. São Paulo: Malheiros Editores, 2013. p. 59.

[46] FREITAS, Juarez. *O controle dos atos administrativos e os princípios fundamentais.* 5. ed. rev. e ampl. São Paulo: Malheiros Editores, 2013. p. 456.

entes privados, mas também pelas pessoas jurídicas de direito público (Capítulo IV, LGPD), não se olvidando que o Poder Público não está alheio à realidade digital da sociedade moderna.[47] Nesse sentido, a partir do artigo 23 da Lei Geral de Proteção de Dados Pessoais, determina-se que o tratamento de dados pessoais pelas pessoas jurídicas de direito público deverá ser realizado para o atendimento de sua finalidade pública, na persecução do interesse público, com o objetivo de executar as competências legais ou cumprir as atribuições legais do serviço público. É dizer, deverão ser fornecidas informações claras e atualizadas sobre a previsão legal, a finalidade, os procedimentos e as práticas utilizadas para a execução das atividades de tratamento de dados pessoais, em veículos de fácil acesso, preferencialmente em seus sítios eletrônicos, bem como deverá ser indicado um encarregado.[48] Ou seja, os dados deverão ser mantidos em formato interoperável e estruturado para o uso compartilhado, com vistas à execução de políticas públicas, à prestação de serviços públicos, à descentralização da atividade pública e à disseminação e ao acesso das informações pelo público em geral.

Assim, considerando a exigência de consentimento exceção, a integração da LGPD ao ordenamento jurídico concede segurança e transparência ao Poder Público, metodizando o tratamento de dados pessoais coletados por ela, mitigando-se o risco de violação de direitos individuais fundamentais do titular, sem comprometer a execução de suas competências legais e atribuições legais do serviço público. Dessa forma, quando couber à Administração Pública o tratamento de dados pessoais, além de observar o sistema administrativo, conferindo a máxima eficácia ao direito fundamental à boa administração e ao desenvolvimento sustentável,[49] deve ela se referir também aos fundamentos e princípios da proteção de dados consignada na LGPD.

---

[47] Sobre o tema cf. ZILIOTTO, Mirela; GREGGIO, Felipe. Fundamentos da Lei Geral de Proteção de Dados Pessoais e a responsabilidade extracontratual do Estado no tratamento de dados pessoais. *In:* PIRONTI, Rodrigo (Coord.). *Lei geral de Proteção de Dados*: estudos sobre um novo cenário de Governança Corporativa. Belo Horizonte: Fórum, 2020.

[48] O encarregado é pessoa indicada pelo controlador e operador para atuar como canal de comunicação entre o controlador, os titulares dos dados e a Autoridade Nacional de Proteção de Dados (ANPD), nos termos do artigo 5º, inciso VIII, da LGPD. BRASIL. *Lei Geral de Proteção de Dados Pessoais*. Brasília, Lei Federal nº 13.709, de 14 de agosto de 2018. Disponível em: http://www.planalto.gov.br/ccivil_03/_ato2015-2018/2018/lei/L13709.htm. Acesso em: 10 out. 2020.

[49] FREITAS, Juarez. *O controle dos atos administrativos e os princípios fundamentais*. 5. ed. rev. e ampl. São Paulo: Malheiros Editores, 2013. p. 42.

Nesse contexto, naquilo que diz respeito ao tratamento de dados pessoais pela Administração Pública, mediante consentimento do titular,[50] o Guia de Boas Práticas sobre a Lei Geral de Proteção de Dados Pessoais[51] determina que esta hipótese de tratamento legal é hipótese em que "o titular tem chance real de escolha sobre o tratamento de seus dados". Assim, quando aplicável tal hipótese, deverão ser avaliadas e respondidas positivamente as seguintes questões pelo órgão ou entidade responsável para que o tratamento mediante consentimento ocorra em observância à Lei Geral de Proteção de Dados Pessoais:

> 1. Será viável a coleta e o armazenamento da opção de consentimento do titular de modo a poder comprovar posteriormente a sua expressa manifestação de vontade?
>
> 2. Se o consentimento se der de forma escrita, será garantido que a opção pelo consentimento conste de cláusula destacada das demais, em que o titular seja instado a escolher livremente pela anuência ou não ao consentimento solicitado?
>
> 3. O consentimento será solicitado para cada uma das finalidades de tratamento, e será informado ao titular que tipo de tratamento será realizado, antes que este opte pelo consentimento?
>
> Observações:
>
> a) É vedado o tratamento de dados pessoais mediante vício de consentimento.
>
> b) O consentimento será considerado nulo caso as informações fornecidas ao titular tenham conteúdo enganoso ou abusivo ou não tenham sido apresentadas previamente com transparência, de forma clara e inequívoca.
>
> c) Se houver mudanças da finalidade para o tratamento de dados pessoais não compatíveis com o consentimento original, o titular deverá ser informado previamente sobre as mudanças de finalidade, podendo revogar o consentimento, caso discorde das alterações.
>
> d) As autorizações genéricas para o tratamento de dados pessoais serão consideradas nulas.

---

[50] Importante frisar que as hipóteses em que o consentimento será necessário são excepcionais, isto é, quando não estiver albergado na hipótese legal do artigo 7º, inciso III, da Lei Geral de Proteção de Dados, bem como quando não estiver de acordo com o disposto no capítulo IV do mesmo diploma.

[51] BRASIL. Comitê Central de Governança de Dados do Governo Federal. *Guia de Boas Práticas sobre a Lei Geral de Proteção de Dados Pessoais*. p. 22-23. Disponível em: https://www.gov.br/governodigital/pt-br/governanca-de-dados/guia-lgpd.pdf. Acesso em: 10 out. 2020.

4. Será dada ao titular a opção de revogação do consentimento, a qualquer momento, mediante manifestação expressa, por procedimento gratuito e facilitado?
5. No caso de tratamento de dados de crianças e adolescentes, será solicitado o consentimento específico por pelo menos um dos pais ou pelo responsável legal?

Na era digital, portanto, visando restabelecer o equilíbrio entre os direitos dos titulares e o dever de execução de atividades administrativas pela Administração Pública, a Lei Geral de Proteção de Dados Pessoais buscou garantir que aqueles tenham capacidade de controlar a circulação de informações ao seu respeito,[52] quando o consentimento for exigido. Isso porque, conforme já destacado, quando o indivíduo não consegue mais identificar quais informações serão utilizadas para quais propósitos haverá um problema grave de tolhimento da autodeterminação informativa.[53] Nesse passo, a Lei Geral de Proteção de Dados Pessoais garantiu ao titular dos dados, além da autodeterminação informativa e o tratamento seguro de seus dados, a revogação de consentimento e eliminação de dados a qualquer tempo, salvo nas hipóteses de guarda legal.[54]

Assim, em uma sociedade da informação, cujo paradigma é a própria tecnologia da informação, não se pode suprimir do titular dos dados o controle do que é feito com esses mesmos dados. Daí, então, a importância do fundamento da autodeterminação informativa previsto no artigo 2º, inciso II, da Lei Geral de Proteção de Dados Pessoais, garantindo-se que o tratamento de dados, para ser adequado, deverá ocorrer no exato tempo para o atingimento de sua finalidade, isto é, os dados não deverão ser tratados por um período superior ao tempo necessário para atender a finalidade pela qual estão sendo tratados.

---

52 LEONARDI, Marcel. *Tutela e privacidade na Internet*. São Paulo: Saraiva, 2012. p. 67.

53 VAINZOF, Rony. Disposições Preliminares. *In:* MALDONADO, Viviane Nóbrega; BLUM, Renato Opice (Coord.). *LGPD:* Lei Geral de Proteção de Dados comentada. São Paulo: Thomson Reuters Brasil, 2019. p. 28-29.

54 "Art. 18. O titular dos dados pessoais tem direito a obter do controlador, em relação aos dados do titular por ele tratados, a qualquer momento e mediante requisição: (...) VI - eliminação dos dados pessoais tratados com o consentimento do titular, exceto nas hipóteses previstas no art. 16 desta Lei; (...) IX - revogação do consentimento, nos termos do §5º do art. 8º desta Lei". BRASIL. *Lei nº 13.709, de 14 de agosto de 2018*. Lei Geral de Proteção de Dados Pessoais. Brasília, DF: Presidência da República, [2018]. Disponível em: http://www.planalto.gov.br/ccivil_03/_ato2015-2018/2018/lei/L13709.htm. Acesso em: 10 out. 2020.

Nesse sentido, entende-se que a Lei Geral de Proteção de Dados Pessoais é uma resposta para a consagração dos direitos da personalidade de titulares de dados pessoais no país, sobretudo porque traz maior segurança ao ambiente digital brasileiro, assegurando nível de proteção geral, coerente e homogêneo, limitando o fluxo de dados e, por fim, garantindo maior controle àqueles.[55]

5 Conclusão

Conforme analisado no decorrer desse estudo, no contexto de uma cultura digital, aumentou-se sobremaneira a capacidade de tratamento de informações. Entretanto, à medida que os indivíduos começam a perceber essa "memória de ferro" das novas tecnologias, diante do seu potencial de coleta, processamento e utilização de dados, especialmente para consecução de políticas públicas, abre-se espaço à discussão do reconhecimento de um controle efetivo do tratamento desses dados.

Assim, visando restabelecer o equilíbrio entre os direitos da personalidade e o dever do Poder Público de executar atividades administrativas, introduz-se o conceito de autodeterminação informativa, que representa, senão, a necessidade de o titular controlar o fluxo de suas informações, que incessantemente é aumentado em uma realidade de tratamento transfronteiriço de dados, devendo ser assegurada também pelas pessoas jurídicas de direito público mediante o tratamento de dados pessoais de acordo com sua finalidade pública, na persecução do interesse público e com o objetivo de executar as competências legais ou cumprir as atribuições legais do serviço público. É dizer, mediante o fornecimento de informações claras e atualizadas sobre a previsão legal, a finalidade, os procedimentos e as práticas utilizadas para a execução das atividades de tratamento de dados pessoais, em veículos de fácil acesso, e, excepcionalmente, no momento do consentimento exarado pelo titular dos dados.

Ao estatuir a autodeterminação informativa como um de seus fundamentos, portanto, a Lei Geral de Proteção de Dados Pessoais apresenta-se como uma resposta para a adequação do tratamento de dados pelo Poder Público, sobretudo porque traz maior segurança e

---

[55] VAINZOF, Rony. Disposições Preliminares. *In:* MALDONADO, Viviane Nóbrega; BLUM, Renato Opice (Coord.). *LGPD:* Lei Geral de Proteção de Dados comentada. São Paulo: Thomson Reuters Brasil, 2019. p. 39.

transparência, além de maior, permanente e constante controle aos titulares dos dados quando da solicitação excepcional do seu consentimento para execução de atividades administrativas.

Referências

AGRE, Philip E.; ROTENBERG, Marc. *Technology and privacy:* the new landscape. Cambridge: MIT.

BRASIL. [Constituição (1988)]. *Constituição da República Federativa do Brasil de 1988.* Brasília, DF: Presidência da República, [2020]. Disponível em: http://www.planalto.gov.br/ccivil_03/constituicao/constituicaocompilado.htm. Acesso em: 10 out. 2020.

BRASIL. Comitê Central de Governança de Dados do Governo Federal. *Guia de Boas Práticas sobre a Lei Geral de Proteção de Dados Pessoais,* [2020]. Disponível em: https://www.gov.br/governodigital/pt-br/governanca-de-dados/guia-lgpd.pdf. Acesso em: 10 out. 2020.

BRASIL. Lei nº 13.709, de 14 de agosto de 2018. *Lei Geral de Proteção de Dados Pessoais.* Brasília, DF: Presidência da República, [2018]. Disponível em: http://www.planalto.gov.br/ccivil_03/_ato2015-2018/2018/lei/L13709.htm. Acesso em: 10 out. 2020.

BRASIL. Lei Federal nº 12.965, de 23 de abril de 2014. *Marco Civil da Internet.* Brasília, Presidente da República [2014]. Disponível em: http://www.planalto.gov.br/ccivil_03/_ato2011-2014/2014/lei/l12965.htm. Acesso em: 10 out. 2020.

CASTELLS, Manuel. A era da informação: economia, sociedade e cultura. *In*: *A Sociedade em rede.* v. 1. 6. ed. São Paulo: Paz e Terra, 2000.

CASTELLS, Manuel. *A Galáxia da Internet:* reflexões sobre a internet, os negócios e a sociedade. Rio de Janeiro: Jorge Zahar Editor, 2003.

COUTINHO, Clara; LISBÔA, Eliana. Sociedade da informação, do conhecimento e da aprendizagem: desafios para educação no século XXI. *Revista de Educação,* Lisboa, vol. XVIII, n. 1, p. 6, 2011. Disponível em: http://revista.educ.ie.ulisboa.pt/arquivo/vol_XVIII_1/artigo1.pdf. Acesso em: 10 out. 2020.

DALLARI, Dalmo de Abreu. *Direitos humanos e cidadania.* São Paulo: Moderna, 1998.

DONEDA, Danilo. *Da privacidade à proteção de dados pessoais.* Rio de Janeiro: Renovar, 2006.

DONEDA, Danilo. Princípios e Proteção de dados pessoais. *In*: LUCCA, Newton de; SIMÃO FILHO, Adalberto; LIMA, Cíntia Rosa Pereira de (Coord.). *Direito e Internet III:* Marco civil de internet. São Paulo: Quartier Latin, 2015.

DOTTA, Alexandre Godoy; SILVA, Bruna Isabelle Simioni. Efetividade dos direitos fundamentais sociais e o respeito ao princípio da dignidade da pessoa humana. *In*: BORDAS, Eduardo; GUIMARÃES, Edgar; REYNA, Justo; GABARDO, Emerson (Coord.). *A existência digna e a administração pública do século XXI.* Curitiba: Íthala, 2019.

FERNANDES, Milton. *Proteção civil da intimidade.* São Paulo: Saraiva, 1977.

FREITAS, Juarez. *O controle dos atos administrativos e os princípios fundamentais*. 5. ed. rev. e ampl. São Paulo: Malheiros Editores, 2013.

HARARI, Noah Yuval. *21 lições para o século 21*. Tradução: Paulo Geiger. 1. ed. São Paulo: Companhia das Letras, 2018.

KOOPS, Bert-Jaap. Forgetting footprints, shunning shadow. A critical analysis of the "right to be forgotten" in big data practice. *Scripted*, vol. 8, n. 3, p. 229-256, dez. 2011. Disponível em: https://script-ed.org/article/forgetting-footprints-shunning-shadows/. Acesso em: 10 out. 2020.

LACE, Susane. *The glass Consumer*: life in a surveillance society. Bristol: Policy, 2005.

LAFER, Celso. *A reconstrução dos direitos humanos*: um diálogo com o pensamento de Hannah Arendt. 7. reimp. São Paulo: Companhia das Letras, 2009.

LEONARDI, Marcel. *Tutela e privacidade na Internet*. São Paulo: Saraiva, 2012.

LOJKINE, Jean. *A revolução informacional*. São Paulo: Editora Cortez, 2002.

MARQUES, Claudia Lima. O diálogo das fontes. *In*: BENJAMIN, Antônio Herman V.; MARQUES, Claudia Lima; BESSA, Leonardo Roscoe. *Manual de direito do Consumidor*. 7. ed. rev., atual. e ampl. São Paulo: Revista dos Tribunais, 2016.

MENDES, Laura Schertel. O diálogo entre o Marco Civil da Internet e o Código de Defesa do Consumidor. *Revista de Direito do Consumidor*, São Paulo, vol. 106, ano 25, p. 37-69, jul./ago. 2016. Disponível em: http://www.mpsp.mp.br/portal/page/portal/documentacao_e_divulgacao/doc_biblioteca/bibli_servicos_produtos/bibli_boletim/bibli_bol_2006/RDCons_n.106.02.PDF. Acesso em: 10 out. 2020.

RODOTÀ, Stefano. *A vida na sociedade da vigilância:* a privacidade hoje. Organização, seleção e apresentação de Maria Celina Bodin de Moraes. Tradução: Danilo Doneda e Luciana Cabral Doneda. Rio de Janeiro: Renovar, 2008.

RUARO, Regina Linden; RODRIGUEZ, Daniel Piñeiro; FINGER, Brunize. O direito à proteção de dados pessoais e a privacidade. *Revista da Faculdade de Direito – UFPR*, Curitiba, n. 53, p. 45-66, 2011.

SILVA, Beatriz Ferreira Corrêa da. *Os direitos sociais como cláusulas pétreas na Constituição da República de 1988*. Curitiba: J. M., 2011.

SILVA, José Afonso da. *Poder Constituinte e Poder Popular*. São Paulo: Malheiros, 2000.

TASSO, Fernando Antonio. Do tratamento de dados pessoais pelo Poder Público. *In*: MALDONADO, Viviane Nóbrega; BLUM, Renato Opice (Coord.). *LGPD* – Lei Geral de Proteção de Dados comentada. São Paulo: Thomson Reuters Brasil, 2019.

TOKARNIA, Mariana. Um em cada 4 brasileiros não têm acesso à internet, mostra pesquisa. *Agência Brasil*. Disponível em: https://agenciabrasil.ebc.com.br/economia/noticia/2020-04/um-em-cada-quatro-brasileiros-nao-tem-acesso-internet. Acesso em: 10 out. 2020.

VAINZOF, Rony. Disposições Preliminares. *In*: MALDONADO, Viviane Nóbrega; BLUM, Renato Opice (Coord.). *LGPD:* Lei Geral de Proteção de Dados comentada. São Paulo: Thomson Reuters Brasil, 2019.

WHERTEIN, Jorge. A sociedade da informação e seus desafios. *Scielo.* Inf., Brasília, v. 29, n. 2, p. 71-77, maio/ago. 2000. Disponível em: https://www.scielo.br/pdf/ci/v29n2/a09v29n2.pdf. Acesso em: 10 out. 2020.

ZILIOTTO, Mirela; GREGGIO, Felipe. Fundamentos da Lei Geral de Proteção de Dados Pessoais e a responsabilidade extracontratual do Estado no tratamento de dados pessoais. *In*: PIRONTI, Rodrigo (Coord.). *Lei geral de Proteção de Dados*: estudos sobre um novo cenário de Governança Corporativa. Belo Horizonte: Fórum, 2020.

Informação bibliográfica deste texto, conforme a NBR 6023:2018 da Associação Brasileira de Normas Técnicas (ABNT):

PIRONTI, Rodrigo; ZILIOTTO, Mirela Miró. O direito à autodeterminação informativa e a questão do consentimento no tratamento de dados pessoais pela Administração Pública. *In*: PIRONTI, Rodrigo (Coord.). *Lei Geral de Proteção de Dados no setor público*. 2. ed. Belo Horizonte: Fórum, 2024. p. 99-118. ISBN 978-65-5518-731-1.

PREMISSAS FUNDAMENTAIS DE UM ADEQUADO E EFETIVO PROGRAMA DE PRIVACIDADE E PROTEÇÃO DE DADOS PESSOAIS NA ADMINISTRAÇÃO PÚBLICA: UMA ANÁLISE DAS NECESSIDADES E POSSIBILIDADES A PARTIR DA LGPD

ANDRÉ LUIZ BÄUML TESSER

1 Introdução

A Lei Geral de Proteção de Dados (Lei nº 13.709/2018, conhecida como LGPD) já é uma realidade como marco regulatório dos deveres de privacidade e proteção de dados pessoais. Após diversas medidas e iniciativas legislativas que tinham por objeto adiar a entrada de vigência plena, a nova legislação está em pleno vigor, inclusive no que diz respeito à aplicação de penalidades administrativas pela Agência Nacional de Proteção de Dados (ANPD), nos casos de descumprimento da LGPD.

Dessa forma, aqueles que realizam tratamento de dados pessoais não podem mais adiar a implantação de medidas para a adequação de suas práticas, rotinas e processos ao novo marco regulatório.

E a Administração Pública não se exime desta adequação. Em verdade, em diversos dispositivos, a nova legislação trata expressamente de situações envolvendo o Poder Público. Inicialmente, o art. 7º, inciso III, menciona a execução de políticas públicas como hipótese específica em que o tratamento de dados pessoais está autorizado. E, de forma ainda mais específica, o Capítulo IV da LGPD é destinado ao "TRATAMENTO DE DADOS PESSOAIS PELO PODER PÚBLICO".

Nesse aspecto, o art. 23, *caput*, da nova legislação determina que "O tratamento de dados pessoais pelas pessoas jurídicas de direito público referidas no parágrafo único do art. 1º da Lei nº 12.527, de 18 de novembro de 2011 (Lei de Acesso à Informação), deverá ser realizado para o atendimento de sua finalidade pública, na persecução do interesse público, com o objetivo de executar as competências legais ou cumprir as atribuições legais do serviço público" estabelecendo, como condições para tanto que "sejam informadas as hipóteses em que, no exercício de suas competências, realizam o tratamento de dados pessoais, fornecendo informações claras e atualizadas sobre a previsão legal, a finalidade, os procedimentos e as práticas utilizadas para a execução dessas atividades, em veículos de fácil acesso, preferencialmente em seus sítios eletrônicos" (inciso I) e "seja indicado um encarregado quando realizarem operações de tratamento de dados pessoais, nos termos do art. 39 desta Lei".

Nessa perspectiva, o art. 50 da LGPD determina a necessidade de implementação de "*Boas Práticas e de Governança*" pelos agentes de tratamento (controladores e operadores) de dados pessoais.[1] No seu §2º, inciso I, o citado dispositivo legal estabelece que "observados a estrutura, a escala e o volume de suas operações, bem como a sensibilidade dos dados tratados e a probabilidade e a gravidade dos danos para os titulares dos dados" poderá o controlador dos dados instituir um "programa de governança em privacidade", trazendo, ainda, requisitos mínimos de tal programa.

Assim, embora o verbo utilizado pelo legislador ("poderá") pareça indicar uma mera possibilidade, não pode haver dúvidas de que essa é uma obrigação do Poder Público enquanto controlador dos dados,[2] em especial em razão da sensibilidade dos dados tratados, do

---

1 Lei nº 13.709/2018. Art. 50. Os controladores e operadores, no âmbito de suas competências, pelo tratamento de dados pessoais, individualmente ou por meio de associações, poderão formular regras de boas práticas e de governança que estabeleçam as condições de organização, o regime de funcionamento, os procedimentos, incluindo reclamações e petições de titulares, as normas de segurança, os padrões técnicos, as obrigações específicas para os diversos envolvidos no tratamento, as ações educativas, os mecanismos internos de supervisão e de mitigação de riscos e outros aspectos relacionados ao tratamento de dados pessoais.

2 A ANPD, inclusive, em junho de 2023, publicou em seu *site* o *Guia orientativo de tratamento de dados pessoais pelo Poder Público* (Disponível em: https://www.gov.br/anpd/pt-br/documentos-e-publicacoes/documentos-de-publicacoes/guia-poder-publico-anpd-versao-final.pdf. Acesso em: 19 dez. 2023), cujo documento, nas suas próprias expressões, "busca delinear parâmetros que possam auxiliar entidades e órgãos públicos nas atividades de adequação e de implementação da LGPD".

volume de operações nesse sentido e da própria potencialidade dos danos que podem ser causados aos titulares.

O que ocorre é que a própria legislação cria um órgão regulador para essas atividades, qual seja, a Autoridade Nacional de Proteção de Dados (ANPD), com atribuição, inclusive de "elaborar diretrizes para a Política Nacional de Proteção de Dados Pessoais e da Privacidade" (art. 55-J, inciso III).

No âmbito do Poder Público, há menção a necessárias interações com a ANPD em diversos dispositivos. Por exemplo, o §1º, do art. 23, estabelece que "A autoridade nacional poderá dispor sobre as formas de publicidade das operações de tratamento" e, ainda, prevê a obrigação de informação à ANPD quando houver compartilhamento de dados pelo Poder Público.

Ainda, a legislação atribui à ANPD o poder de solicitar "aos órgãos e às entidades do poder público a realização de operações de tratamento de dados pessoais, informações específicas sobre o âmbito e a natureza dos dados e outros detalhes do tratamento realizado e poderá emitir parecer técnico complementar para garantir o cumprimento desta Lei" (art. 29) e também "estabelecer normas complementares para as atividades de comunicação e de uso compartilhado de dados pessoais" (art. 30).

Todavia, embora a ANPD tenha já editado e publicado o *Guia orientativo de tratamento de dados pessoais pelo Poder Público*, o citado documento não é exaustivo e não estabelece de forma expressa todas as diretrizes, parâmetros de avaliação e medidas que devem ser adotados pela Administração Pública para um regular tratamento de dados pessoais. Aliás, consta expressamente do citado documento que "As orientações apresentadas constituem um primeiro passo no processo de delimitação das interpretações sobre a LGPD aplicáveis ao Poder Público".[3]

Dessa forma, e ainda que o citado guia orientativo seja um parâmetro inicial, há um cenário de incerteza no que diz respeito ao balizamento e às diretrizes que devem ser adotadas pela Administração Pública para a adequação de suas práticas à LGPD, no sentido de um efetivo tratamento de dados pessoais.

---

[3] AGÊNCIA NACIONAL DE PROTEÇÃO DE DADOS (ANPD). *Guia orientativo de tratamento de dados pessoais pelo Poder Público*. Disponível em: https://www.gov.br/anpd/pt-br/documentos-e-publicacoes/documentos-de-publicacoes/guia-poder-publico-anpd-versao-final.pdf. Acesso em: 19 dez. 2023.

Desde já, aliás, é de se advertir que, para fins da aplicação da LGPD, é de se adotar a definição de Administração Pública que a própria ANPD aponta no seu guia orientativo. E, no citado documento, consta expressamente:

> O conceito de "administração pública" deve ser delimitado a partir da definição de Poder Público, conforme já exposta neste Guia. Assim, abrange tanto órgãos e entidades do Poder Executivo quanto dos Poderes Legislativo e Judiciário, inclusive das Cortes de Contas e do Ministério Público, desde que estejam atuando no exercício de funções administrativas.[4]

Esse artigo pretende, sem a pretensão de esgotar o tema, trazer algumas premissas que parecem fundamentais para o estabelecimento de um programa efetivo de proteção e privacidade de dados pessoais, com ênfase na atuação do Poder Público como agente de tratamento, na forma da LGPD.

Para isso, é possível apontar que há duas premissas fundamentais no estabelecimento de um programa de proteção e privacidade dos dados pessoais.

A primeira é de que um programa dessa natureza deve ser centrado na proteção dos direitos fundamentais da pessoa humana, sobretudo aqueles ligados à sua liberdade, intimidade, privacidade e personalidade. A característica mais marcante do programa, portanto, é o seu caráter *human centric*, ou seja, centrado no ser humano como titular de direitos e que, mesmo inserido em um contexto coletivo, em especial na sociedade digital e da informação, deve ter a proteção de seus dados pessoais implementada de forma efetiva. Assim, muito mais que regras descritivas de tratamento de dados a partir de marcos regulatórios legais, regulamentares ou regimentais, normalmente mais abordados a partir de uma perspectiva abstrata, um objetivo primordial de um programa de proteção e privacidade de dados pessoais é de que ele promova a adequada proteção dos dados pessoais como uma forma efetiva de implementação dos direitos fundamentais já mencionados.[5]

---

[4] AGÊNCIA NACIONAL DE PROTEÇÃO DE DADOS (ANPD). *Guia orientativo de tratamento de dados pessoais pelo Poder Público*. p. 20. Disponível em: https://www.gov.br/anpd/pt-br/documentos-e-publicacoes/documentos-de-publicacoes/guia-poder-publico-anpd-versao-final.pdf. Acesso em: 19 dez. 2023.

[5] A Constituição Federal de 1988 reconhece o "direito à proteção dos dados pessoais, inclusive nos meios digitais", como direito fundamental, no seu art. 5º, inciso LXXIX.

A segunda é de que um programa de privacidade e proteção de dados pessoais deve ser compreendido como um programa dinâmico. Seu caráter dinâmico se desdobra em um aspecto subjetivo e outro objetivo.

Nas próximas linhas, essas duas premissas e seus respectivos fundamentos e argumentos de sustentação serão tratados de forma mais específica.

2 Primeira premissa fundamental: o caráter *human centric* de um programa de proteção de dados pessoais

A ideia expressa pelo conceito de *human centric* será utilizada nesse artigo à luz de um conceito importante que foi desenvolvido, principalmente, no âmbito da gestão e *marketing* empresarial, como um movimento de mudança iniciado na segunda metade do século XX e ainda em construção e desenvolvimento.

Com o avanço da produção em massa de bens de consumo, no âmbito da chamada Revolução Industrial, as empresas desenvolviam suas atividades em um modelo chamado "*product centric*". Em resumo, as empresas (indústrias, primordialmente) focavam sua atuação e esforços no sentido da eficiência na produção e na distribuição dos bens. Para uma aceitação dos produtos, isso bastava, em um momento histórico de mudança de estilos de vida das pessoas. Adriana Barbosa, em artigo interessante que trata justamente da aplicação do modelo *human centric* à gestão de recursos humanos, traz um exemplo bastante ilustrativo da questão. Diz a autora, tratando de explicar o modelo *product centric*: "Imagina a vida sem geladeira? Quando surgiu a geladeira você acha que alguém estava preocupado se era preta ou branca? Pois é.".[6]

Porém, o desenvolvimento industrial trouxe a ampliação dos centros produtivos e, com isso, um natural aumento na competitividade empresarial. Nesse momento, e parafraseando o exemplo trazido por Adriana Barbosa, começa a fazer diferença se a geladeira é branca, em inox ou colorida para combinar com a cozinha do comprador. As indústrias, então, se obrigaram a fazer alterações no seu modelo de gestão, produção e *marketing*, porque é preciso conquistar o mercado

---

6 BARBOSA, Adriana. *Empresas human-centric*: o que o RH tem a ver com isso? Disponível em: https://medium.com/inova-gente/empresas-human-centric-o-que-o-rh-tem-a-ver-com-isso-47f46c29938, acesso em: 16 abr. 2020.

consumidor com opções diferenciadas. Surge, então, o modelo *customer centric*. Para um melhor posicionamento no mercado e para atuação competitiva, as empresas passaram a centrar seu modelo produtivo no cliente, no consumidor. É preciso entender as preferências do cliente e adotar novas estratégias de percepção do valor que os bens passam a ter para o potencial comprador.

Na virada do século XX para o XXI, a Revolução Digital já está em andamento. E em uma velocidade jamais experimentada pelas sociedades. As opções de produtos (e, a essa altura, de serviços) são inúmeras. Não há mais somente geladeiras, no modelo tradicional. Elas passam a ter freezers, cada vez maiores, em cima, embaixo do eletrodoméstico. Compartimentos separados para legumes, frios, carnes, bebidas. Por vezes, com possibilidade de estabelecer no equipamento diferentes temperaturas para locais diversos da geladeira. O equipamento permite gelar mais rápido; permite ser colocado em "estado de férias". E, com o aparato tecnológico mais avançado, a geladeira avisa ao consumidor o que está faltando, com base em suas preferências e pode, inclusive, estar conectada ao próprio supermercado e realizar a compra dos suprimentos e produtos que já acabaram ou estão acabando.

O reflexo de toda essa mudança no modelo de produção (e, na verdade, da relação das empresas com seus clientes) é o desenvolvimento do conceito *human centric*. Não basta mais, simplesmente, entender as preferências do cliente, do consumidor.[7] Para ser mais competitivo, e estar mais à frente no mercado, é preciso proporcionar ao cliente uma experiência individualizada, com serviços e produtos customizados, avançando no relacionamento tradicionalmente retilíneo para uma vivência muito mais circularizada entre fornecedor e consumidor.[8]

Mas o que tudo isso e, em especial, a ideia de *human centric* têm a ver com um programa de proteção de dados pessoais? Qual a relação

---

7 Para uma compreensão mais verticalizada da mudança, veja-se: (i) KOTLER, Philip; KARTAJAYA, Hermawan; SETIAWAN, Iwan. *Marketing 3.0*: As forças que estão definindo o novo marketing centrado no ser humano. Trad.: Ana Beatriz Rodrigues. Rio de Janeiro: Elsevier, 2012; e (ii) KOTLER, Philip; KARTAJAYA, Hermawan; SETIAWAN, Iwan. *Marketing 4.0*: do tradicional ao digital. Trad.: Ivo Korytowski. São Paulo: Sextante, 2017.

8 Veja a observação de Tony Zambito: "Without gathering human-centric insights and making adaptive changes, an organization lowers its chances of sustaining considerably. And, leaves itself prone to new organizations who can come in and fill gaps" (Em tradução livre: Sem encontrar *human centric* intuições e fazendo mudanças adaptativas, uma organização diminui suas chances de se sustentar consideravelmente. E deixa ela mesma propensa para que novas organizações possam vir e preencher as lacunas). ZAMBITO, Tony. *Human-Centric Insights:* A Matter Of Survival In 2020. Disponível em: https://customerthink.com/human-centric-insights-a-matter-of-survival-in-2020/, acesso em: 17 abr. 2020.

disso com o marco regulatório adotado na LGPD? E qual a relevância desses conceitos no tratamento da questão pelo Poder Público?

É inegável que a proteção de dados pessoais é uma exigência que se revela imperiosa na sociedade digital. É nesse contexto em que as pessoas estão se conectando por intermédio da tecnologia e aportando seus dados pessoais em plataformas dessa natureza que surge a necessidade de um marco regulatório para a proteção de tais dados, quando de seu tratamento.[9]

Na justificativa inicial do Projeto de Lei que culminou na LGPD, restou expressamente consignado que "O presente projeto de lei tem por objetivo dar ordenamento jurídico e institucional ao tratamento de dados pessoais, bem *como a proteção dos direitos individuais das pessoas, de acordo com a Constituição da República Federativa do Brasil*" (sem grifo no original).[10]

Esse objetivo acabou se transformando em previsão expressa na LGPD. Veja-se o artigo 1º, do citado diploma legal: "Esta Lei dispõe sobre o tratamento de dados pessoais, inclusive nos meios digitais, por pessoa natural ou por pessoa jurídica de direito público ou privado, *com o objetivo de proteger os direitos fundamentais de liberdade e de privacidade e o livre desenvolvimento da personalidade da pessoa natural*" (sem grifos no original).

No mesmo sentido, o artigo 2º, do Regulamento Geral de Proteção de Dados da Comunidade Europeia (GDPR), diploma que notadamente serviu de inspiração para a legislação brasileira, prescreve que

> Os princípios e as regras em matéria de proteção das pessoas singulares relativamente ao tratamento dos seus dados pessoais deverão respeitar, independentemente da nacionalidade ou do local de residência dessas pessoas, os seus direitos e liberdades fundamentais, nomeadamente o direito à proteção dos dados pessoais. O presente regulamento tem como objetivo contribuir para a realização de um espaço de liberdade, segurança e justiça e de uma união econômica, para o progresso econômico e social, a consolidação e a convergência das economias a nível do mercado interno e para o bem-estar das pessoas singulares.

---

9 A LGPD traz o conceito legal de *tratamento* de dados, em seu artigo 5º, inciso X: "tratamento: toda operação realizada com dados pessoais, como as que se referem a coleta, produção, recepção, classificação, utilização, acesso, reprodução, transmissão, distribuição, processamento, arquivamento, armazenamento, eliminação, avaliação ou controle da informação, modificação, comunicação, transferência, difusão ou extração".

10 Disponível em: https://www.camara.leg.br/proposicoesWeb/fichadetramitacao?idProposicao=548066, acesso em: 17 abr. 2020.

Assim, parece não restar qualquer dúvida que o marco regulatório brasileiro tem por principal objetivo a proteção de direitos fundamentais do cidadão. E, nesse sentido, é igualmente claro também que tal proteção alinha-se de forma direta com a proteção e o desenvolvimento da dignidade da pessoa humana que, como se sabe, é fundamento da República Federativa e do Estado Democrático de Direito brasileiros.[11]

E a relevância de uma construção de modelos de privacidade e proteção de dados pessoais pelo Poder Público a partir de um paradigma *human centric* é ainda maior, tendo em vista as peculiaridades do tratamento dado de forma específica na legislação.

Com efeito, pois, o artigo 7º da LGPD disciplina as hipóteses em que o tratamento de dados pessoais tem base legal, determinando, em especial no seu inciso III, que (art. 7º) "O tratamento de dados pessoais somente poderá ser realizado nas seguintes hipóteses: (...) III - pela administração pública, para o tratamento e uso compartilhado de dados necessários à execução de políticas públicas previstas em leis e regulamentos ou respaldadas em contratos, convênios ou instrumentos congêneres, observadas as disposições do Capítulo IV desta Lei;".

Não se olvide, também, que o inciso IX do mesmo dispositivo legal ainda traz base legal para o tratamento de dados de forma específica "IX - quando necessário para atender aos interesses legítimos do controlador ou de terceiro, exceto no caso de prevalecerem direitos e liberdades fundamentais do titular que exijam a proteção dos dados pessoais;".

De forma resumida, portanto, o que parece mais significativo e relevante destacar é que as hipóteses de tratamento de dados pessoais destinado à execução de políticas públicas ou nos casos em que há *interesse legítimo* do controlador *dispensam consentimento dos titulares.*

Note-se, ainda, que a execução de políticas públicas em algumas áreas vai demandar o tratamento daquilo que a LGPD denomina de *dados pessoais sensíveis*,[12] como, por exemplo, na área da saúde. Ou,

---

[11] Constituição da República de 1988. Art. 1º A República Federativa do Brasil, formada pela união indissolúvel dos Estados e Municípios e do Distrito Federal, constitui-se em Estado Democrático de Direito e tem como fundamentos: I - a soberania; II - a cidadania; *III - a dignidade da pessoa humana;* IV - os valores sociais do trabalho e da livre iniciativa; V - o pluralismo político (sem grifo no original).

[12] Lei nº 13.709/2018. Art. 5º Para os fins desta Lei, considera-se: (...) II - dado pessoal sensível: dado pessoal sobre origem racial ou étnica, convicção religiosa, opinião política, filiação a sindicato ou a organização de caráter religioso, filosófico ou político, dado referente à saúde ou à vida sexual, dado genético ou biométrico, quando vinculado a uma pessoa natural.

ainda, no tratamento de dados pessoais de crianças e adolescentes (por exemplo, na área da educação infantil, fundamental e média) que, na forma do art. 14, §1º, da LGPD, demanda *consentimento específico*.[13] Em ambos os casos, o marco regulatório exigirá tratamento especial e, logicamente, maior rigor.

Portanto, um dos principais direitos fundamentais a serem protegidos pela LGPD, qual seja, a liberdade e, como consequência, a autodeterminação na utilização dos dados pessoais, é limitado legalmente, porquanto de uma forma geral o tratamento de dados pessoais pelo Poder Público dispensa o consentimento do titular.

Dessa forma, parece ainda mais relevante que os direitos fundamentais listados como aqueles que devem ser protegidos pela LGPD à luz da Constituição devam ser respeitados e possuam ainda maior relevância no relacionamento do Poder Público com os cidadãos titulares de dados pessoais, fazendo com que um paradigma *human centric* conecte-se com um programa de proteção de dados pessoais cuja implantação é obrigatória a partir dos marcos regulatórios.

Ademais, não parece haver qualquer dúvida que um programa de proteção de dados pessoais pautado pela perspectiva *human centric* está muito próximo de atender a todas as exigências que se apresentam em um marco regulatório que objetiva *proteger os direitos fundamentais de liberdade e de privacidade e o livre desenvolvimento da personalidade da pessoa natural*.

Portanto, mais do que um simples conceito moderno de relacionamento entre o Poder Público e seus "clientes" (diga-se, cidadãos), o caráter *human centric* de um programa de proteção de dados pessoais é, também, uma garantia de atendimento dos objetivos da LGPD.

Não se olvide, ainda, que no caso de um programa de proteção de dados pessoais o seu caráter *human centric* tem maior relevância, pois é fato também que o Poder Público não realiza somente o tratamento de dados pessoais dos cidadãos. Isso porque, por exemplo, todos os dados pessoais dos servidores públicos são tratados no âmbito do Poder Público.

Imagine-se, nesse caso, os dados pessoais dos servidores públicos que um determinado ente estatal mantém e trata em sua área específica

---

[13] Art. 14. O tratamento de dados pessoais de crianças e de adolescentes deverá ser realizado em seu melhor interesse, nos termos deste artigo e da legislação pertinente. §1º O tratamento de dados pessoais de crianças deverá ser realizado com o consentimento específico e em destaque dado por pelo menos um dos pais ou pelo responsável legal.

de "recursos humanos". Dados necessários para a implementação de benefício de assistência à saúde (e, nessa hipótese, inclusive eventualmente, dados de familiares e dependentes do servidor também podem ser tratados). Dados relativos à própria saúde do servidor, como atestados médicos e receituários de medicamentos controlados, podem também estar sendo tratados pelo Poder Público. Veja-se que se pode estar a tratar até mesmo daquilo que a LGPD denominou de *dados sensíveis*,[14] que demandam maior cuidado e segurança no seu respectivo tratamento.

Uma visão *human centric* da questão, e a adoção de um modelo de proteção de dados pessoais com essa matriz, certamente assegura um tratamento adequado de tais dados e que seja alinhado com os objetivos do marco regulatório. E, mais do que isso, sob o ponto de vista da gestão pública, diminui substancialmente os riscos de algum impacto negativo direto ou indireto para a organização.

É desnecessário dizer que o risco de impactos indiretos negativos que pode trazer para um determinado ente estatal se ele ficar conhecido como uma instituição que promove violações à proteção de dados pessoais, seja permitindo seu compartilhamento irregular, utilizados para finalidade diversa daquela para a qual foram coletados ou mesmo sem que haja proteção suficiente a que esses dados não sejam "roubados" dos seus bancos de dados. Pense-se, ademais, nas possíveis consequências a serem enfrentadas pelos gestores públicos, inclusive perante os diversos órgãos de controle de atividade estatal (Tribunais de Contas, Ministério Público, Controladorias Gerais etc.), no caso de não tratamento adequado dos dados pessoais sob seus cuidados.

Ainda, a LGPD traz como consequência direta de impacto negativo para o Poder Público eventuais indenizações a serem pagas aos titulares que tiverem seus dados pessoais tratados de forma irregular.[15]

---

14 Lei nº 13.709/2018. Art. 5º Para os fins desta Lei, considera-se: (...) II - dado pessoal sensível: dado pessoal sobre origem racial ou étnica, convicção religiosa, opinião política, filiação a sindicato ou a organização de caráter religioso, filosófico ou político, dado referente à saúde ou à vida sexual, dado genético ou biométrico, quando vinculado a uma pessoa natural. As regras de tratamento específico de dados pessoais sensíveis estão previstas em seção própria na legislação, nos seus artigos 11 a 13.

15 Vejam-se o artigo 42 e seguintes da LGPD, em seção especialmente denominada "Da Responsabilidade e do Ressarcimento de Danos". A título meramente exemplificativo, em ação coletiva (Autos nº 5028572-20.2022.4.03.6100 da 1ª Vara Cível Federal de São Paulo) que tem por objeto e causa de pedir a violação à LGPD no tratamento de dados pessoais, a União Federal restou condenada, em conjunto com a Caixa Econômica Federal e a Dataprev S/A, ao pagamento de indenização no montante individual de R$15.000,00 (quinze mil reais) para cada indivíduo afetado pelas condutas tidas como ilícitas e, ainda, ao pagamento de indenização de dano moral coletivo gerado, no valor mínimo de

No Brasil, a situação é ainda mais tormentosa e nebulosa. Isso porque a própria LGPD previu a criação de um órgão regulador, a Autoridade Nacional de Proteção de Dados (ANPD), que, dentre outras diversas atribuições, deve *elaborar diretrizes para a Política Nacional de Proteção de Dados Pessoais e da Privacidade, editar regulamentos e procedimentos sobre proteção de dados pessoais e privacidade, bem como sobre relatórios de impacto à proteção de dados pessoais para os casos em que o tratamento representar alto risco à garantia dos princípios gerais de proteção de dados pessoais*, inclusive, nesse caso, devendo *editar normas, orientações e procedimentos simplificados e diferenciados, inclusive quanto aos prazos, para que microempresas e empresas de pequeno porte, bem como iniciativas empresariais de caráter incremental ou disruptivo que se autodeclarem startups ou empresas de inovação*, na forma do que prescrevem os incisos III, XIII e XVIII, do artigo 55-J, da Lei nº 13.709/2018.[16]

Todavia, até o presente momento, ainda não foi elaborada a *Política Nacional de Proteção de Dados Pessoais e da Privacidade*, medida que restou atribuída ao Conselho Nacional de Proteção de Dados Pessoais e Privacidade, assim como de outros regulamentos e procedimentos que tratem da operacionalização das questões relativas ao tratamento dos dados pessoais.[17] Em outras palavras: não se sabe o que o órgão responsável pela regulação, fiscalização e, o que é mais grave, aplicação de sanções disciplinares vai estabelecer como critérios e procedimentos necessários e suficientes para o atendimento das exigências previstas na LGPD.[18]

R$40.000.000,00 (quarenta milhões de reais), a ser rateado entre os réus. A sentença ainda está sujeita à confirmação pelas instâncias superiores, mas representa um bom exemplo da repercussão indenizatória que pode decorrer de violação a preceitos da LGPD no tratamento de dados pessoais.

[16] Veja-se, ainda, o artigo 46, da LGPD, especialmente em seu §1º: "Os agentes de tratamento devem adotar medidas de segurança, técnicas e administrativas aptas a proteger os dados pessoais de acessos não autorizados e de situações acidentais ou ilícitas de destruição, perda, alteração, comunicação ou qualquer forma de tratamento inadequado ou ilícito. §1º *A autoridade nacional poderá dispor sobre padrões técnicos mínimos para tornar aplicável o disposto no caput deste artigo, considerados a natureza das informações tratadas, as características específicas do tratamento e o estado atual da tecnologia, especialmente no caso de dados pessoais sensíveis, assim como os princípios previstos no caput do art. 6º desta Lei*" (sem grifo no original).

[17] A respeito da elaboração da Política Nacional de Proteção de Dados Pessoais e da Privacidade, é de se ressaltar que foi instituído no âmbito do Conselho Nacional de Proteção de Dados Pessoais e Privacidade um grupo de trabalho, com essa atribuição. Não se tem notícia de conclusão dos trabalhos neste sentido, sendo que, inclusive, o prazo de encerramento de suas atividades estava previsto para 31.3.2023, na forma da Portaria CNPD nº 15, de 13.12.2022. Para acompanhamento dos trabalhos, recomenda-se acessar o *site* https://www.gov.br/anpd/pt-br/cnpd-2.

[18] No âmbito do Poder Executivo Federal, já foi adotado um "Guia de Boas Práticas". Veja-se em:https://www.gov.br/governodigital/pt-br/governanca-de-dados/guia-de-boas-praticas-lei-geral-de-protecao-de-dados-lgpd e o Decreto nº 10.406, de 9 de outubro de 2019.

É por isso que se está a sugerir a adoção de um modelo *human centric* como um critério seguro de atendimento às exigências da LGPD. Há duas razões para isso.

A primeira delas é de caráter eminentemente prático: se um ente estatal ou órgão público adotar um programa de proteção de dados pessoais que, de fato, esteja conectado às pessoas, de maneira que elas percebam que seus dados estão sendo devidamente tratados e protegidos, diminui-se drasticamente o risco de uma grande quantidade de ações judiciais ou reclamações administrativas com fundamento em tratamento indevido de dados pessoais. Em outras palavras, se as pessoas estiverem satisfeitas com o tratamento de seus dados pessoais pela Administração Pública, dificilmente adotarão medidas contra ela.

A segunda razão é de caráter jurídico, embora também haja nela um sentido prático. Se o objetivo do marco regulatório é *proteger os direitos fundamentais de liberdade e de privacidade e o livre desenvolvimento da personalidade da pessoa natural*, um programa de tratamento de dados pessoais de modelo *human centric* e que seja concebido tendo por premissa a proteção desses direitos fundamentais certamente não poderá ser visto como uma série de procedimentos que não está adequado à LGPD.

Não parece restar dúvida então que, ainda mais em um cenário como o brasileiro, em que ainda paira incerteza sobre critérios e parâmetros procedimentais definidos por um órgão regulador de como um programa de proteção de dados pessoais deve ser instituído, estabelecer um modelo *human centric* para o tratamento de tais dados traz maior segurança e garantia do atendimento das exigências da LGPD. O que implica, necessariamente, a diminuição de riscos de impacto negativo direto e indireto para o Poder Público e, como consequência, para seus gestores.

3 Segunda premissa fundamental: o caráter dinâmico de um programa de proteção de dados pessoais

Há ainda uma segunda premissa fundamental para todo programa de proteção de dados pessoais: o seu caráter dinâmico.[19] Nesse

[19] Veja-se que a própria ANPD, ao elaborar o *Guia orientativo de tratamento de dados pessoais pelo Poder Público*, expressamente reconhece a necessidade de contínua melhoria e adaptação de procedimentos neste sentido, ao asseverar, no citado documento, que "As orientações apresentadas constituem um primeiro passo no processo de delimitação das

sentido, é importante a compreensão de que o caráter dinâmico em questão deve ser visto sob dois aspectos: objetivo e subjetivo.

Para facilitar a compreensão de cada um desses aspectos, faz mais sentido abordá-los de forma separada.

(a) O caráter dinâmico do programa de proteção de dados pessoais à luz de uma perspectiva objetiva

Um programa de proteção de dados pessoais deve ser dinâmico sob o ponto de vista objetivo. Isso equivale a dizer que ele deve ser como um *organismo vivo* e, portanto, uma vez adotado e implementado, deve estar em constante revisão e revisitação, estando sujeito a constantes atualizações.

O necessário caráter dinâmico nesse aspecto decorre, basicamente, de três razões de natureza diferente, que são convergentes no programa de proteção de dados intrinsecamente.

A primeira razão é de caráter eminentemente jurídico. Em primeiro lugar, como já visto anteriormente nesse artigo, a própria LGPD determinou a criação da Autoridade Nacional de Proteção de Dados (ANPD) com atribuição, de forma geral, de elaborar uma política nacional de proteção de dados, inclusive estabelecendo procedimentos e regulamentos necessários para a implantação e execução dessa política, de forma verticalizada, com a previsão de padrões a serem adotados pelas organizações em seus programas de proteção de dados.

Mas como já apontado também nesse artigo, a ANPD ainda não editou de forma específica a Política Nacional de Proteção de Dados Pessoais e da Privacidade, ou mesmo estabeleceu, de forma mais detalhada, quais medidas e procedimentos devem ser adotados no sentido do cumprimento e atendimento integral da LGPD. Isso significa dizer que é bem provável que, quando a ANPD criada tenha exercido todas as prerrogativas e atribuições previstas na LGPD, será necessário que as organizações revejam seus programas de proteção de dados pessoais, para o atendimento das normas determinadas pelo órgão regulador.

---

interpretações sobre a LGPD aplicáveis ao Poder Público. Por isso, a versão publicada ficará aberta a comentários e contribuições de forma contínua, com o fim de atualizar o Guia oportunamente, à medida que novas regulamentações e entendimentos forem estabelecidos, a critério da ANPD. As sugestões podem ser enviadas para a Ouvidoria da ANPD, por meio da Plataforma Fala.BR (https://falabr.cgu.gov.br/)" (AGÊNCIA NACIONAL DE PROTEÇÃO DE DADOS (ANPD). *Guia orientativo de tratamento de dados pessoais pelo Poder Público*. p. 6. Disponível em: https://www.gov.br/anpd/pt-br/documentos-e-publicacoes/documentos-de-publicacoes/guia-poder-publico-anpd-versao-final.pdf. Acesso em: 19 dez. 2023).

Ademais, não se olvide também que as legislações que são correlatas à proteção dos dados pessoais como, por exemplo, a Lei nº 12.965/2014 (Lei do Marco Civil da Internet)[20] e a Lei nº 12.527/2011 (Lei de Acesso à Informação), podem trazer mudanças (como, aliás, é comum no ordenamento jurídico brasileiro) com impactos nas regras estabelecidas na Lei Geral de Proteção de Dados. Aliás, a própria LGPD pode ser alterada, como inclusive já foi, antes mesmo de sua entrada em plena vigência.[21]

A segunda razão que impõe um caráter dinâmico sob o ponto de vista objetivo é que, como é natural, um programa de proteção de dados pessoais deve estabelecer protocolos diversos de segurança da informação, de proteção dos dados pessoais, incluindo sua privacidade. E isso a acarreta, necessariamente, uma interface com ferramentas e aplicações tecnológicas que são sempre atualizadas e atualizáveis.

Veja-se que a própria LGPD reconhece tal condição, ao estabelecer no seu artigo 46, §1º, que "A autoridade nacional poderá dispor sobre padrões técnicos mínimos para tornar aplicável o disposto no *caput* deste artigo, considerados a natureza das informações tratadas, as características específicas do tratamento e *o estado atual da tecnologia*, especialmente no caso de dados pessoais sensíveis, assim como os princípios previstos no *caput* do art. 6º desta Lei" (sem destaque no original).

Ou seja, se algum recurso tecnológico ligado à privacidade e proteção de dados pessoais não estava disponível no momento da elaboração de um programa dessa natureza, ele deve ser levado em consideração para uma atualização do que já restou estabelecido.[22]

---

[20] Não se olvide que a própria LGPD já promoveu alteração na Lei do Marco Civil da Internet, dispondo em suas Disposições Finais e Transitórias que: "Art. 60. A Lei nº 12.965, de 23 de abril de 2014 (Marco Civil da Internet), passa a vigorar com as seguintes alterações: "Art. 7º (...) X - exclusão definitiva dos dados pessoais que tiver fornecido a determinada aplicação de internet, a seu requerimento, ao término da relação entre as partes, ressalvadas as hipóteses de guarda obrigatória de registros previstas nesta Lei e na que dispõe sobre a proteção de dados pessoais; (...)" (NR) "Art. 16. (...) II - de dados pessoais que sejam excessivos em relação à finalidade para a qual foi dado consentimento pelo seu titular, exceto nas hipóteses previstas na Lei que dispõe sobre a proteção de dados pessoais." (NR)

[21] Veja-se, por exemplo, a Lei nº 13.853/2019, que alterou a LGDP. Disponível em: http://www.planalto.gov.br/ccivil_03/_Ato2019-2022/2019/Lei/L13853.htm#art2, acesso em: 22 abr. 2020.

[22] Não se pode deixar de lado, também, eventual necessidade de revisão e atualização dos programas de governança em privacidade e proteção de dados pessoais e das medidas de segurança da informação que podem decorrer de decisões da própria ANPD ou até mesmo de decisões judiciais. Na ação coletiva já mencionada anteriormente, a sentença também determinou que "seja efetuada, por parte dos corréus, revisão do sistema de segurança de armazenamento de dados e suas matrizes de risco, como forma de se evitarem novos e

Um exemplo muito vivo do que se está a dizer está relacionado com o conceito de *anonimização*, previsto no artigo 5º, inciso XI, da LGPD, como a *utilização de meios técnicos razoáveis e disponíveis no momento do tratamento, por meio dos quais um dado perde a possibilidade de associação, direta ou indireta, a um indivíduo*. Pode ser, portanto, que um programa de proteção de dados pessoais estabeleça critérios de anonimização com base nas tecnologias existentes no momento de elaboração do programa, mas o natural desenvolvimento de tecnologias nesse sentido impõe uma revisão do programa também.

Outro aspecto que não pode ser ignorado é a capacidade de atualização e desenvolvimento dos ataques a dados pessoais, especialmente aqueles que estão em circulação por meios tecnológicos, que podem resultar violações no tratamento regular desses dados. É desnecessário dizer, também, que o incremento constante desse tipo de atividade criminosa implica igualmente uma revisão permanente de protocolos de segurança da informação e privacidade.

Aliás, da própria LGPD é possível extrair pontos de intersecção entre as razões jurídicas e tecnológicas (em outras palavras, práticas) que tornam necessário o caráter dinâmico do programa de proteção de dados pessoais. O artigo 50, especialmente no seu §2º, inciso I, alínea "h" e no seu §3º, traz essa correlação, estabelecendo a obrigação de revisar e manter atualizado o programa de proteção de dados pessoais, em razão também de seu monitoramento contínuo e avaliações periódicas. Veja-se:

> Lei 13.709/2018. Art. 50. (...) §2º Na aplicação dos princípios indicados nos incisos VII e VIII do caput do art. 6º desta Lei, o controlador, observados a estrutura, a escala e o volume de suas operações, bem como a sensibilidade dos dados tratados e a probabilidade e a gravidade dos danos para os titulares dos dados, poderá: I - implementar programa de governança em privacidade que, no mínimo: (...) h) seja atualizado constantemente com base em informações obtidas a partir de monitoramento contínuo e avaliações periódicas; (...) §3º As regras de boas práticas e de governança deverão ser publicadas e atualizadas periodicamente e poderão ser reconhecidas e divulgadas pela autoridade nacional.

Finalmente, uma terceira razão para que um programa de proteção de dados pessoais seja dinâmico sob o ponto de vista objetivo

futuros vazamentos" (Autos nº 5028572-20.2022.4.03.6100, da 1ª Vara Cível Federal de São Paulo).

é de caráter institucional. Isso porque é fácil perceber que, embora a implantação de um programa dessa natureza decorra, como visto, de obrigação legal, a forma de cumprimento dessa obrigação é ainda em alguma medida nebulosa, em razão da ausência de parâmetros e normas estabelecidos de forma específica pela ANPD.

Noutro sentido, a própria legislação atribui a responsabilidade à organização da implantação de um programa de proteção de dados pessoais, sem estabelecer critérios muito rígidos. Isso fica claro da própria redação do artigo 50 da LGPD – e que está anteriormente citado –, que estabelece nas alíneas do inciso I, do seu §2º, o que pode ser chamado de parâmetro mínimo a ser exigido de um "programa de governança em privacidade".

Dessa forma, é claro também que o nível de robustez e segurança exigidos para um programa de proteção de dados pessoais (ou de *governança em privacidade,* como prefere o texto legal) deverá variar conforme as regras de governança e *compliance* mais gerais de cada ente público.

Por isso é que também há razões institucionais (ou até estratégicas) para que o programa de proteção de dados pessoais de qualquer organização seja dinâmico em seu objeto.

(b) O caráter dinâmico do programa de proteção de dados pessoais a partir de uma perspectiva subjetiva

Um programa de proteção de dados pessoais também deve ser dinâmico sob o ponto de vista subjetivo. Nessa dimensão, esse mecanismo de *compliance* e governança necessariamente deve ser transversal, envolvendo diversas áreas da organização. Em uma perspectiva mais detalhada, aliás, não há setor na gestão pública que não deve estar envolvido com o programa de proteção de dados pessoais.

É natural que algumas áreas da atividade estatal estejam mais diretamente envolvidas no processo relativo à proteção de dados pessoais e privacidade. A área de controle interno (seja no modelo centralizado nas Controladorias Gerais ou nos diversos órgãos de controle interno de cada órgão público), as Procuradorias Gerais dos entes públicos e suas respectivas advocacias gerais, os setores responsáveis pela Tecnologia da Informação indiscutivelmente são atores fundamentais. A área de recursos humanos também exerce papel indispensável no processo, especialmente considerando-se que é a área responsável pelo exercício de atividades relativas à guarda e análise de documentos (e, portanto, dados) pessoais dos servidores e até mesmo de seus dependentes (nos casos, por exemplo, de benefícios concedidos pela empresa).

Porém, não se pode olvidar que um programa de proteção de dados pessoais necessariamente envolve todos os colaboradores de um determinado órgão público. Isso porque, de alguma forma, um programa dessa natureza deve ser observado por todos os que atuam nesse órgão. A eventual desobediência a uma diretriz do programa, por qualquer colaborador que seja, pode ensejar uma violação no tratamento dos dados pessoais. Por isso, ainda que se possa admitir graus diferentes de risco em cada área, não há dúvida que qualquer colaborador do órgão público, potencialmente, tem condições de violar dados pessoais que nele são tratados.

Ademais, relembre-se que a estruturação clássica dos modelos de *compliance* e integridade em três linhas aponta que a primeira delas é justamente aquela que é composta por todos os colaboradores da instituição.[23]

Ainda, também não há dúvida que, em se tratando do Poder Público, a sua mais alta cúpula (titular do cargo eletivo no Poder Executivo e seus ministros, secretários, diretores gerais de órgãos públicos etc.) indiscutivelmente tem papel preponderante na proteção de dados pessoais. Isso porque são essas pessoas que, como regra, estabelecem as diretrizes gerais e formas de atuação dos órgãos e, portanto, serão aquelas as responsáveis pela construção do programa de privacidade e proteção de dados pessoais.

E, mais do que isso, são essas pessoas também que, enquanto agentes públicos responsáveis pela direção das políticas públicas (e, na maior parte das vezes, como ordenadores de despesas), podem ser pessoalmente responsabilizados por eventual desconformidade legal decorrente do tratamento de dados pessoais.

É claro também que o envolvimento e engajamento da alta administração são fundamentais para estabelecer as diretrizes gerais do programa de proteção de dados, devidamente alinhado com as demais regras e diretrizes gerais de conformidades legais na Administração Pública. E essa dimensão revela também a importância e relevância do papel das controladorias gerais de cada ente estatal nesse processo,

---

[23] CASTRO, Rodrigo Pironti Aguirre de; GONÇALVES, Francine Silva Pacheco. *Compliance e gestão de risco nas empresas estatais*. 3. ed. Belo Horizonte: Fórum, 2020, p. 31. Veja-se, também, a atualização desse modelo como publicada no site do Instituto dos Auditores Internos do Brasil, disponível em: https://iiabrasil.org.br/noticia/novo-modelo-das-tres-linhas-do-iia-2020, acesso em: 3 nov. 2020.

especialmente como estruturas destinadas a cumprir a função constitucional de realizar o controle interno de cada entidade.

Portanto, um programa de proteção de dados pessoais, necessariamente, também deve ser dinâmico sob o ponto de vista subjetivo.

4 Considerações finais

O marco regulatório da proteção dos dados pessoais no Brasil, a LGPD, estabelece uma série de obrigações para a correta proteção desses dados, a partir da premissa mais geral (e constitucional) de proteção dos direitos fundamentais da liberdade e de privacidade e o livre desenvolvimento da personalidade da pessoa natural.

Nessa dimensão, também surge para a Administração Pública o dever de proteção e privacidade dos dados pessoais e a necessidade de adequação de suas práticas no tratamento de dados pessoais à LGPD.

A nova legislação determina a criação da Autoridade Nacional de Proteção de Dados (ANPD), que possui, inclusive, a atribuição de estabelecer diretrizes gerais para uma política nacional de privacidade e proteção de dados pessoais e, portanto, para estabelecer regras e procedimentos a serem observados para efetivação da proteção pretendida pela LGPD.

Todavia, até dezembro de 2023, não se tem notícia da elaboração pela ANPD da Política Nacional de Proteção de Dados Pessoais e da Privacidade, ou, ainda, de normas mais específicas para cumprimento da LGPD, à exceção feita a alguns guias orientativos que, por enquanto, têm funcionado mais como orientações do que propriamente determinações a serem seguidas de forma específica. Esse estado de coisas traz um cenário de incerteza no que diz respeito ao que se pode reputar como efetivo e adequado para o programa de privacidade e proteção de dados pessoais que deve ser adotado por aqueles que realizam o tratamento de dados dessa natureza, aí incluídos os órgãos da Administração Pública.

O que se pretendeu nesse artigo, sem a pretensão de esgotar o tema, foi trazer duas premissas fundamentais que devem ser observadas na implementação de um programa de proteção e privacidade de dados pessoais, que permitam que o gestor público possa ter segurança de que, à luz dos deveres que lhe são impostos, teria adotado um programa de efetiva adequação à LGPD.

Não há dúvida que, quando se trata de dados pessoais, o gestor público deve estar primordialmente pensando em direcionar suas ações à proteção e privacidade dos dados pessoais dos cidadãos. E, não se olvide que, fazendo isso, também lhe será mais fácil defender-se de eventual alegação de desrespeito às regras previstas na LGPD, seja em ações judiciais, coletivas ou individuais, seja em procedimentos de controle externo e interno. As duas premissas fundamentais para o estabelecimento de um programa de privacidade e proteção de dados pessoais, defendidas nesse artigo, podem trazer maior segurança e garantia de que o gestor público cumpriu adequadamente seu papel, com os instrumentos e mecanismos que tinha à disposição.

Como último apontamento, pode-se ressaltar que há, no mínimo, quatro instrumentos mandatórios no tratamento de dados pessoais para que tal operação esteja em adequação com o novo marco regulatório: (i) Transparência, ainda mais relevante no caso da Administração Pública, especialmente porque na imensa maioria dos casos os dados pessoais podem ser tratados pelo Poder Público sem o consentimento do titular, o que exige uma contraprestação mais efetiva no sentido da transparência e comunicação; (ii) Dado mínimo, o que significa dizer que somente devem ser tratados os dados estritamente necessários às ações realizadas; (iii) Finalidade específica, que, no caso da Administração Pública, estará normalmente ligada à execução de políticas públicas na persecução do interesse público; e (iv) adequação às práticas de *compliance* e governança corporativa já estabelecidas, especialmente nos mecanismos de controle interno de cada órgão público. No entanto o detalhamento de tais instrumentos mandatórios e seus fundamentos é assunto para outro artigo.

Referências

AGÊNCIA NACIONAL DE PROTEÇÃO DE DADOS (ANPD). *Guia orientativo de tratamento de dados pessoais pelo Poder Público*. Disponível em: https://www.gov.br/anpd/pt-br/documentos-e-publicacoes/documentos-de-publicacoes/guia-poder-publico-anpd-versao-final.pdf. Acesso em: 19 dez. 2023.

BARBOSA, Adriana. *Empresas human-centric*: o que o RH tem a ver com isso? Disponível em: https://medium.com/inova-gente/empresas-human-centric-o-que-o-rh-tem-a-ver-com-isso-47f46c29938, acesso em: 16 abr. 2020.

CASTRO, Rodrigo Pironti Aguirre de; GONÇALVES, Francine Silva Pacheco. *Compliance e gestão de risco nas empresas estatais*. 3. ed. Belo Horizonte: Fórum, 2020.

KOTLER, Philip; KARTAJAYA, Hermawan; SETIAWAN, Iwan. *Marketing 3.0*: as forças que estão definindo o novo *marketing* centrado no ser humano. Trad.: Ana Beatriz Rodrigues. Rio de Janeiro: Elsevier, 2012.

KOTLER, Philip; KARTAJAYA, Hermawan; SETIAWAN, Iwan. *Marketing 4.0*: do tradicional ao digital. Trad.: Ivo Korytowski. São Paulo: Sextante, 2017.

ZAMBITO, Tony. *Human-centric insights*: a matter of survival in 2020. Disponível em: https://customerthink.com/human-centric-insights-a-matter-of-survival-in-2020/, acesso em: 17 abr. 2020.

Informação bibliográfica deste texto, conforme a NBR 6023:2018 da Associação Brasileira de Normas Técnicas (ABNT):

TESSER, André Luiz Bäuml. Premissas fundamentais de um adequado e efetivo programa de privacidade e proteção de dados pessoais na Administração Pública: uma análise das necessidades e possibilidades a partir da LGPD. *In*: PIRONTI, Rodrigo (Coord.). *Lei Geral de Proteção de Dados no setor público*. 2. ed. Belo Horizonte: Fórum, 2024. p. 139-138. ISBN 978-65-5518-731-1.

LGPD E INFRAESTRUTURA: O PRINCÍPIO DA INOVAÇÃO TECNOLÓGICA

AUGUSTO NEVES DAL POZZO

Introdução

O mundo dos tempos modernos é um mundo de dados. A evolução tecnológica provocou intensas mudanças no modo de relacionamento entre os indivíduos. As informações não mais constam dos papéis apinhados em espaços grandiosos, mas, sim, em instrumentos de tecnologia que permitem um armazenamento cada vez maior de dados.

Evidentemente, essa situação passou a merecer uma observação mais de perto do Direito, sobretudo diante da necessidade de se estabelecer regras de segurança no manejo de dados pessoais.

Nesse cenário, um dos grandes desafios que se tem colocado à comunidade jurídica nos últimos tempos é o conhecimento e a interpretação das disposições da Lei Geral de Proteção de Dados (LGPD). Trata-se da legislação básica criada pelo Brasil, seguindo os passos de outros países, para lidar com a regulação dos dados pessoais.

É bem verdade que a efetiva aplicação da nova legislação está longe de ser algo remansoso. Em alguma medida, isso era previsível, pois se trata de disciplina nova, um tanto quanto desconhecida entre todos, e que, portanto, ainda carece de melhor análise sobretudo quanto aos seus efeitos práticos.

Em outro estudo sobre o tema, a título de exemplo, tivemos a oportunidade de expor que a incidência de novas regras regulatórias setoriais exigirá altos investimentos em aparatos tecnológicos dos agentes que tiverem que lidar com a gestão de dados, a reivindicar, ainda mais em um momento de crise econômica mais aguda provocada pela pandemia global, um tempo adequado de adaptação.[1]

O presente ensaio, por seu turno, pretende analisar as relevantes repercussões da LGPD na atividade administrativa de infraestrutura, especialmente em relação àqueles setores de infraestrutura submetidos a uma regulação contratual.

1 Breves notas sobre o sentido jurídico de infraestrutura

Atribui-se ao economista Reimut Jochimsen a primeira formulação de um conceito sistemático de infraestrutura. Para o autor:[2]

> [...] a soma de todos os ativos materiais, institucionais e pessoais, instalações e condições disponíveis para uma economia baseada em divisão de trabalho e suas unidades econômicas individuais que contribuem para a assimilação da remuneração dos fatores, a partir de uma alocação expediciosa dos Recursos. O termo "infraestrutura material" corresponde à soma de todos os ativos físicos, equipamentos e instalações e o termo "infraestrutura institucional" se liga às normas e regras que desenvolvem e são estabelecidos na sociedade ao longo do tempo; adicionalmente, o termo "infraestrutura pessoal" é empregado para englobar a quantidade e as qualidades das pessoas em uma economia de mercado (tradução livre).[3]

---

1 Cf. DAL POZZO, Augusto Neves; FACCHINATTO, Renan Marcondes. A LGPD e suas Repercussões nos Contratos de Concessão. *In:* DAL POZZO, Augusto Neves; MARTINS, Ricardo Marcondes. *LGPD & Administração Pública:* uma análise ampla dos impactos. São Paulo: Revista dos Tribunais, 2020, p. 445-455.

2 JOCHIMSEN, Reimut. *Theorie der Infrastruktur: Grundlagen der marktwirtschaftlichen Entwicklung*, Tübingen, Mohr Siebeck, 1966, p. 145.

3 Walter Buhr comenta o aludido conceito nas seguintes bases: "A primeira abordagem sistemática no contexto da economia de mercado é devida a Jochimsen. Para ele 'infraestrutura se define como a soma de todos os ativos materiais, institucionais e pessoais, instalações e informações disponíveis aos agentes econômicos e que contribuem para a realização da equalização da remuneração de insumos comparáveis no caso de alocação adequada de recursos, ou seja, a integração completa e nível máximo de atividades econômicas' (JOCHIMSEN, 1966: 100). Essa definição baseada em material, institucional e pessoal, é proposta por Jochimsen (1966: 31-39) a partir de sua crítica ostensiva da teoria de Eucken sobre a informação na economia (EUCKEN, 1965: 127-162; EUCKEN, 1955: 377-378). Contudo, a definição de Jochimsen apresenta a desvantagem de não demonstrar concretamente o fator da equalização dos preços o que, por sinal, teoreticamente não pode ser mantido sob premissas realistas (cf. CHRISTIAANS, 1997). Adicione-se o fato de que devemos apontar criticamente que Jochimsen (1966: 103) compreende a infraestrutura material como uma enumeração de instalações essencialmente públicas caracterizadas por atributos específicos" (tradução livre). No original: "The first systematic approach for the market-economy we owe to Jochimsen. For him 'infrastructure is defined as the sum of material, institutional and personal facilities and data which are available to the economic agents and which contribute to realizing the equalization of the remuneration

Note-se, pois, que a concepção de infraestrutura de Jochimsen passa por uma das preocupações centrais da ciência econômica, concernente à identificação das condições básicas e necessárias para promoção do desenvolvimento de uma economia de mercado.

Nessa mesma linha, também vinculada à ideia de meios necessários ao desenvolvimento, o Banco Interamericano de Desenvolvimento (BID) formulou seu conceito nas seguintes bases: denomina-se infraestrutura "o conjunto de estruturas de engenharia e instalações – geralmente de longa vida útil – que constituem a base sobre a qual são prestados os serviços considerados necessários para o desenvolvimento produtivo, político, social e pessoal".[4]

Ainda em consonância com essa postura econômica, valem as conclusões perpetradas por Gilberto Bercovici:

> Da teoria econômica e social advém o sentido geral de infraestrutura como "fundamento da atividade econômica" ("Unterbau der Wirtschaft"), o que implica dizer que os empreendimentos de infraestrutura são pré-condição para que as demais atividades possam se desenvolver. É a partir desta finalidade maior que se organiza toda a discussão contemporânea sobre infraestrutura.[5]

No mais, constata-se que os estudos que se sucederam não trataram de apresentar um conceito hermético de infraestrutura sob a perspectiva da economia, eles dedicaram-se mais precisamente a identificar quais seriam os setores econômicos da infraestrutura (fala-se em *tarefas ou ações de infraestrutura*).[6]

---

of comparable inputs in the case of a suitable allocation of resources, that is complete integration and maximum level of economic activities' (JOCHIMSEN, 1966: 100). This definition distinguishing between material, institutional and personal infrastructure Jochimsen (1966: 31-39) bases on his comprehensive critique of Eucken's theory on the data of an economy (EUCKEN 1965: 127-162; EUCKEN 1955: 377-378). However, Jochimsen's definition has the disadvantage of not making factor price equalization concrete which, by the way, theoretically cannot be maintained under realistic assumptions (cf. CHRISTIAANS, 1997). Moreover, we must critically point out that Jochimsen (1966: 103) understands material infrastructure to be an enumeration of essentially public facilities characterized by specific attributes (What is Infrastructure? Volkswirtschaftliche Diskussionsbeiträge, n. 107-03).

4 IPEA (2010). *Infraestrutura Econômica no Brasil:* diagnósticos e perspectivas para 2025. Livro 6, Volume 1. Projeto Perspectivas do Desenvolvimento Brasileiro. Brasília: IPEA, 2010, p. 16.

5 BERCOVICI, Gilberto. Infraestrutura e Desenvolvimento. *In:* BERCOVICI, Gilberto; VALIM, Rafael (Coord.). *Elementos de Direito da Infraestrutura.* São Paulo: Contracorrente, 2015, p. 18.

6 Anota Jacques Stohler: "As tarefas de infraestrutura são aquelas que, embora sejam efetuadas em benefício de bens públicos, só são consideradas como investimento na

Sem embargo, somente depois que o conceito de infraestrutura foi assentado no âmbito da economia é que começa o Direito a deter os olhos sobre eventuais aspectos jurídicos decorrentes. Preocupa-se, nesse sentido, com uma definição jurídica de infraestrutura, tomando-se por referência a construção econômica do conceito.

No entanto, consoante afirma Hünnekens, não há um conceito estritamente jurídico para definir infraestrutura, muito porque houve

---

medida em que as despesas presentes revertam em benefícios futuros" (STOHLER, Jacques, *Zur rationalen Planung der Infrastruktur*, Konjunkturpolitik, vol. 11, Berlin, 1965, p. 294). No mesmo sentido, Georg Hünnekens pondera: "[...] as ações no campo da infraestrutura não representam a sedimentação de um *status quo*, mas sim a propiciação do desenvolvimento presente e futuro da coletividade, [...] a infraestrutura é uma categoria vinculada ao desenvolvimento, incluindo todas as instalações e demais ações, que constituem o fundamento material e institucional – necessário e tecnicamente apropriado – para o desenvolvimento econômico de cada indivíduo e disponibilizados, em razão do interesse público que atendem, para toda a coletividade" (HÜNNEKENS Georg, *Rechtsfragen der wirtschaftlichen Infrastruktur*, Köln/Berlin/Bonn/Müchen, Carl Heymanns Verlag, 1995, p. 26). Ainda, destaquem-se as palavras de Neil S. Grigg: "Much of the interest in infrastructure is focused on the construction industry, but infrastructure involves more than construction. One business letter, the Infrastructure Investor (2009), wrote that infrastructure "covers the man-made facilities that ensure any economy can operate" and that it includes transportation (railways, roads, and airports), utilities (energy generation and distribution, water, and waste processing, and telecommunications), and social infrastructure (schools, hospitals, and state housing). Our definition varies from this, but the ideia is the same. Investments in infrastructure target basic facilities that meet the needs of Society and the economy. One variation is the attention we give to the built environment itself, with its emphasis on residential and commercial buildings. If these are not included in the infrastructure sector, then a major share of construction spending is missed. Another important part of our approach is that we distinguish between infrastructure and operation of infrastructure-related services, which is important in analyzing the sector" (GRIGG, Neil. S. *Infrastructure Finance* – The Business of Infrastructure for a Sustainable Future. EUA: Wiley Finance, 2010, p. 1-2). Por fim, registrem-se as palavras de Brett M. Frischmann: "The term infrastructure generally conjures up the notion of physical resource systems made by humans for public consumption. A list of familiar examples includes: (1) transportation systems, such as highway systems, railways, airline systems, and ports; (2) communication systems, such as telephone networks and postal services; (3) governance systems, such as court systems; and (4) basic public services and facilities, such as schools, sewers, and water systems. I refer to these resources as traditional infrastructure. The economics of traditional infrastructure are quite complex. This is reflected perhaps in the fact that economists sometimes refer to infrastructure 'opaquely' as 'social overhead capital'. Both traditional and modern uses of the term infrastructure are related to synergies, what economists call positive externalities, that are incompletely appropriated by the suppliers of goods and services within an economic system. The traditional idea of infrastructure was derived from the observation that the private gains from the construction and extension of transportation and communication networks, while very large, were also accompanied by additional large social gains... Over the past century, publicly regulated and promoted investments in these types of infrastructure have been so large, and the resulting spread of competing transportation and communications modalities have become so pervasive, that they have come to be taken as a defining characteristic of industrialized nations" (FRISCHMANN, Brett M. Infrastructure commons in economic perspective. *First Monday*, [S.l.], june 2007. ISSN 13960466. Disponível em: https://firstmonday.org/ojs/index.php/fm/article/view/1901/1783. Acesso em: 14 jan. 2020. doi: https://doi.org/10.5210/fm.v12i6.1901).

um processo de apropriação do significado do termo desenvolvido no âmbito da economia.[7]

De qualquer modo, na tentativa de encontrar um sentido jurídico para o termo, inicialmente, também calçado em uma perspectiva que leva em consideração o suporte necessário à realização de atividades de interesse geral, notadamente os serviços públicos, tem-se em foco precisamente tratar de infraestrutura como conceito aproximado de *obra pública.*

Essa visão mais estática centrada na obra como uma unidade concentrada, nos últimos anos, com o avanço tecnológico, tornou-se mais restrita. Conforme pondera Wille, o entendimento tradicional de infraestrutura focada em aspectos materiais, como construções, instalações e equipamentos, que se tem muito presente em setores como transporte, energia e comunicação, constitui uma noção, hoje em dia, limitada.[8]

Percebeu-se, afinal, que nem sempre os setores de infraestrutura são suportados por obras, mas haviam se ampliado para abarcar algo maior e dinâmico, acompanhando a evolução tecnológica.

No Brasil, a doutrina passou a examinar o tema da infraestrutura em tempos mais recentes. Essa maior atenção está vinculada às mudanças no perfil do Estado nos últimos 25 anos e de seus mecanismos de ação administrativa.

Entendemos, contudo, que, a despeito de algumas interessantes visões que se podem encontrar em textos acerca da matéria, a verdade é que o conceito jurídico de infraestrutura compreende algo diametralmente diferente. Nesse sentido, compreende-se infraestrutura como *a atividade administrativa que o Estado, ou quem lhe faça as vezes, tem o dever de realizar, consistente em prover, manter e operar ativos públicos de modo a oferecer um benefício à coletividade, tendo em vista a finalidade de promover concretamente o desenvolvimento econômico e social, sob um regime jurídico-administrativo.*

---

[7] HÜNNEKENS Georg, *Rechtsfragen der wirtschaftlichen Infrastruktur*, Köln/Berlin/Bonn/Müchen, Carl Heymanns Verlag, 1995, p. 11 *et seq.*

[8] Pense no desenvolvimento das redes de telefonia móvel e de internet 4G e 5G. Não há, para o desenvolvimento de atividades desses setores, a necessidade de realização de obras propriamente ditas. A questão é bem examinada por Wagner Heibel. Tratando das mudanças ocorridas no setor de telecomunicações pelo advento de novas tecnologias, notadamente a internet, o autor destaca que "novas aplicações, apoiadas na infraestrutura das redes de telecomunicações passaram a competir com os serviços tradicionais, de forma totalmente inovadora" (HEIBEL, Wagner. *Desafios do setor de telecomunicações. In:* OLIVEIRA, Gesner (Org.). *Desafios da Infraestrutura no Brasil*. São Paulo: Trevisan, 2018, p. 197).

A atividade de infraestrutura encontra-se, portanto, inserida dentre as atividades administrativas, o que lhe faz incidir o regime jurídico-administrativo conformado por todos os princípios inerentes ao Direito Administrativo, bem como outros específicos, que lhe conferem identidade e harmonia.

Assim, não parecer haver dúvida que o provimento da atividade de infraestrutura enseja a incidência de um regime jurídico específico, que lhe atribui características autônomas, de modo a satisfazer a coletividade em geral para impulsionar o desenvolvimento econômico e social, orientando-se por princípios que lhe são próprios, alheios a outros institutos jurídicos, destacando-se para efeito do presente ensaio justamente o princípio da inovação tecnológica.[9]

2 O princípio da inovação tecnológica

O princípio da inovação tecnológica é de caráter fundamental no exercício da atividade de infraestrutura. Conforme dispõe a Constituição Federal em seu artigo 218, cumpre, ao Estado, a missão de promover e incentivar "o desenvolvimento científico, a pesquisa, a capacitação científica e tecnológica e a inovação".

A clareza do texto constitucional nos permite concluir, de maneira bastante incontroversa, que a inovação tecnológica se encontra dentre um dos pilares fundamentais do Estado brasileiro, que deve promovê-la e incentivá-la no exercício de suas funções. Se transpusermos essa constatação para a temática ora examinada, não parece também haver maiores disputas para se postular que esse comando constitucional deva interpenetrar a atividade de infraestrutura, que o Estado tem o dever de propagar, especialmente se considerarmos que ela representa terreno absolutamente fértil para o avanço tecnológico, permitindo, não apenas vislumbrar uma posição de vanguarda no desenvolvimento econômico, mas, especialmente, oferecer, aos particulares, indistintamente, as modernidades que qualificam o pleno desenvolvimento social, melhorando a qualidade de vida dos concidadãos.

O desafio que se antevê diante dessa nuclear questão consiste em envolver o administrador público nesse ambiente tecnológico de modo

---

9 Para uma completa visão acerca da temática, recomenda-se a leitura do "Direito Administrativo da Infraestrutura", publicado pela Editora Contracorrente (2020), em que encareço, com detalhes, essa fértil noção de infraestrutura.

que, quando o Estado esteja desenvolvendo diretamente a atividade, ele, obrigatoriamente, cumpra os ditames da inovação tecnológica para prover soluções concretas nessa direção, sob pena de muitos de seus atos padecerem de invalidade. Outro importante desafio pode ser pressagiado (e na prática é possível trazer muitos exemplos a respeito dessa temática), refere-se quando há processo de delegação a particulares, sobretudo pela via contratual.

A verdade é que, durante a vigência dos contratos de concessão, por exemplo, de longuíssimo prazo, há, no entorno social, a ocorrência de uma questão prática inegável nos tempos atuais: sucessivas ondas tecnológicas que mudam nosso meio rotineiramente. Se essa mudança é positiva e traz inclusive ganhos econômicos, ela não pode ficar de fora dos contratos de concessão, ela deve ser a eles incorporada. É exatamente quando se promove o design contratual que se impõe o desafio enorme de construir mecanismos de inclusão dessas tecnologias durante a sua vigência, tendo em conta esse cenário tradicional de densidade de alteração contratual.

Como impor válvulas de segurança em contratos de características mais inflexíveis, que permitam incorporar novas tecnologias, sem que as ameaças dos sistemas controladores possam compreendê-la como violadora do princípio da licitação?

Se levarmos a fundo essa questão, proximamente seremos subjugados a utilizar as tecnologias mais arcaicas por puro "medo" de alteração dos contratos, o que não pode se admitir, minimamente, em face da obrigatoriedade da inovação tecnológica, tão bem delineada nos ditames constitucionais.

Um caso concreto pode ilustrar bem o que se alega: uma concessionária de rodovia, que celebrou o respectivo contrato há mais de 10 anos, recebeu a incumbência, do Poder Público, de construir os chamados "*call box*" por toda a rodovia para segurança dos beneficiários. Portanto, a cada quilômetro, o contrato, em seu texto original, impunha a obrigatoriedade de construir uma caixa telefônica fixa para que o beneficiário da rodovia pudesse se comunicar com o centro de operações. No caso particular desse contrato, o valor para a construção desse sistema circulava em torno de 200 milhões de reais, o que, sob o ponto de vista do momento temporal em que o contrato foi celebrado, justificava-se, pois representava, à época, o sistema mais moderno de segurança rodoviário, trazido como uma inovação significativa das grandes autoestradas europeias.

Ocorre que o tempo passou (o cumprimento dessa obrigação somente seria exigido após o pagamento da outorga). No momento da execução dos "*call box*", os concessionários já dispunham de uma tecnologia mais avançada: instalaram sistema de câmera por todo o percurso da rodovia dotado da capacidade de detecção, em tempo real, de toda movimentação ocorrida no ativo, tais como acidentes, paralisações no acostamento, dentre inúmeras outras. Além disso, a telefonia celular, com a propagação do acesso à cobertura de internet banda larga e barateamento dos *smartphones* e seus inúmeros aplicativos, tornou-se extremamente vigorosa, fazendo com que praticamente todas as pessoas tenham um aparelho dessa natureza.

Todo esse custoso suporte de telefonia fixa por mais de 500 quilômetros de rodovia poderia, então, ser facilmente substituído por uma simples imposição da agência reguladora de telecomunicações junto às operadoras do serviço em garantir o sinal por toda a sua extensão, o que, aliás, seria mandatório a elas, haja vista a necessária universalização do serviço.

Dessa forma, diante da necessidade de concretização dos aludidos investimentos de "*call box*" previstos no contrato, não seria uma decisão administrativa mais racional juridicamente retirar a obrigação da construção de tal sistema, já arcaico, para utilizar os recursos em outras melhorias da rodovia ou mesmo para viabilizar a redução do pedágio?

Por força da imposição do princípio da inovação tecnológica, como comando normativo, a decisão do administrador público não poderia ser outra, já que o juízo de ponderação estaria a indicar a prevalência desse princípio em detrimento de outros, numa argumentação jurídica absolutamente irreparável.

O princípio da inovação tecnológica determina que o administrador público consolide modelos integrados de concessão, tendo em vista o enorme benefício que proporcionam para a coletividade.

E toda essa diretiva não é simples conversa sociológica ou econômica, ela influencia radicalmente o fenômeno normativo. Cegar os olhos para essa realidade é o mesmo que apagar as luzes do desenvolvimento, interpretar o direito fora dessa influência é abandonar a evolução científica, é reduzir o direito às trevas, num isolamento inconcebível. A nova Lei Geral de Proteção de Dados (Lei nº 13.709/18) está aí para demonstrar concretamente o quanto se assevera.

Ela enseja uma verdadeira revolução na imposição de condutas às pessoas jurídicas de direito público e de direito privado exatamente pela circunstância de que elas manuseiam e tratam dados pessoais. Se a inovação tecnológica não fosse o caminho inegável do desenvolvimento, certamente, o direito dela não se ocuparia, especialmente de maneira tão detalhada e impositiva como fez.

Realmente, a entrada em vigor da Lei Geral de Proteção de Dados (LGPD) é um grande marco em um mundo cada vez mais tecnológico. Suas prescrições incidem, como determina o seu artigo 1º, nas pessoas jurídicas de direito público ou privado, sempre com o objetivo de proteger os direitos fundamentais da liberdade e da privacidade. Dessa forma, o tratamento de dados é erigido como obrigação inerente a quem atua nos setores de infraestrutura, sobretudo naqueles que lidam concretamente com uma rede de coleta e processamento de dados pessoais. Tais setores sofrerão, portanto, uma nova carga regulatória que exigirá a adaptação desses agentes setoriais a um determinado padrão tecnológico, nos termos exigidos pela nova legislação.

É, pois, o agente regulador determinado pela LGPD, a Autoridade Nacional de Proteção de Dados (ANPD), que será responsável por exigir dos agentes regulados, nos mais diversos setores de infraestrutura, capacidade tecnológica para lidar com os dados pessoais.

> Evidentemente, essa nova regulação incidente sobre agentes que lidam com ativos públicos implicará uma nova dinâmica de custos, conforme ponderamos em outro estudo: Cria-se um cenário ainda mais complexo: uma nova entidade reguladora, a qual, por sua ampla competência deduzida, pode criar normas regulatórias exigíveis dos agentes econômicos, inclusive concessionários que já atuam em ambiente altamente regulado. A consequência será o aumento dos agentes regulados em prover as imposições regulatórias, o que pode desencadear ainda outras consequências, como o aumento de preços de tarifas ou, no limite, a necessidade de repactuação do contrato, tendo por objetivo a continuidade da prestação dos serviços.
>
> Exemplifiquemos com o setor elétrico nacional. Trata-se de setor altamente regulado em todas as suas etapas (geração, transmissão, distribuição e comercialização). A regulação do setor está, em grande medida, a cargo da Agência Nacional de Energia Elétrica (ANEEL). A necessidade regulatória desse setor é mais que óbvia, sob pena de desarticulação no abastecimento de energia no país, o que afetaria sobremaneira interesses públicos. Exige-se dos agentes do setor uma série de obrigações da mais alta complexidade. Isso demanda custos aos regulados para atuação conforme as determinações legais. Imagine-se, agora, que, por ser uma atividade a qual lida com grande aparato tecnológico e cujos agentes – notadamente concessionários dos serviços públicos da cadeia (transmissão e distribuição) lidam intensamente com o tratamento de

> dados. Nesse caso, quando a lei passar a ser eficaz, o setor passará a sofrer também com a incidência de normas do órgão ou agência do setor de tratamento de dados – a Autoridade Nacional de Proteção de Dados (ANPD). Serão novos custos de adequação aos encargos do tratamento de dados, principalmente pelo necessário investimento em tecnologia, o que afetará inclusive a dinâmica do equilíbrio econômico-financeiro do contrato no âmbito do setor elétrico, regulado conforme as normas expedidas pela ANEEL.
>
> Ademais, entra em jogo um novo arranjo institucional, que pode opor a regulação da agência setorial elétrica e a agência de tratamento de dados. Enfim, trata-se de um aumento da complexidade das relações entre o Poder Público e seus parceiros.[10]

Mas a questão fundamental, aqui, é que, se, naturalmente, os setores de infraestrutura se identificam pela capacidade de inovação e renovação tecnológica, pelo menos nos aspectos relativos ao tratamento de dados, essa capacidade deve estar de acordo com o que exige a regulação do setor de dados. Resta, agora, à luz dessas normas jurídicas, interpretá-las de maneira coerente e harmoniosa, de forma que se possa congregar um círculo virtuoso, com benesses para toda a coletividade.

Conclusão

A Lei Geral de Proteção de Dados é reflexo de um novo tempo. A sua compreensão, certamente, será mais difícil para quem está acostumado com um modelo operacional antigo. Suas disposições, com efeito, atingem em cheio o setor das infraestruturas públicas, especialmente aqueles em que estão presentes agentes atuando em nome do Estado a partir de vínculos concessórios, que deverão se adequar à incidência de tais normas.

Trata-se de um desafio inerente ao mundo moderno, promover adequações nas posturas estatais e das concessionárias de infraestrutura que com ele colaboram, de maneira a amoldar-se aos ditames da nova legislação protetiva. Onde houver registro de dados incidirá a LGPD, sendo imperioso que se tomem as medidas corretivas necessárias a essa incontrastável realidade, ainda mais considerando que muitos

---

[10] DAL POZZO, Augusto Neves; FACCHINATTO, Renan Marcondes. A LGPD e suas Repercussões nos Contratos de Concessão. *In:* DAL POZZO, Augusto Neves; MARTINS, Ricardo Marcondes. *LGPD & Administração Pública:* uma análise ampla dos impactos. São Paulo: Revista dos Tribunais, 2020, p. 445-455.

desses dados são classificados como sensíveis pela nova legislação, o que requer ainda maior atenção das autoridades.

É fundamental ampliar e incorporar inovações tecnológicas para o atendimento mais eficiente dos beneficiários da atividade de infraestrutura e, em paralelo, protegê-los dos riscos inerentes a uma utilização indevida desses dados, que possa macular a sua liberdade, privacidade e intimidade. Esse o binômio a ser perseguido!

Referências

BARROSO, Luís Roberto. Agências Reguladoras. Constituição e transformações do Estado e Legitimidade Democrática. *Revista de Direito Administrativo*, Rio de Janeiro, v. 229, p. 285-312, jul. 2002.

BERCOVICI, Gilberto. Infraestrutura e Desenvolvimento. *In:* BERCOVICI, Gilberto; VALIM, Rafael (Coord.). *Elementos de Direito da Infraestrutura*. São Paulo: Contracorrente, 2015.

BRESSER-PEREIRA, Luiz Carlos. Os primeiros passos da reforma gerencial do Estado de 1995. *Revista Brasileira de Direito Público – RBDP*, Belo Horizonte, ano 6, n. 23, p. 145-186, out./dez. 2008.

DAL POZZO, Augusto Neves; FACCHINATTO, Renan Marcondes. A LGPD e suas Repercussões nos Contratos de Concessão. *In:* DAL POZZO, Augusto Neves; MARTINS, Ricardo Marcondes. *LGPD & Administração Pública:* uma análise ampla dos impactos. São Paulo: Revista dos Tribunais, 2020, p. 445-455.

FRISCHMANN, Brett M. Infrastructure commons in economic perspective. First Monday, [S.l.], june 2007. ISSN 13960466. Disponível em: https://firstmonday.org/ojs/index.php/fm/article/view/1901/1783. Acesso em: 10 nov. 2020. doi: https://doi.org/10.5210/fm.v12i6.1901.

HEIBEL, Wagner. Desafios do setor de telecomunicações. *In:* OLIVEIRA, Gesner (Org.). *Desafios da Infraestrutura no Brasil*. São Paulo: Trevisan, 2018.

HÜNNEKENS Georg, *Rechtsfragen der wirtschaftlichen Infrastruktur*, Köln/Berlin/Bonn/Müchen, Carl Heymanns Verlag, 1995.

IPEA (2010). Infraestrutura Econômica no Brasil: diagnósticos e perspectivas para 2025. Livro 6, Volume 1. *Projeto Perspectivas do Desenvolvimento Brasileiro*. Brasília: IPEA, 2010.

JOCHIMSEN, Reimut. Theorie der Infrastruktur: Grundlagen der marktwirtschaftlichen Entwicklung, Tübingen, Mohr Siebeck, 1966.

STOHLER, Jacques. Zur rationalen Planung der lnfrastruktur, Konjunkturpolitik, vol. 11, Berlin, 1965.

TACITO, Caio. A reforma do Estado e a modernidade administrativa. *Revista de Direito Administrativo*, Rio de Janeiro, v. 242, p. 159-166, out. 2005.

VILLELA, André; CASTRO, Lavinia Barros; HERMAN, Jennifer. *Economia Brasileira Contemporânea* [1945-2010]. 2. ed. Rio de Janeiro: Elsevier, 2011.

Informação bibliográfica deste texto, conforme a NBR 6023:2018 da Associação Brasileira de Normas Técnicas (ABNT):

DAL POZZO, Augusto Neves. LGPD e infraestrutura: o princípio da inovação tecnológica. *In*: PIRONTI, Rodrigo (Coord.). *Lei Geral de Proteção de Dados no setor público*. 2. ed. Belo Horizonte: Fórum, 2024. p. 139-150. ISBN 978-65-5518-731-1.

BOAS PRÁTICAS E GOVERNANÇA NA LGPD

BEATRIZ FARIA DE ALMEIDA LOUREIRO

NICOLLE BLEME

RODRIGO FONTENELLE DE A. MIRANDA

1 Introdução

A Lei Geral de Proteção de Dados Pessoais – LGPD, que regula o tratamento de dados pessoais, entrou em vigor no dia 18 de setembro de 2020. Ela visa proteger direitos fundamentais, como a liberdade, a privacidade, o livre desenvolvimento e a personalidade.

A partir da sua vigência, o governo federal criou a estrutura da Autoridade Nacional de Proteção de Dados (ANPD), órgão da Presidência da República que visa fiscalizar o cumprimento da LGPD, elaborar as diretrizes do Plano Nacional de Proteção de Dados e aplicar as sanções administrativas nas empresas que não cumprirem a LGPD – as punições, porém, só começarão a ser colocadas em prática no dia 1º de agosto de 2021 (BRASIL, 2020). Cumpre destacar que o Decreto Federal nº 10.474, de 26 de agosto de 2020, aprovou a estrutura regimental e o quadro dos cargos em comissão e funções de confiança da ANPD.

A LGPD foi inspirada na *General Data Protection Regulation* (GDPR), editada pela União Europeia em 2018, diante da realidade advinda da sociedade dos dados,[1] em que são enormes as quantidades

[1] A chamada sociedade de dados é composta por seres humanos conectados 24 horas por dia, que compartilham informações em uma velocidade nunca antes experienciada, o que leva as empresas a investirem em segurança de dados, visando não apenas o crescimento, mas também a reputação confiável diante do mercado em que atuam, passando a garantir,

de dados e informações acumulados pelos setores público e privado. Segundo Llaneza (2019)[2] nessa sociedade:

> [...] os dados são valiosos porque dizem muitíssimo sobre nós, e somos potenciais eleitores, potenciais compradores e potenciais solicitantes de serviços de transporte, saúde, educação e crédito. O mundo gira ao redor de nossas necessidades. Quanto melhor eu te conhecer, melhor serei capaz de te vender o que acho que você precisa, mesmo que você ainda não ache que precise, e de negar o que você pede.

Com foco nos dados e informações acumuladas e captadas pelo setor púbico, destacamos que essa lei tenta assegurar que as organizações irão coletar, processar, distribuir, armazenar e/ou divulgar as informações e os dados pessoais de forma apropriada e responsável.

Em uma relação já fragilizada entre cidadão e governo, é importante a discussão sobre o uso que tem sido conferido aos dados dos indivíduos, sendo que a própria LGPD fala expressamente em programa de governança em privacidade. Na prática, isso significa que o governo e as empresas terão que garantir mais segurança aos dados pessoais.

Nesse sentido, o objetivo deste artigo é discorrer sobre as políticas e procedimentos, *compliance* e práticas de administração de dados em vários níveis da organização, assim como a abordagem sobre gestão de riscos e resposta a incidentes. Em seguida, serão apresentados os parâmetros para que o tratamento de dados ocorra sem infringir sua privacidade, eis que a LGPD estabelece as regras de atuação para o Poder Público.

2 Governança em privacidade de dados

Conforme mencionado, o artigo 50, §2º, inciso I, da Lei nº 13.709/18 (Lei Geral de Proteção de Dados Pessoais) recomenda expressamente a implementação de um "programa de governança em privacidade", *in verbis*.

---

com responsabilidade, a privacidade das informações de seus clientes. Disponível em: https://sucesuminas.org.br/privacidade-e-seguranca-de-dados-na-sociedade-da-informacao/#:~:text=A%20chamada%20sociedade%20de%20dados,do%20mercado%20em%20que%20atuam%2C.

2 Disponível em: https://brasil.elpais.com/brasil/2019/02/21/tecnologia/1550768323_045000.html.

Art. 50. OMISSIS

§1º (...)

§2º Na aplicação dos princípios indicados nos incisos VII e VIII do caput do art. 6º desta Lei, o controlador, observados a estrutura, a escala e o volume de suas operações, bem como a sensibilidade dos dados tratados e a probabilidade e a gravidade dos danos para os titulares dos dados, poderá:

I - implementar programa de governança em privacidade que, no mínimo:

a) demonstre o comprometimento do controlador em adotar processos e políticas internas que assegurem o cumprimento, de forma abrangente, de normas e boas práticas relativas à proteção de dados pessoais;

b) seja aplicável a todo o conjunto de dados pessoais que estejam sob seu controle, independentemente do modo como se realizou sua coleta;

c) seja adaptado à estrutura, à escala e ao volume de suas operações, bem como à sensibilidade dos dados tratados;

d) estabeleça políticas e salvaguardas adequadas com base em processo de avaliação sistemática de impactos e riscos à privacidade;

e) tenha o objetivo de estabelecer relação de confiança com o titular, por meio de atuação transparente e que assegure mecanismos de participação do titular;

f) esteja integrado a sua estrutura geral de governança e estabeleça e aplique mecanismos de supervisão internos e externos;

g) conte com planos de resposta a incidentes e remediação; e

h) seja atualizado constantemente com base em informações obtidas a partir de monitoramento contínuo e avaliações periódicas;

Nesse diapasão a LGPD se apoia em pilares básicos de *compliance*,[3] que devem ser observados por seus colaboradores e refletidos nas atividades que envolvam o tratamento de dados pessoais. Essa observância das regras, políticas e diretrizes pode ser direcionada para a esfera da privacidade, de modo que o programa de governança esteja em conformidade com a legislação, além de compreender o papel dos dados pessoais nas atividades principais, protegendo-os de modo estratégico e garantindo sua adequada utilização, prevenindo as sanções administrativas e judiciais e também gerando confiança e impactos positivos para a instituição.

---

[3] *Compliance* é o conjunto de disciplinas a fim de cumprir e se fazer cumprir as normas legais e regulamentares, as políticas e as diretrizes estabelecidas para a organização. Acesso em: https://pt.wikipedia.org/wiki/Compliance#:~:text=No%20%C3%A2mbito%20institucional%20e%20corporativo,e%20tratar%20quaisquer%20desvios%20ou.

2.1 Políticas e procedimentos, *compliance* e práticas de administração de dados em vários níveis da organização

Até a publicação da LGPD, apesar de haver dispositivos para a proteção da privacidade e dos dados ao longo da Carta Magna e normas esparsas na legislação infraconstitucional (como o Código de Defesa do Consumidor, a Lei do Cadastro Positivo, a Lei de Acesso à Informação, o Marco Civil da Internet, entre outros), inexistia lei específica que tratasse do tema.

Após essa fase de normatização, o gestor público se depara com o desafio de implementação de políticas capazes de cumprir a legislação e, ainda, se adequar ao potencial dos novos recursos tecnológicos. É apropriado falarmos em desafio, uma vez que, conforme menciona o historiador Harari (2016), "enquanto a desajeitada burocracia governamental fica matutando a respeito de uma regulação cibernética, a internet se metamorfoseou dez vezes. A tartaruga governamental não é capaz de se emparelhar com a lebre tecnológica. Ela é soterrada pelos dados".

Política pública tem um conceito polissêmico. Mead (1995) a define como um campo dentro do estudo da política que analisa o governo à luz de grandes questões públicas e Lynn (1980), como um conjunto de ações do governo que irão produzir efeitos específicos. Já segundo Bucci (2006) política pública seria um programa ou quadro de ação governamental, porque consiste num conjunto de medidas articuladas (coordenadas), cujo escopo é dar impulso, isto é, movimentar a máquina do governo, no sentido de realizar algum objetivo de ordem pública ou, na ótica dos juristas, concretizar um direito.

Esse conjunto de ações deve ser pensado na era digital, considerando as possibilidades e potenciais de utilização do *Big Data*[4] pelo setor público e questões éticas acerca da privacidade *versus* o interesse público. Quanto a este último aspecto, deve-se harmonizar o cumprimento das regras de transparência, governo aberto e publicidade e, ao mesmo tempo, respeitar as necessárias restrições quanto à confidencialidade da informação das bases que apresentam dados pessoais e/ou sensíveis.

---

[4] Área do conhecimento que estuda como tratar, analisar e obter informações a partir de conjuntos de dados.

Para auxiliar o gestor público nessa tarefa, a LGPD destinou todo o Capítulo IV (arts. 23 a 30) para normatizar o alcance e efetividade da lei pelo Poder Público. Destaquem-se alguns desses artigos:

> Art. 23. O tratamento de dados pessoais pelas pessoas jurídicas de direito público referidas no parágrafo único do art. 1º da Lei nº 12.527, de 18 de novembro de 2011 (Lei de Acesso à Informação), deverá ser realizado para o atendimento de sua finalidade pública, na persecução do interesse público, com o objetivo de executar as competências legais ou cumprir as atribuições legais do serviço público, desde que:
>
> I - sejam informadas as hipóteses em que, no exercício de suas competências, realizam o tratamento de dados pessoais, fornecendo informações claras e atualizadas sobre a previsão legal, a finalidade, os procedimentos e as práticas utilizadas para a execução dessas atividades, em veículos de fácil acesso, preferencialmente em seus sítios eletrônicos;
>
> (*omissis*...)
>
> Art. 25. Os dados deverão ser mantidos em formato interoperável e estruturado para o uso compartilhado, com vistas à execução de políticas públicas, à prestação de serviços públicos, à descentralização da atividade pública e à disseminação e ao acesso das informações pelo público em geral.

Para além dessa perspectiva de harmonização normativa também há um fator limitador da ação do gestor público, que tem relação com o orçamento em tempos de crise econômica, disponibilizado para a área de Tecnologia da Informação e Comunicação (TIC) para tratar de questões como: segurança da informação; aquisição de *softwares*; criptografia; medidas de anonimização, estruturação dos bancos de dados, etc.

Nesse contexto a gestão de riscos e compartilhamento de boas práticas é fundamental para a exequiblidade das políticas de gestão da privacidade.

2.2 Gestão de riscos e resposta a incidentes

Antes de adentrarmos especificamente na gestão de riscos e resposta a incidentes no âmbito da LGPD, fazem-se necessários alguns apontamentos mais genéricos sobre o tema.

Risco é o efeito da incerteza nos objetivos, segundo a ISO 31000 (2018). Nesse sentido, a gestão de riscos seria um conjunto de ações necessárias para gerenciar algo futuro e incerto que, em se concretizando, atrapalhará algum objetivo predefinido (MIRANDA, 2017).

Mas e se o evento de riscos se concretizar? Bom, nesse caso, se a avaliação de riscos tiver indicado que esse evento poderá ter um impacto significativo no objetivo traçado, é hora de acionarmos o plano de contingências para tratarmos do incidente, ou seja, é chegada a hora de darmos uma resposta ao problema (risco concretizado). Sobre isso, a ISO 22313 (2015) destaca que a organização deve implementar procedimentos e uma estrutura de gestão que permitirá se preparar para mitigar e responder efetivamente aos incidentes.

No âmbito da LGPD, a gestão de riscos e resposta a incidentes não difere em nada de um projeto e/ou processo no setor público que já tenha incorporado o gerenciamento de riscos de maneira efetiva. Dessa forma, de pronto já podemos diferenciar e destacar os riscos da implementação do Projeto LGDP dos riscos existentes no processo de tratamento de dados pessoais na organização. O primeiro tipo, se não gerenciado, pode levar ao insucesso da implementação da nova lei na instituição. Já o segundo, às sanções administrativas previstas na legislação, como advertência e multa, por exemplo. Dadas as peculiaridades dessa nova legislação, passamos agora a chamar atenção para alguns requisitos da norma sobre o tema.

Conforme mencionado, para fazermos gestão de riscos, temos que ter um objetivo. O art. 1º da LGPD já explicita que seu objetivo é "proteger os direitos fundamentais de liberdade e de privacidade e o livre desenvolvimento da personalidade da pessoa natural". Traduzindo para uma linguagem mais coloquial, a lei se propõe a proteger os dados pessoais e privacidade das pessoas, buscando inibir abusos.

Definido o objetivo, cabe agora pensarmos nos eventos de riscos que podem atrapalhar seu atingimento. Em seguida, devemos avaliá-los (para isso comumente utiliza-se uma matriz de riscos), definir respostas (lembrando que, ao pensarmos em controles, temos sempre que ter em mente a relação custo x benefício) e um plano de ação para seu efetivo tratamento. Tudo isso será a base para o relatório de impacto à proteção de dados pessoais, definido no art. 5º, inciso XVII, da Lei como sendo a "documentação do controlador que contém a descrição dos processos de tratamento de dados pessoais que podem gerar riscos às liberdades civis e aos direitos fundamentais, bem como medidas, salvaguardas e mecanismos de mitigação de risco".

3 Boas práticas

A Lei Geral de Proteção de Dados Pessoais é um normativo amplo e complexo, cujo escopo tem tamanha abrangência que cabe considerar a implementação de um programa. Um programa é definido pelo guia PMBOK[5] como um "grupo de projetos relacionados gerenciados de modo coordenado para a obtenção de benefícios estratégicos e controle que não estariam disponíveis se eles fossem gerenciados individualmente".

Espera-se de um programa que ele atenda a um objetivo estratégico da organização. A LGPD, por seus requisitos, é capaz de provocar ações que vão além dos dados pessoais. Para que uma instituição realize a ação de levantamento de dados pessoais, por exemplo, passa-se pelo mapeamento dos processos da organização, por questões de gestão, segurança e tecnologia de informação. Diferentemente de um projeto, que é definido como um "esforço temporário", com início e fim, o programa tem escopo e metodologia amplos, com impacto abrangente na organização. Para alcançar os objetivos do programa, projetos podem ser criados e processos incorporados.

É cediço que o programa de privacidade adotado sofrerá influência de diversas variáveis, como o porte da organização, a área de atuação, o tipo de negócio, a disponibilidade de recursos, a natureza dos dados e o grau de risco inerente aos tratamentos de dados pessoais realizados. No entanto, para se alcançar os objetivos de um programa, nos moldes definidos pela lei, alguns projetos comuns são necessários. Enumeramos alguns desses projetos, comuns e aplicáveis à maioria das organizações, que configuram boas práticas para a adequação à LGPD.

3.1 Instituição de grupo de trabalho e indicação de encarregado

A instituição de um grupo para coordenar os trabalhos de adequação na organização é um dos passos iniciais. Juntamente com o grupo de trabalho, deve ser feita a nomeação do encarregado pelo tratamento de dados pessoais, visto que ele será um ator central na condução dos trabalhos de proteção de dados pessoais.

---

[5] Body of Knowledge (ou guia para o conjunto de conhecimentos de gerenciamento de projetos).

Para a composição do grupo de trabalho, é importante identificar pessoas estratégicas, interessadas ou mobilizadas pelo tema, na organização. Dentre os objetivos e atividades do grupo, destacam-se: coordenar a elaboração do programa de proteção de dados pessoais; promover ações de sensibilização, transmitir informações sobre o tema; aprimorar continuamente os conhecimentos sobre proteção de dados pessoais e assuntos atinentes.

O encarregado não necessariamente deve ter formação nas áreas de direito, tecnologia ou segurança da informação. Antes, deve ser um profissional com perfil de gestão, que garanta que os trabalhos aconteçam, mantenha as pessoas ativas, direcione os membros do grupo, de modo a otimizar seus conhecimentos, colaboração e entregas. Deve conhecer e interpretar a legislação de proteção de dados pessoais, bem como a de transparência, conhecer sobre gestão, tecnologia e segurança da informação, gestão de riscos, *compliance* e, ainda, ter familiaridade com a operação e os processos da instituição.

Juntamente com o grupo de trabalho, o encarregado formará uma unidade na estrutura da organização que irá compor e consolidar o conhecimento sobre os dados pessoais, além de coordenar as etapas para criação e manutenção do Programa de Governança em Proteção de Dados Pessoais. O encarregado, à frente do grupo de trabalho, também será responsável pela sensibilidade e alinhamento de expectativas com a alta gestão da entidade.

3.2 Gerenciamento de dados como um ativo

Em qualquer área ou setor, seja público ou privado, e qualquer que seja o porte, é notável que as organizações produzam e utilizem muitos dados. Se uma organização não dispõe de uma estrutura, alguma forma de organização sobre os dados que tem, seus dados terão menos potencial para agregar valor. É preciso conhecer os dados que se tem e saber como localizá-los, acessá-los, o que contêm, em que contexto são usados etc.

Ribeiro (1995) pondera que sem documentação específica é difícil localizar os dados de que se precisa. Pontua ainda que "as descrições desses dados documentados são comumente denominadas de *metadados*, metainformações ou metaesquema".

Como apontado na publicação Governança de Dados[6] (2019) feita pela ENAP – Escola Nacional de Administração Pública: "... você precisa de dados para gerenciar dados". Os metadados, essenciais para o gerenciamento e o uso de dados, permitem a sistematização do conhecimento organizacional sobre dados. E ainda:

> Os metadados auxiliam uma organização a entender seus dados, sistemas e fluxos de trabalho. Ele permite a avaliação da qualidade dos dados e faz parte do gerenciamento de bancos de dados e outros aplicativos. Contribui para a capacidade de processar, manter, integrar, proteger, auditar e governar outros dados.

A documentação e organização dos dados pessoais, por meio de metadados, e o gerenciamento dos próprios metadados permitem que uma organização realize a gestão dos dados pessoais como um ativo. A atribuição de valor aos dados não é recente. Entre estudiosos e técnicos da área de ciência de dados, circulou a expressão "dados são o novo petróleo", creditada ao matemático britânico Haupt (2006). A despeito das semelhanças e diferenças entre dados e petróleo, uma característica comum é notável: trata-se de ativos econômicos.

No que tange aos dados pessoais, o estudo *Exploring the economics of personal data: a survey of methodologies for mesuring monetary value*, publicado pela Organização para a Cooperação e Desenvolvimento Econômico – OCDE, aponta diferentes métodos para a estimativa de valor monetário de mercado de dados pessoais. Bioni (2020) observa que os dados pessoais se tornaram "fator vital para a engrenagem da economia da informação", com a utilização escalável, criando um mercado sustentado pela extração e comodificação dos dados:

> ... não se trata somente de dados ou de bancos de dados, mas, necessariamente, da dinâmica de um sistema de informação, que é o que permite a um manancial de fatos (dados) ser estruturado, organizado e gerenciado para produzir um conhecimento que possa ser revertido para tomada de uma decisão.

Somente com a documentação e a gestão dos dados pessoais, uma organização pode identificar dados particulares ou confidenciais,

---

6 Disponível em: https://repositorio.enap.gov.br/bitstream/1/5008/4/M%C3%B3dulo%204%20-%20Gerenciamento%20de%20Metadados%20e%20da%20qualidade%20de%20Dados.pdf.

gerenciar o ciclo de vida dos dados para seu próprio benefício e cumprir com os requisitos de conformidade legais, minimizando a exposição ao risco.

3.3 Inventário de dados

Etapa fundamental para a adequação aos requisitos da Lei Geral de Proteção de Dados Pessoais é a elaboração de um inventário de dados pessoais. O inventário registra os dados pessoais sob tutela da instituição, ou a que ela tem acesso, e quais são os tratamentos realizados por ela. Ele fornece um retrato de quais dados se tem, como são tratados, onde estão e quais operações são realizadas com eles.[7]

O inventário traz uma importante visão gerencial sobre os dados pessoais e os processos da instituição, de modo amplo. Indica também os riscos de privacidade relacionados aos dados e aos tratamentos realizados, podendo ser uma importante ferramenta usada na análise de riscos e na verificação da conformidade da organização com os requisitos da LGPD.

O levantamento pode ser realizado em diversos suportes, desde planilhas a sistemas tecnológicos mais complexos. O governo federal e o governo do Estado de Minas Gerais disponibilizaram planilhas eletrônicas para que os órgãos e entidades da Administração Pública Federal e Estadual elaborem o inventário dos dados pessoais. O setor público disponibiliza por meio dos entes citados planilha que permite o registro dos metadados. Adicionalmente ao mapeamento realizado em planilha, mostra-se necessário o uso de sistema informatizado que permita a extração de dados de modo qualitativo.

3.4 Consentimento

O consentimento é definido na LGPD como: "manifestação livre, informada e inequívoca pela qual o titular concorda com o tratamento de seus dados pessoais para uma finalidade determinada" (art. 5º, inc. XII). É uma das dez hipóteses legais em que o tratamento de dados pessoais pode ocorrer (art. 7º). A lei não delimita o significado de "livre, informada e inequívoca". É preciso encontrar um ponto de equilíbrio para que a regra que permite o consentimento não seja distorcida.

---

7 Disponível em: https://www.gov.br/governodigital/pt-br/governanca-de-dados/Guia Inventario.pdf.

A transparência é um mecanismo que permite que o titular dos dados pessoais tenha mais informações antes de consentir com o uso de seus dados. Além disso, não se deve colocar o titular em uma situação de "tudo ou nada", em que para poder usufruir do serviço ofertado, ele se vê forçado a fornecer todos os dados. Deve ser prevista uma granularidade para a escolha, de modo que o cidadão possa entender e consentir ou não com o uso dos dados. A possibilidade de escolher, diante de cada finalidade apresentada, reforça a ideia de que o consentimento foi dado de modo livre.

De acordo com o art. 9º da LGPD, deve ser dado conhecimento ao titular, de forma clara, adequada e ostensiva, quanto à finalidade, forma e duração do tratamento, se haverá compartilhamento com terceiros, e qualquer mudança no decorrer do uso do serviço, dentre outras informações. Isso diz respeito ao consentimento informado.

Por fim, o controlador dos dados deve demonstrar que o consentimento dado ocorreu de modo inequívoco. Isso implica que a manifestação de consentimento pelo titular não deve deixar dúvidas ou ambiguidade.

3.5 Canal para recebimento das requisições

Para receber as manifestações e solicitações dos titulares de dados pessoais, a organização deve implementar um canal próprio, com acesso facilitado. A divulgação da identidade do encarregado, assim como e-mail e telefone específicos para comunicação com os titulares, deve ser feita, preferencialmente, no sítio eletrônico institucional.

Vale lembrar que, tratando-se de dados pessoais, é necessário comprovar a identidade do solicitante. A divulgação de informações pessoais deve ser feita apenas para o titular dos dados.

Quanto ao formato, a LGPD dispõe que as informações e os dados poderão ser fornecidos, a critério do titular, por meio eletrônico, seguro e idôneo para esse fim, ou sob forma impressa (art. 19, §2º).

3.6 Colaboradores treinados

A capacitação e os processos de conscientização a respeito da proteção de dados pessoais não são uma exigência legal. No entanto, quando se pretende a criação de uma cultura organizacional, os treinamentos e capacitações são fundamentais. A conscientização permite que os colaboradores adotem as novas práticas de modo mais efetivo, uma vez que as ações passam a fazer sentido para eles e são mais do que o cumprimento de um novo *check-list* de tarefas cotidianas.

Considerando o artigo 50, §2º, inc. I, "a", que estabelece que as instituições devem demonstrar comprometimento em adotar processos e políticas que assegurem o cumprimento, de forma abrangente, de normas e boas práticas relativas à proteção de dados pessoais, a adoção de treinamentos e capacitações constitui uma evidência do empenho empreendido por parte da organização.

Um programa de capacitação ou treinamento deve ser instituído de modo a alcançar todos os colaboradores. Os treinamentos devem ocorrer com periodicidade, prevendo a transmissão de novos conteúdos e atualizações. Diversos formatos podem ser adotados, conforme o conteúdo e o público-alvo: presenciais ou virtuais; obrigatórios ou facultativos; abrangentes ou específicos. Outras abordagens como palestras e oficinas também podem ser utilizadas.

O importante é que o tema de proteção de dados pessoais seja amplamente divulgado e alcance todos os colaboradores. Essa é uma das importantes boas práticas, a fim de atingir o sucesso do programa de privacidade, contribuindo para a instituição da cultura de proteção de dados pessoais na organização.

4 Conclusão

A proteção de dados é essencial para a Administração Pública, e as boas práticas de proteção de dados são vitais para assegurar a confiança e o apoio da população para usos inovadores de dados no setor público.

Nesse sentido, tem-se que os trabalhos referentes ao programa de governança em privacidade não terminam com a implementação das ações, boas práticas e o atendimento à conformidade legal. É preciso dar continuidade, para o fomento à cultura de proteção de dados pessoais.

Juntamente com o apoio da alta administração e ações de comunicação consistentes, a capacitação dos colaboradores é essencial para o sucesso das ações de concretização da LGPD na instituição.

O monitoramento estratégico e a revisão periódica das ações e resultados são essenciais, especialmente considerando que se trata de uma área em constante expansão, que ainda passa por regulamentação e que recebe influências do rápido desenvolvimento tecnológico.

Por fim, a gestão de riscos permanente é essencial para o desenvolvimento do projeto de implementação da LGPD, bem como para o processo de tratamento de dados. Além disso, a atualização permanente do programa é fundamental para consolidar a cultura de proteção de dados e minimizar os riscos das instituições.

Referências

ABNT – ASSOCIAÇÃO BRASILEIRA DE NORMAS TÉCNICAS. *NBR ISO 22313*: Segurança e resiliência – Sistemas de gestão de continuidade de negócios. Rio de Janeiro: ABNT, 2015.

ABNT – ASSOCIAÇÃO BRASILEIRA DE NORMAS TÉCNICAS. *NBR ISO 31000*: Gestão de Riscos – Princípios e diretrizes. Rio de Janeiro: ABNT, 2018.

BARBOSA, W. L.; LYRA, R. S. Módulo 4 – Gerenciamento de metadados e da qualidade de dados. Fundação Escola Nacional de Administração Pública. Brasília, 2019. Disponível em: https://repositorio.enap.gov.br/bitstream/1/5008/4/M%C3%B3dulo%204%20-%20 Gerenciamento%20de%20Metadados%20e%20da%20qualidade%20de%20Dados.pdf. Acesso em: 20 out. 2020.

BIONI, B. R. Xeque Mate: o tripé da proteção de dados, USP. 2015. Disponível em: https://www.jota.info/carreira/privacidade-dados-pessoais-livros-08062018. Acesso em: 20 out. 2020.

BIONI, B. R. *Proteção de dados pessoais*: a função e os limites do consentimento. 2. ed. Rio de Janeiro: Forense, 2020.

BRASIL. Presidência da República. Casa Civil. Subchefia para Assuntos Jurídicos. Lei nº 12.527, de 18 de novembro de 2011. Regula o acesso a informações previsto no inciso XXXIII do art. 5º, no inciso II, do §3º do art. 37 e no §2º do art. 216 da Constituição Federal; altera a Lei nº 8.112, de 11 de dezembro de 1990; revoga a Lei nº 11.111, de 5 de maio de 2005, e dispositivos da Lei nº 8.159, de 8 de janeiro de 1991; e dá outras providências.

BRASIL. Lei nº 13.709, de 14 de agosto de 2018. Dispõe sobre a proteção de dados pessoais e altera a Lei nº 12.965, de 23 de abril de 2014 (Marco Civil da Internet).

BRASIL. Decreto nº 10.474, de 26 de agosto de 2020. Aprova a Estrutura Regimental e o Quadro Demonstrativo dos Cargos em Comissão e das Funções de Confiança da Autoridade Nacional de Proteção de Dados e remaneja e transforma cargos em comissão e funções de confiança.

BRASIL. Constituição da República Federativa do Brasil. Brasília, DF, 1988.

BRASIL. Ministério da Economia. Guia de Elaboração de Inventário de Dados Pessoais. Versão 1.0. Brasília, 2020. Disponível em: https://www.gov.br/governodigital/pt-br/governanca-de-dados/GuiaInventario.pdf. Acesso em: 20 out. 2020.

BUCCI, Maria Paula Dallari. O conceito de política pública em direito. *In*: BUCCI, Maria Paula Dallari (Org.). *Políticas Públicas*: Reflexões sobre o Conceito Jurídico. São Paulo: Saraiva, 2006.

GIOVANINI, Wagner. *Compliance*: a excelência na prática. 1. ed. São Paulo: 2014.

GUIA DE INTEGRIDADE PARA INSTITUIÇÕES PRIVADAS. Belo Horizonte: 2019 Disponível em: http://cge.mg.gov.br/phocadownload/arquivos_diversos/pdf/GUIA_INTEGRIDADE_Iniciativa_privada.pdf.

HARARI, Yuval Noah. *Homo Deus*: Uma breve história do amanhã. São Paulo: Companhia das Letras, 2016.

HAUPT, M. "Data is the New Oil" – A Ludicrous Proposition. Medium. 2016. Disponível em: https://medium.com/project-2030/data-is-the-new-oil-a-ludicrous-proposition-1d91bba4f294. Acesso em: 20 out. 2020.

LIMA, Caio César Carvalho. Capítulo II – Do tratamento de Dados Pessoais: I – mediante o fornecimento de consentimento pelo titular. *In*: NÓBREGA MALDONADO, Viviane; OPICE BLUM, Renato (Coord.). *Lei Geral de Proteção de Dados Comentada*. São Paulo: Thomson Reuters Brasil, 2019. p. 179-182. Disponível em: https://opiceblumacademy.com.br/2020/02/consentimento-dados-pessoais/.

LYNN, L. E. *Designing Public Policy*: A Casebook on the Role of Policy Analysis. Santa Monica, Calif.: Goodyear. 1980.

MEAD, L. M. "Public Policy: Vision, Potential, Limits", Policy Currents, Fevereiro: 1-4. 1995.

MIRANDA, Rodrigo Fontenelle de Araújo. *Implementando a Gestão de Riscos no Setor Público*. Belo Horizonte: Fórum, 2017.

OECD (2013-04-02), "Exploring the Economics of Personal Data: A Survey of Methodologies for Measuring Monetary Value", OECD Digital Economy Papers, n. 220, OECD Publishing, Paris. Disponível em: http://dx.doi.org/10.1787/5k486qtxldmq-en.

PROJECT MANAGEMENT INSTITUTE. Um guia do conhecimento em gerenciamento de projetos (Guia PMBOK). Sexta Edição. Newton Square, PA: Project Management Institute, 2017.

RIBEIRO, G. P. Bancos de dados de imagens de satélites artificiais. Universidade Federal do Rio de Janeiro. 1995. Disponível em: http://www.geomatica.eng.uerj.br/docentes/gilberto/_media/qualify1_gilberto.pdf. Acesso em: 20 out. 2020.

Informação bibliográfica deste texto, conforme a NBR 6023:2018 da Associação Brasileira de Normas Técnicas (ABNT):

LOUREIRO, Beatriz Faria de Almeida; BLEME, Nicolle; MIRANDA, Rodrigo Fontenelle de A. Boas práticas e governança na LGPD. *In*: PIRONTI, Rodrigo (Coord.). *Lei Geral de Proteção de Dados no setor público*. 2. ed. Belo Horizonte: Fórum, 2024. p. 151-164. ISBN 978-65-5518-731-1.

IMPACTOS DA LGPD E *COMPLIANCE* NO SETOR PÚBLICO: NECESSÁRIAS ADAPTAÇÕES CULTURAIS NA ADMINISTRAÇÃO PÚBLICA ANTE UM CENÁRIO DE TRANSFORMAÇÃO CONTÍNUA PARA A MANUTENÇÃO DA BOA GOVERNANÇA

BRUNA TOLEDO PIZA MAGACHO

MELISSA TRENTO

1 Introdução

O artigo tem como objetivo apresentar a relação entre o *compliance* no setor público e a Lei Geral de Proteção de Dados (Lei nº 13.709/18) que, apesar de ter sido publicada em agosto de 2018, entrou em vigor em setembro de 2020, e suas penalidades passaram a ser aplicáveis a partir de 1º.8.2021. Importante destacar que o texto da LGPD direcionou um capítulo exclusivo ao setor público, representando um marco para a Administração Pública no Brasil. Tal impulsionamento legislativo se revelou fundamental, uma vez que resultou em diversas ações na esfera pública voltadas à adequação de procedimentos administrativos que envolvam a coleta e tratamento de dados pessoais, situação nunca apurada anteriormente por uma regra com tamanho rigor e alto nível de detalhamento.

A proteção de dados pessoais, bem como a garantia dos direitos da personalidade na cultura de órgãos públicos, converge com os objetivos do *compliance* como meio de realizar os desejos normativos e sociais relacionados ao tema.[1] Nesse cenário, a governança pública exerce papel instrumental na criação de estratégias capazes de assegurar que órgãos e entidades atuem orientados por princípios éticos e pelo desejo de promover os interesses dos cidadãos. Tal atuação estatal necessariamente deverá incluir a coleta e tratamento seguro dos dados pessoais, em conformidade com a LGPD e, por certo, visando à proteção de seus titulares (cidadãos) e de seus direitos fundamentais, como liberdade, privacidade e intimidade.

Para tanto, o *compliance*, como instrumento de governança pública, tem o objetivo de atender à legislação vigente, mantendo o órgão ou entidade em conformidade com as normas do ordenamento jurídico brasileiro e tem, ainda, a missão de direcionar o funcionalismo público para comportamentos coerentes com valores éticos. Neste sentido, buscam-se apresentar aqui respostas às seguintes questões: a existência de instrumentos normativos garante efetivamente a proteção dos dados do cidadão? É suficiente para assegurar a proteção de dados pessoais e prevenir o mal-uso no âmbito da governança pública? Existe um melhor caminho a ser seguido com vistas a conferir efetividade à LGPD no setor público? O *compliance* público poderia corroborar esse objetivo?

2 Governança pública

A governança pública "pode ser entendida como a capacidade que os governos têm de avaliar, direcionar e monitorar a gestão das políticas e serviços públicos para atender de forma efetiva as necessidades e demandas da população".[2] O Decreto nº 9.203, de 22.11.2017, que formalizou a Política Nacional de Governança, tratou de definir a governança pública como o "conjunto de mecanismos de liderança, estratégia e controle postos em prática para avaliar, direcionar e monitorar a gestão, com vistas à condução de políticas públicas e à prestação

---

1 SILVA, Leda Maria Messias; ALVES, Nadine Girardi. LPGD e compliance: a efetivação dos direitos da personalidade nas relações de emprego. *Scientia Iuris*, Londrina, v. 27, n. 2, p. 91-111, jul. 2023.

2 NARDES, João Augusto Ribeiro. *Governança pública*: o desafio do Brasil. 3. ed. Belo Horizonte: Fórum, 2018. p. 208.

de serviços de interesse da sociedade".[3] Compreende, portanto, tudo o que uma instituição pública faz para assegurar que sua atuação esteja direcionada e alinhada aos interesses da sociedade.[4]

O *Guia da política de governança pública*,[5] elaborado pela Casa Civil da Presidência da República, em 2018, instituiu como princípios da governança a capacidade de resposta, a integridade, a confiabilidade, a melhoria regulatória, a prestação de contas e responsabilidade (*accountability*), bem como a transparência. Para cada um dos princípios elencados, o guia ofereceu diretrizes claras. No que se refere ao princípio da capacidade de resposta, uma das diretrizes é "promover a simplificação administrativa, a modernização da gestão pública e a integração dos serviços públicos, especialmente aqueles prestados por meio eletrônico",[6] preceito importante para viabilizar a indispensável mudança de cultura e de práticas administrativas voltadas à proteção de dados pessoais.

No intuito de não se afastar dos objetivos que deram origem a uma política específica de orientação à governança pública, é essencial compreender as razões para sua elaboração e, assim, proporcionar a boa condução dessa política. As principais motivações para a criação da mencionada política de governança pública foram (i) a necessidade de fortalecimento da confiança do cidadão na gestão estatal; (ii) a busca por uma melhor gerência e iniciativas que provoquem o aprimoramento gerencial; e (iii) a utilidade de se estabelecer uma escala mínima de segurança pela governança pública.[7]

Um dos problemas mais relevantes, gerado pela inobservância das práticas de governança, é a perda de confiança da sociedade na instituição. A atuação pública deslegitimada tende a gerar regras com alto custo de implementação, e isso afeta a confiança da sociedade, além

---

3 A Lei nº 13.303/2016 foi outro diploma legal que trouxe normas sobre a boa governança por parte da Administração Pública, nas esferas federal, estadual e municipal (BRASIL. *Decreto nº 9.203, de 22 de novembro de 2017*. Dispõe sobre a política de governança da administração pública federal direta, autárquica e fundacional. Disponível em: http://www.planalto.gov.br/ccivil_03/_ato2015-2018/2017/decreto/D9203.htm. Acesso em: 24 out. 2020).

4 BRASIL. Casa Civil da Presidência da República. *Guia da política de governança pública*. Brasília: Casa Civil da Presidência da República, 2018. p. 16.

5 BRASIL. Casa Civil da Presidência da República. *Guia da política de governança pública*. Brasília: Casa Civil da Presidência da República, 2018.

6 BRASIL. Casa Civil da Presidência da República. *Guia da política de governança pública*. Brasília: Casa Civil da Presidência da República, 2018. p. 40.

7 BRASIL. Casa Civil da Presidência da República. *Guia da política de governança pública*. Brasília: Casa Civil da Presidência da República, 2018. p. 21.

de alimentar o ciclo vicioso de desconfiança que aumenta a burocracia e a desconformidade. Existe uma relação recíproca entre a confiança nos governos e organizações associadas à governança responsiva.[8]

O rompimento desse ciclo de ineficiência e a retomada da confiança dos cidadãos são fundamentais para que se alcancem resultados que atendam ao interesse público, e isso não é possível sem a adoção das práticas de governança, "portanto, um dos principais papéis da política de governança é garantir que a atuação pública seja tida como legítima pelo cidadão, de forma a fortalecer o cumprimento voluntário de regras sociais e a reduzir a necessidade de controles mais rígidos e burocráticos".[9] Para se alcançar a boa governança é necessário transparência, integridade, equidade,[10] responsabilidade dos gestores e prestação de contas.[11] A Administração deve realizar tudo, inclusive a manipulação[12] e armazenamento de dados, em conformidade com as leis aplicáveis.[13] Para tanto, o Estado se vê diante do desafio de romper com antigos hábitos, que revelavam práticas administrativas negligentes quanto ao manuseio de dados dos cidadãos, e introduzir um novo senso de responsabilidade e cuidado por parte do funcionalismo público ao praticar atos que envolvam dados pessoais. Vale dizer, a Lei Geral de Proteção de Dados provocou a necessidade de a Administração Pública, no âmbito da governança pública, rever seus processos internos e a conduta de seus integrantes para, então, atender ao direito fundamental dos cidadãos à proteção de seus dados pessoais.

3 *Compliance*

As mais distintas relações pessoais podem se deparar com a sociedade da informação no sentido de que, com os dados pessoais obtidos, consegue-se extrair um conhecimento que pode ser valioso

---

[8] BRASIL. Casa Civil da Presidência da República. *Guia da política de governança pública*. Brasília: Casa Civil da Presidência da República, 2018. p. 21-22.

[9] BRASIL. Casa Civil da Presidência da República. *Guia da política de governança pública*. Brasília: Casa Civil da Presidência da República, 2018. p. 22.

[10] COELHO, Cláudio Carneiro Bezerra Pinto. Compliance na Administração Pública. *Revista de Direito da Faculdade Guanambi*, v. 3, n. 1, p. 75-95, 1º ago. 2017. p. 81-82.

[11] COELHO, Cláudio Carneiro Bezerra Pinto. Compliance na Administração Pública. *Revista de Direito da Faculdade Guanambi*, v. 3, n. 1, p. 75-95, 1º ago. 2017. p. 83.

[12] COELHO, Cláudio Carneiro Bezerra Pinto. Compliance na Administração Pública. *Revista de Direito da Faculdade Guanambi*, v. 3, n. 1, p. 75-95, 1º ago. 2017. p. 81-82.

[13] BRASIL. Casa Civil da Presidência da República. *Guia da política de governança pública*. Brasília: Casa Civil da Presidência da República, 2018. p. 24-25.

e rentável, de modo que a informação passou a ser vista como a base fundamental de reorganização da sociedade, assim como ocorreu com as máquinas industriais, a eletricidade, os serviços e afins.[14]

As notícias sobre vazamento de dados por parte de grandes corporações, bem como os escândalos de corrupção, intensificam a busca por empresas éticas, confiáveis e transparentes em suas ações e seguras quanto à utilização e retenção de informações pessoais.[15] Nos últimos anos, o Brasil acompanhou inúmeros escândalos de corrupção, e o fato de o Estado não conseguir acompanhar as condutas fraudulentas e criminosas que ocorrem rotineiramente fez surgir a necessidade de utilização de mecanismos de direito privado que auxiliem no combate a fraudes e corrupção.[16] Os referidos escândalos ao longo dos anos "culminaram com diversas formas, mas em todos eles o dinheiro público foi o principal alvo".[17]

É de grande importância a implementação de um programa de *compliance* digital nas organizações públicas para a proteção de dados em conformidade com a LGPD brasileira.[18] Os programas de *compliance* têm relação com a fixação de controles internos em reforço à regulação estatal, mantendo a entidade pública em conformidade com suas políticas.[19] Sobre seus objetivos:

> O *compliance* surge com o contorno de disciplinar e de se fazer cumprir normas legais, sejam políticas, de empresa privada, de instituição ou órgão público. Surge também com o objetivo de evitar, detectar e, como antídoto a qualquer desvio ou inconformidade que possa ocorrer.[20]

---

[14] BIONI, Bruno Ricardo. *Proteção de dados pessoais*: a função e os limites do consentimento. 3. ed. Rio de Janeiro: Forense, 2021.

[15] CAVALARI, Ana Paula França. O compliance digital como tecnologia de gestão. *In*: OLIVEIRA, Claudia Sobreiro de; OLIVEIRA, Fabiana (Coord.). *Elas na advocacia*. Porto Alegre: OAB/RS, 2020. p. 40-41.

[16] CAVALARI, Ana Paula França. O compliance digital como tecnologia de gestão. *In*: OLIVEIRA, Claudia Sobreiro de; OLIVEIRA, Fabiana (Coord.). *Elas na advocacia*. Porto Alegre: OAB/RS, 2020. p. 42.

[17] COELHO, Cláudio Carneiro Bezerra Pinto. Compliance na Administração Pública. *Revista de Direito da Faculdade Guanambi*, v. 3, n. 1, p. 75-95, 1º ago. 2017. p. 80.

[18] CAVALARI, Ana Paula França. O compliance digital como tecnologia de gestão. *In*: OLIVEIRA, Claudia Sobreiro de; OLIVEIRA, Fabiana (Coord.). *Elas na advocacia*. Porto Alegre: OAB/RS, 2020. p. 41.

[19] FRAZÃO, Ana; OLIVA, Milena Donato; ABILIO, Vivianne da Silveira. Compliance de dados pessoais. *In*: FRAZÃO, Ana; TEPEDINO, Gustavo; OLIVA, Milena Donato (Coord.). *A Lei Geral de Proteção de Dados Pessoais e suas repercussões no direito brasileiro*. São Paulo: Thomson Reuters Brasil, 2019. p. 684.

[20] SOUZA, Silvia Regina; MACIEL-LIMA, Sandra; LUPI, André Lipp Pinto Basto. Aplicabilidade do compliance na Administração Pública em face ao momento político

Dito de outra forma, os programas de *compliance* são instrumentos de governança corporativa também aplicáveis ao setor público, são políticas e procedimentos que se traduzem em ações sistêmicas com o objetivo de atender ao cumprimento das disposições da legislação vigente, permitindo a prevenção ou minoração de atos ilícitos e a devida sanção de seus responsáveis.[21] A relevância do *compliance* aprofundou-se nas últimas décadas em face da ampliação do papel sancionador do Estado e da preocupação dos agentes econômicos com as elevadas sanções aplicadas. E, a partir disso, percebe-se cada vez mais a incorporação de programas de *compliance* nos ordenamentos jurídicos, inclusive no brasileiro.[22]

Nesse sentido é o Decreto nº 9.203/2017, que dispõe sobre a política de governança da Administração Pública direta, autárquica e fundacional, e que, seguindo a tendência legislativa inaugurada pelas leis nºs 12.846/2013[23] e 13.303/2016,[24] tornou obrigatória a implementação de programas de *compliance,* também denominados programas de integridade, nas mencionadas esferas.

Apesar de o *compliance* ter nascido para adequar as empresas privadas à legislação, a Administração Pública também é destinatária

---

atual brasileiro. *Percurso – Anais... I CONIBADEC (Congresso Ibero-americano de Direito Empresarial e Cidadania)*, Curitiba, v. 1, n. 24, 2018. p. 14.

21 FRAZÃO, Ana; OLIVA, Milena Donato; ABILIO, Vivianne da Silveira. Compliance de dados pessoais. *In*: FRAZÃO, Ana; TEPEDINO, Gustavo; OLIVA, Milena Donato (Coord.). *A Lei Geral de Proteção de Dados Pessoais e suas repercussões no direito brasileiro*. São Paulo: Thomson Reuters Brasil, 2019. p. 683-684.

22 FRAZÃO, Ana; OLIVA, Milena Donato; ABILIO, Vivianne da Silveira. Compliance de dados pessoais. *In*: FRAZÃO, Ana; TEPEDINO, Gustavo; OLIVA, Milena Donato (Coord.). *A Lei Geral de Proteção de Dados Pessoais e suas repercussões no direito brasileiro*. São Paulo: Thomson Reuters Brasil, 2019. p. 684.

23 Art. 7º da Lei nº 12.846: "Serão levados em consideração na aplicação das sanções: [...] VIII - a existência de mecanismos e procedimentos internos de integridade, auditoria e incentivo à denúncia de irregularidades e a aplicação efetiva de códigos de ética e de conduta no âmbito da pessoa jurídica; [...]".

24 Art. 9º, Lei nº 13.303: "§1º Deverá ser elaborado e divulgado Código de Conduta e Integridade, que disponha sobre: I - princípios, valores e missão da empresa pública e da sociedade de economia mista, bem como orientações sobre a prevenção de conflito de interesses e vedação de atos de corrupção e fraude; II - instâncias internas responsáveis pela atualização e aplicação do Código de Conduta e Integridade; III - canal de denúncias que possibilite o recebimento de denúncias internas e externas relativas ao descumprimento do Código de Conduta e Integridade e das demais normas internas de ética e obrigacionais; IV - mecanismos de proteção que impeçam qualquer espécie de retaliação a pessoa que utilize o canal de denúncias; V - sanções aplicáveis em caso de violação às regras do Código de Conduta e Integridade; VI - previsão de treinamento periódico, no mínimo anual, sobre Código de Conduta e Integridade, a empregados e administradores, e sobre a política de gestão de riscos, a administradores".

de tais normas. O *compliance* no setor público se apresenta como o "conjunto de procedimentos voltados a assegurar a conformidade dos atos de gestão com padrões morais e legais, bem como garantir o alcance dos resultados das políticas públicas e a satisfação dos cidadãos".[25]

O Poder Público, inclusive, não apenas se submete à legislação, como deve dar exemplo de boa-fé, legalidade e boa governança.[26] O art. 37 da Constituição Federal estabelece os princípios que regem a Administração, são eles legalidade, impessoalidade, moralidade, publicidade e eficiência, além de outros como a ética, transparência e integridade.[27] Esses princípios, portanto, devem pautar a atuação do Estado, inclusive no tratamento de dados.

O *compliance* vem de encontro à necessidade e à importância de padrões éticos, legais e transparentes nas empresas e instituições. E no caso da Administração Pública o objetivo é o mesmo, passando a preservar então a sociedade e as várias situações que a envolvem.[28] Na Administração Pública, o "*compliance* surge como uma linha mestra entre o administrador, sua função, sua conduta, as leis e princípios, que devem ser seguidas tendo como primazia a sociedade",[29] e o "*compliance* público aponta para uma efetivação inovadora ao Brasil como um mecanismo de integridade pública".[30]

---

[25] Art. 2º, II do Decreto nº 9.406/2019, que instituiu o Programa de *Compliance* Público do Poder Executivo do Estado de Goiás.

[26] A Lei nº 13.303/2016, também chamada de Estatuto das Estatais, traz uma única vez a expressão *compliance* no art. 9º §4º, ao determinar a possibilidade de que a área de *compliance* se reporte diretamente ao conselho de administração em situações em que haja suspeitas de envolvimento do diretor presidente em irregularidades ou quando se furtar a obrigação de adotar medidas necessárias em relação à situação a ele relatada (COELHO, Cláudio Carneiro Bezerra Pinto. Compliance na Administração Pública. *Revista de Direito da Faculdade Guanambi*, v. 3, n. 1, p. 75-95, 1º ago. 2017. p. 76).

[27] COELHO, Cláudio Carneiro Bezerra Pinto. Compliance na Administração Pública. *Revista de Direito da Faculdade Guanambi*, v. 3, n. 1, p. 75-95, 1º ago. 2017. p. 71.

[28] SOUZA, Silvia Regina; MACIEL-LIMA, Sandra; LUPI, André Lipp Pinto Basto. Aplicabilidade do compliance na Administração Pública em face ao momento político atual brasileiro. *Percurso – Anais... I CONIBADEC (Congresso Ibero-americano de Direito Empresarial e Cidadania)*, Curitiba, v. 1, n. 24, 2018. p. 16.

[29] SOUZA, Silvia Regina; MACIEL-LIMA, Sandra; LUPI, André Lipp Pinto Basto. Aplicabilidade do compliance na Administração Pública em face ao momento político atual brasileiro. *Percurso – Anais... I CONIBADEC (Congresso Ibero-americano de Direito Empresarial e Cidadania)*, Curitiba, v. 1, n. 24, 2018.

[30] SOUZA, Silvia Regina; MACIEL-LIMA, Sandra; LUPI, André Lipp Pinto Basto. Aplicabilidade do compliance na Administração Pública em face ao momento político atual brasileiro. *Percurso – Anais... I CONIBADEC (Congresso Ibero-americano de Direito Empresarial e Cidadania)*, Curitiba, v. 1, n. 24, 2018. p. 17.

Em se tratando da Administração Pública, os programas de *compliance* necessitam abranger as mesmas pautas empresariais, porém, com diferente ênfase, principalmente quando se trata de questões de segurança e de prazos de validade das medidas tomadas, que precisam estar em alinhamento com o interesse público.[31]

O *compliance* não se limita ao simples cumprimento de regras, propõe-se a fortalecer as boas condutas na cultura da organização, prevenindo a corrupção e, claro, evitando a manipulação no uso de dados e informações privilegiadas.[32] Em outras palavras, *compliance* não é só conformidade legal e observância às normas, mas busca promover uma nova cultura para o ambiente em que é aplicado e o comprometimento dos indivíduos envolvidos, e, no caso da LGPD, uma cultura de cuidado com os dados pessoais dos cidadãos.

Uma das vantagens dos programas de *compliance* é permitir a adequada gestão dos riscos da atividade e a prevenção de ilícitos, viabilizando a pronta identificação de descumprimentos e a remediação dos danos decorrentes, além do fomento à criação de uma cultura de observância a valores éticos, bem como às normas legais e normas internas. Quanto à tutela de dados, por meio do *compliance*, é possível, ainda, adaptar e operacionalizar comandos gerais e abertos da LGPD. Para a efetiva materialização dessas vantagens, contudo, é necessário mais do que apenas a adoção de "cartas de intenção" ou "programas de fachada", pois a mera existência de instrumentos normativos ou a boa intenção, seja das empresas seja da Administração Pública, não garantem a proteção de dados pessoais, são necessários requisitos mínimos para a efetividade dos programas de *compliance*.[33]

Entre os pilares que sustentam um verdadeiro e efetivo programa de *compliance*, merece destaque a avaliação dos riscos da atividade por meio da qual é possível identificar os pontos de vulnerabilidade a que a Administração está submetida. O objetivo é antecipar as áreas

---

[31] SILVA Leticia A.; ARROYO, Maria Betânia F. Compliance e a atuação na gestão pública: redução de riscos e otimização de processos e recursos. *Revista Ibero-Americana de Humanidades, Ciências e Educação – Rease*, São Paulo, v. 9, n. 5, maio 2023.

[32] SIMAS, Manuela Santos. *Ética pública*: o diálogo entre os princípios da administração pública e as políticas de compliance na gestão pública. 2018. 37 f. Trabalho de Conclusão de Curso (Especialização em Gestão Pública Municipal) – Universidade Tecnológica Federal do Paraná, Curitiba, 2018. p. 21.

[33] FRAZÃO, Ana; OLIVA, Milena Donato; ABILIO, Vivianne da Silveira. Compliance de dados pessoais. *In*: FRAZÃO, Ana; TEPEDINO, Gustavo; OLIVA, Milena Donato (Coord.). *A Lei Geral de Proteção de Dados Pessoais e suas repercussões no direito brasileiro*. São Paulo: Thomson Reuters Brasil, 2019. p. 686.

de exposição para que sejam tomadas medidas preventivas proporcionais aos riscos identificados.[34] Outra medida necessária é a elaboração de códigos de conduta, que oriente os comportamentos esperados, bem como os valores e princípios que deverão direcionar a conduta dos membros da organização, inclusive terceiros. Então, é necessária a criação de uma cultura de respeito à ética e às leis, uma cultura de *compliance*. As ações devem ser contínuas, no intuito de promover o aculturamento de todos os integrantes.[35]

A adequação das organizações públicas e privadas às diretrizes elencadas na LGPD, aliada ao programa de *compliance*, além de buscar impedir inconformidades e possíveis penalidades, tem o condão de evitar danos reputacionais e, até mesmo, providenciar medidas voltadas a conter eventuais danos, aspecto bastante relevante para a Administração Pública, que deve prezar pela credibilidade que os cidadãos lhe conferem.[36]

Segundo Silva e Arroyo,[37] complementando o exposto acima, na Administração Pública, adotar programa de *compliance* possibilita auxiliar mais especificamente a minimizar escândalos de corrupção que tanto se destacam na realidade brasileira, de modo que tais sistemas, ao mesmo tempo em que controlam, asseguram maior transparência, beneficiando uma gestão mais eficiente, pois o governo do futuro exige cada vez mais que a Administração Pública tenha uma visão mais ampla nas atividades voltadas à planejamento e desenvolvimento que tragam melhorias ao setor público, tal como o *compliance*.

---

[34] FRAZÃO, Ana; OLIVA, Milena Donato; ABILIO, Vivianne da Silveira. Compliance de dados pessoais. *In*: FRAZÃO, Ana; TEPEDINO, Gustavo; OLIVA, Milena Donato (Coord.). *A Lei Geral de Proteção de Dados Pessoais e suas repercussões no direito brasileiro*. São Paulo: Thomson Reuters Brasil, 2019. p. 687-688; 691-693.

[35] "De fato, a LGPD aprofunda preceitos já extraídos de outros diplomas normativos (como o Marco Civil da Internet e a Lei do Cadastro Positivo), em especial diante da interpretação sistemática à luz do Código de Defesa do Consumidor. Sua consolidação e, principalmente, o tratamento direto e específico de diversos pontos na LGPD auxiliam na intensificação da proteção dos dados pessoais, conferindo-lhes maior efetividade" (FRAZÃO, Ana; OLIVA, Milena Donato; ABILIO, Vivianne da Silveira. Compliance de dados pessoais. *In*: FRAZÃO, Ana; TEPEDINO, Gustavo; OLIVA, Milena Donato (Coord.). *A Lei Geral de Proteção de Dados Pessoais e suas repercussões no direito brasileiro*. São Paulo: Thomson Reuters Brasil, 2019. p. 693-694).

[36] GENTILE, Ana Elisa C. *Compliance aplicado à Lei Geral de Proteção de Dados: o mercado na adequação à lei*. Trabalho de Conclusão de Curso (Graduação) – Escola de Direito, Negócios e Comunicação, Pontifícia Universidade Católica de Goiás, Goiânia, 2023.

[37] SILVA Leticia A.; ARROYO, Maria Betânia F. Compliance e a atuação na gestão pública: redução de riscos e otimização de processos e recursos. *Revista Ibero-Americana de Humanidades, Ciências e Educação – Rease*, São Paulo, v. 9, n. 5, maio 2023.

Para Silva e Alves, o *compliance* representa uma ferramenta de orientação e adequação dos comportamentos em ambientes organizacionais, incluindo órgãos públicos – tema deste estudo –, de maneira que atua como um mecanismo de defesa dos direitos de personalidade por meio da conscientização individual no que concerne às garantias legais e normativas oriundas da LGPD e que carecem de maior atenção no ambiente do setor público.[38]

A propósito, o Conselho Nacional de Controle Interno, instituição que congrega dezenas de órgãos centrais de controle interno brasileiros, por meio de sua Câmara Técnica da Lei Geral de Proteção de Dados, divulgou diagnóstico[39] acerca do grau de adequação dos estados e municípios à LGPD, e restou evidenciado que a capacitação, recurso fundamental para o fortalecimento da cultura de proteção de dados pessoais, figura como uma das maiores dificuldades enfrentadas pelos gestores públicos. A mesma pesquisa revela, contudo, cenário promissor ao destacar que 64% dos órgãos de controle respondentes contam com a figura do encarregado de dados pessoais devidamente nomeado e com acesso direto à alta gestão de seu órgão.

Existem três fatores que fortalecem os mecanismos de *compliance* na proteção de dados pessoais. Em primeiro lugar, em decorrência do amplo escopo de incidência da LGPD, faz-se necessária a adaptação de atividades de coleta, tratamento de dados e de qualquer outra operação que perpasse a utilização de informações relacionadas a pessoas naturais. Mesmo as mais simples atividades e operações laterais terão de se adequar à lei, inclusive aquelas que envolvem eventuais trocas de informações entre o setor público e o setor privado. "O *compliance* de dados assume caráter transversal, a tornar necessário rever os padrões de conduta estabelecidos para cumprimento de outras normas".[40] O segundo fator associa-se ao primeiro, há em cada comando da lei níveis de exigência distintos e adaptações para o tratamento dos dados envolvidos, com o objetivo de evitar que a proteção acabe inviabilizando

[38] SILVA, Leda Maria Messias; ALVES, Nadine Girardi. LPGD e compliance: a efetivação dos direitos da personalidade nas relações de emprego. *Scientia Iuris*, Londrina, v. 27, n. 2, p. 91-111, jul. 2023.

[39] Disponível em: https://conaci.org.br/wp-content/uploads/2023/08/Diagnostico-de-adequacao.pdf. Acesso em: 8 dez. 2023.

[40] FRAZÃO, Ana; OLIVA, Milena Donato; ABILIO, Vivianne da Silveira. Compliance de dados pessoais. *In*: FRAZÃO, Ana; TEPEDINO, Gustavo; OLIVA, Milena Donato (Coord.). *A Lei Geral de Proteção de Dados Pessoais e suas repercussões no direito brasileiro*. São Paulo: Thomson Reuters Brasil, 2019. p. 695.

algumas atividades.[41] O terceiro e último fator consiste na necessidade de conferir concretude a determinados preceitos empregados pela LGPD e, assim, permitir que sejam adotados comportamentos em conformidade com a lei, pois há muitos dos comandos legais que comportam significativa margem interpretativa e essa complementação pode ser realizada pelos programas de *compliance*.[42] Além de ser um dever ético, a conformidade com a LGPD no setor público traz vantagens não só para a Administração Pública, mas especialmente para os cidadãos,[43] titulares de dados pessoais.

4 LGPD

O advento da LGPD trouxe significativas inovações legislativas em relação à tutela dos direitos fundamentais de liberdade, privacidade e o livre desenvolvimento da personalidade da pessoa natural. Conforme estudo de Zanetti, antes da mencionada lei era nítida a lacuna jurídica que resguardasse a proteção de dados pessoais em âmbito nacional, e mesmo com esforços da Constituição em estabelecer regras para o tratamento de dados pessoais em alguns cenários, a necessidade de maior amplitude e efetividade no direito positivo se mostrava fundamental. Diante disso, o estopim ocorreu no ano de 2005, durante o I Seminário Internacional sobre Proteção de Dados Pessoais, promovido pelo Ministério do Desenvolvimento, Indústria e Comércio Exterior, que gerou o documento normativo denominado *Medidas para a proteção de dados pessoais e sua livre circulação*, que foi base para tal disciplina criada em 2018 com a Lei nº 13.709/2018.[44]

A LGPD institui regras a respeito do tratamento de dados pessoais, visando à proteção dos direitos fundamentais da pessoa

---

[41] FRAZÃO, Ana; OLIVA, Milena Donato; ABILIO, Vivianne da Silveira. Compliance de dados pessoais. *In*: FRAZÃO, Ana; TEPEDINO, Gustavo; OLIVA, Milena Donato (Coord.). *A Lei Geral de Proteção de Dados Pessoais e suas repercussões no direito brasileiro*. São Paulo: Thomson Reuters Brasil, 2019. p. 696.

[42] FRAZÃO, Ana; OLIVA, Milena Donato; ABILIO, Vivianne da Silveira. Compliance de dados pessoais. *In*: FRAZÃO, Ana; TEPEDINO, Gustavo; OLIVA, Milena Donato (Coord.). *A Lei Geral de Proteção de Dados Pessoais e suas repercussões no direito brasileiro*. São Paulo: Thomson Reuters Brasil, 2019. p. 697-698.

[43] CAVALARI, Ana Paula França. O compliance digital como tecnologia de gestão. *In*: OLIVEIRA, Claudia Sobreiro de; OLIVEIRA, Fabiana (Coord.). *Elas na advocacia*. Porto Alegre: OAB/RS, 2020. p. 42.

[44] OLIVEIRA, Danton H. Zanetti de. *Big data e os limites à livre iniciativa no âmbito da Lei Geral de Proteção de Dados Pessoais*. 2022. Dissertação (Mestrado em Direito) – PUCPR, Curitiba, 2022.

natural, diante da sua vulnerabilidade. O texto legal traz em seu bojo a aplicabilidade a todas as pessoas jurídicas, privadas ou públicas, imposições relativas a medidas de segurança, implementação de procedimentos técnicos e de cunho político-administrativo, hábeis a realizar o tratamento efetivo de proteção dos dados pessoais das pessoas naturais que a lei busca assegurar. Inspirada na regulação europeia de proteção de dados (*General Data Protection Resolution* – GDPR), a LGPD é o primeiro instrumento normativo específico sobre o tema, de modo que a obrigação de implantação de políticas de integridade de segurança de dados, embora decorra de imposição legal já vigente, apresentará enormes desafios para a sua concretização.

Ainda de acordo com Lorenzon,[45] a LGPD possui reflexo direto da GDPR – *General Data Protection Regulation* – cuja vigência corresponde a maio de 2018 – inserida no cenário europeu, com vistas à proteção da privacidade de dados pessoais de cidadãos europeus e combate aos crimes cibernéticos. Assim, a LGPD se mostra bastante semelhante à norma estrangeira, principalmente no que se refere aos meios de prevenção e coação de inconformidades em se tratando de dados pessoais e, assim, o fator externo nesse comparativo consiste na adequação que as organizações adotam na utilização de dados pessoais.

Danton Zanetti[46] classifica a LGPD em posição ambivalente, ou seja, ao passo que se mostra como um marco regulatório especial, cuja principal característica é a de prevalência sobre demais normas, exceto nos casos em que há expressa reserva legal, regras de exceção, ou quando disposições da LGPD são incompatíveis com o objeto de regulação de outras leis de mesma hierarquia não revogadas (ex.: Lei das Contravenções Penais e Lei de Acesso à Informação), reconhecendo, portanto, o ato de tratamento de dados pessoais como um fenômeno digno de tutela jurídica regulatória; e, sob outra ótica, atua como um marco regulatório geral, produzindo efeitos horizontais sobre todas as áreas econômicas e quase todos os campos do Poder Público.

Depreende-se que a *mens legis* é salvaguardar à pessoa natural, detentora dos dados pessoais a serem tratados, os direitos individuais

---

[45] LORENZON, Laila Neves. Análise comparada entre regulamentações de dados pessoais no Brasil e na União Europeia (LGPD e GDPR) e seus respectivos instrumentos de enforcement. *Revista do Programa de Direito da União Europeia*, Rio de Janeiro, v. 1, p. 39-52, 2021. Disponível em: http://bibliotecadigital.fgv.br/ojs/index.php/rpdue/article/view/83423. Acesso em: 10 nov. 2023.

[46] OLIVEIRA, Danton H. Zanetti de. *Big data e os limites à livre iniciativa no âmbito da Lei Geral de Proteção de Dados Pessoais*. 2022. Dissertação (Mestrado em Direito) – PUCPR, Curitiba, 2022.

da liberdade, privacidade e livre desenvolvimento da personalidade da pessoa natural (art. 1º), fundamentada na autodeterminação informativa, na liberdade de expressão, de informação, de comunicação e opinião, na inviolabilidade da intimidade, da honra e da imagem, no desenvolvimento econômico e tecnológico e na inovação, na livre iniciativa, livre concorrência e na defesa do consumidor e nos direitos humanos, no livre desenvolvimento da personalidade, na dignidade e no exercício da cidadania pelas pessoas naturais, conforme descreve o art. 2º da lei. Observa-se que o propósito primário da lei é a proteção aos direitos fundamentais individuais. Contudo, as exceções de aplicação se coadunam com as hipóteses de segurança pública, defesa nacional, segurança do estado, ou atividades de investigação e repressão de infrações penais (art. 4º), ou seja, resta evidente que a lei procurou equilibrar os direitos individuais com as situações nas quais o interesse público deve prevalecer.

A inclusão do setor público no escopo da LGPD constitui um marco na Administração Pública, obrigando-a a adequar-se e investir em políticas de segurança e a atuar de forma a evitar a utilização de dados pessoais para fins diversos daqueles para os quais foram coletados.[47] Ademais, a lei reservou um capítulo próprio para estabelecer as regras específicas para o tratamento de dados pelo Poder Público, normatizando que a finalidade pública deve ser atendida, na persecução do interesse público, seja por meio da execução das competências constitucionais ou legais impostas, seja para a prestação de serviços públicos. De qualquer sorte, atribuiu ao Poder Público o dever de fornecer informações claras e atualizadas a respeito da finalidade legal atrelada à necessidade do tratamento de dados em questão e a obrigação de indicar um encarregado, nos termos do art. 39 da lei.

Saliente-se que revestem as empresas públicas ou sociedades de economia mista do mesmo tratamento normativo conferido aos órgãos do Poder Público quando estiverem no exercício de políticas públicas. O grande desafio da Administração Pública será em relação ao compartilhamento dos dados pessoais sem comprometer a proteção e segurança das informações, desde a coleta até a sua destruição, visto que a interoperabilidade é permitida, observados os pressupostos

[47] LACET, Érika. *LGPD e os impactos na Administração Pública*. Disponível em: https://www.becompliance.net.br/lgpd-e-os-impactos-na-administracaopublica#:~:text=Apesar%20da%20necessidade%20de%20regulamenta%C3%A7%C3%A3o,ainda%20maior%20para%20que%20as. Acesso em: 19 out. 2020.

do atendimento de políticas públicas ou da prestação de serviços públicos. Note-se que o compartilhamento de dados pelo Poder Público a entidades privadas é vedado, exceto nos casos de execução descentralizada de atividade pública para finalidade específica e determinada, nos casos em que os dados forem acessíveis publicamente, baseadas em contratos, convênios ou instrumentos congêneres ou na hipótese exclusiva de prevenir fraudes ou proteger a segurança do titular dos dados.

Imprescindível destacar que todas as operações relativas ao tratamento de dados, ainda que promovidas pelo Poder Público, devem observar as premissas respeitantes à necessidade, proporcionalidade e adequação, em razão das quais deve-se limitar o tratamento de dados ao mínimo necessário para a realização de suas finalidades; livre acesso ou autodeterminação informativa, o que confere aos titulares a garantia de consulta gratuita e facilitada sobre a forma e duração do tratamento, bem como sobre a possibilidade de revogabilidade do consentimento, nos casos aplicáveis. O fundamento da autodeterminação informativa faculta ao titular o poder de fiscalização acerca da licitude, finalidade e regularidade do uso dos seus dados. A transparência e o livre acesso conferem a possibilidade de exercer o controle sobre os seus dados pessoais, averiguando se corretos, atualizados e adequados à finalidade para a qual foram coletados, operacionalizados ou compartilhados (no caso do Poder Público, essencialmente delimitado às consecuções de políticas públicas ou prestação de serviços públicos).

Ainda, Silva e Sarkis[48] acrescentam que mesmo que as organizações públicas e privadas brasileiras que possuem informações pessoais em seus sistemas se mantenham atentas aos princípios e diretrizes para que os dados estejam seguros, foram noticiados eventos de vazamento de dados. Devido ao Brasil ter ficado em 12º lugar em 2022 entre os países em que mais ocorreu a exposição indevida de dados, busca-se cada vez mais assegurar-lhes a sua proteção, de modo que os métodos de segurança na criação de *softwares* necessitam ser difundidos, em especial pelo impacto positivo que apresentam para minimizar os riscos nos órgãos e organizações, contribuindo para maior segurança digital.

---

[48] SILVA, Keyla O.; SARKIS, Laura C. Análise de conformidade da LGPD nas instituições públicas de ensino superior no Brasil sob a perspectiva dos profissionais de TIC. *Proceedings of the 26th Workshop on Requirements Engineering*, Porto Alegre, 15-17 ago. 2023.

Ante as disposições da lei, tornou-se imperiosa a adoção de medidas técnicas e administrativas aptas a proteger os dados pessoais de situações acidentais ou ilícitas de destruição, perda, alteração, comunicação ou difusão, sob pena de responsabilização civil, judicialmente pelo Ministério Público, ou administrativamente, junto à ANPD – Autoridade Nacional de Proteção de Dados, que aprovou seu regimento interno em março de 2021. Tal órgão da Administração Pública federal visa assegurar a proteção de dados pessoais, orientar, regulamentar e fiscalizar o cumprimento da norma legal.

A ANPD publicou a Portaria nº 16, de 8.7.2021, que dispõe a respeito da regulamentação na autoridade, estabelecendo, entre outros aspectos, a criação da "Agenda regulatória e atos normativos que incluem regras aplicáveis à realização de consultas à sociedade, à elaboração de Análise de Impacto Regulatório (AIR) e Avaliação do Resultado Regulatório (ARR)".[49] Inserido na mesma estrutura organizacional da ANPD, instituiu-se o CNPD – Conselho Nacional de Proteção de Dados Pessoais e da Privacidade (CNPD) em agosto de 2021, consistente em um órgão consultivo criado como mecanismo de participação institucional da sociedade.

É consabido que os sistemas de tecnologia da informação são suscetíveis a rastreamentos e invasões por *hackers* e, assim, vulneráveis a possíveis adulterações. Entretanto, com o avanço progressivo da tecnologia, cabe ao Poder Público investir na excelência dos sistemas de inteligência e tecnologia de forma a garantir a segurança e proteção dos dados pessoais dos titulares, sobretudo aos dados sensíveis.

Outro aspecto legal relevante condiz com a adoção de medidas preventivas ao intuito de coibir danos decorrentes do tratamento de dados pessoais. Tal princípio reafirma a necessidade de boas práticas de segurança no tratamento de dados pessoais, sendo que um dos objetivos finalísticos da LGPD é o desenvolvimento e amadurecimento da cultura de proteção de dados pessoais em âmbito nacional, mitigando-se riscos antes mesmo de se iniciar o tratamento dos dados.[50] Nesse sentido, o princípio da prevenção *Privacy by Design*, disciplinado na GDPR (*General Data Protection Regulation*), é desmembrado em sete outros princípios

---

[49] BRASIL. Autoridade Nacional de Proteção de Dados. *Ações e programas*. Disponível em: http://www.gov.br/anpd/pt-br/acesso-a-informacao/programas-projetos-e-acoes. Acesso em: 4 dez. 2023.

[50] VAINZOF, Rony. Disposições preliminares. *In*: MALDONADO, Viviane Nóbrega; BLUM, Renato Opice (Coord.). *LGPD*: Lei Geral de Proteção de Dados comentada. São Paulo: Thomson Reuters Brasil, 2019. p. 158.

fundamentais expostos por Ann Cavoukian, entre os quais se destaca o relativo à privacidade incorporada ao *design*, no qual a privacidade de dados é incorporada à estrutura do sistema intrinsecamente, de modo que a privacidade se torna um componente essencial do sistema tecnológico de informação.[51]

No que diz respeito à responsabilização e prestação de contas, a lei é clara ao exigir que o controlador comprove a adoção de medidas eficazes capazes de garantir o cumprimento das normas de proteção de dados pessoais e, inclusive, da eficácia dessas medidas. Este talvez seja o cerne da questão no âmbito público, tendo em vista a complexidade e enorme responsabilidade no tocante ao tratamento de dados de grande parte da população brasileira. A despeito da criação e instituição da Autoridade Nacional de Proteção de Dados e suas correspondentes atribuições regulamentares para a almejada conformidade da LGPD no setor público, é certo que a Administração Pública necessitará investir significativamente em três pilares:[52] tecnologia, instituindo uma política robusta de segurança em TI, evitando possíveis adulterações, vazamentos, compartilhamento ou uso ilícito ou indevido; processos, mapeando-os para entender todo o fluxo do tratamento de dados, desde a sua coleta até a destruição, além de identificar os riscos inerentes ao tratamento; e pessoas, capacitando-as e conscientizando-as, promovendo a cultura da integridade, ressaltando a importância em estar e permanecer em conformidade com a lei.

Recentemente o direito à proteção de dados foi transposto à categoria de direito fundamental, por intermédio da promulgação da EC nº 115, em fevereiro de 2022. A proteção constitucional do tema, entretanto, data de 2020, quando o Supremo Tribunal Federal declarou, com base na ADI nº 6.387, a proteção de dados como um direito fundamental implícito, enquadrado no art. 5º, X e XII, da CF/88. Relevante pontuar que o mesmo tema é citado também por legislações infraconstitucionais, com destaque para o Marco Civil da Internet (Lei nº 12.965/14) e pela LGPD, especialmente enfocada neste texto.

À vista disso, a proteção dos dados pessoais tornou-se cláusula pétrea, conferindo-lhe *status* de imutabilidade, ou seja, tal direito não

---

[51] CAVOUKIAN, Ann. *Privacy by design*: the 7 foundational principles – Implementation and mapping of fair information practices. Disponível em: https://iab.org/wp-content/IAB-uploads/2011/03/fred_carter.pdf. Acesso em: 18 out. 2020.

[52] LACET, Érika. *LGPD e os impactos na Administração Pública*. Disponível em: https://www.becompliance.net.br/lgpd-e-os-impactos-na-administracaopublica#:~:text=Apesar%20da%20necessidade%20de%20regulamenta%C3%A7%C3%A3o,ainda%20maior%20para%20que%20as. Acesso em: 19 out. 2020.

pode ser restringido ou suprimido. Em caso de alteração, esta deve ser destinada somente a ampliar a proteção dos dados.[53]

Ainda, de acordo com Ingo Sarlet:[54]

> Mediante a redação dada pela EC 115/22, o direito fundamental à proteção de dados pessoais passa a estar submetido a uma expressa reserva legal simples, que empodera o legislador infraconstitucional para efeito de estabelecer intervenções restritivas no âmbito de proteção do direito, implicando, por outro lado, a observância das exigências da reserva de lei, pena de inconstitucionalidade da restrição.
>
> O direito fundamental à proteção de dados assume particular relevância, pelo fato da existência de uma série de lacunas regulatórias, posto que a LGPD não contempla os setores da segurança nacional, segurança pública, investigação criminal, execução penal, apenas para citar os mais relevantes. Por tal razão, com o reconhecimento do referido direito fundamental, passa a inexistir uma "zona livre" de proteção dos dados pessoais na ordem jurídica brasileira.

A partir da vigência da LGPD, a interligação entre os fundamentos preconizados na lei e o *compliance* se tornam evidentes e indissociáveis. Para o efetivo cumprimento da LGPD, a Administração Pública deverá implementar e assegurar a continuidade do *compliance* público, sobretudo em razão do indispensável mapeamento do fluxo do tratamento de dados e identificação de potenciais riscos no processo de tratamento. A LGPD constitui-se, pois, como a nova fase do *compliance*. Nesse aspecto, promove-se o tratamento ético dos dados pessoais, tendo em vista os fundamentos e premissas da lei, ao intento de assegurar os direitos fundamentais da liberdade, da privacidade, da intimidade e do livre desenvolvimento da personalidade da pessoa natural.

5 Culturas e cenários da boa governança

Dado o caráter eminentemente principiológico da LGPD, considerando que não há regras pragmáticas sobre os mecanismos

---

[53] MIRANDA, Emily B.; RIBEIRO, Vitória A.; SOTTILI, Luciana A. Estudo de caso sobre a conformidade com a LGPD no poder público executivo de Rondônia. *Revista Contribuiciones a las Ciencias Sociales*, São José dos Pinhais, v. 16, n. 7, p. 5501-5522, 2023.

[54] SARLET, Ingo. A EC 115/22 e a proteção de dados pessoais como direito fundamental I. *Conjur*, 11 mar. 2022. Disponível em: https://www.conjur.com.br/2022-mar-11/direitos-fundamentais-ec-11522-protecao-dados-pessoais-direito-fundamental/. Acesso em: 4 dez. 2023.

de implantação das políticas de integridade, é que emerge o grande desafio ao pleno atendimento legal. O amadurecimento da cultura de proteção aos dados pessoais é um processo instaurado pela edição da lei e que necessita ser elevado à importância máxima no cenário da boa governança pública. Para tanto, algumas ações são imprescindíveis a serem consideradas desde já, quais sejam: os órgãos públicos devem iniciar a capacitação das pessoas para atuarem como encarregados (ou DPO na concepção da GDPR); formular os relatórios de impactos; mapear o fluxo de dados de seus sistemas: por onde trafegam, como são guardados e compartilhados os dados, avaliando quais mudanças devem ser realizadas nesses procedimentos,[55] como exemplo, a reconsideração se determinado dado pessoal é realmente útil à finalidade vinculada e se existe base legal para o tratamento dos dados. Sendo o setor público o grande detentor de dados pessoais, muitos deles de natureza sensível, não é difícil supor que os sistemas de dados possam estar sobrecarregados de informações desnecessárias e desatualizadas, o que certamente torna as tarefas primárias de adequação à lei bastante intensas, porém essenciais ao cumprimento das normas.

Além disso, as avaliações decorrentes do mapeamento de dados têm o condão de proporcionar informações úteis à formulação dos relatórios de impacto e planejar ações preventivas. Ante os novos desafios impostos pelo crescimento tecnológico, digital e globalizado de dados pessoais, torna-se premente a necessidade de conformidade não apenas legal, mas também cultural no sentido de adotar políticas de boas práticas e governança no tratamento de dados pessoais. As medidas a serem implementadas vão além da segurança digital, de modo que a lei é expressa, em seu art. 50, ao ampliar as políticas que estabeleçam as condições de organização, o regime de funcionamento, os procedimentos, incluindo reclamações e petições dos titulares, as obrigações dos envolvidos no tratamento, ações educativas e outros aspectos relacionados ao tratamento de dados pessoais.

Nesse sentido, impõe-se a importante missão de traçar e efetivar novas diretrizes e fundamentos de governança. O *Estudo 13 – PSC/IFAC*, desenvolvido pelo Comitê do Setor Público ou *Public Sector Committee* (PSC), decorrente da Federação Internacional de Contadores ou *Council*

---

55 OTERO, Rodrigo Guynemer Lacerda. A LGPD e seus efeitos no setor público. *Gov.br*, 2019. Disponível em: https://www.serpro.gov.br/lgpd/noticias/2019/lgpd-setor-publico-efeitos. Acesso em: 19 out. 2020.

of the International Federation of Accountants (IFAC), foca nas práticas de governança na gestão pública relacionadas à responsabilidade dos governantes e das instituições competentes para acompanhar o setor público. Tal estudo reflete os princípios fundamentais sobre governança corporativa elencados no *Cadbury Report* de 1992, adaptados para o setor público com base no *Nolan Report*. O primeiro relatório do Comitê instituiu "Os Sete Princípios da Vida Pública" também conhecidos como os Princípios de Nolan: princípios gerais de conduta que deveriam sustentar a vida pública:[56]

- abnegação – os agentes públicos devem agir apenas em prol do interesse público;
- integridade e honestidade - os detentores de cargos públicos não devem receber qualquer benefício financeiro de indivíduos ou organizações que possam influenciá-los no desempenho de suas funções oficiais;
- objetividade - na execução de políticas públicas ou na prestação de serviços públicos, os detentores de cargos públicos devem fazer escolhas sobre o mérito;
- responsabilidade - os titulares de cargos públicos são responsáveis por suas decisões e ações para o público;
- abertura/transparência – exige que os agentes públicos sejam transparentes em todos os seus atos. Devem fundamentar as suas decisões e restringir informações apenas quando houver sigilo amparado por lei;
- liderança – no sentido de promover e apoiar todos os princípios descritos através da liderança e exemplo.

Os três princípios identificados no *Cadbury Report* foram então redefinidos pelo IFAC, levando-se em consideração os sete princípios do *Nolan Report*, transformando-os em "Princípios de Governança no contexto do Setor Público": transparência – necessária para garantir que *stakeholders* possam ter confiança nas ações e nos processos de tomada de decisão, na gestão das atividades das entidades do setor público; integridade – compreende os conceitos de honestidade, objetividade, probidade na gestão dos recursos públicos; responsabilização: no qual

---

[56] MARCELLI, Selma. *Governança no setor público*: diagnóstico das práticas de gestão da Polícia Federal à luz do estudo 13 do PSC/IFAC. 2013.106 f. Dissertação (Mestrado Executivo em Gestão Empresarial) – Escola Brasileira de Administração Pública e de Empresas, Centro de Formação Acadêmica e Pesquisa, Fundação Getúlio Vargas, Rio de Janeiro, 2013. p. 28-46.

os agentes públicos são responsáveis por suas decisões e ações, incluindo a gestão de recursos públicos e todos os aspectos de desempenho.[57]

Depreende-se, assim, que, à luz do programa de governança em privacidade delineado pelo §2º do art. 50 da LGPD, o estudo do Comitê do Setor Público da IFAC fornece boas diretrizes na adoção de boas práticas de política à nova formatação de modelo de gestão, posto que em consonância com os parâmetros prescritos. No mesmo sentido, seguem as Normas Brasileiras de Auditoria no Serviço Público – NBASP, cujos preceitos constituem um importante instrumento de melhoria do controle e da gestão pública. Em 2019, o Instituto Rui Barbosa lançou a NBASP 400 –[58] Normas para Auditoria de Conformidade, que é a tradução realizada pelo Tribunal de Contas da União para o português da ISSAI 4000 – *Standard for Compliance Audit*. As Normas Internacionais das Entidades Fiscalizadoras Superiores (ISSAI) são emitidas pela Intosai, a Organização Internacional de Entidades Fiscalizadoras Superiores.

Os princípios e regras ali instituídos vão de encontro às boas práticas necessárias à governança no tratamento de dados pessoais, visto que são prescritos os requisitos da objetividade e ética, compreendido o comportamento profissional íntegro e a confidencialidade,[59] o que se harmoniza com os preceitos de segurança e proteção de dados pessoais amparados pela LGPD. Demais disso, para a concretização das normas de segurança da informação, proteção e privacidade dos titulares dos dados pessoais, a transparência e a integridade são fundamentais. Dentro dessa perspectiva, a implantação de um sistema de integridade, com a compreensão de governança de dados, *compliance* e gestão de riscos bem consolidados,[60] é medida inadiável que inicialmente se propõe e na qual deve prosseguir, de forma consistente e ainda mais específica. Aliado a padrões de boa governança no setor público recomendados por diversos estudos e imposições decorrentes de instrumentos normativos, é certo que as peculiaridades de cada ente

---

[57] SLOMSKI, Valmor. Princípios de governança no contexto do setor público segundo o IFAC. *In*: SLOMSKI, Valmor; MELLO, Gilmar Ribeiro de; TAVARES FILHO, Francisco; MACÊDO, Fabrício de Queiroz. *Governança corporativa e governança na gestão pública*. São Paulo: Atlas, 2008, *passim*.

[58] Para maiores informações, *vide* a edição de 2023 das NBASP (Disponível em: https://irbcontas.org.br/wp-content/uploads/2023/11/nbasp-vs.pdf. Acesso em: 11 dez. 2023).

[59] INSTITUTO RUI BARBOSA. *Normas Brasileiras de Auditoria do Setor Público (NBASP)*: nível 3 – Requisitos mandatórios para auditorias do setor público. Curitiba: IRB, 2019. p. 71.

[60] NASCIMENTO, Juliana Oliveira. *Proteção de dados, integridade, governança e riscos em segurança e privacidade no Brasil*. Disponível em: https://dspace.stm.jus.br/bitstream/handle/123456789/135189/ldpsbntbook_ed_02_gov_2019_final.pdf?sequence=1&isAllowed=y. Acesso em: 19 out. 2020.

público irão demandar adequações e procedimentos *sui generis*, razão pela qual a perspectiva de grandes transformações é positiva, porém ainda desafiadora ao setor público.

6 Considerações finais

A questão emblemática que gira em torno das proposições e objetivos da lei e do *compliance* público relaciona-se com o verdadeiro comprometimento e encorajamento para enfrentar as adversidades na gestão de dados pelo Poder Público. Especula-se muito a respeito da efetividade da LGPD e do *compliance*. A mera existência de instrumentos normativos garante proteção e segurança dos dados pessoais aos quais estamos vulneráveis? Infelizmente, a realidade aponta no sentido negativo. A simples previsão normativa não implica que os dados pessoais serão protegidos repentinamente ou que impedirá o uso indevido, o compartilhamento ilícito ou até a negociação das informações economicamente valiosas, as quais se tornaram os dados pessoais. A rapidez e a evolução digital globalizada elevaram os dados pessoais a uma verdadeira condição de *commodities* e, com isso, trazem em si riscos inerentes à sua própria natureza. O estabelecimento do *compliance* e dos preceitos da LGPD são apenas vetores em prol da ética, integridade e proteção dos dados pessoais. A necessidade e urgência vão muito além das normas positivadas; significa envolver e assegurar o comprometimento dos agentes públicos em sua essência.

O que se pode destacar é que o conhecimento da proteção de dados não é amplamente difundido para todos os envolvidos no sistema de Administração Pública e, desse modo, a promoção de ações de conscientização e educação, treinamentos, palestras pode ser fundamental para disseminar a cultura da proteção de dados, trazendo importância para os direitos de personalidade e a proteção de dados pessoais que podem ser afetados em função do uso inadequado em relações de trabalho, com destaque para os cargos públicos.

Talvez o âmago da temática possa estar relacionado com a efetiva responsabilização dos controladores e operadores do tratamento de dados. Reconhecer como exitosos os objetivos da lei requer o estabelecimento de parâmetros de efetivo controle e monitoramento no fluxo dos dados. Assim, a identificação e individualização subjetivas no decorrer do tratamento de dados será crucial para os fins sancionatórios, inclusive o do seu efeito pedagógico. É preciso minimizar o risco de conformidades proforma, usando metodologias efetivas e inteligentes que produzam efeitos concretos. A implementação do *compliance* de dados, compreendendo todas as facetas de integridade à proteção e segurança dos dados pessoais, possui potencial para o aprimoramento do processo de transformação, embora o efetivo aculturamento seja a grande chave para o novo cenário de governança.

Observa-se que um programa de *compliance* envolve metodologias específicas de implementação, manutenção para que haja funcionalidade e que traga benefícios e não problemáticas para os envolvidos no setor público.

Ainda, como o sistema público possui particularidades e complexidades distintas do sistema empresarial, torna-se mais dificultosa a implementação de um sistema de *compliance* na esfera pública, considerando a grande extensão de território e singularidades de cada região. Ao mesmo tempo, os programas de *compliance* no sistema público possuem diversas consequências negativas similares aos da administração privada, pois sabe-se que suas bases estão no sistema privado, auxiliando o setor público a encontrar soluções para o seu cotidiano.

Assumir riscos e arcar subjetivamente com as consequências legais pode iniciar um processo civilizatório consistente em termos de integridade. Aplicado tal preceito como regra primordial, reduz-se o efeito divergente e antagônico entre a teoria e a prática, o concreto e o abstrato e, decisivamente, entre o coletivo e o individual. Tal pressuposto transcende esferas, e a sua perfeita compreensão, ao transmutar-se a uma condição de premissa inegociável diante de qualquer ato que macule a proteção, segurança e privacidade dos dados pessoais, certamente, trará benefícios coletivos extraordinários.

Referências

BIONI, Bruno Ricardo. *Proteção de dados pessoais*: a função e os limites do consentimento. 3. ed. Rio de Janeiro: Forense, 2021.

BRASIL. Autoridade Nacional de Proteção de Dados. *Ações e programas*. Disponível em: http://www.gov.br/anpd/pt-br/acesso-a-informacao/programas-projetos-e-acoes. Acesso em: 4 dez. 2023.

BRASIL. Casa Civil da Presidência da República. *Guia da política de governança pública*. Brasília: Casa Civil da Presidência da República, 2018.

BRASIL. *Decreto nº 9.203, de 22 de novembro de 2017*. Dispõe sobre a política de governança da administração pública federal direta, autárquica e fundacional. Disponível em: http://www.planalto.gov.br/ccivil_03/_ato2015-2018/2017/decreto/D9203.htm. Acesso em: 24 out. 2020.

CAVALARI, Ana Paula França. O compliance digital como tecnologia de gestão. *In*: OLIVEIRA, Claudia Sobreiro de; OLIVEIRA, Fabiana (Coord.). *Elas na advocacia*. Porto Alegre: OAB/RS, 2020.

CAVOUKIAN, Ann. *Privacy by design*: the 7 foundational principles – Implementation and mapping of fair information practices. Disponível em: https://iab.org/wp-content/IAB-uploads/2011/03/fred_carter.pdf. Acesso em: 18 out. 2020.

COELHO, Cláudio Carneiro Bezerra Pinto. Compliance na Administração Pública. *Revista de Direito da Faculdade Guanambi*, v. 3, n. 1, p. 75-95, 1º ago. 2017.

FRAZÃO, Ana; OLIVA, Milena Donato; ABILIO, Vivianne da Silveira. Compliance de dados pessoais. *In*: FRAZÃO, Ana; TEPEDINO, Gustavo; OLIVA, Milena Donato (Coord.). *A Lei Geral de Proteção de Dados Pessoais e suas repercussões no direito brasileiro*. São Paulo: Thomson Reuters Brasil, 2019.

GENTILE, Ana Elisa C. *Compliance aplicado à Lei Geral de Proteção de Dados: o mercado na adequação à lei*. Trabalho de Conclusão de Curso (Graduação) – Escola de Direito, Negócios e Comunicação, Pontifícia Universidade Católica de Goiás, Goiânia, 2023.

INSTITUTO RUI BARBOSA. *Normas Brasileiras de Auditoria do Setor Público (NBASP)*: nível 3 – Requisitos mandatórios para auditorias do setor público. Curitiba: IRB, 2019.

LACET, Érika. *LGPD e os impactos na Administração Pública*. Disponível em: https://www.becompliance.net.br/lgpd-e-os-impactos-na-administracaopublica#:~:text=Apesar%20da%20necessidade%20de%20regulamenta%C3%A7%C3%A3o,ainda%20maior%20para%20que%20as. Acesso em: 19 out. 2020.

LORENZON, Laila Neves. Análise comparada entre regulamentações de dados pessoais no Brasil e na União Europeia (LGPD e GDPR) e seus respectivos instrumentos de enforcement. *Revista do Programa de Direito da União Europeia*, Rio de Janeiro, v. 1, p. 39-52, 2021. Disponível em: http://bibliotecadigital.fgv.br/ojs/index.php/rpdue/article/view/83423. Acesso em: 10 nov. 2023.

MARCELLI, Selma. *Governança no setor público*: diagnóstico das práticas de gestão da Polícia Federal à luz do estudo 13 do PSC/IFAC. 2013.106 f. Dissertação (Mestrado Executivo em Gestão Empresarial) – Escola Brasileira de Administração Pública e de Empresas, Centro de Formação Acadêmica e Pesquisa, Fundação Getúlio Vargas, Rio de Janeiro, 2013.

MIRANDA, Emily B.; RIBEIRO, Vitória A.; SOTTILI, Luciana A. Estudo de caso sobre a conformidade com a LGPD no poder público executivo de Rondônia. *Revista Contribuiciones a las Ciencias Sociales*, São José dos Pinhais, v. 16, n. 7, p. 5501-5522, 2023.

NARDES, João Augusto Ribeiro. *Governança pública*: o desafio do Brasil. 3. ed. Belo Horizonte: Fórum, 2018.

NASCIMENTO, Juliana Oliveira. *Proteção de dados, integridade, governança e riscos em segurança e privacidade no Brasil*. Disponível em: https://dspace.stm.jus.br/bitstream/handle/123456789/135189/ldpsbntbook_ed_02_gov_2019_final.pdf?sequence=1&isAllowed=y. Acesso em: 19 out. 2020.

OLIVEIRA, Danton H. Zanetti de. *Big data e os limites à livre iniciativa no âmbito da Lei Geral de Proteção de Dados Pessoais*. 2022. Dissertação (Mestrado em Direito) – PUCPR, Curitiba, 2022.

OTERO, Rodrigo Guynemer Lacerda. A LGPD e seus efeitos no setor público. *Gov.br*, 2019. Disponível em: https://www.serpro.gov.br/lgpd/noticias/2019/lgpd-setor-publico-efeitos. Acesso em: 19 out. 2020.

SARLET, Ingo. A EC 115/22 e a proteção de dados pessoais como direito fundamental I. *Conjur*, 11 mar. 2022. Disponível em: https://www.conjur.com.br/2022-mar-11/direitos-fundamentais-ec-11522-protecao-dados-pessoais-direito-fundamental/. Acesso em: 4 dez. 2023.

SILVA Leticia A.; ARROYO, Maria Betânia F. Compliance e a atuação na gestão pública: redução de riscos e otimização de processos e recursos. *Revista Ibero-Americana de Humanidades, Ciências e Educação – Rease*, São Paulo, v. 9, n. 5, maio 2023.

SILVA, Keyla O.; SARKIS, Laura C. Análise de conformidade da LGPD nas instituições públicas de ensino superior no Brasil sob a perspectiva dos profissionais de TIC. *Proceedings of the 26th Workshop on Requirements Engineering*, Porto Alegre, 15-17 ago. 2023.

SILVA, Leda Maria Messias; ALVES, Nadine Girardi. LPGD e compliance: a efetivação dos direitos da personalidade nas relações de emprego. *Scientia Iuris*, Londrina, v. 27, n. 2, p. 91-111, jul. 2023.

SIMAS, Manuela Santos. *Ética pública*: o diálogo entre os princípios da administração pública e as políticas de compliance na gestão pública. 2018. 37 f. Trabalho de Conclusão de Curso (Especialização em Gestão Pública Municipal) – Universidade Tecnológica Federal do Paraná, Curitiba, 2018.

SLOMSKI, Valmor. Princípios de governança no contexto do setor público segundo o IFAC. *In*: SLOMSKI, Valmor; MELLO, Gilmar Ribeiro de; TAVARES FILHO, Francisco; MACÊDO, Fabrício de Queiroz. *Governança corporativa e governança na gestão pública*. São Paulo: Atlas, 2008.

SOUZA, Silvia Regina; MACIEL-LIMA, Sandra; LUPI, André Lipp Pinto Basto. Aplicabilidade do compliance na Administração Pública em face ao momento político atual brasileiro. *Percurso – Anais... I CONIBADEC (Congresso Ibero-americano de Direito Empresarial e Cidadania)*, Curitiba, v. 1, n. 24, 2018.

VAINZOF, Rony. Disposições preliminares. *In*: MALDONADO, Viviane Nóbrega; BLUM, Renato Opice (Coord.). *LGPD*: Lei Geral de Proteção de Dados comentada. São Paulo: Thomson Reuters Brasil, 2019.

VALLE, Yas. EC 115/22: proteção de dados pessoais como direito fundamental. *MasterJuris*, 2022. Disponível em: http://masterjuris.com.br/ec-115-22-protecao-de-dados-pessoais-comodireitofundamental/#:~:text=A%20Emenda%20Constitucional%20115%2F22,fiscalizar%20assuntos%20relacionados%20ao%20tema. Acesso em: 4 dez. 2023.

Informação bibliográfica deste texto, conforme a NBR 6023:2018 da Associação Brasileira de Normas Técnicas (ABNT):

MAGACHO, Bruna Toledo Piza; TRENTO, Melissa. Impactos da LGPD e compliance no setor público: necessárias adaptações culturais na Administração Pública ante um cenário de transformação contínua para a manutenção da boa governança. *In*: PIRONTI, Rodrigo (Coord.). *Lei Geral de Proteção de Dados no setor público*. 2. ed. Belo Horizonte: Fórum, 2024. p. 165-188. ISBN 978-65-5518-731-1.

O PAPEL DA TI NO PROCESSO DE SEGURANÇA E PROTEÇÃO DE DADOS NA ADMINISTRAÇÃO PÚBLICA

CHRISTIAN BACHMANN

ANA PAULA DE CAMPOS SERRATTO

Introdução

Com a ascensão da tecnologia, a automação de serviços tomou proporções significativas na vida dos cidadãos. Este crescimento gerou um aumento na difusão e transação de informações, porém diminui o controle sobre quais dados pessoais estão disponíveis e acessíveis para partes externas.

No caso das organizações privadas, empresas de diversos segmentos começaram a questionar a importância da gestão da privacidade e suas responsabilidades como detentores de dados pessoais, sendo que, em determinadas situações, os titulares podem solicitar aos agentes que não realizem mais o tratamento de seus dados ou podem questionar o propósito deste tratamento. Em contrapartida, ao observarmos as instituições públicas, estas poderão experimentar uma sensação de impunidade[1] perante as possíveis sanções e responsabilidades pelo

---

1 Conforme artigo "A Administração Pública na Lei Geral de Proteção de Dados", publicado por Luciano Elias Reis e Rafael Knorr Lippmann, "Há um duplo desafio a ser superado: de um lado, dimensionar a aplicabilidade prática das sanções previstas na LGPD à Administração Pública *sem que isso resulte em verdadeiro impedimento da consecução da atividade-fim do órgão estatal*, de outro lado, evitar a inexistência de sanção legalmente adequada venha a gerar a "*impunidade*" da Administração por ocasião do cometimento de infração à legislação que regula o tratamento de dados pessoais". REIS, Luciano Elias; LIPPMANN, Rafael Knorr. A Administração Pública na Lei Geral de Proteção de Dados.

não cumprimento das regras impostas pela Lei Geral de Proteção de Dados (LGPD).

Neste contexto, por serem respaldadas pelo direito de tratamento dos dados pessoais de todos os cidadãos, ao analisar os riscos inerentes à falta de mecanismos de proteção destes dados, especialmente na esfera da segurança da informação, as consequências para as instituições públicas poderão ser mais catastróficas que punições administrativas e judiciais.

O primeiro ano da GDPR e a criação da LGPD

O ano 2018 marcou o avanço da normatização da privacidade de dados com a vigência do Regulamento Geral sobre a Proteção de Dados (GDPR) na União Europeia, bem como a criação da Lei Geral de Proteção de Dados brasileira, que passou a vigorar em setembro de 2020. Um ano após em entrada da GDPR, a Associação Internacional de Profissionais de Privacidade (IAPP), fundada em 2000, realizou uma pesquisa sobre os resultados no primeiro ano da lei europeia.

In. PIRONTI, Rodrigo. (Coord.). *Lei Geral de Proteção de Dados:* estudos sobre um novo cenário de Governança Corporativa. Belo Horizonte: Fórum, 2020, p. 167-168.

No artigo "LGPD: a versão brasileira do regulamento europeu",[2] Richie Koch fala sobre a similaridade da GDPR e a lei brasileira, a qual englobou os estatutos relacionados a dados pessoais já existentes (como exemplo o Marco Civil da Internet, que possui como um dos princípios a proteção dos dados pessoais), bem como se inspirou na GDPR em vários quesitos, particularmente sobre a imprescindibilidade de padrões técnicos de segurança.

Sabendo que a LGPD[3] foi criada em sintonia com os preceitos regulatórios da legislação europeia e ao analisar os resultados do primeiro ano de vigência da GDPR, as organizações públicas e privadas devem ponderar as suas concepções sobre tratamentos de dados pessoais e avaliar quais mecanismos de segurança são empregados em suas operações ou deveriam ser. Neste contexto e analisando que a maior parte do fluxo de dados pessoais é tratada em formato digital, será imprescindível envolver a área de Tecnologia da Informação (TI) no processo de proteção de dados.

Ao examinar as legislações mundiais que tratam sobre este tema, verificamos o dever das instituições de adotar medidas de proteção contra incidentes de segurança e ameaças internas e/ou externas, a fim de evitar vazamentos e/ou destruição de dados pessoais. Nesta lógica, a norma internacional ABNT NBR ISO/IEC 27001,[4] referente a Sistemas de Gestão de Segurança da Informação, aduz sobre medidas recomendadas para implantar uma política eficaz e efetiva, abordando tanto o ambiente físico – afinal as informações armazenadas em papéis e documentos também necessitam proteção contra acessos indevidos e destruição – quanto o ambiente digital e, em especial, a segurança contra a ação humana que, de acordo com o Kevin D. Mitnick,[5] oferece o maior risco para a Segurança da Informação (SI).

Gestão de privacidade da informação – da segurança e das boas práticas

Conforme a pesquisa da IAPP, mais de 89 mil notificações sobre violações de dados pessoais foram realizadas em apenas um

---

2 KOCH, Richie. *LGPD*: a versão brasileira do regulamento europeu. Disponível em: https://www.serpro.gov.br/lgpd/noticias/lgpd-versao-brasileira-gdpr-dados-pessoais.

3 Lei nº 13.709, de 14 de agosto de 2018. Lei Geral de Proteção de Dados (LGPD). http://www.planalto.gov.br/ccivil_03/_ato2015-2018/2018/lei/L13709.htm.

4 ABNT NBR ISO/IEC 27.001 – Sistemas de gestão de segurança da informação.

5 MITNICK, Kevin D.; SIMON, William L. *A Arte de Enganar*: Ataques de Hackers: Controlando o Fator Humano na Segurança da Informação. Makron Books, 2001.

ano de vigência da lei europeia, sendo a maioria destas violações realizada em formato binário, demonstrando a atuação fundamental do departamento de TI como difusor dos parâmetros de segurança da informação e privacidade dos dados digitais da organização em que atuam, seja ela pública ou privada.

A LGPD, em seu capítulo VII, aborda o dever de estabelecer diretrizes de segurança e sigilo dos dados, bem como boas práticas e governança, trazendo em seu artigo 46 a necessidade de adoção por parte dos agentes de tratamento de dados de medidas de segurança, técnicas e administrativas, aptas a proteger os dados pessoais.

A Autoridade Nacional poderá dispor sobre padrões técnicos mínimos para tornar aplicável o artigo mencionado, considerando a natureza das informações tratadas, as características específicas do tratamento e o estado atual da tecnologia. Além destas diretrizes estabelecidas pela ANPD, devemos analisar outros importantes controles para a gestão da privacidade e segurança, como a mencionada ISO 27001, trazendo parâmetros técnicos para auxiliar o responsável pela segurança dos dados a identificar os riscos relacionados a cada sistema, *hardware*, documentos e arquivos, bem como ações do ser humano, a fim de proteger as informações consideradas valiosas, sigilosas e importantes para suas operações.

Com o Brasil ocupando o 66º lugar no *ranking* das Organizações das Nações Unidas (ONU) de Tecnologia da Informação e Comunicação,[6] 98% das empresas brasileiras e 100% dos órgãos federais e estaduais utilizam a internet, entretanto apenas 11% dos órgãos federais têm um bom nível de governança, sendo atualmente o segundo país, segundo o *ranking* da ONU, com maior prejuízo com ataques cibernéticos, cerca de US$ 22.500.000.000,00 (vinte e dois bilhões quinhentos milhões de dólares) em 2017. Ainda no âmbito financeiro, ao analisar os ataques cibernéticos realizados por ano, em níveis globais, o prejuízo pode gerar US$ 600.000.000.000,00 (seiscentos bilhões de dólares)[7] devido aos crimes cibernéticos.

Em novembro de 2020 ocorreu um dos ataques *hackers* mais graves à Administração Pública da história, primeiramente contra o

---

[6] *BRASIL OCUPA 66º LUGAR EM RANKING DA ONU DE TECNOLOGIA DE INFORMAÇÃO E COMUNICAÇÃO*. NAÇÕES UNIDAS – BRASIL. Disponível em: https://nacoesunidas.org/brasil-ocupa-66o-lugar-em-ranking-da-onu-de-tecnologia-de-informacao-e-comunicacao. Acesso em: jun. 2019.

[7] *PESQUISA TIC EMPRESAS 2017*. CETIC.BR. Disponível em: https://cetic.br/tics/governo/2017/orgaos/. Acesso em: jun. 2019.

Supremo Tribunal de Justiça, através de uma invasão e criptografia de seus servidores,[8] acarretando suspensão de suas atividades, sessões de julgamento, audiências, inclusive dos prazos processuais.[9]

Além do STJ, o Ministério da Saúde e o Governo do Distrito Federal também foram alvos de crimes cibernéticos no mesmo período, gerando um dos maiores ataques *hackers* ocorridos contra o Poder Público. Diante deste cenário, verificamos que o risco gerado para a sociedade brasileira pela intrusão em computadores, pela disseminação de códigos maliciosos e práticas em desacordo com a proteção dos dados pessoais já é uma realidade, demonstrando a necessidade de repensar as medidas de segurança aplicadas na esfera digital.

Segundo o Relatório da "*Internet Organised Crime Threat Assessment – IOCTA*", de 2018, realizado pela Agência da União Europeia para a Cooperação Policial – Europol, "a falta de legislação adequada sobre crimes cibernéticos fez com que o Brasil fosse o alvo número um e a principal fonte de ataques on-line na América Latina; 54% dos ataques cibernéticos reportados no Brasil supostamente são originários de dentro do país". Este diagnóstico prossegue dizendo que, "de modo semelhante aos EUA, o Brasil é um dos principais hospedeiros de sites de *phishing*, com alguns relatos colocando-o como uma das dez maiores fontes mundiais de ataques cibernéticos".[10]

Analisando pela ótica social e financeira, convém aos responsáveis pela gestão da tecnologia e segurança das instituições se envolver de forma assertiva e direta para combater incidentes, sendo possível através das seguintes ações:[11]

- Auxiliando no desenvolvimento da "Política de Segurança da Informação";
- Identificando os riscos relacionados aos dados que são acessados, processados, comunicados ou gerenciados, inclusive por partes externas;

---

[8] Comunicado realizado em 5 de novembro de 2020, pelo Ministro Humberto Martins, Presidente do STJ/CJF, informando que o Superior Tribunal de Justiça (STJ) "detectou, no dia 3 de novembro de 2020, um ataque hacker durante o período da tarde, quando ocorriam sessões de julgamento. O STJ esclarece que o ataque bloqueou, temporariamente, com o uso de criptografia, o acesso aos dados". Disponível em: https://www.cjf.jus.br/cjf/noticias/2020/11-novembro/comunicado/view.

[9] Resolução STJ/GP nº 25, de 4 de novembro de 2020.

[10] *INTERNET ORGANISED CRIME THREAT ASSESSMENT (IOCTA) 2018*. EUROPEAN UNION AGENCY FOR LAW ENFORCEMENT COOPERATION, EUROPOL. Disponível em: https://www.europol.europa.eu/activities-services/main-reports/internet-organised-crime-threat-assessment-iocta-2018 *In:* Decreto nº 10.222, *Aprova a Estratégia Nacional de Segurança Cibernética*. 5 fevereiro de 2020.

[11] ABNT NBR ISO/IEC 27.001 – Sistemas de gestão de segurança da informação.

- Apoiando a organização na realização de um inventário das informações que a organização considera que tenham valor e, no caso da LGPD, mapeando os sistemas e *hardwares* que tratam dados pessoais;
- Provendo a segurança dos equipamentos, como a manutenção e atualização dos sistemas, uso de controle criptográfico no tráfego de rede e armazenamento de dados;
- Planejamento e aceitação de sistemas, como o desenvolvimento do *Privacy by Design e Privacy by Default;*
- *Backups* e testes de restauração/recuperação destes *backups* para preservação em caso de problemas técnicos e perda de informações;
- Manuseio e/ou bloqueio de mídias, evitando que informações sigilosas sejam retiradas através e *pen drives,* HD externos e outros tipos de mídias;
- Monitoramento de registros de auditoria, analisando sincronização dos relógios e tempo de retenção dos *logs* das informações salvas, sendo possível a investigação dos registros realizados para identificação de atividades irregulares capazes de comprometer informações sigilosas e dados pessoais para a instituição;
- Gerenciamento da Política de Controle de Acesso em todos os sistemas da organização, especialmente em questões de mudança de cargo e desligamento de colaboradores, definindo uma documentação ou sistema para auxiliar o departamento nos atendimentos às solicitações de permissões de acesso. É necessária a atualização periódica do *status* de acesso dos usuários nos sistemas, um exemplo é quando o servidor está de férias e não necessita de acesso aos sistemas;
- Uso de sistemas de segurança da informação, configurando e monitorando mecanismos como *Firewall,* ferramentas contra códigos maliciosos, sistema de detecção de invasão (IDS) e sistema de prevenção de perda de dados (DLP).

É possível que, mesmo após a criação e gestão de procedimentos de segurança à privacidade, seja detectada uma fragilidade, gerando um risco para a organização, sendo necessário que a organização possua um canal de comunicação para que pessoas reportem possível fragilidade encontrada e assim a instituição poderá corrigir para que esta falha não seja explorada. Através deste canal, também será possível receber relatos sobre vazamentos de dados ocorridos e então a instituição poderá tomar medidas corretivas imediatas para minimizar os danos, bem como coletar os dados de forma a preservar as evidências digitais, conforme recomendado na norma ABNT NBR ISO/IEC 27.037.[12]

Através destas orientações, será possível documentar as ações realizadas, verificar os possíveis dados comprometidos e gerar um relatório para o encarregado dos dados contendo todas as informações referentes ao incidente para que este possa comunicar à Autoridade Nacional de Proteção de Dados (ANPD) e, especialmente, aos titulares de dados e partes relacionadas.

Ainda convém ao TI auxiliar na elaboração de um programa de conscientização de segurança da informação para os colaboradores ou servidores da organização, oferecendo treinamentos no momento de sua entrada, treinamentos mais avançados e específicos para cargos estratégicos e que exigem tratamento de dados pessoais sensíveis e/ ou informações sigilosas, além de treinamentos periódicos a todos os colaboradores.

A ISO 27001 orienta que toda a organização e, onde pertinente, fornecedores e terceiros devem receber treinamento apropriado em conscientização, atualizações regulares nas políticas e procedimentos organizacionais relevantes para as suas funções.

Este programa deve contemplar um treinamento sobre as boas práticas de segurança e criar mecanismos de aculturamento deste conjunto de técnicas, através de campanhas de conscientização de forma regular e com apoio da alta administração. Estas campanhas realizadas devem possuir mecanismos de avaliação de sua eficácia, sendo também necessários os registros das ações de educação, treinamento, aprimoramento de habilidades, experiências e qualificações dos colaboradores.

Para a Administração Pública, estes treinamentos também devem ser assertivos, pois as empresas públicas e privadas estão em parâmetro de igualdade perante a lei[13] e devido à responsabilidade dos servidores

---

[12] A ABNT NBR ISO/IEC 27037 fornece diretrizes para o tratamento de potenciais evidências digitais, esses processos são necessários em uma investigação designada e estabelece uma metodologia aceitável na obtenção de evidência digital que contribuirá para a sua admissibilidade em processos judiciais e disciplinares, bem como em outras instâncias necessárias.

[13] De acordo com o artigo 1º da LGPD, "Esta Lei dispõe sobre o tratamento de dados pessoais, inclusive nos meios digitais, *por pessoa natural ou por pessoa jurídica de direito público ou privado*, com o objetivo de proteger os direitos fundamentais de liberdade e de privacidade e o livre desenvolvimento da personalidade da pessoa natural".

públicos perante o tratamento de dados dos cidadãos.[14] Ao observarmos o volume e diversidade de dados pessoais, sensíveis ou não, coletados, armazenados, transmitidos e tratados desde o nascimento de uma pessoa, através de cadastros em órgão de saúdes, escolas e universidade, registro de trabalho e para responsabilidades fiscais, questões previdenciárias e, por fim, até o seu óbito, concluímos que a Administração Pública é a maior detentora de dados pessoais dos cidadãos e a principal controladora e operadora de dados pessoais.

Desta forma, cabe a ela a proteção destes dados e a criação de mecanismos, especialmente no meio digital, para criar barreiras contra possíveis vazamentos de dados, destruição acidental ou ilícita, sequestro de dados, entre outros problemas que poderão ser enfrentados sem um programa efetivo de segurança e privacidade de dados.

O papel da TI na gestão de privacidade dos dados pessoais

Diferente do que muitas organizações acreditam, o papel crucial da TI ultrapassa os limites da segurança da informação e alcança também a gestão da privacidade de dados, sendo necessário que os responsáveis por esta área tenham conhecimento sobre quais *softwares* e *hardwares* possuem dados pessoais dentro da instituição, bem como entendam quais processos devem ser criados para responder a possíveis solicitações dos titulares de dados, além de conhecimento dos tipos de tratamento realizados com estes dados pessoais.

A LGPD aborda o que é tratamento de dados pessoais e cita algumas espécies, não sendo uma lista exaustiva e, sim, exemplificativa:

> X – tratamento: toda operação realizada com dados pessoais, como as que se referem a coleta, produção, recepção, classificação, utilização, acesso, reprodução, transmissão, distribuição, processamento, arquivamento, armazenamento, eliminação, avaliação ou controle da informação, modificação, comunicação, transferência, difusão ou extração;

Para auxiliar a organização no mapeamento dos riscos relacionados ao tratamento de dados, recomenda-se o uso dos controles

[14] Os servidores públicos, nos termos do art. 2º da Lei nº 8.429/92, poderão ser penalizados disciplinarmente de acordo com a Lei nº 8.112/1990, a qual dispõe sobre o Regime Jurídico dos Servidores Públicos Civis da União, das autarquias e das fundações públicas federais, bem como as legislações especiais como a Lei nº 12.527/11, que regula o acesso à informação, e a Lei nº 8.429/92 sobre improbidade administrativa.

contidos na norma ISO 27701,[15] a qual especifica os requisitos e fornece as diretrizes para o estabelecimento, implementação, manutenção e melhoria contínua de um Sistema de Gestão da Privacidade, sendo aplicáveis para empresas públicas e privadas, entidades governamentais e organizações sem fins lucrativos.

Este documento ainda mostra referências específicas de controles para os casos em que a organização trata o processo como operadora ou controladora dos dados pessoais, demonstrando a importância do envolvimento da área de TI para a mitigação e o gerenciamento dos riscos para ganho de performance/produtividade.

Gestão de privacidade da informação – dos direitos do titular

Quando nos referimos ao gerenciamento da privacidade dos dados pessoais, é indispensável aos agentes de tratamento observar suas obrigações perante os titulares de dados pessoais, sendo dever das organizações fornecer os meios apropriados para atendê-los de uma forma acessível e em tempo hábil,[16] conforme descrito no artigo 18 do capítulo 3º da LGPD.

Todas as solicitações realizadas pelos titulares de dados devem ser atendidas de forma concisa, completa, transparente, inteligível e facilmente acessível, usando uma linguagem curta e clara, como apropriado ao público-alvo.[17] Para evitar que estas ações acarretem um trabalho excessivo para a organização e que uma requisição seja negligenciada, convém a realização de uma série de etapas em todas as áreas da empresa, realizando inicialmente o mapeamento dos processos, ativos (*softwares, hardwares* e documentos), bem como terceiros que tratam dados pessoais.

Através do mapeamento dos processos é possível elaborar o ciclo de vida dos dados pessoais, avaliando desde a entrada dos dados, quem são seus titulares, como foi realizada a coleta (através de meios digitais ou não), como são processados e armazenados, quem tem acesso aos dados pessoais e como são descartadas ou arquivadas estas informações.

---

15 ABNT NBR ISO/IEC 27.701 – Extensão da ABNT NBR ISO/IEC 27001 e ABNT NBR ISO/IEC 27002 para gestão da privacidade da informação.

16 ABNT NBR ISO/IEC 27.701 – Extensão da ABNT NBR ISO/IEC 27001 e ABNT NBR ISO/IEC 27002 para gestão da privacidade da informação.

17 *Idem*.

Dentro deste contexto, o departamento de TI pode colaborar na automatização de fluxos de trabalho, incluindo controles de auditoria para auxiliar na organização de resposta aos direitos dos titulares. A seguir iremos explanar alguns exemplos de atividades nas quais o departamento de TI pode contribuir com o gerenciamento e na otimização no atendimento das requisições geradas pelo titular.

a. Disponibilizar um meio digital para que o titular possa solicitar informações sobre o tratamento de seus dados pessoais

As organizações podem fornecer diversos meios para o recebimento das requisições dos titulares de dados solicitando informações a respeito de seus direitos como titular de dados pessoais. Estes procedimentos podem ser desde um endereço físico ou eletrônico disponível no site até um formulário elaborado para agilizar o processo na hora de executar as ações e fornecer uma resposta ao titular.

O primeiro desafio que a instituição vai enfrentar é garantir que o titular que está solicitando informações/exclusão/modificação sobre seu tratamento é, de fato, o real titular do dado ou seu responsável legal. As organizações poderão facilitar o fluxo de classificação e atendimento logo no início, podendo começar solicitando quem é o titular de dados: um colaborador, terceiro, fornecedor, cliente, etc.

Uma opção para reconhecer o titular do dado é utilizar um identificador (ID) único. Através de diversas entrevistas realizadas durante a elaboração do Relatório de Impacto e Proteção de Dados em empresas de diversos segmentos, percebemos que é comum usarem o CPF para identificar o titular. Uma alternativa seria o uso do endereço eletrônico, pois cada titular possui um ou mais endereços eletrônicos nos quais ele é o único usuário, inserindo este dado no sistema da empresa para se cadastrar na maioria das situações.

Desta forma, ao inserir seu e-mail para o preenchimento do formulário, este dado pessoal já estaria validado no sistema da empresa e, caso o endereço esteja correto, um link será enviado ao titular para que este clique e valide sua solicitação e, assim, seguir para análise e retorno.

b. Automatizar a resposta do direito do titular

Após a identificação do titular, criam-se fluxos de atendimento para cada categoria do titular, sendo possível esta análise através do ciclo de vida dos dados dividido por processos e grau de risco que estes apresentam para a instituição.

A LGPD, em seu artigo 18, mostra que o titular de dados pessoais possui o direito de obter do controlador, em relação ao tratamento de seus dados pessoais, as seguintes informações:

> I – confirmação da existência de tratamento;
>
> II – acesso aos dados;
>
> III – correção de dados incompletos, inexatos ou desatualizados;
>
> IV – anonimização, bloqueio ou eliminação de dados desnecessários, excessivos ou tratados em desconformidade com o disposto nesta Lei;
>
> V – portabilidade dos dados a outro fornecedor de serviço ou produto, mediante requisição expressa, de acordo com a regulamentação da autoridade nacional, observados os segredos comercial e industrial;
>
> VI – eliminação dos dados pessoais tratados com o consentimento do titular, exceto nas hipóteses previstas no art. 16 desta Lei;
>
> VII – informação das entidades públicas e privadas com as quais o controlador realizou uso compartilhado de dados;
>
> VIII – informação sobre a possibilidade de não fornecer consentimento e sobre as consequências da negativa;
>
> IX – revogação do consentimento, nos termos do §5º do art. 8º desta Lei.

Ao identificar quais são as possíveis requisições, podemos redirecionar o pedido para uma área específica, a fim de verificar se esta solicitação pode ser atendida, sendo possível automatizar a resposta ganhando agilidade no processo. Um exemplo de um fluxo de trabalho que pode ser automatizado seria a justificativa ao titular de que seus dados pessoais não podem ser eliminados, tendo em vista a necessidade por parte da Administração Pública de tratar dados dos cidadãos para o cumprimento de suas finalidades (desde que não sejam excessivos para este fim).

Com o mapeamento de dados realizado em conjunto com o ciclo de vida, o qual define a base legal adequada ao processo, aqueles que são facilmente identificados como cumprimento de políticas públicas, tratamento autorizado em lei, poderão gerar um registro no sistema informando ao titular que seus dados não podem ser eliminados e explicando o motivo, conforme definido no §4º do artigo 18 da LGPD:

> §4º Em caso de impossibilidade de adoção imediata da providência de que trata o §3º deste artigo, o controlador enviará ao titular resposta em que poderá:

I – comunicar que não é agente de tratamento dos dados e indicar, sempre que possível, o agente; ou

II – indicar as razões de fato ou de direito que impedem a adoção imediata da providência.

Além do atendimento aos titulares de dados, existem diversas outras formas de atuação da TI para a gestão da privacidade de dados pessoais nas instituições, como podemos demonstrar em alguns exemplos.

c. Política de segurança e controle de acessos

Como citado anteriormente, cabe ao responsável de TI atuar em conjunto com os demais setores para a criação de uma política de segurança que seja consonante com os propósitos da empresa, requisitos do negócio e com as leis e regulamentações relevantes.[18] Esta política deve ser aprovada pela direção, publicada e comunicada a todos os funcionários e partes externas relevantes. O departamento de TI também poderá auxiliar nas análises periódicas a intervalos planejados ou quando mudanças significativas ocorrerem, como questões operacionais ou evoluções tecnológicas.

Ademais, o TI também poderá apoiar a elaboração das diretrizes de segurança em recursos humanos, assegurando que os funcionários, fornecedores e terceiros entendam suas responsabilidades e estejam de acordo com os seus papéis a fim de reduzir os riscos de vazamento de dados ou mau uso dos recursos da empresa.

Um exemplo importante é a criação de termos e condições de contratação, declarando as responsabilidades do colaborador e da companhia para assegurar a segurança de informação. No momento da entrada do colaborador ou servidor, é importante que seja assinado também um termo de responsabilidade na aquisição de ativos da organização (exemplo: recebimento de computadores e celulares) e que o departamento de TI seja acionado ou participe deste processo para assegurar que o novo colaborador ou servidor tenha conhecimento de como operar estes ativos e quais são os requisitos de segurança aplicáveis.

Outro ponto crucial é a elaboração da política de manutenção e controle de acesso aos sistemas e diretórios de pastas, sendo essencial a participação do TI para a criação de um procedimento formal e fluxo

---

18 ABNT NBR ISO/IEC 27.001 – Sistemas de gestão de segurança da informação.

de trabalho para garantir e revogar acessos em todos os sistemas da organização. Verificamos em muitos casos que a falta de uma política documentada pode resultar em inconvenientes para o departamento de TI, que, ao negar o acesso de um determinado servidor ou colaborador, não tem respaldo para justificar a negativa e acaba gerando um impasse com os agentes que solicitam. Ao ter uma política documentada definindo os requisitos, o TI terá tranquilidade para o gerenciamento seguro dos controles de acesso.

d. Privacy by Design e Privacy by Default

Outro ponto relevante onde convém o olhar do departamento de TI é a utilização dos princípios da *Privacy by Design* (PbD) e *Privacy by Default* no desenvolvimento de sistemas para a organização, seu conceito foi cunhado na década de 1990 para definir a incorporação da privacidade à própria tecnologia[19] e pode ser definido como *"an engineering and strategic management approach that commits to selectively and sustainably minimizing information system's privacy risks through technical and governance controls"*.[20]

O objetivo da implantação destes conceitos é assegurar que os processos e sistemas sejam projetados de tal forma que a coleta e o tratamento (incluindo o uso, divulgação, retenção, transmissão e descarte) estejam limitados ao que é necessário para o propósito identificado.

Os principais pontos de análise do TI para a adoção do PbD são:[21]

- Proteção contra a possibilidade de eventos invasivos de privacidade antes que eles aconteçam, levando em consideração os riscos de privacidade para que eles não se materializem;
- Evitar a pretensão de falsas dicotomias, como privacidade versus segurança, sendo possível e muito mais desejável ter ambas. O PbD refere-se à satisfação de todos os objetivos legítimos, não apenas os objetivos de privacidade;

---

19 MORALES-TRUJILLO, Miguel Ehécatl; GARCÍA-MIRELES, Gabriel Alberto; MATLA-CRUZ, Erick Orlando; PIATTINI, Mario. A Systematic Mapping Study of Privacy by Design in Software Engineering, *Clei Electronic Journal*, v. 22, n. 1, paper 4, p. 2, April 2019.

20 Tradução livre: uma abordagem de gerenciamento estratégico e de engenharia que se compromete a minimizar seletivamente e de forma sustentável os riscos à privacidade do sistema de informação por meio de controles técnicos e de governança. CAVOUKIAN, Ann. *Operationalizing privacy by design*: A guide to implementing strong privacy practices. Information and Privacy Commissioner, Ontario, Canada. 2012. p. 8.

21 CAVOUKIAN, Ann. Privacy by Design: The 7 Foundational Principles – Implementation and Mapping of Fair Information Practices, 2009. p. 1-5.

- Utilização de requisitos de segurança por todo o ciclo de vida dos dados, desenvolvendo fortes medidas, as quais são essenciais à privacidade, do início ao fim;
- Promover a visibilidade e transparência, garantindo a todos os interessados que o sistema está de fato operando de acordo com o seu objetivo, sempre sujeito a verificação e auditoria;
- Respeitar o usuário e manter seus interesses acima de tudo, oferecendo medidas com fortes padrões de privacidade, notificação apropriada, bem como capacitação dos usuários para desempenhar um papel ativo no gerenciamento de seus próprios dados;

Como consequência do PbD, a privacidade como padrão (ou *privacy by default*) significa que nenhuma ação é necessária por parte do usuário do sistema para proteger sua privacidade, a privacidade já está embutida no sistema desenvolvido. Sendo assim, convém a utilização deste princípio para determinar que, onde existir qualquer outra opção na coleta e tratamento dos dados pessoais, as opções devem ser desabilitadas por padrão e somente habilitadas por escolha explícita do titular do dado pessoal.

e. Anonimização e pseudonimização de dados pessoais

Quando um dado pessoal não é mais necessário para os propósitos identificados, convém que a organização possua mecanismos para a exclusão deste dado, preferencialmente de forma automatizada. Alternativamente, é possível o emprego de medidas técnicas de anonimização sem permitir que, de forma razoável, ocorra a reidentificação dos titulares de dados.[22]

Outra forma de restringir a capacidade dos controladores e operadores de dados pessoais de identificar o titular é a utilização da pseudonimização, substituindo os dados pessoais por pseudônimos. A ABNT NBR ISO/IEC 29.100, complemento da ISO 27.701, aborda diretrizes adicionais sobre a privacidade de dados pessoais, descrevendo que a organização poderá designar agentes para executar estas substituições e controlar as tabelas ou função de atribuição, desde que siga alguns requisitos:[23]

---

[22] ABNT NBR ISO/IEC 27.701 – Extensão da ABNT NBR ISO/IEC 27001 e ABNT NBR ISO/IEC 27002 para gestão da privacidade da informação.

[23] ABNT NBR ISO/IEC 29.100 – Tecnologia da informação – Técnicas de segurança – Estrutura de Privacidade.

a) os atributos restantes ligados ao pseudônimo não sejam suficientes para identificar o titular de DP a quem eles se relacionam; e
b) a atribuição de pseudônimo seja tal que não seja possível ser revertida por esforços razoáveis das partes interessadas na privacidade, exceto aquelas que a realizaram.

Um ponto importante que a ISO 29.100 aponta é que a pseudonimização contrasta com a anonimização, isto significa que "os processos de anonimização também cumprem as propriedades a) e b) acima, mas destroem a capacidade de vinculação. Durante a anonimização, informações de identidade são apagadas ou substituídas por pseudônimos para os quais a função ou tabela de atribuição é destruída". Assim, os dados anonimizados não podem mais ser identificados como dados pessoais, desde que utilizados meios técnicos incapazes de reversão.

Cenário atual da gestão de privacidade e segurança da informação pela Administração Pública

Nos últimos anos, a Administração Pública reconheceu a rápida adoção dos recursos de tecnologia da informação e comunicação, explorando as oportunidades econômicas e sociais oriundas do ambiente digital, como demonstrado no Decreto nº 10.222, de 5 de fevereiro de 2020, aprovando a Estratégia Nacional de Segurança Cibernética (E-Ciber), realizando um diagnóstico da segurança cibernética global e do Brasil. Através desta pesquisa, foram estabelecidos os objetivos nacionais e as respectivas ações estratégicas, as quais "demonstram à sociedade brasileira os pontos considerados relevantes para o País na área da segurança cibernética".

Através do E-Ciber, ações foram descritas com o intuito de instituir um espaço cibernético resiliente, confiável, inclusivo e seguro. Inicialmente, será necessário o fortalecimento das ações de governança cibernética que contemplem iniciativas relacionadas à gestão de pessoas, ao atendimento aos requisitos de segurança e à gestão dos ativos de informação. Neste âmbito, o E-Ciber pontua ações a serem adotadas desde a adoção do *privacy by design e privacy by default* até a utilização de soluções nacionais de criptografia.

Outra ação estratégica apontada é a elevação do nível de proteção do governo no campo cibernético, podendo incluir requisitos de segurança cibernética nas contratações estabelecidas pelos órgãos e entidades do governo. Ainda, o governo pretende "elaborar, sob coordenação do Gabinete de Segurança Institucional da Presidência da República, um anteprojeto de lei sobre segurança cibernética, com diretrizes que irão proporcionar alinhamento macroestratégico ao setor e contribuir de forma decisiva para elevar a segurança das organizações e dos cidadãos".

De acordo com a pesquisa JLT CyberView 2019, em 2017, 35% das organizações mencionaram não possuir um plano de contingência em segurança cibernética; em 2019, 44,2% afirmaram que, além de não possuírem um plano de contingência, também não previram, em seus orçamentos, o atendimento a uma possível crise.[24]

Conforme levantamento do Gabinete de Segurança Institucional (GSI),[25] apenas em 2019 foram registrados 2.404 casos de invasão e tentativas de invasão aos computadores oficiais – uma média de seis incidentes por dia, o que demonstra a necessidade de uma mudança de cultura e pensamento sobre a governança de dados e como cada órgão do setor público e do setor privado deve identificar, planejar e executar as ações de sua competência, com o intuito de que o Brasil torne realidade os rumos idealizados em cada ação estratégica enfatizada no E-Ciber.

Considerações finais

A LGPD é uma lei que trata não só da privacidade de dados pessoais como também do emprego de mecanismos de segurança para o seu tratamento, assim, a área de Tecnologia da Informação se torna uma peça-chave para ajudar a organização na proteção dos dados digitais, mapeando e diminuindo os riscos relacionados às operações e segurança da informação através de controles contidos na ISO 27.001, como também auxiliar principalmente na criação, integração e automatização de fluxos, sistemas e formulários para atender às necessidades quanto ao tratamento dos dados pessoais, como definidos na ISO 27.701.

Um dos grandes desafios enfrentados é a compreensão da importância da gestão da segurança da informação e privacidade de dados de uma forma holística e multissetorial, não sendo adequado abordá-la de

[24] Decreto nº 10.222, de 5 de fevereiro de 2020. Aprova a Estratégia Nacional de Segurança Cibernética.

[25] Disponível em: https://veja.abril.com.br/brasil/hackers-mostram-como-os-sistemas-publicos-sao-vulneraveis-a-ataques/.

forma restrita apenas ao setor privado, cabendo o devido engajamento dos órgãos governamentais, os quais devem possuir um olhar para o titular dos dados pessoais e usuário final de todas as tecnologias que utilizam o espaço digital.

Dessa forma, é importante que as organizações, públicas ou privadas, estabeleçam uma política e procedimentos de segurança da informação e privacidade de dados que sejam periodicamente revisados, atendam à evolução tecnológica, ao aperfeiçoamento de processos e à necessidade de capacitação contínua e estruturada para todos os colaboradores, por meio de programas de capacitação e de treinamento.

Referências

ABNT NBR ISO/IEC 27.001 – Sistemas de gestão de Segurança da Informação.

ABNT NBR ISO/IEC 27.037 – Tecnologia da informação – Técnicas de segurança – Diretrizes para identificação, coleta, aquisição e preservação de evidência digital.

ABNT NBR ISO/IEC 27.701 – Técnicas de segurança – Extensão da ABNT NBR ISO/IEC 27001 e ABNT NBR ISO/IEC 27002 para gestão da privacidade da informação – Requisitos e diretrizes.

BRASIL OCUPA 66º LUGAR EM RANKING DA ONU DE TECNOLOGIA DE INFORMAÇÃO E COMUNICAÇÃO. NAÇÕES UNIDAS – BRASIL. Disponível em: https://nacoesunidas.org/brasil-ocupa-66o-lugar-em-ranking-da-onu-de-tecnologia-de-informacao-e-comunicacao.

CAVOUKIAN, Ann. *Operationalizing privacy by design*: A guide to implementing strong privacy practices. Information and Privacy Commissioner, Ontario, Canada. 2012.

CAVOUKIAN, Ann. *Privacy by Design*: The 7 Foundational Principles – Implementation and Mapping of Fair Information Practices, 2009.

DECRETO nº 10.222, *Aprova a Estratégia Nacional de Segurança Cibernética*. 5 fevereiro de 2020.

IAPP – Associação Internacional de Profissionais de Privacidade: GDPR ONE YEAR ANNIVERSARY Hundreds of thousands of cases – and the DPOs to handle them. Disponível em: https://iapp.org/media/pdf/resource_center/GDPR_Anniversary_Infographic_2019.pdf.

INTERNET ORGANISED CRIME THREAT ASSESSMENT (IOCTA) 2018. EUROPEAN UNION AGENCY FOR LAW ENFORCEMENT COOPERATION, EUROPOL. Disponível em: https://www.europol.europa.eu/activities-services/main-reports/internet-organised-crime-threat-assessment-iocta-2018.

KOCH, Richie. *LGPD*: a versão brasileira do regulamento europeu. Disponível em: https://www.serpro.gov.br/lgpd/noticias/lgpd-versao-brasileira-gdpr-dados-pessoais.

LEI nº 13.709, de 14 de agosto de 2018. Lei Geral de Proteção de Dados (LGPD). Disponível em: http://www.planalto.gov.br/ccivil_03/_ato2015-2018/2018/lei/L13709.htm.

MITNICK, Kevin D.; SIMON, William L. *A Arte de Enganar*: Ataques de Hackers: Controlando o Fator Humano na Segurança da Informação. Makron Books, 2001.

MORALES-TRUJILLO, Miguel Ehécatl; GARCÍA-MIRELES, Gabriel Alberto; MATLA-CRUZ, Erick Orlando; PIATTINI, Mario. A Systematic Mapping Study of Privacy by Design in Software Engineering, *CLEI ELECTRONIC JOURNAL*, v. 22, n. 1, paper 4, April 2019.

PESQUISA TIC EMPRESAS 2017. CETIC.BR. Disponível em: https://cetic.br/tics/governo/2017/orgaos/. Acesso em: jun. 2019.

REIS, Luciano Elias; LIPPMANN, Rafael Knorr. A Administração Pública na Lei Geral de Proteção de Dados. *In:* PIRONTI, Rodrigo (Coord.). *Lei Geral de Proteção de Dados:* estudos sobre um novo cenário de Governança Corporativa. Belo Horizonte: Fórum, 2020.

Informação bibliográfica deste texto, conforme a NBR 6023:2018 da Associação Brasileira de Normas Técnicas (ABNT):

BACHMANN, Christian; SERRATTO, Ana Paula de Campos. O papel da TI no processo de segurança e proteção de dados na Administração Pública. *In:* PIRONTI, Rodrigo (Coord.). *Lei Geral de Proteção de Dados no setor público*. 2. ed. Belo Horizonte: Fórum, 2024. p. 189-206. ISBN 978-65-5518-731-1.

LGPD X LAI: SINTONIA OU ANTAGONISMO?

CRISTIANA FORTINI

GREYCIELLE AMARAL

CAIO MÁRIO LANA CAVALCANTI

1 Introdução

Efetivamente, o acesso à informação ganhou *status* de direito fundamental no Brasil com a Constituição de 1988, após o silêncio de textos constitucionais anteriores ou as restrições do acesso concernentes ao indivíduo. Assim, diz-se efetivamente porque, malgrado constituições brasileiras anteriores tenham feito menção ao direito à informação – como é o caso do art. 113, 35, da Carta de 1934 e do art. 141, §36, inciso II, da Constituição de 1946[1] –, a sua efetivação no mundo real era deveras defasada, sobretudo em períodos centralizadores e autoritários, tornando-se verdadeiro e genuíno apenas com o advento da Constituição Cidadã e, com ela, do Estado Democrático de Direito.[2]

---

[1] FORTINI, Cristiana; AVELAR, Mariana Magalhães. Access to Information and Its Disclosure. *In:* BLANKE, H. J.; PERLINGEIRO, R. (Ed). *The Right of Access to Public Information*, 2018. Springer, Berlin, Heidelberg. https://doi.org/10.1007/978-3-662-55554-5_16.

[2] Nesse trilho, a acertada posição de Paulo Vargas Groff: "Existe uma relação direta entre o regime político e os direitos fundamentais. Durante períodos de regimes ditatoriais no Brasil, os direitos encontravam-se declarados nas Constituições, mas outros dispositivos da própria Constituição e a prática acabavam por negar esses direitos". Conferir: GROFF, Paulo Vargas. Direitos fundamentais nas constituições brasileiras. *Revista de Informação Legislativa*, Brasília, ano 45, n. 178, p. 105-129, abr./jun. 2008. No mesmo sentido, conferir também: CAVALCANTI, Caio Mário Lana. A banalização do conceito de ato ímprobo. *In*: PEREIRA, Rodolfo Viana; SACCHETTO, Thiago Coelho (Org.). *Advocacia pública em foco*. Volume II. Belo Horizonte: IDDE, 2019, p. 13.

Nesse sentido, a Constituição de 1988 assegura a todos (i) o direito de receber dos órgãos e entes públicos informações de seu interesse particular, ou de interesse coletivo ou geral, que serão prestadas no prazo da lei, sob pena de responsabilidade, ressalvadas aquelas cujo sigilo seja imprescindível à segurança da sociedade e do Estado; (ii) o acesso a registros administrativos e a informações sobre atos de governo e (iii) a gestão da documentação governamental e as providências para franquear sua consulta a quantos dela necessitem.[3]

Trata-se de previsões que contribuem não só para o robustecimento do direito fundamental à informação, mas para o aperfeiçoamento do controle popular democrático, na medida em que a população tem em suas mãos mecanismos administrativos e judiciais para controlar o administrador público em privilégio de uma gestão pública e governança responsáveis. Isso sem se falar do reforço ao princípio da publicidade, estruturante da Administração Pública, que, claro, não se perfaz e torna-se inócuo ausente o efetivo direito à informação.

Em 2011, após o decurso de cerca de 23 (vinte e três) anos da promulgação da Constituição de 1988, foi aprovada a Lei de Acesso à Informação – Lei nº 12.527/11, consolidando o avanço que o tema representa e disciplinando o modo como tal direito à informação poderá ser consolidado no mundo fenomênico. Não se deve ignorar que leis precedentes abordaram a questão do acesso à informação, ainda que por meio de recortes distintos – a exemplo da Lei nº 9.507/97, que disciplina o *habeas data*, e da Lei Complementar nº 101/00, a tratar do tema do controle fiscal, do dever de publicidade e da gestão fiscal responsável –, mas foi com o advento da LAI que a concretização do acesso à informação saltou aos olhos, sendo ela, pois, um divisor de águas no que toca ao tema.

Em 2018, como decorrência do PLC nº 53/18, foi aprovada a Lei nº 13.709/18, denominada Lei Geral de Proteção de Dados Pessoais – LGPD, com o objetivo de proteger os direitos fundamentais de liberdade e de privacidade, bem como de resguardar o livre desenvolvimento da personalidade da pessoa natural, conforme determina o seu art. 1º.

Inspirada no Regulamento Geral de Proteção de Dados europeu, a LGPD tem como alvo a tutela dos dados pessoais, exigindo, por exemplo, no tocante a estes, o consentimento do indivíduo, assim como repudiando a sua coleta despropositada e o seu uso inadequado. Os

---

[3] Arts. 5º, inciso XXXIII; 37, §3º, inciso II; e 216, §2º, todos da Constituição da República.

tentáculos da Lei nº 13.709/18 ultrapassam o campo próprio de atuação das pessoas jurídicas de direito privado, inclusive estrangeiras, e alcançam a estrutura estatal. Assim, entes federados e suas entidades descentralizadas, de qualquer espécie, estão sob a mira da LGPD, que, inclusive, conta com dispositivos destinados especificamente à Administração Pública, o que é de grande valia, porquanto também o Estado – aliás, principalmente ele, à luz do princípio da confiança – deve resguardar os dados a ele confiados pelos administrados.[4] [5]

Nesta senda, o presente artigo representa um esforço de abordagem dos reflexos da Lei nº 13.709/18 sobre a Administração Pública, no que toca ao seu dever de prestígio à LGPD. Há, diante dos princípios vetores que conduzem o agir administrativo, importantes questionamentos que, sem qualquer pretensão de encerrar a celeuma, serão aqui pontuados. O foco reside na investigação sobre a conciliação entre o dever de transparência e a proteção de dados pessoais, nos moldes preconizados pela Lei nº 13.709/18.

Alguns debates sobre (in)compatibilidade entre as duas normativas vêm sendo travados, sob o fundamento de que o acesso à informação, até então garantido pela LAI, poderia se ver restringido pela LGPD. Esse trabalho se presta a trazer algumas reflexões sobre o assunto.

2 Direito à privacidade e proteção de dados pessoais

Dúvida não existe sobre o *status* constitucional do direito à privacidade.[6] A dimensão da proteção de dados pessoais, no entanto, está a ensejar debates que reconhecem uma importância para além dos contornos do próprio direito à privacidade.

Nesse horizonte, destaca-se o entendimento de Rafael Mafei Rabelo Queiroz, quando afirma que a proteção de dados pessoais, conquanto se correlacione com o direito à privacidade, com este não coincide:

---

4 Arts. 7º, III; 11, II, b; 23 e 55-J, XXII, todos da LGPD.

5 A relação da LGPD com o aparato público não se encerra no dever de observá-la. Ainda, a participação estatal ocorrerá por meio da Autoridade Nacional de Proteção de Dados – ANPD, parte integrante da organização administrativa federal, que concentrará competências fiscalizatórias, investigativas, normativas e de fomento. A lei evoca ainda a presença do controle interno como aliado no esforço de salvaguarda dos bens pela lei tutelados, consoante determina o art. 55-J, XXII.

6 Art. 5º, X, da Constituição da República.

> O direito à proteção de dados tem algo a ver com a privacidade. Mas exatamente em que consiste esse algo? [...] argumento que o direito à proteção de dados pessoais tem afinidades com o direito à privacidade, mas não pode se reduzir a um mero aspecto dele. Isso porque há condutas que são irrelevantes para o direito à privacidade, mas não para o direito da proteção de dados pessoais, e vice-versa. Assim, embora haja muita sobreposição no âmbito de proteção de dados desses dois direitos, o direito à proteção de dado não está totalmente subsumido ao direito à privacidade.[7]

No mesmo sentido, a reflexão de Ana Frazão, para quem:

> Os problemas que decorrem da exploração dos dados pessoais soam muito mais extensos do que a mera violação da privacidade, especialmente se tal direito for compreendido sob a sua acepção clássica, ou seja, no sentido de intimidade e do direito de ser deixado só. Além da privacidade, há vários outros desdobramentos da personalidade que são colocados em risco pela economia movida a dados, como a própria individualidade e autonomia. Mais do que isso, não é exagero afirmar que a própria democracia também passa a estar sob a ameaça.[8]

De fato, para além da imperiosa salvaguarda da privacidade, a alicerçar a preocupação com a cautela na solicitação, armazenamento e uso de dados pessoais, a proteção dos dados envolve outros bens juridicamente tutelados. Em que medida a utilização de dados prejudica a democracia? Em que medida reunir dados pessoais permite a manipulação dos cidadãos? Qual a fenda no livre mercado, pautado pela livre concorrência, que a apreensão e emprego incontidos de dados pessoais podem reverberar, a exemplo da criação de reservas de mercados e de mascarados monopólios com base em dados dos consumidores?

Veja-se, pois, sobretudo tendo em vista a importância e o poder intrínsecos aos dados, que a sua proteção exatrapola o interesse meramente individual do seu titular, mas alcança princípios e fundamentos que, a bem da verdade, estruturam o próprio Estado Democrático de Direito, a exemplo da liberdade, da livre concorrência, da livre-iniciativa, da defesa do consumidor, dentre tantos outros. A privacidade, nota-se, é apenas uma das facetas que são influenciadas pela proteção de dados.

---

7 QUEIROZ, Rafael Mafei Rabelo. Direito à privacidade e proteção de dados pessoais: aproximações e distinções. *Revista dos Advogados*, AASP, n. 144, nov. 2019.

8 FRAZÃO, Ana. Direitos básicos dos titulares de dados pessoais. *Revista dos Advogados*, AASP, n. 144, nov. 2019.

Segundo o Instituto Brasileiro de Geografia e Estatística (IBGE), mais de 70% (setenta por cento) dos domicílios brasileiros estavam conectados à rede internacional de computadores em 2017, ano que antecede o nascimento da Lei nº 13.709/18. O crescimento das compras públicas on-line e o aumento da utilização de bancos virtuais são outra realidade irreversível. Ao lado disso, pagamentos via internet de tributos, tarifas e diversas outras espécies de despesas integram o cotidiano de parte importante da população. A isso se soma o uso da internet também para fins de lazer e encontros amorosos.

Ademais, o acesso à rede mundial de computadores não se restringe aos adultos: crianças e adolescentes com ela interagem com intensidade cada vez maior e cada vez mais cedo, situação que faz envolver, ainda, o princípio da proteção do menor, sufragado pela Constituição da República e pelo Estatuto da Criança e do Adolescente – ECA.[9]

O ano de 2020 e sua trágica marca pandêmica revelam de forma contundente a centralidade da internet como ferramenta de trabalho, de conexão e de atendimento a demandas. Ratificou-se, assim, o que já era sabido, mas talvez não com tamanha intensidade: a rede mundial de computadores é, certamente, elemento revolucionário a mudar completamente o contexto social mundial e o comportamento de toda a sociedade.

A mágica que a internet propicia, contudo, tem ou pode ter efeitos colaterais.

O documentário *Privacidade Hackeada* jogou luzes sobre o tema, a partir dos escândalos envolvendo a relação entre o Facebook e a Cambridge Analytica, empresa que obteve informações sobre 87 (oitenta e sete) milhões de usuários, usando a rede social. Para além de inexistir autorização, os usuários desconheciam o fato. O documentário denuncia o acompanhamento e o controle de todas as interações que os usuários realizam em ambiente virtual, desde compras a consultas, o que permite traçar um perfil e direcionar conteúdos customizados, o que aliás justifica o assustador fenômeno segundo o qual as redes sociais parecem conhecer – e de fato conhecem – quais são os interesses, necessidades, paixões, demandas e vontades dos usuários, ainda que momentâneas e esporádicas. Surge daí uma série de inquietações.

---

[9] Sugerimos conhecer as observações constante do site oficial do Senado Federal. Disponível em: https://www12.senado.leg.br/noticias/materias/2020/09/18/lei-geral-de-protecao-de-dados-entra-em-vigor Acesso em: 15 nov. 2020.

Uma delas é a ameaça à livre concorrência, que floresce com a retenção de informações por um segmento do mercado que, tendo elaborado um perfil, inunda o usuário de produtos e serviços no rastro dos passos virtuais realizados. O detentor das informações, para além de ocupar posição de vantagem na busca pelo consumidor, atua à margem da ordem jurídica, quando a coleta e o uso são realizados à revelia do indivíduo.

O caminho mais curto para chegar ao consumidor, não compartilhado de forma equânime entre os demais operadores do mercado, a atuação nebulosa e a "venda" do usuário, que passa a ser um produto e não um sujeito de direitos, preocupam.

De fato, a transformação do usuário em produto, em alguém cujos dados são vendidos, para que empresas possam deles se valer objetivando a aproximação mercantil, é gravíssima, remonta à coisificação do ser humano e à consequente deturpação de sua dignidade,[10] e fora denunciada também pelo documentário "O dilema das redes", que narra, de forma bastante estarrecedora, como os usuários podem ser utilizados como verdadeiras marionetes por aqueles detentores dos mais elevados interesses políticos e econômicos.

E pode se ir além. O citado documentário escancara a ameaça à democracia que o cenário de descontrole e atuação às sombras pode ocasionar. Uma vez que os dados não são compartilhados para a totalidade dos candidatos, mas destinados à parte ou a um deles, que os compram, encurta-se o caminho até o eleitor, permitindo o fornecimento direcionado de conteúdos, nem sempre verdadeiros, hábeis a sugestioná-lo, a impressioná-lo. O mundo das *fake news* encontra o seu oásis. E ainda que as informações sejam verdadeiras, a disputa resta prejudicada porque candidatos com maior alavancagem financeira terão como "dialogar" em espaços não controlados, contexto que põe em xeque a isonomia no bojo dos pleitos eleitorais.

O aspecto segurança também deve ser realçado. Dados como endereço, filiação, ocupação, CPF e naturalidade são rotineiramente solicitados sem que se explicite a razão que poderia sustentar a medida e sem qualquer aclaramento sobre armazenamento e uso. Sequestros e golpes ganham importante aliado com o avanço do mundo digital.

---

[10] Afinal, o ser humano passa a ser um meio e não um fim em si mesmo, contexto que fere a dignidade da pessoa humana, nos termos kantianos e também da doutrina constitucionalista. A título ilustrativo, conferir: FERNANDES, Bernardo Gonçalves. *Curso de direito constitucional*. 4. ed. rev., ampl e atual. Salvador: Juspodivm, 2012, p. 295 e seguintes.

Quando se depara com inúmeras possibilidades de inferências, comercializações e manipulações a partir de dados pessoais, a ponto de comprometer a própria democracia, como não reconhecer o *status* constitucional da proteção de dados, considerando os aspectos que por ela perpassam? Conforme anteriormente frisado, haja vista que a proteção de dados interfere em princípios norteadores e em sustentáculos do Estado Democrático de Direito, resta irrefutável que a sua importância deve ser elevada enquanto baliza a manter incólume os ditames da Constituição da República Federativa do Brasil.

Em tal esteira, a Lei nº 13.709/18 é um importante desdobramento de garantias já previstas na Constituição de 1988, com novos contornos em razão da evolução tecnológica. Alterações da ordem jurídica, com a supressão de regras obsoletas e com a adição de novas, é crucial para que o Direito não se descole da vida, do indivíduo e da sociedade, que deve sempre ser seu principal objeto. O Direito meramente abstrato, dissociado do mundo fenomênico, é ficção que não condiz com a razão de ser da ciência jurídica, que é, decerto, pacificar a sociedade e disciplinar a vida em comunidade. E, paralelamente a isso, dispositivos anteriores recebem releituras a partir do evoluir (ou involuir) da sociedade, a partir de métodos hermenêuticos que vão além da interpretação meramente gramatical e alcançam a alma, o cerne, dos mandamentos legais.

Há pouco tempo não existiam livros eletrônicos. A imunidade prevista na Constituição até então destinada ao papel não poderia deixar de ser estendida ao livro eletrônico, pois a justificativa continua intacta: *proteção de valores, princípios e ideias de elevada importância, tais como a liberdade de expressão, voltada à democratização e à difusão da cultura; a formação cultural do povo indene de manipulações; a neutralidade, de modo a não fazer distinção entre grupos economicamente fortes e fracos, entre grupos políticos etc.; a liberdade de informar e de ser informado; o barateamento do custo de produção dos livros, jornais e periódicos, de modo a facilitar e estimular a divulgação de ideias, conhecimentos e informações etc.*[11] O meio para alcançá-la é que sofreu inovação ao longo do tempo. Assim reconheceu o STF ao julgar o tema[12] e editar a Súmula Vinculante nº 57:[13] "3. A

---

[11] STF, RE 330817/RJ, Rel. Ministro Dias Toffoli.

[12] *Idem.*

[13] "A imunidade tributária constante do art. 150, VI, d, da CF/88 aplica-se à importação e comercialização, no mercado interno, do livro eletrônico (e-book) e dos suportes exclusivamente utilizados para fixá-los, como leitores de livros eletrônicos (e-readers), ainda que possuam funcionalidades acessórias".

interpretação das imunidades tributárias deve se projetar no futuro e levar em conta os novos fenômenos sociais, culturais e tecnológicos. Com isso, evita-se o esvaziamento das normas imunizantes por mero lapso temporal, além de se propiciar a constante atualização do alcance de seus preceitos".

Nesta toada é que a proteção de dados teve o seu *status* constitucional recentemente reconhecido pelo STF, especialmente no que tange ao aspecto da autodeterminação informativa,[14] no julgamento das Ações Diretas de Inconstitucionalidade (ADIs) ajuizadas contra a Medida Provisória (MP) nº 954/2020,[15] que previa o compartilhamento de dados de usuários de telecomunicações com o Instituto Brasileiro de Geografia e Estatística (IBGE) para a produção de estatística oficial durante a pandemia do novo coronavírus.

Não se desconsidera o fato de tramitar no Congresso Nacional a Proposta de Emenda à Constituição nº 17, de 2019, que acrescentaria o inciso XII-A, ao art. 5º, e o inciso XXX, ao art. 22, para incluir a proteção de dados pessoais entre os direitos fundamentais do cidadão e fixar a competência privativa da União para legislar sobre a matéria.[16] Mas o manto constitucional sobre a proteção de dados não deixa de existir por ausência de dispositivo expresso, conforme já dito. Claro que referida emenda não seria inócua, pois cravaria a importância da proteção dos dados pessoais de forma expressa na Constituição da República, todavia, uma interpretação teleológica e sistemática do texto constitucional, por todo o exposto, já aponta para o patamar constitucional da multicitada proteção.

3 Direito à informação e os contornos da Lei nº 12.527/2011

É por meio da informação que a liberdade se torna real, que se garantem o livre desenvolvimento da personalidade e o pleno exercício

---

14 A boa doutrina constitucional versa sobre a existência de um "(...) direito geral à autodeterminação informativa que se traduz, fundamentalmente, na faculdade de o particular determinar e controlar a utilização de seus dados". Marcus Vinicius Furtado Coêlho, citando J. J. Gomes Canotilho. Conferir: CANOTILHO, J. J. Gomes. *Direito Constitucional e Teoria da Constituição*. Coimbra: Ed. Almedina, 2003; COÊLHO, Marcus Vinicius Furtado. O direito à proteção de dados e a tutela da autodeterminação informativa. *Revista Consultor Jurídico*, 28 de junho de 2020.

15 STF, ADIs 6388; 6389; 6390; 6393, Rel. Ministra Rosa Weber.

16 Disponível em: https://www25.senado.leg.br/web/atividade/materias/-/materia/135594. Acesso em: 20 nov. 2020.

da cidadania. O Estado Democrático de Direito não existe quando os cidadãos estão alijados do seu posto de controle e de interlocutor, facetas relevantes da cidadania. Afinal, controle/participação é binômio que caracteriza o paradigma estatal democrático, e que o difere de modelos autoritários.

A democracia exige a disponibilização da informação como ferramenta para sua existência. Ausente o conhecimento, ausente a avaliação, ausente a crítica, presente o segredo, o sigilo e aberta a porta às práticas que com o citado regime mais se antagonizam.[17] Nas palavras de Mendel, *"Information is the oxygen of democracy. If people do not know what is happening in their society, if the actions of those who rule them are hidden, they cannot take a meaningful part in the affairs of that society"*.[18]

O direito à informação é um direito fundamental, previsto na Declaração Universal dos Direitos Humanos,[19] [20] bem como mencionado na Convenção Europeia de Direitos Humanos[21] e na Convenção Americana de Direitos Humanos.[22]

Sob a batuta do art. 19 da Declaração Universal dos Direitos Humanos, o direito à informação é arma indispensável à concretização de outros direitos ali consagrados, como a liberdade de expressão.[23]

Hermman-Josef Blanke pontua que liberdade de informação é um pré-requisito necessário para o exercício de direitos fundamentais. Destaca que a liberdade de expressão se garante se o cidadão é capaz de formar sua opinião valendo-se de livre e acessível informação proveniente de várias fontes e não de uma mídia controlada pelo Estado. Para o pensador, a democracia e a legalidade têm como pressupostos

---

[17] FORTINI, Cristiana; AVELAR, Mariana Magalhães. Access to Information and Its Disclosure. *In:* BLANKE, H. J.; PERLINGEIRO, R. (Ed.). *The Right of Access to Public Information:* an internacional comparative legal survey, 2018. Springer, Berlin, Heidelberg. https://doi.org/10.1007/978-3-662-55554-5_16.

[18] MENDEL, Toby. *The public right to know*: priciples of freedom of information legislation. Disponível em: https://www.article19.org/data/files/RTI_Principles_Updated_EN.pdf. Acesso em: 20 nov. 2020.

[19] O art. 19 assim prescreve: "Todo ser humano tem direito à liberdade de opinião e expressão; esse direito inclui a liberdade de, sem interferência, ter opiniões e de procurar, receber e transmitir informações e ideias por quaisquer meios e independentemente de fronteiras".

[20] Não se ignora que pessoas jurídicas também podem reclamar informações não prestadas de forma ativa pela Administração Pública.

[21] Disponível em: https://www.echr.coe.int/documents/convention_eng.pdf.

[22] Disponível em: https://www.cidh.oas.org/basicos/portugues/c.convencao_americana.htm.

[23] Disponível em: https://www.article19.org/data/files/pdfs/publications/foi-as-an-international-right.pdf.

a possibilidade de saber quem está envolvido nas decisões estatais, nos diversos Poderes, e de avaliar se essas ações estão ajustadas à Constituição e à Lei.[24]

O tema está presente em discussões e regramentos de diversos organismos internacionais.[25] Percebe-se também nas últimas décadas a crescente consagração do citado direito em Constituições de forma direta ou mesmo por via oblíqua ao se mencionar o dever de transparência.[26]

Evidentemente que não há identidade no detalhamento do tema pelos diversos países, até porque variam a dimensão sobre o que deve ser considerado como informação oficial, a forma de demandar o dado e o tempo para a reação estatal.

4 Lei de Acesso à Informação e Lei Geral de Proteção de Dados: convergências

A LAI está a assegurar os direitos sociais e individuais, a liberdade, a segurança, o bem-estar, o desenvolvimento, a igualdade e a justiça, valores esses reconhecidos na Constituiçao da República como supremos de uma sociedade. Se não houver acesso à informação, podem exsurgir privilégios, discriminações, injustiças e abusos. Nesse sentido, o art. 3º da LAI reconhece expressamente o direito à informação como direito fundamental, cujo exercício deve se efetivar em conformidade com os princípios básicos da atividade administrativa, seguindo as diretrizes dispostas no art. 3º.[27]

Buscando os fundamentos preconizados na LGPD, o respeito à privacidade é o primeiro a ser destacado, o que induz a uma aparente dialetização com a LAI. Mas o art. 2º da LGPD ainda indica outros

---

[24] BLANKE, Hermann Josef. Scope and Aim of a General Regulation on Access to Public Information. *In:* BLANKE, H. J.; PERLINGEIRO, R. (Ed.). *The Right of Access to Public Information:* an internacional comparative legal survey, 2018. Springer, Berlin, Heidelberg. https://doi.org/10.1007/978-3-662-55554-5_16.

[25] São várias as resoluções da Organização dos Estados Americanos sobre o tema. Conferir: http://www.oas.org/DIL/access_to_information_background.htm. Acesso em: 20 nov. 2020.

[26] As Constituições da Colômbia, Guatemala e Argentina, por exemplo, não contêm regra que assegure o direito de forma direta, mas exigem transparência e "*disclousure*". Conferir: PERLINGEIRO, Ricardo. Principles of the right of acess to oficial information in Latin America. *In:* BLANKE, H. J.; PERLINGEIRO, R. (Ed.). *The Right of Access to Public Information*: an internacional comparative legal survey, 2018. Springer, Berlin, Heidelberg. https://doi.org/10.1007/978-3-662-55554-5_16.

[27] Quais sejam: (i) observância da publicidade como preceito geral e do sigilo como exceção; (ii) divulgação de informações de interesse público, independentemente de solicitações; (iii) utilização de meios de comunicação viabilizados pela tecnologia da informação; (iv) fomento ao desenvolvimento da cultura de transparência na administração pública; (v) desenvolvimento do controle social da administração pública.

fundamentos, como (i) a liberdade de expressão, de informação, de comunicação e de opinião e (ii) os direitos humanos, livre desenvolvimento da personalidade, dignidade e exercício da cidadania pelas pessoas naturais.

A LGPD não rivaliza, assim, com o direito à informação, pois o elemento que os unifica é a garantia dos direitos do indivíduo, ainda que sob ângulos distintos, mas que se complementam.

Em verdade, em dada medida, a LGPD vem ampliar a abrangência do acesso à informação, na medida em que impõe também ao setor privado a obrigação de prestar informações, ainda que o conteúdo possa ser diferente daquele que deve ser disponibilizado pelo Poder Público. Até então, competia apenas aos entes especificados no art. 1º da Lei nº 12.527/2011 a efetivação do acesso à informação.

Na toada da LAI, o inciso I do art. 23 da LGPD também está a exigir mais um exercício proativo do Poder Público: veicular, preferencialmente em seus sítios eletrônicos, as hipóteses em que, no exercício de suas competências, é realizado o tratamento de dados pessoais, fornecendo informações claras e atualizadas sobre a previsão legal, a finalidade, os procedimentos e as práticas utilizadas para a execução dessas atividades.

A obrigação disposta no art. 23, I, da LGPD é importante ferramenta que vem ao encontro de duas diretrizes da LAI: transparência e controle social da Administração Pública. Afinal, diariamente, o indivíduo é obrigado a entregar um sem-número de dados ao Poder Público.

Regular a proteção de dados impondo a transparência sobre o tratamento feito pela Administração Pública atende a inexorável expectativa do indivíduo no trato dos seus interesses – coletivamente considerados –, conduzindo à confiança necessária nesta relação. É dizer:

> A Administração, de uma maneira geral, possui privilégio posicional em relação a produção, armazenamento e acesso às informações públicas, uma vez que grande parte dessas informações são gestadas em sua estrutura organizacional e manipuladas por seus agentes. Dessa forma, natural que *a priori* os cidadãos estejam em posição de desvantagem quanto ao acesso às informações públicas. O que não pode ocorrer é o abuso dessa posição desfavorável, do *status quo* assimétrico que dificulta ou até mesmo impossibilita o controle desses agentes.[28]

---

[28] FORTINI, Cristiana; AVELAR, Mariana Magalhães; FERREIRA, Raquel Bastos. Comentários à Lei de Acesso à Informação: contexto, desafios e polêmicas. *In:* MARQUES NETO, Floriano de Azevedo *et al* (Org.) *Direito e Administração Pública*: Estudos em Homenagem a Maria Sylvia Zanella Di Pietro. São Paulo: Atlas, 2013, p. 1032 e seguintes.

E, ainda:

> No contexto de uma relação assimétrica de poder, como a que caracteriza a estabelecida entre o poder público e o indivíduo, a transparência visa a inspirar no titular dos dados a credibilidade no ente publico controlador dos dados e a necessária responsabilidade a que está submetido, numa clara relação com um princípio peculiar da lei protetiva nacional, o da responsabilização e prestação de contas.[29]

A sintonia entre as duas leis também se evidencia quando se observam os princípios traçados no art. 6º da LGPD, quais sejam:

(i) livre acesso: tal como na LAI (arts. 5º, 6º, I, 8º e 12), a LGPD exige a garantia de consulta facilitada e gratuita a respeito das informações sobre os dados pessoais.

(ii) qualidade dos dados: exige-se na LGPD a garantia de exatidão, clareza, relevância e atualização dos dados, de acordo com a necessidade e para o cumprimento da finalidade de seu tratamento. A LAI (art. 4º, VI a IX) já impunha qualidade, autenticidade, integridade e atualidade das informações, sendo certo que a transparência avança sobre a publicidade exatamente porque o escopo da última se alcança com a disponibilização de dados, enquanto a transparência se concretiza a partir da compreensão correta dos dados, que devem ser pois disponibilizados sob essa orientação.

(iii) transparência: pela LGPD é necessário que sejam garantidas informações claras, precisas e facilmente acessíveis sobre a realização do tratamento de dados e os respectivos agentes de tratamento, observados os segredos comercial e industrial, tal como também determina a LAI (arts. 3º, IV, 5º, 6º, I, e 41). A transparência se faz necessária no tratamento de dados, para que não haja abuso e desvio de finalidade daquele que possui o comando sobre as informações e os dados.

(iv) segurança: cresce a exigência de medidas técnicas e ações administrativas aptas a proteger as informações e os dados pessoais. O §3º do art. 11 da LAI não descura do dever da

---

[29] TASSO, Fernando Antonio. Do tratamento de dados pessoais pelo poder público. *In:* MALDONADO, Viviane Nóbrega; BLUM, Renato Opice (Coord.). *LGPD*: Lei Geral de Proteção de Dados comentada. 2. ed. rev., atual. e ampl. São Paulo: Thomson Reuters Brasil, 2019, p. 253.

segurança e da proteção das informações quando abre a possibilidade de o órgão ou entidade oferecer meios para que o próprio requerente possa pesquisar a informação de que necessitar.

(v) responsabilização e prestação de contas: veja-se, portanto, que até a ideia da prestação de contas, que encontra foco na LAI, de forma, inclusive, proativa, é trazida na LGPD. Naturalmente que os contornos são diferentes, mas a difusão da ideia da responsabilidade pela coisa alheia é compartilhada. Na LGPD, a prestação de contas se materializa com a adoção de medidas eficazes e capazes de comprovar a observância e o cumprimento das normas de proteção de dados pessoais e, inclusive, a eficácia dessas medidas.

Tudo isso se alinha ao fato de a LAI não encerrar direito ilimitado, mas há de estar em sintonia com outros direitos igualmente prevalentes na ordem jurídica brasileira. Assim, o capítulo IV da LAI[30] disciplina as restrições ao acesso.

O art. 31 da LAI, inserido no capítulo IV, exige que o tratamento das informações pessoais seja feito de forma transparente e com respeito à intimidade, à vida privada, à honra e à imagem das pessoas, bem como às liberdades e garantias individuais.[31]

Importante recordar que o art. 5º, inciso X, da Constituição da República já contém a chave interpretativa ao prescrever que são invioláveis a intimidade, a vida privada, a honra e a imagem das pessoas, assegurado o direito à indenização pelo dano material ou moral

[30] Art. 23. São consideradas imprescindíveis à segurança da sociedade ou do Estado e, portanto, passíveis de classificação as informações cuja divulgação ou acesso irrestrito possam: I - pôr em risco a defesa e a soberania nacionais ou a integridade do território nacional; II - prejudicar ou pôr em risco a condução de negociações ou as relações internacionais do País, ou as que tenham sido fornecidas em caráter sigiloso por outros Estados e organismos internacionais; III - pôr em risco a vida, a segurança ou a saúde da população; IV - oferecer elevado risco à estabilidade financeira, econômica ou monetária do País; V - prejudicar ou causar risco a planos ou operações estratégicos das Forças Armadas; VI - prejudicar ou causar risco a projetos de pesquisa e desenvolvimento científico ou tecnológico, assim como a sistemas, bens, instalações ou áreas de interesse estratégico nacional; VII - pôr em risco a segurança de instituições ou de altas autoridades nacionais ou estrangeiras e seus familiares; ou VIII - comprometer atividades de inteligência, bem como de investigação ou fiscalização em andamento, relacionadas com a prevenção ou repressão de infrações

[31] Art. 31. O tratamento das informações pessoais deve ser feito de forma transparente e com respeito à intimidade, vida privada, honra e imagem das pessoas, bem como às liberdades e garantias individuais.

decorrente de sua violação. A questão é saber quando os dados pessoais devem ser divulgados, análise que exige a investigação sobre o interesse público que pode envolver a situação concreta. Assim, dados pessoais podem e devem ser divulgados, quando presente o interesse coletivo. Parece simples, mas não é.[32]

Debates sobre o possível choque entre transparência e dados pessoais antecedem a entrada em vigor da LGPD. No primeiro semestre de 2020, o Presidente da República se recusou a fornecer seu exame de covid-19, amparando-se no art. 31 da LAI. As decisões judiciais não foram unânimes. Após decisão de primeiro grau que ordenava a apresentação, o Presidente obteve efeito suspensivo que, todavia, foi cassado posteriormente com novo posicionamento do TRF3, para quem "Não se trata de personalíssimo direito à manutenção da privacidade dos resultados dos exames, senão de informação que se reveste de interesse público acerca do diagnóstico da contaminação ou não pela covid-19".[33]

5 O que então muda com a LGPD no âmbito da Administração Pública

Ainda que não existisse lei local, estadual ou nacional a impedir expressamente que os órgãos e entidades do Estado demandassem dados pessoais sem explicitar a finalidade da coleta, os princípios vetores assim obrigariam, com destaque para a motivação, a razoabilidade e a proporcionalidade. A cultura de extensos formulários, na toada de que, quanto mais informação melhor, sem nenhuma explicação da razão de ser e sem alternativas ao cidadão, já estaria na contramão da ordem jurídica.

Mas se reconhece que a LGPD escancara o dever de cautela, reforçando os princípios da finalidade, da adequação e da necessidade para o tratamento de dado pessoal, conforme prescreve o art. 23.[34]

---

[32] A LAI deve garantir o acesso a informações de *interesse coletivo ou geral*. Nesse sentido, José Afonso da Silva comenta que "O direito de informar, como aspecto da liberdade de manifestação de pensamento, revela-se um direito individual, mas já contaminado de sentido coletivo, em virtude das transformações dos meios de comunicação, de sorte que a caracterização mais moderna do direito de comunicação, que especialmente se concretiza pelos meios de comunicação social ou de massa, envolve a transmutação do antigo direito de imprensa e de manifestação do pensamento, por esses meios, em direitos de feição coletiva". Conferir: SILVA, José Afonso da. *Curso de direito constitucional positivo*. 20. ed. São Paulo: Malheiros, 2001, p. 259.

[33] Conferir: https://www.conjur.com.br/2020-mai-03/presidente-trf-mantem-divulgacao-exame-bolsonaro. Acesso em: 20 nov. 2020.

[34] O art. 23 faz expressa remissão ao art. 1º da LAI, abrangendo, portanto, a (i) Administração Direta dos Poderes Executivo, Legislativo, incluindo Cortes de Contas, Judiciário e

O maior desafio do Poder Público será mapear todos os dados pessoais tratados, avaliar a finalidade, a adequação e a necessidade de cada um deles, tal como se exige do particular, com o diferencial de que o volume de dados tratados pela Administração Pública certamente se revela muito superior.

Todos os princípios do art. 6º da LGPD devem ser observados, destacando-se a transparência, a adequação e a necessidade. O STF, ao negar o acesso ao banco de dados do IBGE pelo Governo,[35] já sinalizou que realmente não basta uma finalidade genérica. Veja que o caso analisado pelo STF dizia respeito a um tema que poderia justificar o compartilhamento: a crise sanitária criada pela pandemia da covid-19.

Ocorre que a ausência de transparência na definição da finalidade e do uso dos dados compartilhados, a falta de definição dos dados que seriam estritamente necessários, bem como a ausência de relatório de impacto de segurança da informação anterior à coleta e uso dos dados, conduziram o STF a reverberar que o combate à pandemia "não pode legitimar o atropelo de garantias fundamentais consagradas na Constituição".

Assim, por mais que o art. 26 da LGPD vincule acertadamente o compartilhamento do dado pessoal à execução de políticas públicas, à prestação de serviços públicos, à descentralização da atividade pública e à disseminação e ao acesso das informações pelo público em geral, tudo deverá ocorrer a partir da sintonia entre a finalidade e o interesse público, não se descurando, ainda, da necessidade e da adequação.

Vale dizer, o Poder Público, ao analisar a finalidade do acesso à informação, quando envolver dado pessoal, deverá verificar se há compatibilidade do tratamento com as finalidades informadas ao titular e, ainda, limitar o acesso necessário para a realização de suas finalidades, com abrangência dos dados pertinentes, proporcionais e não excessivos em relação às finalidades do tratamento de dados. Esse filtro a LAI não impunha. Com a LGPD, não se pode permitir o acesso a dados pessoais para além do necessário para o cumprimento da finalidade.

Há ainda outro importante ponto.

Ministério Público, bem como a (ii) Administração Indireta, o que envolve autarquias, fundações públicas e estatais (empresa pública sociedades de economia mista, e demais entidades controladas direta ou indiretamente pela União, Estados, Distrito Federal e Municípios), e, ainda, (iii) os serviços notariais.

[35] STF, ADIs nºs 6.388; 6.389; 6.390; 6.393, Rel. Ministra Rosa Weber.

A temática da proteção das informações pessoais é potencialmente problemática quando envolve a divulgação nominal dos salários dos agentes administrativos. Já escrevemos[36] que se poderia chegar aos mesmos dados que decorreriam da divulgação nominal mediante outros instrumentos com menor dose de sacrifício. Mas o entendimento que prevaleceu não foi esse. Na Ação Originária nº 2.367, o STF afirmou que, sendo agente público remunerado pelos cofres públicos, a informação tem caráter estatal, ausente o conflito entre a intimidade e a privacidade. Na oportunidade, o Relator, Ministro Barroso, destacou que o STF já havia se debruçado sobre o tema.[37] De fato, no julgamento do ARE 652777, fixou-se a tese com repercussão geral segundo a qual é legítima a publicação, inclusive em sítio eletrônico mantido pela Administração Pública, dos nomes dos seus servidores e do valor dos correspondentes vencimentos e vantagens pecuniárias.

Esse tema volta à cena com o advento da LGPD. O primeiro ponto a ser refletido é que a LGPD jamais pode ser utilizada para reduzir avanços que foram capazes de criar mecanismos para melhorar a transparência, que ajudam na manutenção da democracia e no combate à corrupção.

Podem existir dados que, embora sejam pessoais, o seu conhecimento importa para a coletividade, orientação que acabou prevalecendo. A jurisprudência consolidou (apesar da polêmica) o entendimento segundo o qual todo aquele que se mostra disposto a ser remunerado pelo Poder Público estará sujeito a este tipo de controle, numa concepção de que todo servidor público serve à população e divulgar a respectiva remuneração serve ao controle popular. A finalidade da divulgação não se mostra alterada com a LGPD.

Mas o cumprimento da finalidade pela LAI deve se amoldar aos novos contornos da LGPD. A LAI não exige finalidade para acessar o dado pessoal.[38] Então, nesse ponto há significativa mudança.

---

36 FORTINI, Cristiana; AVELAR, Mariana Magalhães; FERREIRA, Raquel Bastos. Comentários à Lei de Acesso à Informação: contexto, desafios e polêmicas. *In:* MARQUES NETO, Floriano de Azevedo *et al.* (Org.). *Direito e Administração Pública*: Estudos em Homenagem a Maria Sylvia Zanella Di Pietro. São Paulo: Atlas, 2013, p. 1032 e seguintes.

37 Conferir: http://www.stf.jus.br/portal/cms/verNoticiaDetalhe.asp?idConteudo=388614. Acesso em: 20 nov. 2020.

38 Nos termos do art. 10 da LAI, que inaugura o capítulo referente ao procedimento de acesso à informação, exige-se do requerente tão somente a sua identificação e a especificação da informação pleiteada. E, ainda, conforme o §3º, resta vedado exigir a declaração dos motivos que ensejaram o requerimento. Literalmente: "Art. 10. Qualquer interessado poderá apresentar pedido de acesso a informações aos órgãos e entidades referidos no

Além disso, deve ser trazida para o palco dos debates a figura do dado sensível introduzido pela LGPD, cujo conteúdo pode "implicar riscos e vulnerabilidades potenciosamente mais gravosos aos direitos e liberdades fundamentais dos titulares".[39] São dados sobre origem racial ou étnica, convicção religiosa, opinião política, filiação a sindicato ou a organização de caráter religioso, filosófico ou político, além de dados referentes à saúde ou à vida sexual, e dados genéticos ou biométricos.[40]

Assim, deve ser analisado se o nome do servidor divulgado para fins de transparência pode levar à identificaçao de algum dado que se enquadre no conceito de dado sensível.

A LGPD é clara também ao vedar o compartilhamento pelo Poder Público do seu banco de dados para outras finalidades. Não se admite também que sejam veiculadas outras informações que não sejam o mínimo necessário para o controle devido pela população.

Utilizar os dados publicizados para o cruzamento de outras informações não encontra respaldo legal, especialmente porque estaria a ferir o §3º do art. 7º da LGPD, em razão do desvio da finalidade e do desrespeito à boa-fé e ao interesse público que justificou a medida.

Nesta ótica, a LGPD confere maior segurança para os dados cuja publicidade se tornou obrigatória pela LAI, pois não havia trava para a utilização em outras circunstâncias. O dado tornado público pelo próprio titular não pode ser utilizado de maneira desvirtuada, considerando a necessidade de se respeitar a principiologia trazida pela LGPD.[41]

Assim, os dados dos servidores públicos disponibilizados para fins de divulgação da remuneração, por exemplo, não podem ser utilizados por instituições que visem a enviar propagandas, propostas de financiamentos, dentre outros.

---

art. 1º desta Lei, por qualquer meio legítimo, devendo o pedido conter a identificação do requerente e a especificação da informação requerida.

§1º Para o acesso a informações de interesse público, a identificação do requerente não pode conter exigências que inviabilizem a solicitação.

§2º Os órgãos e entidades do poder público devem viabilizar alternativa de encaminhamento de pedidos de acesso por meio de seus sítios oficiais na internet.

§3º São vedadas quaisquer exigências relativas aos motivos determinantes da solicitação de informações de interesse público.

39 VAINZOF, Rony. Disposições preliminares. *In:* MALDONADO, Viviane Nóbrega; BLUM, Renato Opice (Coord.). *LGPD*: Lei Geral de Proteção de Dados comentada. 2. ed. rev., atual. e ampl. São Paulo: Thomson Reuters Brasil, 2019, p. 92.

40 Art. 5º, II, da LGPD.

41 Art. 5º, §4º, da LGPD.

Destaca-se, ainda, que a LGPD não criou novas regras sobre dados e informações sigilosas, limitando-se a se referir como aqueles protegidos por lei. Isso significa dizer que a LGPD respeita o conceito trazido pela LAI sobre informações sigilosas. Ressalva-se o dado sensível, que mesmo não encontrando correspondência com o conceito de informação sigilosa trazido pela LAI, está a receber um olhar diferenciado considerando o efeito discriminatório que o pode cercar.[42]

Enquanto a LAI não delimita exaustivamente o sigilo por temas específicos, mas apenas pelo nível de restrição ao acesso,[43] a LGPD já pede licença nos seus primeiros artigos[44] para excluir a sua aplicação ao tratamento de dados realizados para fins exclusivos de (i) segurança pública; (ii) defesa nacional; (iii) segurança do Estado; (iv) atividades de investigação e repressão de infrações penais.[45]

Outro aspecto que está a fortalecer o acesso à informação na LGPD é a exigência de que os dados sejam mantidos em formato interoperável e estruturado (art. 25), ainda mais quando estamos falando do enorme plexo organizacional que forma toda a estrutura

---

[42] VAINZOF, Rony. Disposições preliminares. *In:* MALDONADO, Viviane Nóbrega; BLUM, Renato Opice (Coord.). *LGPD*: Lei Geral de Proteção de Dados comentada. 2. ed. rev., atual. e ampl. São Paulo: Thomson Reuters Brasil, 2019, p. 92.

[43] Art. 24. A informação em poder dos órgãos e entidades públicas, observado o seu teor e em razão de sua imprescindibilidade à segurança da sociedade ou do Estado, poderá ser classificada como ultrassecreta, secreta ou reservada.
§1º Os prazos máximos de restrição de acesso à informação, conforme a classificação prevista no caput, vigoram a partir da data de sua produção e são os seguintes:
I - ultrassecreta: 25 (vinte e cinco) anos;
II - secreta: 15 (quinze) anos; e
III - reservada: 5 (cinco) anos.
§2º As informações que puderem colocar em risco a segurança do Presidente e Vice-Presidente da República e respectivos cônjuges e filhos(as) serão classificadas como reservadas e ficarão sob sigilo até o término do mandato em exercício ou do último mandato, em caso de reeleição.
§3º Alternativamente aos prazos previstos no §1º , poderá ser estabelecida como termo final de restrição de acesso a ocorrência de determinado evento, desde que este ocorra antes do transcurso do prazo máximo de classificação.
§4º Transcorrido o prazo de classificação ou consumado o evento que defina o seu termo final, a informação tornar-se-á, automaticamente, de acesso público.
§5º Para a classificação da informação em determinado grau de sigilo, deverá ser observado o interesse público da informação e utilizado o critério menos restritivo possível, considerados:
I - a gravidade do risco ou dano à segurança da sociedade e do Estado; e
II - o prazo máximo de restrição de acesso ou o evento que defina seu termo final.

[44] Art. 4º, III, da LGPD.

[45] Fala-se em anteprojeto de lei para disciplinar a proteção de dados pessoais em investigações criminais e de segurança pública, que vem sendo denominado de LGPD penal, ainda em fase muito embrionária, mas que já começa a palpitar discussões, cujos contornos fogem do escopo do presente trabalho.

da Administração Pública, o que significa dizer que, quanto mais sistematizados e compatíveis os sistemas, que conversam entre si, mais eficientes, transparentes e acessíveis se tornam. A interoperabilidade pode, inclusive, ajudar a cumprir o princípio da eficiência, na medida em que irá eliminar a coleta repetida de dados.

O desafio será instituir travas para o tipo de acesso, pois a facilitação para o compartilhamento de dados por meio de sistema integrado no seio da Administração Pública não significa uma porteira aberta para todo e qualquer acesso, até porque a LGPD atribui responsabilidade àqueles que tratam os dados e veda o compartilhamento com entidades privadas, exceto nos casos previstos na lei.[46]

Para Miriam Wimmer:

> Para o setor público, o desafio é ainda maior, uma vez que a demanda de adequação à LGPD se apresenta concomitantemente à necessidade de migração de um governo digital, na acepção mais ampla do termo. A transformação digital que se verificou na economia, com importantes ganhos de eficiência, de produtividade e de comodidade para os consumidores, é também demandada do governo. Para os cidadãos que se habituaram a pagar contas, firmar contratos e solicitar serviços por meio de smartphones, causa espanto e perplexidade a ideia de que suas relações com o Poder Publico deveriam envolver deslocamentos para repartições publicas, preenchimento manual de formulários, em várias vias, e horas de espera em filas de atendimento.[47]

Destaca-se, por fim, que existe grande discussão a respeito da efetividade e da competência da Autoridade Nacional de Proteção de Dados – criada para ser a responsável pela fiscalização e regulação da LGPD –, pois ela foi inicialmente concebida sob o formato de uma agência reguladora, mas se manteve como um órgão da Administração Pública direta federal, cujo poder, inclusive, de impor sanções, está em xeque.

6 Conclusão

A LAI homenageia a pessoa natural quando se impõe o dever de disponibilizar a tempo e a modo as informações de natureza pública,

---

[46] Art. 26, §1º, da LGPD.

[47] WIMMER, Miriam. Proteçao de dados pessoais no Poder Público: incidência, bases legais e escificidades. *Revista dos Advogados*, AASP, n. 144, nov. 2019.

em disciplina do direito fundamental à informação encartado na Constituição de 1988, essencial para o controle popular e, assim, para a manutenção do modelo democrático.

Percebe-se que o olhar protetivo ao indivíduo também está presente na LGPD, daí se concluir que o elemento que as unifica é a garantia dos direitos do indivíduo, ainda que o foco se bifurque.

Enquanto a Lei nº 12.527/11 vislumbra o indivíduo em sua faceta política, entendendo como crucial ao exercício da cidadania e ao direito ao bom governo disponibilizar qualitativo e tempestivo de informações, a LGPD o considera em sua feição mais íntima, mais humana, já que se ocupa de protegê-lo de abusos que os diversos atores na sociedade – não apenas o Estado – possam perpetrar.

Por derradeiro, à luz das discussões envolvendo a LAI e a LGPD, restou demonstrado que o direito à privacidade e o direito à informação, ambos com *status* constitucional, não se excluem, mas devem ser, no plano fático, objeto de ponderação em caso de choque, em consecução ao interesse público que, por sua vez, não pode implicar sepultamento do núcleo essencial dos direitos individuais.

Referências

BLANKE, Hermann Josef. Scope and Aim of a General Regulation on Access to Public Information. *In*: BLANKE, H. J.; PERLINGEIRO, R. (Ed.). *The Right of Access to Public Information:* an internacional comparative legal survey, 2018. Springer, Berlin, Heidelberg. https://doi.org/10.1007/978-3-662-55554-5_16.

BRASIL. Constituição da República do Estados Unidos do Brasil, de 16 de julho de 1934. Disponível em: http://www.planalto.gov.br/ccivil_03/constituicao/constituicao34.htm. Acesso em: 15 nov. 2020.

BRASIL. Constituição da República Federativa, de 5 de outubro de 1988. Disponível em: http://www.planalto.gov.br/ccivil_03/constituicao/constituicao.htm. Acesso em: 15 nov. 2020.

BRASIL. Lei nº 12.527, de 18 de novembro de 2011. Disponível em: http://www.planalto.gov.br/ccivil_03/_ato2011-2014/2011/lei/l12527.htm. Acesso em: 15 nov. 2020.

BRASIL. Lei nº 9.507, de 12 de novembro de 1997. Disponível em: http://www.planalto.gov.br/ccivil_03/leis/L9507.htm. Acesso em: 15 nov. 2020.

BRASIL. Lei Complementar nº 101, de 4 de maio de 2000. Disponível em: http://www.planalto.gov.br/ccivil_03/leis/lcp/lcp101.htm. Acesso em: 15 nov. 2020.

BRASIL. Lei nº 13.709, de 14 de agosto 2018. Disponível em: http://www.planalto.gov.br/ccivil_03/_ato2015-2018/2018/lei/L13709.htm. Acesso em: 15 nov. 2020.

BRASIL. Proposta de Emenda à Constituição nº 17/2019. Disponível em: https://www25.senado.leg.br/web/atividade/materias/-/materia/135594. Acesso em: 15 nov. 2020.

BRASIL. Supremo Tribunal Federal. Ação Originária. Processo nº 0016583-44.2018.1.00.0000. Relator: Min. Roberto Barroso. 25 out. 2018. Disponível em: http://portal.stf.jus.br/processos/detalhe.asp?incidente=5524489. Acesso em: 15 nov. 2020.

BRASIL. Supremo Tribunal Federal. Recurso Extraordinário com Agravo. Processo originário nº 00259820820108260053. Relator: Min. Teori Zavascki. Disponível em: http://portal.stf.jus.br/processos/detalhe.asp?incidente=4121428. Acesso em: 15 nov. 2020.

CANOTILHO, J. J. Gomes. *Direito Constitucional e Teoria da Constituição*. Coimbra: Ed. Almedina, 2003.

CAVALCANTI, Caio Mário Lana. A banalização do conceito de ato ímprobo. *In*: PEREIRA, Rodolfo Viana; SACCHETTO, Thiago Coelho (Org.). *Advocacia pública em foco*. Volume II. Belo Horizonte: IDDE, 2019.

COÊLHO, Marcus Vinicius Furtado. O direito à proteção de dados e a tutela da autodeterminação informativa. *Revista Consultor Jurídico*, 28 de junho de 2020.

FERNANDES, Bernardo Gonçalves. *Curso de direito constitucional*. 4. ed. rev., ampl e atual. Salvador: Juspodivm, 2012.

FORTINI, Cristiana; AVELAR, Mariana Magalhães. Access to Information and Its Disclosure. *In*: BLANKE, H. J.; PERLINGEIRO, R. (Ed.). *The Right of Access to Public Information*, 2018. Springer, Berlin, Heidelberg. https://doi.org/10.1007/978-3-662-55554-5_16.

FORTINI, Cristiana; AVELAR, Mariana Magalhães; FERREIRA, Raquel Bastos. Comentários à Lei de Acesso à Informação: contexto, desafios e polêmicas. *In*: MARQUES NETO, Floriano de Azevedo *et al.* (Org.) *Direito e Administração Pública*: Estudos em Homenagem a Maria Sylvia Zanella Di Pietro. São Paulo: Atlas, 2013.

FRAZÃO, Ana. Direitos básicos dos titulares de dados pessoais. *Revista dos Advogados*, AASP, n. 144, nov. 2019.

GROFF, Paulo Vargas. Direitos fundamentais nas constituições brasileiras. *Revista de Informação Legislativa*, Brasília, ano 45, n. 178, abr./jun. 2008.

MENDEL, Toby. *The public right to know*: priciples of freedom of information legislation. Disponível em: https://www.article19.org/data/files/RTI_Principles_Updated_EN.pdf Acesso em: 20 nov. 2020.

PERLINGEIRO, Ricardo Principles of the right of acess to oficial information in Latin America. *In*: BLANKE, H.J.; PERLINGEIRO, R. (Ed.). *The Right of Access to Public Information*: an internacional comparative legal survey, 2018. Springer, Berlin, Heidelberg. https://doi.org/10.1007/978-3-662-55554-5_16.

QUEIROZ, Rafael Mafei Rabelo. Direito à privacidade e proteção de dados pessoais: aproximações e distinções. *Revista dos Advogados*, AASP, n. 144, nov. 2019.

SILVA, José Afonso da. *Curso de direito constitucional positivo*. 20. ed. São Paulo: Malheiros, 2001.

TASSO, Fernando Antonio. Do tratamento de dados pessoais pelo poder público. *In*: MALDONADO, Viviane Nóbrega; BLUM, Renato Opice (Coord.). *LGPD*: Lei Geral de Proteção de Dados comentada. 2. ed. rev., atual. e ampl. São Paulo: Thomson Reuters Brasil, 2019.

VAINZOF, Rony. Disposições preliminares. *In*: MALDONADO, Viviane Nóbrega; BLUM, Renato Opice (Coord.). *LGPD*: Lei Geral de Proteção de Dados comentada. 2. ed. rev., atual. e ampl. São Paulo: Thomson Reuters Brasil, 2019.

WIMMER, Miriam. Proteçao de dados pessoais no Poder Público: incidência, bases legais e escificidades. *Revista dos Advogados*, AASP, nov. 2019, n. 144.

Informação bibliográfica deste texto, conforme a NBR 6023:2018 da Associação Brasileira de Normas Técnicas (ABNT):

FORTINI, Cristiana; AMARAL, Greycielle; CAVALCANTI, Caio Mário Lana. LGPD x LAI: sintonia ou antagonismo? *In*: PIRONTI, Rodrigo (Coord.). *Lei Geral de Proteção de Dados no setor público*. 2. ed. Belo Horizonte: Fórum, 2024. p. 207-228. ISBN 978-65-5518-731-1.

A IMPORTÂNCIA DO PROGRAMA DE SENSIBILIZAÇÃO DA LGPD NAS ORGANIZAÇÕES PÚBLICAS: O *CASE* DO TRIBUNAL DE JUSTIÇA DE SANTA CATARINA

Sensibilizar é tornar-se sensível,
impressionado ou desperto;
consciente ou alerta,
mas, sobretudo,
torna-se empático a algo inovador.

DENISE DE SOUZA LUIZ FRANCOSKI

1 Introdução

Após quase oito anos de discussão no Congresso Nacional Brasileiro, finalmente, em 14 de agosto de 2018, tivemos a aprovação da Lei Geral de Proteção de Dados Pessoais – LGPD,[1] a qual, por diversos motivos, já passou por algumas adaptações jurídicas, através da Medida Provisória nº 959/2019,[2] que, após ter sido sancionada pela Presidência

[1] BRASIL. Lei nº 13.709, de 14 de agosto de 2018. Disponível em: http://www.planalto.gov.br/ccivil_03/_ato2015-2018/2018/lei/L13709.htm. Acesso em: 17 dez. 2020.

[2] BRASIL. Medida Provisória nº 959, de 29 de abril de 2020. Disponível em: http://www.planalto.gov.br/ccivil_03/_ato2019-2022/2020/Mpv/mpv959.htm#:~:text=Estabelece%20a%20operacionaliza%C3%A7%C3%A3o%20do%20pagamento,Lei%20Geral%20de%20Prote%C3%A7%C3%A3o%20de. Acesso em: 17 dez. 2020.

da República, entrou em vigor em 18 de setembro de 2020, de forma parcial, em razão de que as sanções somente passarão a valer em 1º de agosto de 2021, por força da Lei nº 14.010/20.[3]

Este grandioso marco regulatório passou a ser determinante para que as diversas organizações de cunho privado, bem como todas as instituições públicas, iniciassem as adequações necessárias para alcançarem a total conformidade com a referida legislação.

Especificamente no que se refere às organizações públicas, ainda que timidamente, os primeiros movimentos decorrentes da LGPD já puderam ser visualizados. Vários órgãos públicos, após a entrada em vigor parcial da lei, passaram a editar procedimentos internos, visando à adequação desta, de forma a proporcionarem a todos os seus membros o comprometimento necessário a tempo e modo da entrada em vigor total da lei, inclusive de suas respectivas sanções.

Para o Tribunal de Justiça de Santa Catarina, o qual será apresentado neste trabalho como um paradigma exemplificativo, o momento inaugural das atividades relativas aos estudos e ações práticas para a conformidade da norma protetiva em questão ocorreu no final de 2018, tomando corpo alguns meses depois, a saber, efetivamente em 12 de junho de 2019, com a criação legal do Comitê Gestor de Proteção de Dados Pessoais – CGPDP, através da Resolução GP – nº 28,[4] expedida pela presidência da mencionada Corte de Justiça.

Desde então, a evolução da jornada de adequação desta lei no referido Tribunal evoluiu gradativamente por meio de muitas reuniões, planejamento ordenado, elaboração de um importante plano de ação – *roadmap*, estruturação de um Grupo Técnico de Trabalho e paralelamente a nomeação da Encarregada para Tratamento de Dados Pessoais, atendendo ao disposto no artigo 41 da nova legislação.

Superada a primeira fase de preparação, e com uma estruturação melhor solidificada por meio da reunião de forças da Encarregada, do Comitê Gestor de Proteção de Dados Pessoais e do Grupo de Trabalho Técnico – aliado ao empenho da alta cúpula –, partiu-se então para os atos de implementação propriamente ditos, consistentes em atividades

---

3 BRASIL. Lei nº 14.010, de 10 de junho de 2020. Disponível em: http://www.planalto.gov.br/ccivil_03/_ato2019-2022/2020/lei/L14010.htm#:~:text=Disp%C3%B5e%20sobre%20o%20Regime%20Jur%C3%ADdico,coronav%C3%ADrus%20(Covid%2D19). Acesso em: 17 dez. 2020.

4 TJSC. Resolução GP nº 28, de 12 de junho de 2019. Disponível em: http://busca.tjsc.jus.br/buscatextual/integra.do?cdSistema=1&cdDocumento=174510&cdCategoria=1&q=&frase=&excluir=&qualquer=&prox1=&prox2=&proxc=. Acesso em: 17 dez. 2020.

práticas da primeira camada de implementação, cujo refinamento revelou desafios não previstos inicialmente.

Dentro deste cenário foi formatado de maneira imediata o "Projeto de Sensibilização da Lei Geral de Proteção de Dados Pessoais", objetivando atingir todos os magistrados, servidores, terceirizados, estagiários no âmbito do segundo grau,[5] que fazem parte do mencionado Tribunal, estendendo-se posteriormente esta mesma ação também aos juízes e servidores de primeiro grau de todas as comarcas do Estado.[6]

No presente estudo pretende-se de forma objetiva mostrar não só a importância do Projeto de Sensibilização da LGPD em todas as organizações públicas, utilizando-se da experiência prática do TJSC como exemplo, mas também a abrangência e profundidade das atividades que são necessárias para a formação e eficiência de todo este trabalho.

Será destacada a aplicação do projeto de sensibilização de maneira contínua, como meio apropriado para o estabelecimento da conformidade da lei protetiva, e o quanto é fundamental que esta inciativa tenha o reconhecimento e comprometimento da alta cúpula diretiva. Pretende-se ainda apontar algumas formas de realização da referida sensibilização – as quais, com as devidas adaptações que se fizerem essenciais, poderão ser aplicadas em diversos outros cenários de instituições de natureza pública.

Espera-se por derradeiro com este artigo contribuir de alguma forma para o cumprimento do programa geral de implementação da Lei Protetiva, que por evidência será longo, mas que possibilitará a todos a conquista de um novo nível de compreensão sobre a proteção dos nossos dados pessoais e da guarda da nossa privacidade, sempre direcionada com espírito otimista e corajoso diante de todos os desafios e obstáculos que possam surgir nesta instigante jornada.

2 O projeto de sensibilização como ferramenta essencial no processo de conformidade da LGPD

A entrada em vigor da Lei Geral de Proteção de Dados Pessoais – LGPD (nº 13.709/2018), em 18 de setembro de 2020, acendeu um alerta

---

5 O Tribunal de Justiça possui 94 Desembargadores, 1.353 servidores efetivos, 500 servidores comissionados, 326 estagiários, 54 militares. Informações concedidas pela Coordenadoria dos Magistrados do TJSC, em 18 de dezembro de 2020.

6 O Poder Judiciário catarinense possui 111 comarcas, compostas por 453 magistrados, entre titulares e substitutos. Informações concedidas pela Coordenadoria dos Magistrados do TJSC em 18 de dezembro de 2020.

em todas as instituições (quer sejam de iniciativa privada ou de natureza pública) sobre a urgente necessidade de implementação desta norma dentro do seu sistema organizacional, considerando a demanda não só pela imposição legal e o tempo escasso e porte da organização, mas também pela mudança significativa de uma cultura de valores relativos à privacidade – que para serem devidamente protegidos antes devem ser (re)conhecidos por todos os envolvidos.

Neste estudo serão realizados comentários específicos para os órgãos públicos, que, por fazerem parte da dinâmica da organização estatal, possuem um organograma e um sistema diferenciados das empresas oriundas da iniciativa privada.

Adverte-se inicialmente que, no plano de ação que deve ser construído para a realização do processo de conformidade da LGPD nas instituições públicas, várias são as fases e frentes que terão que ser identificadas e estabelecidas pelo Comitê Gestor de Proteção de Dados Pessoais, o qual se pressupõe que tenha sido constituído de forma imediata pelo órgão público envolvido, pois será o comitê o verdadeiro gestor da implementação desta nova legislação.

A este respeito comenta Claudinei Vieira:

> Dado que o tema de privacidade é complexo e abrangente, e que envolve diversas áreas de negócio, pessoas e parceiros em uma empresa, faz-se necessário desenhar a implementação considerando-a como um Programa de privacidade e Proteção de Dados (*Data Protection Management* – DPMS. O Programa será composto por diversas frentes e projetos, que tem como objetivo implementar: Estratégia; Governança; Políticas e Procedimentos; Ferramentas; Gestão da Mudança-Conscientização; Treinamento.[7]

Dentre todas as etapas que compõem o *roadmap* ou plano de ação, como ensina Alexandre Prata, "o programa de proteção de dados e privacidade é, portanto, o 'mapa' que conduzirá a jornada da organização na busca pela conformidade com a LGPD".[8] Tem-se que a sensibilização de todas as pessoas que fazem parte da organização pública em evidência é considerada como uma das ferramentas mais importantes e essenciais para que o processo de implementação da LGPD consiga alcançar tanto os seus propósitos gerais quantos os específicos.

---

[7] MALDONADO, Viviane Nóbrega (Coord.). *LGPD*: Lei Geral de Proteção de Dados pessoais: manual de implementação São Paulo: Thomson Reuters Brasil, 2019. p. 38-39.

[8] MALDONADO, Viviane Nóbrega (Coord.). *LGPD*: Lei Geral de Proteção de Dados pessoais: manual de implementação São Paulo: Thomson Reuters Brasil, 2019. p. 109.

Será preciso que o Grupo de Trabalho Técnico organize um programa especial de sensibilização juntamente com o Encarregado (que neste ponto de maturação já terá sido nomeado no órgão público), com participação ainda do Comitê Gestor de Proteção de Dados Pessoais, levando-se em conta para isso o disposto no artigo 41, §1º, da Lei Protetiva.[9]

A respeito da conceituação do Encarregado colhemos os ensinamentos de Rony Vainzof, quando assim menciona:

> No Brasil, o artigo 5º, inc. VIII da LGPD dispõe que o Encarregado é pessoa indicada pelo controlador e operador para atuar como canal de comunicação entre o controlador, os titulares dos dados e a Autoridade Nacional de Proteção de Dados (ANPD). Por sua vez o art. 41 da Lei dispõe que é o controlador que deverá indicar o Encarregado pelo tratamento de dados pessoais.[10]

Seguindo esta análise, temos que de forma específica o artigo 41, §2º, inciso III, dispõe que caberá ao Encarregado de Tratamento de Dados Pessoais[11] "orientar os funcionários e os contratados da entidade a respeito das práticas a serem tomadas em relação à proteção de dados pessoais", deixando de forma evidente que esta incumbência faz parte de todo o processo de implementação da LGPD, uma vez que será a partir desta providência que os servidores que fazem parte da organização poderão, além de conhecer os termos da referida legislação, descobrir a importância que esta trará, tanto na vida pessoal como também por consequência na vida profissional.

O programa de sensibilização surge então como uma ferramenta essencial ao sucesso da conformidade da Lei Protetiva, impondo ao Encarregado, ao Grupo de Trabalho Técnico e ao Comitê Gestor de Proteção de Dados Pessoais um trabalho harmônico, visando o

---

9 LGPD. Art. 41. O controlador deverá indicar encarregado pelo tratamento de dados pessoais.
§1º A identidade e as informações de contato do encarregado deverão ser divulgadas publicamente, de forma clara e objetiva, preferencialmente no sítio eletrônico do controlador.

10 BLUM, Renato Ópice; VAINZOF, Rony; MORAES, Henrique Fabretti (Coord.). *Data Protection Officer (Encarregado)*: Teoria e prática de acordo com a LGPD e o GDPR. 1. ed. São Paulo: Thomson Reuters Brasil, 2020. p. 27.

11 LGPD. Art. 41. O controlador deverá indicar encarregado pelo tratamento de dados pessoais.
§2º As atividades do encarregado consistem em:
III – orientar os funcionários e os contratados da entidade a respeito das práticas a serem tomadas em relação à proteção de dados pessoais;

engajamento de todos os componentes da organização, no programa efetivo de implementação a ser incorporado desde a alta cúpula até os mais variados setores que fazem parte do organograma da instituição.

Todavia, convém sublinhar que esta tarefa, além de uma estruturação bem definida, exigirá de seus executores um equilíbrio apurado, pois no processo de sensibilização, como mencionado, estará incluída a necessidade obrigatória de mudança cultural da instituição, envolvendo necessariamente a incorporação de novas crenças e valores a respeito da proteção de seus dados pessoais e da guarda da sua privacidade.

Isso porque, para as instituições localizadas no continente latino-americano, em que a liberdade de expressão possui valor tradicional sensível e preponderante, a nova dinâmica protecionista legal imposta pela LGPD provocará uma transformação acentuada, tendo em vista a sua rápida inserção no ordenamento jurídico. Ao contrário do padrão valorativo europeu, que há décadas apresenta preocupação pontual com a temática privacidade e proteção de dados pessoais, o que visivelmente ficou consolidado com a formação de diretivas, atualmente consubstanciadas no GDPR, em vigor desde 25 de maio de 2018.[12]

É sobre este aspecto que todas as atenções do Encarregado, do Grupo de Trabalho Técnico e do Comitê Gestor deverão estar voltadas, pois os membros da organização deverão ter em mente que a implementação da LGPD não ficará limitada somente ao seu meio profissional, estendendo-se também à transformação da cultura pessoal de cada uma das pessoas na sua vida privada e social.

Por isso que se diz que a maior dificuldade na aplicação de conformidade da norma específica dentro das instituições é fazer com que as pessoas entendam que a incorporação da Lei Protetiva vai além de uma adequação de tecnologia da informação, de uma conformidade de segurança da informação ou simplesmente uma convergência jurídica.

O Encarregado então, com base em todas as referências até aqui comentadas, deverá em primeiro lugar atentar para o tamanho de sua organização pública, ou seja, se ela é de pequeno, médio ou grande porte.

Após esta identificação, será necessário conhecer de maneira específica todo o organograma da instituição,[13] visualizando a forma como fora desenhado o funcionamento de todos os seus departamentos, diretorias, divisões, dentre outros, sem se esquecer de verificar também

[12] Disponível em: https://gdpr-info.eu/. Acesso em: 17 dez. 2020.

[13] Disponível em: https://www.tjsc.jus.br/organograma. Acesso em: 19 dez. 2020.

o modelo adotado pelos dirigentes na formatação da cúpula do respectivo órgão público.

A dinâmica a ser adotada no programa de sensibilização deverá ter como parâmetro todas as observações feitas no parágrafo anterior, mas que, adiantamos desde já, pode conter algumas variantes a serem observadas, de acordo com a finalidade do serviço prestado pela organização pública em evidência, o que implicaria eventualmente o aumento das pessoas envolvidas.

Contudo, destaca-se que, independentemente da fórmula a ser adotada para o Programa Sensibilização da LGPD na organização pública, este trabalho deverá ser renovado periodicamente na linha do tempo, não sendo suficiente uma aplicação única deste projeto, eis que a incorporação de qualquer nova cultura é processo que exige tempo, persistência e insistência na sua aplicabilidade, o que com toda a certeza não terá o seu objetivo atingido em uma só apresentação. Os meios e as diversas formas de sua adequação serão particularmente comentados no item quatro deste artigo.

3 A relevância da sensibilização "*from the top*"[14]

É possível afirmar desde já que a apresentação de um programa de sensibilização para a organização pública em razão da LGPD de nada adiantaria se não houvesse desde o seu início um comprometimento absoluto dos membros da alta administração, pois somente assim todo o desenvolvimento e sucesso deste projeto serão efetivamente alcançados.

Enfatiza Alexandre Prata:[15] "O engajamento da alta administração deve ser refletido imediatamente na condução dos temas relativos à implementação da conformidade à Lei, por meio da disponibilidade das áreas e no trato orçamentário".

Adianta-se que este não é um trabalho que vem cercado de facilidades, ao contrário – os terrenos podem se mostrar arenosos e por vezes difíceis de serem pavimentados. Desta maneira será imprescindível que os dirigentes da instituição, de forma objetiva e imediata, venham a entender desde logo a importância que a LGPD trará para a organização e quais as transformações que ela irá provocar, além de

---

[14] A expressão "*from the top*" se refere neste trabalho à alta direção, alta cúpula e alta administração.

[15] MALDONADO, Viviane Nobrega; BLUM, Renato Ópice (Coord.). *LGPD* – Lei Geral de Proteção de Dados Pessoais. São Paulo: Thompson Reuters Brasil, 2019. p. 120.

ressaltar que as sanções administrativas[16] no futuro breve já poderão ser aplicadas, resultando em uma exposição negativa para a própria organização.

Ademais, destaca-se que, independentemente do adiamento da entrada em vigor das sanções administrativas, não há obstáculo para que os titulares de dados, as organizações de defesa do consumidor e o Ministério Público acionem judicialmente as organizações públicas e privadas, com fundamento nos termos da LGPD.

Neste aspecto, o Encarregado e todo o seu grupo de apoio deverão ter habilidade especial na abordagem dos integrantes *from the top*, encarando esta tarefa como fundamental na aplicação do programa geral de sensibilização na organização. Se o objetivo traçado for atingido, ou seja, se os dirigentes da instituição demonstrarem adesão incondicional à aplicação do projeto perante os demais membros, a lei será reproduzida com muito mais facilidade e objetividade.

O Encarregado poderá então estimular a alta cúpula da organização para que esta defina como uma de suas prioridades a produção de campanhas permanentes de conscientização, além de treinamentos periódicos de seus servidores, contribuindo para a assimilação dos termos da legislação protetiva.

---

[16] Art. 52. Os agentes de tratamento de dados, em razão das infrações cometidas às normas previstas nesta Lei, ficam sujeitos às seguintes sanções administrativas aplicáveis pela autoridade nacional: (Vigência)
I – advertência, com indicação de prazo para adoção de medidas corretivas;
II – multa simples, de até 2% (dois por cento) do faturamento da pessoa jurídica de direito privado, grupo ou conglomerado no Brasil no seu último exercício, excluídos os tributos, limitada, no total, a R$ 50.000.000,00 (cinquenta milhões de reais) por infração;
III – multa diária, observado o limite total a que se refere o inciso II;
IV – publicização da infração após devidamente apurada e confirmada a sua ocorrência;
V – bloqueio dos dados pessoais a que se refere a infração até a sua regularização;
VI – eliminação dos dados pessoais a que se refere a infração;
VII – (VETADO);
VIII – (VETADO);
IX – (VETADO).
X – (VETADO);
XI – (VETADO);
XII – (VETADO).
X – suspensão parcial do funcionamento do banco de dados a que se refere a infração pelo período máximo de 6 (seis) meses, prorrogável por igual período, até a regularização da atividade de tratamento pelo controlador; (Incluído pela Lei nº 13.853, de 2019)
XI – suspensão do exercício da atividade de tratamento dos dados pessoais a que se refere a infração pelo período máximo de 6 (seis) meses, prorrogável por igual período; (Incluído pela Lei nº 13.853, de 2019)
XII – proibição parcial ou total do exercício de atividades relacionadas a tratamento de dados. (Incluído pela Lei nº 13.853, de 2019)

De nada adiantará a confecção de um belíssimo programa de implementação da LGPD se os membros da alta direção da instituição não se colocarem à disposição para inclusive participarem desta tarefa de sensibilização, ocasião em que as pessoas que dela fazem parte tomarão conhecimento do conteúdo da legislação, dos seus objetivos, fundamentos, princípios e, de forma especial, dos direitos dos titulares, os quais vêm delineados nos artigos 17 e 18.[17] Somente nestas condições o Encarregado e o próprio Comitê Gestor poderão seguir adiante com

[17] LGPD. Art. 17. Toda pessoa natural tem assegurada a titularidade de seus dados pessoais e garantidos os direitos fundamentais de liberdade, de intimidade e de privacidade, nos termos desta Lei.
Art. 18. O titular dos dados pessoais tem direito a obter do controlador, em relação aos dados do titular por ele tratados, a qualquer momento e mediante requisição:
I – confirmação da existência de tratamento;
II – acesso aos dados;
III – correção de dados incompletos, inexatos ou desatualizados;
IV – anonimização, bloqueio ou eliminação de dados desnecessários, excessivos ou tratados em desconformidade com o disposto nesta Lei;
V – portabilidade dos dados a outro fornecedor de serviço ou produto, mediante requisição expressa, de acordo com a regulamentação da autoridade nacional, observados os segredos comercial e industrial; (Redação dada pela Lei nº 13.853, de 2019) Vigência
VI – eliminação dos dados pessoais tratados com o consentimento do titular, exceto nas hipóteses previstas no art. 16 desta Lei;
VII – informação das entidades públicas e privadas com as quais o controlador realizou uso compartilhado de dados;
VIII – informação sobre a possibilidade de não fornecer consentimento e sobre as consequências da negativa;
IX – revogação do consentimento, nos termos do §5º do art. 8º desta Lei.
§1º O titular dos dados pessoais tem o direito de peticionar em relação aos seus dados contra o controlador perante a autoridade nacional.
§2º O titular pode opor-se a tratamento realizado com fundamento em uma das hipóteses de dispensa de consentimento, em caso de descumprimento ao disposto nesta Lei.
§3º Os direitos previstos neste artigo serão exercidos mediante requerimento expresso do titular ou de representante legalmente constituído, a agente de tratamento.
§4º Em caso de impossibilidade de adoção imediata da providência de que trata o §3º deste artigo, o controlador enviará ao titular resposta em que poderá:
I – comunicar que não é agente de tratamento dos dados e indicar, sempre que possível, o agente; ou
II – indicar as razões de fato ou de direito que impedem a adoção imediata da providência.
§5º O requerimento referido no §3º deste artigo será atendido sem custos para o titular, nos prazos e nos termos previstos em regulamento.
§6º O responsável deverá informar, de maneira imediata, aos agentes de tratamento com os quais tenha realizado uso compartilhado de dados a correção, a eliminação, a anonimização ou o bloqueio dos dados, para que repitam idêntico procedimento, exceto nos casos em que esta comunicação seja comprovadamente impossível ou implique esforço desproporcional. (Redação dada pela Lei nº 13.853, de 2019) Vigência
§7º A portabilidade dos dados pessoais a que se refere o inciso V do caput deste artigo não inclui dados que já tenham sido anonimizados pelo controlador.
§8º O direito a que se refere o §1º deste artigo também poderá ser exercido perante os organismos de defesa do consumidor.

as tantas outras atividades que serão necessárias na longa jornada de adequação desta singular legislação protetiva.

Observe-se que a referida sensibilização *"from the top"* deverá ser organizada em tempo não superior a 20 minutos, dado o pouco tempo de que seus membros dirigentes dispõem, frente às diversas demandas que são envolvidas dentro da organização, optando-se pela utilização de slides com formatação objetiva, gráficos ou mesmo infográficos, os quais sempre agregam a simpatia e empatia de todos os ouvintes.

A opção de não superar o referido tempo estimado (20 minutos) na referida apresentação pode parecer um tempo ínfimo diante da delicadeza e grandiosidade do tema a ser debatido, mas salienta-se que, por experiência prática, em processos de sensibilização dentro do Tribunal de Justiça de Santa Catarina (participei de toda a sua formatação e execução na qualidade de Coordenadora do Comitê Gestor de Proteção de Dados Pessoais, bem como na função de Encarregada para o Tratamento de Dados Pessoais), este tempo é mais do que suficiente para a apresentação da Lei quanto à importância de sua adesão por todos da organização.

As regras referentes a exposições de ideias demonstram que, a partir do final dos 20 minutos anteriormente definidos, o público-alvo não dedica uma atenção tão precisa ao assunto apresentado, por isso sugere-se que a exposição seja feita dentro do tempo ora proposto, o qual por evidência poderá ser ultrapassado em caso de perguntas ou dúvidas apresentadas pelos assistentes da reunião, interação esta demasiadamente preciosa no projeto de sensibilização.

Além de todos os aspectos até aqui referidos, será importante que o Encarregado providencie material físico ou digital para todos os membros da instituição, visando compartilhar conhecimento e atualização tanto da LGPD quanto de legislações afins, como, por exemplo, o regulamento europeu conhecido por GDPR – *Geral Data Protection Regulation*, o Código de Defesa do Consumidor – CDC,[18] o Marco Civil da Internet,[19] a Lei de Acesso à Informação – LAI[20] e demais leis setoriais brasileiras[21] correlacionadas ao tema de privacidade, proteção de dados

---

[18] Disponível em: http://www.planalto.gov.br/ccivil_03/leis/l8078compilado.htm. Acesso em: 19 dez. 2020.

[19] Disponível em: http://www.planalto.gov.br/ccivil_03/_ato2011-2014/2014/lei/l12965.htm. Acesso em: 19 dez. 2020.

[20] Disponível em: http://www.planalto.gov.br/ccivil_03/_ato2011-2014/2011/lei/l12527.htm Acesso em: 19 dez. 2020.

[21] Disponível em: https://www.tjsc.jus.br/web/ouvidoria/lei-geral-de-protecao-de-dados-pessoais/legislacao-relacionada. Acesso em: 19 dez. 2020.

pessoais e segurança da informação, tais como as regras estabelecidas pela Agência Nacional de Telecomunicações – ANATEL, regulamentos oriundos do BACEN, especificações decorrentes do Comitê Gestor da Internet Brasileira-CGI.br, dentre outras.

De posse de todas estas informações é certo que a administração "*from the top*" do órgão público envolvido já terá convicção da importância do programa de sensibilização relativo à LGPD a ser reproduzido para todos os seus membros e ou servidores, empenhando o seu apoio para a sua realização inicial, bem como para o prosseguimento desta fundamental tarefa, a ser renovada periodicamente, como forma de incentivo ao engajamento de todos ao programa geral de implementação da LGPD.

Os servidores, ao perceberem o envolvimento da direção da instituição pública no programa de implementação, e, em especial, no projeto de sensibilização, passarão a compreender melhor o nível de relevância da LGPD e, via de consequência, se mostrarão mais abertos ao assunto, bem como compromissados com as transformações que serão necessárias dentro da organização envolvida.

4 As formas de efetivação do programa de sensibilização da LGPD nas organizações públicas: o case do TJSC

Efetivado todo o plano de ação da organização pública então envolvida, contendo as fases de implementação: 1 – Preparação, 2 – Implementação, 3 – Gerenciamento, cada uma delas divididas em duas frentes: 1 – Frente Administrativa e Jurídica, e 2 – Frente Tecnológica e Segurança de Informação, tendo a alta direção da instituição sido devidamente sensibilizada da importância da adequação da LGPD, é chegado o momento de conhecer de qual maneira a referida sensibilização poderá ser apresentada a todos os membros da organização – para tanto, utilizar-se-ão exemplos decorrentes do trabalho desenvolvido por esta autora dentro do Tribunal de Justiça do Estado de Santa Catarina.

Considerando-se que a organização pública seja de pequeno porte, o Encarregado e o Grupo de Trabalho poderão, por exemplo, realizar entrevistas pessoais com cada um dos seus membros, mostrando a eles a importância da LGPD, quais as confluências que a normativa trará para a instituição e para o seu trabalho direto, bem como que a proteção à privacidade também exercerá efeitos em âmbito privado, mas primordialmente apontando a importância de que a adequação aconteça o mais rápido possível.

Nessa interlocução, poder-se-á também colher informações específicas sobre a atividade exercida por cada membro, de que maneira é feito o tratamento de dados pessoais,[22] ou de dados pessoais sensíveis,[23] se existe compartilhamento destes dados[24] e se há alguma política de privacidade em vigor, tudo com o objetivo de elaborar um diagnóstico inicial da organização.

Outra possibilidade de desenvolvimento do processo de sensibilização, seria a aplicação de *workshops* de maneira específica para cada departamento da organização, como por exemplo, na divisão de recursos humanos, na diretoria de compras, de segurança de informação, de tecnologia, de patrimônio, dentre outros. Esta seria também a oportunidade de exemplificar a importância da aplicabilidade da LGPD e quais os impactos pontuais que poderão ser reproduzidos nas pessoas que trabalham na instituição, sobre a ótica pessoal e profissional.

Sobre a realização de entrevistas e *workshops*, Claudinei Vieira assim recomenda:

> Realize os *workshops* e entrevistas abordando os temas apresentados anteriormente e documente as informações mapeadas.
>
> Aplique *workshops* específicos por terma (Marketing, RH, Suprimentos, Bases Legais, Compartilhamentos de dados, Compra de Dados no mercado, Segmentação de clientes, Segurança da Informação etc.). Ao final dos *workshops* elabore o relatório com o diagnóstico inicial e plano de trabalho para as próximas etapas. Resuma esse relatório em uma apresentação executiva e leve ao Comitê Executivo de Privacidade e Proteção de Dados.[25]

---

22 LGPD. Art. 5º Para os fins desta Lei, considera-se: I – dado pessoal: informação relacionada a pessoa natural identificada ou identificável;

23 LGPD. Art. 5º II – dado pessoal sensível: dado pessoal sobre origem racial ou étnica, convicção religiosa, opinião política, filiação a sindicato ou a organização de caráter religioso, filosófico ou político, dado referente à saúde ou à vida sexual, dado genético ou biométrico, quando vinculado a uma pessoa natural;

24 LGPD. Art. 5º. XVI – uso compartilhado de dados: comunicação, difusão, transferência internacional, interconexão de dados pessoais ou tratamento compartilhado de bancos de dados pessoais por órgãos e entidades públicos no cumprimento de suas competências legais, ou entre esses e entes privados, reciprocamente, com autorização específica, para uma ou mais modalidades de tratamento permitidas por esses entes públicos, ou entre entes privados;

25 MALDONADO, Viviane Nobrega; BLUM, Renato Ópice (Coord.). *LGPD* – Lei Geral de Proteção de Dados Pessoais. São Paulo: Thompson Reuters Brasil, 2019. p. 55.

No término da realização dos referidos *workshops*, igualmente ao formato apresentado com relação às entrevistas, será possível estabelecer parâmetros para a elaboração de uma análise inaugural do cenário da instituição no que se refere à proteção dos dados pessoais e privacidade. Entretanto, em organizações de porte médio, como o Tribunal de Justiça do Estado catarinense, as hipóteses de sensibilização descritas anteriormente não seriam tão eficazes para o objetivo pretendido.

Por isso no TJSC, após a análise de todo o seu organograma, optou-se pela construção de um programa de sensibilização que pudesse atender ao grande número de servidores, terceirizados, estagiários e demais colaboradores que nele exercem suas atividades, adiantando, desde já, que a tarefa de programação foi complexa, mas a notável e detalhada elaboração anterior do *roadmap* foi determinante para o sucesso de sua aplicação.

Em razão da pandemia da covid-19,[26] que atingiu todas as nações, a forma do exercício profissional nas diversas atividades teve que ser reinventada e adaptada ao necessário distanciamento social. Assim, as atividades judicantes e administrativas do TJSC migraram da atividade presencial para o tão conhecido agora *home office*.

Pontuam-se estes aspectos para esclarecer que, apesar do cancelamento das tarefas de forma presencial, conseguimos implementar, graças ao esforço da área tecnológica do Tribunal, do Grupo de Trabalho Técnico e da Encarregada, um calendário próprio para o programa de sensibilização por canal de videoconferência, em salas virtuais, com capacidade para acolher até 30 pessoas em cada sessão.

Desta forma o projeto de sensibilização da Corte Catarinense foi elaborado com palestras semanais (segundas, terças e sextas-feiras), em três horários diferentes e sequenciais (14h, 15h e 16h), com duração de exatos 20 minutos cada uma delas.

A dinâmica das palestras foi delineada pelo Grupo de Trabalho Técnico com agendamento e notificação prévia dos participantes, iniciando-se pela Presidência do Tribunal de Justiça e seus órgãos afins, a saber, Corregedoria-Geral de Justiça e seus respectivos núcleos; bem como todas as diversas Diretorias que dele fazem parte, atingindo a totalidade dos servidores e de seus demais colaboradores.

---

26 Disponível em: http://www4.planalto.gov.br/legislacao/portal-legis/legislacao-covid-19#:~:text=Disp%C3%B5e%20sobre%20as%20medidas%20trabalhistas,)%2C%20e%20d%C3%A1%20outras%20provid%C3%AAncias. Acesso em: 18 dez. 2020.

A oportunidade de interagir com cada um dos servidores, mesmo na forma de videoconferência, e compartilhar os conhecimentos e a importância da LGDP foi uma das tarefas das mais gratificantes das quais participei, de modo que se recomenda veementemente que seja feita para as organizações que se encontrem em formato similar ao TJSC, ou mesmo para aquelas de dimensões um pouco superiores.

Nas referidas sensibilizações aplicadas por esta autora, na qualidade de Encarregada de Tratamento de Dados Pessoais do TJSC, encontrei a possibilidade de apresentar a LGPD de maneira formal – porém dinâmica –, de comentar a necessidade de transformação cultural tanto de forma pessoal quanto profissional, referente à maneira como cedemos os nossos dados pessoais e como guardamos a nossa privacidade; de apontar a necessidade de engajamento de todos neste projeto inovador, demonstrando de forma determinante que cada uma das pessoas ali presentes é que seriam os verdadeiros protagonistas de todo este programa.

Também foram explanados os principais conceitos da referida legislação, a importância do entendimento com relação às formas de tratamento de dados pessoais[27] e de dados pessoais sensíveis,[28] destacando com referência exemplos práticos, e por fim o reconhecimento das bases legais[29] de tratamento referidas no artigo 7º da respectiva lei.

---

27 LGPD – CAPÍTULO II. DO TRATAMENTO DE DADOS PESSOAIS. Seção I. Dos Requisitos para o Tratamento de Dados Pessoais.

28 LGPD – CAPÍTULO II. DO TRATAMENTO DE DADOS PESSOAIS. Seção II. Do Tratamento de Dados Pessoais Sensíveis. Art. 11.

29 LGPD – Art. 7º O tratamento de dados pessoais somente poderá ser realizado nas seguintes hipóteses:
I – mediante o fornecimento de consentimento pelo titular;
II – para o cumprimento de obrigação legal ou regulatória pelo controlador;
III – pela administração pública, para o tratamento e uso compartilhado de dados necessários à execução de políticas públicas previstas em leis e regulamentos ou respaldadas em contratos, convênios ou instrumentos congêneres, observadas as disposições do Capítulo IV desta Lei;
IV – para a realização de estudos por órgão de pesquisa, garantida, sempre que possível, a anonimização dos dados pessoais;
V – quando necessário para a execução de contrato ou de procedimentos preliminares relacionados a contrato do qual seja parte o titular, a pedido do titular dos dados;
VI – para o exercício regular de direitos em processo judicial, administrativo ou arbitral, esse último nos termos da Lei nº 9.307, de 23 de setembro de 1996 (Lei de Arbitragem);
VII – para a proteção da vida ou da incolumidade física do titular ou de terceiro;
VIII – para a tutela da saúde, exclusivamente, em procedimento realizado por profissionais de saúde, serviços de saúde ou autoridade sanitária; (Redação dada pela Lei nº 13.853, de 2019)
IX – quando necessário para atender aos interesses legítimos do controlador ou de terceiro, exceto no caso de prevalecerem direitos e liberdades fundamentais do titular que exijam a proteção dos dados pessoais; ou
X – para a proteção do crédito, inclusive quanto ao disposto na legislação pertinente.

Em cada palestra, nos dias e horários então citados, foi distribuído individualmente um questionário por meio de um *link*, visando à elaboração de mapeamento inicial, sendo este formatado com 17 perguntas de respostas de múltipla escolha, para maior conforto de todos os envolvidos, permitindo conhecer quem, de que forma, em qual quantidade ou qualidade faz o tratamento de dados pessoais e de dados pessoais sensíveis.

Esta tarefa oportunizou, de um lado, a identificação do nível de conhecimento e de interesse dos servidores em conhecer a LGPD, bem como, de outro norte, provocou o primeiro contato em colaborar com os conceitos e preceitos normativos, além de verificar o interesse daqueles em participar de eventos futuros concernentes à matéria.

Em relação à devolução do referido questionário virtual, foi fixado o prazo de cinco dias para a assimilação do conteúdo exposto e para resposta do citado conjunto de perguntas, possibilitando ainda a devida reflexão da demanda, sem prejuízo das atividades ordinárias desenvolvidas por cada um dos participantes em seus respectivos setores.

Todo este procedimento foi realizado durante os meses de setembro e outubro de 2020, tendo sido sensibilizadas aproximadamente 2.500 pessoas, salientando que todos os dados pessoais colhidos dos servidores foram integralmente anonimizados.[30]

A verificação de adesão positiva deste projeto de sensibilização permitiu a Encarregada e ao Grupo de Trabalho Técnico a construção de um diagnóstico inicial estatístico, possibilitando o conhecimento de forma qualitativa e quantitativa, bem como o reconhecimento de fluxos dos dados pessoais e dados pessoais sensíveis, realizados de forma interna e externa no Tribunal de Justiça catarinense, tudo em cumprimento ao programa de implementação da LGPD, organizado e homologado[31] pelo Grupo de Trabalho e Comitê Gestor respectivamente.

Este mesmo programa foi também replicado em todas as comarcas de primeiro grau[32] que compõem o Poder Judiciário catarinense, contemplando assim magistrados, servidores e estagiários. Nesta segunda etapa de sensibilização, foi encaminhado por e-mail, vídeo com o mesmo conteúdo da palestra formatada para a primeira

---

30 No início do questionário aplicado havia a informação que todos os dados pessoais colhidos seriam anonimizados.

31 Homologação realizada por todos os membros do Comitê Gestor de Proteção de Dados Pessoais – CGPDP e do Grupo de Trabalho Técnico, em novembro de 2020.

32 111 Comarcas no Estado de Santa Catarina. Dados fornecidos pela Coordenadoria dos Magistrados do TJSC, em 18 de dezembro de 2020.

etapa, bem como o questionário virtual anteriormente citado, com prazo predeterminado para devolução, possibilitando da mesma maneira a formação de um mapa estatístico na modalidade já mencionada.

Paralelamente ao projeto de sensibilização, realizamos um programa de *lives* mensais,[33] no qual a Encarregada do Tratamento de Dados Pessoais da Corte Catarinense contou com a parceria e apoio incondicional da Academia Judicial,[34] possibilitando a realização de debates interessantes e qualificados sobre os aspectos importantes da LGPD, com diversos e notáveis especialistas na matéria, sempre com uma adesão significativa de público assistente, tudo via canal do *Youtube* do TJSC.[35]

Esta mesma dinâmica foi aplicada aos delegatários das serventias extrajudiciais[36] de todo o Estado, bem como as suas organizações de classe, desta vez com o apoio da Corregedoria Geral de Justiça Extrajudicial.

A exemplo do Tribunal de Justiça de Santa Catarina, o projeto de sensibilização aqui estudado pode também ser aplicado em outras organizações públicas, com as devidas adaptações, como já explanado, de acordo com o porte e atividade desenvolvida por cada uma delas, utilizando-se da figura do Encarregado e do Grupo de Trabalho Técnico, além do apoio interno de servidores da instituição.

O programa de *lives* mostra a sua fundamental importância porque a conscientização não se esgota somente na realização do evento, abrangendo a sua divulgação dentro e fora da instituição e possibilitando a sua visualização em momento oportuno pelos interessados em conhecer melhor os aspectos jurídicos e práticos da LGPD.

Em arremate, convém frisar que as atividades desenvolvidas especialmente para a sensibilização dos servidores envolvendo a Lei Geral de Proteção de Dados Pessoais foram realizadas sem custo

---

[33] Disponível em: https://www.tjsc.jus.br/web/ouvidoria/lei-geral-de-protecao-de-dados-pessoais/publicacoes-sobre-o-tema.

[34] A Academia Judicial, fundada em 23 de novembro de 2001, é o braço executivo do Centro de Estudos Jurídicos do Tribunal de Justiça de Santa Catarina (fundado em 31 de outubro de 1991) e é composta por: Conselho Técnico-Científico, Conselho Editorial, Comissão Permanente de Avaliação, e Diretoria Executiva. Órgão de educação no Judiciário catarinense, a Academia Judicial realiza diversas ações formativas, de atualização e de aperfeiçoamento, visando aprimorar o trabalho desenvolvido na Instituição e entregue à sociedade. Fonte: Disponível em: https://www.tjsc.jus.br/web/academia-judicial. Acesso em: 19 dez. 2020.

[35] Disponível em: https://www.youtube.com/user/canaltjsc. Acesso em: 19 dez. 2020.

[36] Disponível em: https://www.youtube.com/watch?v=RYz0uyXl6e4&feature=youtu.be e https://www.youtube.com/watch?v=qaoAcmUoUKg&t=817s. Acesso em 19 dez. 2010.

adicional, o que para o Tribunal de Justiça em questão foi imprescindível, em razão do contingenciamento econômico, que foi obrigado a cumprir decorrente dos reflexos na economia do Estado diante do fenômeno mundial da pandemia da covid-19, que atingiu a todos sem distinção.

5 Conclusão

A execução do programa de implementação da Lei Geral de Proteção de Dados Pessoais, a conhecida LGPD, nas organizações públicas certamente não é tarefa que venha cercada de facilidades, não somente em virtude da sua complexidade e mudança cultural reflexa, mas também e principalmente em decorrência da ausência de designação de reserva financeira prévia, a qual ficou mais evidente em 2020, com o surgimento da referida pandemia, que ocasionou um impacto negativo na economia mundial, pela qual o Brasil também foi atingido, resultando em um controle de despesas por parte da iniciativa privada e, por consequência lógica, em todas as instituições públicas.

Muito embora todas aquelas adversidades tenham efetivamente se apresentado coincidentemente com a entrada em vigor da LGPD em 18 de setembro de 2020, isso não foi um obstáculo intransponível para que o Tribunal de Justiça pudesse acionar os primeiros movimentos de conformidade da referida norma, a exemplo de todas as fases do processo até aqui estudado, que inclusive pode vir a servir de parâmetro para outros órgãos públicos.

A aplicação do programa de sensibilização de todos os seus membros na esfera do Tribunal de Justiça catarinense evidenciou a sua importância diante do programa de implementação da LGPD, destacando-se aquele como uma ferramenta indispensável para a operacionalização de transformação cultural, que será preciso ser executada por cada um de nós, tanto na esfera pessoal quanto na dinâmica profissional, no que se refere à proteção dos nossos dados pessoais ou de dados pessoais sensíveis, bem como a melhor guarda da nossa privacidade.

Pode-se destacar ainda que o projeto de sensibilização *"from the top"* é absolutamente indispensável para o pleno êxito do restante do programa de cumprimento da nova legislação, no interior das organizações públicas, que da mesma forma pode ser estendido às empresas de iniciativa privada, com a devida customização.

Aponte-se também que a sensibilização deve ser executada constantemente, ou seja, o projeto merece ser periodicamente renovado, utilizando-se para isto de várias outras ferramentas de apoio, como a produção de palestras, *lives*, cartilhas digitais, dentre outras, visando sempre ao avanço do desenvolvimento da cultura de proteção de dados e da privacidade.

Os diversos formatos para a realização de todo o projeto narrado neste artigo, através da experiência adquirida no Tribunal de Justiça de Santa Catarina, decorrentes dos trabalhos formatados em conjunto pela Encarregada, Grupo de Trabalho Técnico e Comitê Gestor de Proteção de Dados Pessoais – CGPDP, podem servir de exemplo para as demais organizações públicas na concepção de seu modelo próprio, levando-se sempre em consideração a dimensão da instituição e o engajamento dos seus membros neste processo.

A conclusão a que se chega é de que o desenvolvimento das tarefas elencadas no plano de ação de cumprimento da referida implementação da legislação específica, do qual o projeto de sensibilização tem importância primordial, exige robusta organização, comprometimento total da alta cúpula e das pessoas envolvidas e escolha adequada da melhor forma de se produzir tão importante movimento para a organização pública envolvida.

De todos os aspectos referidos neste estudo, convém por fim ponderar que o espírito otimista para o enfrentamento de todos os obstáculos que naturalmente surgirão no caminho é fator determinante para o sucesso desta empreitada, levando-se em conta as palavras de Robin Sharma,[37] quando diz que: "A mudança é difícil no começo, confusa no meio, mas linda no final". Sigamos sempre em frente, de forma confiante na extraordinária jornada de implantação da Lei Geral de Proteção de Dados Pessoais em nossas organizações públicas.

Referências

BLUM, Renato Ópice; VAINZOF, Rony; MORAES, Henrique Fabretti (Coord.). *Data Protection Officer (Encarregado)*: Teoria e prática de acordo com a LGPD e o GDPR. 1. ed. São Paulo: Thomson Reuters Brasil, 2020.

BRASIL. Lei nº 13.709, de 14 de agosto de 2018. Lei Geral de Proteção de Dados Pessoais – LGPD. Diário Oficial da União: Brasília, DF, 15 de agosto de 2018. Disponível em: http://www.planalto.gov.br/ccivil_03/_ato2015-2018/2018/lei/L13709.htm.

---

[37] SHARMA, Robin. *O clube das 5 da manhã*. Tradução Patrícia Azeredo. 2. ed. Rio de Janeiro: BestSeller, 2019, p. 42.

BRASIL. Medida Provisória nº 959, de 29 de abril de 2020. Estabelece a operacionalização do pagamento do Benefício Emergencial de Preservação do Emprego e da Renda e do benefício emergencial mensal de que trata a Medida Provisória nº 936, de 1º de abril de 2020, e prorroga a *vacatio legis* da Lei nº 13.709, de 14 de agosto de 2018, que estabelece a Lei Geral de Proteção de Dados Pessoais – LGPD. Diário Oficial da União: Brasília, DF, 29 de abril de 2020. Disponível em: http://www.planalto.gov.br/ccivil_03/_ato2019-2022/2020/mpv/mpv959.htm.

BRASIL. Lei nº 14.010, de 10 de junho de 2020. Dispõe sobre o Regime Jurídico Emergencial e Transitório das relações jurídicas de Direito Privado (RJET) no período da pandemia do coronavírus (Covid-19). Diário Oficial da União: Brasília, DF, 12 de junho de 2020. Disponível em: http://www.planalto.gov.br/ccivil_03/_ato2019-2022/2020/lei/L14010.htm.

COTS, Márcio. *Lei Geral de Proteção de Dados Pessoais comentada*. 3. ed. rev., atual e ampl. São Paulo: Thompson Reuters Brasil, 2019.

MALDONADO, Viviane Nobrega; BLUM, Renato Ópice (Coord.). *LGPD* – Lei Geral de Proteção de Dados Pessoais. São Paulo: Thompson Reuters Brasil, 2019.

POHLMANN, Sérgio. *LGPD NINJA* – Entendendo e implementando a Lei Geral de Proteção de Dados nas Empresas. Rio de Janeiro, 2019.

POZZO, Augusto Neves; MARTINS, Ricardo Marcondes (Coord.). *LGPD e Administração Pública*: uma análise ampla dos impactos. São Paulo: Thompson Reuters Brasil, 2020.

SHARMA, Robin. *O clube das 5 da manhã*. Tradução Patrícia Azeredo. 2. ed. Rio de Janeiro: BestSeller, 2019.

Informação bibliográfica deste texto, conforme a NBR 6023:2018 da Associação Brasileira de Normas Técnicas (ABNT):

FRANCOSKI, Denise de Souza Luiz. A importância do programa de sensibilização da LGPD nas organizações públicas: o case do Tribunal de Justiça de Santa Catarina. *In*: PIRONTI, Rodrigo (Coord.). *Lei Geral de Proteção de Dados no setor público*. 2. ed. Belo Horizonte: Fórum, 2024. p. 229-247. ISBN 978-65-5518-731-1.

A SAÚDE PÚBLICA E A LGPD: UM COMPLEXO, MAS NECESSÁRIO CENÁRIO DE ADEQUAÇÃO

GIOVANNA TRAD

JOSENIR TEIXEIRA

Introdução

A Lei Geral de Proteção de Dados Pessoais (LGPD), Lei nº 13.709/2018, eclodiu precipuamente com o "objetivo de proteger os direitos fundamentais de liberdade e de privacidade e o livre desenvolvimento da personalidade da pessoa natural", segundo consignado logo em seu primeiro comando normativo.

Para a tutela desses direitos fundamentais, entre outras medidas, a LGPD prevê a aplicação de pesadas penalidades ao responsável legal que eventualmente transgrida os rigores por ela assinalados. Em palavras outras, pune-se quem não protege nem defende o acesso de terceiros – incluídos *hackers* que invadem sistemas de informação – aos dados das pessoas, principalmente os sensíveis.

A penalização consiste na aplicação de sanções administrativas que vão desde a advertência até "multa simples de até 2% (dois por cento) do faturamento da pessoa jurídica de direito privado, [...], limitada, no total, a R$50.000.000,00 (cinquenta milhões de reais) por infração", conforme discriminado no art. 52 da LGPD, principalmente nos incisos I e II.

À Administração Pública,[1] ao Poder Público[2] e às pessoas jurídicas de Direito Público[3] não são aplicáveis penas pecuniárias, apenas

---

1 BRASIL. Lei nº 13.709/18, art. 7º, III, LGPD.

2 BRASIL. Lei nº 13.709/18, art. 26, LGPD.

3 BRASIL. Lei nº 13.709/18, art. 23, LGPD.

as sanções administrativas previstas no §3º do art. 52 da LGPD, que são as seguintes:

> I – advertência, com indicação de prazo para adoção de medidas corretivas;
>
> [...]
>
> IV – publicização da infração após devidamente apurada e confirmada a sua ocorrência;
>
> V – bloqueio dos dados pessoais a que se refere a infração até a sua regularização;
>
> VI – eliminação dos dados pessoais a que se refere a infração;
>
> [...]
>
> X – suspensão parcial do funcionamento do banco de dados a que se refere a infração pelo período máximo de 6 (seis) meses, prorrogável por igual período, até a regularização da atividade de tratamento pelo controlador;
>
> XI – suspensão do exercício da atividade de tratamento dos dados pessoais a que se refere a infração pelo período máximo de 6 (seis) meses, prorrogável por igual período;
>
> XII – proibição parcial ou total do exercício de atividades relacionadas a tratamento de dados.

A saúde é enorme celeiro de estudo para aplicação das previsões da LGPD, pois trabalha indissociavelmente com bens jurídicos fundamentais, tais como os direitos à vida, à saúde propriamente dita, às integridades física e psíquica, à liberdade, à honra, à intimidade, à vida privada, entre outros.

Com a LGPD, a exigência de *proteção* desses interesses existenciais recrudesceu. Assim, o dever jurídico de preservação dos dados sensíveis dos pacientes e o de informá-los acerca da finalidade e da necessidade do tratamento desses dados, entre outros aspectos, andam *pari passu* com a obrigação de prestar assistência de qualidade na acepção técnica (atendimentos com prudência e perícia) e o *dever* informacional atinente às condicionantes que envolvem os atendimentos diagnósticos e/ou terapêuticos, como benefícios e riscos inerentes.

A ordem expressa para a implementação das providências necessárias ao tratamento eficiente dos dados consta do texto da LGPD da seguinte forma:

> Art. 46. Os agentes de tratamento devem adotar medidas de segurança, técnicas e administrativas aptas a proteger os dados pessoais de acessos não autorizados e de situações acidentais ou ilícitas de destruição, perda, alteração, comunicação ou qualquer forma de tratamento inadequado ou ilícito. [...]
>
> Art. 47. Os agentes de tratamento ou qualquer outra pessoa que intervenha em uma das fases do tratamento obriga-se a garantir a segurança da informação prevista nesta Lei em relação aos dados pessoais, mesmo após o seu término.

É *sobre* a necessidade da preservação e tutela dos dados pessoais sensíveis e das consequências do descumprimento da obrigação legal nesse sentido que se passa a discorrer brevemente, de forma pragmática, iniciando-se pela contextualização do assunto no ordenamento jurídico brasileiro até chegar às previsões específicas relacionadas ao tema feitas pela LGPD.

1 A saúde na Constituição Federal e a obrigação do Estado em disponibilizá-la à população

A Constituição Federal de 1988 prevê que a saúde é um dos direitos sociais[4] e fundamentais do cidadão, em dispositivo assim redigido:

> Art. 6º São direitos sociais a educação, a *saúde*, a alimentação, o trabalho, a moradia, o transporte, o lazer, a segurança, a previdência social, a proteção à maternidade e à infância, a assistência aos desamparados, na forma desta Constituição (destaque nosso).

Mais adiante, em capítulo específico sobre a saúde, a Constituição Federal prevê:

> Art. 196. A saúde é direito de todos e dever do Estado, garantido mediante políticas sociais e econômicas que visem à redução do risco de doença e de outros agravos e ao acesso universal e igualitário às ações e serviços para sua promoção, proteção e recuperação.

O Supremo Tribunal Federal sacramentou em diversas oportunidades a responsabilidade solidária dos entes federados pela garantia de saúde às pessoas, como fez nas seguintes decisões:

---

[4] BRASIL. Constituição Federal de 1988.

> Os entes da federação, em decorrência da competência comum, são solidariamente responsáveis nas demandas prestacionais na área da saúde, e diante dos critérios constitucionais de descentralização e hierarquização, compete à autoridade judicial direcionar o cumprimento conforme as regras de repartição de competências e determinar o ressarcimento a quem suportou o ônus financeiro.[5]
>
> Consolidou-se a jurisprudência desta Corte no sentido de que, embora o art. 196 da Constituição de 1988 traga norma de caráter programático, o Município não pode furtar-se do dever de propiciar os meios necessários ao gozo do direito à saúde por todos os cidadãos. Se uma pessoa necessita, para garantir o seu direito à saúde, de tratamento médico adequado, é dever solidário da União, do Estado e do Município providenciá-lo.[6]

A Constituição Federal, além de determinar que o Estado proveja a população, facultou a participação do setor privado na exploração da área da saúde, o que fez em dispositivo assim redigido:

> Art. 199. A assistência à saúde é livre à iniciativa privada.
>
> § 1º As instituições privadas poderão participar de forma complementar do sistema único de saúde, segundo diretrizes deste, mediante contrato de direito público ou convênio, tendo preferência as entidades filantrópicas e as sem fins lucrativos. [...]

A participação privada no setor de saúde foi fomentada pelo legislador ordinário, como se vê das Leis nºs 9.637/98,[7] 9.790/99,[8] 11.079/04[9] e 13.019/14,[10] por exemplo.

---

5 BRASIL. Supremo Tribunal Federal, Recurso Extraordinário nº 855.178-ED, relator para o acórdão Ministro Edson Fachin, j. 23.5.2019, P, *DJE* de 16.4.2020, Tema 793.

6 BRASIL. Supremo Tribunal Federal, Agravo de Instrumento nº 550.530 AgR, relator Ministro Joaquim Barbosa, j. 26.6.2012, 2ª T, *DJE* de 16.8.2012.

7 BRASIL. Lei nº 9.637/98 – "Dispõe sobre a qualificação de entidades como organizações sociais, a criação do Programa Nacional de Publicização, a extinção dos órgãos e entidades que menciona e a absorção de suas atividades por organizações sociais [...]".

8 BRASIL. Lei nº 9.790/99 – "Dispõe sobre a qualificação de pessoas jurídicas de direito privado, sem fins lucrativos, como Organizações da Sociedade Civil de Interesse Público, institui e disciplina o Termo de Parceria [...]".

9 BRASIL. Lei nº 11.079/04 – "Institui normas gerais para licitação e contratação de parceria público-privada no âmbito da administração pública".

10 BRASIL. Lei nº 13.019/14 – "Estabelece o regime jurídico das parcerias entre a administração pública e as organizações da sociedade civil, em regime de mútua cooperação, para a consecução de finalidades de interesse público e recíproco, mediante a execução de atividades ou de projetos previamente estabelecidos em planos de trabalho inseridos em termos de colaboração, em termos de fomento ou em acordos de cooperação; define diretrizes para a política de fomento, de colaboração e de cooperação com organizações da sociedade civil; [...]".

É notório que o conceito de saúde é mais amplo que a simples ausência de doença e situação de completo bem-estar físico, mental e social, acepção que foi cunhada em 1946 pela Organização Mundial de Saúde.

Essa definição é criticada por ser irreal, ultrapassada e unilateral "porque ainda faz destaque entre o físico, o mental e o social"[11] e porque lhe faltaria operacionalidade, "pois o que pode ser saúde para uma pessoa pode não ser para outra. [...] Este perfeito bem-estar é, em verdade, um objetivo a ser alcançado, que se alarga ou diminui de acordo com a evolução da sociedade e da tecnologia".[12]

Alertam Grotti e Moccia que

> A nova concepção de saúde permite que se considere saúde e doença como estados de um mesmo processo, composto por vários fatores biológicos, econômicos, culturais e sociais. Verifica-se ainda um processo causal que identifica como o modo de organização da sociedade, sendo reflexo de como se desenvolve a vida em sociedade.
>
> A saúde na acepção aludida é um conceito dinâmico, que reflete as relações sociais. Em se tratando da sociedade brasileira, retrata as inúmeras desigualdades sociais e desníveis culturais, o que mostra ser utópico o conceito preconizado pela OMS, que a identifica como um estado de completo 'bem-estar'. Daí haver tal conceito recebido várias críticas para a efetivação de um completo bem-estar físico, mental e social a todos os indivíduos, razão pela qual se entendeu que a aplicação do conceito de saúde expedido pela OMS reconhece limites culturais, sociais e econômicos.[13]

A saúde foi classificada como "um direito fundamental do ser humano, devendo o Estado prover as condições indispensáveis ao seu pleno exercício"[14] pela Lei nº 8.080/90 – a Lei Orgânica da Saúde –,

---

[11] SEGRE, Marco; FERRAZ, Flávio Carvalho. O conceito de saúde. *Revista de Saúde Pública*, São Paulo, v. 31, n. 5, 1997.

[12] SCHWARTZ, Germano. O tratamento jurídico do risco no direito à saúde. Porto Alegre: Livraria do Advogado, 2004. *Apud* GROTTI, Dinorá Adelaide Musetti; MOCCIA, Maria Hermínia Penteado Pacheco e Silva. O significado jurídico de "saúde como direito de todos e dever do Estado". *Revista do Advogado (AASP)*, São Paulo, n. 146, p. 20, 2020.

[13] GROTTI, Dinorá Adelaide Musetti; MOCCIA, Maria Hermínia Penteado Pacheco e Silva. O significado jurídico de "saúde como direito de todos e dever do Estado". *Revista do Advogado (AASP)*, São Paulo, n. 146, p. 21, 2020.

[14] BRASIL. Lei nº 8.080/90 – "Art. 2º A saúde é um direito fundamental do ser humano, devendo o Estado prover as condições indispensáveis ao seu pleno exercício".

que "regula as ações e serviços de saúde, executados isolada ou conjuntamente, em caráter permanente ou eventual, por pessoas naturais ou jurídicas de Direito Público ou Privado".[15]

A concepção de saúde é tarefa árdua e vasta, dada a possibilidade de sua abordagem e aprofundamento multidisciplinares, objetivo aqui não pretendido.

Para esta reflexão importa consignar a firmação da saúde como direito fundamental e social do cidadão, a partir de sua previsão constitucional, legal[16] [17] [18] e ampla recepção jurisprudencial.

2 A saúde na LGPD

A LGPD menciona 14 vezes a palavra *saúde* em seu texto. A primeira aparição desse substantivo na lei ocorre justamente no item que norteará todo o tratamento jurídico específico a ela destinado, em previsão assim redigida:

> Art. 5º Para os fins desta Lei, considera-se:
>
> [...]
>
> II – dado pessoal sensível: dado pessoal sobre origem racial ou étnica, convicção religiosa, opinião política, filiação a sindicato ou a organização de caráter religioso, filosófico ou político, dado referente à *saúde* ou à vida sexual, dado genético ou biométrico, quando vinculado a uma pessoa natural;

Questões semânticas ou etimológicas poderiam diferenciar tecnicamente "dado" de "informação". Para efeito deste artigo é suficiente a sinonímia entre tais substantivos, em razão do previsto na Lei de Acesso à Informação:

> Art. 4º Para os efeitos desta Lei, considera-se:

---

[15] BRASIL. Lei nº 8.080/90 – "Art. 1º Esta lei regula, em todo o território nacional, as ações e serviços de saúde, executados isolada ou conjuntamente, em caráter permanente ou eventual, por pessoas naturais ou jurídicas de direito Público ou privado".

[16] BRASIL. Lei nº 8.080/90 – "Dispõe sobre as condições para a promoção, proteção e recuperação da saúde, a organização e o funcionamento dos serviços correspondentes".

[17] BRASIL. Lei nº 8.142/90 – "Dispõe sobre a participação da comunidade na gestão do Sistema Único de Saúde (SUS) e sobre as transferências intergovernamentais de recursos financeiros na área da saúde".

[18] BRASIL. Lei nº 8.212/90 – "Dispõe sobre a organização da Seguridade Social e institui Plano de Custeio".

> I – informação: dados, processados ou não, que podem ser utilizados para produção e transmissão de conhecimento, contidos em qualquer meio, suporte ou formato; [...].[19]

É válido citar o exemplo sugerido por Márcio Cots e Ricardo Oliveira acerca dos "dados que tornam a pessoa identificável de forma não imediata ou indireta", dada a sua singeleza e capacidade de ilustração do tema:

> Para entendermos melhor, basta imaginar uma sala de aulas com 40 alunos. Imagine que colocássemos uma venda na professora e fornecêssemos diversas informações até que a mesma adivinhe de qual aluno está-se falando. A primeira informação poderia ser que o aluno oculto é um menino, o que poderia eliminar metade das possibilidades. A próxima informação é que o aluno tem pele negra. Mais uma leva de alunos são eliminados da possibilidade. Assim, informação após informação, vai se afunilando as possibilidades até que a professora identifique precisamente seu aluno. Verifique-se que o aluno não estava identificado, mas era identificável mediante a conjugação das informações que se tinha daquela sala de aulas.
>
> De igual forma, se uma empresa dispõe de um banco de dados que, se mesclados ou conjugados, identifiquem uma pessoa, tais dados serão considerados pessoais, ainda que isoladamente não identifiquem o indivíduo.[20]

As outras menções à saúde feitas pela LGPD são as seguintes:

> Art. 7º O tratamento de dados pessoais somente poderá ser realizado nas seguintes hipóteses:
>
> [...]
>
> VIII – para a tutela da *saúde*, exclusivamente, em procedimento realizado por profissionais de *saúde*, serviços de *saúde* ou autoridade sanitária;
>
> [...]
>
> Art. 11. O tratamento de dados pessoais sensíveis somente poderá ocorrer nas seguintes hipóteses:

[19] BRASIL. Lei nº 12.527/11. Lei de Acesso à Informação. "Regula o acesso a informações previsto no inciso XXXIII do art. 5º, no inciso II do § 3º do art. 37 e no § 2º do art. 216 da Constituição Federal; altera a Lei nº 8.112, de 11 de dezembro de 1990; revoga a Lei nº 11.111, de 5 de maio de 2005, e dispositivos da Lei nº 8.159, de 8 de janeiro de 1991".

[20] COTS, Márcio; OLIVEIRA, Ricardo. *Lei geral de Proteção de Dados Pessoais comentada*. 3. ed. rev., atual e ampl. São Paulo: Thomson Reuters Brasil, 2019. p. 74.

> [...]
>
> f) tutela da *saúde*, exclusivamente, em procedimento realizado por profissionais de *saúde*, serviços de *saúde* ou autoridade sanitária;
>
> [...]
>
> § 4º É vedada a comunicação ou o uso compartilhado entre controladores de dados pessoais sensíveis referentes à *saúde* com objetivo de obter vantagem econômica, exceto nas hipóteses relativas à prestação de serviços de *saúde*, de assistência farmacêutica e de assistência à *saúde*, desde que observado o §5º deste artigo, incluídos os serviços auxiliares de diagnose e terapia, em benefício dos interesses dos titulares de dados, e para permitir:
>
> [...]
>
> § 5º É vedado às operadoras de planos privados de assistência à saúde o tratamento de dados de *saúde* para a prática de seleção de riscos na contratação de qualquer modalidade, assim como na contratação e exclusão de beneficiários.
>
> [...]
>
> Art. 13. Na realização de estudos em *saúde* pública, os órgãos de pesquisa poderão ter acesso a bases de dados pessoais, que serão tratados exclusivamente dentro do órgão e estritamente para a finalidade de realização de estudos e pesquisas e mantidos em ambiente controlado e seguro, conforme práticas de segurança previstas em regulamento específico e que incluam, sempre que possível, a anonimização ou pseudonimização dos dados, bem como considerem os devidos padrões éticos relacionados a estudos e pesquisas.
>
> [...]
>
> § 3º O acesso aos dados de que trata este artigo será objeto de regulamentação por parte da autoridade nacional e das autoridades da área de *saúde* e sanitárias, no âmbito de suas competências (destaques nossos).

A finalidade teleológica da LGPD é a proteção da liberdade e da privacidade das pessoas naturais e, em última instância, da dignidade da pessoa humana, o que deverá ser alcançado por meio do adequado "tratamento de dados pessoais", inclusive "por pessoa jurídica de direito público", além da pessoa natural e a de direito privado.

A conceituação do que vem a ser tratamento do dado pessoal consta do art. 5º da LGPD, cuja redação do inciso específico é a seguinte:

> X – tratamento: toda operação realizada com dados pessoais, como as que se referem a coleta, produção, recepção, classificação, utilização, acesso, reprodução, transmissão, distribuição, processamento, arquivamento,

armazenamento, eliminação, avaliação ou controle da informação, modificação, comunicação, transferência, difusão ou extração;[21] [22]

Anote-se o alerta trazido à tona por Danilo Doneda sobre o assunto:

> O tratamento de dados pessoais, em particular por processos automatizados, é, no entanto, uma atividade de risco. Risco que se concretiza na possibilidade de exposição e utilização indevida ou abusiva de dados pessoais; na eventualidade destes dados não serem corretos e representarem erroneamente seu titular; em sua utilização por terceiros sem o conhecimento de seu titular, somente para citar algumas hipóteses reais. Daí a necessidade de mecanismos que proporcionem à pessoa efetivo conhecimento e controle sobre seus próprios dados, dados estes que são expressão direta de sua própria personalidade. [...]
>
> A proteção de dados pessoais é uma maneira indireta de atingir um objetivo último, que é a proteção da pessoa. Ao estabelecer um regime de obrigações para os responsáveis pelo tratamento de dados, bem como de direitos para os titulares destes, não se está meramente regulando um objeto externo à pessoa, porém uma representação da própria pessoa. Os dados pessoais, por definição, representam algum atributo de uma pessoa identificada ou identificável e, portanto, mantém uma ligação concreta e viva com a pessoa titular destes dados. Os dados pessoais são a pessoa e, portanto, como tal devem ser tratados, justificando o recurso ao instrumental jurídico destinado à tutela da pessoa e afastando a utilização de um regime de livre apropriação e disposição contratual destes dados que não leve em conta seu caráter personalíssimo [...].[23]

---

[21] BRASIL. Lei nº 12.527/11 – Lei de Acesso à Informação – art. 4º: "V – tratamento da informação: conjunto de ações referentes à produção, recepção, classificação, utilização, acesso, reprodução, transporte, transmissão, distribuição, arquivamento, armazenamento, eliminação, avaliação, destinação ou controle da informação".

[22] O Decreto nº 7.845/12, que regulamenta procedimentos para credenciamento de segurança e tratamento de informação classificada em qualquer grau de sigilo e dispõe sobre o Núcleo de Segurança e Credenciamento, e que regulamentou o art. 25 da Lei nº 12.527/11 – Lei de Acesso à Informação –, prevê: "Art. 2º. Para os efeitos deste Decreto, considera-se: [...] XVIII – tratamento da informação classificada – conjunto de ações referentes à produção, recepção, classificação, utilização, acesso, reprodução, transporte, transmissão, distribuição, arquivamento, armazenamento, eliminação, avaliação, destinação ou controle de informação classificada em qualquer grau de sigilo".

[23] BRASIL. Escola Nacional de Defesa do Consumidor. *A proteção de dados pessoais nas relações de consumo:* para além da informação creditícia. Elaboração Danilo Doneda. Brasília: SDE/DPDC, 2010. p. 39.

O inciso VIII do art. 7º da LGPD possui redação idêntica à alínea "f" do artigo 11 da mesma lei e ambos indicam a hipótese de tratamento de dados pessoais (*caput* do art. 7º) e daqueles que são sensíveis (*caput* do art. 11).

As previsões constantes de tal inciso e alínea se referem especificamente a profissionais de saúde, serviços de saúde e autoridade sanitária.

Profissionais de saúde[24] são as pessoas físicas graduadas em áreas relacionadas à ciência da saúde, tais como assistentes sociais, biólogos, dentistas, enfermeiros, farmacêuticos, fisioterapeutas, fonoaudiólogos, psicólogos, médicos, nutricionistas, técnicos em radiologia, terapeutas ocupacionais e várias outras, que se encontrarem no desempenho da sua atividade.

Serviços de saúde são compostos por empresas públicas e privadas em geral, sendo que a sua inserção na LGPD se deu pela Lei nº 13.853/19, o que provocou a crítica de Márcio Cots e Ricardo Oliveira, no sentido de que

> se alargou demais o conceito de "serviços de saúde", podendo abarcar tanto entidades públicas quanto privadas, ainda que a operacionalização de tais serviços seja realizada por outros profissionais que não os da área da saúde. Esse seria o caso, por exemplo, do tratamento realizado por auditores ou analistas de sistemas. A problemática nesse ponto é que, via de regra, os profissionais da área da saúde estão sujeitos a rigorosos códigos de ética que os obrigam ao sigilo, enquanto nas demais áreas nem sempre isso se verifica.[25]

---

[24] Bruno Feigelson e Antônio Henrique Albani Siqueira alertam: "Assim sendo, um questionamento que adveio juntamente com a onda regulatória que vivemos é sobre o conceito de 'profissionais da área da saúde', pois, considerando a quantidade de profissionais dessa categoria, a delimitação de quem está abrangido pelo dispositivo analisado se faz importante. Uma vez que, à luz do art. 11 da LGDP, a vaguidão desse conceito pode possibilitar até mesmo o tratamento de dados sensíveis, independentemente de anuência pelo titular, por prestadores de serviços, como terceirizados, associados e administradores vinculados a esse setor, tendo em vista que esses configuram-se simbioticamente como profissionais da área da saúde. Outro ponto controvertido refere-se ao sigilo profissional estipulado pelo Código de Ética Médica e pela Resolução 1.821/2007, do Conselho Federal de medicina, que visam a proteção das informações dos pacientes. Fato esse que condiciona essa espécie de tratamento de dados pessoais aos preceitos e princípios da LGDP, assim, sempre que possível, deve haver a anonimização desses. Com isso, situações que coloquem em vulnerabilidade os dados pessoais da saúde dos cidadãos não deixam de ser abarcadas pelas sanções previstas pela LGPD, embora sejam hipóteses de tratamento descondicionado" (FEIGELSON, Bruno; SIQUEIRA, Antônio Henrique Albani (Coord.). *Comentários à Lei Geral de Proteção de Dados*: Lei 13.709/2018. São Paulo: Thomson Reuters Brasil, 2019. p. 73).

[25] COTS, Márcio; OLIVEIRA, Ricardo. *Lei geral de Proteção de Dados Pessoais comentada*. 3. ed. rev., atual e ampl. São Paulo: Thomson Reuters Brasil, 2019. p. 74.

A *autoridade sanitária* é o órgão ou agente público competente da área da saúde com atribuição legal no âmbito da vigilância e da atenção à saúde, que tem por responsabilidade "avaliar e aprovar o planejamento e acompanhar a execução das atividades propostas pelos organizadores de eventos relativos à prevenção, mitigação de riscos e o projeto de provimento de serviços de saúde para os atendimentos à população envolvida no evento de massa".[26]

3 A proteção de dados pela Constituição

Dado pessoal sensível se refere – também e principalmente – à saúde. Dessa forma, toda e qualquer informação coletada da pessoa (o titular a quem se referem os dados) que disser respeito à sua saúde deverá ser protegida para que a privacidade seja garantida.

Sempre foi *assim*, na verdade, e a LGPD não introduziu nada de excepcional nesse particular na ordem jurídica, a não ser a aplicação de multas e sanções administrativas[27] aos agentes de tratamento (o controlador[28] e o operador[29]) que falharem na proteção desse direito do titular da informação: o paciente.

A Constituição de 1988 fixou as bases de preservação da privacidade dos dados pessoais sensíveis e as consequências da sua invasão muito antes de elas serem conceituadas pela LGPD, quando previu em seu texto:

> Art. 5º Todos são iguais perante a lei, sem distinção de qualquer natureza, garantindo-se aos brasileiros e aos estrangeiros residentes no País a inviolabilidade do direito à vida, à liberdade, à igualdade, à segurança e à propriedade, nos termos seguintes:
>
> [...]

[26] BRASIL. Ministério da Saúde. Portaria de Consolidação nº 5, de 28.09.2017. Consolidação das normas sobre as ações e os serviços de saúde do Sistema Único de Saúde (Origem: PRT MS/GM 1139/2013).

[27] BRASIL. Lei nº 13.709/18 – LGPD. Art. 52.

[28] BRASIL. Lei nº 13.709/18 – LGPD. Art. 5º. "[...] VI – pessoa natural ou jurídica, de direito público ou privado, a quem competem as decisões referentes ao tratamento de dados pessoais".

[29] BRASIL. Lei nº 13.709/18 – LGPD. Art. 5º. "[...] VII – pessoa natural ou jurídica, de direito público ou privado, que realiza o tratamento de dados pessoais em nome do controlador".

> X – são invioláveis a intimidade, a vida privada, a honra e a imagem das pessoas, assegurado o direito a indenização pelo dano material ou moral[30] decorrente de sua violação;

Quase duas centenas de anos antes de 1988, o legislador constitucional já havia se preocupado com os direitos da personalidade e da privacidade, *mesmo* que não exatamente com essa nomenclatura e ainda que a precaução se restringisse à violação de correspondência naquela oportunidade.

O último artigo da Constituição Federal brasileira de 1824 registra a intenção de proteção do legislador com o que hoje, 196 anos depois, continuamos envolvidos e se constitui na pauta imediata da sociedade, conforme se observa da própria Constituição de 1988, do Código Civil (Lei nº 10.406/02) e da LGPD.

Previu a Constituição de 1824:

> Art. 179. A inviolabilidade dos Direitos Civis, e Politicos dos Cidadãos Brazileiros, que tem por base a liberdade, a segurança individual, e a propriedade, é garantida pela Constituição do Imperio, pela maneira seguinte.
>
> [...]
>
> XXVII. O Segredo das Cartas é inviolavel. A Administração do Correio fica rigorosamente responsavel por qualquer infracção deste Artigo.[31] (*sic*)

As sete Constituições do Brasil, em 1824, 1891, 1934, 1937, 1946, 1967 e 1988, contemplaram a proteção à privacidade, à exceção da de 1937, redigida durante o autoritarismo do Estado Novo (1937 a 1945) instituído por Getúlio Vargas, que retrocedeu nas questões da vida privada e intimidade, mas que voltaram a ser garantidas pela Carta de 1946.

---

30 BRASIL. Supremo Tribunal Federal. "O dano moral indenizável é o que atinge a esfera legítima de afeição da vítima, que agride seus valores, que humilha, que causa dor". Recurso Extraordinário nº 387.014 – Agravo Regimental, relator ministro Carlos Velloso, j. 8.6.2004, 2ª T, *DJ* de 25.6.2004.

31 Essa previsão se mantém viva até os dias de hoje, conforme se constata da própria Constituição Federal de 1988, que prevê no seu art. 5º "[...] XII – é inviolável o sigilo da correspondência e das comunicações telegráficas, de dados e das comunicações telefônicas, salvo, no último caso, por ordem judicial, nas hipóteses e na forma que a lei estabelecer para fins de investigação criminal ou instrução processual penal".

3.1 A proteção de dados por outros diplomas jurídicos

Diversas normas jurídicas muito anteriores à LGPD previram a obrigação de resguardo, manutenção do sigilo e proteção dos dados sensíveis das pessoas.

A Declaração Universal dos Direitos Humanos, proclamada pela ONU – Organização das Nações Unidas – em 1948, prevê o seguinte sobre o tema:

> Artigo 12. Ninguém será sujeito à interferência na sua vida privada, na sua família, no seu lar ou na sua correspondência, nem a ataque à sua honra e reputação. Todo ser humano tem direito à proteção da lei contra tais interferências ou ataques.

O Código de Defesa do Consumidor – Lei nº 8.078/90 – trouxe a seguinte previsão acerca das informações obtidas pelos fornecedores de serviços e bens em geral:

> Art. 43. O consumidor, sem prejuízo do disposto no art. 86, terá acesso às informações existentes em cadastros, fichas, registros e dados pessoais e de consumo arquivados sobre ele, bem como sobre as suas respectivas fontes.
>
> [...]
>
> § 3º O consumidor, sempre que encontrar inexatidão nos seus dados e cadastros, poderá exigir sua imediata correção, devendo o arquivista, no prazo de cinco dias úteis, comunicar a alteração aos eventuais destinatários das informações incorretas.

A Carta dos Direitos Fundamentais da União Europeia, de 2000, trouxe previsão expressa acerca da proteção dos dados pessoais:

> Artigo 8º
>
> Proteção de dados pessoais
>
> 1. Todas as pessoas têm direito à proteção dos dados de caráter pessoal que lhes digam respeito.
>
> 2. Esses dados devem ser objeto de um tratamento leal, para fins específicos e com o consentimento da pessoa interessada ou com outro fundamento legítimo previsto por lei. Todas as pessoas têm o direito de aceder aos dados coligidos que lhes digam respeito e de obter a respectiva retificação.
>
> 3. O cumprimento destas regras fica sujeito a fiscalização por parte de uma autoridade independente.

O Código Civil – Lei nº 10.406/02 – prevê o seguinte sobre o assunto:

> Art. 20. Salvo se autorizadas, ou se necessárias à administração da justiça ou à manutenção da ordem pública divulgação de escritos, a transmissão da palavra, ou a publicação, a exposição ou a utilização da imagem de uma pessoa poderão ser proibidas, a seu requerimento e sem prejuízo da indenização que couber, se lhe atingirem a honra, a boa fama ou a respeitabilidade, ou se se destinarem a fins comerciais.
>
> Art. 21. A vida privada da pessoa natural é inviolável, e o juiz, a requerimento do interessado, adotará as providências necessárias para impedir ou fazer cessar ato contrário a esta norma.

A Lei nº 12.414/11 – Lei do Cadastro Positivo – disciplina a formação e consulta a bancos de dados com informações de adimplemento, de pessoas naturais ou jurídicas, para criação de histórico de crédito e traz a seguinte restrição:

> Art. 3º Os bancos de dados poderão conter informações de adimplemento do cadastrado, para a formação do histórico de crédito, nas condições estabelecidas nesta Lei.
>
> [...]
>
> § 3º Ficam proibidas as anotações de:
>
> I – informações excessivas, assim consideradas aquelas que não estiverem vinculadas à análise de risco de crédito ao consumidor; e
>
> II – informações sensíveis, assim consideradas aquelas pertinentes à origem social e étnica, à saúde, à informação genética, à orientação sexual e às convicções políticas, religiosas e filosóficas.

A Lei nº 12.527/11 – Lei de Acesso à Informação – que tem a publicidade como preceito geral, mas o sigilo como exceção, traz seção específica (arts. 25 e 26) para tratar da "proteção e do controle de informações sigilosas" e prevê:

> Art. 6º Cabe aos órgãos e entidades do poder público, observadas as normas e procedimentos específicos aplicáveis, assegurar a: [...]
>
> III – proteção da informação sigilosa e da informação pessoal, observada a sua disponibilidade, autenticidade, integridade e eventual restrição de acesso.

A Lei nº 12.965/14[32] – Marco Civil da Internet – estabeleceu os princípios, garantias, direitos e deveres para o uso da internet no Brasil e traz as seguintes previsões:

> Art. 8º A garantia do direito à privacidade e à liberdade de expressão nas comunicações é condição para o pleno exercício do direito de acesso à internet. [...]
>
> Parágrafo único. São nulas de pleno direito as cláusulas contratuais que violem o disposto no *caput*, tais como aquelas que:
>
> I – impliquem ofensa à inviolabilidade e ao sigilo das comunicações privadas, pela internet; ou [...]
>
> Art. 11. Em qualquer operação de coleta, armazenamento, guarda e tratamento de registros, de dados pessoais ou de comunicações por provedores de conexão e de aplicações de internet em que pelo menos um desses atos ocorra em território nacional, deverão ser obrigatoriamente respeitados a legislação brasileira e os direitos à privacidade, à proteção dos dados pessoais e ao sigilo das comunicações privadas e dos registros.
>
> Art. 23. Cabe ao juiz tomar as providências necessárias à garantia do sigilo das informações recebidas e à preservação da intimidade, da vida privada, da honra e da imagem do usuário, podendo determinar segredo de justiça, inclusive quanto aos pedidos de guarda de registro.

Vê-se que a preocupação do legislador em estabelecer regras legais para proteger a privacidade e a intimidade das pessoas naturais, reveladas por seus dados pessoais, principalmente os sensíveis, advém de décadas, razão pela qual a LGDP não pode ser entendida como marco legal nesse sentido, a despeito de sua importante contribuição na consolidação das previsões normativas num único diploma, o que facilita o seu estudo, e a maciça divulgação que ela teve desde 2018, quando foi promulgada, que tem contribuído sobremaneira para o aprofundamento jurídico mais refinado acerca de tudo o que envolve o tema, especialmente quanto aos seus desideratos práticos.

---

32 Essa lei foi regulamentada pelo Decreto nº 8.771/16, que previu: "Art. 14. Para os fins do disposto neste Decreto, considera-se: I – dado pessoal – dado relacionado à pessoa natural identificada ou identificável, inclusive números identificativos, dados locacionais ou identificadores eletrônicos, quando estes estiverem relacionados a uma pessoa; e [...]".

4 A obrigatoriedade de adequação das pessoas naturais e jurídicas – privadas e públicas – à LGPD

A saúde é direito social fundamental e é dever do Estado garanti-la aos cidadãos, conforme determina a Constituição Federal de 1988 nos arts. 6º e 196 e as Leis nºs 8.080/90, 8.142/90 e 8.212/91.

Os serviços de saúde também podem ser explorados pela iniciativa privada (CF, art. 199) com (Lei nº 11.079/04) ou sem (Leis nºs 9.637/98, 9.790/99, 12.101/09 e 13.019/14) fins lucrativos.

Independentemente do formato jurídico ou operacional que a saúde é fornecida à população, há prática idêntica na forma de execução do procedimento para o atingimento de tal objetivo, o que passa obrigatoriamente pela coleta dos dados das pessoas (pacientes) para a realização da anamnese[33] e demais ações a serem praticadas pelos profissionais da saúde – no sentido lato –, visando fazer o diagnóstico para identificar o tratamento adequado a cada situação e desenhar o prognóstico esperado a partir da adoção das condutas escolhidas.

A coleta dos dados dos pacientes consiste em operação classificada como *tratamento* pela LGDP, conforme definição constante do seu art. 5º, inciso X.

As informações pessoais e clínicas dos pacientes e todas as demais que sejam pertinentes e passíveis de análise para a identificação dos males que os afligem devem, obrigatoriamente, ser anotadas e registradas no seu prontuário,[34] que pode ser físico, em papel ou em suporte eletrônico.[35]

A LGPD se aplica também aos dados anotados em prontuários elaborados em papel e não só os coletados de forma digital, conforme

---

[33] BRASIL. Conselho Federal de Medicina. Resolução nº 1.638/02.

[34] BRASIL. Conselho Federal de Medicina. Resolução nº 1.638/02. Prontuário é "o documento único, constituído de um conjunto de informações, sinais e imagens registradas, geradas a partir de fatos, acontecimentos e situações sobre a saúde do paciente e a assistência a ele prestada, de caráter legal, sigiloso e científico, que possibilita a comunicação entre membros da equipe multiprofissional e a continuidade da assistência prestada ao indivíduo" (art. 1º).

[35] BRASIL. Ministério da Saúde. Comissão Intergestores Tripartite. Resolução CIT/MS nº 7/16. "Art. 1º Definir que o registro das informações relativas às ações da atenção básica deverá ser realizado por meio de prontuários eletrônicos do paciente. §1º Entende-se como prontuário eletrônico um repositório de informação mantida de forma eletrônica, onde todas as informações de saúde, clínicas e administrativas, ao longo da vida de um indivíduo estão armazenadas, e suas características principais são: acesso rápido aos problemas de saúde e intervenções atuais; recuperação de informações clínicas; sistemas de apoio à decisão e outros recursos".

prevê o art. 1º da Lei nº 13.709/18, ao mencionar que ela "dispõe sobre o tratamento de dados pessoais, inclusive nos meios digitais".

Há vários tipos de meios digitais que podem ser usados para captar os dados das pessoas, sendo mais comuns os *softwares*, também chamados de programa de computador, cuja conceituação assim consta da Lei nº 9.609/98:

> Art. 1º Programa de computador é a expressão de um conjunto organizado de instruções em linguagem natural ou codificada, contida em suporte físico de qualquer natureza, de emprego necessário em máquinas automáticas de tratamento da informação, dispositivos, instrumentos ou equipamentos periféricos, baseados em técnica digital ou análoga, para fazê-los funcionar de modo e para fins determinados.[36]

Todo e qualquer dado coletado, arquivado ou armazenado fisicamente em papel deve ser tratado, preservado e protegido, tais quais os obtidos em meios digitais, devendo os agentes de tratamento cumprir integralmente as regras indicadas na LGDP.

Os princípios basilares da LGPG possuem disposições em várias codificações da Ordem Pátria (autonomia, intimidade, vida privada, livre desenvolvimento da personalidade, transparência) e há tempos reverberam nos atendimentos prestados pelos profissionais e estabelecimentos de saúde, especialmente em virtude do dever de sigilo, sendo este comemorativo, aliás, um dos pilares na consecução exitosa do tratamento de dados, tanto na rede pública quanto na privada de saúde.

O sigilo é instituído e exercido há décadas, mas o seu cumprimento é atendido com mais ou menos êxito dependendo da organização interna que as redes atingiram e o investimento realizado para tal fim.

O diferencial é que a LGPD inaugura diretrizes normativas mais específicas para a tutela dessas informações, apregoando consectários legais e administrativos severos, além de impor aos agentes de tratamento a adoção de prudentes condutas a fim de evitar situações capazes de gerar destruição, perda, alteração, comunicação ou difusão dos dados pessoais.

As falhas, acessos indevidos ou vazamentos dos dados sensíveis dos pacientes a terceiros foram – e são – objeto de ações judiciais promovidas por seus titulares – ou familiares – que culminaram em condenações por dano moral a quem não os protegeu de forma eficiente.

---

[36] BRASIL. Lei nº 9.609/98. "Dispõe sobre a proteção da propriedade intelectual de programa de computador, sua comercialização no País, e dá outras providências".

Com a LGPD, além da manutenção – sem qualquer alteração – da hipótese de acesso das pessoas ao Judiciário ou a qualquer outra forma de coerção para punir quem não protegeu seus dados de forma adequada do acesso de terceiros, cobrando deles indenização por dano moral, os destinatários da Lei nº 13.709/18, ou seja, a pessoa natural ou pessoa jurídica de direito público ou privado, poderão ser punidos com a aplicação das sanções administrativas previstas pelo seu art. 52, o que se dará a partir de 1º de agosto de 2021.[37]

Se os guardiões – públicos e privados – dos dados pessoais sensíveis dos pacientes tinham dificuldade para protegê-los, mesmo diante da existência de várias normas jurídicas que previam tal obrigação há décadas, é possível que aqueles que não lograram êxito no cumprimento de tal atribuição também passem por adversidades para cumprir os ditames da LGPD, que formaliza e consolida as regras nesse sentido, o que os exporá às consequências das sanções administrativas nela previstas.

O cumprimento integral das regras previstas na LGPD passa necessariamente pela criação de programa específico para tal fim, dada a complexidade e o ineditismo da postura requerida das pessoas naturais e jurídicas de direito público e privado nesse intento.

Os destinatários da lei em destaque precisarão organizar equipe (interna ou externa) para apurar com esmero as suas previsões e confrontá-las com a realidade do seu negócio, fazendo-se as adequações necessárias para cumprir as rígidas regras previstas nela, o que, se feito de forma adequada, impedirá a aplicação das sanções administrativas e também a condenação em ações judiciais de responsabilidade civil fundamentada na ausência ou inadequação do tratamento desses dados pessoais sensíveis.

Por outro lado, em sendo fabricado de forma eficiente o programa de implantação para o cumprimento das regras da LGPD e havendo monitoramento da sua eficácia, tal comprovação absolverá os agentes de tratamento de acusações de compartilhamento ou vazamento indevidos dos dados pessoais.

---

[37] BRASIL. Lei nº 14.010/20. "Dispõe sobre o Regime Jurídico Emergencial e Transitório das relações jurídicas de Direito Privado (RJET) no período da pandemia do coronavírus (covid-19)". Art. 20.

5 Especificidade da relação do Poder Público com os dados pessoais

A LGPD traz capítulo específico (IV) sobre o "tratamento de dados pessoais pelo poder público", composto pelos arts. 23 a 32.

O art. 23 remete textualmente ao parágrafo único do art. 1º da Lei nº 12.527/11 (Lei de Acesso à Informação) para se referir ao conjunto do que sejam as pessoas jurídicas de direito público mencionadas no seu *caput*.

É este o conteúdo da norma legal – Lei de Acesso à Informação – à qual se refere o art. 23 da LGPD:

> Art. 1º Esta Lei dispõe sobre os procedimentos a serem observados pela União, Estados, Distrito Federal e Municípios, com o fim de garantir o acesso a informações previsto no inciso XXXIII do art. 5º, no inciso II do § 3º do art. 37 e no § 2º do art. 216 da Constituição Federal.
> Parágrafo único. Subordinam-se ao regime desta Lei:
> I – os órgãos públicos integrantes da administração direta dos Poderes Executivo, Legislativo, incluindo as Cortes de Contas, e Judiciário e do Ministério Público;
> II – as autarquias, as fundações públicas, as empresas públicas, as sociedades de economia mista e demais entidades controladas direta ou indiretamente pela União, Estados, Distrito Federal e Municípios.

É certo que a coleta de dados pessoais, inclusive os sensíveis, e o uso deles em prol do interesse coletivo são um dos núcleos da Lei Orgânica da Saúde, nº 8.080, editada em 1990, dois anos após o início da vigência da Constituição Federal de 1988.

É esta lei que regulamenta o direito à saúde dos cidadãos, institui o Sistema Único de Saúde (SUS) e legitima a obtenção dos dados e o "processamento de informações pessoais sem que haja o consentimento do titular quando para a proteção da vida e para a tutela da saúde, desde que o procedimento seja realizado por profissionais da área ou por entidades sanitárias",[38] para implementação das políticas públicas nela definidas.

---

[38] FEIGELSON, Bruno; SIQUEIRA, Antônio Henrique Albani (Coord.). *Comentários à Lei Geral de Proteção de Dados*: Lei 13.709/2018. São Paulo: Thomson Reuters Brasil, 2019. p. 73.

Nesse sentido, veja-se o que prevê a Lei nº 8.080/90:

> Art. 39. (Vetado)
>
> [...]
>
> § 8º O acesso aos serviços de informática e bases de dados, mantidos pelo Ministério da Saúde e pelo Ministério do Trabalho e da Previdência Social, será assegurado às Secretarias Estaduais e Municipais de Saúde ou órgãos congêneres, como suporte ao processo de gestão, de forma a permitir a gerência informatizada das contas e a disseminação de estatísticas sanitárias e epidemiológicas médico-hospitalares.

É certo, também, que o Decreto nº 8.777/16 instituiu a Política de Dados Abertos do Poder Executivo federal e previu, entre seus princípios e diretrizes, elencados no seu art. 3º:

> I – observância da publicidade das bases de dados como preceito geral e do sigilo como exceção;
>
> II – garantia de acesso irrestrito às bases de dados, as quais devem ser legíveis por máquina e estar disponíveis em formato aberto;
>
> III – descrição das bases de dados, com informação suficiente para a compreensão de eventuais ressalvas quanto à sua qualidade e integridade;
>
> IV – permissão irrestrita de reuso das bases de dados publicadas em formato aberto;
>
> V – completude e interoperabilidade das bases de dados, as quais devem ser disponibilizadas em sua forma primária, com o maior grau de granularidade possível, ou referenciar as bases primárias, quando disponibilizadas de forma agregada;
>
> VI – atualização periódica, de forma a garantir a perenidade dos dados, a padronização de estruturas de informação e o valor dos dados à sociedade e atender às necessidades de seus usuários; e
>
> VII – designação clara de responsável pela publicação, atualização, evolução e manutenção de cada base de dado aberta, incluída a prestação de assistência quanto ao uso de dados.

O tratamento[39] dos dados pessoais sensíveis parte da premissa legal do consentimento[40] do titular deles – o paciente, quando se fala da LGDP sob o viés da saúde – e da finalidade determinada, pois um

[39] BRASIL. Lei nº 13.709/18 – LGPD. Art. 5º, X.

[40] BRASIL. Lei nº 13.709/18 – LGPD. Art. 5º, XII.

dos fundamentos da legislação é a inviolabilidade da intimidade, da honra e da imagem[41] [42] e um dos seus princípios é a segurança, que os protegem "de acessos não autorizados e de situações acidentais ou ilícitas de destruição, perda, alteração, comunicação ou difusão".[43]

Outro fundamento da LGPD é a autodeterminação informativa (art. 2º, II), que consiste na ideia de que o titular dos dados tem o controle deles ou a informação sobre a sua forma de arquivamento ou eventual destino que a eles pode ser dado pelo controlador, "a quem competem as decisões referentes ao tratamento de dados pessoais" (art. 5º, VI).

A LGDP prevê hipóteses de dispensa de exigência do consentimento do titular dos dados para que haja o seu tratamento, como nos dispositivos transcritos:

> Art. 7º O tratamento de dados pessoais somente poderá ser realizado nas seguintes hipóteses:
>
> [...]
>
> § 4º É dispensada a exigência do consentimento previsto no *caput* deste artigo para os dados tornados manifestamente públicos pelo titular, resguardados os direitos do titular e os princípios previstos nesta Lei.
>
> § 5º O controlador que obteve o consentimento referido no inciso I do *caput* deste artigo que necessitar comunicar ou compartilhar dados pessoais com outros controladores deverá obter consentimento específico do titular para esse fim, ressalvadas as hipóteses de dispensa do consentimento previstas nesta Lei.
>
> § 6º A eventual dispensa da exigência do consentimento não desobriga os agentes de tratamento das demais obrigações previstas nesta Lei, especialmente da observância dos princípios gerais e da garantia dos direitos do titular.
>
> Art. 11. O tratamento de dados pessoais sensíveis somente poderá ocorrer nas seguintes hipóteses:
>
> I – quando o titular ou seu responsável legal consentir, de forma específica e destacada, para finalidades específicas;
>
> II – sem fornecimento de consentimento do titular, nas hipóteses em que for indispensável para:

---

[41] BRASIL. Lei nº 13.709/18 – LGPD. Art. 2º, IV.

[42] BRASIL. Lei nº 13.709/18 – LGPD. "Art. 17. Toda pessoa natural tem assegurada a titularidade de seus dados pessoais e garantidos os direitos fundamentais de liberdade, de intimidade e de privacidade, nos termos desta Lei".

[43] BRASIL. Lei nº 13.709/18 – LGPD. Art. 6º, III.

> a) cumprimento de obrigação legal ou regulatória pelo controlador;
>
> b) tratamento compartilhado de dados necessários à execução, pela administração pública, de políticas públicas previstas em leis ou regulamentos;
>
> c) realização de estudos por órgão de pesquisa, garantida, sempre que possível, a anonimização dos dados pessoais sensíveis;
>
> d) exercício regular de direitos, inclusive em contrato e em processo judicial, administrativo e arbitral, este último nos termos da Lei nº 9.307, de 23 de setembro de 1996 (Lei de Arbitragem);
>
> e) proteção da vida ou da incolumidade física do titular ou de terceiro;
>
> f) tutela da saúde, exclusivamente, em procedimento realizado por profissionais de saúde, serviços de saúde ou autoridade sanitária; ou
>
> g) garantia da prevenção à fraude e à segurança do titular, nos processos de identificação e autenticação de cadastro em sistemas eletrônicos, resguardados os direitos mencionados no art. 9º desta Lei e exceto no caso de prevalecerem direitos e liberdades fundamentais do titular que exijam a proteção dos dados pessoais.
>
> [...]
>
> § 2º Nos casos de aplicação do disposto nas alíneas "a" e "b" do inciso II do *caput* deste artigo pelos órgãos e pelas entidades públicas, será dada publicidade à referida dispensa de consentimento, nos termos do inciso I do *caput* do art. 23 desta Lei.

Mais uma regra da LGPD ignora a necessidade do consentimento prévio e formal pelo titular dos dados, conforme se constata da leitura do dispositivo seguinte, cujo delineamento da forma de aplicação deverá ser feito pela Autoridade Nacional de Proteção de Dados,[44] estruturada em agosto de 2020 e que teve os nomes das personalidades que a comporão indicados pela presidência da República em outubro de 2020:

> Art. 13. Na realização de estudos em *saúde* pública, os órgãos de pesquisa poderão ter acesso a bases de dados pessoais, que serão tratados exclusivamente dentro do órgão e estritamente para a finalidade de realização de estudos e pesquisas e mantidos em ambiente controlado e seguro, conforme práticas de segurança previstas em regulamento específico e que incluam, sempre que possível, a anonimização ou

[44] BRASIL. Decreto nº 10.474/20. "Aprova a Estrutura Regimental e o Quadro Demonstrativo dos Cargos em Comissão e das Funções de Confiança da Autoridade Nacional de Proteção de Dados e remaneja e transforma cargos em comissão e funções de confiança".

> pseudonimização dos dados, bem como considerem os devidos padrões éticos relacionados a estudos e pesquisas.
>
> [...]
>
> § 3º O acesso aos dados de que trata este artigo será objeto de regulamentação por parte da autoridade nacional e das autoridades da área de *saúde* e sanitárias, no âmbito de suas competências (destaques nossos).[45]

Tais previsões podem sugerir paradoxo ou conflito entre elas, pois enquanto há a obrigatoriedade da dação do consentimento pelo titular, que só o fará quando for plenamente informado acerca da finalidade do uso, há do outro lado, por parte do Poder Público, premissa do consentimento automático – ou dispensa dele –, desde que o tratamento seja realizado para "o atendimento de sua finalidade pública, na persecução do interesse público, com o objetivo de executar as competências legais ou cumprir as atribuições legais do serviço público" (LGPD, art. 23).

Miriam Wimmer alerta que

> Também na Europa, o consentimento é hipótese normalmente considerada problemática, dada a dificuldade de se caracterizar como livre um consentimento dado no contexto de relação de poder profundamente assimétrica, como é aquela que transcorre entre Estados e cidadãos.[46]

Destaca Fernando Antonio Tasso que

> para o desempenho de sua função pública consistente em executar funções públicas ou cumprir competência ou atribuição legais, na persecução do interesse público, o Estado procede ao tratamento massivo de dados pessoais como insumo ou subproduto de sua atividade.[47]

[45] BRASIL. Presidência da República. Mensagens nºs 614 (Joacil Basilio Rael, Diretor), 615 (Nairane Farias Rabelo Leitão, Diretora), 616 (Miriam Wimmer, Diretora), 617 (Arthur Pereira Sabbat, Diretor) e 618 (Waldemar Gonçalves Ortunho Junior, Presidente do Conselho Diretor), todas de 15.10.2020.

[46] "Na parte introdutória da GDPR, o § 43 explicitamente trata do tema, salientando que o consentimento não deve configurar uma base legal válida para o tratamento de dados pessoais em casos em que existe um claro desbalanceamento entre o titular e o controlador, em particular quando o controlador é uma autoridade pública, visto que em tais circunstâncias é pouco provável que o consentimento tenha sido livremente fornecido" (WIMMER, Miriam. Proteção de dados pessoais no Poder Público: incidência, bases legais e especificidades. *Revista do Advogado (AASP)*, São Paulo, n. 146, p. 132, 2020).

[47] TASSO, Fernando Antonio. Compartilhamento de dados entre o setor público e privado – possibilidades e limites. *Revista do Advogado (AASP)*, São Paulo, n. 146, p. 108, 2020.

Sobre o desafio do tratamento de dados pessoais no setor público, Miriam Wimmer, anteriormente citada e escolhida pela presidência da República para integrar a ANPD, assim se manifestou:

> Já no setor público, o tratamento de dados pessoais não se inicia, em geral, a partir de uma decisão voluntária do titular, mas como decorrência das exigências do próprio pacto social: conhecer seus cidadãos é, para o Estado, pré-requisito para o próprio desempenho de suas finalidades públicas.[48]

O interesse público e os direitos fundamentais precisam caminhar em harmonia, alertam Cots e Oliveira,[49] "e sempre que o primeiro se distancia do segundo, certamente arbitrariedades e injustiças ganharão maior espaço no desempenho das atividades públicas".

A LGPD assim define o conceito do uso compartilhado de dados, no seu art. 5º:

> XVI – uso compartilhado de dados: comunicação, difusão, transferência internacional, interconexão de dados pessoais ou tratamento compartilhado de bancos de dados pessoais por órgãos e entidades públicos no cumprimento de suas competências legais, ou entre esses e entes privados, reciprocamente, com autorização específica, para uma ou mais modalidades de tratamento permitidas por esses entes públicos, ou entre entes privados;

E a própria LGDP traz mais previsões no que se refere ao compartilhamento de dados:

> Art. 25. Os dados deverão ser mantidos em formato interoperável e estruturado para o uso compartilhado, com vistas à execução de políticas públicas, à prestação de serviços públicos, à descentralização da atividade pública e à disseminação e ao acesso das informações pelo público em geral.
>
> Art. 26. O uso compartilhado de dados pessoais pelo Poder Público deve atender a finalidades específicas de execução de políticas públicas e atribuição legal pelos órgãos e pelas entidades públicas, respeitados os princípios de proteção de dados pessoais elencados no art. 6º desta Lei.

---

[48] WIMMER, Miriam. Proteção de dados pessoais no Poder Público: incidência, bases legais e especificidades. *Revista do Advogado (AASP)*, São Paulo, n. 146, p. 127, 2020.

[49] COTS, Márcio; OLIVEIRA, Ricardo. *Lei Geral de Proteção de Dados Pessoais comentada*. 3. ed. rev., atual e ampl. São Paulo: Thomson Reuters Brasil, 2019. p. 145.

> § 1º É vedado ao Poder Público transferir a entidades privadas dados pessoais constantes de bases de dados a que tenha acesso, exceto:
>
> I – em casos de execução descentralizada de atividade pública que exija a transferência, exclusivamente para esse fim específico e determinado, observado o disposto na Lei nº 12.527, de 18 de novembro de 2011 (Lei de Acesso à Informação);
>
> II – (*Vetado*);
>
> III – nos casos em que os dados forem acessíveis publicamente, observadas as disposições desta Lei;
>
> IV – quando houver previsão legal ou a transferência for respaldada em contratos, convênios ou instrumentos congêneres; ou
>
> V – na hipótese de a transferência dos dados objetivar exclusivamente a prevenção de fraudes e irregularidades, ou proteger e resguardar a segurança e a integridade do titular dos dados, desde que vedado o tratamento para outras finalidades.
>
> § 2º Os contratos e convênios de que trata o §1º deste artigo deverão ser comunicados à autoridade nacional.

A interoperabilidade mencionada no art. 25 supratranscrito pode ser conceituada como a característica que se refere à capacidade de diversos sistemas e organizações trabalharem em conjunto, de modo a garantir que pessoas, organizações e sistemas computacionais interajam para trocar informações de maneira eficaz e eficiente.[50]

A LGPD estabelece regras pontuais ao Poder Público, de acordo com a abrangência de tal termo por ela mesma mencionada, a serem observadas por ocasião do afastamento da necessidade do consentimento formal dos indivíduos para uso dos seus dados pessoais, além de também se cumprir o disposto em outras legislações específicas sobre o tema, em livre diálogo das fontes, como a Lei do *Habeas Data*,[51] a Lei Geral do Processo Administrativo[52] e a Lei de Acesso à Informação.

A LGPD indicou as situações em que haverá a dispensa de consentimento do titular dos dados pessoais:

> Art. 27. A comunicação ou o uso compartilhado de dados pessoais de pessoa jurídica de direito público a pessoa de direito privado será

---

50 TASSO, Fernando Antonio. Compartilhamento de dados entre o setor público e privado – possibilidades e limites. *Revista do Advogado (AASP)*, São Paulo, n. 146, p. 108, 2020.

51 BRASIL. Lei nº 9.507/97. "Regula o direito de acesso a informações e disciplina o rito processual do *habeas data*".

52 BRASIL. Lei nº 9.784/99. "Regula o processo administrativo no âmbito da Administração Pública Federal".

> informado à autoridade nacional e dependerá de consentimento do titular, exceto:
>
> I – nas hipóteses de dispensa de consentimento previstas nesta Lei;
>
> II – nos casos de uso compartilhado de dados, em que será dada publicidade nos termos do inciso I do *caput* do art. 23 desta Lei; ou
>
> III – nas exceções constantes do § 1º do art. 26 desta Lei.
>
> Parágrafo único. A informação à autoridade nacional de que trata o *caput* deste artigo será objeto de regulamentação.

A LGPD ressalvou que, caso haja o descumprimento das suas previsões, "o titular pode opor-se a tratamento realizado com fundamento em uma das hipóteses de dispensa de consentimento" (art. 18, § 2º).

6 Conclusão

Começa-se a trilhar o longo caminho a ser percorrido para a efetiva implementação da LGPD, pois com sua vigência desde 18 de setembro de 2020 oportuniza-se a ocorrência da casuística que irá dar os contornos que nortearão a interpretação dos seus vários dispositivos, atividade que terá o protagonismo da Autoridade Nacional de Proteção de Dados, a ANPD.

Antes da promulgação da lei em referência, a salvaguarda da intimidade do titular (paciente) já era conduta imposta por vários microssistemas protetivos e legislações, os quais continuarão a regulamentar situações jurídicas afetas ao assunto, desde que haja compatibilidade, o que será aferido por critérios hermenêuticos.

Assim, em determinados contextos, até mesmo algum dispositivo da LGPD não será aplicado. Para se ter ideia, o art. 6º da Lei nº 13.787/18 assinala que instituições e profissionais de saúde possuem o dever de guarda do prontuário pelo período de 20 anos. Já a LGPD, em seu art. 18, VI, preconiza que é direito do titular requisitar a eliminação de seus dados pessoais. Nesta hipótese, em razão do critério da especialidade, aplica-se a primeira lei mencionada, e não a LGPD, vez que a lei especial prepondera sobre a geral.

De todo modo, a ausência ou a insuficiência de protocolos de proteção de dados pessoais de pacientes com consequentes prejuízos, como a exposição de sua intimidade a pessoas não autorizadas ou até danos oriundos da indevida eliminação desses importantes registros, geralmente resultam na judicialização desses conflitos, por meio de demandas indenizatórias para compensação dos danos morais.

Note-se que tais pretensões existiam e serão somadas às sanções administrativas e às multas previstas na LGPD, que serão aplicadas a partir de 1º de agosto de 2021.

Até lá há tempo curto, mas razoável, para que os destinatários da LGPD – pessoa natural e pessoa jurídica de direito público ou privado – criem seus programas próprios e específicos de acordo com os detalhes dos seus negócios para implementação das regras nelas previstas, visando proteger de forma eficaz os dados pessoais sensíveis (que denotam cuidados adicionais e extras) dos seus titulares em geral, principalmente dos pacientes.

A conformidade aos ditames legais e ao cumprimento dos parâmetros de conduta metanormativos, além de revelar respeito aos atributos existenciais dos pacientes, exclui ou minimiza riscos de aplicações das multas e sanções administrativas previstas na norma legal em discussão.

O consentimento do titular do dado pessoal, por meio de sua manifestação livre, informada e inequívoca, a partir da sua cientificação acerca da finalidade determinada, é essencial para que os agentes realizem o tratamento propriamente dito, exceto nas hipóteses em que a LGPD o dispensa, por ser legítimo e necessário, quais sejam:

a) os dados tornados manifestamente públicos pelo titular, resguardados os direitos do titular e os princípios previstos nesta lei (art. 7º, § 4º), e nas situações elencadas no artigo 11, que são as seguintes:
b) cumprimento de obrigação legal ou regulatória pelo controlador;
c) tratamento compartilhado de dados necessários à execução, pela Administração Pública, de políticas públicas previstas em leis ou regulamentos;
d) realização de estudos por órgão de pesquisa, garantida, sempre que possível, a anonimização dos dados pessoais sensíveis;
e) exercício regular de direitos, inclusive em contrato e em processo judicial, administrativo e arbitral,
f) tutela da saúde, exclusivamente, em procedimento realizado por profissionais de saúde, serviços de saúde ou autoridade sanitária; ou
g) garantia da prevenção à fraude e à segurança do titular, nos processos de identificação e autenticação de cadastro em sistemas eletrônicos.

Constitui desafio espinhoso para as pessoas naturais e as jurídicas de direito privado e público cumprir as regras adicionais previstas pela LGPD, especialmente no que diz respeito à área da saúde, adequação que será complexa, mas obrigatória, pois só assim se atingirá o objetivo maior, que é a efetiva proteção dos dados pessoais do seu titular, o que sempre foi preservado pela Constituição Federal e legislação ordinária, mas que, se não atingido, implicará a aplicação de punições impactantes.

Referências

BRASIL. Conselho Federal de Medicina. Resolução nº 1.638/02. Disponível em: http://www.cremesp.org.br.

BRASIL. Constituição Federal de 1988. Disponível em: http://www.planalto.gov.br/ccivil_03/constituicao/constituicaocompilado.htm.

BRASIL. Decreto nº 7.845, de 14 de novembro de 2012. Regulamenta procedimentos para credenciamento de segurança e tratamento de informação classificada em qualquer grau de sigilo e dispõe sobre o Núcleo de Segurança e Credenciamento. Disponível em: http://www.planalto.gov.br/ccivil_03/_ato2011-2014/2012/decreto/d7845.htm.

BRASIL. Decreto nº 8.771, de 11 de maio de 2016. Regulamenta a Lei nº 12.965, de 23 de abril de 2014, para tratar das hipóteses admitidas de discriminação de pacotes de dados na internet e de degradação de tráfego, indicar procedimentos para guarda e proteção de dados por provedores de conexão e de aplicações, apontar medidas de transparência na requisição de dados cadastrais pela administração pública e estabelecer parâmetros para fiscalização e apuração de infrações. Disponível em: http://www.planalto.gov.br/ccivil_03/_ato2015-2018/2016/decreto/d8771.htm.

BRASIL. Decreto nº 10.474, de 26 de agosto de 2020. Aprova a Estrutura Regimental e o Quadro Demonstrativo dos Cargos em Comissão e das Funções de Confiança da Autoridade Nacional de Proteção de Dados e remaneja e transforma cargos em comissão e funções de confiança. Disponível em: https://www.in.gov.br/en/web/dou/-/decreto-n-10.474-de-26-de-agosto-de-2020-274389226.

BRASIL. Escola Nacional de Defesa do Consumidor. *A proteção de dados pessoais nas relações de consumo:* para além da informação creditícia. Elaboração de Danilo Doneda. Brasília: SDE/DPDC, 2010.

BRASIL. Lei nº 8.080, de 19 de setembro de 1990. Dispõe sobre as condições para a promoção, proteção e recuperação da saúde, a organização e o funcionamento dos serviços correspondentes e dá outras providências. Disponível em: http://www.planalto.gov.br/ccivil_03/leis/l8080.htm.

BRASIL. Lei nº 8.142, de 28 de dezembro de 1990. Dispõe sobre a participação da comunidade na gestão do Sistema Único de Saúde (SUS) e sobre as transferências intergovernamentais de recursos financeiros na área da saúde e dá outras providências. Disponível em: https://www.planalto.gov.br/ccivil_03/leis/l8142.htm

BRASIL. Lei nº 8.212, de 24 de julho de 1991. Dispõe sobre a organização da Seguridade Social, institui Plano de Custeio, e dá outras providências. Disponível em: https://www.planalto.gov.br/ccivil_03/leis/L8212orig.htm

BRASIL. Lei nº 9.507, de 12 de novembro de 1997. Regula o direito de acesso a informações e disciplina o rito processual do *habeas data*. Disponível em: https://www.planalto.gov.br/ccivil_03/leis/l9507.htm

BRASIL. Lei nº 9.609, de 19 de fevereiro de 1998. Dispõe sobre a proteção da propriedade intelectual de programa de computador, sua comercialização no País, e dá outras providências. Disponível em: http://www.planalto.gov.br/ccivil_03/leis/L9609.htm

BRASIL. Lei nº 9.637, de 15 de maio de 1998. Dispõe sobre a qualificação de entidades como organizações sociais, a criação do Programa Nacional de Publicização, a extinção dos órgãos e entidades que menciona e a absorção de suas atividades por organizações sociais, e dá outras providências. Disponível em: http://www.planalto.gov.br/ccivil_03/leis/l9637.htm.

BRASIL. Lei nº 9.784, de 29 de janeiro de 1999. Regula o processo administrativo no âmbito da Administração Pública Federal. Disponível em: http://www.planalto.gov.br/ccivil_03/leis/l9784.htm.

BRASIL. Lei nº 9.790, de 23 de março de 1999. Dispõe sobre a qualificação de pessoas jurídicas de direito privado, sem fins lucrativos, como Organizações da Sociedade Civil de Interesse Público, institui e disciplina o Termo de Parceria, e dá outras providências. Disponível em: http://www.planalto.gov.br/ccivil_03/leis/l9790.htm.

BRASIL. Lei nº 11.079, de 30 de dezembro de 2004. Institui normas gerais para licitação e contratação de parceria público-privada no âmbito da administração pública. Disponível em: http://www.planalto.gov.br/ccivil_03/_ato2004-2006/2004/lei/l11079.htm.

BRASIL. Lei nº 12.527, de 18 de novembro de 2011. Regula o acesso a informações previsto no inciso XXXIII do art. 5º, no inciso II do § 3º do art. 37 e no § 2º do art. 216 da Constituição Federal; altera a Lei nº 8.112, de 11 de dezembro de 1990; revoga a Lei nº 11.111, de 5 de maio de 2005, e dispositivos da Lei nº 8.159, de 8 de janeiro de 1991; e dá outras providências. Disponível em: http://www.planalto.gov.br/ccivil_03/_ato2011-2014/2011/lei/l12527.htm.

BRASIL. Lei nº 13.019, de 31 de julho de 2014. Estabelece o regime jurídico das parcerias entre a administração pública e as organizações da sociedade civil, em regime de mútua cooperação, para a consecução de finalidades de interesse público e recíproco, mediante a execução de atividades ou de projetos previamente estabelecidos em planos de trabalho inseridos em termos de colaboração, em termos de fomento ou em acordos de cooperação; define diretrizes para a política de fomento, de colaboração e de cooperação com organizações da sociedade civil; e altera as Leis nºs 8.429, de 2 de junho de 1992, e 9.790, de 23 de março de 1999. Disponível em: http://www.planalto.gov.br/ccivil_03/_ato2011-2014/2014/lei/l13019.htm.

BRASIL. Lei nº 13.709, de 14 de agosto de 2018. Lei Geral de proteção de dados. Disponível em: http://www.planalto.gov.br/ccivil_03/_ato2015-2018/2018/lei/L13709.htm.

BRASIL. Lei nº 13.787, de 27 de dezembro de 2018. Dispõe sobre a digitalização e a utilização de sistemas informatizados para a guarda, o armazenamento e o manuseio de prontuário de paciente. Disponível em: http://www.planalto.gov.br/ccivil_03/_ato2015-2018/2018/lei/L13787.htm.

BRASIL. Lei nº 14.010, de 10 de junho de 2020. Dispõe sobre o Regime Jurídico Emergencial e Transitório das relações jurídicas de Direito Privado (RJET) no período da pandemia do coronavírus (Covid-19). Disponível em: http://www.planalto.gov.br/ccivil_03/_ato2019-2022/2020/lei/L14010.htm.

BRASIL. Ministério da Saúde. Comissão Intergestores Tripartite. Resolução CIT/MS nº 7/16.

BRASIL. Ministério da Saúde. Portaria de Consolidação nº 5, de 28 de setembro de 2017. Consolidação das normas sobre as ações e os serviços de saúde do Sistema Único de Saúde (Origem: PRT MS/GM 1139/2013).

BRASIL. Supremo Tribunal Federal, Recurso Extraordinário nº 855.178-ED, relator para o acórdão ministro Edson Fachin, j. 23.5.2019, P, *DJE* de 16.4.2020, Tema 793.

BRASIL. Supremo Tribunal Federal. Agravo de Instrumento nº 550.530 AgR, relator Ministro Joaquim Barbosa, j. 26.6.2012, 2ª T, *DJE* de 16.8.2012.

BRASIL. Supremo Tribunal Federal. Recurso Extraordinário nº 387.014 – Agravo Regimental, relator Ministro Carlos Velloso, j. 8.6.2004, 2ª T, *DJ* de 25.6.2004.

COTS, Márcio; OLIVEIRA, Ricardo. *Lei Geral de Proteção de Dados Pessoais comentada*. 3. ed. rev., atual e ampl. São Paulo: Thomson Reuters Brasil, 2019.

FEIGELSON, Bruno; SIQUEIRA, Antônio Henrique Albani (Coord.). *Comentários à Lei Geral de Proteção de Dados*: Lei 13.709/2018. São Paulo: Thomson Reuters Brasil, 2019.

GROTTI, Dinorá Adelaide Musetti; MOCCIA, Maria Hermínia Penteado Pacheco e Silva. O significado jurídico de "saúde como direito de todos e dever do Estado". *Revista do Advogado (AASP)*, São Paulo, n. 146, 2020.

SEGRE, Marco; FERRAZ, Flávio Carvalho. O conceito de saúde. *Revista de Saúde Pública*, São Paulo, v. 31, n. 5, 1997.

TASSO, Fernando Antonio. Compartilhamento de dados entre o setor público e privado – possibilidades e limites. *Revista do Advogado (AASP)*, São Paulo, n. 146, 2020.

WIMMER, Miriam. Proteção de dados pessoais no Poder Público: incidência, bases legais e especificidades. *Revista do Advogado (AASP)*, São Paulo, n. 146, 2020.

Informação bibliográfica deste texto, conforme a NBR 6023:2018 da Associação Brasileira de Normas Técnicas (ABNT):

TRAD, Giovanna; TEIXEIRA, Josenir. A saúde pública e a LGPD: um complexo, mas necessário cenário de adequação. *In*: PIRONTI, Rodrigo (Coord.). *Lei Geral de Proteção de Dados no setor público*. 2. ed. Belo Horizonte: Fórum, 2024. p. 249-278. ISBN 978-65-5518-731-1.

LGPD E ARBITRAGEM: NOTAS SOBRE A PROTEÇÃO DE DADOS NAS ARBITRAGENS ENVOLVENDO A ADMINISTRAÇÃO PÚBLICA BRASILEIRA

GUSTAVO JUSTINO DE OLIVEIRA

FELIPE RAZZINI

OTAVIO VENTURINI

1 A proteção de dados e a arbitragem

Há duas intersecções distintas e possíveis da arbitragem com a proteção de dados pessoais. Uma primeira diz respeito à possibilidade (ou não) de utilização da jurisdição arbitral para resolução de conflitos relativos à proteção de dados. Uma segunda intersecção possível, objeto do presente artigo, é a proteção de dados no exercício da jurisdição arbitral.

1.1 Jurisdição arbitral para resolução de conflitos relativos à proteção de dados

Sobre a possibilidade (ou não) de utilização da jurisdição arbitral para resolução de conflitos relativos à proteção de dados, vale destacar em breve linhas, nos termos do art. 1º da Lei nº 9.307/96, que o emprego da arbitragem no Brasil é restrito a pessoas capazes de contratar a convenção arbitral (arbitrabilidade subjetiva) e para dirimir litígios relativos a direitos patrimoniais disponíveis (arbitrabilidade objetiva).

Desta feita, o critério da arbitrabilidade objetiva limita o uso da arbitragem aos chamados direitos patrimoniais disponíveis, que, em suma, dizem respeito "às relações jurídicas que têm por objeto o conjunto de bens dos indivíduos".[1] Acerca da (in)disponibilidade dos direitos patrimoniais, Leonardo Faria Schenk destaca que esses direitos

> podem ser disponíveis, quando "referentes à tutela dos interesses de âmbito meramente individual", ou indisponíveis, quando "têm impacto sobre os interesses gerais". Em outras palavras, direitos patrimoniais disponíveis "são aqueles passíveis de conversão monetária e que se encontrem na livre disposição do titular".[2]

No outro quadrante, temos os direitos da personalidade que, conforme doutrina de Rubens Limongi França, dizem respeito às "faculdades jurídicas cujo objeto são aspectos da própria pessoa do sujeito, bem assim seus prolongamentos e projeções".[3]

Vale ressaltar que tanto a privacidade quanto a proteção de dados pessoais são direitos fundamentais relacionados, de forma geral, à personalidade, portanto, direitos não patrimoniais. Assim, em uma primeira análise perfunctória, a arbitragem não poderia, nos termos da legislação brasileira, ser utilizada para solucionar conflitos que versam sobre proteção de dados pessoais.

Todavia, como bem observa a publicação do Instituto de Tecnologia e Sociedade (ITS) referente à Lei Geral de Proteção de Dados Pessoais e Resolução de Conflitos, cabe indagar acerca da existência de outras disputas envolvendo dados pessoais inseridas no escopo da LGPD que versem sobre direitos patrimoniais disponíveis. O material elenca como exemplos:

> disputas travadas entre agentes de tratamentos acerca de disposição contratual que verse sobre direito de regresso em razão de responsabilização havida perante o titular dos dados ou, ainda, nos litígios envolvendo transferências de dados entre agentes de tratamento. Em síntese, as questões que tratem das consequências patrimoniais de certa relação jurídica.[4]

---

1 SCHENK, Leonardo Faria. Notas sobre a (in) disponibilidade do objeto litigioso e a arbitrabilidade. *Revista da EMERJ*, v. 12, n. 48, p. 59-73, 2009.

2 SCHENK, Leonardo Faria. Notas sobre a (in) disponibilidade do objeto litigioso e a arbitrabilidade. *Revista da EMERJ*, v. 12, n. 48, p. 59-73, 2009.

3 FRANÇA, Rubens Limongi. *Instituições de direito civil*. São Paulo: Saraiva, 1988. p. 1025.

4 BOTTINO, Celina *et al. Lei Geral de Proteção de Dados Pessoais e resolução de conflitos*: experiências internacionais e perspectivas para o Brasil. Rio de Janeiro: Instituto de Tecnologia & Sociedade do Rio, abr. 2020.

Portanto, ainda que delimitado ao espectro dos chamados direitos patrimoniais disponíveis, há, certamente, espaço para se debater a aplicabilidade da arbitragem (nacional e internacional) e de outros meios adequados na resolução de conflitos surgidos a partir de obrigações legais e contratuais entre agentes de tratamento relacionadas às legislações nacional e estrangeiras de proteção de dados.

1.2 Proteção de dados no exercício da jurisdição arbitral

A Lei Geral de Proteção de Dados (Lei nº 13.709/18), ao estabelecer regulamentação do tratamento de dados pessoais, inclusive nos meios digitais, trouxe parâmetros rigorosos para o tratamento de dados pessoais, inclusive, no exercício da jurisdição arbitral. Esses parâmetros podem ser resumidos a partir de 4 (quatro) etapas que deverão ser, obrigatoriamente, observadas por controladores e operadores no tratamento de dados:

i) bases legais: a coleta ou processamento dos dados somente poderão ser realizados desde que observada ao menos uma das hipóteses de tratamento previstas na LGPD;
ii) princípios: ainda que respaldado em uma das bases legais, a LGPD também determina que o tratamento de dados pessoais observe os princípios de privacidade descritos na lei;
iii) direitos dos titulares: a LGPD garante direitos aos titulares dos dados, como acesso, correção, eliminação, portabilidade e revogação do consentimento, entre outros; e
iv) estrutura de governança e boas práticas: a LGPD estabelece obrigações para os controladores e operadores de adoção de boas práticas e estrutura de governança adequadas para o tratamento de dados pessoais.

No que concerne à arbitragem, de partida, há previsão de base legal específica no art. 7º, inc. VI, da LGPD, permitindo o tratamento de dados para o exercício regular de direitos em processo arbitral:

> Art. 7º O tratamento de dados pessoais somente poderá ser realizado nas seguintes hipóteses: [...] VI - para o exercício regular de direitos em processo judicial, administrativo ou arbitral, esse último nos termos da Lei nº 9.307, de 23 de setembro de 1996 (Lei de Arbitragem).

O art. 11, inc. II, alínea "d", por sua vez, vai além e autoriza, inclusive, o tratamento de dados sensíveis em processos arbitrais, sem a necessidade de fornecimento de consentimento do seu titular:

> Art. 11. O tratamento de dados pessoais sensíveis somente poderá ocorrer nas seguintes hipóteses: [...]
>
> II - sem fornecimento de consentimento do titular, nas hipóteses em que for indispensável para: [...]
>
> d) exercício regular de direitos, inclusive em contrato e em processo judicial, administrativo e arbitral, este último nos termos da Lei nº 9.307, de 23 de setembro de 1996 (Lei de Arbitragem).

No que se refere aos agentes de tratamento e suas responsabilidades, a LGPD define duas categorias de pessoas que devem observar os parâmetros legais e que poderão ser responsabilizadas em caso de descumprimento da legislação, são elas: i) controlador e ii) operador. "Controlador" é a pessoa, natural ou jurídica, a quem competem as decisões referentes ao tratamento de dados pessoais. Ao passo que "operador" é a pessoa, natural ou jurídica, que eventualmente realiza o tratamento de dados pessoais em nome do controlador.

Nesse contexto, as câmaras arbitrais assumem o papel de controlador dos dados pessoais tratados nos termos das suas atribuições legal e institucional. Por sua vez, são considerados operadores de dados os prestadores de serviços contratados para realização de atividades indispensáveis à operacionalização das atividades das câmaras, sempre que, para a execução daqueles, for indispensável o acesso ao fluxo e tratamento de dados pessoais.

A LGPD define o tratamento de dados em seu art. 5º, inc. X:

> Art. 5º Para os fins desta Lei, considera-se: [...]
>
> X - toda operação realizada com dados pessoais, como as que se referem a coleta, produção, recepção, classificação, utilização, acesso, reprodução, transmissão, distribuição, processamento, arquivamento, armazenamento, eliminação, avaliação ou controle da informação, modificação, comunicação, transferência, difusão ou extração.

Assim, as câmaras arbitrais efetuam o tratamento de dados por meio de coleta, classificação, utilização, reprodução, transmissão, processamento, arquivamento, armazenamento e outros, de modo que se sujeitam para todos os fins à LGPD.

Em face da sua condição de agente de tratamento e conjunto de responsabilidades, um eventual vazamento de dados no contexto de tratamento por uma câmara arbitral seria, sem sombra de dúvidas, extremamente danoso para a sua imagem, gerando insegurança para clientes e empresas parceiras, o que poderia prejudicar a credibilidade da instituição e, consequentemente, o procedimento arbitral e o sistema arbitral como um todo. Um episódio marcante de vazamento de dados em arbitragem ocorreu em 2015, junto à *Permanent Court of Arbitration* (Haia) durante uma disputa marítima entre China e Filipinas. No caso, o *site* da instituição sofreu um ataque *hacker* e teve diversos documentos vazados.[5]

Além disso, a proteção de dados é de suma importância para a continuidade das atividades desempenhadas pelas câmaras arbitrais, pelos tribunais arbitrais e pelos árbitros, na medida em que manuseiam uma ampla variedade de dados pessoais e informações usualmente vinculadas a contratos e transações extremamente sensíveis e sigilosas para as partes envolvidas e também para terceiros (testemunhas, funcionários das empresas envolvidas, ex-diretores que formalizaram instrumentos contratuais, entre outros).

Em verdade, a adoção de uma política sólida de proteção de dados não busca apenas resguardar as câmaras arbitrais das duras sanções[6] previstas pela LGPD, mas especialmente preservar o seu maior ativo, qual seja, uma boa reputação que lhe atribui confiança perante a sociedade para promover decisões imparciais e com elevado grau técnico.

Ademais, a confidencialidade, talvez uma das maiores vantagens da arbitragem privada,[7] certamente será fortalecida pela regulamentação

---

[5] COSTA, Thiago R. Veloso. Proteção de dados e arbitragem: para além de uma questão legal. *Jota*, 29 jun. 2019. Disponível em: https://www.jota.info/opiniao-e-analise/artigos/protecao-de-dados-e-arbitragem-para-alem-de-uma-questao-legal-29062019. Acesso em: 28 out. 2020.

[6] Em casos graves, as sanções podem chegar a até 2% do faturamento da pessoa jurídica, limitada a R$50 milhões por infração (art. 52 da LGPD).

[7] Vale registrar que a cultura da confidencialidade absoluta da arbitragem está sofrendo algumas mutações. As câmaras arbitrais avaliam a criação de bancos de jurisprudência de procedimentos arbitrais (sem divulgar os nomes das partes ou detalhes intrínsecos do caso), bem como instituições financeiras buscam abrandar os limites da confidencialidade. Nesse sentido, importante ressaltar o estudo de uma proposta pela Comissão de Valores Mobiliários (CVM) para criar uma nova categoria de fato relevante para as companhias de capital aberto, qual seja, o informe obrigatório de litígios relevantes, incluindo-se as arbitragens. Essa proposta faria parte da reforma da Instrução CVM nº 480/09, que dispõe sobre o registro de emissores de valores mobiliários admitidos à negociação em mercados regulamentados de valores mobiliários (Disponível em: https://valor.globo.com/empresas/noticia/2020/10/14/cvm-estuda-norma-para-informacoes-de-litigios.ghtml. Acesso em: 28 out. 2020).

da proteção de dados, de modo que as partes deverão ser ainda mais cautelosas para preservar o sigilo dos dados pessoais envolvidos na disputa.

2 Diretrizes de proteção de dados adotadas pela comunidade arbitral

2.1 A esfera internacional

O principal regulamento internacional de proteção de dados é o *General Data Protection Regulation* (GDPR)[8] da União Europeia, cuja entrada em vigor se deu em maio de 2018, tendo sido utilizado como modelo para edição da LGPD brasileira. Sendo a base da regulamentação de proteção de dados, o GDPR possibilitou a abertura de estudos de segurança da informação e proteção de dados diretamente no campo da arbitragem internacional.

Entre os estudos realizados, destaca-se o *Protocol on Cybersecurity in International Arbitration*[9] realizado pelo *International Council for Commercial Arbitration* (ICCA) em parceria com o *New York City Bar Association* e o *International Institute for Conflict Prevention & Resolution*, que sugere medidas de segurança que possam ser adotadas pelas câmaras arbitrais para combater crimes cibernéticos. O objetivo do protocolo está destacado a seguir:

> First, the Protocol is intended to provide a framework to determine reasonable information security measures for individual arbitration matters. That framework includes procedural and practical guidance to assess security risks and identify available measures that may be implemented.
>
> Second, the Protocol is intended to increase awareness about information security in international arbitrations. This includes awareness of: (i) information security risks in the arbitral process, which include both cybersecurity and physical security risks; (ii) the importance of information security to maintaining user confidence in the overall

---

8 GENERAL Data Protection Regulation. *Intersoft Consulting*. Disponível em: https://gdpr-info.eu/. Acesso em: 28 out. 2020.

9 ICCA. NYCBar – CPR Protocol on Cybersecurity in International Arbitration (2020 Edition). New York Arbitration Week Special Printing. *Portal ICCA*, 2020. Disponível em: https://www.arbitration-icca.org/media/14/76788479244143/icca-nyc_bar-cpr_cybersecurity_protocol_for_international_arbitration_-_print_version.pdf. Acesso em: 28 out. 2020.

arbitral regime; (iii) the essential role played by individuals involved in the arbitration in effective risk mitigation; and (iv) some of the readily accessible information security measures available to improve everyday security practices.[10]

O Protocolo sustenta (Princípio 6) que o grau de especificidade das medidas de segurança da informação deverá ser avaliado individualmente, de modo que as partes devem considerar (i) o perfil de risco da arbitragem; (ii) as práticas existentes de segurança da informação, infraestrutura e recursos das partes, árbitros e câmaras arbitrais; (iii) os encargos, os custos e os custos relativos das partes, árbitros e câmaras arbitrais; (iv) a proporcionalidade entre tamanho, valor e perfil de risco da disputa; e (v) a eficiência do procedimento arbitral. Ou seja, as partes integrantes de arbitragens cujo valor da disputa seja elevado ou cujo tema seja sensível deverão ter cuidado redobrado com a segurança da informação.

Isso se reflete na elaboração de uma convenção de arbitragem detalhada e que contenha dispositivos específicos de proteção de dados, na escolha de uma instituição proba e que atenda, satisfatoriamente, aos requisitos nacionais e internacionais de proteção de dados, e na adoção de uma conduta mitigatória ao longo do procedimento arbitral. Por parte dos árbitros e das câmaras arbitrais, caberá o armazenamento dos dados pessoais dos indivíduos envolvidos (partes, testemunhas, terceiros) em uma estrutura segura e com mecanismos de proteção contra ataques cibernéticos, bem como uma política transparente de tratamento dos dados pessoais (desde a coleta até a exclusão) e um plano de mitigação de danos em caso de quebra de sigilo (inclusive com a possibilidade de aplicar sanções às partes caso tenham originado a quebra de sigilo, como sugerido pelo Princípio 13 do Protocolo).

Outro estudo, ainda não finalizado, mas que merece a devida atenção é o *The ICCA-IBA Roadmap to Data Protection in International*

---

10 Tradução livre: "Primeiro, o Protocolo visa providenciar um guia para determinar medidas razoáveis de segurança da informação para questões envolvendo arbitragem. O guia inclui orientações procedimentais e práticas para avaliar riscos de segurança e identificar as medidas existentes que possam ser implementadas. Segundo, o Protocolo visa elevar a conscientização da segurança da informação em arbitragens internacionais. Isso inclui: (i) riscos de segurança da informação no procedimento arbitral, incluindo riscos de segurança cibernética e física; (ii) a importância da segurança da informação para preservar a confiança dos usuários no sistema geral da arbitragem; (iii) o papel essencial desempenhado pelos indivíduos envolvidos na arbitragem para mitigação efetiva dos riscos; e (iv) algumas das medidas acessíveis de segurança da informação disponíveis para aprimorar as práticas rotineiras de segurança".

Arbitration, desenvolvido pelo *International Council for Commercial Arbitration* (ICCA) em parceria com o *International Bar Association* (IBA), em que se busca identificar quais princípios de proteção de dados são aplicáveis à arbitragem e quais os impactos para cada fase do procedimento arbitral. O estudo será lançado oficialmente em fevereiro de 2021 junto ao *ICCA 2021 Congress* em Edimburgo.[11]

A Corte Internacional de Arbitragem da CCI (Câmara de Comércio Internacional), a mais influente câmara internacional e com filial administrativa no Brasil, disponibilizou uma nota[12] às partes e aos tribunais arbitrais sobre a condução da arbitragem conforme o regulamento de arbitragem da CCI. Justamente pelo fato de o regulamento de arbitragem nada dispor a respeito de proteção de dados, a instituição emitiu a nota complementar e inseriu o tema no campo de "Condução da Arbitragem", reconhecendo a sua qualidade de responsável pelo tratamento de dados em conformidade com as normas da GDPR.

A nota também adverte que a participação em uma arbitragem da CCI demanda a coleta, a transferência e o arquivamento de dados pessoais das partes e seus representantes, dos árbitros, do secretário administrativo, das testemunhas, dos peritos e demais pessoas físicas envolvidas na arbitragem, bem como que alguns dados poderão ser mantidos no arquivo da CCI após o encerramento da arbitragem. Os participantes também deverão garantir que apenas os dados pessoais estritamente necessários e exatos para os objetivos da arbitragem sejam processados, de modo que deverão garantir a segurança dos dados processados sob sua responsabilidade.

Para a segurança dos dados pessoais, a CCI remete os participantes para o documento *Report on the use of Information Technology in International Arbitration*[13] (Relatório sobre o Uso da Tecnologia da Informação em Arbitragens Internacionais), que estabelece parâmetros seguros para coleta, comunicação e arquivamento de dados pessoais. Porém, em caso de violação de segurança ou quebra de sigilo de dados

---

[11] ICCA. ICCA Reports No. 7 Consultation Draf: The ICCA-IBA Roadmap to Data Protection in International Arbitration. *Portal ICCA*, fev. 2020. Disponível em: https://www.arbitration-icca.org/publications/ICCA_Report_N7.html. Acesso em: 28 out. 2020.

[12] NOTA às partes e aos tribunais arbitrais sobre a condução da arbitragem conforme o regulamento de arbitragem da CCI. *Portal ICC*, 1º jan. 2019. Disponível em: https://cms.iccwbo.org/content/uploads/sites/3/2017/03/icc-note-to-parties-and-arbitral-tribunals-on-the-conduct-of-arbitration-portuguese.pdf. Acesso em: 28 out. 2020.

[13] REPORT on the use of Information Technology in International Arbitration. *Portal ICC*, 2017. Disponível em: https://iccwbo.org/publication/information-technology-international-arbitration-report-icc-commission-arbitration-adr/. Acesso em: 28 out. 2020.

pessoais, como a divulgação a indivíduos que não integram a lista de destinatários, a parte que cometeu o deslize deverá notificar imediatamente a pessoa cujos dados pessoais possam ser afetados e a secretaria. Por sua vez, a notificação da violação à autoridade supervisora competente (ANPD), quando aplicável, será feita pela própria CCI quando atuar como responsável pelo tratamento.

2.2 A esfera nacional

No âmbito nacional, o tema de proteção de dados e arbitragem ainda é prematuro, visto que a LGPD entrou em vigor apenas em agosto de 2020. No entanto, a Câmara de Arbitragem do Mercado (CAM B3) adotou uma postura de vanguarda e se adiantou em favor da regulamentação interna de uma política de proteção de dados pessoais.

A CAM B3 foi a primeira instituição nacional a efetuar a transição do procedimento arbitral da via física para uma via totalmente digital, inaugurando a CAM B3 Digital,[14] em 2019. Conforme se extrai do art. 1º da Orientação CAM nº 1/2019:

> Artigo 1º A plataforma eletrônica CAM B3 Digital é um sistema on-line que possibilitará a administração e tramitação eletrônica de procedimentos arbitrais, garantindo maior eficiência, celeridade e ainda mais segurança aos procedimentos arbitrais.

Assim, todas as peças processuais e comunicações do procedimento serão realizadas por meio eletrônico, desde o requerimento de instauração do procedimento arbitral (ou requerimento para ingressar como terceiro na arbitragem) até o encerramento da arbitragem. Os procedimentos instaurados em data anterior à inauguração do CAM B3 Digital tramitarão normalmente pela via física, salvo se as partes e os árbitros acordarem, mediante aditamento do termo de arbitragem, pela migração do procedimento para a plataforma eletrônica.[15]

Uma vez que os procedimentos arbitrais da CAM B3 serão conduzidos exclusivamente pela via digital, a instituição elaborou uma

---

[14] CAM Digital. *Câmara do Mercado*. Disponível em: https://www.camaradomercado.com.br/pt-BR/camdigital.html. Acesso em: 28 out. 2020.

[15] CAM. Orientação CAM nº 01/2019. *Portal CAM B3 Digital*, 14 jun. 2019. Disponível em: https://www.camaradomercado.com.br/assets/pt-BR/Resolucao%20CAM%20B3%20Digital%20assinada.pdf. Acesso em: 28 out. 2020.

política de privacidade com vistas a formalizar o seu compromisso com a proteção de dados. Nela, são detalhados os tipos de informações coletadas, como elas são utilizadas, armazenadas e protegidas, o prazo de armazenamento, hipóteses de transferência das informações e como são endereçados os requerimentos legais.

A título de exemplo, os dados cadastrais do usuário (nome, CPF, endereço de *e-mail*, RG, assinatura, número de conta bancária) são armazenados por tempo indeterminado no sistema de pagamentos da B3, sob a justificativa de que o usuário poderá solicitar informações sobre procedimentos de que participou e iniciar um procedimento de forma mais célere, visto que suas informações já se encontram no sistema. O número de IP será armazenado por pelo menos seis meses por conta de obrigação legal do Marco Civil da Internet, já o *login* e senha de acesso ao portal, pelo prazo que o usuário utilizar o serviço.

Por conta da recente entrada em vigor da LGPD, as câmaras arbitrais nacionais estão em plena mobilização para se adequarem aos termos da nova legislação e, passado este período transitório, é esperado que todas as instituições tenham uma política de privacidade e de tratamento de dados pessoais.

3 Proteção de dados em arbitragens envolvendo o Poder Público: peculiaridades

Ao contrário do que sucede com as arbitragens eminentemente privadas, em que prevalece o princípio da confidencialidade, as arbitragens envolvendo o Poder Público, por natureza, se submetem ao princípio da publicidade.[16]

As câmaras arbitrais do país disponibilizam em seus *sites* eletrônicos uma lista dos procedimentos arbitrais envolvendo o Poder Público. Em determinados casos, o próprio ente público disponibiliza as peças processuais e decisões do tribunal arbitral em algum veículo de informação.

A título de exemplo, o Centro de Arbitragem e Mediação da Câmara de Comércio Brasil-Canadá (CAM/CCBC) disponibiliza em

[16] "Art. 2º A arbitragem poderá ser de direito ou de equidade, a critério das partes. [...] §3º A arbitragem que envolva a administração pública será sempre de direito e respeitará o princípio da publicidade" (BRASIL. *Lei nº 9.307/1999*. Disponível em: https://www.planalto.gov.br/ccivil_03/leis/l9307.htm).

seu *site*[17] a relação de arbitragens envolvendo entes da Administração Pública que foram administradas pela instituição (até o presente momento, foram seis arbitragens), informando a data do requerimento e o nome das partes envolvidas. Em uma das arbitragens, instaurada por Libra Terminais S.A. e Libra Terminal Santos S.A. em face da Companhia Docas do Estado de São Paulo e União Federal, é interessante notar que a própria Advocacia-Geral da União disponibiliza em seu *site* oficial[18] os documentos mais relevantes do caso (compromisso arbitral, termo de arbitragem, sentença parcial e sentença final).

Além disso, os cidadãos podem solicitar esclarecimentos por meio da Lei de Acesso à Informação (Lei nº 12.527/2011). Mas o que isso significa em termos de privacidade e tutela de dados pessoais? As arbitragens envolvendo o Poder Público também se submetem ao regime da LGPD?

Por óbvio, a resposta é positiva.

Justamente pelo fato de as arbitragens públicas não estarem blindadas pela confidencialidade usual das arbitragens privadas, a política de proteção de dados deverá ser ainda mais rigorosa nas situações que envolvam entes públicos. Todos os participantes envolvidos – ente público, parte contrária, representantes legais, árbitros, câmara arbitral, testemunhas – deverão colaborar para a preservação de dados pessoais sensíveis, evitando a divulgação de dados irrelevantes para o deslinde do procedimento arbitral. Em outras palavras, o dever de publicidade gera o dever/direito de privacidade.

E o que dizer dos dados pessoais sobre os quais o interesse público prevalece em face da privacidade? Ou seja, aqueles que por força de lei foram divulgados ao público? Tais dados também gozam de proteção?

A LGPD nos apresenta uma possível resposta, condicionando o tratamento de tais dados à observância da finalidade, da boa-fé e do interesse público que justificaram a sua publicidade.

---

17 ARBITRAGENS com a Administração Pública Direta. *Portal CAM/CCBC*. Disponível em: https://ccbc.org.br/cam-ccbc-centro-arbitragem-mediacao/resolucao-de-disputas/arbitragem/arbitragem-com-adm/. Acesso em: 28 out. 2020.

18 CASOS de arbitragem do Núcleo Especializado em Arbitragem da Advocacia-Geral da União. *Portal AGU*. Disponível em: https://www.gov.br/agu/pt-br/composicao/consultoria-geral-da-uniao-1/nucleo-especializado-em-arbitragem/casos-de-arbitragem. Acesso em: 28 out. 2020.

> Art. 7º [...]
>
> §3º O tratamento de dados pessoais cujo acesso é público deve considerar a finalidade, a boa-fé e o interesse público que justificaram sua disponibilização.

Portanto, apesar do caráter público das informações relativas às arbitragens envolvendo entes da Administração Pública, não há que se falar em ausência de privacidade ou de proteção dos dados divulgados ao público.

Tudo isso nos leva a refletir sobre a necessidade de adoção de um modelo de governança aplicado às arbitragens envolvendo o Poder Público. Especificamente, um modelo de governança que atenda a ambos os deveres de proteção de dados pessoais e de publicidade, sem priorizar um em detrimento do outro.

Nesse sentido, poder-se-ia imaginar um cenário no qual o dever de publicidade não seria interpretado como um dever de transparência total e irrestrita dos atos processuais e documentos da arbitragem. Ou seja, a publicidade não precisaria necessariamente ser a máxima possível, mas apenas a publicidade adequada para atender ao dever de publicidade que a lei obriga que a arbitragem pública tenha.

Assim, a depender da relevância do caso concreto, uma quantidade maior ou menor de documentos seria disponibilizada ao público de modo a preservar ao máximo a proteção de dados e da privacidade. No entanto, tal divulgação não poderia ser inferior ao mínimo razoável e necessário para atender adequadamente ao princípio da publicidade. Se pensarmos em exemplos concretos, a mera divulgação do número identificador do procedimento arbitral não supre o dever de publicidade. Por sua vez, a depender do caso específico, a divulgação irrestrita de todas as comunicações, atos processuais, formulários, petições, provas e outros documentos relevantes do procedimento arbitral pode entrar em desacordo com as políticas de proteção de dados da LGPD.

Assim, é importante que as partes discorram, no início da arbitragem, sobre quais documentos serão disponibilizados pela Administração, de modo que uma eventual discordância deverá ser sanada pelo próprio tribunal arbitral, conforme reflexão de Gustavo Justino de Oliveira e Felipe Faiwichow Estefam:

> Para evitar controvérsias acerca do grau de publicidade, é prudente que no início do processo arbitral seja determinado o que será publicado pela Administração, à luz do regime jurídico aplicável. Surgindo conflitos

entre as partes quanto a tal tema, ante o princípio da competência-competência (art. 8º, parágrafo única, da LA), e o art. 13 da LA, a controvérsia deve ser resolvida pelo árbitro.[19]

Sobre a questão, traz-se à baila o exemplo da Resolução Administrativa nº 15/2016[20] do CAM/CCBC, a qual diz respeito ao "princípio da publicidade em arbitragens que envolvem a Administração Pública":

> Artigo 1º – Nos procedimentos arbitrais em que são partes entes da administração pública direta, com o intuito de atender ao princípio da publicidade previsto no art. 2º, §3º, da Lei nº 9.307/96, as partes, no Termo de Arbitragem, disporão sobre quais informações e documentos poderão ser divulgados e a forma a ser adotada para torná-los acessíveis a terceiros. Parágrafo Único – Tal disposição deverá considerar os aspectos administrativos do CAM-CCBC e respeitar o sigilo protegido por lei, segredos comerciais, documentos de terceiros, contratos privados com cláusula de confidencialidade e matérias protegidas por direitos de propriedade intelectual.
>
> Artigo 2º – O Tribunal Arbitral decidirá sobre os pedidos formulados por qualquer das partes a respeito do sigilo de documentos e informações protegidos por lei ou cuja divulgação possa afetar o interesse das partes.

Assim, especificamente no caso da arbitragem pública, a solução para todos esses impasses será alcançada por meio de uma análise integrada e balanceada das legislações aplicáveis, quais sejam, Lei de Arbitragem, Lei de Acesso à Informação e Lei Geral de Proteção de Dados, de modo a simultaneamente assegurar a publicidade adequada dos atos públicos e a proteção dos dados pessoais sensíveis.

Vale lembrar que a Lei de Acesso à Informação traz 3 hipóteses principais de restrição à publicidade ou acesso à informação, são elas:

- informações que sejam imprescindíveis à segurança do Estado ou da sociedade (art. 23, LAI);
- acesso restrito a toda informação que esteja protegida por hipótese legal de sigilo, segredo de justiça e segredo industrial (art. 22, LAI); e

---

19 OLIVEIRA, Gustavo Justino de; ESTEFAM, Felipe Faiwichow. *Curso prático de arbitragem e Administração Pública*. São Paulo: Thomson Reuters Brasil, 2019. p. 61.

20 CAM/CCBC. Resolução Administrativa nº 15/2016 do CAM/CCBC. *Portal CAM/CCBC*, 20 jan. 2016. Disponível em: https://ccbc.org.br/cam-ccbc-centro-arbitragem-mediacao/resolucao-de-disputas/resolucoes-administrativas/ra-15-2016-publicidade-em-procedimentos-com-a-adm-publica-direta/. Acesso em: 28 out. 2020.

- restrição do acesso à informação com o fundamento da proteção de informações pessoais – relativas à intimidade, vida privada, honra e imagem (art. 31, LAI).

Com a entrada em vigor da LGPD, no entanto, ganharam espaço novos debates sobre a divulgação de dados pessoais por imposição da LAI, como a remuneração de agentes públicos, em face dos novos parâmetros de privacidade e proteção de dados. O entendimento prevalecente é o de que as informações de interesse coletivo devem ser divulgadas, inclusive, para fins de controle social.[21]

Em linha com a doutrina de Gasiola, Machado e Schertel,[22] é possível estabelecermos alguns critérios de compatibilização da proteção de dados com o princípio da publicidade e os deveres de transparência que orientam a Administração Pública, são eles:

- divulgar informação cuja publicação protege interesse público geral e preponderante (art. 31, §3º, V, LAI);
- divulgar apenas as informações necessárias para atender ao interesse público (princípio da necessidade);
- garantir proteção às informações pessoais que não tenham relevância para os fins da transparência pública (número de documentos de identificação, endereço das pessoas naturais, número de telefone pessoal, por exemplo);
- informar, em veículo de fácil acesso, as hipóteses de tratamento, a previsão legal, a finalidade, os procedimentos e as práticas utilizadas na execução do tratamento de dados pessoais (art. 23, I, LGPD).

Aplicados esses critérios ao contexto das arbitragens envolvendo o Poder Público, vale ressaltar boas práticas em que os próprios órgãos internos da Administração Pública disponibilizam os documentos e informações mais relevantes das arbitragens públicas (transparência ativa).[23]

---

[21] *Vide* o caso do município de Itu em São Paulo sobre divulgação de remuneração de servidores: "Ação civil pública. Acesso à informação. Mera divulgação dos salários bruto e líquido dos servidores que não atende plenamente aos mandamentos constitucionais da publicidade e da transparência. Viabilidade de que ao ente público seja imposta obrigação de detalhar as verbas percebidas por seus agentes, tais como diárias, ajudas de custo, indenizações e vantagens. Informações que não violam a privacidade ou intimidade alheias, além de possibilitar efetivo controle dos recursos públicos pela coletividade. Precedente. Sentença mantida. Recurso não provido" (TJ/SP. Apelação Cível Processo nº 1002416-07.2021.8.26.0286. Rel. José Eduardo Marcondes Machado).

[22] GASIOLA, Gustavo Gil; MACHADO, Diego; MENDES, Laura Schertel. A administração pública entre transparência e proteção de dados. *Revista de Direito do Consumidor*, v. 15, p. 179-201.

[23] *Vide*, por exemplo: https://www.gov.br/agu/pt-br/composicao/cgu/cgu/nea e https://www.gov.br/agu/pt-br/composicao/procuradoria-geral-federal-1/subprocuradoria-federal-de-consultoria-juridica/equipe-nacional-de-arbitragens-enarb/casos-em-andamento.

Nesse sentido, a Portaria Normativa AGU nº 21, de 22.7.2021, em linha com as melhores práticas de transparência, definiu o credenciamento de câmaras arbitrais e o dever de publicidade (art. 3º, IV c/c §5º).

Ademais, não é despiciendo ressaltar que os cidadãos podem solicitar esclarecimentos sobre arbitragens públicas por meio da Lei de Acesso à Informação (Lei nº 12.527/2011), bem como há a possibilidade de participação de *amicus curie*, exercendo-se uma forma de controle social na Administração Pública.

Por fim, entre as informações relevantes à concreção da publicidade no contexto da arbitragem, merecem destaque as informações sobre: as partes e o objeto, bem como os principais atos da arbitragem, como exemplo, a convenção arbitral, o termo arbitral, a íntegra da sentença arbitral e as despesas com a arbitragem (transparência ativa).[24]

4 Conclusão

A proteção de dados pessoais inaugurou uma nova modalidade de pensamento no mundo jurídico. O que antes era supérfluo e exagerado agora é pressuposto existencial para o funcionamento de qualquer atividade.

Com a arbitragem não é diferente, seja pela nova realidade imposta pelo mundo moderno e pós-pandêmico, seja pela necessidade de reafirmação da confiança e da reputação da arbitragem como método adequado de resolução de disputas. E, conforme ressaltamos, os riscos para aqueles que permanecerem inertes são gravíssimos: perda de reputação e competitividade, sujeição a ataques cibernéticos, multas destrutivas em caso de eventual violação.

Assim, é imprescindível que as câmaras arbitrais aperfeiçoem as suas normas internas e se adéquem às exigências estabelecidas pela LGPD, criando novas políticas de privacidade e reforçando os sistemas de segurança da informação.

Por fim, em se tratando de arbitragens públicas, a proteção de dados será importantíssima não apenas para resguardar dados pessoais sensíveis de posse e uso do Poder Público, mas também para inaugurar uma possível governança nessa modalidade de arbitragem, construída e parametrizada a partir do dever de publicidade e do dever de proteção de dados sensíveis.

---

[24] Nesse sentido, *vide*: Acórdão TCU nº 3.160/2020. Rel. Vital do Rêgo, j. 25.11.2020.

Referências

ARBITRAGENS com a Administração Pública Direta. *Portal CAM/CCBC*. Disponível em: https://ccbc.org.br/cam-ccbc-centro-arbitragem-mediacao/resolucao-de-disputas/arbitragem/arbitragem-com-adm/. Acesso em: 28 out. 2020.

BOTTINO, Celina *et al*. *Lei Geral de Proteção de Dados Pessoais e resolução de conflitos*: experiências internacionais e perspectivas para o Brasil. Rio de Janeiro: Instituto de Tecnologia & Sociedade do Rio, abr. 2020.

CAM. Orientação CAM nº 01/2019. *Portal CAM B3 Digital*, 14 jun. 2019. Disponível em: https://www.camaradomercado.com.br/assets/pt-BR/Resolucao%20CAM%20B3%20Digital%20assinada.pdf. Acesso em: 28 out. 2020.

CAM/CCBC. Resolução Administrativa nº 15/2016 do CAM/CCBC. *Portal CAM/CCBC*, 20 jan. 2016. Disponível em: https://ccbc.org.br/cam-ccbc-centro-arbitragem-mediacao/resolucao-de-disputas/resolucoes-administrativas/ra-15-2016-publicidade-em-procedimentos-com-a-adm-publica-direta/. Acesso em: 28 out. 2020.

CASOS de arbitragem do Núcleo Especializado em Arbitragem da Advocacia-Geral da União. *Portal AGU*. Disponível em: https://www.gov.br/agu/pt-br/composicao/consultoria-geral-da-uniao-1/nucleo-especializado-em-arbitragem/casos-de-arbitragem. Acesso em: 28 out. 2020.

COSTA, Thiago R. Veloso. Proteção de dados e arbitragem: para além de uma questão legal. *Jota*, 29 jun. 2019. Disponível em: https://www.jota.info/opiniao-e-analise/artigos/protecao-de-dados-e-arbitragem-para-alem-de-uma-questao-legal-29062019. Acesso em: 28 out. 2020.

FRANÇA, Rubens Limongi. *Instituições de direito civil*. São Paulo: Saraiva, 1988.

GASIOLA, Gustavo Gil; MACHADO, Diego; MENDES, Laura Schertel. A administração pública entre transparência e proteção de dados. *Revista de Direito do Consumidor*, v. 15, p. 179-201.

GENERAL Data Protection Regulation. *Intersoft Consulting*. Disponível em: https://gdpr-info.eu/. Acesso em: 28 out. 2020.

ICCA. ICCA Reports No. 7 Consultation Draf: The ICCA-IBA Roadmap to Data Protection in International Arbitration. *Portal ICCA*, fev. 2020. Disponível em: https://www.arbitration-icca.org/publications/ICCA_Report_N7.html. Acesso em: 28 out. 2020.

ICCA. NYCBar – CPR Protocol on Cybersecurity in International Arbitration (2020 Edition). New York Arbitration Week Special Printing. *Portal ICCA*, 2020. Disponível em: https://www.arbitration-icca.org/media/14/76788479244143/icca-nyc_bar-cpr_cybersecurity_protocol_for_international_arbitration_-_print_version.pdf. Acesso em: 28 out. 2020.

NOTA às partes e aos tribunais arbitrais sobre a condução da arbitragem conforme o regulamento de arbitragem da CCI. *Portal ICC*, 1º jan. 2019. Disponível em: https://cms.iccwbo.org/content/uploads/sites/3/2017/03/icc-note-to-parties-and-arbitral-tribunals-on-the-conduct-of-arbitration-portuguese.pdf. Acesso em: 28 out. 2020.

OLIVEIRA, Gustavo Justino de; ESTEFAM, Felipe Faiwichow. *Curso prático de arbitragem e Administração Pública*. São Paulo: Thomson Reuters Brasil, 2019.

PEREZ, Marcos A. Invasão de privacidade chancelada por lei. *Revista Piauí*, 29 set. 2020. Disponível em: https://piaui.folha.uol.com.br/invasao-de-privacidade-chancelada-por-lei/. Acesso em: 28 out. 2020.

REPORT on the use of Information Technology in International Arbitration. *Portal ICC*, 2017. Disponível em: https://iccwbo.org/publication/information-technology-international-arbitration-report-icc-commission-arbitration-adr/. Acesso em: 28 out. 2020.

SCHENK, Leonardo Faria. Notas sobre a (in) disponibilidade do objeto litigioso e a arbitrabilidade. *Revista da EMERJ*, v. 12, n. 48, p. 59-73, 2009.

STF – SUPREMO TRIBUNAL FEDERAL. *Medida Cautelar na ADI 6.387-DF*. Rel. Min. Rosa Weber. Julgado em 24.04.2020 e publicado em 28.04.2020. Disponível em: http://portal.stf.jus.br/processos/downloadPeca.asp?id=15342959350&ext=.pdf. Acesso em: 28 out. 2020.

STF impõe limites ao compartilhamento de dados do Sistema Brasileiro de Inteligência (Sisbin). *Notícias STF*, 13 ago. 2020. Disponível em: http://stf.jus.br/portal/cms/verNoticiaDetalhe.asp?idConteudo=449549. Acesso em: 28 out. 2020.

Informação bibliográfica deste texto, conforme a NBR 6023:2018 da Associação Brasileira de Normas Técnicas (ABNT):

OLIVEIRA, Gustavo Justino de; RAZZINI, Felipe; VENTURINI, Otavio. LGPD e arbitragem: notas sobre a proteção de dados nas arbitragens envolvendo a Administração Pública brasileira. *In*: PIRONTI, Rodrigo (Coord.). *Lei Geral de Proteção de Dados no setor público*. 2. ed. Belo Horizonte: Fórum, 2024. p. 279-295. ISBN 978-65-5518-731-1.

DESAFIOS DA LGPD E AS HISTÓRIAS NÃO CONTADAS DE EXPERIÊNCIAS EMOCIONAIS EM ESCALA MASSIVA: CONTROLE TECNOLÓGICO EM SERES HUMANOS COMO RATOS DE LABORATÓRIO

IRENE PATRÍCIA DIOM NOHARA

FERNANDO MEDICI GUERRA MARTINS

1 Introdução

Em primeiro lugar, gostaríamos de agradecer ao admirável Rodrigo Pironti, influenciador entusiasmado de inovadoras reflexões, pelo convite de integrar esta importante coletânea sobre a *Lei Geral de Proteção de Dados no setor público*, ao lado dos mais consagrados e brilhantes publicistas, sendo uma obra que brinda o público com indagações e análises acerca da aplicação e do alcance da Lei Geral de Proteção de Dados, e alcança sua celebrada segunda edição.

Depois de inúmeras prorrogações, por medidas provisórias, e da derrubada, no Senado Federal, da última prorrogação da entrada em vigor da Lei Geral de Proteção de Dados no Brasil, a Lei nº 13.709/2018 finalmente ultrapassou seu prazo de *vacatio legis* e teve seus efeitos aplicáveis em território nacional. Trata-se de um dos mais avançados passos do século XXI, período no qual, como se costuma dizer, *data is the new oil*.[1]

[1] THE WORLD'S most valuable resource is no longer oil, but data. *The Economist*, 6 maio 2017. Disponível em: https://www.economist.com/leaders/2017/05/06/the-worlds-most-valuable-resource-is-no-longer-oil-but-data. Acesso em: 25 out. 2020.

Os dados são os novos recursos disputados no capitalismo contemporâneo. O presente escrito, feito a quatro mãos e, principalmente, dois cérebros, representa um esforço no sentido de trazer à tona a percepção de que o atual estágio de controle tecnológico, com base na utilização de ferramentas capazes de minerar quantidades massivas de dados, tem o potencial de transformar, sem exagero algum, os seres humanos em verdadeiros "ratos de laboratório", em dimensões das mais variadas, como exemplo, para o consumo, a influência no comportamento eleitoral e até o indesejado controle distópico do Estado.

Utilizamos como referencial teórico as análises da professora da Harvard, Shoshana Zuboff, em sua obra *The Age of Surveillance Capitalism*, acoplando, portanto, algumas histórias não contadas sobre experiências massivas nas quais não apenas houve a distorção no uso de dados pessoais, mas uma situação ainda pior: a invasão da privacidade por meio de estratégias lúdicas em que se constatou ser possível manipular as emoções e, sobretudo, o comportamento humano.

Serão abordados os impactos do uso de algoritmos que geram o aumento da polarização política e social, em que o *excedente comportamental* é minerado por *machine intelligence*, sendo, num momento posterior, utilizado para organizações e até grupos políticos que pretendem ocupar os governos. As grandes plataformas têm o poder de direcionar comportamentos em experimentos de contágio emocional em que os seres humanos apresentam uma "reação de manada", sem se darem conta, portanto, do quanto estão vulneráveis às manipulações que são realizadas a partir da utilização de seus dados pessoais.

Assim, pretende-se apontar a Lei Geral de Proteção de Dados como a protagonista do debate e da regulação dos possíveis abusos que podem ocorrer na utilização de dados pessoais, sendo, no Brasil, a Autoridade Nacional de Proteção de Dados o órgão que terá por atribuição estabelecer os regramentos e desdobramentos da LGPD na prática, os quais devem ser aplicados tanto aos atores públicos como aos do setor privado.

Será defendido que a LGPD representa um importante avanço, uma vez que é voltada para proteger a privacidade de dados de usuários. Todavia, procura-se aqui, a partir do relato das histórias não contadas e, portanto, nada ficcionais, suscitar alguns desafios para que a interpretação e regulação da aplicação da LGPD também mire na principal dinâmica que transforma os dados em recursos altamente disputados, no atual estágio de avanço tecnológico, qual seja, o uso do *excedente comportamental* na criação de *modelos de manipulação do comportamento* dos usuários.

Espera-se desvelar essa dinâmica mais complexa, que mobiliza esforços e também receios, para que o uso de informações por organizações públicas ou privadas seja submetido, no controle da proteção de dados, aos filtros éticos e de respeito à dignidade humana, sob pena de vivermos uma distopia de controle e experimentos sociais a partir da manipulação massiva de amplos grupos sociais. Trata-se, em síntese, de um calcanhar de Aquiles importante, que a aplicação incipiente da LGPD e sua regulação pela ANPD não podem deixar de considerar, dado potencial distópico do uso das tecnologias para manipulação do comportamento humano.

2 O excedente comportamental

O alarme do celular toca, já informando os compromissos do dia. Notícias e atualizações de redes sociais já estão à disposição, com um algoritmo pronto para medir o interesse do usuário. Entre aplicativos de navegação utilizados para informar o uso de transportes públicos ou oferecer o caminho com menos trânsito, *e-mails*, pesquisas no Google, sistemas de mensagens, agendas virtuais e o entretenimento em serviços como YouTube e Netflix, a rotina humana tem incluído cada vez mais interações com dispositivos e programas digitais.

Com as tecnologias disponíveis no universo digital, informações como a duração da jornada do trabalho, palavras ditas, trajeto de deslocamento, preferências políticas, impulsos de compra, até mesmo a sexualidade e outras esferas íntimas ficam ao alcance dos bancos de dados de corporações bilionárias para serem armazenadas, processadas, analisadas, prontas para alimentar modelos de previsão do comportamento humano e serem leiloadas pelo maior preço.

O Google, que se apresentou originalmente como uma forma conveniente de acessar o conhecimento, agora controla o fluxo de informações para manter a atenção do usuário pelo maior tempo possível, enquanto retira dele uma quantidade massiva de dados para prever e influenciar seu comportamento.[2]

[2] PARISER, E. *The filter bubble*: what the internet is hiding from you. Nova York: The Penguin Press, 2011. p. 6-7. ZUBOFF, Shoshana. *The age of surveillance capitalism*. Nova York: Hachette Book Group, 2019. p. 49.

O Facebook, sob a premissa de conectar pessoas, aplica um modelo de retenção de atenção e extração de dados que causa a criação de "bolhas" de conteúdo, definidas por Pariser[3] como algoritmos[4] que preveem, influenciam e direcionam o conteúdo apresentado com base no perfil e nos hábitos do usuário, gerando a sensação de eficiência de acesso à informação, mas restringindo o universo de resultados e conteúdos apresentados, levando a certo grau de determinismo informacional, uma vez que indivíduos só podem agir de acordo com as informações que têm à disposição.

Ocorre que tal prática causa aumento na polarização política e social, como evidenciado por relatório interno da própria rede social, que aponta que 64% da associação em grupos extremistas nos Estados Unidos ocorreu por meio da plataforma, conforme reportado pelo *Wall Street Journal*.[5]

Outros exemplos poderiam ser oferecidos, mas a situação que se apresenta é que as grandes corporações do mundo digital monetizam seus serviços não com os dados que seus usuários voluntariamente oferecem, mas pelos modelos de predição e alteração de comportamento que oferecem aos anunciantes a melhor forma de exposição dos usuários ao conteúdo que se pretende propagar.[6]

Tudo isso é arquitetado de maneira que tais práticas sejam imperceptíveis ao usuário,[7] cuja ignorância e alienação em relação ao funcionamento da esfera digital se mostram imprescindíveis para o que Shoshana[8] chama de *Surveillance Captalism*, em que empresas de

---

[3] PARISER, E. *The filter bubble*: what the internet is hiding from you. Nova York: The Penguin Press, 2011. p. 61-76.

[4] Uma discussão importante, mas muito ampla para o presente artigo, é a questão da natureza dos algoritmos. Com base na obra *Weapons of Math Destruction*, de Cathy O'Neil, a definição adotada é a de que algoritmos são sistematizações matemáticas para resolução de problemas a partir de determinada definição de sucesso. Segunda a autora, os modelos produzidos pelos algoritmos se revelam como opiniões embutidas em matemática (*opinions embedded in math*, no original) (O'NEIL, Cathy. *Weapons of Math Destruction*. Nova York: Crown, 2016. p. 27).

[5] SEETHARAMAN, Deepa; HORWITZ, Jeff. Facebook Executives Shut Down Efforts to Make the Site Less Divisive. *The Wall Street Journal*, Nova York, p. 20-20, 26 maio 2020. Disponível em: https://www.wsj.com/articles/Facebook-knows-it-encourages-division-top-executives-nixed-solutions-11590507499. Acesso em: 24 set. 2020.

[6] ZUBOFF, Shoshana. *The age of surveillance capitalism*. Nova York: Hachette Book Group, 2019. p. 18.

[7] PARISER, E. *The filter bubble*: what the internet is hiding from you. Nova York: The Penguin Press, 2011. p. 10-11; 13; 114.

[8] ZUBOFF, Shoshana. *The age of surveillance capitalism*. Nova York: Hachette Book Group, 2019. p. 19.

tecnologia utilizariam a experiência humana como uma matéria-prima gratuita para a geração de modelos capazes de prever e influenciar o comportamento do usuário.

A autora alerta que, embora alguns dados sejam de fato aplicados para melhoria do produto ou serviço, o restante é tratado como um excedente comportamental (*behavioral surplus*, no original), alimentando processos avançados de *machine intelligence* (inteligência da máquina) e *machine learning* (aprendizado da máquina), que são utilizados para alterar comportamentos dos usuários dentro e fora das plataformas eletrônicas, de acordo com os interesses destas organizações.[9]

3 Casos não contados sobre a utilização do excedente comportamental para manipulação de comportamento humano

Em 2014, funcionários do Facebook publicaram um artigo[10] divulgando os resultados de um experimento acerca da capacidade da plataforma de manipular emoções dos seus usuários por meio do seu conteúdo. Por uma semana, em janeiro de 2012, eles manipularam o que 689.003 usuários viam em sua linha do tempo quando entravam no sistema, parte deles com uma preponderância de conteúdos considerados felizes ou positivos, enquanto outra parte recebia conteúdos considerados negativos. Ao fim desta semana, os resultados demonstraram que os usuários apresentavam maior chance de postarem atualizações e produzirem conteúdo positivos ou negativos, de acordo com o tipo de conteúdo ao qual foram expostos.

De acordo com Shoshana Zuboff,[11] o experimento do contágio emocional realizado pelo Facebook demonstra que a empresa é capaz de criar e aplicar pistas subliminares com alcance além das telas dos dispositivos, atingindo a vida cotidiana dos milhões de usuários da plataforma, fazendo-os experimentar estados emocionais transmitidos por contágio social sem que eles tenham consciência de tal influência.

---

[9] ZUBOFF, Shoshana. *The age of surveillance capitalism*. Nova York: Hachette Book Group, 2019. p. 14.

[10] KRAMER, Adam; GUILORY, Jamie; HANCOCK, Jeffrey. Experimental evidence of massive-scale emotional contagion through social networks. *Proceedings of the National Academy of Sciences*, n. 111, 2014.

[11] ZUBOFF, Shoshana. *The age of surveillance capitalism*. Nova York: Hachette Book Group, 2019. p. 192.

Ademais, alguns estudos relacionam a utilização do Facebook com uma queda no bem-estar emocional, como pode ser visto em artigo de Shakya e Christakis,[12] no qual os autores verificaram a associação entre a utilização do Facebook e diversos indicadores do bem-estar em 5.208 voluntários, demonstrando uma queda entre 5% e 8% nos indicadores do grupo de voluntários mais ativos.

Já o estudo de Sabatini e Sarracino,[13] realizado na Itália, demonstrou uma associação entre a utilização de redes sociais com um declínio na confiança social. Outro exemplo está em um estudo realizado por McDool, Powell, Roberts e Taylor,[14] realizado no Reino Unido, cujos resultados sugerem que o aumento do tempo de uso em redes sociais por crianças afeta todos os aspectos de sua vida, exceto as amizades, e, ainda, que garotas tendem a sofrer mais efeitos adversos do que garotos.

Inclusive, é importante ressaltar que a influência da tecnologia exercida por essas empresas não se limita ao mundo virtual e à esfera íntima dos usuários, podendo mover usuários fisicamente (como por meio do aplicativo Pokémon Go), e até mesmo influenciar o resultado de eleições e importantes referendos (como no caso das ações da empresa Cambridge Analytica), conforme será demonstrado a seguir.

A mencionada capacidade de mover fisicamente os usuários se demonstrou de maneira clara por meio do jogo para celular Pokémon Go, no qual usuários interagiam com o celular por meio de uma tecnologia chamada realidade aumentada (na qual o aplicativo mostra o mundo real por meio de uma câmera, com a adição de elementos virtuais, tentando criar a ilusão de que elementos do jogo existem e podem interagir com objetos reais) para capturar monstros que fazem parte de uma popular franquia de jogos de videogame denominada Pokémon. Nele, os usuários são incentivados a andar pelo mundo real, para que na tela do jogo possam encontrar as criaturas acima mencionadas.

---

[12] CHRISTAKIS, Nicholas; SHAKYA, Holly. Association of Facebook Use With Compromised Well-Being: A Longitudinal Study. *American Journal of Epidemiology*, Baltimore, v. 185, n. 3, p. 203-211, 1º fev. 2017. DOI: https://doi.org/10.1093/aje/kww189. Disponível em: https://academic.oup.com/aje/article/185/3/203/2915143. Acesso em: 22 set. 2020.

[13] SABATINI, Fabio; SARRACINO, Francesco. Online networks and subjective well-being. *ArXiv – Cornel University*, Nova Iorque, p. 20-20, 2014. Disponível em: https://arxiv.org/abs/1408.3550. Acesso em: 22 set. 2020.

[14] MCDOOL, Emily *et al*. Social Media Use and Children's Wellbeing. *Discussion Paper Series*, Sheffield, n. 10412, p. 1-27, 2016. Disponível em: https://papers.ssrn.com/sol3/papers.cfm?abstract_id=2886783. Acesso em: 22 set. 2020.

Como revelado pelo próprio criador do aplicativo, John Hanke,[15] e relatado por Zuboff,[16] Pokémon Go foi desenvolvido com base nos aplicativos Google Maps e Google Street View, tendo inclusive utilizado boa parte da mesma equipe de desenvolvimento, por meio de uma empresa capitaneada por Hanke (Niantic Labs)[17] e ligada à gigante da indústria de tecnologia Google. A intenção seria criar jogos que oferecessem uma realidade alternativa, capazes de rastrear e arrebanhar usuários pelos territórios já mapeados pelo Google Street View.

De acordo com Zuboff,[18] o jogo buscava influenciar jogadores de maneira rápida para determinados resultados, gerando quantidades enormes de dados sobre os usuários, bem como de espaços públicos e privados. Ainda mais importante, ele ofereceu um ambiente propício para que a empresa testasse e aplicasse a estimulação em larga escala de comportamentos individuais e coletivos por meio das dinâmicas do jogo.

Neste sentido, cabe notar que, de acordo com os termos de serviço[19] e a política de privacidade[20] do próprio jogo, que todos os usuários têm que aceitar para utilizar o Pokémon Go, o usuário autoriza o aplicativo a realizar uma série de operações[21] dentro do dispositivo do usuário, o que facilmente possibilita à desenvolvedora Niantic obter informações como a localização do usuário (incluindo um histórico das localizações), as rotas tomadas pelo usuário (incluindo frequência e tempo transcorrido), a aparência e expressões faciais do usuário,

---

[15] SABIN, Dyani. The secret history of 'pokemon go', as told by creator John Hanke. *Inverse*, 28 fev. 2017. Disponível em: https://www.inverse.com/article/28485-pokemon-go-secret-history-google-maps-ingress-john-hanke-updates#:~:text=Niantic%20CEO%20John%20Hanke%20revealed,and%20teases%20of%20the%20future. Acesso em: 22 set. 2020.

[16] ZUBOFF, Shoshana. *The age of surveillance capitalism*. Nova York: Hachette Book Group, 2019. p. 198.

[17] Conforme apontado por Shoshana Zuboff, a Niantic não faz parte da estrutura corporativa da Google (capitaneada pela empresa Alphabet), mas foi estabelecida como uma empresa independente com investimento de 30 milhões pela Google, Nintendo (a empresa criadora da franquia Pokémon) e a Pokémon Company (empresa ligada à Nintendo).

[18] ZUBOFF, Shoshana. *The age of surveillance capitalism*. Nova York: Hachette Book Group, 2019. p. 198.

[19] Disponível em: https://nianticlabs.com/terms/pt_br/. Acesso em: 21 set. 2020.

[20] Disponível em: https://nianticlabs.com/privacy/. Acesso em: 21 set. 2020.

[21] Incluindo achar contas de usuário no dispositivo utilizado (telefone celular), acessar os contatos do usuário para encontrar outros usuários do serviço, a localização do usuário (por meio do sistema de GPS e pela utilização de redes de telefonia e Wi-Fi), acessar fotos e arquivos, ler ou modificar (incluindo deletar) conteúdos de armazenamento USB, acessar a câmera, tirar fotos, produzir vídeos, receber dados da internet, controlar a vibração do dispositivo, parear com outros dispositivos que utilizam a tecnologia Bluetooth, acessar e se conectar a redes e impedir que o dispositivo entre em modo de descanso.

além de todos os arquivos e conteúdos armazenados no dispositivo em questão. Claro, não se pode ter certeza se de fato a desenvolvedora utiliza e manipula todas estas informações, mas o fato é que os próprios documentos legais aludem a essas possibilidades.

Zuboff[22] aponta que até mesmo a equipe da Niantic se mostrou surpresa com intensidade das mudanças comportamentais dos jogadores durante o período de desenvolvimento, e relata que o criador John Hanke compreendeu que as sementes da mudança comportamental se encontravam nas regras do jogo e suas dinâmicas sociais. Para a autora, Pokémon Go foi desenvolvido para tirar vantagem das principais fontes de motivação dos jogadores, visando mudar seu comportamento e criando uma comunidade social ao redor do jogo baseada em ações no mundo real.

Segundo Zuboff,[23] todos os jogos podem delimitar comportamentos com regras, incentivos e punições, o que a literatura chama de "gameficação" (*gamification*, no original), uma estratégia muito conhecida no mundo acadêmico.

Nesse sentido, os jogos utilizados nas estratégias de gameficação teriam três camadas ou categorias de ação. No nível mais alto, encontram-se as "dinâmicas" que direcionam a energia motivacional do jogo, normalmente consistindo em emoções causadas pela competição e frustrações, narrativas envolventes, estruturas de progressão a determinado objetivo ou relacionamentos que produzem sentimentos como "espírito de equipe" ou agressão.

Na sequência, apresentam-se as "mecânicas de jogo", ou os blocos de construção que direcionam a ação e aumentam o engajamento do usuário por meio de regras e possibilidades apresentadas ao usuário. Assim um jogo pode se estruturar como um desafio individual, uma competição, uma cooperação, jogos em equipe, entre outros.

Por fim, os "componentes" operacionalizariam as mecânicas acima expostas. Para Zuboff,[24] estes seriam os aspectos mais visíveis de um jogo, demonstrando e representando o progresso do jogador, desafios predefinidos, premiações (como troféus ou conquistas), batalhas contra chefes (adversários mais difíceis e chamativos) como forma

---

22 ZUBOFF, Shoshana. *The age of surveillance capitalism*. Nova York: Hachette Book Group, 2019. p. 198.

23 ZUBOFF, Shoshana. *The age of surveillance capitalism*. Nova York: Hachette Book Group, 2019. p. 199.

24 ZUBOFF, Shoshana. *The age of surveillance capitalism*. Nova York: Hachette Book Group, 2019. p. 199.

de marcar o ápice do jogo ou uma etapa do jogo e listas de jogadores com maiores pontuações, entre outros.

Tais estruturas são comprovadamente eficientes para motivar a ação, e existe uma tendência de os jogos serem cada vez mais utilizados com uma metodologia direcionada para causar mudanças comportamentais. A autora[25] afirma que, na prática, companhias utilizam largamente estes instrumentos para criar situações capazes de arrebanhar consumidores e condicionar o comportamento de seus usuários para gerar maior consumismo e alavancar os lucros.

Contudo, Zuboff[26] expõe que o caso do Pokémon Go foi pioneiro em conseguir movimentar fisicamente os jogadores para diferentes localidades no mundo real, trazendo uma nova escala à alteração de comportamentos. A autora indica que uma parte significativa da monetização do jogo decorreu da venda da movimentação física de usuários para determinadas localidades (principalmente restaurantes e lojas), por meio do posicionamento de determinadas criaturas (componentes do jogo) em localizações desejadas, trazendo inúmeros consumidores ao local, no que a equipe do jogo chamava de *lure modules* (módulos de isca, em português). Um exemplo disto estaria na contratação pela rede de *fast food* McDonalds no Japão, que buscou atrair jogadores para os seus 30.000 estabelecimentos no país.

Zuboff[27] informa que o fanatismo dos jogadores pelo Pokémon Go declinou gradativamente, mas isso não diminui seu impacto, uma vez que o jogo teria demonstrado técnicas para manipulação do comportamento em uma escala nunca antes vista.

Outrossim, é atual o debate sobre *neurogaming*,[28] sobretudo com enfoque em como a gamificação tem impactos no desenvolvimento de crianças e adolescentes, dado que o Brasil é um dos segmentos mais pujantes no setor, tendo em vista o mercado consumidor. Como a gamificação gera esse comportamento de interação e surpresa, estimulando, com o jogo, liberação de dopamina, ele tem alto potencial de adição,

---

[25] ZUBOFF, Shoshana. *The age of surveillance capitalism*. Nova York: Hachette Book Group, 2019. p. 199.

[26] ZUBOFF, Shoshana. *The age of surveillance capitalism*. Nova York: Hachette Book Group, 2019. p. 199-201.

[27] ZUBOFF, Shoshana. *The age of surveillance capitalism*. Nova York: Hachette Book Group, 2019. p. 201.

[28] Sobre o debate de *neurogaming*, houve painéis interdisciplinares, com neuropediatra, especialistas em *games*, e pesquisadores da área jurídica no encontro presente no canal do YouTube do PPGDPE do Mackenzie (Disponível em: https://www.youtube.com/watch?v=LRK-uPjDFss&t=2459s. Acesso em: 2 dez. 2023, sob o título *Neurogaming – aspectos jurídicos e saúde mental*).

isto é, vício, sendo uma questão essencial a ser ponderada também na proteção aos neurodireitos no Brasil.

Contudo, não apenas as relações de consumo e sociais são atingidas pelas plataformas digitais, mas até mesmo os resultados de eleições e referendos podem ser manipulados, ao menos em parte, como evidenciado pelo escândalo envolvendo a empresa Cambridge Analytica, que teria influenciado os resultados da eleição presidencial estadunidense de 2016 e o referendo acerca da possível saída do Reino Unido da União Europeia no mesmo ano.

Na ocasião, conforme reportado pelo jornal inglês *The Guardian*,[29] o acadêmico Alexander Kogan pagou 270.000 pessoas nos Estados Unidos para participar de um teste de personalidade. Ocorre que o aplicativo utilizado para o teste acessou os perfis dos participantes na plataforma Facebook, além dos perfis de cerca de 160 amigos de cada participante, sem o conhecimento de qualquer um deles. Tal invasão permitiu que a empresa traçasse o perfil psicológico de 50 a 87 milhões de usuários, que foi posteriormente vendido para a Cambridge Analytica.

De acordo com o então CEO da Cambridge Analytica, Alexander Nix,[30] a empresa dispunha de quatro a cinco mil pontos de dados acerca de cada adulto nos Estados Unidos. Segundo Jonathan Heawood,[31] estes dados foram utilizados para traçar perfis de acordo com uma ferramenta chamada OCEAN, um acrônimo para cada umas das categorias utilizadas: *Openness* (abertura), *Conscientiousness* (consciência), *Extraversion* (extroversão), *Agreeableness* (amabilidade) e *Neuroticism* (neuroticismo).

Posteriormente, estes dados foram utilizados pela Cambridge Analytica para formulação e propagação de propagandas políticas direcionadas especificamente para cada usuário, focando-se em eleitores indecisos, com o objetivo específico de angariar votos para o então candidato republicano Donald Trump.[32]

---

[29] CADWALLADR, Carole. 'I made Steve Bannon's psychological warfare tool': meet the data war whistleblower. *The Guardian*, Londres, 18 mar. 2018. Disponível em: https://www.theguardian.com/news/2018/mar/17/data-war-whistleblower-christopher-wylie-faceook-nix-bannon-trump. Acesso em: 22 set. 2020.

[30] CAMBRIDGE Analytica – The Power of Big Data and Psychographics. Intérprete: Alexander Nix. Nova York: Concordia, 2016. (11 min.), P&B. Disponível em: https://www.youtube.com/watch?v=n8Dd5aVXLCc. Acesso em: 22 set. 2020.

[31] HEAWOOD, Jonathan. Pseudo-public political speech: democratic implications of the Cambridge Analytica scandal. *Information Polity*, 2018. DOI: 10.3233/IP-180009. Disponível em: https://pdfs.semanticscholar.org/bb66/5a36506a41cc22ae85b2ad503cd58604e705.pdf. Acesso em: 22 set. 2020.

[32] CADWALLADR, Carole. 'I made Steve Bannon's psychological warfare tool': meet the data war whistleblower. *The Guardian*, Londres, 18 mar. 2018. Disponível em: https://

Para Heawood,[33] trata-se de uma estratégia chamada *microtargeting* (microssegmentação), definida como um tipo de comunicação personalizada que envolve a coleta de informações sobre pessoas para posteriormente utilizá-la para lhes mostrar propagandas personalizadas. Tal prática envolve explorar medos e preconceitos para atingir a esfera íntima dos eleitores, muitas vezes visando ao subconsciente,[34] o que seria potencialmente mais invasivo que uma óbvia informação falsa.[35]

Heawood[36] argumenta que esta estratégia pode gerar uma crise democrática, porque obscurece as fronteiras do discurso público e as formas de comunicação consideradas privadas, como cartas e *e-mails*. O autor chama as propagandas políticas microssegmentadas de uma forma pseudopública de discurso, que se torna mais eficaz do que outras formas publicitárias políticas, uma vez que, na esfera privada, as defesas de um indivíduo são mais baixas do que em público, tornando-o mais vulnerável à manipulação, o que gera grandes distorções quando aplicadas em larga escala.

Heawood[37] esclarece, ainda, que a estratégia do *microtargeting*, de explorar dados pessoais sem consentimento, permitir o compartilhamento de desinformação e obscurecer as fronteiras entre a propaganda e outras formas de conteúdo, já existia na esfera pública, mas se tornou muito mais eficiente no mundo digital, porque o público não está familiarizado e não tem condições técnicas de perceber que ela está ocorrendo, em grande parte pela vulnerabilidade trazida pela invasão de sua esfera privada.

---

www.theguardian.com/news/2018/mar/17/data-war-whistleblower-christopher-wylie-faceook-nix-bannon-trump. Acesso em: 22 set. 2020.

[33] HEAWOOD, Jonathan. Pseudo-public political speech: democratic implications of the Cambridge Analytica scandal. *Information Polity*, 2018. DOI: 10.3233/IP-180009. Disponível em: https://pdfs.semanticscholar.org/bb66/5a36506a41cc22ae85b2ad503cd58604e705.pdf. Acesso em: 22 set. 2020.

[34] ZUBOFF, Shoshana. *The age of surveillance capitalism*. Nova York: Hachette Book Group, 2019. p. 201.

[35] HEAWOOD, Jonathan. Pseudo-public political speech: democratic implications of the Cambridge Analytica scandal. *Information Polity*, 2018. DOI: 10.3233/IP-180009. Disponível em: https://pdfs.semanticscholar.org/bb66/5a36506a41cc22ae85b2ad503cd58604e705.pdf. Acesso em: 22 set. 2020.

[36] HEAWOOD, Jonathan. Pseudo-public political speech: democratic implications of the Cambridge Analytica scandal. *Information Polity*, 2018. DOI: 10.3233/IP-180009. Disponível em: https://pdfs.semanticscholar.org/bb66/5a36506a41cc22ae85b2ad503cd58604e705.pdf. Acesso em: 22 set. 2020.

[37] HEAWOOD, Jonathan. Pseudo-public political speech: democratic implications of the Cambridge Analytica scandal. *Information Polity*, 2018. DOI: 10.3233/IP-180009. Disponível em: https://pdfs.semanticscholar.org/bb66/5a36506a41cc22ae85b2ad503cd58604e705.pdf. Acesso em: 22 set. 2020.

Outro exemplo da capacidade de influência do Facebook sobre processos eleitorais está em um experimento realizado durante a eleição para vagas no Congresso, em 2010, período no qual um botão na página principal da rede social permitia que o usuário informasse seus amigos na plataforma de que havia votado. De acordo com artigo publicado pela revista *Nature*,[38] cerca de 340.000 eleitores adicionais teriam comparecido às urnas por causa da ação do Facebook.

Ressalta-se que a utilização de ferramentas tecnológicas com base em quantidades massivas de dados para predição e manipulação de comportamentos também é utilizada diretamente por Estados, como observado pela adição do Sistema de Crédito Social (社会信用体系, em mandarim) que vem sendo implementado pelo governo chinês desde 2014.

Por meio da integração de dados obtidos por sistemas de crédito financeiro, decisões judiciais e administrativas, câmeras capazes de reconhecimento facial e fiscais de comportamento, o sistema recolhe e classifica o comportamento dos cidadãos,[39] atribuindo-lhes pontos positivos ou negativos de acordo com o alinhamento com o que é valorado como "bom" ou "ruim" pelo governo.[40]

Assim, cada cidadão recebe uma pontuação que é tornada pública por meio de avisos, bancos de dados abertos e até mesmo exibição de vídeos em praça pública expondo aqueles que transgrediram o sistema. Ademais, cidadãos abaixo de determinado número de pontos considerado aceitável são impedidos de utilizar certos serviços, como comprar passagens de trem e avião ou contrair empréstimos.

Trata-se de um sistema capaz de influenciar comportamentos humanos não apenas em razão das sanções trazidas dentro do sistema (como o impedimento de se utilizar serviços), mas também em razão da gameficação da reputação do indivíduo. Assim, o sistema de crédito social provoca uma competição dos cidadãos pelos melhores *rankings* de reputação.

---

[38] CORBYN, Zoe. Facebook experiment boosts US voter turnout. *Nature*, p. 20-20, 12 out. 1912. Disponível em: nature.com/news/Facebook-experiment-boosts-us-voter-turnout-1.11401. Acesso em: 22 set. 2020.

[39] CHORZEMPA, Martin; TRIOLO, Paul; SACKS, Samm. China's Social Credit System: A Mark of Progress or a Threat to Privacy? *Policy Brief*, 18-14, 2018. p. 6. Disponível em: https://www.piie.com/system/files/documents/pb18-14.pdf. Acesso em: 19 out. 2020.

[40] ZUBOFF, Shoshana. *The age of surveillance capitalism*. Nova York: Hachette Book Group, 2019. p. 201.

Segundo Xin Dai,[41] um processo de decisão baseado em reputação cria incentivos comportamentais para que os membros de determinados grupos sociais ajam de determinada forma. Para Dai, o sistema de crédito social chinês utiliza estas ferramentas para gerar uma sociedade na qual existam altos graus de confiança entre os cidadãos, o que é espelhado no documento público chinês acerca do plano de implementação do sistema.[42]

Contudo, a despeito da visão positiva de Dai, é preciso considerar o potencial do sistema para controle social, uma vez que manifestações políticas contrárias ao partido comunista podem gerar pontuações negativas, o que se junta a outras medidas do governo chinês para o controle da liberdade de expressão, como a obrigatoriedade de qualquer *website* de reportar comentários de usuários que sejam considerados ilegais ou a possibilidade de prisão por manifestações feitas na internet, inclusive em grupos privados de trocas de mensagem.[43]

Para Zuboff,[44] trata-se de uma das maiores expressões das ferramentas de modificação do comportamento, seguindo os mesmos moldes do capitalismo de vigilância, em que centenas de milhões de pessoas são capturadas por um sistema automatizado de modificação comportamental que oferece vantagens e honras, além de punições e humilhações, em troca de uma intensa previsibilidade das relações sociais e econômicas.

Cabe ressaltar que tal quadro pode ser exacerbado pelo uso antiético e desregulado de novas tecnologias dotadas de grande potencial disruptivo, como a utilização de inteligências generativas, neurotecnologias e computação quântica. Tais tecnologias certamente possuem a capacidade de gerar grandes benefícios para a humanidade, mas não há necessidade de grande esforço imaginativo para perceber como podem ser utilizadas para manipular e influenciar indivíduos.

---

41 DAI, Xin. *Toward a reputation state*: the social credit system project of China. 10 jun. 2018. DOI: http://dx.doi.org/10.2139/ssrn.3193577. Acesso em: 16 out. 2020.

42 CREEMERS, Rogier. *国务院关于印发社会信用体系建设　规划纲要（2014—2020年)*: Planning Outline for the Construction of a Social Credit System (2014-2020). 2020. Disponível em: https://chinacopyrightandmedia.wordpress.com/about/. Acesso em: 6 out. 2020 (tradução não oficial).

43 CHORZEMPA, Martin; TRIOLO, Paul; SACKS, Samm. China's Social Credit System: A Mark of Progress or a Threat to Privacy? *Policy Brief*, 18-14, 2018. p. 5. Disponível em: https://www.piie.com/system/files/documents/pb18-14.pdf. Acesso em: 19 out. 2020.

44 ZUBOFF, Shoshana. *The age of surveillance capitalism*. Nova York: Hachette Book Group, 2019. p. 247.

Por exemplo, a inteligência generativa, notadamente do tipo *Large Language Model* (LLM),[45] pode auxiliar em muito o trabalho de diversos profissionais, mas paralelamente pode ser utilizada em atividades de vigilância, como reconhecimento facial e rastreamento de *e-mails*, bem como na propagação de fraudes, entre inúmeros outros riscos.[46] Já as chamadas neurotecnologias trazem interações profundas entre máquinas e os cérebros humanos por meio de interfaces BCI,[47] que podem ser invasivas ou não invasivas. Embora ainda distantes do dia a dia da maior parte da população, tais tecnologias têm evoluído a passos largos e têm caído de processo, tornando mais provável sua adoção em larga escala.[48]

Tais tecnologias têm grande potencial de benefício à humanidade, oferecendo tratamento para doenças e males considerados incuráveis até um passado recente, bem como a potencialização da capacidade mental humana, notadamente em relação à atenção e à cognição. Por outro lado, sua capacidade de aquisição e edição de dados neurais demonstra grande potencial para vigilância e manipulação das esferas mais íntimas da vida humana.[49]

Desta forma, o quadro apresentado demonstra a capacidade das novas tecnologias de comunicação de interferir de maneira profunda na experiência humana, incluindo sentimentos, mobilidade e convicções políticas, o que tem consequências nas esferas pública e privada. É importante notar, inclusive, que não se trata de eventos isolados, mas

---

[45] LLMs são modelos linguísticos como o ChatGPT e o Google Bard, capazes de processar vastas amostras de dados para gerar aprendizado de máquinas (*machine learning*), principalmente utilizando algoritmos de aprendizado profundo (*deep learning*). Isto os permite emular uma utilização coerente de recursos linguísticos por meio de modelos estatísticos (WALKOWIAK, Emmanuelle; MACDONALD, Trent. Generative AI and the Workforce: What Are the Risks? *SSRN*, 8 out. 2023. DOI: http://dx.doi.org/10.2139/ssrn.4568684. Disponível em: https://papers.ssrn.com/sol3/papers.cfm?abstract_id=4568684. Acesso em: 3 dez. 2023).

[46] WALKOWIAK, Emmanuelle; MACDONALD, Trent. Generative AI and the Workforce: What Are the Risks? *SSRN*, 8 out. 2023. DOI: http://dx.doi.org/10.2139/ssrn.4568684. Disponível em: https://papers.ssrn.com/sol3/papers.cfm?abstract_id=4568684. Acesso em: 3 dez. 2023. PARK, Yong Jin. Structural Logic of AI Surveillance and Its Normalisation in the Public Sphere. *Journal of the European Institute for Communication and Culture*, v. 28, n. 4, p. 341-357, 2021. DOI: https://doi.org/10.1080/13183222.2021.1955323. Disponível em: https://doi.org/10.

[47] *Brain-Computer Intefaces*, ou interfaces cérebro-computador.

[48] IENCA, Marcelo; ANDORNO, Roberto. Towards new human rights in the age of neuroscience and neurotechnology. *Life Sci Soc Policy*, v. 13, n. 5, 2017. Disponível em: https://doi.org/10.1186/s40504-017-0050-1. Acesso em: 20 out. 2023.

[49] YUSTE, R.; GOERING, S.; ARCAS, B. *et al*. Four ethical priorities for neurotechnologies and AI. *Nature*, v. 551, p. 159-163, 2017. Disponível em: https://doi.org/10.1038/551159a. Acesso em: 20 set. 2023.

que se relacionam com a mesma mineração de dados engendrada para uso manipulador.

Esse movimento provoca também os ordenamentos jurídicos a procurarem realizar positivações de tutela aos neurodireitos, tendo sido o Chile o precursor mundial nessa proteção e o Brasil o segundo país do mundo a enviar ao Legislativo projeto neste sentido, sendo relevante de se mencionar o labor de Camila Pintarelli em encaminhar ao Congresso Nacional propostas de tutela jurídica à mente humana.[50]

4 O importante passo da LGPD e seus desafios

A Lei Geral de Proteção de Dados (LGPD) instrumentaliza uma quebra de paradigma em relação aos direitos que cada pessoa possui no tratamento de seus dados, seja pela iniciativa privada, particulares, terceiro setor ou Poder Público. Assim, ela prevê direitos e deveres acerca do uso correto de dados com autodeterminação informativa, respeito à privacidade, intimidade, honra e imagem.

Inspirada na *General Data Protection Regulation* (GDPR) europeia, a Lei Geral de Proteção de Dados fortalece direitos de privacidade em universos digitais, exigindo de diversos atores que tratam dados pessoais uma série de protocolos, como: termo de uso, política de privacidade e anonimização de dados, sendo assegurado ao titular dos dados uma soberania em relação à utilização de seus dados pessoais, com direito à alteração, revogação ou exclusão.

Para viabilizar a aplicação da LGDP, há a Autoridade Nacional de Proteção de dados (ANPD),[51] a qual compete: (1) fiscalizar e controlar o tratamento de dados, com possibilidade de aplicação de sanções; (2) atividades normativas e orientadoras; e (3) atividades relacionadas com a gestão de suas competências. Percebe-se, portanto, que as atividades da ANPD não são apenas de controle repressivo e sancionatório, mas também de orientação, sendo importante que a ANPD responda aos questionamentos e dê a informação adequada para que os destinatários da lei possam se adequar e estar conforme o regramento de proteção de dados.

---

[50] PINTARELLI, Camila. A tutela jurídica à mente humana. *In*: ASSEMBLEIA LEGISLATIVA; INSTITUTO DE ESTUDOS, CAPACITAÇÃO E POLÍTICAS PÚBLICAS DO PODER LEGISLATIVO DO ESTADO DE SÃO PAULO. *Cadernos do ILP: Ensino – Pesquisa – Extensão Cultural*. São Paulo: Instituto do Legislativo Paulista, 2023. v. 4. n. 5. Especial Curso Inteligência Artificial e Regulação Estatal. p. 150-153.

[51] RAIS, Diogo; PRADO FILHO, Francisco Octavio de Almeida. *Direito público digital*: o Estado e as novas tecnologias. São Paulo: Thomson Reuters Brasil, 2020. p. 17.

Na elaboração da Política Nacional de Proteção de Dados Pessoais e da Privacidade, a ANPD contará também com a atuação do Conselho Nacional de Proteção de Dados Pessoais e da Privacidade, cujas atribuições complementares estão previstas no art. 58-B: (1) propor diretrizes estratégicas e fornecer subsídios para a elaboração tanto da Política Nacional como da ANPD; (2) elaborar relatórios anuais de avaliação da execução das ações da Política Nacional; (3) sugerir ações a serem realizadas pela ANPD; (4) elaborar estudos e realizar debates e audiências públicas sobre proteção de dados pessoais e privacidade; e (5) disseminar o conhecimento sobre proteção de dados pessoais e da privacidade da população.

A LGPD inspirará a formação de uma nova cidadania e a partir da consciência de que os dados são pessoais, pessoas e organizações irão ser atores relevantes para fazer valer o seu conteúdo, o que suscitará uma reflexão maior sobre a possível distorção que o mal-uso dos dados acarreta. Contudo, apesar desse passo importante, na proteção à privacidade dos dados dos usuários, o controle dos desvios deve se focar também nas possíveis distorções que os modelos de predição de comportamento podem acarretar ao manipular em massa sentimentos, emoções e comportamentos humanos, conforme visto.

Para que se reflita sobre a força de cidadania que uma (única) pessoa tem, diante da proteção aos dados pessoais, ao enfrentar inclusive grandes corporações, basta que se aborde que todo o escândalo que trouxe às claras as distorções praticadas pela empresa Cambridge Analytica foi originado da ação de um professor, denominado David Carroll, no qual ele quis saber quais dados a Cambridge Analytica detinha dele e também como ela os havia obtido. A empresa descumpriu a ordem da autoridade britânica encarregada do controle dos dados (ICO) neste sentido, daí se intensificou a batalha.

A partir da colaboração por meio de *whistleblowers*, o novelo da lã se desenrolou para uma declaração do Facebook no sentido de que a Cambridge Analytica tinha coletado informações de 87 milhões de usuários seus sem o devido consentimento, com o fito de mandar propaganda política direcionada, a qual influenciou as eleições estadunidenses de 2016.

Percebe-se que muitas vezes o remediar das condutas não é suficiente para combater as externalidades provocadas. Por conseguinte, é relevante que a aplicação da LGPD se dê não apenas de forma repressiva, mas que haja políticas públicas preventivas sobre como fazer uma proteção dos dados pessoais diante do potencial distópico do uso das novas tecnologias existentes, para que haja a garantia da dignidade humana. Assim, atualmente se discute também, até em sede de possível *sandbox* regulatório, como a inteligência artificial irá garantir a proteção de dados, conforme a LGPD. Esta é a preocupação que deve conduzir o debate de implementação dos próximos passos tendo em vista evitar que a sociedade se transforme, sem saber, em cobaia de experimentos de controle e manipulação social.

5 Conclusão

O objetivo do presente escrito foi enaltecer a criação e a entrada em vigor da LGPD no Brasil, mas, ao mesmo tempo, estimular um debate sobre os desafios de efetividade da LGPD diante do fato de que, nos dias atuais, com a realidade digital, o comportamento humano se transforma em matéria-prima para modelos capazes de predizer e, ainda, de manipular os sentimentos, as emoções e as ações humanas. No documentário *O dilema das redes*,[52] Tristan Harris, especialista em ética de *design* do Google, formado em Ciência da Computação pela Stanford, com foco na interação ser humano-computador (HCI), é responsável por uma frase que é invariavelmente repetida: "se você não está pagando pelo produto, então você é o produto".

No fundo, pudemos perceber que, ao acrescentar a reflexão acurada de Zuboff, as grandes corporações digitais monetizam seus serviços não só a partir de dados fornecidos voluntariamente pelos usuários dos meios digitais (no caso da Cambridge Analytica, nem com isso), mas, sobretudo, pelo desenvolvimento dos modelos de predição de comportamentos que depois são vendidos para que haja a exposição estratégica do conteúdo da empresa adquirente, diante das novas potencialidades tecnológicas do *marketing digital* em face do *big data*.

Assim, o modelo de negócios se torna um sistema que acaba manipulando as experiências humanas, muitas vezes sem que os participantes destes jogos saibam para que fim serão utilizados ou vendidos os dados minerados de seus comportamentos, dentro de um sistema de excedente comportamental. Nesta perspectiva, deve-se advertir que, assim como uma experiência, muitas vezes também as grandes corporações digitais ainda não sabem para que fim será exatamente utilizado esse modelo de predição, que, depois, é vendido,

---

[52] O DILEMA das redes. Direção: Jeff Orlowski. Estados Unidos: Exposure Labs, 2020. Disponível em: https://www.netflix.com/br/title/81254224. Acesso em: 10 out. 2020.

no mais das vezes, no sigilo e na confidencialidade dos *big businesses*, sendo só desvelados quando há escândalos e distorções excessivas por meio da colaboração de *whisleblowers*.

Os modelos de predição ofertados, a partir da mineração de dados massivos do comportamento humano, têm o potencial de serem utilizados para os mais variados fins. Neste sentido, Pokémon Go, Cambridge Analytica e Sistema (chinês) de Crédito Social têm em comum manipular o comportamento humano a partir da esfera da vida privada, por meio de sofisticado sistema de estímulo digital, mas objetivaram fins diversos, notadamente: a venda de dados para aumentar clientela de estabelecimentos comerciais, influenciar o comportamento de eleitores indecisos com campanhas customizadas pró e contra determinados políticos e estimular o comportamento dos indivíduos para agirem conforme aquilo que o governo reputa bom para a sociedade.

Como as técnicas de estabelecimento de predição de comportamento, via gamificação, por exemplo, não revelam qual o fim daquela experimentação, sendo apenas aparente a situação menos evidente, que é ofertada como isca sem maiores explicações, os usuários acabam sendo envolvidos, sem que haja a plena conscientização, de uma experimentação em que são tratados como insumos ou mesmo como "ratos de laboratório".

Assim, a Lei Geral de Proteção de Dados acaba vedando muito mais a questão do uso sem autorização dos dados pessoais do que a própria experimentação de comportamentos para fins que se estabelecem muitas vezes *a posteriori*, na melhor das hipóteses, dado sigilo das atividades estratégicas privadas das grandes corporações. Logo, um desafio de regulação da proteção de dados, para enfrentar possíveis desvios, é focar na regulação, o que, no Brasil, é feito pela ANPD, para que haja o acoplamento de parâmetros éticos nos termos de uso e políticas de privacidade que permeiam as experimentações desenvolvidas a partir de dados massivos e do *machine learning* para que não haja usos com efeitos distópicos do ponto de vista social. Neste sentido, também é importante que o órgão de controle quando há os desvios éticos, mesmo em face da formalização de documentos de compromisso.

Conforme demonstrado, as plataformas e redes e suas manipulações são capazes, comprovadamente: de estimular o aflorar de sentimentos de alegria ou tristeza, de influenciar o resultado de eleições com o disparo de conteúdo customizado para eleitores indecisos, para quem dispuser financeiramente deste serviço, de aumentar a polarização política e a penetração do ódio nas bolhas de grupos extremistas e até de gerar um controle distópico do Estado, penetrando na vida privada dos cidadãos e no comportamento dos indivíduos.

Portanto, assim como há protocolos éticos na realização de experimentação com seres humanos, também a esfera da subpolítica que, com o avanço tecnológico, permeia as práticas do universo privado, deve haver mais regulação, por parte das autoridades de proteção de dados, que foque nos freios éticos, com base na proteção da intimidade e da vida privada, quando a observação e a manipulação do comportamento humano forem os insumos a serem futuramente leiloados aos fins de organizações privadas ou mesmo usados pelos governos. Sem se compreender tal dinâmica, não se terá como defender de forma eficaz a dignidade massiva dos que, mesmo que voluntariamente, se colocam, muitas vezes de forma inconsciente, como cobaias em experimentos de predição cujas finalidades são, muitas vezes, obscuras ao questionamento social.

Referências

CADWALLADR, Carole. 'I made Steve Bannon's psychological warfare tool': meet the data war whistleblower. *The Guardian*, Londres, 18 mar. 2018. Disponível em: https://www.theguardian.com/news/2018/mar/17/data-war-whistleblower-christopher-wylie-faceook-nix-bannon-trump. Acesso em: 22 set. 2020.

CAMBRIDGE Analytica – The Power of Big Data and Psychographics. Intérprete: Alexander Nix. Nova York: Concordia, 2016. (11 min.), P&B. Disponível em: https://www.youtube.com/watch?v=n8Dd5aVXLCc. Acesso em: 22 set. 2020.

CHORZEMPA, Martin; TRIOLO, Paul; SACKS, Samm. China's Social Credit System: A Mark of Progress or a Threat to Privacy? *Policy Brief*, 18-14, 2018. Disponível em: https://www.piie.com/system/files/documents/pb18-14.pdf. Acesso em: 19 out. 2020.

CHRISTAKIS, Nicholas; SHAKYA, Holly. Association of Facebook Use With Compromised Well-Being: A Longitudinal Study. *American Journal of Epidemiology*, Baltimore, v. 185, n. 3, p. 203-211, 1º fev. 2017. DOI: https://doi.org/10.1093/aje/kww189. Disponível em: https://academic.oup.com/aje/article/185/3/203/2915143. Acesso em: 22 set. 2020.

CORBYN, Zoe. Facebook experiment boosts US voter turnout. *Nature*, p. 20-20, 12 out. 1912. Disponível em: nature.com/news/Facebook-experiment-boosts-us-voter-turnout-1.11401. Acesso em: 22 set. 2020.

CREEMERS, Rogier. *国务院关于印发社会信用体系建设 规划纲要 (2014—2020年)*: Planning Outline for the Construction of a Social Credit System (2014-2020). 2020. Disponível em: https://chinacopyrightandmedia.wordpress.com/about/. Acesso em: 6 out. 2020.

DAI, Xin. *Toward a reputation state*: the social credit system project of China. 10 jun. 2018. DOI: http://dx.doi.org/10.2139/ssrn.3193577. Acesso em: 16 out. 2020.

HEAWOOD, Jonathan. Pseudo-public political speech: democratic implications of the Cambridge Analytica scandal. *Information Polity*, 2018. DOI: 10.3233/IP-180009. Disponível em: https://pdfs.semanticscholar.org/bb66/5a36506a41cc22ae85b2ad503cd58604e705.pdf. Acesso em: 22 set. 2020.

IENCA, Marcelo; ANDORNO, Roberto. Towards new human rights in the age of neuroscience and neurotechnology. *Life Sci Soc Policy*, v. 13, n. 5, 2017. Disponível em: https://doi.org/10.1186/s40504-017-0050-1. Acesso em: 20 out. 2023.

KRAMER, Adam; GUILORY, Jamie; HANCOCK, Jeffrey. Experimental evidence of massive-scale emotional contagion through social networks. *Proceedings of the National Academy of Sciences*, n. 111, 2014.

MCDOOL, Emily *et al*. Social Media Use and Children's Wellbeing. *Discussion Paper Series*, Sheffield, n. 10412, p. 1-27, 2016. Disponível em: https://papers.ssrn.com/sol3/papers.cfm?abstract_id=2886783. Acesso em: 22 set. 2020.

O DILEMA das redes. Direção: Jeff Orlowski. Estados Unidos: Exposure Labs, 2020. Disponível em: https://www.netflix.com/br/title/81254224. Acesso em: 10 out. 2020.

O'NEIL, Cathy. *Weapons of Math Destruction*. Nova York: Crown, 2016.

PARISER, E. *The filter bubble*: what the internet is hiding from you. Nova York: The Penguin Press, 2011.

PARK, Yong Jin. Structural Logic of AI Surveillance and Its Normalisation in the Public Sphere. *Journal of the European Institute for Communication and Culture*, v. 28, n. 4, p. 341-357, 2021. DOI: https://doi.org/10.1080/13183222.2021.1955323. Disponível em: https://doi.org/10.

PINTARELLI, Camila. A tutela jurídica à mente humana. *In*: ASSEMBLEIA LEGISLATIVA; INSTITUTO DE ESTUDOS, CAPACITAÇÃO E POLÍTICAS PÚBLICAS DO PODER LEGISLATIVO DO ESTADO DE SÃO PAULO. *Cadernos do ILP: Ensino – Pesquisa – Extensão Cultural*. São Paulo: Instituto do Legislativo Paulista, 2023. v. 4. n. 5. Especial Curso Inteligência Artificial e Regulação Estatal.

RAIS, Diogo; PRADO FILHO, Francisco Octavio de Almeida. *Direito público digital*: o Estado e as novas tecnologias. São Paulo: Thomson Reuters Brasil, 2020.

SABATINI, Fabio; SARRACINO, Francesco. Online networks and subjective well-being. *ArXiv – Cornel University*, Nova Iorque, p. 20-20, 2014. Disponível em: https://arxiv.org/abs/1408.3550. Acesso em: 22 set. 2020.

SABIN, Dyani. The secret history of 'pokemon go', as told by creator John Hanke. *Inverse*, 28 fev. 2017. Disponível em: https://www.inverse.com/article/28485-pokemon-go-secret-history-google-maps-ingress-john-hanke-updates#:~:text=Niantic%20CEO%20John%20Hanke%20revealed,and%20teases%20of%20the%20future. Acesso em: 22 set. 2020.

SEETHARAMAN, Deepa; HORWITZ, Jeff. Facebook Executives Shut Down Efforts to Make the Site Less Divisive. *The Wall Street Journal*, Nova York, p. 20-20, 26 maio 2020. Disponível em: https://www.wsj.com/articles/Facebook-knows-it-encourages-division-top-executives-nixed-solutions-11590507499. Acesso em: 24 set. 2020.

THE WORLD'S most valuable resource is no longer oil, but data. *The Economist*, 6 maio 2017. Disponível em: https://www.economist.com/leaders/2017/05/06/the-worlds-most-valuable-resource-is-no-longer-oil-but-data. Acesso em: 25 out. 2020.

WALKOWIAK, Emmanuelle; MACDONALD, Trent. Generative AI and the Workforce: What Are the Risks? *SSRN*, 8 out. 2023. DOI: http://dx.doi.org/10.2139/ssrn.4568684. Disponível em: https://papers.ssrn.com/sol3/papers.cfm?abstract_id=4568684. Acesso em: 3 dez. 2023.

YUSTE, R.; GOERING, S.; ARCAS, B. *et al*. Four ethical priorities for neurotechnologies and AI. *Nature*, v. 551, p. 159-163, 2017. Disponível em: https://doi.org/10.1038/551159a. Acesso em: 20 set. 2023.

ZUBOFF, Shoshana. *The age of surveillance capitalism*. Nova York: Hachette Book Group, 2019.

Informação bibliográfica deste texto, conforme a NBR 6023:2018 da Associação Brasileira de Normas Técnicas (ABNT):

NOHARA, Irene Patrícia Diom; MARTINS, Fernando Medici Guerra. Desafios da LGPD e as histórias não contadas de experiências emocionais em escala massiva: controle tecnológico em seres humanos como ratos de laboratório. *In*: PIRONTI, Rodrigo (Coord.). *Lei Geral de Proteção de Dados no setor público*. 2. ed. Belo Horizonte: Fórum, 2024. p. 297-317. ISBN 978-65-5518-731-1.

LGPD: O QUE MUDA NO CONTROLE DA ADMINISTRAÇÃO PÚBLICA?

ISMAR DOS SANTOS VIANA

CHRISTIANNE DE CARVALHO STROPPA

Introdução

A Lei nº 13.709, de 14 de agosto de 2018, intitulada Lei Geral de Proteção de Dados Pessoais,[1] ingressou no ordenamento brasileiro com o objetivo de reforçar a proteção dos direitos fundamentais de liberdade e de privacidade e o livre desenvolvimento da personalidade da pessoa natural,[2] em alinhamento, especialmente, com o disposto nos incisos X, XI, XII e LXXII do artigo 5º da CRFB/88.

---

1 A lei foi inspirada na recente legislação europeia de tratamento de dados, denominada GDPR (*General Data Protection Regulation*), que entrou em vigor em 25 de maio de 2018, demonstrando uma preocupação mundial no cuidado com os dados particulares em mão de terceiros. No Brasil, acerca da proteção do direito individual de privacidade e dos dados pessoais, foram editados alguns marcos normativos relevantes, dos quais destacam-se: a Lei da Transparência (Lei Complementar nº 131/2009); a Lei de Acesso à Informação (LAI – Lei nº 12.527/2011); o Decreto Federal nº 8.777/2016, que dispõe sobre a Política de Dados Abertos; e, mais recentemente, o Decreto Federal nº 10.222/2020, que aprova a Estratégia Nacional de Segurança Cibernética.

2 "[...] a proteção das informações pessoais são decorrência direta dos direitos ao corpo, à honra, à imagem, à privacidade, ao nome e à identidade. No direito brasileiro, os direitos da personalidade são *direitos fundamentais*, alguns expressos (CF, artigo 5º, VI, X), outros implícitos (CF, artigo 5º, §2º).
O direito subjetivo de ter domínio sobre as informações da própria pessoa decorre de seus direitos da personalidade e, pois, de seus direitos fundamentais. Restrições a esse domínio configuram autênticas 'restrições' ao direito fundamental à imagem, à privacidade e à identidade". (MARTINS, Ricardo Marcondes. Lei Geral de Proteção de Dados Pessoais e direito administrativo: questões polêmicas. *In:* DAL POZZO, Augusto; MARTINS, Ricardo Marcondes (Coord.). *LGPD e administração pública*: uma análise ampla dos impactos. São Paulo: Thomson Reuters Brasil, 2020, p. 18).

Referida Lei, ao preconizar, no parágrafo único do artigo 1º, que as normas gerais nelas contidas são de interesse nacional e devem ser observadas pela União, Estados, Distrito Federal e Municípios, impôs aos órgãos e poderes públicos o dever de adoção de procedimentos com vistas a compatibilizar o agir institucional com os fundamentos de proteção de dados pessoais, com ênfase para o respeito à privacidade, a autodeterminação informativa, a liberdade de expressão, de informação, de comunicação e de opinião, e a inviolabilidade da intimidade, da honra e da imagem.

Assim, doravante, operações de tratamento de dados pessoais,[3] por pessoa natural ou por pessoa jurídica de direito público ou privado, independentemente do meio, sujeitam-se ao disciplinamento contido na Lei nº 13.709, de 2018, pelo que se faz necessário investigar o alcance e sentido do texto legal, com o fito de melhor definir parâmetros de atuação dos órgãos que integram a estrutura estatal, inclusive para fins de definição de limites da atuação dos órgãos de controle, mormente em razão de ter a lei criado a Autoridade Nacional de Proteção de Dados (ANPD), órgão da Administração Pública federal, integrante da Presidência da República, a quem a Lei conferiu a competência para a aplicação das sanções nela previstas, em caráter de exclusividade, prescrevendo, de forma expressa, a prevalência das competências, no que se refere à proteção de dados pessoais, sobre as competências correlatas de outras entidades ou órgãos da Administração Pública.

Disso decorre a necessidade de investigar a forma como se dará a aplicação das normas sancionadoras, pela Autoridade Nacional de Proteção de Dados (ANPD), bem como a rota de incidência de atuação dos órgãos de controle da Administração Pública, a quem a Constituição Federal outorgou competências próprias de defesa da probidade

---

3 Mesmo que o artigo 1º da LGPD faça referência expressa aos dados da pessoa natural, certo que já há quem entenda que ela também poderá se estender às pessoas jurídica de direito público ou privado. Nesse sentido, Gustavo Afonso Martins afirma que, como a pessoa jurídica pode sofrer dano moral (Súmula nº 227, do Superior Tribuna de Justiça), a "LGPD poderia/deveria ter uma redação que agasalhasse às pessoas jurídicas, vez que elas também fornecem dados a outras (tanto pessoas jurídicas de Direito privado, assim como as de Direito público) a partir do momento em que celebram algum negócio jurídico". (MARTINS, Gustavo Afonso. A relação entre a pessoa jurídica e a LGPD. Revista *Consultor Jurídico*. Disponível em: https://www.conjur.com.br/2020-set-28/gustavo-martins-relacao-entre-pessoa-juridica-lgpd. Acesso em: 30 out. 2020.
No mesmo sentido: SANTOS, Isabel Parreira. A proteção de dados extensível a pessoa jurídica de direito privado. *Revista Âmbito Jurídico*. Disponível em: https://ambitojuridico.com.br/cadernos/direito-civil/a-protecao-de-dados-extensivel-a-pessoa-juridica-de-direito-privado/. Acesso em: 30 out. 2020.

e de controle dos bens, valores e dinheiros públicos, aí incluídos valores morais para cuja aferição dependerá o agente de controle do indisponível dever de transparência dos atos da Administração Pública.

O estudo se propõe, ainda, a buscar compatibilizar os deveres impostos pela Lei, como meio de cumprir os fundamentos descritos em seu artigo 2º, com os princípios constitucionais que balizam a atuação do agir institucional brasileiro, notadamente os princípios da probidade e da transparência, bem como com os deveres inerentes à atuação dos agentes que estão sujeitos ao indisponível dever de prestar contas.

Nesse sentido, buscar-se-á demonstrar de que forma pode ocorrer o tratamento de dados pelos órgãos e poderes públicos, indicando quais situações não se encontram protegidas pela Lei e quais atos praticados pelos agentes públicos não são passíveis de sancionamento pela ANPD, mormente em razão do extensivo rol de situações abrangíveis pelos comandos protetivos, que alcançam coleta, registro, produção, recepção, organização, classificação, utilização, disponibilização, adaptação, alteração, reprodução, transmissão, distribuição, processamento, armazenamento, conservação, recuperação, comparação, interconexão, transferência, difusão, extração e eliminação de dados.

Para tanto, a abordagem gravitará em torno da atuação dos órgãos de controle no campo das sanções a serem aplicadas pela ANPD, inclusive com foco nos meios de consensualização anunciados no texto legislativo, com vistas a evitar que a invocação dos fundamentos e ditames da Lei Geral de Proteção de Dados Pessoais não se constitua em subterfúgio ilegítimo para flexibilizar o dever de transparência dos atos públicos, vindo a conferir aparência de legitimidade a atos lesivos ao patrimônio público a justificar a regular atuação dos órgãos que integram o Sistema Constitucional de Controle da Administração Pública, a quem é incumbida a indisponível missão de defesa da probidade na gestão dos recursos públicos.[4]

---

[4] A notícia da primeira Ação Civil Pública com Pedido de Tutela de Urgência, titularizada pelo Ministério Público e proposta no âmbito da Justiça do Distrito Federal e Territórios, foi o mote para que Rodrigo Pironti destacasse o "poder de tutela sobre a Lei exercido pelos órgãos de controle, bem como, que a potencialidade sancionatória do seu texto não decorreria apenas do exercício da fiscalização da Autoridade Nacional de Proteção de Dados (ANPD), por meio de sanções administrativas, mas – também – no âmbito da responsabilidade civil, pelos órgãos de controle e – em *ultima ratio* – pelo Poder Judiciário". (CASTRO, Rodrigo Pironti Aguirre. Os reflexos da vigência da LGPD: a "virtual" preocupação com as sanções pela ANPD e o real exercício do controle externo pelos órgãos competentes. *Blog café com compliance*. Disponível em: https://www.cafecompliance.com.br/?area=artigo&c=66e8e0997f6efbe687c8da415e97dfec. Acesso em: 30 out. 2020.

I A Lei Geral de Proteção de Dados Pessoais e seus influxos na Administração Pública

O artigo 3º da Lei nº 13.709, de 14 de agosto de 2018, é taxativo ao dispor que qualquer operação de tratamento realizada por pessoa natural ou por pessoa jurídica de direito público ou privado, independentemente do meio, entra na rota de incidência da Lei, o que induz o intérprete a concluir, por exemplo, que os agentes públicos, ao administrarem folhas de pagamentos, realizam tratamento de dados pessoais, nas modalidades processar, organizar, armazenar.

É que o conceito de tratamento se encontra descrito no inciso X do artigo 5º, que considera tratamento "toda operação realizada com dados pessoais, como as que se referem à coleta, produção, recepção, classificação, utilização, acesso, reprodução, transmissão, distribuição, processamento, arquivamento, armazenamento, eliminação, avaliação ou controle da informação, modificação, comunicação, transferência, difusão ou extração".

Assim, ao agirem diante do indisponível dever de transparência dos atos, até em cumprimento ao disposto na Lei nº 12.527, de 2011,[5] estão os agentes públicos, de alguma forma, atuando nas modalidades disponibilizar, reproduzir, transmitir, o que atrai o dever de observância do disciplinamento a que alude o art. 23 da LGPD, alocado no Capítulo IV, que versa sobre o tratamento de dados pelo Poder Público, cujo texto limita a realização do tratamento de dados pessoais ao atendimento da finalidade pública na persecução do interesse público, com o objetivo de executar as competências legais ou cumprir as atribuições legais do serviço público.[6]

---

[5] "É possível dizer que os desafios oferecidos pela LGPD aos entes públicos são sensivelmente maiores se comparados com aqueles introduzidos pela Lei de Acesso à Informação (LAI — Lei nº 12.527/2011). Isso porque, no caso da LAI, como regra, os dados já se encontravam à disposição da Administração Pública, cabendo a esta dar-lhes publicidade, nos moldes preconizados pela novel legislação (transparência passiva e ativa), ao passo que no caso da LGPD, muitas operações de tratamento de dados sequer são compreendidas como tal no âmbito da Administração Pública" (LARA, Rodrigo Pugliesi. Os desafios da LGPD no setor público. *Revista Consultor Jurídico*. Disponível em: https://www.conjur.com.br/2020-out-22/rodrigo-lara-desafios-lgpd-setor-publico? Acesso em: 30 out. 2020).

[6] Analisando o tema do tratamento de dados pessoais pelo Poder Público, Bruno Bartelle Basso faz importante confronto entre a LAI e a LGPD: "[...] se por um lado, a LAI se preocupa muito mais com a *forma* (transparente), os *meios* (respeito à intimidade, vida privada, honra e imagem das pessoas, bem como às liberdades e garantias individuais), o *acesso* pelos cidadãos e a *divulgação* das suas informações pessoais, por outro lado a LGPD condiciona o tratamento de dados pessoais pelo Poder Público ao preenchimento de 3 (três) requisitos cumulativos: (a) atendimento de sua finalidade pública; (b) persecução

> Nesse cenário, portanto, demanda-se do Estado, enquanto entidade que mantém, utiliza e compartilha dados pessoais dos administrados, ou ainda enquanto ente regulador da maneira pela qual pessoas de direito privado realizam essa atividade, que trace disciplinamento jurídico mínimo para todo esse cenário tecnológico de dados visando à proteção dos sujeitos que têm suas informações pessoais tratadas, muitas vezes, como mercadoria.[7]

A necessidade da LGPD se aplicar à Administração Pública[8] decorre justamente do papel do Estado de controlar, ainda que indiretamente, a vida financeira, o acesso à saúde, dados referentes a processos judiciais, dados educacionais, dados trabalhistas, além de ser também um grande empregador – em nível municipal, estadual e federal, tanto na Administração Direta quanto na Administração Indireta.[9]

O aludido artigo 23 também traz algumas condicionantes, dentre as quais se incluem o dever de indicar o encarregado pelas operações de tratamento de dados pessoais,[10] além da necessidade de indicar a

---

do interesse público; (c) com o objetivo de executar as competências legais ou cumprir as atribuições legais do serviço público" (BASSO, Bruno Bartelle. Direito à privacidade e o tratamento de dados pessoais pelo poder público: o interesse público como elemento dialógico da relação. *In:* DAL POZZO, Augusto; MARTINS, Ricardo Marcondes (Coord.). *LGPD e administração pública*: uma análise ampla dos impactos. São Paulo: Thomson Reuters Brasil, 2020, p. 189).

[7] CABRAL, Flávio Garcia. O princípio da boa administração pública e a LGPD (Lei 13.709/18). *In:* DAL POZZO, Augusto; MARTINS, Ricardo Marcondes (Coord.). *LGPD e administração pública*: uma análise ampla dos impactos. São Paulo: Thomson Reuters Brasil, 2020, p. 63.

[8] "A figura da Administração Pública na LGPD assume duplo viés: de um lado, aponta regras aplicáveis ao Estado enquanto responsável pelo tratamento de dados. De outro, coloca o Estado como encarregado pela regulamentação administrativa da legislação e pela atividade sancionatória, tudo isso por meio da criação da Autoridade Nacional de Proteção de Dados (ANPD)". (CABRAL, Flávio Garcia. O princípio da boa administração pública e a LGPD (Lei 13.709/18). *In:* DAL POZZO, Augusto; MARTINS, Ricardo Marcondes (Coord.). *LGPD e administração pública*: uma análise ampla dos impactos. São Paulo: Thomson Reuters Brasil, 2020, p. 71-72).

[9] KARL, Éryta Dallete Fernandes. *Compliance* e LGPD: uma exigência também para a Administração Pública. *In:* ZENCNER, Marcelo; CASTRO, Rodrigo Pironti Aguirre de (Coord.). *Compliance no setor público*. Belo Horizonte: Fórum, 2020, p. 54.

[10] Em debate sobre o tema do CDemPauta, a gerente jurídica do escritório Martinello Advogados, Mariana Blanes, lembra que a LGPD deixou em aberto o perfil do encarregado de dados, inclusive a forma de contratação. Assim, o encarregado pode ser "uma pessoa física ou pessoa jurídica, pode ser um funcionário ou pode ser terceirizado. Ele é o canal de comunicação entre o controlador, entre o titular do dado e entre a Autoridade Nacional. Então precisa ser alguém com bom trânsito entre as áreas e que conheça a operação da empresa. A LGPD não traz nenhuma habilidade especial ou qualificação técnica necessária, nem limitação à forma de contratação ou tipo de vínculo. Na União Europeia, a recomendação é que não seja alguém com contrato de curto prazo, mas com contrato

previsão legal, a finalidade, os procedimentos e as práticas utilizadas para a execução das atividades de tratamento de dados pessoais a que os órgãos estão autorizados, no exercício de suas competências.

Questão que merece atenção e que pode se amoldar ao disposto no artigo 23 é o uso da estrutura estatal para o monitoramento de perfis de agentes públicos nas redes sociais, mediante a invocação da independência aparente e da preservação da imagem institucional de órgãos de controle, transformando tais deveres em subterfúgios ilegítimos para perseguir agentes controladores que, no regular exercício da liberdade de expressão, de informação e de comunicação, opinam sobre temáticas que são objeto de discussão nas redes sociais, desvio de poder que tem deflagrado debates sobre neutralidade política e imparcialidade funcional, notadamente quando incertas as balizas comportamentais a que estão sujeitos esses agentes, nas redes sociais, sem a devida justificativa e clareza de que suas manifestações tenham o condão de comprometer a credibilidade das instituições a que integram, expondo-as a riscos reputacionais.

Com o advento da LGPD, desvios dessa natureza ganham contornos agravados, quando se tem em conta que o inciso III do artigo 2º traz como fundamento do disciplinamento da proteção de dados pessoais a liberdade de expressão, de informação, de comunicação e de opinião, consagrado direito constitucional cuja restrição não pode ocorrer sem que esteja em jogo a proteção de outro direito de igual ou superior envergadura constitucional, do que resulta afirmar que o uso ilegítimo do aparato estatal para monitoramento, via sistema, de perfis de agentes públicos, nas redes sociais, parece não guardar relação lógica autorizativa que decorre do dever de proteção da imagem institucional ou da necessidade de garantir a permanente confiança dos cidadãos nas instituições, mormente as que integram o Sistema Constitucional de Controle da Administração Pública.

Assim, eventual tratamento de dados para fins de investigação na seara administrativa não se encontra albergado pelo rol excepcionante de que trata o artigo 4º, tendo em vista que o aludido dispositivo

---

de dois a cinco anos, que só pode ser desligado com autorização da autoridade nacional. O objetivo disso é que o DPO possa exercer as atividades sem pressão ou influência". (GROSSMANN, Luís Osvaldo; LOBO, Ana Paula. Cerificação é critério de seleção para encarregado de dados. *Convergência digital*. Disponível em: https://www.convergenciadigital.com.br/cgi/cgilua.exe/sys/start.htm?UserActiveTemplate=site&infoid=55165&sid=46#.X57tOUeSldh. Acesso em: 30 out. 2020).

só excepciona as atividades de investigação e repressão de infrações penais, prescrevendo, inclusive, o seu parágrafo primeiro, que o tratamento de dados para esses fins será regido por legislação específica, que deverá prever medidas proporcionais e estritamente necessárias ao atendimento do interesse público, observado o devido processo legal, tendo expressado o parágrafo quarto do mesmo dispositivo que, em nenhum caso, a totalidade dos dados pessoais de banco de dados sobre esses fins poderá ser tratada por pessoa de direito privado, salvo por aquela que possua capital integralmente constituído pelo Poder Público.

Aliás, eventual transgressão, para além de sujeitar o agente às sanções de que trata o artigo 52 da LGPD, pela Autoridade Nacional de Proteção de Dados (ANPD), objeto de tratamento específico no próximo tópico, poderá se enquadrar no artigo 25 da Lei nº 13.869, de 2019, que considera crime de abuso de autoridade a obtenção de prova, em procedimento de investigação ou fiscalização, por meio manifestamente ilícito, prescrevendo o parágrafo único que também incorre na mesma pena do artigo quem faz uso da prova, em desfavor do investigado ou fiscalizado, com prévio conhecimento de sua ilicitude.

Vê-se, pois, que o texto do inciso VI do art. 7º da Lei em comento, ao restringir o tratamento de dados pessoais ao exercício regular de direitos em processo judicial, administrativo ou arbitral, deve ser lido em conjunto com os fundamentos elencados no artigo 2º, sob pena de desnaturar a finalidade protetiva de que se reveste a legislação, não obstante tenha a LGPD autorizado o tratamento de dados pessoais sensíveis sem o consentimento do titular, quando for indispensável a tratamento compartilhado de dados[11] necessários à execução, pela Administração Pública, de políticas públicas previstas em leis ou regulamentos, a teor do que prescreve o art. 11, inciso II, "b".

Não é despiciendo afirmar que, "sempre que a Administração Pública executar mecanismos coordenativos e diretivos das atividades que lhe são ínsitas – executar políticas públicas, portanto –, poderá se valer do conjunto de conhecimentos sobre a pessoa natural, no geral sem concordância pretérita, desde que as ações voltem-se exclusivamente

---

[11] Importante lembrar que vivemos a "era da chamada *Big Data,* na qual há um compartilhamento e utilização contínua de um gigantesco número de dados de todos os cidadãos para as mais variadas finalidades" (CABRAL, Flávio Garcia. O princípio da boa administração pública e a LGPD (Lei 13.709/18). *In:* DAL POZZO, Augusto; MARTINS, Ricardo Marcondes (Coord.). *LGPD e administração pública*: uma análise ampla dos impactos. São Paulo: Thomson Reuters Brasil, 2020, p. 68).

ao alcance de uma finalidade pública clara e determinada e que seja amplamente divulgado, preferencialmente por meios digitais, o modo em que se deu a operação com dados pessoais e pessoais sensíveis".[12]

Nesse sentido, a despeito de a lei preestabelecer limites ao tratamento de dados pessoais, não criou embaraços ao indisponível dever de transparência que decorre do dever de prestar contas, não se vislumbrando, pois, conflito aparente de normas, conclusão que se chega a partir de uma interpretação sistemática do texto.

II A prevalência da competência sancionadora da Autoridade Nacional de Proteção de Dados (ANPD) e os parâmetros definidores de responsabilização

Para fiscalizar e aplicar sanções em caso de tratamento de dados realizado em descumprimento à legislação, foi criada a Autoridade Nacional de Proteção de Dados (ANPD), órgão da Administração Pública federal, integrante da Presidência da República, tendo sido assegurada autonomia técnica e decisória.[13]

Dentre outras competências conferidas pela Lei à ANPD, há a de realizar auditorias, ou determinar sua realização, no âmbito da atividade de fiscalização de tratamento de dados, incluído o Poder Público, dispondo a lei que a fiscalização e aplicação devem ocorrer mediante processo administrativo que assegure o contraditório, a ampla defesa e

---

[12] MOREIRA, Patricia Prieto. Tratamento e uso compartilhado de dados pessoais pela administração pública na execução de políticas públicas. *In:* DAL POZZO, Augusto; MARTINS, Ricardo Marcondes (Coord.). *LGPD e administração pública*: uma análise ampla dos impactos. São Paulo: Thomson Reuters Brasil, 2020, p. 291.
No mesmo sentido KUJAWSKI, Fabio Ferreira; CASTELLANO, Ana Carolina Heringer. Compartilhamento de dados pessoais no âmbito da administração pública sob a égide da Lei Geral de Proteção de Dados. *In:* DAL POZZO, Augusto; MARTINS, Ricardo Marcondes (Coord.). *LGPD e administração pública*: uma análise ampla dos impactos. São Paulo: Thomson Reuters Brasil, 2020, p. 75-76.

[13] Importante lembrar que a "existência de uma autoridade de caráter nacional, que emita diretrizes gerais de aplicação e interpretação sobre o tema a proteção de dados, é essencial para a aplicação harmônica da LGPD e demais normas que tratem de proteção de dados pessoais, sobretudo em razão da futura aplicação da Lei por diferentes instâncias municipais, estaduais e federais. Além disso, a ANPD tem papel central para garantir a segurança jurídica e evitar entendimentos conflitantes no Judiciário, já que a LGPD abre espaço para que os titulares, individualmente, busquem seus direitos junto ao Poder Judiciário, que não tem conhecimento técnico do tema". (SANTOS, Marcela de Oliveira; MOTTA, Fabrício. Regulação do tratamento de dados pessoais no Brasil – o estado da arte. *In:* DAL POZZO, Augusto; MARTINS, Ricardo Marcondes (Coord.). *LGPD e administração pública*: uma análise ampla dos impactos. São Paulo: Thomson Reuters Brasil, 2020, p. 92).

o direito de recurso, institucionalizando a consensualização, no inciso XVII do artigo 55-J, ao dispor que cabe à ANPD celebrar, a qualquer momento, compromisso com agentes de tratamento para eliminar irregularidade, incerteza jurídica ou situação contenciosa no âmbito de processos administrativos, de acordo com o previsto no Decreto-Lei nº 4.657, de 4 de setembro de 1942.

Essas competências fiscalizatórias e sancionadoras foram conferidas a um órgão que tem um conselho diretor integrado por cinco diretores, com mandatos previamente definidos, todos ocupantes de cargos de livre provimento em comissão, cujos membros somente perderão seus cargos em virtude de renúncia, condenação judicial transitada em julgado ou pena de demissão decorrente de processo administrativo disciplinar.

Vê-se que a legislação, por ter dotado a ANPD de poderes para fiscalizar, sancionar e consensualizar, buscou garantir prerrogativas mínimas aos agentes incumbidos dessa missão, até com vistas a garantir a observância dos direitos e garantias processuais dos sujeitos fiscalizados e sancionados com base nela, dentre os quais o direito de terem as suas defesas detidamente analisadas e valoradas por agentes independentes e imparciais.

Entrementes, ao instituir mandato e provimento por meio de cargo em comissão, dispondo, inclusive, que os cargos em comissão e as funções de confiança da ANPD serão remanejados de outros órgãos e entidades do Poder Executivo federal, sujeitos à fiscalização e sanção pela própria ANPD, além de institucionalizar a temporariedade do provimento, abriu margem para conflito de interesses, apesar da submissão dos ocupantes ao artigo 6º da Lei nº 12.813, de 16 de maio de 2013, criando, assim, um ambiente propício à insegurança jurídica decisória, em razão da rotatividade gerada pelo curto lapso temporal de duração do mandato desses membros.

Outro fator que merece ser objeto de preocupação é que o artigo 55-J elencou um rol extenso de competências à Autoridade Nacional de Proteção de Dados (ANPD), concentrando em torno do mesmo órgão as distintas missões de fiscalizar, auditar, sancionar, do que resulta afirmar que essa concentração demandará uma organização funcional interna capaz de permitir a segregação das funções de fiscalizar e sancionar, com vistas a garantir a validade e legitimidade decisória, à semelhança do que ocorre com a processualização das competências do Conselho Administrativo de Defesa Econômica – CADE.

Não se pode olvidar que as sanções disciplinadas no artigo 52 podem atingir as entidades e os órgãos públicos, no âmbito da própria ANPD, a teor do disposto no §3º do *caput* do aludido artigo, abrangendo a advertência, publicização da infração após devidamente apurada e confirmada a sua ocorrência, eliminação dos dados pessoais a que se refere a infração, suspensão parcial do funcionamento do banco de dados a que se refere a infração pelo período máximo de 6 (seis) meses, prorrogável por igual período, até a regularização da atividade de tratamento pelo controlador, proibição parcial ou total do exercício de atividades relacionadas ao tratamento de dados, sanções que podem expor órgãos e poderes públicos a graves riscos reputacionais, colocando em xeque a confiança dos cidadãos no funcionamento das unidades sancionadas.

Sobre a possibilidade de a ANPD sancionar as pessoas jurídicas de direito público, aponta Ricardo Marcondes Martins que:

> Em que pese eventuais discordâncias, não há razão jurídica para, no âmbito do controle interno, um órgão sancionador outro, ou uma entidade pública sancionar outra. Trata-se de uma regra elementar: a Administração pública não deve sancionar a si mesma. Todos os órgãos e entes públicos são regidos pelos princípios da *cooperação* e da *coordenação*, de modo que todos devem atuar como engrenagem da mesma Administração, cooperando uns com os outros e atuando em coordenação em prol do cumprimento eficiente das respectivas competências. Se um órgão ou uma entidade não cumpre suas funções, o controle interno deve responsabilizar os respectivos agentes públicos, mas não o próprio órgão ou entidade. Em relação a estes, devem ser adotadas medidas administrativas para resolver a correção do desvio funcional. Assim, não cabe à ANPD sancionar órgãos federais ou autarquias e fundações federais. Evidentemente, essa regra não se aplica ao controle externo, seja o controle administrativo, seja o controle jurisdicional. É perfeitamente possível que o Tribunal de Contas, no primeiro caso, ou o Poder Judiciário, no segundo, imponham sanções a pessoas de direito público.[14]

Assim, por via reflexa e a teor do mesmo artigo 52, poderá haver atingimento de direitos subjetivos de agentes públicos, tendo em vista que o próprio §3º foi claro ao dispor que a aplicação das aludidas

[14] MARTINS, Ricardo Marcondes. Lei Geral de Proteção de Dados Pessoais e direito administrativo: questões polêmicas. *In*: DAL POZZO, Augusto; MARTINS, Ricardo Marcondes (Coord.). *LGPD e administração pública*: uma análise ampla dos impactos. São Paulo: Thomson Reuters Brasil, 2020, p. 25.

sanções poderá se dar sem prejuízo do disposto na Lei nº 8.112, de 11 de dezembro de 1990,[15] na Lei nº 8.429, de 2 de junho de 1992,[16] e na Lei nº 12.527, de 18 de novembro de 2011.[17]

Nesse sentido, ao dispor que as competências da ANPD[18] prevalecerão, no que se refere à proteção de dados pessoais, sobre as competências correlatas de outras entidades ou órgãos da Administração Pública, elegendo como órgão central de interpretação da Lei com competência para o estabelecimento de normas e diretrizes para a sua implementação, parece-nos que a LGPD, ainda que pela via infraconstitucional, limitou a atuação dos órgãos de Controle da Administração Pública.[19]

III A atuação em sistema de rede dos órgãos de controle: a compatibilidade do dever de defesa da probidade na gestão de recursos públicos com os limites inaugurados pela LGPD

O direito fundamental à boa gestão pública e a defesa da probidade na gestão de recursos públicos dependem, em grande medida, da fundamentalidade do direito à regular atuação dos órgãos de controle,

---

15 Dispõe sobre o regime jurídico dos servidores públicos civis da União, das autarquias e das fundações públicas federais.

16 Dispõe sobre as sanções aplicáveis aos agentes públicos nos casos de enriquecimento ilícito no exercício de mandato, cargo, emprego ou função na Administração Pública direta, indireta ou fundacional e dá outras providências.

17 Regula o acesso a informações previsto no inciso XXXIII do art. 5º, no inciso II do §3º do art. 37 e no §2º do art. 216 da Constituição Federal; altera a Lei nº 8.112, de 11 de dezembro de 1990; revoga a Lei nº 11.111, de 5 de maio de 2005, e dispositivos da Lei nº 8.159, de 8 de janeiro de 1991; e dá outras providências.

18 Importante lembrar que a ANPD não pode inovar, originariamente, no plano abstrato. Por outro lado, a competência normativa que lhe é atribuída somente é válida "caso se restrinja apenas a fixação de conceitos técnicos, ou, mais precisamente, à averiguação ou à operacionalização técnica para precisar conceitos utilizados na lei que sofram o influxo da rápida mudança em virtude do aprimoramento do conhecimento". (MARTINS, Ricardo Marcondes. Lei Geral de Proteção de Dados Pessoais e direito administrativo: questões polêmicas. *In:* DAL POZZO, Augusto; MARTINS, Ricardo Marcondes (Coord.). *LGPD e administração pública*: uma análise ampla dos impactos. São Paulo: Thomson Reuters Brasil, 2020, p. 28).
Também no sentido da existência de limites regulatórios da Autoridade Nacional de Proteção de Dados, vide CARNEIRO, Cláudio; NEPOMUCENO, Augusto Moutella. A LGPD e seus limites regulatórios no âmbito do direito administrativo. *In:* DAL POZZO, Augusto; MARTINS, Ricardo Marcondes (Coord.). *LGPD e administração pública*: uma análise ampla dos impactos. São Paulo: Thomson Reuters Brasil, 2020.

19 Não obstante isso, ante a não uniformidade na utilização da expressão "autoridade" na LGPD, há interpretação no sentido de que as autoridades reguladoras públicas, indicadas no artigo 55-J, inciso XXIII e §4º, compreendem também os Tribunais de Contas.

os quais, agindo regularmente, constituir-se-ão em eficientes agentes indutores de políticas públicas, além de instrumentalizadores das ações repressivas voltadas à responsabilização decorrente da ausência de probidade na aplicação dos recursos públicos.

Osório[20] afirma que os conteúdos da chamada "boa administração" costumam ser mais políticos, culturais e econômicos do que propriamente jurídicos, tendo em vista que decisões judiciais dificilmente atingem a eficiência a que se propõem atingir.

Ao conceituar o direito fundamental à boa administração pública, Juarez Freitas[21] considera que esse direito pode ser entendido como "direito fundamental à administração pública eficiente e eficaz, proporcional cumpridora dos seus deveres, com transparência, sustentabilidade, motivação proporcional, imparcialidade e respeito à moralidade, à participação social e à plena responsabilidade por suas condutas comissivas e omissivas".[22]

Evidente que a LGPD pode ser um importante instrumento para a concretização da boa administração a depender de como será efetivamente aplicada, o que faz emergir quatro figuras essenciais:

> a) a maneira pela qual o Poder Judiciário enfrentará as demandas envolvendo o regime de proteção de dados, interpretando/aplicando corretamente os termos da nova legislação, sem cometer omissões ou cair em excessos, com doses de subjetivismo; b) a ANPD, uma vez que o seu papel regulatório será fundamental para esclarecer os termos da legislação, bem como conferir operabilidade a ela, além da circunstancia de que sua competência sancionatória, a depender de como for exercida, permitirá a efetividade da LGPD sem que haja desrespeito aos direitos e garantias fundamentais. De igual maneira, a sua independência técnica, financeira, política e administrativa será pressuposto fundante

---

[20] OSÓRIO, Fábio Medina. *Teoria da improbidade administrativa*: má gestão pública; corrupção; ineficiência. 3. ed. São Paulo: Revista dos Tribunais, 2013, p. 45.

[21] FREITAS, Juarez. *Direito Fundamental à boa administração pública*. 3. ed. refundida e aumentada. São Paulo: Malheiros Editores, 2014, p. 21.

[22] Nota Flávio Garcia Cabral que a "monografia mais celebrada sobre o princípio da boa administração pertence ao italiano Guido Falzone, o qual depõe que a boa administração no exercício da função administrativa constitui um meio para o alcance de um fim a ele inerente. Para o autor, a boa administração decorre do próprio exercício de uma função, mas que encontra também abrigo na ordem jurídica constitucional italiana, mais precisamente no artigo 97, que demanda que a organização administrativa assegure o bom andamento e imparcialidade da Administração". (CABRAL, Flávio Garcia. O princípio da boa administração pública e a LGPD (Lei 13.709/18). *In:* DAL POZZO, Augusto; MARTINS, Ricardo Marcondes (Coord.). *LGPD e administração pública*: uma análise ampla dos impactos. São Paulo: Thomson Reuters Brasil, 2020, p. 64-65).

para a efetiva proteção de dados no Brasil; c) o papel dos órgãos de controle, a exemplo dos Tribunais de Contas, que deverão ao mesmo tempo fiscalizar as medidas de aplicação da LGPD, quando implicar em gastos diretos, e também se adaptar a essa nova determinação imposta à Administração Pública; d) os agentes públicos necessitarão enxergar os dados dos administrados, a que tem acesso, com maior zelo, e buscando identificar a finalidade para qual o acesso/utilização daquelas informações se pretende. Envolve, portanto, uma mudança de postura e mentalidade dos agentes públicos.[23]

A observância daqueles deveres impõe que o exercício da função de controle da Administração Pública seja pautado por limites preestabelecidos, sobre a qual incidem princípios e regras, que, se inobservados e descumpridas, deslegitimam a atividade desenvolvida pelo agente controlador, abrindo margem para o exercício da controlabilidade judicial do ato, retirando da ação estatal controladora o comando cogente, fator disfuncional que pode agravar o nível de confiança dos cidadãos na atuação do órgão de controle.

Assim, para que o controle possa cumprir a função de limitar o poder, de coibir o arbítrio, de prevenir a ocorrência e dano, de servir de efetivo meio de responsabilização pessoal de quem gere recursos públicos, os órgãos incumbidos dessa função devem não apenas dispor de instrumentos e garantias que possibilitem o exercício do controle, mas devem pautar toda a atuação pelos parâmetros de regularidade que norteiam e conferem validade ao exercício das atividades de controle.

Sobre esse ponto, inclusive, didático é o escólio de Jorge Ulisses Jacoby Fernandes, para quem:

> O poder de controle situa-se num movimento pendular: entre os que pretendem aniquilá-lo com as bandeiras da desburocratização e do abrandamento do rigor formal e os que vislumbram nesse instrumento a concepção necessária à correção de políticas públicas, à definição de limites, à conformação na aplicação de recursos tanto públicos (do Estado), quanto privados. Para os primeiros, o controle deve ser contido em fronteiras estreitas, sob pena de substituir, de confundir, o controlador com o administrador; para os segundos, até os novos paradigmas de fluxo de capital, público e privado, com reflexos nas políticas públicas, deveriam estar submetidos à ação do controle.[24]

---

[23] CABRAL, *op. cit.*, p. 75-76.

[24] JACOBY FERNANDES, J. U. *Tribunais de Contas do Brasil: jurisdição e competência*. 3. ed. rev. atual. e ampl. Belo Horizonte: Fórum, 2012, p. 138.

Ocorre que, com o agravamento do cenário de irregularidades na gestão de recursos públicos, que passou a ser retratado com mais visibilidade, no Brasil, no âmbito da ação penal 470 (STF) – internacionalmente conhecida como "Mensalão" –, e, mais recentemente, na "operação Lava Jato", restou claro que os limites constitucionais e legais impostos como condição de regularidade ao exercício do controle estavam sendo recorrentemente utilizados pelos transgressores como janela de oportunidades para a prática de atos de improbidade administrativa e de crimes contra a Administração Pública.

Essa constatação levou os órgãos de controle, notadamente os que atuam diretamente na persecução penal, a perceber que os métodos tradicionais de obtenção de prova transformaram-se em instrumentos de reduzida eficácia no combate à macrocriminalidade, o que impulsionou as instituições republicanas de controle a buscar o caminho da atuação em sistema de rede,[25] cada uma fazendo bom uso da sua expertise e dentro do balizamento das competências constitucionais que lhes foram deferidas, com vistas a garantir a efetividade dos processos de responsabilização instaurados contra aqueles que, por vínculo legal ou contratual, manejam recursos públicos, desviando dos fins a que originariamente se dispuseram.[26]

Aliás, o *modus operandi* no cometimento de crimes contra a Administração Pública demandou o aperfeiçoamento das técnicas de investigação e auditorias, incentivando, por vezes, o abandono de métodos tradicionais de obtenção de provas, comumente utilizados na repressão a crimes marcados pela bipolaridade processual – autor e vítima, métodos, portanto, incompatíveis com a elucidação de crimes nos quais se identifica a multiplicidade de atores governamentais e agentes privados envolvidos, que lançam mão, não raras vezes, da desvirtuação do aparato estatal montado para reprimir crimes, utilizando-o para o seu cometimento.[27]

Dentro desse processo de aperfeiçoamento das ferramentas de investigação e auditoria, passou-se a incentivar o compartilhamento de

---

[25] "Governar em rede representa a síntese dessas quatro tendências, combinando o alto nível de colaboração público-privada, característico de um governo como terceira parte, com as sólidas capacidades de gestão em rede de um governo coordenado, aliadas ao uso da tecnologia para conectar a rede e oferecer aos cidadãos mais possibilidades em termos de opções de prestação de serviços". (GOLDSMITH, Stephen; EGGERS, William D. *Governar em rede*: o novo formato do setor público. Brasília/São Paulo: ENAP/Unesp, 2006, p. 35).

[26] VIANA, Ismar. *Fundamentos do processo de controle externo*: uma interpretação sistematizada do texto constitucional aplicada à processualização das competências dos Tribunais de Contas. Rio de Janeiro: Lumen Juris, 2019, p. 82.

[27] VIANA, *op. cit.*, p. 87.

dados entre os distintos órgãos que integram o Sistema Constitucional de Controle da Administração Pública, até como meio viável de superação da crise do sistema punitivo brasileiro, afetado pelo descrédito social gerado pelo sentimento de impunidade.

É nesse ponto que parece residir a zona de dúvida. Teria a LGPD limitado o compartilhamento de dados entre esses órgãos de controle de estatura constitucional?

Inicialmente, importa assentar que o artigo 5º da referida Lei aduz que o uso compartilhado de dados abrange o tratamento compartilhado de bancos de dados pessoais por órgãos e entidades públicos no cumprimento de suas competências legais, ou entre esses e entes privados, reciprocamente, com autorização específica, para uma ou mais modalidades de tratamento permitidas por esses entes públicos, ou entre entes privados, dispondo, no artigo 7º, inciso III, que é deferido à Administração Pública o tratamento e uso compartilhado de dados necessários à execução de políticas públicas, desde que previstas em leis e regulamentos ou respaldadas em contratos, convênios ou instrumentos congêneres, condicionando aos ditames do seu Capítulo IV.

A Lei autoriza o tratamento de dados sensíveis,[28] pela Administração Pública, inclusive sem fornecimento de consentimento do titular, para o tratamento compartilhado de dados necessários à execução de políticas públicas, exigindo, de igual forma, a necessária previsão em lei ou regulamento.

Sobre o permanente confronto entre a intimidade e a vida pública, entre a privacidade e a vida comunitária, destaca Régis Fernandes de Oliveira que:

> A estrutura jurídica protege os direitos declarados na Constituição, ao mesmo tempo em que não pode restringir o surgimento de inovações tecnológicas. Buscar esse equilíbrio é tarefa da lei de proteção de dados pessoais. Ao mesmo tempo em que objetiva resguardar os *dados pessoais* não pode desconhecer o andamento para uma nova realidade que se transforma de forma alucinante.[29]

---

[28] Art. 5º Para os fins desta Lei, considera-se:
[...]
II - dado pessoal sensível: dado pessoal sobre origem racial ou étnica, convicção religiosa, opinião política, filiação a sindicato ou a organização de caráter religioso, filosófico ou político, dado referente à saúde ou à vida sexual, dado genético ou biométrico, quando vinculado a uma pessoa natural;

[29] OLIVEIRA, Regis Fernandes de. Os fundamentos da Lei de Proteção de Dados Pessoais. *In*: DAL POZZO, Augusto; MARTINS, Ricardo Marcondes (Coord.). *LGPD e administração pública*: uma análise ampla dos impactos. São Paulo: Thomson Reuters Brasil, 2020, p. 177.

Vê-se, pois, de uma leitura do artigo 26, que o uso compartilhado de dados pessoais pelo Poder Público deve atender a finalidades específicas de execução e políticas públicas e atribuição legal pelos órgãos e pelas entidades públicas, sem prejuízo do devido respeito à boa-fé e aos princípios elencados no artigo 6º, sendo vedado ao Poder Público transferir a entidades privadas dados pessoais constantes de bases de dados a que tenha acesso, exceto nos casos elencados no §1º do sobredito artigo,[30] cujos contratos e convênios devem ser comunicados à autoridade nacional, conforme disposto no artigo 27, que excepciona algumas situações que prescindem desse dever.[31]

Conclusão

Em vista disso, é possível concluir que, a despeito de a Lei Geral de Proteção de Dados Pessoais ter estabelecido limites ao tratamento e compartilhamento de dados, tais limites não têm o condão de comprometer o regular exercício das instituições que integram o Sistema Constitucional de Controle da Administração Pública, a quem, em última análise, caberá cobrar aos órgãos controlados a devida aderência aos ditames da Lei nº 13.709, de 14 de agosto de 2018, que, inclusive, ingressa no ordenamento jurídico brasileiro com o propósito

---

[30] §1º É vedado ao Poder Público transferir a entidades privadas dados pessoais constantes de bases de dados a que tenha acesso, exceto:
I - em casos de execução descentralizada de atividade pública que exija a transferência, exclusivamente para esse fim específico e determinado, observado o disposto na Lei nº 12.527, de 18 de novembro de 2011 (Lei de Acesso à Informação);
III - nos casos em que os dados forem acessíveis publicamente, observadas as disposições desta Lei.
IV - quando houver previsão legal ou a transferência for respaldada em contratos, convênios ou instrumentos congêneres; ou (Incluído pela Lei nº 13.853, de 2019)
V - na hipótese de a transferência dos dados objetivar exclusivamente a prevenção de fraudes e irregularidades, ou proteger e resguardar a segurança e a integridade do titular dos dados, desde que vedado o tratamento para outras finalidades. (Incluído pela Lei nº 13.853, de 2019) Vigência

[31] Art. 27. A comunicação ou o uso compartilhado de dados pessoais de pessoa jurídica de direito público a pessoa de direito privado será informado à autoridade nacional e dependerá de consentimento do titular, exceto:
I - nas hipóteses de dispensa de consentimento previstas nesta Lei;
II - nos casos de uso compartilhado de dados, em que será dada publicidade nos termos do inciso I do *caput* do art. 23 desta Lei; ou
III - nas exceções constantes do §1º do art. 26 desta Lei.
Parágrafo único. A informação à autoridade nacional de que trata o caput deste artigo será objeto de regulamentação. (Incluído pela Lei nº 13.853, de 2019)
Art. 30. A autoridade nacional poderá estabelecer normas complementares para as atividades de comunicação e de uso compartilhado de dados pessoais.

de reforçar a proteção aos direitos fundamentais, alinhando-se, assim, ao espírito da Constituição de 1988, cumprindo o que foi intencionado pelo Legislador Constituinte originário.

Para tanto, deve-se buscar a adequação entre a transparência que deve reger as atividades da Administração Pública e o regime jurídico de proteção de dados inaugurado pela LGPD, o que, certamente, traduz um grande desafio para o gestor público.

Quanto ao indisponível dever de combate à corrupção, no qual se fundamenta a atuação interinstitucional em sistema de rede, não se identifica a presença de elementos limitadores à atuação dos agentes de controle, que não podem se apartar do respeito aos direitos e garantias fundamentais dos sujeitos processuais, notadamente no âmbito de investigações criminais, que devem ser alicerçadas em elementos de informações e de provas, no respeito à presunção do estado jurídico de inocência, de aplicação perfeitamente cabível não apenas no processo penal, mas no processo de controle externo de viés responsabilizador, do que resulta afirmar que o compartilhamento de dados entre as instituições de controle não foi mitigado com o advento da LGPD.

Referências

BASSO, Bruno Bartelle. Direito à privacidade e o tratamento de dados pessoais pelo poder público: o interesse público como elemento dialógico da relação. *In:* DAL POZZO, Augusto; MARTINS, Ricardo Marcondes (Coord.). *LGPD e administração pública*: uma análise ampla dos impactos. São Paulo: Thomson Reuters Brasil, 2020.

CABRAL, Flávio Garcia. O princípio da boa administração pública e a LGPD (Lei 13.709/18). *In:* DAL POZZO, Augusto; MARTINS, Ricardo Marcondes (Coord.). *LGPD e administração pública:* uma análise ampla dos impactos. São Paulo: Thomson Reuters Brasil, 2020.

CARNEIRO, Cláudio; NEPOMUCENO, Augusto Moutella. A LGPD e seus limites regulatórios no âmbito do direito administrativo. *In:* DAL POZZO, Augusto; MARTINS, Ricardo Marcondes (Coord.). *LGPD e administração pública*: uma análise ampla dos impactos. São Paulo: Thomson Reuters Brasil, 2020.

CASTRO, Rodrigo Pironti Aguirre. Os reflexos da vigência da LGPD: a "virtual" preocupação com as sanções pela ANPD e o real exercício do controle externo pelos órgãos competentes. *Blog café com compliance*. Disponível em: https://www.cafecompliance.com.br/?area=artigo&c=66e8e0997f6efbe687c8da415e97dfec. Acesso em: 30 out. 2020.

FREITAS, Juarez. *Direito Fundamental à boa administração pública*. 3. ed. refundida e aumentada. São Paulo: Malheiros Editores, 2014.

GOLDSMITH, Stephen; EGGERS, William D. *Governar em rede*: o novo formato do setor público. Brasília/São Paulo: ENAP/Unesp, 2006.

GROSSMANN, Luís Osvaldo; LOBO, Ana Paula. Cerificação é critério de seleção para encarregado de dados. *Convergência digital*. Disponível em: https://www.convergenciadigital.com.br/cgi/cgilua.exe/sys/start.htm?UserActiveTemplate=site&infoid=55165&sid=46#.X57tOUeSldh. Acesso em: 30 out. 2020.

JACOBY FERNANDES, J. U. *Tribunais de Contas do Brasil*: jurisdição e competência. 3. ed. rev. atual. e ampl. Belo Horizonte: Fórum, 2012.

KARL, Éryta Dallete Fernandes. *Compliance* e LGPD: uma exigência também para a Administração Pública. *In:* ZENCNER, Marcelo; CASTRO, Rodrigo Pironti Aguirre de (Coord.). *Compliance no setor público*. Belo Horizonte: Fórum, 2020.

KUJAWSKI, Fabio Ferreira; CASTELLANO, Ana Carolina Heringer. Compartilhamento de dados pessoais no âmbito da administração pública sob a égide da Lei Geral de Proteção de Dados. *In:* DAL POZZO, Augusto; MARTINS, Ricardo Marcondes (Coord.). *LGPD e administração pública:* uma análise ampla dos impactos. São Paulo: Thomson Reuters Brasil, 2020.

LARA, Rodrigo Pugliesi. Os desafios da LGPD no setor público. *Revista Consultor Jurídico*. Disponível em: https://www.conjur.com.br/2020-out-22/rodrigo-lara-desafios-lgpd-setor-publico? Acesso em: 30 out. 2020.

MARTINS, Gustavo Afonso. A relação entre a pessoa jurídica e a LGPD. *Revista Consultor Jurídico*. Disponível em: https://www.conjur.com.br/2020-set-28/gustavo-martins-relacao-entre-pessoa-juridica-lgpd. Acesso em: 30 out. 2020.

MARTINS, Ricardo Marcondes. Lei Geral de Proteção de Dados Pessoais e direito administrativo: questões polêmicas. *In:* DAL POZZO, Augusto; MARTINS, Ricardo Marcondes (Coord.). *LGPD e administração pública*: uma análise ampla dos impactos. São Paulo: Thomson Reuters Brasil, 2020.

MOREIRA, Patricia Prieto. Tratamento e uso compartilhado de dados pessoais pela administração pública na execução de políticas públicas. *In:* DAL POZZO, Augusto; MARTINS, Ricardo Marcondes (Coord.). *LGPD e administração pública*: uma análise ampla dos impactos. São Paulo: Thomson Reuters Brasil, 2020.

OLIVEIRA, Regis Fernandes de. Os fundamentos da Lei de Proteção de Dados Pessoais. *In:* DAL POZZO, Augusto; MARTINS, Ricardo Marcondes (Coord.). *LGPD e administração pública:* uma análise ampla dos impactos. São Paulo: Thomson Reuters Brasil, 2020.

OSÓRIO, Fábio Medina. *Teoria da improbidade administrativa*: má gestão pública; corrupção; ineficiência. 3. ed. São Paulo: Revista dos Tribunais, 2013.

SANTOS, Isabel Parreira. A proteção de dados extensível a pessoa jurídica de direito privado. Revista *Âmbito Jurídico*. Disponível em: https://ambitojuridico.com.br/cadernos/direito-civil/a-protecao-de-dados-extensivel-a-pessoa-juridica-de-direito-privado/. Acesso em: 30 out. 2020.

SANTOS, Marcela de Oliveira; MOTTA, Fabrício. Regulação do tratamento de dados pessoais no Brasil – o estado da arte. *In:* DAL POZZO, Augusto; MARTINS, Ricardo Marcondes (Coord.). *LGPD e administração pública*: uma análise ampla dos impactos. São Paulo: Thomson Reuters Brasil, 2020.

VIANA, Ismar. *Fundamentos do processo de controle externo*: uma interpretação sistematizada do texto constitucional aplicada à processualização das competências dos Tribunais de Contas. Rio de Janeiro: Lumen Juris, 2019.

Informação bibliográfica deste texto, conforme a NBR 6023:2018 da Associação Brasileira de Normas Técnicas (ABNT):

VIANA, Ismar dos Santos; STROPPA, Christianne de Carvalho. LGPD: o que muda no controle da Administração Pública? *In*: PIRONTI, Rodrigo (Coord.). *Lei Geral de Proteção de Dados no setor público*. 2. ed. Belo Horizonte: Fórum, 2024. p. 319-337. ISBN 978-65-5518-731-1.

PROTEÇÃO DE DADOS NO ÂMBITO DO PODER JUDICIÁRIO

JOÃO PEDRO OLIVEIRA STRINGHETA

TATIANA CAMARÃO

1 Introdução

A Lei Geral de Proteção de Dados Pessoais (LGPD), Lei nº 13.709/2018, é um dos mais importantes marcos legislativos quanto à proteção de dados no Brasil.

Inspirada no regulamento geral europeu sobre proteção de dados (GDPR), essa norma regulamenta, além dos direitos dos titulares dos dados, uma série de obrigações dos entes públicos e privados que utilizam dados pessoais em suas atividades.

Neste contexto, o Poder Judiciário, por ser um órgão que recebe informações advindas tanto de processos judiciais quanto de processos administrativos, sujeita-se, integralmente, aos termos da LGPD. Sendo assim, propõe-se, com este artigo, um estudo acerca das circunstâncias que permeiam a implementação da LGPD nesta instância, bem como das dificuldades enfrentadas e das perspectivas e desafios embarcados na consecução desta árdua atribuição.

2 O Judiciário como precursor na implementação da LGPD

Com a entrada em vigor da LGPD, os órgãos públicos passaram a editar normas e regulamentos visando conferir maior efetividade aos seus preceitos. Destaca-se, neste sentido, a atuação do Tribunal de

Justiça de Santa Catarina (TJSC), que, sempre vanguardista, instituiu, por meio da Resolução GP nº 28/2019, de 12 de junho de 2019, um comitê para a proteção de dados pessoais no âmbito do Judiciário catarinense.

Outros tribunais também passaram a publicar seus regramentos sobre a matéria (ex.: Portaria nº 4673/PR/2019 do TJMG), fato que indicava um engajamento cada vez maior por parte do Poder Judiciário sobre o tema.

Este aumento no comprometimento das instituições culminou na edição da Recomendação nº 73, de 20 de agosto de 2020, do Conselho Nacional de Justiça (CNJ),[1] primeiro normativo dedicado exclusivamente à adequação dos tribunais de todo o Brasil à LGPD. Trata-se de normativo voltado a fomentar a adoção de medidas concretas de efetivação da proteção de dados no Judiciário, como se vê pelas seguintes obrigações estatuídas no regramento:

> Art. 1º Recomendar a todos os órgãos do Poder Judiciário brasileiro, à exceção do Supremo Tribunal Federal, a adoção das seguintes medidas destinadas a instituir um padrão nacional de proteção de dados pessoais existentes nas suas bases:
>
> I – elaborar um plano de ação que contemple, no mínimo, os seguintes tópicos:
>
> (...)
>
> II – disponibilizar, nos sítios eletrônicos, de forma ostensiva e de fácil acesso aos usuários:
>
> (...)
>
> III – elaborar ou adequar, bem com publicar nos respectivos sítios eletrônicos, de forma ostensiva e de fácil acesso aos usuários:
>
> (...)
>
> IV – constituir Grupo de Trabalho para estudo e identificação das medidas necessárias à implementação da Lei Geral de Proteção de Dados no âmbito do respectivo tribunal, cujo relatório final subsidiará o CNJ na elaboração de uma política nacional.[2]

---

1 A Recomendação nº 73, dirigida aos órgãos do Poder Judiciário para adoção de medidas de governança do acesso e uso massificado de dados, foi aprovada por meio do Ato Normativo nº 0007044-02.2020.2.00.0000.

2 BRASIL. Recomendação nº 73, de 20 de agosto de 2020. Disponível em: https://atos.cnj.jus.br/atos/detalhar/3432#:~:text=Recomenda%20aos%20%C3%B3rg%C3%A3os%20do%20Poder,de%20Prote%C3%A7%C3%A3o%20de%20Dados%20%E2%80%93%20LGPD.

Este comportamento proativo produziu um efeito imediato nas demais instituições judiciárias. Tribunais de todo o país passaram a enfatizar o *compliance* à Lei nº 13.709/2018, mobilizando equipes e criando políticas de privacidade de dados, medidas até então inéditas na esfera do Judiciário. Diversos estatutos regulamentando os temas afetos à proteção de dados passaram a ser publicados, o que demonstrava os primeiros indícios de efeitos positivos da iniciativa do CNJ.

A título exemplificativo, pode-se destacar os seguintes normativos:

- *Ato nº 037/2020-P* do TJRS, o qual "institui a política de proteção de segurança de dados pessoais no âmbito do Tribunal de Justiça do Rio Grande do Sul".
- *Política de Privacidade e Proteção de Dados Pessoais*, editada pelo Tribunal de Justiça de Santa Catarina, a qual "estabelece diretrizes e procedimentos para o tratamento dos dados pessoais no PJSC, em conformidade com a Lei Geral de Proteção de Dados Pessoais – LGPD (Lei Federal nº 13.709, de 14 de agosto de 2018), com o Marco Civil da Internet (Lei nº 12.965, de 23 de abril de 2014) e com a Política Geral de Proteção de Dados Pessoais do PJSC".
- *Resolução nº 9/2020*, do TJDFT, a qual "institui a Política de Privacidade dos Dados das Pessoas Físicas no Tribunal de Justiça do Distrito Federal e dos Territórios – TJDFT".
- *Portaria nº 9.918/2020* do TJSP, a qual "institui a Política de Privacidade e Proteção de Dados Pessoais no Poder Judiciário do Estado de São Paulo".

Todos estes normativos, apesar de sutis diferenças em seu conteúdo, trouxeram um núcleo legislativo comum, composto, principalmente, pelas atribuições de cada um dos agentes de tratamento de dados, assim como definições sobre o processamento e o compartilhamento dessas informações na esfera de atuação de tais organizações.

Em 2021, o CNJ editou a Resolução nº 363, que estabelece medidas para o processo de adequação à Lei Geral de Proteção de Dados Pessoais adotadas pelos Tribunais e incorporou as partes mais relevantes da Recomendação nº 73/2020.

Vale registrar, ainda, que o CNJ tem monitorado e avaliado a implantação das ações necessárias para os tribunais se ajustarem à LGPD, por meio de dados empíricos levantados por meio de questionários preenchidos pelos órgãos que, ao final, servem de indicadores para a tomada de decisões dos caminhos para o aprimoramento da política.

A propósito, o esforço do CNJ e dos tribunais para a implementação da LGPD tem obtido reconhecimento.[3]

> Em 2022, o Centro Regional de Estudos para o Desenvolvimento da Sociedade da Informação da Unesco publicou Relatório destacando a atuação do Poder Judiciário na área. Segundo o relatório, 94% dos órgãos do Poder Judiciário já possuíam alguma unidade ou pessoa ligada à implementação da LGPD, e mais de dois terços ofereciam um canal de atendimento na Internet para envio de mensagens sobre uso de dados pessoais. Uma das razões apontadas pela pesquisa para justificar a maior presença de iniciativas no Judiciário é a existência de normativas e orientações promovidas pela Resolução CNJ n. 363/2021.

3 A implementação da LGPD no Poder Judiciário e os desafios enfrentados

Publicadas as normas que regulamentam a Lei Geral de Proteção de Dados Pessoais no Poder Judiciário, passou-se, então, à efetiva implementação dos ditames legais na estrutura dos tribunais, medida esta que, por exigir um complexo conjunto de atividades e obrigações singulares, colocou essas organizações frente a uma série de desafios para garantir a efetiva conformidade na aplicação de uma bem-sucedida política de tratamento de dados. As dificuldades enfrentadas referiam-se, principalmente, aos seguintes quesitos:

a) À natureza da atividade jurisdicional

O Poder Judiciário, pela própria natureza de suas atribuições, já é submetido a uma dificuldade peculiar em relação às demais instituições públicas brasileiras no que tange à gestão de dados pessoais.

Diferentemente dos demais órgãos públicos, que lidam com um arcabouço limitado de informações sob sua custódia (mormente vindo de seus processos administrativos internos), o Judiciário é responsável não só pela gestão dos dados produzidos em seus processos administrativos, mas também pela administração daqueles dados que lhes são atribuídos por meio dos processos judiciais. Isto faz com que os tribunais tenham que gerir um volume exponencialmente maior de dados pessoais, o que reflete em maior ônus à sua atuação.

---

[3] Disponível em: https://www.cnj.jus.br/cnj-lanca-ciclo-de-monitoramento-da-aplicacao-de-resolucao-da-lei-geral-de-protecao-de-dados/.

Mais do que o volume de informações, o que mais dificulta o tratamento dos dados pessoais no Judiciário é a heterogeneidade dos ritos processuais administrativos e judiciais, o que significa que procedimentos que são adotados na esfera administrativa nem sempre serão aplicáveis aos processos judiciais.

Esta peculiaridade obriga o Poder Judiciário a desenvolver duas frentes de trabalho quase que autônomas: uma dedicada à abordagem dos processos administrativos e outra voltada à gestão dos dados carreados nos processos judiciais.

Ciente das adversidades enfrentadas pelos tribunais brasileiros, o CNJ publicou dois normativos visando à implementação da Lei Geral de Proteção de Dados, garantindo uma política uniforme de tratamento de dados pessoais entre os órgãos do Judiciário:

- *Resolução nº 334, de 21 de setembro de 2020*, a qual "institui o Comitê Consultivo de Dados Abertos e Proteção de Dados no Âmbito do Poder Judiciário", cujas principais atribuições são descritas no art. 2º:

> Art. 2º Compete ao Comitê Consultivo de Dados Abertos e Proteção de Dados Pessoais:
>
> I – avaliar e propor padrões de interoperabilidade e de disponibilização de dados de processos judiciais por meio de APIs (Application Programming Interfaces), em formato legível por máquina, para o acesso massivo aos dados processuais dos sistemas eletrônicos de tramitação processual;
>
> II – avaliar e definir parâmetros para padronização da cobrança pelo acesso aos dados do Poder Judiciário, respeitada a proporcionalidade entre seu valor e o volume de dados acessados;
>
> III – propor medidas para que, na execução da política de dados abertos, sejam observados os direitos e garantias previstos na Lei no 13.709/2018 (Lei Geral de Proteção de Dados), incluindo, entre outras:
>
> a) medidas técnicas e administrativas para proteção dos elementos identificadores de pessoas naturais, tais como pseudonimização, anonimimização, acesso restrito ou ocultação;
>
> b) medidas de gerenciamento e limitação do acesso massificado aos documentos recolhidos pelas partes, considerando os riscos aos titulares de dados pessoais;
>
> IV – realizar estudos e propostas para aperfeiçoamento dos critérios e métodos de armazenamento e disponibilização de conteúdos, acompanhando a evolução tecnológica na área de inteligência artificial aplicada ao Direito.

- Resolução nº 363, de 12 de janeiro de 2021, a qual estabelece medidas para o processo de adequação à LGPD, consistentes em:

I – criar o Comitê Gestor de Proteção de Dados Pessoais (CGPD), que será o responsável pelo processo de implementação da Lei nº 13.709/2018 em cada tribunal, com as seguintes características: a) a composição do referido Comitê deverá ter caráter multidisciplinar e ter em vista o porte de cada tribunal; b) caberá a cada tribunal a decisão de promover a capacitação dos membros do CGPD sobre a LGPD e normas afins, o que poderá ser viabilizado pelas academias ou escolas judiciais das respectivas Cortes de Justiça;

II – designar o encarregado pelo tratamento de dados pessoais, conforme o disposto no art. 41 da LGPD;

III – formar Grupo de Trabalho Técnico de caráter multidisciplinar para auxiliar nas funções junto ao encarregado pelo GT, composto, entre outros, por servidores da área de tecnologia, segurança da informação e jurídica;

IV – elaborar, por meio de canal do próprio encarregado, ou em parceria com as respectivas ouvidorias dos tribunais: a) formulário eletrônico ou sistema para atendimento das requisições e/ou reclamações apresentadas por parte dos titulares dos dados pessoais; b) fluxo para atendimento aos direitos dos titulares (art. 18, 19 e 20 da LGPD), requisições e/ou reclamações apresentadas, desde o seu ingresso até o fornecimento da respectiva resposta;

V – criar um site com informações sobre a aplicação da LGPD aos tribunais, incluindo: a) os requisitos para o tratamento legítimo de dados; b) as obrigações dos controladores e os direitos dos titulares nos termos do art. 1º, II, "a" da Recomendação do CNJ nº 73/2020; c) as informações sobre o encarregado (nome, endereço e e-mail para contato), referidas no art. 41, § 1º, da LGPD; VI – disponibilizar informação adequada sobre o tratamento de dados pessoais, nos termos do art. 9º da LGPD, por meio de: a) avisos de cookies no portal institucional de cada tribunal; b) política de privacidade para navegação na página da instituição; c) política geral de privacidade e proteção de dados pessoais a ser aplicada internamente no âmbito de cada tribunal e supervisionada pelo CGPD;

VII – zelar para que as ações relacionadas à LGPD sejam cadastradas com os assuntos pertinentes da tabela processual unificada;

VIII – determinar aos serviços extrajudiciais que, sob a supervisão da respetiva Corregedoria-Geral da Justiça, analisem a adequação à LGPD no âmbito de suas atribuições;

IX – organizar programa de conscientização sobre a LGPD, destinado a magistrados, a servidores, a trabalhadores terceirizados, a estagiários e residentes judiciais, das áreas administrativas e judiciais de primeira e segunda instâncias e Cortes Superiores, à exceção do Supremo Tribunal Federal;

X – revisar os modelos de minutas de contratos e convênios com terceiros já existentes, que autorizem o compartilhamento de dados, bem como elaborar orientações para as contratações futuras, em conformidade com a LGPD;

XI – implementar medidas de segurança, técnicas e administrativas aptas a proteger os dados pessoais de acessos não autorizados e de situações acidentais ou ilícitas de destruição, perda, alteração, comunicação ou qualquer forma de tratamento inadequado ou ilícito, nos termos do art. 46 e seguintes da LGPD, por meio: a) da elaboração de política de segurança da informação que contenha plano de resposta a incidentes (art. 48 da LGPD), bem como a previsão de adoção de mecanismos de segurança desde a concepção de novos produtos ou serviços (art. 46, § 1º); b) da avaliação dos sistemas e dos bancos de dados, em que houver tratamento de dados pessoais, submetendo tais resultados à apreciação do CGPD para as devidas deliberações; c) da avaliação da segurança de integrações de sistemas; d) da análise da segurança das hipóteses de compartilhamento de dados pessoais com terceiros;

XII – elaborar e manter os registros de tratamentos de dados pessoais contendo informações sobre: a) finalidade do tratamento; b) base legal; c) descrição dos titulares; d) categorias de dados; e) categorias de destinatários; f) eventual transferência internacional; e g) prazo de conservação e medidas de segurança adotadas, nos termos do art. 37 da LGPD;

XIII – informar o CGPD sobre os projetos de automação e inteligência artificial.

b) À nomeação dos agentes de tratamento de dados pessoais

Prevista na LGPD, a nomeação dos agentes de tratamento – o encarregado, o operador e o controlador de dados – é fator desafiador para o Judiciário, pois demanda urgência, considerando as inúmeras responsabilidades previstas na lei para assegurar a sua efetividade.

Tratando especificamente da nomeação do "encarregado", tem-se um agente que, por sua importância no processo e o rol de atribuições a ele deferidas pela lei, deve ter sua nomeação imediata, escolhendo-se um perfil de profissional com conhecimento abrangente da Lei Geral de Proteção de Dados e uma posição considerável na estrutura organizacional no Tribunal.[4]

[4] É importante ficar alerta para o conflito de interesse, já que, se a escolha para o encarregado for atribuída a um juiz ou desembargador, estes magistrados não poderão participar de

Ao examinar as competências definidas no art. 41 da Lei Federal nº 13.709/2018, percebe-se as demandas de conhecimento sobre os temas afetos à proteção de dados, como:

> Art. 41. O controlador deverá indicar encarregado pelo tratamento de dados pessoais.
>
> §1º A identidade e as informações de contato do encarregado deverão ser divulgadas, publicamente, de forma clara e objetiva, preferencialmente no sítio eletrônico do controlador.
>
> §2º As atividades do encarregado consistem em:
>
> I - aceitar reclamações e comunicações dos titulares, prestar esclarecimentos e adotar providências;
>
> II - receber comunicações da autoridade nacional e adotar providências;
>
> III - orientar os funcionários e os contratados da entidade a respeito das práticas a serem tomadas em relação à proteção de dados pessoais; e
>
> IV - executar as demais atribuições determinadas pelo controlador ou estabelecidas em normas complementares.
>
> §3º A autoridade nacional poderá estabelecer normas complementares sobre a definição e as atribuições do encarregado, inclusive hipóteses de dispensa da necessidade de sua indicação, conforme a natureza e o porte da entidade ou o volume de operações de tratamento de dados.

Pelas responsabilidades legalmente outorgadas ao encarregado, fica claro que a escolha desse agente de tratamento deve ser bastante criteriosa, a fim de se identificar um profissional que tenha *expertise* compatível com o múnus em debate.

Não se trata de uma tarefa fácil.

Sabe-se que os tribunais brasileiros são povoados por profissionais com o mais notório saber jurídico. Por outro lado, é também verdade que as rotinas atinentes à proteção de dados não fazem parte das atribuições hodiernas destes membros.

Em verdade, a previsão legal do tratamento de dados pessoais é tema relativamente recente no ordenamento, sendo esta uma matéria mais afeta às áreas técnicas, como a Tecnologia da Informação e a Gestão Documental.

Por isso, aliar conhecimento abrangente de todas as temáticas que envolvem a aplicação da LGPD à *expertise* inerente ao exercício

---

processos que envolvam a matéria que estão capitaneando como agente de tratamento na função de encarregado do Tribunal.

deste múnus é fator dificultador na escolha do magistrado ou servidor para esta posição.

Os tribunais, no entanto, vêm conseguindo indicar seu encarregado com a criação de um comitê técnico multidisciplinar, o qual tem atribuição de dar amparo necessário às decisões e medidas a serem adotadas. A maioria dos tribunais tem estruturado essa modelagem, já que se trata, como antes mencionado, de ações e atividades complexas, que necessitam da participação de diversas áreas da organização.

O panorama relativo aos demais agentes (controlador e operador) não é muito diferente.

Neste ponto, é importante registrar algumas considerações acerca dessas duas figuras importantes e de destaque na LGPD. De acordo com o art. 37 dessa lei, o controlador e o operador de dados são agentes de tratamento de dados pessoais, os quais devem manter o registro das operações de tratamento que realizarem, especialmente quando baseadas em legítimo interesse.

O controlador tem a responsabilidade de formular as regras de boas práticas e de governança que estabelecem as condições de organização, o regime de funcionamento e os procedimentos – incluindo reclamações e petições de titulares dos dados pessoais, as normas de segurança, os padrões técnicos, as obrigações específicas para os diversos envolvidos no tratamento, as ações educativas, os mecanismos internos de supervisão e de mitigação de riscos e outros aspectos relacionados ao tratamento de dados pessoais.

Por outro lado, o operador é o agente que realiza o tratamento de dados pessoais segundo as instruções fornecidas pelo controlador, o qual deverá acompanhar e supervisionar a observância da adoção das próprias instruções. O operador deverá, conforme preceitua o art. 50 da LGPD, formular regras de boas práticas e de governança relacionadas ao tratamento de dados pessoais.

Pelo exposto, resta claro que o controlador define os deveres e responsabilidade dos operadores. No caso do Poder Judiciário, o controlador é o Tribunal e os operadores são as empresas que executam o serviço em nome dele, tais como as empresas de prestação de serviço de publicidade e de tecnologia e informação.

Por fim, vale registrar que o operador responde solidariamente pelos danos causados pelo tratamento quando descumprir as obrigações da legislação de proteção de dados ou quando não seguir as instruções lícitas do controlador, hipótese na qual o operador equipara-se ao controlador, salvo nos casos de exclusão previstos no art. 43 da LGPD.

Por esse motivo, os tribunais devem estar atentos à contratação dos operadores e suas respectivas aderências à política de proteção de dados pessoais e ao atendimento das normas da LGPD.

A propósito, vale citar o alerta de Raquel Gonzaga acerca dos cuidados a serem adotados pelo controlador de dados ao formalizar contrato com o operador, com previsão de compartilhamento de dados pessoais,[5] quais sejam:

1. Definição de quem é o Controlador e quem é o Operador;
2. Garantir que o Operador esteja adequado às obrigações da LGPD, incluindo boas práticas, governança corporativa e medidas de segurança da informação (dica: é importante que o Controlador defina o padrão técnico de segurança da informação);
3. Garantir que o Controlador possa realizar auditorias para verificar se a declaração de adequação à LGPD é verdadeira;
4. Especificar, claramente, quais Dados Pessoais e Categorias de Titulares serão compartilhados, bem como a finalidade do Tratamento (dica: incluir vedação de Tratamento pelo Operador para qualquer outra finalidade de forma expressa);
5. Definir o Direito de Regresso do Controlador;
6. Criar obrigação do Operador em colaborar com o Controlador para o cumprimento das obrigações deste, tais como: exercício dos direitos dos titulares, notificação e informação no caso titulares, notificação e informação no caso de ocorrência de Violação de Dados Pessoais (Dica: elencar todos os direitos e definir todas as informações necessárias para o caso de o Controlador ter que notificar alguma Violação de Dados Pessoais);
7. Incluir regras sobre exclusão dos Dados Pessoais após a extinção do contrato;
8. Regras no caso de subcontratação por parte do Operador;
9. Regras para Transferência Internacional;

Seguindo essa orientação, os regulamentos de adequação à LGPD têm definido que o controlador de dados do órgão é o próprio Tribunal, e o operador de dados seria aquele que executa ordens em nome do controlador, mas que se encontra fora da estrutura funcional da entidade. Neste sentido, para ilustrar, o Tribunal de Justiça de Santa

[5] GONZAGA, Raquel. Programa de adequação à Proteção de Dados Pessoais: Guia Prático. p. 20 e 21. Disponível em: http://gustavorocha.adv.br/EbookLGPD.pdf. Acesso em: 1 nov. 2020.

Catarina estabeleceu sua Política de Privacidade e Proteção de Dados Pessoais:

> 2.1 Controlador de dados: pode ser uma pessoa natural ou pessoa jurídica, de direito público ou privado, a quem compete as decisões referentes ao tratamento de dados pessoais, ou seja, o controlador é responsável pelo tratamento dos dados.
>
> (...)
>
> No PJSC, o Controlador é o TJSC.
>
> (...)
>
> 2.3 *Operador de dados:* é a pessoa natural ou jurídica, de direito público ou privado, que realiza o tratamento de dados pessoais em nome e por ordem do controlador.
>
> No PJSC, operador é a pessoa natural ou jurídica, de direito público ou privado, externa ao quadro funcional do Poder Judiciário do Estado de Santa Catarina, que realiza o tratamento de dados pessoais em nome e por ordem do controlador do TJSC. (grifo nosso)

c) À estrutura dos tribunais

Uma das principais premissas para uma boa política de tratamento de dados é o correto e íntegro conhecimento dos processos dos trabalhos institucionais, afinal, neles é que são veiculados os dados pessoais. Nota-se que, ao citar os processos, envolve-se também a estrutura de pessoas e sistemas que operam os processos e procedimentos.

Diante da heterogeneidade dos processos conduzidos no cerne de um órgão judiciário, a atividade de mapeamento dos processos institucionais se apresenta como uma das mais árduas tarefas na consecução de uma política de dados eficiente, sendo um dos grandes desafios para sua implementação.

Não é raro que muitos órgãos sequer tenham conhecimento do seu portfólio de processos e de sua complexidade, o que prejudica a realização das atividades ligadas à LGPD.

Na sequência, outro desafio se apresenta: a estruturação dos sistemas de informática dos entes públicos. Trata-se de atividade complexa e por vezes não compreendida em sua totalidade.

Ambos os desafios exigem um vultoso esforço por parte das equipes incumbidas de tal objetivo.

Por fim, e não menos importante, no complexo campo estrutural dos tribunais, encontra-se a limitação das equipes, fato considerável e peculiar não somente aos entes do Judiciário, mas à Administração

Pública como um todo. E, quando se fala em "limitação", dois aspectos devem ser considerados: o número de servidores disponíveis para as atividades e a escassez de pessoal capacitado para a gestão de dados pessoais.

Não é segredo que os entes públicos vêm enfrentando severas restrições orçamentárias nos últimos tempos. Este contingenciamento de verbas atinge diretamente o quantitativo de servidores disponíveis e, mais que isso, impossibilita que servidores com aptidão para determinada matéria sejam devidamente capacitados – o que acaba gerando um descompasso entre planejamento e execução da política de proteção de dados dos tribunais brasileiros, retardando sua conclusão.

d) À atividade judicante

Como já dito, a tutela sobre dados pessoais é matéria relativamente nova para o sistema jurídico brasileiro. Em que pese a Lei nº 13.709 ter sido publicada no ano de 2018, poucos foram os órgãos que conseguiram se aprofundar no tema.

A implementação da LGPD atinge sobremaneira a assoberbada rotina dos magistrados de todo o país. Assim sendo, a pronta entrada em vigor da LGPD causou transtornos também a juízes e desembargadores, uma vez que lhes foi conferido nova tarefa em meio ao já atribulado cotidiano de trabalho, obrigando-os a procurar rápida capacitação sobre os temas afetos à proteção de dados, tendo em vista a iminente propositura de ações judiciais sobre o tema.

Esse contexto afetou também a atividade das escolas judiciais de todos os tribunais, que, diante da necessidade de capacitação de magistrados e servidores, passaram a promover inúmeros eventos sobre o tema.

e) Aos direitos dos titulares dos dados e ao procedimento a ser adotado

No que concerne ao exercício do direito do titular dos dados, outra dificuldade se impõe ao Poder Judiciário. De acordo com o art. 23, §3º, da LGPD, os prazos e procedimentos para exercício dos direitos do titular perante o Poder Público observarão o disposto em legislação específica, em especial as disposições constantes da Lei nº 9.507, de 12 de novembro de 1997 (Lei do Habeas Data), da Lei nº 9.784, de 29 de janeiro de 1999 (Lei Geral do Processo Administrativo) e da Lei nº 12.527, de 18 de novembro de 2011 (Lei de Acesso à Informação).

A questão que se coloca é saber qual o procedimento a se adotar nos tribunais, sendo recomendada a padronização interna do canal de entrada dos requerimentos, o fluxo e o reporte das solicitações. Esse estudo da engrenagem do exercício de direitos atinentes aos dados pessoais deverá ser feito pela inserção de uma área destinada exclusivamente às demandas relacionadas à LGPD nos portais dos tribunais.

f) À finalidade pública

Outro desafio de relevo diz respeito à definição da base legal do tratamento de dados dos tribunais. Cumpre registrar que os órgãos e entidades públicas devem ter como principal fundamento para o tratamento dos dados pessoais o atendimento à sua finalidade pública, com o objetivo de executar competências legais, cumprimento de obrigação legal ou regulatória – afinal, toda atividade administrativa e jurisdicional deve ter orientação obrigatória prevista na lei.

É consabido que o gestor público só pode praticar o ato amparado na lei e nos estritos limites por ela estabelecidos. Se o ato for praticado sem amparo legal ou com finalidade diversa, tem-se a prática do abuso de poder. A propósito, afirma Celso de Melo, "o princípio da finalidade impõe que o administrador, ao manejar as competências postas ao seu encargo, atue com rigorosa obediência à finalidade de cada uma. Isto é, cumpre-lhe cingir-se não apenas à finalidade própria de todas as leis, que é o interesse público, mas também à finalidade específica abrigada na lei a que esteja dando execução".[6]

Enfim, a base autorizativa para o tratamento de dados do Tribunal é a lei e o direito, já que "só é legítima a atividade do administrador público se estiver condizente com o disposto na lei".[7] A esse respeito, José dos Santos Carvalho Silva afirma: "É extremamente importante o efeito do princípio da legalidade no que diz respeito aos direitos dos indivíduos. Na verdade, o princípio se reflete na consequência de que a própria garantia desses direitos depende de sua existência, autorizando-se então os indivíduos à verificação do confronto entre a atividade administrativa e a lei. Uma conclusão é inarredável: havendo dissonância entre a conduta e a lei, deverá aquela ser corrigida para eliminar-se a ilicitude".

Afora isso, a persecução do interesse público é diretriz vital para a execução das competências legais do serviço público, sob pena de desvio de finalidade. Como diz Diogenes Gasparini, "qualquer ação

---

6 *Curso de Direito Administrativo*, 17. ed. São Paulo: Malheiros, 2004, p. 98.

7 SILVA, José dos Santos Carvalho. *Manual de Direito Administrativo*, Atlas, p. 20.

estatal sem o correspondente calço legal, ou que exceda ao âmbito demarcado pela lei, é injurídica e expõe-se à anulação".[8]

Para além de nulidade do ato, qualquer tratamento realizado sem lei que o ampare ou em desconformidade com o substrato nela previsto poderá ensejar a responsabilização do controlador e do operador. Sobre a temática, Alexandre Levin assevera que:[9] "A utilização dos dados para fins diversos daqueles atribuídos por lei aos órgãos e às entidades públicas é vedada pela LGPD e pode resultar na aplicação das sanções previstas nos arts. 52 a 54 dessa lei, sem prejuízo da responsabilização nas esferas penal e cível".

Portanto, caberá aos tribunais realizar o tratamento de dados atrelado à base autorizativa vinculada ao atendimento de sua finalidade pública especificada, bem como nos princípios previstos na lei, sob pena de ilegalidade e desvirtuamento dos propósitos da LGPD.[10]

É certo que essa premissa não pode ser utilizada como instrumento para justificar o tratamento desnecessário e inadequado. Sob essa perspectiva, Francisco Gabriel Pacheco Junior alerta que uma das condutas veementemente repudiadas em todo o mundo onde há legislação de proteção de dados é a coleta e o armazenamento de dados pessoais, sensíveis ou não, sem a devida justificativa, simplesmente para avolumar, do ponto de vista qualitativo ou quantitativo, o banco de dados do controlador.[11]

g) Às outras medidas e ações de enfrentamento pelos tribunais

Para além dos desafios já citados, outros deverão ser enfrentados pelos tribunais.

As medidas de segurança de ponto a ponto do tratamento de dados pessoais é, com toda certeza, uma preocupação que todos os tribunais devem ter. O elemento humano deve ser levado em

---

[8] *Direito Administrativo*, 13. ed. São Paulo: Saraiva, 2008.

[9] DAL POZZO, Augusto Neves; MARTINS, Ricardo Marcondes (Coord.). *LGPD e administração pública*: uma análise ampla dos impactos. São Paulo: Thomson Reuters, 2020, p. 239.

[10] De acordo com Caio César Carvalho Lima: 'Caso exista determinação legal (quer em lei federal, estadual ou municipal), quer nas demais normas (decretos, resoluções, entre outros), o controlador poderá realizar o tratamento de dados pessoais com fundamento na hipótese de cumprimento de obrigação legal ou regulatória pelo controlador' (MALDONADO, Viviane Nóbrega; BLUM, Renato Opice (Coord.). *LGPD*: Lei Geral de Proteção de Dados comentada. 2. ed. São Paulo: Thomson Reuters Brasil, 2019, p. 182).

[11] DAL POZZO, Augusto Neves; MARTINS, Ricardo Marcondes (Coord.). *O tratamento de dados pessoais pelo setor público e o alcance da LGPD*. São Paulo: Thomson Reuters, 2020, p. 315.

consideração, mesmo porque há uma rotatividade muito grande de novos servidores ou permuta de áreas, que torna complexa a proteção de privacidade, de sorte que é recomendada a minimização dos dados utilizados no tratamento, limitação de grupo de servidores envolvidos no tratamento, disseminação da cultura de proteção de dados pessoais e adoção de maior controle.

Outro aspecto importante da segurança, e que merece atenção ciosa dos gestores na implantação do programa de proteção de dados pessoais, é a adoção de plano de respostas a incidentes de segurança. Aliás, vale lembrar que o art. 48 da LGPD estabelece que o controlador deverá comunicar à autoridade nacional e ao titular dos dados a ocorrência de incidente de segurança que possa acarretar risco ou dano relevante aos titulares.

Por fim, a revisão dos contratos, convênios e instrumentos congêneres formalizados pelos tribunais é outro aspecto do programa de proteção de dados pessoais que merece estudos e aprofundamento, haja vista a complexidade do tema.[12]

4 Considerações finais

A entrada em vigor da Lei nº 13.709/18 tem se apresentado como grande desafio para os tribunais de todo o país, os quais têm como premissa implantar seu programa de privacidade e proteção de dados pessoais utilizando-se de regras de boas práticas e da boa governança.

O CNJ vem assumindo o protagonismo na adoção das medidas destinadas a instituir um padrão nacional de proteção de dados pessoais, seja pelo inerente exercício de sua missão de desenvolver políticas judiciárias que promovam efetividade e unidade ao Poder Judiciário, seja por considerar a necessidade de proteção da privacidade e dos dados pessoais de jurisdicionados e outros sujeitos identificados ou identificáveis nos atos processuais.

Nesse movimento precursor, muitas ações foram tomadas isoladamente pelos tribunais, apesar de haver, por parte desses órgãos, o exercício do compartilhamento dos aprendizados entre os entes análogos.

Notadamente, há a demanda por uma maior padronização das ações e formas de implementação da LGPD por esses órgãos. Nesse

---

[12] Não iremos tratar da aplicação da LGPD aos contratos formalizados pela Administração Pública no presente artigo, pois é tema específico de outro artigo deste livro.

sentido, a Agência Nacional de Proteção de Dados (ANPD) deve ser a regente desse orquestramento das ações entre órgãos e entidades públicas, devendo traçar os contornos necessários no âmbito das regras e normativas que devem ser observadas nesse processo.

Cabe, agora, manter um olhar atento a toda essa movimentação gerada em torno da LGPD, seja por parte da Administração Pública, seja por parte do cidadão que tem seus dados tratados pelos diversos sistemas utilizados por esta.

No caso específico do Poder Judiciário, fica aqui explícita que essa atenção desencadeia um sem-número de desafios a serem enfrentados, sempre com a observância da lei, impondo urgência – o que torna o processo ainda mais complexo e com muitas nuances passíveis de amparo de todas as instâncias administrativas e jurisdicionais.

Informação bibliográfica deste texto, conforme a NBR 6023:2018 da Associação Brasileira de Normas Técnicas (ABNT):

STRINGHETA, João Pedro Oliveira; CAMARÃO, Tatiana. Proteção de dados no âmbito do Poder Judiciário. *In*: PIRONTI, Rodrigo (Coord.). *Lei Geral de Proteção de Dados no setor público*. 2. ed. Belo Horizonte: Fórum, 2024. p. 339-354. ISBN 978-65-5518-731-1.

A LEI GERAL DE PROTEÇÃO DE DADOS NO SISTEMA S: ASPECTOS RELEVANTES

JULIETA MENDES LOPES VARESCHINI

1 Do regime jurídico aplicável ao Sistema S

Os Serviços Sociais Autônomos possuem personalidade de direito privado, não têm fins lucrativos e atuam ao lado do Estado, mediante o desempenho de atividades não lucrativas, não integrando a Administração direta (União, Estados, Municípios e Distrito Federal), tampouco a indireta (autarquias, fundações públicas, sociedades de economia mista e empresas públicas).[1]

Embora dotados de personalidade jurídica de direito privado e não integrantes da Administração Pública, atuam em cooperação com o Estado, desempenhando funções reconhecidamente de interesse público, voltadas à assistência social e à formação profissional no âmbito do setor econômico ao qual se vinculam.

Referidas entidades executaam, assim, atividades de relevante interesse público, sendo mantidas por contribuições parafiscais cobradas de forma compulsória dos integrantes das categorias profissionais que representam.

Nas palavras de Thiago Bueno de Oliveira, os Serviços Sociais Autônomos, atualmente, desempenham "atividades de fomento público, em que o Estado tenta promover e desenvolver uma plena aptidão técnica, física ou mental do homem para progredir no trabalho".[2]

---

[1] Sobre o tema, vide: VARESCHINI, Julieta Mendes Lopes. *Licitações e Contratos no Sistema "S"*. 7. ed. Curitiba: Editora JML, 2017.

[2] OLIVEIRA, Thiago Bueno de. Os Serviços Sociais Autônomos e a vedação ao retrocesso social. *In: Revista JML de Licitações e Contratos*, Curitiba, n. 25, p. 45, dez. 2012.

Conforme destacado pela Controladoria Geral da União:

> "essas entidades, embora oficializadas pelo Estado, não integram a Administração direta nem a indireta, mas trabalham ao lado do Estado, cooperando nos setores, atividades e serviços que lhes são atribuídos, consideradas de interesse público de determinados beneficiados. Recebem, por isso, oficialização do Poder Público e autorização legal para arrecadarem e utilizarem, na sua manutenção, as contribuições parafiscais".[3]

Em razão dessas peculiaridades que permeiam a existência e a atuação do Sistema S, é que tais entidades se submetem à incidência de regras e princípios gerais que regem as atividades administrativas. Estão sujeitas, então, a um regime jurídico híbrido, com a incidência de normas de direito privado e de direito público, e cujo controle finalístico, inclusive, é exercido pelo Tribunal de Contas da União.[4] [5]

A compreensão do regime jurídico aplicável aos Serviços Sociais Autônomos mostra-se relevante para o fim de identificar o procedimento que deve ser adotado por tais entidades para cumprir as diretrizes da Lei Geral de Proteção de Dados Pessoais, na medida em que a normativa em voga prescreveu procedimentos distintos para a Administração Pública e para empresas privadas.

Essa discussão torna-se relevante com a entrada em vigor da Lei desde setembro de 2018, com a sanção pelo Presidente da República

---

[3] CGU. Coletânea de Entendimentos da SFC/CGU *Sobre os Principais Temas de Gestão do Sistema "S"*. Brasília: CGU, 2004. p. 6. Disponível em: http://www.cgu.gov.br/Publicacoes/auditoria-e-fiscalizacao/arquivos/sistemas.pdf. Acesso em: 15 jul. 2020.

[4] TCU. Acórdão nº 2.079/2015. Plenário: "[VOTO] 6. Preliminarmente, cabe ressaltar que os Serviços Sociais Autônomos administram recursos públicos de natureza tributária advindos de contribuições parafiscais, destinados à persecução de fins de interesse público. Em decorrência da natureza pública desses recursos, estão as entidades integrantes do denominado 'Sistema S' submetidas ao controle externo exercido pelo Tribunal de Contas da União, nos termos do art. 5º, inciso V, da Lei n. 8.443/1992, e a elas se aplicam os princípios que regem a Administração Pública, nominados na cabeça do art. 37 da Constituição Federal".

[5] Saliente-se que há divergências em relação ao regime jurídico aplicável aos Serviços Sociais Autônomos, consoante ilustra o seguinte julgado do STF: "8. Por outro lado, não procede a alegação de que o só fato de serem os serviços sociais autónomos subvencionados por recursos públicos seria circunstância determinante da submissão das entidades do Sistema "S" aos princípios previstos no art. 37, *caput*, da Constituição, notadamente no que se refere a contratação de seu pessoal. Tal relação de causa e efeito, além de não prevista em lei e nem ser decorrência de norma ou princípio constitucional, jamais foi cogitada para outras entidades de direito privado que usufruem de recursos públicos, como as de utilidade pública declarada, as entidades beneficentes de assistência social e mesmo as entidades sindicais, também financiadas por contribuições compulsórias". Recurso Extraordinário nº 789.874/DF, Min. Rel. Teori Zavascki, Plenário, Supremo Tribunal Federal.

da Medida Provisória nº 959/20. Com efeito, ainda que as sanções administrativas pela ANPD (Autoridade Nacional de Proteção de Dados) tenham sido postergadas para agosto de 2021, isso não impede a ação fiscalizatória dos órgãos de controle, o que exige dos Serviços Sociais Autônomos a necessária adequação de seus procedimentos à LGPD, conforme de longa data alerta Rodrigo Pironti:

> É dizer, como sempre alertamos, a discussão instaurada sobre a ineficácia da aplicação das sanções administrativas pela ANPD, antes da data de 01 de agosto de 2021 estabelecida na Lei 14.010/20, e a falsa sensação de tranquilidade às empresas, nunca excluiu a possibilidade de que os órgãos de controle externo, em seu regular exercício, tutelassem direitos individuais e coletivos por meio do exercício de sua função constitucional, adotando inclusive caráter repressor e sancionatório a condutas vedadas pela Lei Geral de Proteção de Dados.
>
> Veja que o artigo 52, parágrafo segundo da Lei 13.709/18, ao alertar que o previsto naquele dispositivo "não substitui a aplicação de sanções administrativas, civis ou penais definidas na Lei nº 8.078, de 11 de setembro de 1990, e em legislação específica" já orientava o caráter material da LGPD a servir de fundamento de validade e nexo causal para potencializar o estabelecimento de sanções outras, previstas em legislações especiais, como é o caso da Ação Civil Pública.
>
> A discussão reacende um ponto central, resumido em uma palavra que permeia a gestão de riscos nas empresas e que, há tempos, tenho insistido em retomar em meus textos: coerência.
>
> Adequar-se à LGPD não deve fazer parte de uma cultura empresarial que tem por objetivo única e exclusivamente impedir o caráter sancionador do Estado por meio do seu regular exercício de controle, mas sim, deve ser norte de uma pauta preventiva, de coerência com o próprio "core business" da empresa ou da Instituição, para o desenvolvimento sustentável e seguro do negócio.
>
> Àqueles que não jogam dados com o acaso só há uma única opção coerente, cuja resposta é a imediata, efetiva e profissionalizada adequação à Lei Geral de Proteção de Dados pessoais.[6]

É preciso concordar com o autor que a adequação dos procedimentos à LGPD, muito mais do que representar segurança jurídica para afastar a aplicação de sanções, é necessária para a sustentabilidade do

---

[6] PIRONTI, Rodrigo. Os reflexos da vigência da LGPD: a "virtual" preocupação com as sanções pela ANPD e o real exercício do controle externo pelos órgãos competentes. Disponível em: https://www.cafecompliance.com.br/?area=artigo&c=66e8e0997f6efbe687c8da415e97dfec. Acesso em: 2 nov. 2020.

negócio em si, mormente para os Serviços Sociais Autônomos, que vêm sofrendo ataques institucionais por parte do Governo Federal.

2 Lei Geral de Proteção de Dados Pessoais: aplicabilidade ao Sistema S

A Lei nº 13.709/2018 disciplina o tratamento de dados pessoais, inclusive nos meios digitais, por pessoa natural ou por pessoa jurídica de direito público ou privado, com o escopo de proteger os direitos fundamentais de liberdade e de privacidade e o livre desenvolvimento da personalidade da pessoa natural, em consonância, portanto, à Constituição Federal.

Embora a Lei tenha conferido tratamento mais preciso no que tange à proteção de dados pessoais, não se pode olvidar que outras normativas já disciplinavam temas tangenciais, como o Código de Defesa do Consumidor – Lei nº 8.078/1990, a Lei de Acesso à Informação – Lei nº 12.527/2012 e o Marco Civil da Internet – Lei nº 12.965/2014.

Saliente-se que o art. 1º, da Lei nº 13.709/2018, ao prescrever que o tratamento de dados de pessoas naturais se estende, *inclusive*, aos meios digitais, deixa assente a aplicabilidade da norma tanto a dados em meios físicos (como prontuários médicos) quanto digitais.

Nos termos do art. 2º, da LGPD, referida proteção tem como fundamentos:

> Art. 2º A disciplina da proteção de dados pessoais tem como fundamentos:
>
> I - o respeito à privacidade;
>
> II - a autodeterminação informativa;
>
> III - a liberdade de expressão, de informação, de comunicação e de opinião;
>
> IV - a inviolabilidade da intimidade, da honra e da imagem;
>
> V - o desenvolvimento econômico e tecnológico e a inovação;
>
> VI - a livre iniciativa, a livre concorrência e a defesa do consumidor; e
>
> VII - os direitos humanos, o livre desenvolvimento da personalidade, a dignidade e o exercício da cidadania pelas pessoas naturais.

A normativa em tela classifica os dados em três categorias, a saber: a) dado pessoal, relacionado à pessoa natural identificada (quando as informações levam à identificação direta do titular) ou identificável (ainda que o titular não seja identificado de plano, as informações permitem sua identificação[7]); b) dados pessoais sensíveis, que são aqueles que podem gerar algum tipo de discriminação (origem racial, convicções religiosas, vida sexual, dados biométricos, etc.); e c) dados pessoais de crianças e adolescentes. Para cada tipo de dado a LGPD contempla uma espécie de tratamento.

Considera-se titular de dados pessoais a "pessoa natural a quem se referem os dados pessoais que são objeto de tratamento",[8] a quem tem direito a obter do controlador,[9] em relação aos dados do titular por ele tratados, a qualquer momento e mediante requisição: I - confirmação da existência de tratamento; II - acesso aos dados; III - correção de dados incompletos, inexatos ou desatualizados; IV - anonimização, bloqueio ou eliminação de dados desnecessários, excessivos ou tratados em desconformidade com o disposto nesta Lei; V - portabilidade dos dados a outro fornecedor de serviço ou produto, mediante requisição expressa, de acordo com a regulamentação da autoridade nacional, observados os segredos comercial e industrial; VI - eliminação dos dados pessoais tratados com o consentimento do titular, exceto nas hipóteses previstas no art. 16 desta Lei; VII - informação das entidades públicas e privadas com as quais o controlador realizou uso compartilhado de dados; VIII - informação sobre a possibilidade de não fornecer consentimento e sobre as consequências da negativa; IX - revogação do consentimento, nos termos do §5º do art. 8º desta Lei.

Nos termos do art. 3º da norma em comento, a LGPD aplica-se à operação de tratamento[10] realizada por pessoa natural ou *por pessoa jurídica de direito público ou privado*, desde que se verifique um dos seguintes requisitos: a) a operação de tratamento seja realizada no território nacional; b) a atividade vise a oferta ou o fornecimento de bens ou serviços ou o tratamento de dados de indivíduos localizados no território nacional; c) os dados pessoais a que se refere o tratamento

---

7 Por exemplo, um cadastro no qual consta o CEP do endereço e a placa do carro do titular, pois tais informações permitem a posterior identificação.

8 Art. 5º, inciso, V, da Lei nº 13.709/2018.

9 "Art. 5º (...)
VI - controlador: pessoa natural ou jurídica, de direito público ou privado, a quem competem as decisões referentes ao tratamento de dados pessoais;".

10 "Art. 5º (...)
X - tratamento: toda operação realizada com dados pessoais, como as que se referem a coleta, produção, recepção, classificação, utilização, acesso, reprodução, transmissão, distribuição, processamento, arquivamento, armazenamento, eliminação, avaliação ou controle da informação, modificação, comunicação, transferência, difusão ou extração;".

tenham sido coletados no território nacional,[11] salvo nas hipóteses previstas no art. 4º, da referida lei.[12]

Infere-se, portanto, que a norma se aplica tanto a pessoas jurídicas de direito público quanto de direito privado que realizem tratamento de dados previstos no art. 3º e não se enquadrem nas exceções definidas no art. 4º, sendo inquestionável a sujeição aos Serviços Sociais Autônomos. A título de exemplo, cita-se que a Apex-Brasil já se estruturou e possui seu DPO – *Data Protection Officer* (encarregado de dados), bem como já incorporou aos contratos, convênios e patrocínios as diretrizes da LGPD.

Por seu turno, o tratamento de dados pessoais, conceituado no art. 5º, X, da LGPD, como "toda operação realizada com dados pessoais, como as que se referem a coleta, produção, recepção, classificação,

---

11 Conforme previsão do art. 3º, §1º: "Consideram-se coletados no território nacional os dados pessoais cujo titular nele se encontre no momento da coleta", com exceção da hipótese contemplada no inciso IV, do art. 4º, da normativa em comento: IV - provenientes de fora do território nacional e que não sejam objeto de comunicação, uso compartilhado de dados com agentes de tratamento brasileiros ou objeto de transferência internacional de dados com outro país que não o de proveniência, desde que o país de proveniência proporcione grau de proteção de dados pessoais adequado ao previsto nesta Lei".

12 "Art. 4º Esta Lei não se aplica ao tratamento de dados pessoais:
I - realizado por pessoa natural para fins exclusivamente particulares e não econômicos;
II - realizado para fins exclusivamente:
a) jornalístico e artísticos; ou
b) acadêmicos, aplicando-se a esta hipótese os arts. 7º e 11 desta Lei;
III - realizado para fins exclusivos de:
a) segurança pública;
b) defesa nacional;
c) segurança do Estado; ou
d) atividades de investigação e repressão de infrações penais; ou
IV - provenientes de fora do território nacional e que não sejam objeto de comunicação, uso compartilhado de dados com agentes de tratamento brasileiros ou objeto de transferência internacional de dados com outro país que não o de proveniência, desde que o país de proveniência proporcione grau de proteção de dados pessoais adequado ao previsto nesta Lei.
§1º O tratamento de dados pessoais previsto no inciso III será regido por legislação específica, que deverá prever medidas proporcionais e estritamente necessárias ao atendimento do interesse público, observados o devido processo legal, os princípios gerais de proteção e os direitos do titular previstos nesta Lei.
§2º. É vedado o tratamento dos dados a que se refere o inciso III do caput deste artigo por pessoa de direito privado, exceto em procedimentos sob tutela de pessoa jurídica de direito público, que serão objeto de informe específico à autoridade nacional e que deverão observar a limitação imposta no §4º deste artigo.
§3º A autoridade nacional emitirá opiniões técnicas ou recomendações referentes às exceções previstas no inciso III do *caput* deste artigo e deverá solicitar aos responsáveis relatórios de impacto à proteção de dados pessoais.
§4º Em nenhum caso a totalidade dos dados pessoais de banco de dados de que trata o inciso III do caput deste artigo poderá ser tratada por pessoa de direito privado, salvo por aquela que possua capital integralmente constituído pelo poder público".

utilização, acesso, reprodução, transmissão, distribuição, processamento, arquivamento, armazenamento, eliminação, avaliação ou controle da informação, modificação, comunicação, transferência, difusão ou extração", somente poderá ser realizado nas hipóteses a que alude o art. 7º da norma em comento, a saber:

> I - mediante o fornecimento de consentimento pelo titular:[13]
>
> II - para o cumprimento de obrigação legal ou regulatória pelo controlador;
>
> III - pela administração pública, para o tratamento e uso compartilhado de dados necessários à execução de políticas públicas previstas em leis e regulamentos ou respaldadas em contratos, convênios ou instrumentos congêneres, observadas as disposições do Capítulo IV desta Lei;
>
> IV - para a realização de estudos por órgão de pesquisa, garantida, sempre que possível, a anonimização dos dados pessoais;
>
> V - quando necessário para a execução de contrato ou de procedimentos preliminares relacionados a contrato do qual seja parte o titular, a pedido do titular dos dados;
>
> VI - para o exercício regular de direitos em processo judicial, administrativo ou arbitral, esse último nos termos da *Lei nº 9.307, de 23 de setembro de 1996 (Lei de Arbitragem)*;
>
> VII - para a proteção da vida ou da incolumidade física do titular ou de terceiro;
>
> VIII - para a tutela da saúde, exclusivamente, em procedimento realizado por profissionais de saúde, serviços de saúde ou autoridade sanitária;
>
> IX - quando necessário para atender aos interesses legítimos do controlador ou de terceiro, exceto no caso de prevalecerem direitos e liberdades fundamentais do titular que exijam a proteção dos dados pessoais; ou
>
> X - para a proteção do crédito, inclusive quanto ao disposto na legislação pertinente.

Saliente-se que o consentimento previsto no inciso I, do art. 7º, citado antes, é dispensado para dados manifestamente tornados públicos pelo titular (§4º, art. 7º), o que não afasta, porém, o dever do agente de tratamento de adotar as demais cautelas e obrigações previstas na Lei Geral, mormente quanto ao cumprimento dos princípios gerais e garantias dos direitos do titular (§6º, art. 7º).

---

[13] "Art. 8º O consentimento previsto no inciso I do art. 7º desta Lei deverá ser fornecido por escrito ou por outro meio que demonstre a manifestação de vontade do titular".

Cumpre destacar que a Lei nº 13.709/2018 dedicou o Capítulo IV, a partir do art. 23, para disciplinar o tratamento de dados pelas pessoas jurídicas de direito público indicadas no parágrafo único do artigo 1º da Lei de Acesso à Informação.[14] E as empresas estatais exploradoras de atividade econômica, sujeitas ao regime jurídico definido no art. 173, da Constituição Federal, estarão vinculadas ao procedimento definido na LGPD para as pessoas jurídicas de direito privado, salvo se estiverem operacionalizando políticas públicas e no âmbito da execução delas, hipótese em que incidirá o mesmo tratamento conferido à Administração Pública direta.

Em apertada síntese, o procedimento adotado para o tratamento dos dados pessoais pelas estatais dependerá se a atividade realizada está relacionada diretamente a uma política pública ou, ao revés, se em regime de mercado, concorrencial, o que pode trazer diferenças substanciais, inclusive no que tange à responsabilização do controlador dos dados.

Consoante orienta a doutrina:

> A Lei Geral de Proteção de Dados apresenta, em seu Capítulo IV, nove artigos, onde faz a abordagem do tratamento de dados pessoais pelo Setor Público.
>
> Mas é de todo essencial que qualquer interpretação daquele texto legal, deva ser realizada em conformidade com o que está descrito em seu artigo 23, onde é feita menção direta a Lei de Acesso a Informação.
>
> Assim, a finalidade a que está vinculado determinado tratamento dos dados pessoais, se em regime de mercado, concorrencial ou se para a consecução de políticas públicas, é que determinará se o ente deve atender aos requisitos exigidos para o setor privado ou para o setor público previstos na Lei Geral de Proteção de Dados.

---

[14] "Art. 1º Esta Lei dispõe sobre os procedimentos a serem observados pela União, Estados, Distrito Federal e Municípios, com o fim de garantir o acesso a informações previsto no inciso XXXIII do art. 5º, no inciso II do §3º do art. 37 e no §2º do art. 216 da Constituição Federal.
Parágrafo único. Subordinam-se ao regime desta Lei:
I - os órgãos públicos integrantes da administração direta dos Poderes Executivo, Legislativo, incluindo as Cortes de Contas, e Judiciário e do Ministério Público;
II - as autarquias, as fundações públicas, as empresas públicas, as sociedades de economia mista e demais entidades controladas direta ou indiretamente pela União, Estados, Distrito Federal e Municípios."

> Apenas nos casos em que a finalidade do tratamento for a persecução do interesse público, os órgãos do setor público deverão atender o Capítulo IV da lei Geral de Proteção de Dados.[15]
>
> (...)
>
> Fazemos aqui uma importante ressalva ao enquadramento de algumas entidades referidas no inciso II, Parágrafo Único da LAI, pois, estas, devido a sua natureza jurídica deverão transitar entre os capítulos II e IV da LGPD a depender da atividade que desempenham ao tratar os dados. Em outras palavras, a finalidade a que está vinculado determinado tratamento dos dados pessoais – se em regime de mercado, concorrencial, ou se para a consecução de políticas públicas – é que determinará se o ente deve atender aos requisitos exigidos para o setor privado ou para o setor público previstos na LGPD. Esta é a prescrição do art. 24 da LGPD ao determinar que empresas públicas e sociedades de economia mista por estarem sob a égide de um regime especial (ou misto) deverão se adequar a depender do caso concreto: se atuarem de acordo com os requisitos do art. 173, CF[4] – explorando atividade econômica - devem atuar em conformidade com Capítulo II da LGPD; já nos casos em que a finalidade do tratamento for a persecução do interesse público deverão atender o Capítulo IV.
>
> Por isso, verificada a necessidade de tratar dados pessoais, primordialmente deve o ente público identificar sob qual condição atua, uma vez que as consequências de atuar em regime concorrencial ou regime de finalidade pública são diferentes, desde os requisitos a serem atendidos até às sanções previstas em eventual desrespeito à lei.
>
> Entendemos que é nesse ponto que reside uma das grandes complexidades no tratamento dispensado aos entes públicos pela LGPD, uma vez que pode acontecer de o mesmo dado ao ser utilizado para finalidades diversas requerer o atendimento de requisitos diversos.[16]

Assim, questão que deve ser proposta é se o mesmo raciocínio deve ser adotado em relação aos Serviços Sociais Autônomos. Com efeito, cumpre rememorar, conforme destacado no primeiro tópico deste artigo, que os Serviços Sociais Autônomos não integram a Administração Pública direta, tampouco a indireta. São pessoas de direito privado que exercem atividade de relevante interesse público.

---

[15] ARAÚJO FILHO, José Mariano. *O Impacto da Lei Geral de Proteção de Dados na Administração Pública*. Disponível em: https://jmarfilho.jusbrasil.com.br/artigos/776225284/o-impacto-da-lei-geral-de-protecao-de-dados-na-administracao-publica?ref=feed. Acesso em: 15 jul. 2020.

[16] ROSSO, Angela Maria. *LGPD e setor público*: aspectos gerais e desafios. Disponível em: https://www.migalhas.com.br/depeso/300585/lgpd-e-setor-publico-aspectos-gerais-e-desafios. Acesso em: 15 jul. 2020.

Por essa razão, dada a natureza jurídica das entidades integrantes do Sistema S, a rigor, deverão seguir o procedimento previsto na LGPD para as pessoas jurídicas de direito privado. Mesmo reconhecendo que esse raciocínio exigirá do Sistema S procedimento mais rigoroso do que aplicável à esfera pública, é preciso ter coerência, pois é indiscutível a natureza jurídica de direito privado das entidades integrantes do Sistema S, não sendo crível aplicar tal regime privado apenas quando é mais conveniente.

Por outro lado, não se pode perder de vista que as entidades do Sistema S, para a consecução das atividades finalísticas, concretizam políticas públicas, aproximando-se, assim, do regime jurídico imposto às estatais. Dessa feita, embora não se tenha notícias até o momento de posição do TCU a respeito do tema, à luz do disciplinado no art. 24, da LGPD, é possível, ao menos em tese, que a Corte de Contas venha a exigir dos Serviços Sociais Autônomos o disciplinado no Capítulo IV da norma em comento, quando do desempenho de políticas públicas.

É preciso ter em mente que o art. 23, da Lei nº 13.709/2018, deixa assente a submissão ao procedimento disciplinado no Capítulo IV às pessoas de direito público elencadas no art. 1º, da Lei de Acesso à Informação, dispositivo que não abarca expressamente os Serviços Sociais Autônomos, da mesma forma que o art. 24, também da LGPD, menciona tão somente as estatais, sujeitas ao disposto no art. 173, §1º, da Constituição Federal (que, por seu turno, não contempla o Sistema S). Tal raciocínio nos leva a defender a aplicabilidade ao Sistema S do procedimento previsto na Lei para as pessoas jurídicas de direito privado.

Embora passível de crítica, consoante já nos manifestamos em artigo anterior,[17] o TCU tem se posicionado no sentido de que os Serviços Sociais Autônomos devem seguir os ditames da Lei do Acesso à Informação, tema que guarda intrínseca relação com a LGPD, mesmo diante da ausência de previsão no art. 1º da LAI.

Com efeito, no Acórdão nº 699/2016, do Plenário do TCU, a Corte de Contas analisou a transparência das entidades do Sistema 'S' quanto à divulgação de informações pertinentes a receitas, despesas, demonstrações contábeis, licitações, contratos, entre outras, bem como ao atendimento aos interessados e à sociedade em geral no que tange ao acesso à informação.

---

[17] VARESCHINI, Julieta Mendes Lopes; OLIVEIRA, Thiago Bueno de. Aplicação do Decreto 9.781/19 ao Sistema S: Aberração jurídica dissimulada pelo discurso da transparência. *In: Revista JML de Licitações e Contratos*, Curitiba, n. 52, set. 2019.

No relatório do acórdão em epígrafe, primeiramente, analisou-se a aplicabilidade do princípio da transparência aos Serviços Sociais Autônomos:

> *65. O passo seguinte em direção ao alcance da transparência das ações de governo foi a Lei de Acesso à Informação (LAI). A Lei 12.527/2011, regulamentada pelo Decreto 7.724/2012, normatizou o direito constitucional de acesso às informações públicas, criando mecanismos que possibilitam, a qualquer pessoa, física ou jurídica, sem necessidade de apresentar motivo, o recebimento de informações públicas dos órgãos e entidades.*
>
> *(...)*
>
> *67. Além dos órgãos e entidades elencados anteriormente, o art. 21 referendou que as disposições da Lei, aplicam-se, no que couber, às entidades privadas sem fins lucrativos que recebam, para realização de ações de interesse público, recursos públicos diretamente do orçamento ou mediante subvenções sociais, contrato de gestão, termo de parceria, convênios, acordo, ajustes ou outros instrumentos congêneres.*
>
> *(...)*
>
> *69. De acordo com o Código das Melhores Práticas de Governança Coorporativa, do Instituto Brasileiro de Governança Coorporativa, os princípios da governança corporativa são a transparência, equidade, prestação de contas e responsabilidade corporativa. Tais princípios e boas práticas aplicam-se a qualquer tipo de organização, independentemente do porte, natureza jurídica ou tipo de controle. Ao definir o princípio básico da transparência, o mencionado documento afirma que:*
>
> *Mais do que a obrigação de informar é o desejo de disponibilizar para as partes interessadas as informações que sejam de seu interesse e não apenas aquelas impostas por disposições de leis ou regulamentos. A adequada transparência resulta em um clima de confiança, tanto internamente quanto nas relações da empresa com terceiros. Não deve restringir-se ao desempenho econômico-financeiro, contemplando também os demais fatores (inclusive intangíveis) que norteiam a ação gerencial e que conduzem à criação de valor.*
>
> 70. Para o caso do Sistema 'S', que é financiado basicamente com recursos públicos, a transparência ultrapassa o simples 'desejo de informar', tornando-se um dever para com a população que financia indiretamente o funcionamento dessas entidades.
>
> 71. A transparência nos gastos de recursos públicos deve ser vista como o principal mecanismo que possibilita o controle social e do governo. Em contraposição a essa situação, historicamente, as informações divulgadas pelo Sistema 'S' relacionadas à gestão dos recursos financeiros recebidos por meio das contribuições parafiscais, embora atendam estritamente aos dizeres legais, não têm um nível de detalhamento suficiente para permitir o controle social e externo.

72. Como um processo de avanço no fornecimento de informações, e reconhecendo a necessidade de transparência para o Sistema 'S', a partir de 2009, a Lei de Diretrizes Orçamentárias (LDO) passou a incluir em seus dispositivos a determinação de que essas entidades divulgassem, periodicamente, pela internet, dados e informações atualizados acerca dos valores recebidos à conta das contribuições, bem como das aplicações efetuadas, discriminadas por finalidade e região. (grifou-se)

Em outro julgado, Acórdão nº 1.669/2019, do Plenário, o TCU reconheceu a aplicabilidade da LAI ao Sistema S por força da alteração promovida pelo Decreto nº 9.781/2019:

173. Nesse sentido, é relevante registrar que, em 3/5/2019, foi editado o Decreto 9.781, que altera o Decreto 7.724/2012, que, por sua vez regulamenta a LAI. Esse novo normativo, em conformidade com o trabalho sobre transparência desenvolvido por este Tribunal, estabelece que as entidades do Sistema S também estão obrigadas, sob pena de aplicação das sanções previstas em lei, a divulgar as informações a que se referem os incisos I ao VIII do §3º do art. 7º do Decreto 7.724/2012, em local de fácil visualização em sítios oficiais na internet.

A Lei nº 12.527/11 (Lei de Acesso à Informação), ao dispor sobre os procedimentos a serem observados pela União, Estados, Distrito Federal e Municípios para garantir o acesso a informações previsto na Constituição Federal no artigo 5º, inciso XXXIII; artigo 37, inciso II do §3º; e, no artigo 216, §2º, visa assegurar o princípio da publicidade e viabilizar o controle pelos interessados, cidadãos e Corte de Contas acerca da regular aplicação dos recursos públicos.

Referida Lei apresentou o rol de órgãos e entidades subordinados ao seu regime no parágrafo único do art. 1º e no art. 2º, nos seguintes termos:

Art. 1º. (...)

Parágrafo único. Subordinam-se ao regime desta Lei:

I - os órgãos públicos integrantes da administração direta dos Poderes Executivo, Legislativo, incluindo as Cortes de Contas, e Judiciário e do Ministério Público;

II - as autarquias, as fundações públicas, as empresas públicas, as sociedades de economia mista e demais entidades controladas direta ou indiretamente pela União, Estados, Distrito Federal e Municípios.

Art. 2º. Aplicam-se as disposições desta Lei, no que couber, *às entidades privadas sem fins lucrativos que recebam, para realização de ações de interesse público, recursos públicos diretamente do orçamento ou mediante subvenções sociais, contrato de gestão, termo de parceria, convênios, acordo, ajustes ou outros instrumentos congêneres.* (grifou-se)

Como se vê, o legislador ordinário muito bem se atentou quanto à peculiaridade das entidades privadas sem fins lucrativos (gênero no qual estão inseridos os Serviços Sociais Autônomos) e precisamente destacou que se aplicaria o comando legal, no que couber. Ademais, ressaltou que não seria toda e qualquer entidade privada sem fins lucrativos, mas aquelas que recebessem, para realização de ações de interesse público, recursos públicos diretamente do orçamento ou mediante subvenções sociais, contrato de gestão, termo de parceria, convênios, acordo, ajustes ou outros instrumentos congêneres.

Nesse sentido, cumpre alertar que os recursos públicos recebidos pelos Serviços Sociais Autônomos, oriundos da parafiscalidade tributária, não provêm do orçamento geral da União, nem de instrumentos como contrato de gestão, termo de parceria, convênios, acordo e ajustes, pois a relação entre o Estado e tais entidades não é contratual e sim legal.

Por essa razão, a aplicabilidade normativa da LAI aos Serviços Sociais Autônomos alcançaria apenas as parcelas recebidas do Estado quando formalizado algum dos instrumentos mencionados (o que eventualmente acontece), motivo pelo qual o próprio parágrafo único do art. 2º da LAI reitera que a publicidade a que estariam submetidas tais entidades privadas sem fins lucrativos refere-se apenas à parcela dos recursos públicos recebidos e consequentemente à sua destinação.

Não há dúvidas de que os Serviços Sociais Autônomos estão obrigados a cumprir com os princípios da publicidade (em decorrência da natureza dos recursos que administram) e da transparência (este, inclusive, como algo inerente à própria governança corporativa). Dessa feita, o dever de transparência se aplica tanto a instituições públicas quanto privadas, em relação a estas últimas, inclusive, como forma de garantir a sustentabilidade/perenidade das organizações. Isso porque uma das formas de blindar os Serviços Sociais Autônomos dos constantes ataques institucionais que estes vêm sofrendo é por meio da transparência. É indispensável que toda a sociedade conheça o importante papel social desempenhado pelos Serviços Sociais Autônomos, e a transparência é a via de acesso para tal controle.

Porém, em nosso entender, não estão sujeitos aos exatos termos da Lei do Acesso à Informação (Lei nº 12.527/11), em que pese a orientação do TCU em sentido contrário. E, se esta é a posição da

Corte de Contas em relação à Lei do Acesso à Informação, é possível, ao menos em tese, que o mesmo raciocínio se estenda à LGPD, ou seja, vinculando os Serviços Sociais Autônomos ao procedimento traçado no Capítulo IV, o mesmo que incide no âmbito da Administração Pública direta, raciocínio este que não corroboramos, em face das premissas destacadas anteriormente.

De qualquer sorte, independente do procedimento adotado, o fato é que os Serviços Sociais Autônomos devem respeitar a LGPD ao tratarem dados pessoais, sendo imprescindível para esse fim a imediata adaptação dos procedimentos e normativos internos.

3 Conclusão

Os Serviços Sociais Autônomos não integram a Administração Pública direta, tampouco a indireta. São pessoas de direito privado que exercem atividade de relevante interesse público. Por essa razão, dada a natureza jurídica das entidades integrantes do Sistema S, a rigor, deverão seguir o procedimento previsto na LGPD para as pessoas jurídicas de direito privado, ao menos enquanto não promovida eventual alteração legislativa ou determinação da Corte de Contas.

Por outro lado, não se pode perder de vista que as entidades do Sistema S, para a consecução das atividades finalísticas, concretizam políticas públicas, aproximando-se assim do regime jurídico imposto às estatais. Dessa feita, embora não se tenha notícias até o momento de posição do TCU a respeito do tema, à luz do disciplinado no art. 24, da LGPD, é possível ao menos em tese que a Corte de Contas venha a exigir dos Serviços Sociais Autônomos o disciplinado no Capítulo IV da norma em comento, quando do desempenho de políticas públicas, raciocínio que não corroboramos.

De qualquer sorte, independente do procedimento adotado, o fato é que os Serviços Sociais Autônomos devem respeitar a LGPD ao tratarem dados pessoais, sendo imprescindível para esse fim a imediata adaptação dos procedimentos e normativos internos.

Referências

ARAÚJO FILHO, José Mariano. O Impacto da Lei Geral de Proteção de Dados na Administração Pública. Disponível em: https://jmarfilho.jusbrasil.com.br/artigos/776225284/o-impacto-da-lei-geral-de-protecao-de-dados-na-administracao-publica?ref=feed. Acesso em: 1 fev. 2020.

BRASIL. CGU. *Coletânea de Entendimentos da SFC/CGU Sobre os Principais Temas de Gestão do Sistema "S"*. Brasília: CGU, 2004. p. 6. Disponível em: http://www.cgu.gov.br/Publicacoes/auditoria-e-fiscalizacao/arquivos/sistemas.pdf. Acesso em: 31 jan. 2020.

MEIRELLES, Hely. Lopes. *Direito administrativo brasileiro*. 25. ed. São Paulo: Malheiros, 2000.

OLIVEIRA, Thiago Bueno de. Os Serviços Sociais Autônomos e a vedação ao retrocesso social. *In*: *Revista JML de Licitações e Contratos*, Curitiba, n. 25, p. 45, dez. 2012.

PIRONTI, Rodrigo. Os reflexos da vigência da LGPD: a "virtual" preocupação com as sanções pela ANPD e o real exercício do controle externo pelos órgãos competentes. Disponível em: https://www.cafecompliance.com.br/?area=artigo&c=66e8e0997f6efbe687c8da415e97dfec.

ROSSO, Angela Maria. *LGPD e setor público*: aspectos gerais e desafios. Disponível em: https://www.migalhas.com.br/depeso/300585/lgpd-e-setor-publico-aspectos-gerais-e-desafios. Acesso em: 2 fev. 2020.

VARESCHINI, Julieta Mendes Lopes; OLIVEIRA, Thiago Bueno de. Aplicação do Decreto nº 9.781/19 ao Sistema S: Aberração jurídica dissimulada pelo discurso da transparência. *In*: *Revista JML de Licitações e Contratos*, Curitiba, n. 52, set. 2019.

VARESCHINI, Julieta Mendes Lopes. *Licitações e Contratos no Sistema "S"*. 7. ed. Curitiba: Editora JML, 2017.

Informação bibliográfica deste texto, conforme a NBR 6023:2018 da Associação Brasileira de Normas Técnicas (ABNT):

VARESCHINI, Julieta Mendes Lopes. A Lei Geral de Proteção de Dados no Sistema S: aspectos relevantes. *In*: PIRONTI, Rodrigo (Coord.). *Lei Geral de Proteção de Dados no setor público*. 2. ed. Belo Horizonte: Fórum, 2024. p. 355-369. ISBN 978-65-5518-731-1.

DADOS EM PAUTA: A ADEQUAÇÃO DOS TRIBUNAIS DE JUSTIÇA À LGPD

MARIANA KEPPEN

Introdução

A Lei Geral de Proteção de Dados (Lei nº 13.709/18), mais conhecida como LGPD, entrou em vigor em setembro de 2020 e inaugurou um novo paradigma em relação à privacidade e proteção de dados no Brasil. Seguindo a tendência da União Europeia, que desde 2016 tem o Regulamento Geral de Proteção de Dados Pessoais (GDPR), as instituições públicas e privadas que realizem tratamento de dados pessoais precisam estar adequadas às suas previsões.

E se o desafio já é bastante grande para os atores privados, quando falamos do âmbito público esse desafio se torna ainda maior.

Devido às especificidades do Poder Judiciário, é necessário cautela e estudo dedicado na condução das adequações à LGPD nesta esfera. É certo que muitas medidas implementadas por pessoas jurídicas de direito privado também se aplicam às públicas, como exemplo, citamos a necessidade da realização de um mapeamento de dados (muitas vezes referido por seu nome em inglês, *data mapping*) e a elaboração de uma matriz de riscos, que contemple todos os tratamentos de dados realizados e os riscos relacionados a esses.

Entretanto, o debate específico em relação à aplicação da Lei Geral de Proteção de Dados no âmbito do Poder Judiciário e Tribunais de Justiça é de extrema importância e merece dedicação em sua análise.

Nesse sentido, o CNJ publicou em janeiro de 2021 a Resolução CNJ nº 363, que estabelece medidas para o processo de adequação à Lei Geral de Proteção de Dados Pessoais (LGPD) a serem adotadas pelos tribunais do país (primeira e segunda instâncias e cortes superiores), à exceção do Supremo Tribunal Federal, com o objetivo de facilitar o processo de implementação da legislação de proteção de dados no âmbito do sistema judicial.

Este artigo, portanto, dedica-se a explanar sobre alguns aspectos da condução do processo de adequação à Lei Geral de Proteção de Dados no contexto de tribunais de justiça.

Estabelecimento de uma metodologia de adequação

Da leitura da Resolução nº 363, de 12.1.2021, percebe-se que o CNJ busca incentivar não somente a adequação dos tribunais à LGPD, mas a implementação de um programa de governança de dados, conforme referido na lei, ou também conhecido como sistema de privacidade e proteção de dados.

Isso porque a resolução, mais do que a conformidade com a lei, busca estimular as melhores práticas relacionadas à proteção de dados e, principalmente, fortalecer a cultura de privacidade no âmbito do sistema judicial.

Este objetivo fica evidente nas orientações relacionadas à criação de um Comitê Gestor de Proteção de Dados Pessoais (CGPD), que será o responsável pelo processo de implementação da Lei nº 13.709/2018 em cada tribunal (art. 1º, inc. I), e à organização de programa de conscientização sobre a LGPD, destinado a magistrados, servidores, trabalhadores terceirizados, estagiários e residentes judiciais (art. 1º, inc. IX).

Ainda, a resolução estabelece a realização do mapeamento de todas as atividades de tratamento de dados pessoais, a avaliação de riscos (*gap assessment*) e estabelecimento de planos de ação (*roadmap*) para atendimento da LGPD e resolução (art. 2º, incs. I, II e III).

Nesse sentido, visando ao atendimento às normativas de proteção de dados e à garantia da privacidade, é necessário desenvolver um projeto que viabilize a condução e gestão das atividades a serem realizadas, considerando a dimensão de atuação dos tribunais de justiça e o volume de tratamento de dados realizado.

Para tanto, será apresentada no presente artigo uma sugestão de metodologia para o desenvolvimento das atividades de adequação e atendimento à Resolução nº 363/2021 do CNJ e implementação de um sistema de privacidade e proteção de dados.

Com efeito, esta metodologia foi desenhada com base em diretrizes nacionais e internacionais sobre o tema, como as normas

ISO 31000:2018, 27001:2013, 27002:2022 e 27701:2019, metodologia Coso e diretrizes do Instituto de Auditores Internos – IIA, com especial destaque às orientações divulgadas pela Autoridade Nacional de Proteção de Dados (ANPD).[1] Esquematicamente, a metodologia pode ser traduzida na ilustração a seguir:

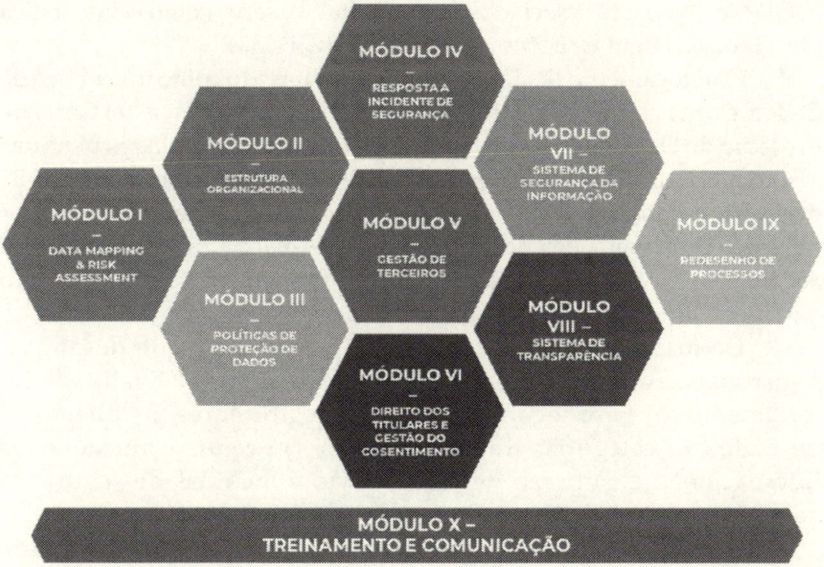

Conforme apresentado, as atividades de adequação estão divididas em 10 módulos temáticos, desenvolvidos com base no cenário de riscos identificado no Módulo I. Nesta metodologia, notadamente, o Módulo X, relacionado ao treinamento e comunicação, atravessa todos os outros módulos, devido à sua significativa importância na promoção do engajamento dos servidores e magistrados envolvidos no projeto. Além disso, esse desempenha um papel fundamental na consolidação da cultura de privacidade e proteção de dados dentro da instituição, bem como na melhoria da transparência em relação às atividades de tratamento de dados pessoais realizadas.

Para uma melhor análise em relação às previsões da Resolução nº 363/2021 do CNJ, os módulos serão abordados individualmente a seguir.

---

[1] Metodologia desenvolvida e aplicada pelo escritório Pironti Advogados, sendo a autora a diretora de *compliance* e proteção de dados.

Módulo I – *Data Mapping & Risk Assessment*

Dentro do conjunto de iniciativas que compõem a metodologia apresentada, destaca-se o primeiro módulo (*Data Mapping & Risk Assessment*) como uma etapa fundamental para o processo de adequação à LGPD. Isso ocorre porque o Módulo I desempenha um papel central na compreensão dos tratamentos de dados pessoais realizados e na avaliação dos riscos associados a eles. Portanto, serve como a base lógica para todas as demais ações a serem desenvolvidas.

O mapeamento de dados, também conhecido como inventário de dados, é uma etapa necessária para a conformidade com a Lei Geral de Proteção de Dados e deve ser o ponto de partida para todas as medidas a serem adotadas para atingir esse objetivo. Notadamente, o art. 37 da LGPD estabelece a obrigação do controlador de dados de manter registros das operações de tratamento que realiza, já a Resolução nº 363/2021 do CNJ traz previsão semelhante em seu art. 1º, inc. XII, sendo o mapeamento de dados a consolidação dessa exigência.

De forma mais específica, a resolução elenca que devem ser registradas, ao menos, as seguintes informações: a) finalidade do tratamento; b) base legal; c) descrição dos titulares; d) categorias de dados; e) categorias de destinatários; f) eventual transferência internacional; e g) prazo de conservação e medidas de segurança adotadas.

A partir da consolidação do mapeamento de dados, torna-se possível desenvolver a matriz de riscos e os relatórios de impacto à proteção de dados (RIPD).

A avaliação de riscos, que é precedida pelo mapeamento dos processos, ativos e terceiros envolvidos nas atividades de tratamento de dados realizadas pelo Tribunal, é a base das medidas a serem adotadas para aprimorar a privacidade e a proteção de dados dentro da instituição. Isso é de extrema importância para a conformidade com a LGPD, já que a própria lei, no §1º do art. 50, exige que os agentes considerem a natureza, o escopo, a finalidade, a probabilidade e a gravidade dos riscos e benefícios decorrentes do tratamento de dados do titular ao definirem medidas organizacionais.

Além disso, a partir do mapeamento de dados e da avaliação de riscos, é possível mensurar o grau de risco e o impacto dos tratamentos aos direitos dos titulares, permitindo a definição dos tratamentos que serão objeto de relatório de impacto à proteção de dados (RIPD).

A elaboração de tais relatórios é fundamental para o gerenciamento dos riscos associados ao tratamento de dados pessoais que possam afetar as liberdades civis e os direitos fundamentais, conforme definido no art. 5º, inc. XVII da lei, e para o processo de documentação e gestão dos registros e informações que o controlador deve manter para monitorar seu processo de tratamento de dados, bem como estabelecer medidas, salvaguardas e mecanismos de mitigação de riscos.

Em resumo, a elaboração do *Data Mapping & Risk Assessment* (Módulo I) serve como o ponto de partida para a conformidade com a LGPD, pois seu conteúdo é essencial para entender o cenário de risco, representado no Mapa de Calor 5 x 5 (conforme imagem a seguir) e determinar as medidas necessárias (planos de ação) e que serão implementadas ao longo do projeto de adequação à LGPD.

PROBABILIDADE						
	Muito Alta	5	10	15	20	25
	Alta	4	8	12	16	20
	Média	3	6	9	12	15
	Baixa	2	4	6	8	10
	Muito Baixa	1	2	3	4	5
		Muito baixo	Baixo	Médio	Alto	Muito Alto
		IMPACTO				

Importante ressaltar que esta é exatamente a lógica proposta pela resolução do CNJ, que prevê em seu art. 2º a seguinte cadência:

> I - realização do mapeamento de todas as atividades de tratamento de dados pessoais por meio de questionário, conforme modelo a ser elaborado pelo CNJ;
>
> II - realização da avaliação das vulnerabilidades (gap assessment) para a análise das lacunas da instituição em relação à proteção de dados pessoais; e
>
> III - elaboração de plano de ação (Roadmap), com a previsão de todas as atividades constantes nesta Resolução.

Módulo II – Estrutura organizacional

Passando aos módulos que concretizam os planos de ação previstos na etapa de diagnóstico, o primeiro deles diz respeito à estrutura organizacional de proteção de dados, que é composta pelo encarregado de dados, também conhecido como *data protection officer* (DPO), e pelo Comitê Gestor de Proteção de Dados Pessoais (CGPD).

O encarregado de dados desempenha um papel de relevância ao facilitar a comunicação entre os responsáveis pelo tratamento de dados, os titulares dos dados e a Autoridade Nacional de Proteção de Dados. Nesse contexto, suas responsabilidades incluem receber e responder às solicitações dos titulares, fornecendo esclarecimentos apropriados; gerenciar as comunicações recebidas da Autoridade Nacional de Proteção de Dados, tomando as medidas necessárias em conformidade com a legislação; além de orientar os colaboradores sobre as melhores práticas relacionadas à proteção de dados pessoais.

A nomeação do encarregado de dados está prevista no art. 41 da LGPD, bem como no art. 1º, inc. II da Resolução nº 363/2021 do CNJ, entretanto, a mencionada resolução, para além do encarregado, estabelece também a necessidade de implantação de um Comitê Gestor de Proteção de Dados Pessoais, conforme segue:

> I - criar o Comitê Gestor de Proteção de Dados Pessoais (CGPD), que será o responsável pelo processo de implementação da Lei no 13.709/2018 em cada tribunal, com as seguintes características:
>
> a) a composição do referido Comitê deverá ter caráter multidisciplinar e ter em vista o porte de cada tribunal;
>
> b) caberá a cada tribunal a decisão de promover a capacitação dos membros do CGPD sobre a LGPD e normas afins, o que poderá ser viabilizado pelas academias ou escolas judiciais das respectivas Cortes de Justiça;

Assim, adicionalmente, no âmbito dos tribunais de justiça, a estrutura organizacional será complementada pela formação do Comitê Gestor de Proteção de Dados Pessoais, que terá como função principal a tomada de decisões estratégicas relacionadas ao sistema e a supervisão das atividades desempenhadas pelo encarregado de dados.

Destaca-se, por fim, que essa estrutura desempenha um papel fundamental no efetivo gerenciamento de riscos associados à privacidade e proteção de dados, nesse sentido, importante que seus membros sejam capacitados e recebam o apoio necessário para a condução de suas atividades.

Módulo III – Políticas de privacidade e proteção de dados

A revisão, elaboração e implementação de políticas comportamentais e procedimentais relacionadas ao sistema de privacidade e proteção de dados, considerando as priorizações em relação aos níveis de risco identificados e as necessidades do Tribunal, desempenham uma função de extrema relevância no processo de conformidade com a Lei Geral de Proteção de Dados (LGPD).

Essas políticas têm um impacto fundamental ao formalizar as novas diretrizes e normas a serem seguidas, demonstrando de maneira clara e precisa o compromisso da instituição com a privacidade e proteção de dados pessoais. Além disso, promovem a transparência sobre a maneira como os dados são tratados durante a execução das atividades institucionais.

Importante observar que essas políticas sejam elaboradas tendo em consideração a realidade específica da instituição e conforme o cenário de riscos identificado durante a fase de diagnóstico do projeto.

De um modo geral, deve ser elaborada a política de privacidade, que contenha ao menos as finalidades dos principais tratamentos, as hipóteses legais que baseiam tais tratamentos, a forma que os titulares poderão exercer seus direitos, o contato do encarregado de dados e as medidas e salvaguardas utilizadas pela instituição para garantir a privacidade e proteção de dados.

Ainda, sugere-se que seja revisada a política de segurança da informação do tribunal, com o objetivo de que seja validada sua adequação às previsões da LGPD.

Módulo IV – Resposta a incidentes de segurança

O tratamento de dados pessoais realizado pelo tribunal expõe, invariavelmente, a instituição a riscos inerentes a essas atividades, ainda que todas as medidas de prevenção e mitigação sejam adotadas.

É essencial, portanto, que as equipes dos tribunais de justiça estejam preparadas e saibam como atuar caso riscos venham a se concretizar, razão pela qual o sistema de privacidade e proteção de dados também contempla, em seu Módulo IV, o desenvolvimento de um plano de resposta a incidentes de segurança envolvendo dados pessoais.

O estabelecimento de um plano de resposta a incidentes atende à previsão das boas práticas de governança do art. 50 da LGPD e permite que o tribunal apresente respostas mais eficiente diante dos incidentes, viabilizando a análise e, quando necessária, a comunicação de incidentes aos titulares de dados e à Autoridade Nacional de Proteção de Dados.

Módulo V – Gestão de terceiros

A Lei Geral de Proteção de Dados inova ao estabelecer uma cadeia de responsabilidade relacionada ao tratamento de dados, representada pelos agentes de tratamento (controladores e operadores).

Assim, no escopo de adequação à LGPD, é necessário diagnosticar a definição dos papéis no relacionamento com terceiros que realizem tratamento de dados pessoais, de modo que as cláusulas contratuais que regem tais relações estejam adequadas às responsabilidades e apropriadas à mitigação de riscos.

Devem ser revisitados, portanto, os modelos de contratos de fornecedores, convênios, parcerias e, inclusive, trabalho.

No mesmo sentido, a Resolução nº 363/2021 do CNJ estabelece como medida necessária:

> X - revisar os modelos de minutas de contratos e convênios com terceiros já existentes, que autorizem o compartilhamento de dados, bem como elaborar orientações para as contratações futuras, em conformidade com a LGPD, considerando os seguintes critérios:
>
> a) para uma determinada operação de tratamento de dados pessoais deve haver:
>
> 1. uma respectiva finalidade específica;
>
> 2. em consonância ao interesse público; e
>
> 3. com lastro em regra de competência administrativa aplicável à situação concreta;
>
> b) o tratamento de dados pessoais previsto no respectivo ato deve ser:
>
> 1. compatível com a finalidade especificada; e
>
> 2. necessário para a sua realização;
>
> c) inclusão de cláusulas de eliminação de dados pessoais nos contratos, convênios e instrumentos congêneres, à luz dos parâmetros da finalidade e da necessidade acima indicados;

Da mesma forma, é essencial que o tribunal verifique o nível de adequação de seus fornecedores e terceiros em relação à Lei Geral de Proteção de Dados Pessoais, por meio, por exemplo, da aplicação de diagnóstico de adequação dos terceiros com os quais se relaciona, com o objetivo de formalizar a diligência da instituição e estabelecer um canal de comunicação e mútua contribuição em relação aos agentes de tratamento que integram sua cadeia de tratamento de dados pessoais.

Módulo VI – Direitos dos titulares

Além da diligência em relação aos terceiros, a LGPD também exige um olhar atento ao titular dos dados pessoais, pois tem como um de seus princípios a autodeterminação informativa, a qual garante ao titular o controle de como e para quais finalidades os seus dados serão utilizados.

Assim, no projeto de adequação à LGPD, deverão ser adotadas medidas para viabilizar que os titulares de dados pessoais possam exercer o rol de direitos estabelecido nos arts. 17, 18 e 20[2] da legislação de proteção de dados.

Para tanto, a Resolução nº 363/2021 do CNJ estabelece que o tribunal deverá:

> IV - elaborar, por meio de canal do próprio encarregado, ou em parceria com as respectivas ouvidorias dos tribunais:
>
> a) formulário eletrônico ou sistema para atendimento das requisições e/ou reclamações apresentadas por parte dos titulares dos dados pessoais;
>
> b) fluxo para atendimento aos direitos dos titulares (art. 18, 19 e 20 da LGPD), requisições e/ou reclamações apresentadas, desde o seu ingresso até o fornecimento da respectiva resposta; [...].

---

2 "Art. 17. Toda pessoa natural tem assegurada a titularidade de seus dados pessoais e garantidos os direitos fundamentais de liberdade, de intimidade e de privacidade, nos termos desta Lei. Art. 18. O titular dos dados pessoais tem direito a obter do controlador, em relação aos dados do titular por ele tratados, a qualquer momento e mediante requisição: I - confirmação da existência de tratamento; II - acesso aos dados; III - correção de dados incompletos, inexatos ou desatualizados; IV - anonimização, bloqueio ou eliminação de dados desnecessários, excessivos ou tratados em desconformidade com o disposto nesta Lei; V - portabilidade dos dados a outro fornecedor de serviço ou produto, mediante requisição expressa, de acordo com a regulamentação da autoridade nacional, observados os segredos comercial e industrial; VI - eliminação dos dados pessoais tratados com o consentimento do titular, exceto nas hipóteses previstas no art. 16 desta Lei; VII - informação das entidades públicas e privadas com as quais o controlador realizou uso compartilhado de dados; VIII - informação sobre a possibilidade de não fornecer consentimento e sobre as consequências da negativa; IX - revogação do consentimento, nos termos do §5º do art. 8º desta Lei. [...] Art. 20. O titular dos dados tem direito a solicitar a revisão de decisões tomadas unicamente com base em tratamento automatizado de dados pessoais que afetem seus interesses, incluídas as decisões destinadas a definir o seu perfil pessoal, profissional, de consumo e de crédito ou os aspectos de sua personalidade".

Nesse sentido, o tribunal de justiça deverá estabelecer um sistema de privacidade e proteção de dados que contemple fluxos de resposta aos titulares e protocolos para acompanhar e atender às solicitações de forma eficaz, permitindo que os titulares exerçam seus direitos de maneira simplificada.

Adicionalmente, orienta-se que seja elaborado um guia de direitos dos titulares, com o objetivo de proporcionar transparência aos titulares sobre como exercer tais direitos. É relevante ressaltar que todas as solicitações deverão ser avaliadas à luz da Lei Geral de Proteção de Dados Pessoais, e, mesmo que uma solicitação não seja considerada procedente, é importante que seja dada uma negativa fundamentada ao titular de dados, explicando as razões pelas quais o pedido não pôde ser atendido.

Além disso, o fluxo de atendimento dos titulares contemplará as situações em que o Comitê Gestor de Proteção de Dados Pessoais será envolvido no processo de análise das solicitações, de modo a estabelecer um tratamento adequado e transparente das demandas relacionadas à privacidade dos titulares de dados.

Módulo VII – Sistema de segurança da informação

Ao abordar a Lei Geral de Proteção de Dados Pessoais, é fundamental manter em mente o aspecto técnico de segurança da informação que está intrinsicamente relacionado a essa legislação.

Apesar de serem conceitos distintos – a segurança da informação vai além dos dados pessoais e diz respeito a todos os dados e informações de que uma instituição trata no decorrer de suas atividades –, ambos estão diretamente relacionados, uma vez que o sistema de segurança da informação se preocupa com o conjunto de mecanismos e controles ligados à tecnologia da informação que visam proteger e resguardar todos os tipos de dados, e entre esses se incluem os pessoais.

Nesse sentido, é crucial considerar a implementação de um sistema de segurança da informação, composto por uma série de mecanismos e controles relacionados à tecnologia da informação. Esse sistema tem como propósito a proteção e a preservação das informações, por meio, por exemplo, da avaliação de *firewalls*, implementação de medidas de segurança contra *ransomware*, simulação de ataques de *phishing* para avaliar o grau de conscientização das pessoas na instituição em relação a essa ameaça e análise de vulnerabilidades externas em sistemas com acesso externo que contenham dados pessoais.

Essas medidas técnicas estão previstas no inc. XI do art. 1º da Resolução nº 363/2021 do CNJ e contribuirão para a conformidade completa com a LGPD, garantindo a proteção eficaz dos dados pessoais e de todas as informações tratadas pela instituição.

Módulo VIII – Sistema de transparência

A implementação da Lei Geral de Proteção de Dados em instituições públicas levanta a discussão relacionada à compatibilização das previsões da LGPD com as diretrizes de transparência impostas pela Lei de Acesso à Informação.

Nesse sentido, é importante que seja realizada uma análise das iniciativas de transparência do tribunal no sentido de garantir a conciliação destas com a privacidade e proteção de dados.

Para tanto, sugere-se a análise crítica do portal da transparência da instituição e a elaboração de fluxo de recebimento de solicitações relacionadas à transparência que envolvam dados pessoais, de modo que o encarregado de dados e Comitê Gestor de Proteção de Dados Pessoais sejam envolvidos, quando necessário.

Módulo IX – Redesenho de processos

Por sua vez, o módulo referente ao redesenho de processos é de suma importância, porque demonstra que a instituição prioriza uma atitude proativa e não reativa no que diz respeito ao tratamento de dados e proteção da privacidade.

Assim, o desenho de processos ou o redesenho, quando necessário, são fundamentais para a efetividade do sistema de privacidade de dados da instituição e contemplam a análise crítica dos processos existentes, com o objetivo de identificação de oportunidades de melhoria e, se necessário, a implementação de novos processos, sempre com foco na proteção da privacidade.

A título de exemplo, usualmente são objeto de revisão os processos relacionados à gestão de pessoas, contratação de terceiros, controle de acessos e compartilhamento de dados.

Módulo X – Treinamento e comunicação

O propósito final do processo de implantação de um sistema de privacidade e de adequação à Lei Geral de Proteção de Dados é o estabelecimento de uma cultura organizacional voltada à proteção e respeito ao tratamento de dados de pessoas naturais.

Esse aculturamento pressupõe a realização periódica de uma série de treinamentos e comunicações com a finalidade de promover a privacidade e a proteção de dados, uma vez que somente por meio do constante treinamento e orientação que todos os demais módulos do sistema de privacidade serão verdadeiramente incorporados ao dia a dia da instituição.

Nesse sentido, a Resolução nº 363/2021 do CNJ, em seu art. 1º, inc. IX, estabelece a previsão de que seja organizado um programa de conscientização sobre a LGPD, destinado a magistrados, a servidores, a trabalhadores terceirizados, a estagiários e residentes judiciais, das áreas administrativas e judiciais de primeira e segunda instâncias.

Para além dos treinamentos, recomenda-se que sejam utilizadas estratégias de comunicação, a exemplo da publicação de pílulas de LGPD, para que seja mantido em pauta o tema da proteção de dados e externado o compromisso da instituição com a privacidade e proteção de dados.

Conclusão

A Lei Geral de Proteção de Dados Pessoais (LGPD) estabeleceu um conjunto de obrigações que precisam ser observadas, inclusive no âmbito da Administração Pública, como é o caso dos tribunais de justiça. Nesse sentido, a implementação de sistemas de privacidade e proteção de dados nas instituições do Poder Judiciário tem como finalidade não apenas cumprir com as exigências legais de proteção de dados, mas também desempenhar seu o papel fundamental na consolidação dos direitos individuais e na promoção da cultura de privacidade.

No presente artigo, buscou-se apresentar uma possibilidade de metodologia a ser adotada e, sobretudo, contribuir para o debate acadêmico e prático sobre o tema. Nesse contexto, foram abordados os desafios e as melhores práticas relacionadas à conformidade com a legislação de proteção de dados em instituições jurídicas, reconhecendo sua importância no contexto legal e, principalmente, social.

Referências

BRASIL. *Lei nº 13.709, de 14 de agosto de 2018*. Disponível em: https://www.planalto.gov.br/ccivil_03/_ato2015-2018/2018/lei/l13709.htm.

CONSELHO NACIONAL DE JUSTIÇA. *Resolução nº 363, de 12 de janeiro de 2021*. Disponível em: original181204202101196007 20f42c02e.pdf.

Informação bibliográfica deste texto, conforme a NBR 6023:2018 da Associação Brasileira de Normas Técnicas (ABNT):

KEPPEN, Mariana. Dados em pauta: a adequação dos tribunais de justiça à LGPD. *In*: PIRONTI, Rodrigo (Coord.). *Lei Geral de Proteção de Dados no setor público*. 2. ed. Belo Horizonte: Fórum, 2024. p. 371-383. ISBN 978-65-5518-731-1.

A LGPD E SUA APLICAÇÃO NAS EMPRESAS ESTATAIS

MARCELO ZENKNER

MÁRIO SPINELLI

Se, depois de eu morrer, quiserem escrever a minha biografia,

não há nada mais simples. Tem só duas datas –

a da minha nascença e a da minha morte.

Entre uma e outra coisa todos os dias são meus.

Fernando Pessoa, "Poemas Inconjuntos"

1 Governança e privacidade: uma breve introdução

As empresas estatais estão, atualmente, formalmente atreladas aos princípios afetos às boas práticas corporativas, pois possuem o dever, por força do artigo 6º da Lei nº 13.303/2016, de "observar regras de governança corporativa, de transparência e de estruturas, práticas de gestão de riscos e de controle interno, composição da administração e, havendo acionistas, mecanismos para sua proteção". O legislador brasileiro foi capaz de alcançar a absoluta percepção no sentido de que normas e mecanismos baseados nesses princípios conferem aos entes empresariais que os adotam, inclusive os de natureza estatal, vantagens importantes nas relações de mercado, tornando-os muito mais competitivos.

A governança corporativa – que deve ser compreendida como o conjunto das disposições que permitem assegurar que os objetivos pretendidos pelos dirigentes são legítimos e que os meios escolhidos para atingir esses objetivos são adequados – é fator de sustentabilidade empresarial, pois, sem essas práticas, uma companhia pública ou privada jamais conseguirá garantir a perenidade de seus negócios. Guarda, por isso, vinculação direta com a integridade empresarial, que precisa ser ativa e passiva:

> An organization lacks integrity when it operates contrary to the moral values and norms of its relevant publics (often referred to in business ethics as "stakeholders"). Such action may include active involvement, such as the multinational that actively bribes foreign politicians as part of its acquisition, or the organization may simply shut its eyes and ignore integrity problems such as absence of a corporate anticorruption policy or a lack of antisexism regulation in the military.[1]

A difusão legal dos conceitos e práticas derivadas da boa governança e, via de consequência, da integridade empresarial foi recentemente acelerada no Brasil entre as empresas estatais principalmente em razão da constante ingerência político-partidária e dos recentes escândalos e investigações sobre fraude, corrupção e lavagem de dinheiro. O permanente risco de dilapidação do patrimônio das empresas estatais não deixa dúvida quanto à necessidade da adoção de uma boa governança para garantir tanto o valor da marca como também a imagem limpa e desvinculada de atitudes ilícitas ou comprometedoras. Ao mesmo tempo, não é demais lembrar que empresas públicas e sociedades de economia mista atuam em setores-chave da economia, razão pela qual a imposição de regramentos eficientes para regular o seu adequado funcionamento é fundamental para os rumos da atividade econômica, para a credibilidade do mercado de capitais e para a própria estabilidade política do País.

---

1 HUBERTS, Leo. *The integrity of governance – what it is, what we konw, what is done, and where to go*. Cambridge: Palgrave Macmillan, 2014, p. 61. Tradução livre: Uma organização carece de integridade quando opera de forma contrária aos valores e normas morais do seu público relevante (muitas vezes referido na ética empresarial como "*stakeholders*"). Tal ação pode incluir o envolvimento ativo, como a multinacional que suborna ativamente políticos estrangeiros como parte de sua aquisição, ou a organização pode simplesmente fechar os olhos e ignorar problemas de integridade, como a ausência de uma política anticorrupção corporativa ou a falta de regulação antissexista entre os militares.

Nessa esteira, a imposição legal às empresas estatais de observância de uma boa governança empresarial exige uma gestão eficiente, com mecanismos capazes de conter os conflitos de interesses, manter a lisura no ambiente negocial e gerar confiança para aqueles que com elas se relacionam de alguma maneira. Para tanto, são necessários controles internos eficientes, estrutura organizacional consolidada, diretorias e comitês eficazes e proativos, funções e responsabilidades bem definidas para diretores e funcionários e a busca incessante pela excelência.

Ao mesmo tempo evoluem a legislação e a doutrina em torno de um outro valor igualmente indispensável: o direito à privacidade. No clássico artigo de 1890, "O direito à privacidade", Louis Brandeis e Samuel Warren definiram a proteção da privacidade como o fundamento da liberdade individual na era moderna.[2] Trata-se, aqui, do direito que cada indivíduo tem de proteger suas informações pessoais do escrutínio público. Pode-se dizer que esse direito de proteção à vida privada encontra amparo na própria Declaração Universal dos Direitos Humanos, que, em seu artigo 12, estabelece que "ninguém será sujeito à interferência na sua vida privada, na sua família, no seu lar ou na sua correspondência".

Se a criação de relações de mútua dependência entre as pessoas e a formação de redes de relacionamentos e de comunhão de interesses decorrem da vida em sociedade, o direito à privacidade é absolutamente fundamental para permitir que os indivíduos possam ser livres para fazer suas próprias escolhas, para que não sejam objeto de práticas discriminatórias ou ainda para que sejam tratados de forma isonômica.

A aprovação, no Brasil, de uma lei que, dentre seus objetivos, faz com que o titular dos dados pessoais tenha o direito de saber como as informações a seu respeito são coletadas e tratadas é um marco na consolidação do direito à privacidade. A Lei Geral de Proteção de Dados Pessoais (LGPD), assim, com escora no inciso X do artigo 5º da Constituição Federal,[3] regula exatamente o tratamento dos dados pessoais e tem como fundamento, entre outros aspectos, o direito fundamental à intimidade, do qual é corolário a privacidade.

A partir de sua vigência, uma série de medidas passa a ser obrigatória a todos aqueles que, de forma direta ou indireta, coletam, tratam

2 BRANDEIS, Louis; WARREN, Samuel. The Right to Privacy. *Harvard Law Review*, Boston, vol. IV, n. 5, 1890.

3 Artigo 5º, inciso X. São invioláveis a intimidade, a vida privada, a honra e a imagem das pessoas, assegurado o direito a indenização pelo dano material ou moral decorrente de sua violação.

e compartilham dados pessoais, atingindo, inclusive, as autarquias, as fundações públicas, as empresas públicas, as sociedades de economia mista e demais entidades controladas direta ou indiretamente pela União, Estados, Distrito Federal e Municípios.

Isso significa, em outras palavras, que todas as empresas estatais terão que se adaptar ao que disciplina a LGPD, estabelecendo fluxos, rotinas e controles que possibilitem a adequada segurança aos dados pessoais que porventura necessitem coletar e tratar, sempre atentas às melhores e mais modernas práticas de governança corporativa.

Nesse sentido, o presente artigo busca avaliar especialmente os desafios da aplicação da LGPD em empresas públicas e sociedades de economia mista, considerando sua atividade, eventuais necessidades de adaptação em relação ao universo privado e sua conjugação em relação a outras normas vigentes.

2 Base legal para a aplicação da LGPD nas empresas estatais

O Capítulo IV da Lei Federal nº 13.709/2018 – Lei Geral de Proteção de Dados (LGPD) cuida especificamente do tratamento de dados pessoais pelo setor público. Nesse capítulo, está disciplinado que as empresas públicas e sociedades de economia mista, quando operacionalizando políticas públicas e no âmbito da execução delas, terão o mesmo tratamento dispensado aos órgãos e às entidades do Poder Público (art. 24, parágrafo único).

Nesse sentido, ficam autorizadas a realizar o tratamento de dados pessoais para o atendimento de sua finalidade pública, na persecução do interesse público, com o objetivo de executar as competências legais ou cumprir as atribuições legais do serviço público. Essas estatais devem informar publicamente, de preferência em seus sítios eletrônicos, quais são as hipóteses em que realizam o tratamento de dados pessoais, fornecendo informações claras e atualizadas sobre a previsão legal, a finalidade, os procedimentos e as práticas utilizadas para a execução dessas atividades.

Já as empresas públicas e as sociedades de economia mista que atuam em regime de concorrência, nos termos desse mesmo artigo 24, receberão o idêntico tratamento dispensado às pessoas jurídicas de direito privado. Essas companhias estarão sujeitas, inclusive, a sofrer sanções previstas para empresas privadas nos casos de eventual violação daquilo que estiver estabelecido na LGPD.

Fácil perceber, pois, que, a depender da área de atuação da empresa estatal – na execução de políticas públicas ou em regime de concorrência –, as condições de aplicação da LGPD podem ser alteradas, equiparando-se, conforme o caso, ao setor público ou ao setor privado.

3 Roteiro básico para adequação das empresas estatais à LGPD

Diante da sujeição das empresas estatais ao que estabelece a LGPD, torna-se obrigatório adotar uma série de ações para cumprir tal mandamento legal. Nesse sentido, não obstante as peculiaridades de cada uma dessas companhias, há medidas inerentes ao cumprimento da LGPD que parecem ser comuns a todas elas. Essas iniciativas têm por objetivo fazer com que tais empresas possam cumprir os requisitos estabelecidos em lei de modo a salvaguardar os dados pessoais sobre seu domínio e a mitigar eventuais riscos de incidentes de segurança. Por isso, parece haver razoável consenso de que, entre outras iniciativas, é preciso que a estatal promova as seguintes ações:

i. Mapeamento das ações e processos: a empresa estatal deve buscar identificar o universo de ações e processos em que há a necessidade de tratamento de dados pessoais, verificando se há amparo legal especificamente em cada caso que isso possa vir a ocorrer. Esse mapeamento deve ser amplo o bastante de forma a cobrir todas as estruturas organizacionais da companhia;
ii. Mapeamento das bases de dados: depois de identificadas as ações e processos que envolvem o tratamento de dados pessoais, a estatal deve elaborar inventário de todas as bases de dados de que esses processos se utilizam para registrar tais informações, inclusive quanto a seus requisitos de segurança, avaliando-se eventuais fraquezas e salvaguardas já existentes em cada uma delas;
iii. Identificação dos riscos envolvidos: mapeadas as ações, processos e bases que envolvam dados pessoais, análises de riscos relacionadas a incidentes são importantes para que se possa adotar as devidas medidas mitigadoras e sanar eventuais problemas técnicos que possam comprometer a segurança de tais registros;
iv. Revisão de rotinas, fluxos e processos: concluído todo o diagnóstico das práticas que envolvam o tratamento de

dados pessoais pela empresa estatal, é importante rever todas as rotinas, fluxos e processos inerentes a tais atividades de modo a aferir sua adesão ao que prevê a LGPD, assegurando com que estejam estruturados de forma a atender aos requisitos de segurança, aos padrões de boas práticas e de governança e aos princípios nela estabelecidos. Caso a empresa atue na produção de bens ou na prestação de serviços, é necessário que esses sejam concebidos de modo a assegurar a privacidade e a segurança dos dados pessoais (*privacy by design*) e sejam oferecidos ao público com as proteções de segurança concebidas durante o seu desenvolvimento de forma automática (*privacy by default*);

v. Adequação de documentos: fundamental proceder à revisão dos documentos relacionados à proteção de dados e à segurança digital e aqueles inerentes à normatização da relação com os consumidores. Nesse sentido, documentos como políticas, avisos de privacidade e termos de uso precisam ser revisados, de forma a estarem alinhados com os termos da LGPD. Do mesmo modo, é importante tratar expressamente da questão nos códigos de ética e guias de conduta, incluindo nesses documentos cláusulas que estabeleçam o respeito à privacidade e a proteção de dados pessoais como valores abraçados pela organização. Também se faz necessário readequar termos contratuais, de modo a proteger a estatal de hipótese de responsabilização subsidiária decorrente de incidentes causados por empresas contratadas, inserindo-se cláusulas que expressamente venham a disciplinar a obrigatoriedade do respeito à privacidade e da proteção dos dados pessoais;

vi. Definição da política de treinamento: com o objetivo de disseminar internamente a cultura de privacidade e o zelo pela proteção dos dados sociais, deve-se desenvolver ampla política de treinamento e comunicação, de modo que todos os atores envolvidos compreendam a importância desses temas para a organização. O artigo 50, da LGPD, fixa a necessidade da adoção de boas práticas de governança que estabeleçam, entre outros aspectos, ações educativas relacionadas ao tratamento de dados pessoais;

vii. Edição de manuais e normas internas: a adoção das medidas inerentes à gestão da privacidade de dados pessoais deve ser documentada e incorporada às normas internas da empresa estatal. Nesse sentido, manuais e normas internas com padrões estabelecendo as práticas de privacidade e segurança dos dados devem ser editados, nos termos das diretrizes fixadas pela LGPD e das orientações da ANPD;

viii. Produção de relatórios: importante que as ações e resultados inerentes ao programa de proteção e privacidade de dados pessoais estejam consignados em relatórios como forma de documentar e acompanhar o processo. A LGPD prevê a publicação do relatório de impacto à proteção de dados pessoais, documento do controlador que contém a descrição dos processos de tratamento de dados pessoais que podem gerar riscos às liberdades civis e aos direitos fundamentais, bem como medidas, salvaguardas e mecanismos de mitigação de risco. Esse relatório deve descrever os tipos de dados coletados, a metodologia utilizada para a coleta e para a garantia da segurança das informações e a análise do controlador com relação a medidas, salvaguardas e mecanismos de mitigação de risco adotado;

ix. Definição de responsabilidades: é fundamental que a estatal estabeleça as atribuições de cada uma das áreas envolvidas nos processos de privacidade e proteção de dados pessoais. Ouvidoria, jurídico, auditoria, *compliance*, áreas técnicas de tecnologia da informação e de segurança cibernética, entre outras, necessitam atuar articuladamente de modo a colocar em prática a política de privacidade e proteção de dados pessoais. A depender do porte da empresa, sugere-se a criação de um comitê de segurança de dados pessoais, de caráter técnico multidisciplinar, composto por representantes das diversas áreas envolvidas, de modo que se possa discutir rotineiramente a política de privacidade e proteção de dados pessoais;

x. Operacionalização da função do encarregado: a estatal deve indicar o encarregado pelo tratamento de dados pessoais, que deve atuar como canal de comunicação entre o controlador, os titulares de dados e a ANPD. É preciso, também, estabelecer fluxos que definam como se dará a relação do encarregado, tanto no âmbito interno, com as unidades de segurança da informação, TI, Jurídico, RH, auditoria, *compliance*, segurança empresarial e cibernética etc., como externamente, com a ANPD e os titulares de dados;

xi. Monitoramento do processo: é essencial que se estabeleça uma rotina de monitoramento de todo o sistema de proteção a privacidade e zelo pelos dados pessoais, devendo ser realizadas auditorias e verificações de rotina sobre os processos e fluxos estabelecidos, a fim de que se possa avaliar seu funcionamento e os resultados porventura obtidos.

Todas essas medidas podem variar conforme as características e as peculiaridades de cada empresa estatal. O rol ora apresentado não esgota a questão, mas tão somente propõe algumas medidas básicas que podem ser adotadas por qualquer empresa, independentemente de seu porte ou área de atuação. Aquelas estatais que, por exemplo, atuam na área de tecnologia terão outros desafios a cumprir e, possivelmente, melhores condições técnicas de obter soluções para a proteção de dados; já aquelas que atuam na prestação de serviços públicos ou as que têm clientes como consumidores diretos precisarão estar ainda mais atentas na relação com esses públicos e na proteção de seus dados.

4 A proteção de dados pessoais como elemento de um sistema de integridade empresarial estatal efetivo

A legislação brasileira não utiliza a consagrada expressão da língua inglesa "*compliance*", certamente por força da imposição constitucional que indica a língua portuguesa como idioma oficial (art. 13, *caput*). Por outro lado, deixa expresso que, na aplicação das sanções da Lei Anticorrupção Empresarial (Lei nº 12.846/2013), será levada em consideração a "existência de mecanismos e procedimentos internos de integridade, auditoria e incentivo à denúncia de irregularidades e a aplicação efetiva de códigos de ética[4] e de conduta no âmbito da pessoa jurídica" (inciso VIII do art. 7º). Na mesma linha, o Estatuto Jurídico das Empresas Estatais (Lei nº 13.303/2016) estabelece que "a empresa pública e a sociedade de economia mista deverão adequar constantemente

[4] "De vez em quando surge no mundo empresarial algo que é estranho à filosofia: trata-se do 'código de ética'. [...] Embora o mercado já tenha consagrado essa expressão, do ponto de vista teórico ela não faz sentido. É possível ter um 'código de conduta', é possível um 'código moral' – que é aquele que estabelece sim ou não, pode ou não pode –, mas nunca um 'código de ética'. Assimilamos hoje a ideia desse tipo de código, mas o correto seria 'princípios éticos', 'princípios de conduta', porque a ética tem, exatamente, a característica de não estar marcada pela natureza. Sua identidade é não estar atrelada a um modo único e exclusivo de condução" (CORTELLA, Mário Sérgio; BARROS FILHO, Clóvis. *Ética e vergonha na cara!* Campinas: Papirus 7 Mares, 2014, p. 42).

suas práticas ao Código de Conduta e Integridade e a outras regras de boa prática de governança corporativa, na forma estabelecida na regulamentação desta Lei" (inciso II do artigo 12).

Em verdade, os sistemas de integridade, além de envolverem todos os elementos de um sistema de *compliance*, agregam outros exatamente para que possa ser alcançada a desejada efetividade exigida pelo Decreto nº 8.420/2015 (artigos 41, parágrafo único, e 42, §2º). A palavra efetividade advém do latim "*efficere*", que significa produzir, realizar, estar ativo de fato. Difere, pois, da simples eficiência, que se preocupa única e exclusivamente com o cumprimento formal de requisitos e exigências afetos a determinado procedimento no menor tempo e utilizando o mínimo de recursos possíveis. Uma empresa que faz tudo o que a lei autoriza, mas nunca vai além do prisma legal, pode até ser considerada uma empresa eficiente, mas nem sempre poderá ser tratada como efetiva.[5] A efetividade também não se confunde com a eficácia, a qual tem em vista a exploração máxima das potencialidades de determinada ferramenta e a superação dos limites previamente estabelecidos para uma função, levando-se em consideração, inclusive, a própria criatividade humana. O foco da eficácia está sempre nos melhores resultados que podem ser alcançados, independente do esforço e do tempo que precisará ser gasto, o qual, normalmente, é controlado e devidamente organizado.

Pode-se afirmar, assim, que a pretensão da legislação é no sentido de fazer com que a pessoa jurídica oriente suas ações com o intuito de desenvolver, no menor tempo possível e com aplicação qualitativa de recursos, um sistema que contemple todos os elementos técnicos necessários (eficiência) e de alcançar os melhores resultados possíveis,

---

[5] Há uma certa confusão entre "efetividade" e "eficiência", a qual, em razão da disposição expressa do inciso VIII do art. 7º da Lei nº 12.846/2013, não pode permanecer. O Guia de Orientações sobre Estruturação e Benefícios da Adoção dos Programas de *Compliance* Concorrencial do Conselho Administrativo de Defesa Econômica (CADE), por exemplo, em seu Item 3.1.1, usa a expressão "eficiente" quando, na verdade, deveria empregar o termo "efetiva": "[...] se o programa funcionar de maneira *eficiente*, simplesmente nenhum efeito será percebido, afinal o que se procura é que o ambiente concorrencialmente probo seja promovido e preservado e, assim, as operações normais da companhia sigam seu curso. Por outro lado, a grande vantagem se apresenta caso infrações de fato ocorram: o programa permite a sua rápida identificação e a tomada de providências pela empresa" – sem grifo no original (CADE, *Guia Programas de* Compliance: *Orientações sobre Estruturação e Benefícios da Adoção dos Programas de* Compliance *Concorrencial* (versão preliminar) Ministério da Justiça, Conselho Administrativo de Defesa Econômica, Brasília, s. d. Disponível em: http://www.cade.gov.br/noticias/cade-apresenta-proposta-de-guia-sobre-programas-de-compliance-concorrencial/guia-compliance-versao-preliminar.pdf, acesso em: 12 ago. 2016).

minimizando ao extremo os riscos (eficácia). A intenção expressa do legislador, assim, é de que a pessoa jurídica aja com efetividade máxima no cumprimento de suas obrigações legais.

Além de apontar para a necessidade de efetividade na aplicação dos códigos de conduta, a legislação em vigor também sugere às pessoas jurídicas empresariais públicas e privadas a implementação de "mecanismos e procedimentos internos de integridade". Por isso, para ser sustentável ao longo dos anos, uma companhia deve estar atenta de modo perene a todos os mandamentos da integridade, não podendo tratar dessa questão casuisticamente. Peter Drucker, aliás, há alguns anos já sentenciou:

> A Ética Empresarial, sem dúvida, é um estreito paralelo à casuística. Sua origem é política, como foi a da casuística. [...] Mas se a Ética Empresarial for casuística, ela não durará muito – e muito antes de morrer terá se tornado uma ferramenta do executivo de uma empresa para justificar aquilo que, para outras pessoas, seria um comportamento antiético, e não uma ferramenta para restringir os atos o executivo da empresa e impor limites éticos rigorosos no mundo dos negócios.[6]

É a integridade, por isso, que deve funcionar como base da cultura organizacional[7] das pessoas jurídicas e deve representar a exata correspondência entre os valores morais defendidos abstratamente por determinada pessoa e sua respectiva conduta, ou seja, trata-se de um valor que envolve uma consistência interna e externa de virtudes que impede a prática de atos incoerentes ou conflitantes com a postura pessoal.

Fazer aquilo que é correto vai muito além de simplesmente evitar aquilo que é errado. É exatamente nesse ponto que um sistema de integridade efetivo se diferencia de um sistema de *compliance* clássico – enquanto o primeiro está fundamentalmente preocupado em fazer com que a organização opere em consonância com altíssimos padrões

---

6 DRUCKER, Peter Ferdinand. What is business ethics? *In*: *The Public Interest*, National Affairs, n. 63, p. 18-36, Spring – 1981, p. 18-36.

7 "Cultura organizacional é um conjunto complexo de valores, de crenças, de símbolos, de práticas que definem a maneira como uma empresa realiza suas atividades. É uma maneira específica da empresa responder aos seus problemas. [...] A cultura, quer ela seja vista como um sistema de controlo informal na organização ou como um instrumento de dominação, é suscetível de dar uma direção aos comportamentos do dia a dia" (MERCIER, Samuel. *A ética nas empresas*. Trad. António Joaquim Esteves e Conceição Soares. Porto: Edições Afrontamento, 2003, p. 26).

de correção, o segundo, *a priori*, tem por preocupação central a proteção contra a aplicação de eventuais sanções.

Pode-se afirmar, desse modo, que os objetivos de um sistema de integridade são muito mais amplos do que simplesmente coibir práticas ilícitas ou malfeitos vinculados a desvios, fraude e corrupção, devendo estar vinculados à perpetuação dos valores éticos como essência e não como forma. Fica claro, assim, que a intenção do legislador foi a de pressionar as corporações a implementarem programas de integridade não para simplesmente mitigar o risco de ocorrência de atos ilícitos e diminuir o risco de aplicação de sanções, mas, principalmente, implementar boas práticas de governança corporativa com o fito de estabelecer uma busca constante pela eficiência e pelo respeito dos direitos e garantias constitucionais fundamentais.

Nessa linha, a implementação de um sistema de integridade empresarial estatal efetivo tem uma ligação umbilical com o direito fundamental à intimidade e, via de consequência, com o direito à privacidade e à proteção de dados pessoais. São os controles internos inerentes à governança de uma empresa estatal que deverão funcionar no sentido de dar cabo às exigências estabelecidas na Lei Geral de Proteção de Dados – LGPD.

Não é por outra razão que a Lei nº 13.709/2018 (LGPD) estabelece, no §2º de seu artigo 50, que os controladores poderão implementar programa de governança em privacidade que, no mínimo, (i) demonstre o comprometimento do controlador em adotar processos e políticas internas que assegurem o cumprimento, de forma abrangente, de normas e boas práticas relativas à proteção de dados pessoais; (ii) seja aplicável a todo o conjunto de dados pessoais que estejam sob seu controle, independentemente do modo como se realizou sua coleta; (iii) seja adaptado à estrutura, à escala e ao volume de suas operações, bem como à sensibilidade dos dados tratados; (iv) estabeleça políticas e salvaguardas adequadas com base em processo de avaliação sistemática de impactos e riscos à privacidade; (v) tenha o objetivo de estabelecer relação de confiança com o titular, por meio de atuação transparente e que assegure mecanismos de participação do titular; (vi) esteja integrado a sua estrutura geral de governança e estabeleça e aplique mecanismos de supervisão internos e externos; (vii) conte com planos de resposta a incidentes e remediação; e (viii) seja atualizado constantemente com base em informações obtidas a partir de monitoramento contínuo e avaliações periódicas.

O mesmo dispositivo ainda impõe ser de responsabilidade dos controles internos a demonstração da *efetividade* do programa de governança em privacidade quando apropriado e, em especial, a pedido da autoridade nacional ou de outra entidade responsável por promover o cumprimento de boas práticas ou códigos de conduta.

Pode-se dizer, assim, não apenas para empresas estatais, mas para toda e qualquer pessoa jurídica, que de qualquer maneira esteja sob o escrutínio da LGPD, que é profundamente recomendável que seja implementando um sistema de integridade dos dados pessoais, o qual, por afinidade e por comunhão de propósitos, deve fazer parte da estrutura do sistema de integridade empresarial já implementado.

5 Transparência *versus* proteção de dados pessoais: como resolver essa equação?

Uma das principais características da boa governança corporativa é a imprescindível transparência de toda a estrutura empresarial, ressalvados apenas os segredos estratégicos e/ou comerciais.

O conceito de transparência deve, preliminarmente, se estabelecer em todos os setores da pessoa jurídica para, somente depois, ser iniciada a implementação de um sistema de controle interno que caminhe em direção à boa governança. Apesar de ainda serem tímidos os resultados nessa seara,[8] houve uma ligeira evolução nos últimos anos, pois as empresas passaram a ser mais cobradas pelos chamados *stakeholders* e pelo próprio mercado, principalmente após a entrada em vigor da Lei Sarbanes-Oxley. A transparência funcionaria, nesta acepção, como um instrumento catalisador de informações de risco aos investidores, o que geraria uma maior aproximação destes em vista da facilitação do acompanhamento dos aspectos financeiros, estratégicos e operacionais das empresas.

---

[8] O relatório da Transparência Internacional denominado "*Transparency in Corporate Reporting*" avaliou as práticas de divulgação de 100 grandes multinacionais dos mercados emergentes com sede em 15 países e ativos em outros 185. Apesar de sinais dispersos de melhoria a partir de 2013, os resultados globais das empresas avaliadas continuam muito fracos, uma indicação clara de que as multinacionais dos mercados emergentes ainda possuem baixos padrões de transparência. A pontuação média global para as 100 empresas avaliadas neste relatório é de 3,4 de uma pontuação máxima de 10, um desempenho ligeiramente mais fraco do que em 2013, mas praticamente equivalente à pontuação geral de 3,8 obtida no relatório 2014, que avaliou as 124 maiores multinacionais do mundo (TRANSPARENCY INTERNATIONAL, *Transparency in Corporate Reporting – Assessing Emerging Market Multinationals*, 2016. Disponível em: https://images.transparencycdn.org/images/2016_TransparencyInCorporateReporting_EMMs_PT.pdf, acesso em: 27out. 2020).

Segundo o Código de Boas Práticas de Transparência, publicado pelo Fundo Monetário Internacional – FMI[9] –, garantir a transparência é emitir as informações necessárias para o público de uma forma compreensível, acessível e em tempo útil. Para tanto, há a necessidade de um aprimoramento constante dos relatórios anuais e dos *websites* corporativos, os quais devem conferir maior visibilidade à atividade empresarial e gerar maior controle dos riscos do negócio.

Além do comando constitucional que estabelece a publicidade como um princípio regente da Administração Pública direta e indireta, as empresas estatais brasileiras deverão, de acordo com o artigo 8º da Lei nº 13.303/2016, observar e respeitar uma série de requisitos de transparência, tais como (i) elaboração de carta anual, subscrita pelos membros do Conselho de Administração, com a explicitação dos compromissos de consecução de objetivos de políticas públicas pela empresa pública, pela sociedade de economia mista e por suas subsidiárias, em atendimento ao interesse coletivo ou ao imperativo de segurança nacional que justificou a autorização para suas respectivas criações, com definição clara dos recursos a serem empregados para esse fim, bem como dos impactos econômico-financeiros da consecução desses objetivos, mensuráveis por meio de indicadores objetivos; (ii) adequação de seu estatuto social à autorização legislativa de sua criação; (iii) divulgação tempestiva e atualizada de informações relevantes, em especial as relativas a atividades desenvolvidas, estrutura de controle, fatores de risco, dados econômico-financeiros, comentários dos administradores sobre o desempenho, políticas e práticas de governança corporativa e descrição da composição e da remuneração da administração; (iv) elaboração e divulgação de política de divulgação de informações, em conformidade com a legislação em vigor e com as melhores práticas; (v) elaboração de política de distribuição de dividendos, à luz do interesse público que justificou a criação da empresa pública ou da sociedade de economia mista; (vi) divulgação, em nota explicativa às demonstrações financeiras, dos dados operacionais e financeiros das atividades relacionadas à consecução dos fins de interesse coletivo ou de segurança nacional; (vii) elaboração e divulgação da política de transações com partes relacionadas, em conformidade com os requisitos de competitividade, conformidade, transparência, equidade e comutatividade, que

9 "Code of Good Practices on Transparency in Monetary and Financial Policies: Declaration of Principles". Disponível em: https://www.imf.org/external/np/mae/mft/code/index.htm, acesso em: 27out. 2020.

deverá ser revista, no mínimo, anualmente e aprovada pelo Conselho de Administração; (viii) ampla divulgação, ao público em geral, de carta anual de governança corporativa, que consolide em um único documento escrito, em linguagem clara e direta, as informações relevantes; (ix) divulgação anual de relatório integrado ou de sustentabilidade.

Reforçando o mesmo ideário de publicidade e transparência, a Lei nº 12.527/2011, conhecida como Lei de Acesso à Informação (LAI), ainda estabelece, logo no parágrafo único de seu art. 1º, que as empresas públicas, sociedades de economia mista e demais entidades controladas direta ou indiretamente pela União, Estados, Distrito Federal e Municípios também estarão sujeitas às regras por ela estabelecidas, em especial (i) a observância da publicidade como preceito geral e do sigilo como exceção; (ii) a divulgação de informações de interesse público, independentemente de solicitações; (iii) a utilização de meios de comunicação viabilizados pela tecnologia da informação; (iv) o fomento ao desenvolvimento da cultura de transparência na Administração Pública; e (v) o desenvolvimento do controle social da Administração Pública (art. 3º da LAI).

Todas essas determinações legais acabam impondo às empresas estatais a divulgação de uma série de informações de interesse público que, não raramente, podem conter dados pessoais, que vão desde a qualificação dos signatários de contratos por elas celebrados até a divulgação de dados, por exemplo, de seus empregados e fornecedores, Vê-se que há, aí, um rol de informações cuja divulgação, apesar de ser obrigatória, sempre demandará a necessidade de se realizar a devida e prévia análise com relação à proteção dos dados pessoais que porventura possam vir a ser publicados.

Certamente surgirão situações em que a divulgação desses dados pessoais, embora aparentemente vedada pela LGPD, poderá encontrar amparo legal sob a justificativa de ser fundamental para o atendimento do interesse público e para facilitar o controle social.

Nesse sentido, o cumprimento da LGPD pelas estatais precisa necessariamente estar relacionado ao atendimento da LAI e vice-versa. De um lado, toda medida de privacidade de dados pessoais precisa ser consistentemente avaliada sob a luz da transparência. De outro, toda divulgação de informações públicas precisa considerar o que disciplina a LGPD e os princípios e valores de proteção de dados pessoais abraçados pela organização. Essa avaliação, que, por vezes, pode demonstrar-se conflituosa e de difícil resolução, é um dos grandes desafios das empresas estatais para o cumprimento da LGPD.

Considerações finais

Não é difícil constatar que, em tempo presente, a maioria das empresas, sejam elas privadas ou públicas, ainda estão muito longe do nível desejado de maturidade em relação a seus sistemas de privacidade e proteção de dados. A expressão "cemitério de dados" vem sendo utilizada exatamente para descrever o estado que as empresas se encontram quando são analisadas a quantidade e a qualidade dos dados por elas armazenados em seus servidores.

Essa comparação representa muito bem os repositórios de informações não utilizadas que as empresas coletam em quantidades imensas, o que prejudica seriamente a utilização do banco de dados e se transforma não apenas em um problema crescente, mas também em um fardo financeiro para toda e qualquer empresa.

Esse talvez seja o maior desafio da LGPD para entidades empresariais públicas e privadas, pois, além de disciplinar a proteção dos dados pessoais e garantir o direito à privacidade e à inviolabilidade da intimidade, a Lei nº 13.709/2018 também tem o objetivo de propagar políticas de retenção e remoção de dados.

O caso das empresas estatais não é diferente e faz com que essas entidades sejam impelidas a adotar uma série de medidas essenciais ao cumprimento daquilo que determina a lei. Em primeiro lugar, é necessário incorporar à sua rotina uma infinidade de medidas inerentes ao cumprimento do que determina a LGPD, fazendo com que a privacidade e a proteção de dados pessoais sejam valores assumidos pela organização. Além disso, é preciso conciliar os princípios de privacidade com regras de transparência e acesso à informação, as quais nem sempre são de fácil interpretação, principalmente em se tratando de empresas que atuam em regimes concorrenciais. Por fim, é preciso que a privacidade e a proteção de dados pessoais sejam inseridas na estrutura do sistema de integridade empresarial já implementado, tornando-as um dos objetos de um monitoramento continuo, de modo a poder avaliar se todos os processos da companhia atendem plenamente a tais requisitos.

Trata-se, pois, de um novo contexto a que estão submetidas as empresas estatais. Na era da informação – e também da desinformação e do mau uso de dados –, o respeito absoluto a questões relativas à ética no tratamento de dados pessoais e à privacidade de cada indivíduo funcionará como uma verdadeira tendência global. Nessa conjuntura, todas as instituições, sejam elas públicas ou privadas, passarão a ser monitoradas e cobradas pelos seus públicos de interesse, aí considerados os consumidores, os fornecedores, os acionistas e, principalmente, a própria sociedade. A expectativa é no sentido de que, a partir de agora, as empresas aumentem a conscientização sobre como processam, armazenam, gerenciam e protegem seus dados, forçando os procedimentos legislativos a se concentrarem mais na criação de padrões de governança e de qualidade da informação.

Conclui-se, assim, que a preservação da imagem e da reputação das organizações empresariais passa obrigatoriamente pela adoção de políticas perenes e sólidas de proteção de dados pessoais. Tais medidas vão além de uma mera obrigação legal, pois decorrem diretamente da integridade empresarial, a qual traz consigo uma profunda lealdade com a ética, com a transparência e com o respeito às pessoas e aos direitos e garantias constitucionais fundamentais.

Referências

BRANDEIS, Louis; WARREN, Samuel. The Right to Privacy. *Harvard Law Review*, Boston, vol. IV, n. 5, 1890.

CAIEIRO, Alberto. Poemas Inconjuntos. *In*: PESSOA, Fernando. *Poemas de Alberto Caiero*. Lisboa. Ática, 1946.

CORTELLA, Mário Sérgio; BARROS FILHO, Clóvis. *Ética e vergonha na cara!* Campinas: Papirus 7 Mares, 2014.

DECLARAÇÃO UNIVERSAL DOS DIREITOS HUMANOS. United Nations Information Centre, Portugal, 1948. Disponível em: https://www.ohchr.org/EN/UDHR/Pages/Language.aspx?LangID=por. Acesso em: 21 out. 2020.

DRUCKER, Peter Ferdinand. What is business ethics? *In*: *The Public Interest*, National Affairs, n. 63, p. 18-36, Spring, 1981.

HUBERTS, Leo. *The integrity of governance* – what it is, what we know, what is done, and where to go. Cambridge: Palgrave Macmillan, 2014.

MERCIER, Samuel. *A ética nas empresas*. Trad. António Joaquim Esteves e Conceição Soares. Porto: Edições Afrontamento, 2003.

Informação bibliográfica deste texto, conforme a NBR 6023:2018 da Associação Brasileira de Normas Técnicas (ABNT):

ZENKNER, Marcelo; SPINELLI, Mário. A LGPD e sua aplicação nas empresas estatais. *In*: PIRONTI, Rodrigo (Coord.). *Lei Geral de Proteção de Dados no setor público*. 2. ed. Belo Horizonte: Fórum, 2024. p. 385-400. ISBN 978-65-5518-731-1.

REFLEXÕES SOBRE OS IMPACTOS DA LEI GERAL DE PROTEÇÃO DE DADOS PESSOAIS PARA O SISTEMA S, ORGANIZAÇÕES SOCIAIS E OSCIPS: COMPARTILHAMENTO DE DADOS, GOVERNANÇA E A EXIGÊNCIA DO ENCARREGADO

MARCOS EHRHARDT JÚNIOR

JOSÉ LUIZ DE MOURA FALEIROS JÚNIOR

1 Introdução

A entrada em vigor da Lei Geral de Proteção de Dados Pessoais (LGPD) trouxe à tona preocupações pragmáticas que envolvem a atuação do Poder Público. Em todos os âmbitos nota-se a edição de políticas de integridade e *compliance* direcionadas ao recrudescimento de seu papel como agente de tratamento de dados, assim definido em razão de expressa previsão dos artigos 1º e 23 a 32 da referida lei.

O tema não é totalmente pacífico quanto ao enquadramento dos entes privados que cooperam com o Estado, em regime especial, para a regência das atividades de tratamento de dados levadas a efeito em sua atuação. Figuras peculiares, que são os entes do chamado Sistema S, bem como as Organizações Sociais e as Organizações da Sociedade Civil de Interesse Público – OSCIPs, a despeito de prestarem serviços que atendem ao interesse público, em razão de seu papel lateral, de auxílio e complementação, não estão claramente contempladas no regime estipulado pela LGPD para o tratamento "público" de dados.

Dessa forma, não se tem absoluta certeza quanto à possibilidade de que esses entes, no exercício cooperativo que exercem, obtenham acesso e usem bases de dados compartilhadas pelo Poder Público; também não se sabe se lhes deve ser exigida a adoção de parâmetros de governança nessa atuação; tampouco se pode asseverar a (des) necessidade de que esses entes atendam a uma das exigências impostas pela lei ao Poder Público: a indicação da figura do encarregado de dados (usualmente nomeado pela designação em inglês *data protection officer*, ou DPO), por expressa previsão do artigo 23, III, e do artigo 41, *caput*, da LGPD.

No intuito de identificar o regime de tratamento de dados exigível dos entes de cooperação, explorar-se-á sua peculiar natureza jurídica, indicando-se algumas das atividades que usualmente desempenham, para, em seguida, averiguar a necessidade do encarregado, inclusive para o atendimento de obrigações legais concernentes ao compartilhamento de bancos de dados e para a delimitação de políticas de integridade e governança de dados.

Tratar de governança, porém, significa falar no estabelecimento de parâmetros específicos para as atividades relacionadas a dados no âmbito de atuação de cada ente político. Representa, enfim, uma discussão para além da assunção de deveres quanto à edição de normas; é, essencialmente, um desdobramento da necessidade de que o Estado, efetivamente, se reformule e passe a atuar preventivamente quanto à segurança de dados.

Com essa premissa, o trabalho buscará estabelecer as estruturas fundamentais para abordar a linha de investigação proposta. Ao final, buscar-se-á uma conclusão assertiva e capaz de contrastar as figuras sob análise à lei de regência da matéria.

2 O interesse público e sua realização para além das estruturas estatais

O atendimento do interesse público sempre foi analisado sob os auspícios de uma alegada preponderância que teria sobre o interesse privado. A clássica doutrina se dedicou a categorizações como a de Renato Alessi,[1] que distinguia o interesse público primário do secundário,

---

[1] ALESSI, Renato. *Principi di diritto amministrativo*: i soggetti attivi e l'esplicazione della funzione amministrativa. 4. ed. Milão: Giuffrè, 1978, t. 1, §126, p. 200-201; 234; 244-245. Destaca: "Questi interessi pubblici, collettivi, dei quali l'amministrazione deve curare il

em aferição trazida ao ordenamento brasileiro por Celso Antônio Bandeira de Mello,[2] com proposição no sentido de serem os interesses primários manifestações dos interesses privados emanados da condição individual de cada partícipe da sociedade e que, combinados em um plexo, ensejariam a natureza pública do interesse geral.

Por longo tempo, preponderou uma visão de "supremacia do interesse público sobre o privado". Nos dizeres de Maria João Estorninho, "se a Administração do Estado Liberal se contentava em *laisser faire*, a Administração do Estado Social propõe-se a *faire elle-même*".[3] Entretanto, o avanço da doutrina juspublicista, já no período pós-social, passou a utilizar o próprio conceito de "interesse público" em situações diferenciadas, empregando-o para explicar fenômenos jurídicos diversos, categorizados em "interesse público em sentido amplo" e "interesse público em sentido estrito".[4] O seu atendimento, contudo, nem sempre foi realizado, em sua integralidade, pela estrutura estatal.

---

soddisfacimento, non sono, si noti bene, semplicemente, l'interesse dell'amministrazione intese come apparato organizzativo, sebbene quello che è stato chiamato l'interesse collettivo primario, formato dal complesso degli interessi individuali prevalenti in una determinata organizzazione giuridica della collettività, mentre l'interesse dell'apparato, se può esser concepito un interesse dell'apparato unitariamente considerato, sarebbe semplicemente uno degli interessi secondari che si fanno sentire in seno alla collettività, e che possono essere realizzati soltanto in caso di coincidenza, e nei limiti di siffatta coincidenza, con l'interesse collettivo primario (...). Non sembra però privo di valore il rilievo del fatto che l'amministrazione può avvalersi di questi mezzi offerti dal diritto privato sia per una finalità che chiameremo privatistica, sia per una finalità che si può definire pubblicistica: può invero avvalersene per la finalità di dare realizzazione ad interessi meramente secondari e patrimoniali (interessi propri del soggetto giuridico come tale, attinenti al suo patrimonio, inteso in senso giuridico, ben s'intende) ben distinti quindi dall'interesse pubblico, che è interesse diffuso, interesse dell'intero gruppo sociale organizzato nell'ente: ad es. quando l'ente pubblico amministra i suoi beni patrimoniali disponibili, amministra un fondo agricolo posseduto *iure privatorum*, stipula contratti di locazione medesimo, e così via. (...)".

2 BANDEIRA DE MELLO, Celso Antônio. *Curso de direito administrativo*. 33. ed. São Paulo: Malheiros, 2016, p. 65-66.

3 ESTORNINHO, Maria João. *A fuga para o direito privado*: contributo para o estudo da actividade de direito privado da Administração Pública. Coimbra: Almedina, 1999, p. 36.

4 HACHEM, Daniel Wunder. A dupla noção jurídica de interesse público em direito administrativo. *A&C – Revista de Direito Administrativo & Constitucional*, Belo Horizonte, ano 11, n. 44, p. 59-110, abr./jun. 2011, p. 67-68. E o autor ainda acrescenta: "Em ambas as noções, o interesse público desempenha uma de suas funções mais importantes para o Direito Administrativo: limitar juridicamente o exercício de competências administrativas. Ele se impõe como uma condição de validade dos atos administrativos, ora negativa (vedando condutas contrárias ao interesse público, genericamente tutelado pelo sistema normativo), ora positiva (autorizando condutas apenas quando estiver presente um interesse público especial, exigido expressa ou implicitamente pelo ordenamento jurídico). Como pressuposto de validade na vertente negativa, o exemplo clássico é o do desvio de poder. Esse ocorrerá sempre que a autoridade administrativa expedir um ato de sua competência tendo um objetivo diverso daquele previsto na lei que lhe conferiu a competência para agir. O ato será anulado em tal hipótese, uma vez que perseguiu um interesse pessoal do

Por isso, a colaboração da Administração Pública com participantes privados nunca foi relegada pela doutrina. Merece destaque a alemã,[5] uma das primeiras a tratar da articulação entre o Direito Administrativo e o Direito Privado, sem que tais entrelaçamentos adulterassem o núcleo "público" dos interesses envolvidos. Fala-se, na Alemanha, em um "direito privado administrativo" (*Verwaltungsprivatrescht*) e, em paralelo, em um "direito administrativo privado" (*Privatverwaltungsrecht*) para designar os fenômenos em que a Administração Pública se vale de particulares para o atingimento de seus fins.[6]

Elementos dessa tradição também inspiraram o Direito Administrativo francês, que buscou diferenciar os conceitos e escopos de "serviço público" e *"puissance publique"*[7] durante anos, sempre se pautando pela diferenciação entre a atuação administrativa e o Direito Comum, que era visualizada a partir da posição privilegiada usualmente ocupada pela Administração Pública.

A despeito das discussões conceituais, nem sempre o Estado foi capaz de atuar isoladamente. Algumas entidades peculiares, mesmo hoje, exercem papel fundamental nessa integração público-privada, pois viabilizam a participação de particulares no cumprimento e na execução de atividades direcionadas à satisfação do interesse público, notadamente em atividades de "cunho eminentemente social, profissional e solidário – oferecendo cursos de formação, serviços de treinamento, apoio à criação de empresas, atividades de lazer e culturais (colônia de férias, teatro, cinema, publicações, debates etc.)".[8]

No passado, o termo "convênio" era utilizado indistintamente para tratar dessas figuras peculiares, mas o aprimoramento de suas relações com o Poder Público torna "cada vez mais usual o vínculo de parceria que não se deixa descrever pela tradicional descrição,

---

agente ou de um terceiro, e não o interesse público. Em outras oportunidades, o interesse público figurará como condição positiva de validade de um ato administrativo, constituindo o fundamento da ação administrativa. A desapropriação é um ótimo exemplo: a prerrogativa de expropriar só poderá ser utilizada quando um interesse público especial (utilidade pública, interesse social) estiver presente, autorizando o seu exercício".

5 WOLFF, Hans Julius; BACHOF, Otto; STOBER, Rolf. *Direito administrativo*. Tradução de António Francisco de Souza. Lisboa: Calouste Gulbenkian, 2006, v. 1, p. 314.

6 SCHMIDT-AßMANN, Eberhard. *La teoría del derecho administrativo como sistema*. Tradução do alemão para o espanhol de Mariano Bacigalupo *et al*. Madrid: Marcial Pons, 2003, p. 304.

7 RIVERO, Jean. Existe-t-il un critère du droit administratif? *Revue du Droit Public et de la Science Politique en France et a l'Étranger*, Paris, n. 59, 1953, p. 279 *et seq*.

8 MOREIRA, Egon Bockmann. Terceiro Setor da Administração Pública. Organizações Sociais. Contratos de Gestão. *Revista de Direito Administrativo*, Rio de Janeiro, v. 227, p. 309-320, jan./mar. 2002, p. 311.

afeiçoando-se muito mais à descrição de contrato".[9] Justamente em razão dessa peculiar natureza vinculativa, diversos questionamentos passam a orbitar a investigação das minúcias relacionadas ao regime (público ou privado) das atividades que desempenham esses parceiros privados que atuam lateralmente ao Poder Público.

2.1 O Sistema S

São designadas "paraestatais" as entidades do chamado Sistema S, como SESI (Serviço Social da Indústria), SESC (Serviço Social do Comércio), SENAC (Serviço Nacional de Aprendizagem Comercial), SENAI (Serviço Nacional de Aprendizagem dos Industriários), SENAR (Serviço Nacional de Aprendizagem Rural), SEBRAE (Serviço Brasileiro de Apoio às Micro e Pequenas Empresas), entre outras.

Criadas por lei, tais figuras atuam sem submissão direta à Administração Pública, tendo por finalidade "o atendimento de necessidades assistenciais e educacionais de certos setores empresariais ou categorias profissionais, que arcam com sua manutenção mediante contribuições compulsórias".[10]

Diogo de Figueiredo Moreira Neto observa que "a submissão dos serviços sociais autônomos a antiquados sistemas de 'controle' apriorísticos (...) decorre de uma inércia burocrática que sobreviveu anacrônica e, como se demonstrou, tornou-se inconstitucional, depois da promulgação da Carta Política de 1988",[11] impondo releituras que viabilizassem a compreensão da natureza jurídica dessas figuras à luz de plexos de valores capazes de aglutinar regras especiais estabelecidas a partir de um "bloco de normatividade".

Significa dizer que são pessoas jurídicas de direito privado, criadas por lei, mas que, apesar de possuírem personalidade jurídica de direito privado e serem gerenciadas por particulares, o aspecto peculiar concernente à sua criação impede que as escolhas e decisões dos particulares sejam livres.[12] Noutros termos, a própria lei determina a

---

[9] SUNDFELD, Carlos Ari; SOUZA, Rodrigo Pagani de. As modernas parcerias públicas com o Terceiro Setor. *A&C – Revista de Direito Administrativo & Constitucional*, Belo Horizonte, ano 11, n. 43, p. 57-89, jan./mar. 2011, p. 58.

[10] JUSTEN FILHO, Marçal. *Curso de direito administrativo*. 10. ed. São Paulo: Revista dos Tribunais, 2014, p. 325.

[11] MOREIRA NETO, Diogo de Figueiredo. Natureza jurídica dos serviços sociais autônomos. *Revista de Direito Administrativo*, Rio de Janeiro, v. 207, n. 1, p. 79-94, jan./mar. 1997, p. 94.

[12] COUTINHO, Nina Novaes. As organizações sociais e o contrato de gestão. *Revista de Direito Público*, Londrina, v. 1, n. 2, p. 25-40, maio/ago. 2006, p. 27-30.

existência, a estruturação e o funcionamento dessas entidades. E, pela natureza pública dos interesses que visam atender no desempenho de suas finalidades institucionais, estão usualmente em contato direto com as estruturas do próprio Estado, inclusive para acesso a bancos de dados.

2.2 Organizações Sociais e OSCIPs

Além do chamado Sistema S, também merecem consideração específica as figuras do chamado "terceiro setor": as Organizações Sociais (OSs) e as Organizações da Sociedade Civil de Interesse Público – OSCIPs. Basicamente, "são pessoas jurídicas de direito privado, submetidas espontaneamente ao influxo (ao menos parcial) de regras de direito público, que desenvolvem atividades de interesse social (não exclusivas do Estado), com o apoio da Administração".[13]

A qualificação jurídica de "Organização Social" é atribuída às pessoas jurídicas de direito privado, instituídas por iniciativa particular, que atuem sem finalidade lucrativa e que recebam, do Poder Público, delegação para o desempenho de serviço público de interesse social, por contrato de gestão. Segundo Di Pietro, nenhuma "nasce com o nome de Organização Social; a entidade é criada como associação ou fundação e, habilitando-se perante o poder público, recebe a qualificação; trata-se de título jurídico outorgado e cancelado pelo poder público".[14]

Suas atuações mais comuns são em áreas como ensino, pesquisa científica, proteção e preservação do meio ambiente, desenvolvimento tecnológico, cultura e saúde,[15] sendo usual a interlocução com órgãos e entidades da Administração direta e indireta para o aprimoramento de sua atuação, que deve ser delineada no contrato de gestão pela fixação de responsabilidades, atribuições e obrigações sinalagmáticas, ou seja, imponíveis e exigíveis do Poder Público e da Organização Social.

Também é comum que o contrato de gestão contenha descrição detalhada da atividade de interesse social exercida, estipule metas que deverão ser atingidas, bem como os respectivos prazos de execução, os critérios objetivos de avaliação de desempenho, mediante indicadores de produtividade e qualidade, e, a partir desses parâmetros, otimize

---

[13] MOREIRA, Egon Bockmann. *Terceiro Setor da Administração Pública*. Organizações Sociais. Contratos de Gestão, cit., p. 311.

[14] DI PIETRO, Maria Sylvia Zanella. *Direito administrativo*. 25. ed. São Paulo: Atlas, 2012, p. 565.

[15] ROCHA, Silvio Luis da. *Terceiro Setor*. São Paulo: Malheiros, 2003, p. 84.

sua atuação sob a supervisão do órgão da área de atuação referente à atividade. Por esse motivo, é comum que estejam em constante contato com os representantes das pastas correlatas, em todos os âmbitos (municipal, estadual, distrital e federal).

O Poder Público, naturalmente, destina recursos orçamentários e bens necessários para o cumprimento do contrato, cede servidores públicos e exerce constante fiscalização quanto ao desempenho estipulado no contrato de gestão.

Por sua vez, as Organizações da Sociedade Civil de Interesse Público – OSCIPs são pessoas jurídicas de direito privado, também sem fins lucrativos e instituídas por particulares, que recebem tal qualificação jurídica "para desempenhar serviços sociais não exclusivos do Estado, com incentivo e fiscalização pelo Poder Público, mediante vínculo jurídico instituído por meio de termo de parceria".[16]

São disciplinadas pela Lei nº 9.790/1999, também conhecida como a "Lei do Terceiro Setor". Suas características muito as assemelham às Organizações Sociais, uma vez que ambas são entidades privadas, que não possuem fins lucrativos e que recebem uma "qualificação" a partir do preenchimento dos requisitos legais. A diferença entre as organizações se dá porquanto uma OS pode receber delegação para a gestão de serviço público, ao passo que uma OSCIP exerce atividade de natureza privada (mas de utilidade pública) com o auxílio do Estado.

As OSCIPs, por terem espectro mais amplo quanto às áreas de atuação, são mais fiscalizadas. Podem exercer atividades de promoção da cultura, assistência social, promoção do voluntariado, defesa e conservação do patrimônio histórico e artístico, promoção de direitos estabelecidos, promoção da segurança alimentar e nutricional, estudos e pesquisas, desenvolvimento de tecnologias alternativas, promoção gratuita da educação e da saúde, defesa, produção e divulgação de informações e conhecimentos técnicos e científicos, preservação e conservação do meio ambiente e promoção do desenvolvimento sustentável, promoção do desenvolvimento econômico e social e combate à pobreza, experimentação, não lucrativa, de novos modelos socioprodutivos e de sistemas alternativos de produção, comércio, emprego e crédito, construção de novos direitos e assessoria jurídica gratuita de interesse suplementar, promoção da ética, da paz, da cidadania, dos direitos humanos, da democracia e de outros valores universais.

---

[16] DI PIETRO, Maria Sylvia Zanella. *Direito administrativo, op. cit.*, p. 565.

O chamado "termo de parceria" também se reveste de aspectos contratuais e possui cláusulas essenciais[17] relativas ao objeto, às metas, aos resultados, aos prazos de execução, à avaliação de desempenho, à previsão das receitas e despesas, além de ser exigido o relatório anual, pelo qual se presta contas ao Poder Público do que foi realizado.

Diferentemente do que ocorre nas Organizações Sociais, as OSCIPs representam a real atividade de fomento e de incentivo à iniciativa privada de utilidade pública, mas não pelo fato de o Poder Público abdicar de fazê-lo e decidir transferi-lo à iniciativa privada (como numa "privatização" às avessas). Trata-se de verdadeira parceria, lastreada na cooperação entre parceiro público e parceiro privado, para o atendimento de necessidades coletivas, com observância de requisitos essenciais, previstos em lei.

3 Reflexos da Lei Geral de Proteção de Dados Pessoais

A Lei nº 13.709, de 14 de agosto de 2018 (LGPD), é um marco regulatório importante para a tutela das incontáveis contingências relacionadas às atividades que envolvam dados pessoais – realizadas por agentes públicos ou privados –, e sua promulgação representou importante passo para a concretização da proteção do titular de dados. Como anota a doutrina, "a necessidade de proteção dos dados pessoais constitui velho problema, embora imponha novas soluções, sobretudo com o advento de tecnologias a serviço da coleta, armazenamento e uso desses dados".[18]

Impõe-se aos agentes de tratamento de dados (gênero no qual estão contemplados os controladores e operadores) a observância dos requisitos descritos nos artigos 7º (para dados pessoais) e 11 (para dados pessoais sensíveis) da lei. Essa diferenciação conceitual entre os dados pessoais considerados "comuns" e os "sensíveis" é evidenciada na própria lei, a partir dos conceitos trazidos pelo artigo 5º, I e II.[19]

---

[17] SUNDFELD, Carlos Ari; SOUZA, Rodrigo Pagani de. *As modernas parcerias públicas com o Terceiro Setor*, cit., p. 70.

[18] DE LUCCA, Newton; MACIEL, Renata Mota. A proteção de dados pessoais no Brasil a partir da Lei 13.709/2018: efetividade? *In:* MARTINS, Guilherme Magalhães; LONGHI, João Victor Rozatti (Coord.). *Direito digital*: direito privado e Internet. 3. ed. Indaiatuba: Foco, 2020, p. 211.

[19] "Art. 5º Para os fins desta Lei, considera-se: I - dado pessoal: informação relacionada a pessoa natural identificada ou identificável; II - dado pessoal sensível: dado pessoal sobre origem racial ou étnica, convicção religiosa, opinião política, filiação a sindicato ou a organização de caráter religioso, filosófico ou político, dado referente à saúde ou à vida sexual, dado genético ou biométrico, quando vinculado a uma pessoa natural."

Há, nos dispositivos citados, diversas bases legais que autorizam o tratamento de dados, mas "os textos dos incisos [dos artigos 7º e 11] (...) são bastante abrangentes, o que deve contemplar as situações em que lidar com informações pessoais alheias seja essencial para a dinâmica da sociedade moderna".[20]

Há, na lei, fundamentos claros (art. 2º), rol de conceitos (art. 5º) e verdadeiro rosário de princípios (art. 6º). A despeito da importância fundamental que essa lei passará a ostentar, não se pode afirmar que, antes da sua vigência, houvesse alguma espécie de "lacuna" no ordenamento, uma vez que diversos princípios e direitos fundamentais contidos na Constituição da República, como privacidade, liberdade e intimidade, já irradiavam seus efeitos sobre outras fontes, como o Marco Civil da Internet, o Código Civil, o Código de Defesa do Consumidor e a Lei de Acesso à Informação (para citar alguns), de forma transversal e potencializada, em torno de um verdadeiro microssistema de regência das relações virtuais.

Notou-se, logo de início, grande preocupação do Poder Público com a edição de políticas de governança direcionadas ao recrudescimento de seu papel como agente de tratamento de dados, assim definido em razão de expressa previsão contida nos artigos 1º e 23 a 32 da referida lei, e para a garantia da finalidade pública[21] e de integridade de suas atividades que envolvessem o compartilhamento de bases de dados (inclusive com parceiros privados), além de reformulações para a adequação às exigências legais, entre as quais chama atenção a obrigatoriedade da figura do encarregado de dados.

Tratar de governança significa falar no estabelecimento de parâmetros específicos para as atividades relacionadas ao tratamento de dados, no âmbito específico de atuação de cada ente político, o que, "para a estipulação de medidas de governança de dados, é fruto de

---

[20] MARCACINI, Augusto Tavares Rosa. Regras aplicadas ao tratamento de dados pessoais. *In:* LIMA, Cíntia Rosa Pereira de (Coord.). *Comentários à Lei Geral de Proteção de Dados (Lei nº 13.709/2018, com alteração da Lei nº 13.853/2019)*. São Paulo: Almedina, 2019, p. 142-143.

[21] SIMÃO FILHO, Adalberto. Regime jurídico do banco de dados: função econômica e reflexos na monetização. *In:* DE LUCCA, Newton; SIMÃO FILHO, Adalberto; LIMA, Cíntia Rosa Pereira de; MACIEL, Renata Mota. *Direito & Internet IV*: sistema de proteção de dados pessoais. São Paulo: Quartier Latin, 2019, p. 183. Anota: "A disciplina jurídica autorizatória encontra-se no art. 23 da lei protetiva, mencionando que o tratamento de dados pessoais pelas pessoas jurídicas de direito público, órgãos e entidades do Poder Público, deverá ser realizado para o atendimento de sua finalidade pública, na persecução do interesse público, com o objetivo de executar as competências legais ou cumprir as atribuições legais do serviço público".

uma materialização transversal que visa mitigar riscos regulatórios".[22] Representa, ademais, uma discussão que vai além da assunção de deveres quanto à edição de normas; é, essencialmente, um desdobramento da necessidade de que o Estado se reformule e passe a atuar preventivamente quanto à segurança de dados pessoais.

Não obstante, como se viu nos tópicos anteriores, é comum que a Administração Pública do século XXI coopere com a iniciativa privada para a realização de atividades que atendam ao interesse público. A participação de entidades do Sistema S, de Organizações Sociais ou de OSCIPs na prestação de serviços públicos depende, usualmente, do acesso a bases de dados mantidas e estruturadas pelo Estado.

Em um período no qual está superado o vetusto modelo de administração impositiva, hierárquica e sobreposta, no qual se festeja a estruturação "concertada" interorganicamente,[23] algumas das respostas que se buscam dependem de uma compreensão sobre se, a despeito da inegável natureza jurídica dessas mencionadas figuras e de seu regime de pessoas jurídicas de direito privado, pode lhes ser exigido: o tratamento de dados pessoais e a adequação estrutural segundo os

[22] FALEIROS JÚNIOR, José Luiz de Moura. Governança de dados e o Poder Público: perspectivas à luz da Lei Geral de Proteção de Dados Pessoais. *In*: CRAVO, Daniela Copetti; CUNDA, Daniela Zago Gonçalves da; RAMOS, Rafael (Org.). *Lei Geral de Proteção de Dados e o Poder Público*. Porto Alegre: Escola Superior de Gestão e Controle Francisco Juruena; Centro de Estudos de Direito Municipal, 2021. p. 133.

[23] BITENCOURT NETO, Eurico. Transformações do Estado e a Administração Pública no século XXI. *Revista de Investigações Constitucionais*, Curitiba, v. 4, n. 1, p. 207-225, jan./abr. 2017, p. 213-214. Explica o autor: "Superado o paradigma de uma Administração agressiva que marcou o período liberal do Estado de Direito, o Estado social levou, entre outras consequências marcantes, à intensa contratualização da atividade administrativa. Para além dos contratos em que figura como cliente dos particulares, abre-se para o Poder Público a senda da administração por acordos, ou dos contratos sobre o exercício de poderes públicos, compondo um amplo rol do que se pode chamar Administração concertada (...). O caráter infraestrutural, regulador e prospectivo que passa a compor o complexo de atuação administrativa reclama, com mais vitalidade, um diálogo institucionalizado entre o Poder Público e os particulares e a valorização de instrumentos de concertação social, seja sob o aspecto organizatório, com a criação de inúmeros aparatos consultivos e instâncias de diálogo social, seja pelo incremento dos contratos administrativos e pela consagração de novas figuras de atuação concertada. A busca de um 'novo estilo de administração', participativo, consensual e flexível, favorece a expansão do modo contratual de atuação administrativa (...). É preciso registrar que a contratualização, especialmente como modo de transferência de atribuições e responsabilidades públicas a particulares, não carrega, em si, necessariamente, um valor positivo. De um lado, pode traduzir um movimento de abertura à participação dos particulares, ou de adequado aproveitamento de recursos e técnicas privadas em benefício da prossecução de interesses públicos. Mas, de outro lado, pode significar inadequada transferência de responsabilidades públicas a agentes privados, sem o necessário acautelamento dos fins públicos do Estado, da esfera de proteção de direitos fundamentais e dos controles decorrentes do princípio democrático".

rigores de compartilhamento imponíveis ao Poder Público; a adoção de governança de dados e programas de integridade e *compliance*, quando decorrentes de obrigações relacionadas a cláusulas previstas em contratos de gestão, termos de parceria ou instrumentos afins; e a necessidade (ou não) de indicação do encarregado de dados,[24] figura obrigatória para o Poder Público, pela dicção do artigo 23, III, da LGPD.

3.1 Compartilhamento de dados

O artigo 26 da LGPD trata do primeiro ponto polêmico com relação ao regime de tratamento de dados imposto ao Poder Público. A questão do uso compartilhado de dados, pela literalidade do *caput*, "deve atender a finalidades específicas de execução de políticas públicas e atribuição legal pelos órgãos e pelas entidades públicas, respeitados os princípios de proteção de dados pessoais elencados no art. 6º desta Lei". Esse mesmo dispositivo, em seu §1º, é enfático quanto à regra que veda "ao Poder Público transferir a entidades privadas dados pessoais constantes de bases de dados a que tenha acesso".

Uma primeira leitura dessa previsão conduz à açodada conclusão de que entidades do Sistema S, Organizações Sociais e OSCIPs não poderiam ter acesso a bases de dados do Poder Público. Entretanto, prevalecem vigentes quatro hipóteses excepcionais, nos incisos do §1º do artigo 26 da lei, a saber: (i) no inciso I, são excetuados os casos de execução descentralizada de atividade pública que exijam a transferência, exclusivamente para esse fim específico e determinado, observado o disposto na Lei nº 12.527, de 18 de novembro de 2011 (Lei de Acesso à Informação); (ii) no inciso III, são excetuados os casos em que os dados forem acessíveis publicamente; (iii) no inciso IV, cuida-se das hipóteses em que haja previsão legal ou quando a transferência for respaldada em contratos, convênios ou instrumentos congêneres; (iv) no inciso V, excetua-se a hipótese de transferência dos dados que objetive exclusivamente a prevenção de fraudes e irregularidades, ou a proteção e o resguardo da segurança e da integridade do titular dos dados,

---

[24] Assim define a doutrina: "Deve a administração pública fazer indicação do encarregado. Pode-se conceituar o encarregado como sendo o canal de comunicação entre o controlador, os titulares dos dados e a ANPD, podendo ser pessoa física ou pessoa jurídica, nos termos do art. 41 da LGPD" (LIMBERGER, Têmis. Artigo 23. *In*: MARTINS, Guilherme Magalhães; LONGHI, João Victor Rozatti; FALEIROS JÚNIOR, José Luiz de Moura (Coord.). *Comentários à Lei Geral de Proteção de Dados Pessoais (Lei nº 13.709/2018)*. 2. ed. Indaiatuba: Foco, 2023. p. 329).

desde que vedado o tratamento para outras finalidades. O inciso II, *in fine*, proibia expressamente o compartilhamento de dados com pessoas jurídicas de direito privado, mas foi objeto de veto presidencial.[25]

Claramente, as hipóteses dos incisos I e IV da lei – no contexto desse regime específico de tratamento de dados previsto para o Poder Público – justificam o uso compartilhado de bases públicas por particulares que atuem na execução de atividades de interesse geral (com respaldo no inc. I), ou se houver respaldo em "contratos, convênios ou instrumentos congêneres" (inc. IV).

É preciso pontuar, ademais, que o artigo 27 da LGPD[26] impõe elemento adicional intrincado ao estabelecer, ao ente público, a obrigação de *informar* à Agência Nacional de Proteção de Dados (ANPD) a ocorrência da comunicação ou do compartilhamento de suas bases de dados com pessoas jurídicas de direito privado, impondo, ainda no *caput*, o consentimento do titular para que isso ocorra licitamente.[27]

Essa complexa estruturação abre margem para as seguintes indagações:

(i) é necessário o consentimento do titular para o tratamento de dados realizado por particulares do Sistema S ou qualificados como OSs ou OSCIPs quando recebam tais acervos de dados a partir de compartilhamento do Poder Público?

---

[25] MULHOLLAND, Caitlin; MATERA, Vinicius. O tratamento de dados pessoais pelo Poder Público. *In:* MULHOLLAND, Caitlin (Coord.). *A LGPD e o novo marco normativo no Brasil*. Porto Alegre: Arquipélago Editorial, 2020, p. 220. Os autores explicam: "Perceba-se que recebeu veto presidencial o inciso II, do artigo 23, da LGPD, o qual estabelecia que "o tratamento de dados pessoais pelas pessoas jurídicas de direito público referidas no parágrafo único do art. 1º da Lei nº 12.527, de 18 de novembro de 2011 (Lei de Acesso à Informação), deverá ser realizado para o atendimento de sua finalidade pública, na persecução do interesse público, com o objetivo de executar as competências legais ou cumprir as atribuições legais do serviço público, desde que: II – sejam protegidos e preservados dados pessoais de requerentes de acesso à informação, nos termos da Lei nº 12.527, de 18 de novembro de 2011 (Lei de Acesso à Informação), vedado seu compartilhamento no âmbito do Poder Público e com pessoas jurídicas de direito privado".

[26] "Art. 27. A comunicação ou o uso compartilhado de dados pessoais de pessoa jurídica de direito público a pessoa de direito privado será informado à autoridade nacional e dependerá de consentimento do titular, exceto: I - nas hipóteses de dispensa de consentimento previstas nesta Lei; II - nos casos de uso compartilhado de dados, em que será dada publicidade nos termos do inciso I do *caput* do art. 23 desta Lei; ou III - nas exceções constantes do §1º do art. 26 desta Lei. Parágrafo único. A informação à autoridade nacional de que trata o *caput* deste artigo será objeto de regulamentação."

[27] Exceções constam, todavia, dos respectivos incisos, que tratam dos casos de dispensa do consentimento (art. 7º, II a X, e art. 11, II, "a" a "g", da LGPD), além dos casos descritos no já mencionado §1º do artigo 26 da lei.

(ii) para o próprio Poder Público, o uso compartilhado de dados com particulares que atuem conjuntamente no exercício de atividades de natureza pública representaria uma espécie atípica de tratamento (coleta) que impõe a obtenção do consentimento?

(iii) sendo dispensado o consentimento, qual é a base legal que fundamenta o tratamento por essas entidades?

A resposta a essas indagações não é simples e pode ser conjeturada a partir de uma leitura comparativa do conceito que se extrai do próprio *caput* do artigo 23 da LGPD.[28] Esta faz expressa remissão ao artigo 1º, parágrafo único, da Lei nº 12.527/2011 (Lei de Acesso à Informação – LAI),[29] definindo a quem é direcionado o regime específico de tratamento de dados ali definido.

O mencionado dispositivo da LAI contempla figuras estatuídas como pessoas jurídicas de direito privado, como as sociedades de economia mista (e, por decorrência, suas subsidiárias), e a essas é vedada a regência "pública" de suas atividades de tratamento por expressa previsão do artigo 24 da LGPD, quando atuem sob o regime específico: "As empresas públicas e as sociedades de economia mista que atuam em regime de concorrência,[30] sujeitas ao disposto no art. 173 da Constituição Federal, terão o mesmo tratamento dispensado às pessoas jurídicas de direito privado particulares (...)".

No caso dessas estatais, o parágrafo único do artigo 24 da LGPD, por outro lado, diz que lhes será exigido o tratamento dispensado aos órgãos e entidades do Poder Público "quando estiverem operacionalizando políticas públicas e no âmbito da execução delas". Em razão dessa exceção, a doutrina indica que, para estatais que exerçam atividade

[28] "Art. 23. O tratamento de dados pessoais pelas pessoas jurídicas de direito público referidas no parágrafo único do art. 1º da Lei nº 12.527, de 18 de novembro de 2011 (Lei de Acesso à Informação), deverá ser realizado para o atendimento de sua finalidade pública, na persecução do interesse público, com o objetivo de executar as competências legais ou cumprir as atribuições legais do serviço público, desde que: (...)."

[29] "Art. 1º. (...). Parágrafo único. Subordinam-se ao regime desta Lei: I - os órgãos públicos integrantes da administração direta dos Poderes Executivo, Legislativo, incluindo as Cortes de Contas, e Judiciário e do Ministério Público; II - as autarquias, as fundações públicas, as empresas públicas, as sociedades de economia mista e demais entidades controladas direta ou indiretamente pela União, Estados, Distrito Federal e Municípios."

[30] Além da regência constitucional pelo disposto no artigo 173 da Constituição da República, vale mencionar a sujeição dessas estatais ao regramento do artigo 37, XIX, da Carta e às disposições da Lei nº 13.303/2016, que dispõe sobre o estatuto jurídico da empresa pública, da sociedade de economia mista e de suas subsidiárias, no âmbito da União, dos Estados, do Distrito Federal e dos Municípios.

econômica, não seria admissível a aplicação do regime "público", embora excepcionalmente admitido para as estatais que operacionalizem políticas públicas.[31] A justificativa é simples: as estatais que visam lucro atuam no mercado em atividades nas quais concorrem com partícipes privados, sujeitas aos regramentos comuns dos artigos 7º e 11 da LGPD.

A partir dessas considerações, retorna-se ao caso específico das figuras que compõem o Sistema S, além de OSs e OSCIPs. Algumas características chamam a atenção: a) todas são pessoas jurídicas de direito privado, sem fins lucrativos; b) atuam visando ao atendimento do interesse público, amplamente considerado, e, mesmo nas OSCIPs – em que há, em verdade, fomento à iniciativa privada de utilidade pública –, prepondera um interesse público subjacente na atividade descrita no termo de parceria; c) a natureza contratual que rege tais entidades permitiria a expressa previsão do compartilhamento de dados de bases públicas, uma vez que os contratos de gestão e termos de parceria podem ser considerados "instrumentos congêneres" segundo a dicção do art. 26, §1º, IV, da LGPD.[32]

À luz dessas considerações, tornam-se mais claras as possíveis respostas às indagações lançadas alhures:

(i) tendo em vista que a base a ser compartilhada é mantida pelo Poder Público, que se submete ao regime dos arts. 23 e seguintes da lei, para o qual não é exigida a obtenção do consentimento do titular (antecedente), seria incongruente que lhe fosse exigido antever a futura formalização de contrato de gestão, por exemplo, para a realização de determinada atividade que atenda ao interesse público e, no momento de compartilhar tais dados com a OS (consequente), dependesse do consentimento de todos os cidadãos afetados pela política pública que se pretenda empreender, ainda que sua execução se dê por pessoa jurídica de direito privado;

(ii) considerando que certos dados serão preexistentes e terão sido coletados de forma direta, o ideal é que se defina um regime "misto", pelo qual as bases de dados originariamente mantidas por esses entes de direito privado sejam regidas

---

[31] LEVIN, Alexandre. Tratamento de dados pessoais pelo Poder Público: particularidades previstas na LGPD (Lei 13.709/2018). *In:* DAL POZZO, Augusto Neves; MARTINS, Ricardo Marcondes (Coord.). *LGPD & Administração Pública*: uma análise ampla dos impactos. São Paulo: Thomson Reuters Brasil, 2020, p. 236-237.

[32] LIMBERGER, Têmis. Artigo 26. *In*: MARTINS, Guilherme Magalhães; LONGHI, João Victor Rozatti; FALEIROS JÚNIOR, José Luiz de Moura (Coord.). *Comentários à Lei Geral de Proteção de Dados Pessoais (Lei nº 13.709/2018)*. 2. ed. Indaiatuba: Foco, 2023. p. 344.

pelos regramentos dos artigos 7º e 11 da LGPD, ao passo que as bases do Poder Público, às quais tenham acesso por uso compartilhado, lhes imponham os rigores do tratamento regido pelos artigos 23 e seguintes.

Em todo caso, como alerta a doutrina, é preciso frisar que, para além da competência fiscalizatória prevista nos incisos IV, XI e XVI do art. 55-J, "a LGPD outorgou competência regulamentar à ANPD para estabelecer normas para o aperfeiçoamento das atividades de comunicação e compartilhamento de dados pessoais pela Administração Pública (art. 30 e inciso X do art. 55-J)".[33] Esse labor regulamentar infralegal será fundamental, pois "devem ser respeitadas as legítimas expectativas com as quais o dado foi coletado, inicialmente, de seu titular".[34]

Os pontos destacados demonstram a importância de ser ter em consideração, em qualquer análise acerca da incidência da LGPD às figuras que compõem o Sistema S, OSs e OSCIPs, (i) de onde se originou a decisão de coleta de dados pessoais e quem foi o responsável pela operação de tratamento; (ii) se o momento da operação de tratamento é anterior ou posterior à vigência da LGPD; e, ainda, (iii) se os bancos de dados desenvolvidos antes da vigência da LGPD permanecem em utilização.

É preciso destacar que, para os contratos de gestão e termos de parceria serem considerados, nos termos do art. 26, §1º, IV, da LGPD, "instrumentos congêneres" que legitimariam compartilhamento de dados de bases públicas, cumpre analisar sua compatibilidade com os demais fundamentos e princípios que regem o microssistema da Lei Geral de Proteção de Dados, o que pode ensejar a necessidade de revisão, vale dizer, de reformulação específica para adequação, de parte desses instrumentos.

3.2 Governança de dados

O chamado *compliance* é fruto de "análise jurídica e técnica que transcende o Direito, impondo um diálogo transversal e

---

[33] MOREIRA, Patrícia Prieto. Tratamento e uso compartilhado de dados pessoais pela Administração Pública na execução de políticas públicas. *In:* DAL POZZO, Augusto Neves; MARTINS, Ricardo Marcondes (Coord.). *LGPD & Administração Pública*: uma análise ampla dos impactos. São Paulo: Thomson Reuters Brasil, 2020, p. 288.

[34] LIMBERGER, Têmis. Artigo 26. *In*: MARTINS, Guilherme Magalhães; LONGHI, João Victor Rozatti; FALEIROS JÚNIOR, José Luiz de Moura (Coord.). *Comentários à Lei Geral de Proteção de Dados Pessoais (Lei nº 13.709/2018)*. 2. ed. Indaiatuba: Foco, 2023. p. 344.

interdisciplinar",[35] mas igualmente amplo e multissetorial. A tendência à governança ganhou novos contornos com o advento da LGPD, que, em seu artigo 23,[36] impõe a já mencionada identificação da finalidade pública para o tratamento de dados. Na esteira do Regulamento Geral sobre a Proteção de Dados europeu – RGPD,[37] uma das peculiaridades mais notáveis da LGPD brasileira diz respeito ao seu artigo 46,[38] que prevê o dever geral de segurança da informação e pavimenta o caminho para o detalhamento ulteriormente trazido pelo artigo 50 e para a imposição do *compliance* no tratamento de dados, com impactos para o Poder Público.[39]

Paulatinamente, várias mudanças sociais passaram a afetar o ritmo de inovação e propiciaram o surgimento de novas tecnologias, acirrando riscos já existentes e produzindo outros. Nessa linha, a mera existência da norma não será suficiente para garantir proteção e contingenciamento a todas as particularidades envolvidas na efetiva proteção à privacidade.

Segundo Stuart Madden, "ao mesmo tempo, e pelos mesmos meios que a responsabilidade civil desencoraja a elevação extracontratual do risco, regras de responsabilização encorajam comportamentos

---

[35] FALEIROS JÚNIOR, José Luiz de Moura. Notas introdutórias ao compliance digital. *In:* CAMARGO, Coriolano Almeida; CRESPO, Marcelo; CUNHA, Liana; SANTOS; Cleórbete (Coord.). *Direito digital*: novas teses jurídicas. 2. ed. Rio de Janeiro: Lumen Juris, 2019, p. 123.

[36] "Art. 23. O tratamento de dados pessoais pelas pessoas jurídicas de direito público referidas no parágrafo único do art. 1º da Lei nº 12.527, de 18 de novembro de 2011 (Lei de Acesso à Informação), deverá ser realizado para o atendimento de sua finalidade pública, na persecução do interesse público, com o objetivo de executar as competências legais ou cumprir as atribuições legais do serviço público, desde que: (...)."

[37] VOIGT, Paul; VON DEM BUSSCHE, Axel. *The EU General Data Protection Regulation (GDPR)*: a practical guide. Basileia: Springer, 2017, p. 38-40.

[38] "Art. 46. Os agentes de tratamento devem adotar medidas de segurança, técnicas e administrativas aptas a proteger os dados pessoais de acessos não autorizados e de situações acidentais ou ilícitas de destruição, perda, alteração, comunicação ou qualquer forma de tratamento inadequado ou ilícito."

[39] Sobre o tema, conferir: FALEIROS JÚNIOR, José Luiz de Moura. *Administração Pública digital*: proposições para o aperfeiçoamento do Regime Jurídico Administrativo na sociedade da informação. 2. ed. Indaiatuba: Foco, 2024. p. 125-146; CRAVO, Daniela Copetti. Portabilidade de dados no poder público? *Jota,* 15 ago. 2020. Disponível em: https://www.jota.info/opiniao-e-analise/artigos/portabilidade-de-dados-no-poder-publico-15082020. Acesso em: 14 nov. 2023; HANOFF, Roberta Volpato; NIELSEN, Thiago Henrique. A Lei Geral de Proteção de Dados Pessoais na administração pública brasileira: é possível implementar governança de dados antes de se implementar a governança em gestão? *In:* DAL POZZO, Augusto Neves; MARTINS, Ricardo Marcondes (Coord.). *LGPD & Administração Pública*: uma análise ampla dos impactos. São Paulo: Thomson Reuters Brasil, 2020, p. 391-406.

mais seguros",[40] e, com toda razão, este deve ser o espírito da referida norma: o estímulo constante à prevenção de riscos, à mitigação de danos e à propagação de uma cultura de boas práticas,[41] e, portanto, "combinando dimensões repressivas (compensatória e/ou punitiva) e proativas (preventiva) para o enfrentamento da crescente complexidade dos casos concretos, em especial daqueles que envolvem o emprego de novas tecnologias".[42]

Outro não poderia ser o desfecho desta tendência, senão a edição, pela União, de uma normativa especificamente voltada à regência de sua política de governança de dados, que passa a se apresentar em sintonia exata com os propósitos da LGPD. Trata-se do Decreto nº 10.046, de 7 de outubro de 2019, que substituiu o Decreto nº 8.789, de 2016, assim prevendo em seu artigo 1º:

> Art. 1º Este Decreto estabelece as normas e as diretrizes para o compartilhamento de dados entre os órgãos e as entidades da administração pública federal direta, autárquica e fundacional e os demais Poderes da União, com a finalidade de:
>
> I - simplificar a oferta de serviços públicos;
>
> II - orientar e otimizar a formulação, a implementação, a avaliação e o monitoramento de políticas públicas;
>
> III - possibilitar a análise das condições de acesso e manutenção de benefícios sociais e fiscais;
>
> IV - promover a melhoria da qualidade e da fidedignidade dos dados custodiados pela administração pública federal; e
>
> V - aumentar a qualidade e a eficiência das operações internas da administração pública federal.

O objetivo precípuo, sem dúvida alguma, é a delimitação de políticas institucionais adequadas aos propósitos elencados pelo

---

40 MADDEN, M. Stuart. Tort law through time and culture: themes of economic efficiency. *In:* MADDEN, M. Stuart (Ed.). *Exploring tort law*. Cambridge: Cambridge University Press, 2005, p. 48, tradução livre. No original: "(...) at the same time, and by the same means as tort law discourages extracontractual elevation of risk, tort rules encourage safer behavior".

41 No mesmo sentido, seja permitido remeter ao artigo "A polissemia da responsabilidade civil na LGPD", de autoria de Nelson Rosenvald, disponível em https://migalhas.uol.com.br/coluna/migalhas-de-protecao-de-dados/336002/a-polissemia-da-responsabilidade-civil-na-lgpd. Acesso em: 14 nov. 2023

42 EHRHARDT JÚNIOR, Marcos. Artigo 42. *In*: MARTINS, Guilherme Magalhães; LONGHI, João Victor Rozatti; FALEIROS JÚNIOR, José Luiz de Moura (Coord.). *Comentários à Lei Geral de Proteção de Dados Pessoais (Lei nº 13.709/2018)*. 2. ed. Indaiatuba: Foco, 2023. p. 429.

legislador no que concerne à proteção de dados pessoais.[43] O artigo 2º, inciso XV, do decreto conceitua como "governança de dados" o "exercício de autoridade e controle que permite o gerenciamento de dados sob as perspectivas do compartilhamento, da arquitetura, da segurança, da qualidade, da operação e de outros aspectos tecnológicos". No cotejo do compartilhamento, por sua vez, o artigo 4º define três níveis essenciais: (i) amplo; (ii) restrito; e (iii) específico.[44]

Sendo certo que o *Big Data* público já é uma realidade, o controle de dados exercido pelo Poder Público passa a ostentar nova dimensão com a possibilidade de compartilhamento interorgânico. Nesse aspecto, a criação do "Cadastro Base do Cidadão" (artigo 16 e seguintes), por

---

[43] É importante registrar, todavia, que "o Decreto nº 10.046/2019 foi alvo de uma Ação Direta de Inconstitucionalidade proposta pelo Conselho Federal da Ordem dos Advogados do Brasil (OAB). Trata-se da ADI 6649, na qual se alegou que o decreto estaria a criar relevante aparato de vigilantismo estatal. A decisão proferida pelo Supremo Tribunal Federal (STF) acolheu a ADI e reconheceu que o compartilhamento amplo de dados pessoais entre os órgãos públicos conflita com os direitos constitucionais à proteção de dados e à privacidade. O Tribunal destacou a necessidade de promover uma leitura do regulamento administrativo alinhada com o regime constitucional de tutela da privacidade e ressaltou a importância de respeitar o direito à privacidade, conforme estabelecido na Constituição e na Lei Geral de Proteção de Dados Pessoais" (FALEIROS JÚNIOR, José Luiz de Moura. *Administração Pública digital*: proposições para o aperfeiçoamento do Regime Jurídico Administrativo na sociedade da informação. 2. ed. Indaiatuba: Foco, 2024. p. 130).

[44] "Art. 4º O compartilhamento de dados entre os órgãos e as entidades de que trata o art. 1º é categorizado em três níveis, de acordo com sua confidencialidade: I - compartilhamento amplo, quando se tratar de dados públicos que não estão sujeitos a nenhuma restrição de acesso, cuja divulgação deve ser pública e garantida a qualquer interessado, na forma da legislação; II - compartilhamento restrito, quando se tratar de dados protegidos por sigilo, nos termos da legislação, com concessão de acesso a todos os órgãos e entidades de que trata o art. 1º para a execução de políticas públicas, cujo mecanismo de compartilhamento e regras sejam simplificados e estabelecidos pelo Comitê Central de Governança de Dados; e III - compartilhamento específico, quando se tratar de dados protegidos por sigilo, nos termos da legislação, com concessão de acesso a órgãos e entidades específicos, nas hipóteses e para os fins previstos em lei, cujo compartilhamento e regras sejam definidos pelo gestor de dados. §1º A categorização do nível de compartilhamento será feita pelo gestor de dados, com base na legislação. §2º A categorização do nível de compartilhamento será detalhada de forma a tornar clara a situação de cada item de informação. §3º A categorização do nível de compartilhamento como restrito ou específico será publicada pelo respectivo gestor de dados no prazo de noventa dias, contado da data de publicação das regras de compartilhamento de que trata o art. 31. §4º A categorização do nível de compartilhamento como restrito e específico especificará o conjunto de bases de dados por ele administrado com restrições de acesso e as respectivas motivações. §5º A categorização do nível de compartilhamento, na hipótese de ainda não ter sido feita, será realizada pelo gestor de dados quando responder a solicitação de permissão de acesso ao dado. §6º A categorização do nível de compartilhamento será revista a cada cinco anos, contados da data de publicação deste Decreto ou sempre que identificadas alterações nas diretrizes que ensejaram a sua categorização. §7º Os órgãos e entidades de que trata o art. 1º priorizarão a categoria de compartilhamento de dados de maior abertura, em compatibilidade com as diretrizes de acesso a informação previstas na legislação."

exemplo, revela a possibilidade de cognição ampla sobre aspectos relacionados a todas as esferas da vida do indivíduo. A integração a partir do fornecimento de informações pelos Cartórios de Registro Civil, bem como o cruzamento de dados extraídos de bases, como a da Receita Federal do Brasil e a do Instituto Nacional do Seguro Social, propicia a consolidação de verdadeira "vigilância de dados" estatal.

O projeto de regulamentação de uma política de governança de dados específica para o Poder Público, a ser fiscalizada por um comitê também definido pelo decreto (artigos 21 e seguintes), alinha-se à premência de que sejam iniciadas as atividades da ANPD[45] – órgão[46] criado pela LGPD (artigos 55-A e seguintes) e estruturado pelo Decreto nº 10.474, de 27 de agosto de 2020, para atuar na fiscalização e gestão do atendimento às disposições específicas contidas na lei.

Também é de imperioso registro o papel do Decreto nº 10.047, que dispõe sobre a governança do Cadastro Nacional de Informações Sociais – CNIS e institui o programa "Observatório de Previdência e Informações". Com maior foco em dados relacionados à Previdência, o relevante papel deste segundo decreto se alinha aos propósitos da governança estabelecida, em linhas mais amplas, no primeiro.

O CNIS é a principal base de dados (somada às bases CAGED e RAIS) da infraestrutura, que permite, entre outras ações, a gestão do pagamento de benefícios como o "auxílio emergencial", instituído pela Lei nº 13.982, de 2 de abril de 2020, e revisitado pela Medida Provisória nº 1.000, de 2 de setembro de 2020. Em tempos pandêmicos, teria sido de curial importância que tal sistema apresentasse um funcionamento efetivo. Porém, o que se notou, no mapeamento da responsividade estatal brasileira aos problemas decorrentes do cruzamento de dados

---

45 LIMA, Cíntia Rosa Pereira de. *Autoridade Nacional de Proteção de Dados e a efetividade da Lei Geral de Proteção de Dados*: de acordo com a Lei Geral de Proteção de Dados (Lei nº 13.709/2018 e as alterações da Lei nº 13.853/2019), o Marco Civil da Internet (Lei nº 12.965/2014) e as sugestões de alteração do CDC (PL 3.514/2015). São Paulo: Almedina, 2020, p. 313. A autora ainda conclui: "Disto se conclui que a confluência do direito e da tecnologia é fundamental para assegurar a proteção dos dados pessoais, um dos direitos de personalidade, pelo menos quanto aos princípios da transparência (conhecimento de que há coleta de dados pelo indivíduo) e do consentimento (prévia anuência do titular dos dados). Tais ferramentas serão eficazes se tiver a coordenação da trilogia: i) sistemas de informação; ii) boas práticas de mercado; e iii) *design* físico e infraestrutura da rede".

46 Comentando especificamente a natureza de "órgão" atribuída à ANPD, ver: NOHARA, Irene Patrícia. Autoridade Nacional de Proteção de Dados: reflexões funcionais sobre a natureza jurídica de órgão. *In:* RAIS, Diogo; PRADO FILHO, Francisco Octavio de Almeida (Coord.). *Direito público digital*: o Estado e as novas tecnologias; desafios e soluções. São Paulo: Thomson Reuters Brasil, 2020, p. 22-24.

no referido sistema, foi uma falibilidade que, reiteradamente, favoreceu pessoas que não estavam qualificadas para o recebimento do benefício assistencial.[47] Trata-se de um único exemplo, mas seus impactos são emblemáticos quanto às repercussões que acarreta para a (in)eficiência estatal em manter bancos de dados hígidos e suficientemente coesos para prevenir tratamento indevido.

Já para agentes de tratamento privados, a lei não trouxe igual exigência, tendo o legislador facultado a adoção da governança. Essa conclusão pode ser extraída da própria leitura do artigo 50, *caput*, da LGPD, em que o emprego do verbo *poder* ("poderão") denota a falta de cogência normativa quanto à vastidão de requisitos apresentados nos §§1º e 2º com vistas à exigência de que tais programas sejam efetivos.

Naturalmente, não se deve confundir o *compliance empresarial*, dotado de nuances e características próprias, com impactos até mesmo para a responsabilidade civil,[48] com o *compliance* público, que gera impactos diretos nas relações público-privadas.[49] Para o Poder Público, a tendência parece inescapável, uma vez que muitos Estados e Municípios também estão adotando a tendência da União e implementando programas de integridade (ainda que amplos e não específicos sobre dados).[50]

Lança-se uma indagação importante: havendo a efetiva estrutura de governança de dados que vincule a atuação do Estado à observância estrita e efetiva dos parâmetros de integridade, impondo-lhe, também no exercício de sua devida diligência (*due diligence*), exigir o mesmo

---

[47] MARCHESINI, Lucas. Governo falha e repassa auxílio emergencial a pessoas com mais de 10 CNPJs. *Metrópoles*, 11 jun. 2020. Disponível em: https://www.metropoles.com/brasil/governo-falha-e-repassa-auxilio-emergencial-a-pessoas-com-mais-de-10-cnpjs. Acesso em: 14 nov. 2023.

[48] MARTINS, Guilherme Magalhães; FALEIROS JÚNIOR, José Luiz de Moura. Compliance digital e responsabilidade civil na Lei Geral de Proteção de Dados. *In:* MARTINS, Guilherme Magalhães; ROSENVALD, Nelson (Coord.). *Responsabilidade civil e novas tecnologias*. Indaiatuba: Foco, 2020, p. 292.

[49] CASTRO, Rodrigo Pironti Aguirre de. A *due diligence* de integridade e o grau de risco de integridade como fatores limitadores do relacionamento público-privado: questões polêmicas em uma análise objetiva. *In*: ZENKNER, Marcelo; CASTRO, Rodrigo Pironti Aguirre de (Coord.). *Compliance no setor público*. Belo Horizonte: Fórum, 2020, p. 367-374.

[50] Analisando diversas iniciativas estaduais, conferir: ZENKNER, Marcelo. Sistemas públicos de integridade: evolução e modernização da Administração Pública brasileira. *In*: ZENKNER, Marcelo; CASTRO, Rodrigo Pironti Aguirre de (Coord.). *Compliance no setor público*. Belo Horizonte: Fórum, 2020, p. 185-200. Por sua vez, revisando as principais iniciativas existentes no âmbito municipal, ver, por todos: FALEIROS JÚNIOR, José Luiz de Moura; FALEIROS, Magda Aparecida dos Santos Moura. Breve panorama dos programas de *compliance* nos municípios brasileiros. *In:* FIGUEIRA DE MELO, Luiz Carlos; FALEIROS JÚNIOR, José Luiz de Moura; SILVEIRA, José Júnior Alves da; MOREIRA ALVES, Beatriz Dixon (Coord.). *Temas atuais de direito municipal*. Monte Carmelo: Fucamp, 2020, v. 3, p. 444 *et seq*.

daqueles com os quais contrata, estariam esses participantes privados vinculados, se não à instituição de programas próprios e complexos, ao menos à adesão aos rigores exigidos para a conformidade com os programas de integridade do Poder Público?

A resposta parece sinalizar positivamente, pois, como afirma Romualdo Baptista dos Santos, "os entes públicos respondem pelos danos causados aos particulares como decorrência de falhas no tratamento de dados, por força dos arts. 42 a 45 c/c os arts. 23 a 32 da LGPD e também por conta da cláusula geral de responsabilidade civil do art. 37, §6º, da Constituição".[51] Isso porque, tanto no contexto do tratamento de dados "particular" (regido pelos critérios dos artigos 7º e 11 da LGPD) quanto no tratamento "público" (regido pelos artigos 23 e seguintes da LGPD), entidades do Sistema S, OSs e OSCIPs estarão levando a efeito, para o cumprimento de suas finalidades institucionais, processos de tratamento de dados que geram ou acirram riscos, não importando de onde são provenientes. Sendo o compartilhamento de dados viável (e até mesmo necessário) para a consecução de algumas atividades públicas – como se viu –, não pode o Poder Público admitir a exposição de suas bases de dados a parceiros privados que não demonstrem possuir estruturas suficientes de atuação íntegra quanto à governança de dados. Naturalmente, tudo isso poderá advir de previsões contratuais, estabelecidas documentalmente e em sentido cooperativo, que viabilizem o crescimento conjunto a partir do aprimoramento contínuo do programa de integridade e *compliance* que valerá para ambos, público e privado. Isso já é comum nas contratações levadas a efeito pelas estatais[52] e, a despeito de representar aumento de custos para a sua implementação, deve-se frisar a natureza não lucrativa das atividades desempenhadas por essas entidades, o que desnatura qualquer argumentação tendente à desarticulação da proposta com base em aspectos econômicos.

3.3 O encarregado

A exigência da figura do encarregado de dados para o Poder Público consta expressamente do artigo 23, III, da LGPD. Tal figura,

[51] SANTOS, Romualdo Baptista dos. Responsabilidade civil do Estado na sociedade de vigilância: análise à luz da Lei Geral de Proteção de Dados. *In*: CRAVO, Daniela Copetti; JOBIM, Eduardo; FALEIROS JÚNIOR, José Luiz de Moura (Coord.). *Direito público e tecnologia*. Indaiatuba: Foco, 2022. p. 415.

[52] CASTRO, Rodrigo Pironti Aguirre de; GONÇALVES, Francine Silva Pacheco. *Compliance e gestão de riscos nas empresas estatais*. 2. ed. Belo Horizonte: Fórum, 2019, p. 139-145.

popularmente identificada pela expressão em inglês *data protection officer* (ou simplesmente DPO), tem função importantíssima para a interlocução entre agentes de tratamento de dados e a ANPD.[53] Suas atividades estão descritas no artigo 41, §2º, da LGPD, a saber: (i) aceitar reclamações e comunicações dos titulares, prestar esclarecimentos e adotar providências (inc. I); (ii) receber comunicações da autoridade nacional e adotar providências (inc. II); (iii) orientar os funcionários e os contratados da entidade a respeito das práticas a serem tomadas em relação à proteção de dados pessoais (inc. III); e (iv) executar as demais atribuições determinadas pelo controlador ou estabelecidas em normas complementares (inc. IV).

No plano federal, a União implementou, pelo Decreto nº 10.332, de 28 de abril de 2020, "a Estratégia de Governo Digital para o período de 2020 a 2022, no âmbito dos órgãos e das entidades da Administração Pública federal direta, autárquica e fundacional e dá outras providências". Em agosto de 2020, o Ouvidor do Ministério da Infraestrutura (MInfra), Carlos Vinicius Reis, foi designado como encarregado pelo tratamento de dados pessoais dos cidadãos, na referida Pasta, em cumprimento ao mister dimensionado pelo referido Decreto e para o atendimento do comando do art. 23, III, da LGPD.[54] A tendência certamente seguirá quanto a outros órgãos e entidades federais.

Atuando em sentido similar ao do governo federal, alguns Estados passaram a editar regulamentos próprios, a exemplo de Pernambuco, ao editar o Decreto nº 49.265, de 6 de agosto de 2020.[55]

---

[53] ALVES, Fabrício da Mota. Estruturação do cargo de DPO em entes públicos. *In:* BLUM, Renato Opice; VAINZOF, Rony; MORAES, Henrique Fabretti (Coord.). *Data Protection Officer (encarregado)*: teoria e prática de acordo com a LGPD e o GDPR. São Paulo: Thomson Reuters Brasil, 2020, p. 528. Anota: "(...) diferentemente do que ocorre quando o agente de tratamento é pessoa jurídica de direito privado ou, ainda, pessoa natural, a LGPD estabelece um conjunto de condições – em particular, a indicação do encarregado – para o tratamento de dados pessoais pela União, Estados, Distrito Federal e Municípios, inclusive as entidades que compõem a administração pública indireta, de todos os Poderes republicanos".

[54] BRASIL. Ministério da Infraestrutura. *Ouvidor é designado para dar tratamento aos dados pessoais dos cidadãos colhidos pelo Ministério*. Disponível em: https://canaldoservidor.infraestrutura.gov.br/ultimas-noticias/10123-ouvidor-%C3%A9-designado-para-dar-tratamento-aos-dados-pessoais-dos-cidad%C3%A3os-colhidos-pelo-minist%C3%A9rio.html. Acesso em: 14 nov. 2023.

[55] O decreto estadual estabelece o Plano Quadrienal Estratégico de Proteção dos Dados Pessoais ("PPDP"), que será o instrumento utilizado pelo governo do Estado para traçar as prioridades relativas à governança de dados e implementar as medidas de proteção no Estado. Ademais, o decreto também traz disposições referentes à "Governança da Política Estadual", ao exercício dos titulares dos dados e ao compartilhamento entre entes públicos, e avança quanto às diretrizes há muito estabelecidas pela Lei Estadual nº 12.985,

Em relação aos entes municipais, vale registrar que o Município de São Paulo editou o Decreto nº 59.767, de 15 de setembro de 2020, que regulamenta a aplicação da LGPD em seu âmbito.[56]

Espera-se que a tendência inspire diversos outros municípios a fazer o mesmo. Desse modo, a importante figura do encarregado de proteção de dados pessoais passará a existir em mais entes da estrutura administrativa, desempenhando papel crucial na interlocução, também, com contratados, conveniados e parceiros, o que atinge diretamente o Sistema S, as OSs e OSCIPs, que, dada a natureza privada que ostentam, despertam a seguinte dúvida: precisam também essas figuras, desde já, indicar seus respectivos encarregados de dados?

Prevê o artigo 41, *caput*, da LGPD: "O controlador deverá indicar encarregado pelo tratamento de dados pessoais". Entretanto, há uma cláusula de exceção, ainda indefinida, prevista no §3º do mesmo dispositivo: "§3º A autoridade nacional poderá estabelecer normas complementares sobre a definição e as atribuições do encarregado, inclusive hipóteses de dispensa da necessidade de sua indicação, conforme a natureza e o porte da entidade ou o volume de operações de tratamento de dados".

Tais hipóteses de "dispensa da necessidade de sua indicação" previstas na LGPD e que dependem de regulamentação pela ANPD ainda não foram estabelecidas, provocando um estado de insegurança e muitas dúvidas sobre o que será exigível daqueles que forem indicados

---

de 2 de janeiro de 2006 (Política de Tecnologia da Informação e Comunicação do Estado de Pernambuco). A referida lei estadual criou, em 2006, o Comitê Executivo de Governança Digital – CEGD, o Comitê Técnico de Governança Digital – CTGD e a Agência de Tecnologia da Informação – ATI, que, com 14 anos de existência, agora assumem deveres (arts. 7º, 8º e 10) especificamente voltados à alavancagem das diretrizes de governança de dados no âmbito do referido Ente Político. O Estado de Pernambuco também buscou especificar, no artigo 13 do decreto, as atribuições do encarregado de dados, algo que a própria LGPD não fez, uma vez que se limitou a descrever suas atividades (art. 41, §2º). Há diversas outras nuances e, por certo, a efetividade dos agentes estaduais quanto à delimitação da política instituída pelo decreto dependerá, em grande parte, do empenho federal (particularmente da ANPD, quanto ao exercício de seu poder regulamentar) e da adesão dos municípios pernambucanos à proposta.

[56] Um dos pontos curiosos do decreto municipal da capital paulista é a delimitação de atribuições ao encarregado público de dados (o DPO municipal), assim como no exemplo anterior, do Estado de Pernambuco. Em linhas específicas, o artigo 5º do decreto do Município de São Paulo elegeu o Controlador-Geral do Município para tal função e lhe atribuiu largo rol de deveres, prevendo, ainda, que "(...) terá os recursos operacionais e financeiros necessários ao desempenho dessas funções e à manutenção dos seus conhecimentos, bem como acesso motivado a todas as operações de tratamento" (art. 6º, §1º).

para o exercício da função de encarregado de proteção de dados.[57] Na falta de regulamentação específica quanto ao alcance do §3º do artigo 41 da lei, contudo, não se pode presumir sua dispensa, valendo a regra descrita no *caput*.[58]

4 Considerações finais

Em razão da tendência cada vez mais acentuada de aproximação entre os interesses público e privado e da inegável natureza contratual que as estruturas de formalização de parcerias do Poder Público mantêm com partícipes privados para a consecução do interesse público, têm sido cada vez mais frequentes atuações de entidades do Sistema S, de Organizações Sociais e de Organizações da Sociedade Civil de Interesse Público – OSCIPs. Tais figuras possuem natureza jurídica de direito privado, sendo inegável que assim devem ser enquadradas no ordenamento, a despeito de realizarem atividades de interesse público.

Porém, analisando especificamente os impactos da Lei Geral de Proteção de Dados Pessoais (Lei nº 13.709, de 14 de agosto de 2018) a essas figuras, diversas peculiaridades despertam dúvidas. Algumas delas foram enfrentadas neste breve ensaio, a saber: *i)* a possibilidade, as

---

[57] SANCHES, Pedro Nachbar; SANTOS, Tiago F. Campanholi dos. A formação e certificações do DPO. *In:* BLUM, Renato Opice; VAINZOF, Rony; MORAES, Henrique Fabretti (Coord.). *Data Protection Officer (encarregado)*: teoria e prática de acordo com a LGPD e o GDPR. São Paulo: Thomson Reuters Brasil, 2020, p. 444. Comentam: "Conhecimento teórico: considerando que do Encarregado é esperada uma atuação consultiva constante, em especial no assessoramento da empresa na assunção e identificação de riscos, como, por exemplo, no momento da elaboração de relatórios de impacto à proteção de dados pessoais, é necessário que o profissional ou empresa nomeada possuam uma vasta experiência sobre a matéria de privacidade e segurança da informação. Recomenda-se que esta experiência não se limite ao conhecimento teórico da LGPD, mas também de legislações estrangeiras (...). Conhecimento prático: ainda sobre o conhecimento esperado desse profissional, considera-se como uma vasta experiência, não somente o aprendizado teórico sobre o assunto, mas sim o exercício da prática, assim, devemos priorizar os profissionais que já possuam experiência em campo sobre o assunto, tendo vivenciado situações práticas sobre o tema, como, por exemplo, a condução de um projeto de adequação ou em situações reais de incidentes de segurança da informação envolvendo dados pessoais".

[58] Uma solução intermediária e pautada por critérios de razoabilidade para o Sistema S, OSs e OSCIPs, quando inviável a contratação de um profissional para assumir tais funções, seja por fatores econômicos, seja pela própria falta de profissionais no mercado, pode ser a dispensa de sua contratação e a delimitação de obrigações consultivas e fiscalizatórias ao encarregado público, que já estará envolvido na relação público-privada, agindo em nome do órgão ou entidade que represente. De todo modo, o debate ainda é complexo e certamente resultará em novas abordagens, especialmente quanto a ANPD iniciar, efetivamente, suas atividades.

condições e as consequências do uso compartilhado de bases de dados do Poder Público com essas entidades; *ii)* a necessidade e a cogência dos programas de governança implementados na esfera pública para esses entes privados, em razão da facultatividade da governança, prevista como tal no *caput* do art. 50 da LGPD; *iii)* a obrigatoriedade ou dispensa da indicação do encarregado de dados por essas figuras, especialmente em razão do quadro de incerteza que ainda paira quanto às esperadas (e futuras) hipóteses de dispensa dessa figura, a serem regulamentadas pela ANPD.

Quanto ao primeiro aspecto, apurou-se que: *i.1)* tendo em vista que a base a ser compartilhada é mantida pelo Poder Público, que se submete ao regime dos arts. 23 e seguintes da lei, para o qual não é exigida a obtenção do consentimento do titular (antecedente), seria incongruente que lhe fosse exigido prever a futura formalização de contrato de gestão, por exemplo, para a realização de determinada atividade que atenda ao interesse público e, no momento de compartilhar tais dados (consequente), dependesse do consentimento de todos os cidadãos afetados pela política pública que se pretenda empreender, ainda que sua execução se dê por pessoa jurídica de direito privado; *i.2)* considerando que certos dados serão preexistentes e terão sido coletados de forma direta, o ideal é que se defina um regime "misto", pelo qual as bases de dados originariamente mantidas por esses entes de direito privado sejam regidas pelos regramentos dos artigos 7º e 11 da LGPD, ao passo que as bases do Poder Público, às quais tenham acesso por uso compartilhado, lhes imponham os rigores do tratamento regido pelos artigos 23 e seguintes.

Quanto ao segundo aspecto, o estudo demonstrou que: *ii.1)* tanto no contexto do tratamento de dados "particular" (regido pelos critérios dos artigos 7º e 11 da LGPD) quanto no tratamento "público" (regido pelos artigos 23 e seguintes da LGPD), entidades do Sistema S, OSs e OSCIPs levam a efeito, para o cumprimento de suas finalidades institucionais, processos de tratamento de dados que geram ou acirram riscos, não importando de onde são provenientes, e, sendo o compartilhamento de dados viável (e até mesmo necessário) para a consecução de algumas atividades públicas, não deve o Poder Público admitir a exposição de suas bases de dados a parceiros privados que não demonstrem possuir estruturas suficientes de atuação íntegra quanto à governança de dados; *ii.2)* constatou-se que essas previsões poderão constar de cláusulas contratuais, estabelecidas documentalmente e em sentido cooperativo, viabilizando o crescimento conjunto a partir do aprimoramento contínuo do programa de integridade e *compliance* que valerá para ambos, público e privado. Isso já é comum nas contratações levadas a efeito pelas estatais, e, a despeito de representar aumento de custos para a sua implementação, deve-se frisar a natureza não lucrativa das atividades desempenhadas por essas entidades, o que desnatura qualquer argumentação tendente à desarticulação da proposta com base em aspectos econômicos.

Quanto ao terceiro aspecto, concluiu-se que: *iii.1)* é fundamental que a ANPD inicie, com máxima celeridade, suas operações e cumpra o múnus regulamentar infralegal que lhe incumbe; *iii.2)* quanto à figura do encarregado, as mencionadas hipóteses de "dispensa da necessidade de sua indicação" ainda não foram estabelecidas, razão por que não se pode presumir sua dispensa.

Referências

ALESSI, Renato. *Principi di diritto amministrativo*: i soggetti attivi e l'esplicazione della funzione amministrativa. 4. ed. Milano: Giuffrè, 1978, t. 1.

ALVES, Fabrício da Mota. Estruturação do cargo de DPO em entes públicos. *In:* BLUM, Renato Opice; VAINZOF, Rony; MORAES, Henrique Fabretti (Coord.). *Data Protection Officer (encarregado)*: teoria e prática de acordo com a LGPD e o GDPR. São Paulo: Thomson Reuters Brasil, 2020.

BANDEIRA DE MELLO, Celso Antônio. *Curso de direito administrativo*. 33. ed. São Paulo: Malheiros, 2016.

BITENCOURT NETO, Eurico. Transformações do Estado e a Administração Pública no século XXI. *Revista de Investigações Constitucionais*, Curitiba, v. 4, n. 1, p. 207-225, jan./abr. 2017.

BRASIL. *Constituição da República Federativa do Brasil*. Brasília: Senado Federal, 1988. Disponível em: http://www.planalto.gov.br/ccivil_03/constituicao/constituicao.htm. Acesso em: 14 nov. 2023.

BRASIL. Decreto nº 10.046, de 9 de outubro de 2019. Dispõe sobre a governança no compartilhamento de dados no âmbito da administração pública federal e institui o Cadastro Base do Cidadão e o Comitê Central de Governança de Dados. *In: Diário Oficial da República Federativa do Brasil*, Brasília, DF, 10 out. 2019. Disponível em: http://www.planalto.gov.br/ccivil_03/_ato2019-2022/2019/decreto/D10046.htm. Acesso em: 14 nov. 2023.

BRASIL. Decreto nº 10.047, de 9 de outubro de 2019. Dispõe sobre a governança do Cadastro Nacional de Informações Sociais e institui o programa Observatório de Previdência e Informações, no âmbito do Cadastro Nacional de Informações Sociais. *In: Diário Oficial da República Federativa do Brasil*, Brasília, DF, 10 out. 2019. Disponível em: http://www.planalto.gov.br/ccivil_03/_ato2019-2022/2019/decreto/D10047.htm. Acesso em: 14 nov. 2023.

BRASIL. Lei nº 10.332, de 28 de abril de 2020. Institui a Estratégia de Governo Digital para o período de 2020 a 2022, no âmbito dos órgãos e das entidades da administração pública federal direta, autárquica e fundacional e dá outras providências. *In: Diário Oficial da República Federativa do Brasil*, Brasília, DF, 29 abr. 2020. Disponível em: http://www.planalto.gov.br/ccivil_03/_Ato2019-2022/2020/Decreto/D10332.htm. Acesso em: 14 nov. 2023.

BRASIL. Lei nº 13.709, de 14 de agosto de 2019. Lei Geral de Proteção de Dados Pessoais (LGPD). *In: Diário Oficial da República Federativa do Brasil*, Brasília, DF, 14 ago. 2019. Disponível em: http://www.planalto.gov.br/ccivil_03/_Ato2015-2018/2018/Lei/L13709.htm. Acesso em: 14 nov. 2023.

BRASIL. Ministério da Infraestrutura. *Ouvidor é designado para dar tratamento aos dados pessoais dos cidadãos colhidos pelo Ministério*. Disponível em: https://canaldoservidor.infraestrutura.gov.br/ultimas-noticias/10123-ouvidor-%C3%A9-designado-para-dar-tratamento-aos-dados-pessoais-dos-cidad%C3%A3os-colhidos-pelo-minist%C3%A9rio.html. Acesso em: 14 nov. 2023.

CASTRO, Rodrigo Pironti Aguirre de. A *due diligence* de integridade e o grau de risco de integridade como fatores limitadores do relacionamento público-privado: questões polêmicas em uma análise objetiva. *In*: ZENKNER, Marcelo; CASTRO, Rodrigo Pironti Aguirre de (Coord.). *Compliance no setor público*. Belo Horizonte: Fórum, 2020.

CASTRO, Rodrigo Pironti Aguirre de; GONÇALVES, Francine Silva Pacheco. *Compliance e gestão de riscos nas empresas estatais*. 2. ed. Belo Horizonte: Fórum, 2019.

COUTINHO, Nina Novaes. As organizações sociais e o contrato de gestão. *Revista de Direito Público*, Londrina, v. 1, n. 2, p. 25-40, maio/ago. 2006.

CRAVO, Daniela Copetti. Portabilidade de dados no poder público? *Jota*, 15 ago. 2020. Disponível em: https://www.jota.info/opiniao-e-analise/artigos/portabilidade-de-dados-no-poder-publico-15082020. Acesso em: 14 nov. 2023.

DE LUCCA, Newton; MACIEL, Renata Mota. A proteção de dados pessoais no Brasil a partir da Lei 13.709/2018: efetividade? *In:* MARTINS, Guilherme Magalhães; LONGHI, João Victor Rozatti (Coord.). *Direito digital*: direito privado e Internet. 3. ed. Indaiatuba: Foco, 2020.

DI PIETRO, Maria Sylvia Zanella. *Direito administrativo*. 25. ed. São Paulo: Atlas, 2012.

EHRHARDT JÚNIOR, Marcos. Artigo 42. *In*: MARTINS, Guilherme Magalhães; LONGHI, João Victor Rozatti; FALEIROS JÚNIOR, José Luiz de Moura (Coord.). *Comentários à Lei Geral de Proteção de Dados Pessoais (Lei nº 13.709/2018)*. 2. ed. Indaiatuba: Foco, 2023. p. 428-432.

ESTORNINHO, Maria João. *A fuga para o direito privado*: contributo para o estudo da actividade de direito privado da Administração Pública. Coimbra: Almedina, 1999.

FALEIROS JÚNIOR, José Luiz de Moura. *Administração Pública digital*: proposições para o aperfeiçoamento do Regime Jurídico Administrativo na sociedade da informação. 2. ed. Indaiatuba: Foco, 2024.

FALEIROS JÚNIOR, José Luiz de Moura. Governança de dados e o Poder Público: perspectivas à luz da Lei Geral de Proteção de Dados Pessoais. *In*: CRAVO, Daniela

Copetti; CUNDA, Daniela Zago Gonçalves da; RAMOS, Rafael (Org.). *Lei Geral de Proteção de Dados e o Poder Público*. Porto Alegre: Escola Superior de Gestão e Controle Francisco Juruena; Centro de Estudos de Direito Municipal, 2021. p. 115-137.

FALEIROS JÚNIOR, José Luiz de Moura. Notas introdutórias ao *compliance* digital. *In:* CAMARGO, Coriolano Almeida; CRESPO, Marcelo; CUNHA, Liana; SANTOS; Cleórbete (Coord.). *Direito digital*: novas teses jurídicas. 2. ed. Rio de Janeiro: Lumen Juris, 2019.

FALEIROS JÚNIOR, José Luiz de Moura; FALEIROS, Magda Aparecida dos Santos Moura. Breve panorama dos programas de *compliance* nos municípios brasileiros. *In:* FIGUEIRA DE MELO, Luiz Carlos; FALEIROS JÚNIOR, José Luiz de Moura; SILVEIRA, José Júnior Alves da; MOREIRA ALVES, Beatriz Dixon (Coord.). *Temas atuais de direito municipal*. Monte Carmelo: Fucamp, 2020, v. 3.

HACHEM, Daniel Wunder. A dupla noção jurídica de interesse público em direito administrativo. *A&C – Revista de Direito Administrativo & Constitucional*, Belo Horizonte, ano 11, n. 44, p. 59-110, abr./jun. 2011.

HANOFF, Roberta Volpato; NIELSEN, Thiago Henrique. A Lei Geral de Proteção de Dados Pessoais na administração pública brasileira: é possível implementar governança de dados antes de se implementar a governança em gestão? *In:* DAL POZZO, Augusto Neves; MARTINS, Ricardo Marcondes (Coord.). *LGPD & Administração Pública*: uma análise ampla dos impactos. São Paulo: Thomson Reuters Brasil, 2020.

JUSTEN FILHO, Marçal. *Curso de direito administrativo*. 10. ed. São Paulo: Revista dos Tribunais, 2014.

LEVIN, Alexandre. Tratamento de dados pessoais pelo Poder Público: particularidades previstas na LGPD (Lei 13.709/2018). *In:* DAL POZZO, Augusto Neves; MARTINS, Ricardo Marcondes (Coord.). *LGPD & Administração Pública*: uma análise ampla dos impactos. São Paulo: Thomson Reuters Brasil, 2020.

LIMA, Cíntia Rosa Pereira de. *Autoridade Nacional de Proteção de Dados e a efetividade da Lei Geral de Proteção de Dados*: de acordo com a Lei Geral de Proteção de Dados (Lei nº 13.709/2018 e as alterações da Lei nº 13.853/2019), o Marco Civil da Internet (Lei nº 12.965/2014) e as sugestões de alteração do CDC (PL 3.514/2015). São Paulo: Almedina, 2020.

LIMBERGER, Têmis. Artigo 23. *In*: MARTINS, Guilherme Magalhães; LONGHI, João Victor Rozatti; FALEIROS JÚNIOR, José Luiz de Moura (Coord.). *Comentários à Lei Geral de Proteção de Dados Pessoais (Lei nº 13.709/2018)*. 2. ed. Indaiatuba: Foco, 2023. p. 309-332.

LIMBERGER, Têmis. Artigo 26. *In*: MARTINS, Guilherme Magalhães; LONGHI, João Victor Rozatti; FALEIROS JÚNIOR, José Luiz de Moura (Coord.). *Comentários à Lei Geral de Proteção de Dados Pessoais (Lei nº 13.709/2018)*. 2. ed. Indaiatuba: Foco, 2023. p. 339-344.

MADDEN, M. Stuart. Tort law through time and culture: themes of economic efficiency. *In:* MADDEN, M. Stuart (Ed.). *Exploring tort law*. Cambridge: Cambridge University Press, 2005.

MARCACINI, Augusto Tavares Rosa. Regras aplicadas ao tratamento de dados pessoais. *In:* LIMA, Cíntia Rosa Pereira de (Coord.). *Comentários à Lei Geral de Proteção de Dados (Lei nº 13.709/2018, com alteração da Lei nº 13.853/2019)*. São Paulo: Almedina, 2019.

MARCHESINI, Lucas. Governo falha e repassa auxílio emergencial a pessoas com mais de 10 CNPJs. *Metrópoles*, 11 jun. 2020. Disponível em: https://www.metropoles.com/brasil/governo-falha-e-repassa-auxilio-emergencial-a-pessoas-com-mais-de-10-cnpjs. Acesso em: 14 nov. 2023.

MARTINS, Guilherme Magalhães; FALEIROS JÚNIOR, José Luiz de Moura. *Compliance* digital e responsabilidade civil na Lei Geral de Proteção de Dados. *In:* MARTINS, Guilherme Magalhães; ROSENVALD, Nelson (Coord.). *Responsabilidade civil e novas tecnologias*. Indaiatuba: Foco, 2020.

MOREIRA NETO, Diogo de Figueiredo. Natureza jurídica dos serviços sociais autônomos. *Revista de Direito Administrativo,* Rio de Janeiro, v. 207, n. 1, p. 79-94, jan./mar. 1997.

MOREIRA, Egon Bockmann. Terceiro Setor da Administração Pública. Organizações Sociais. Contratos de Gestão. *Revista de Direito Administrativo*, Rio de Janeiro, v. 227, p. 309-320, jan./mar. 2002.

MOREIRA, Patrícia Prieto. Tratamento e uso compartilhado de dados pessoais pela Administração Pública na execução de políticas públicas. *In:* DAL POZZO, Augusto Neves; MARTINS, Ricardo Marcondes (Coord.). *LGPD & Administração Pública*: uma análise ampla dos impactos. São Paulo: Thomson Reuters Brasil, 2020.

MULHOLLAND, Caitlin; MATERA, Vinicius. O tratamento de dados pessoais pelo Poder Público. *In:* MULHOLLAND, Caitlin (Coord.). *A LGPD e o novo marco normativo no Brasil*. Porto Alegre: Arquipélago Editorial, 2020.

MUNICÍPIO DE SÃO PAULO. *Decreto nº 59.767, de 15 de setembro de 2020*. Regulamenta a aplicação da Lei Federal nº 13.709, de 14 de agosto de 2018 – Lei de Proteção de Dados Pessoais (LGPD) – no âmbito da Administração Municipal direta e indireta. Disponível em: http://legislacao.prefeitura.sp.gov.br/leis/decreto-59767-de-15-de-setembro-de-2020. Acesso em: 14 nov. 2023.

NOHARA, Irene Patrícia. Autoridade Nacional de Proteção de Dados: reflexões funcionais sobre a natureza jurídica de órgão. *In:* RAIS, Diogo; PRADO FILHO, Francisco Octavio de Almeida (Coord.). *Direito público digital*: o Estado e as novas tecnologias; desafios e soluções. São Paulo: Thomson Reuters Brasil, 2020.

PERNAMBUCO. *Decreto nº 49.265, de 6 de agosto de 2020*. Institui a Política Estadual de Proteção de Dados Pessoais do Poder Executivo Estadual em consonância com a Lei Federal nº 13.709, de 14 de agosto de 2018 (Lei Geral de Proteção de Dados Pessoais). Disponível em: https://legis.alepe.pe.gov.br/texto.aspx?id=51399. Acesso em: 14 nov. 2023.

RIVERO, Jean. Existe-t-il un critère du droit administratif? *Revue du Droit Public et de la Science Politique en France et a l'Étranger*. Paris, n. 59, 1953.

ROCHA, Silvio Luis da. *Terceiro Setor*. São Paulo: Malheiros, 2003.

ROSENVALD, Nelson. A polissemia da responsabilidade civil na LGPD. *Migalhas de Proteção de Dados*, 6 nov. 2020. Disponível em: http://s.migalhas.com.br/S/D7ACAC. Acesso em: 14 nov. 2023.

SANCHES, Pedro Nachbar; SANTOS, Tiago F. Campanholi dos. A formação e certificações do DPO. *In:* BLUM, Renato Opice; VAINZOF, Rony; MORAES, Henrique Fabretti (Coord.). *Data Protection Officer (encarregado)*: teoria e prática de acordo com a LGPD e o GDPR. São Paulo: Thomson Reuters Brasil, 2020.

SANTOS, Romualdo Baptista dos. Responsabilidade civil do Estado na sociedade de vigilância: análise à luz da Lei Geral de Proteção de Dados. *In*: CRAVO, Daniela Copetti; JOBIM, Eduardo; FALEIROS JÚNIOR, José Luiz de Moura (Coord.). *Direito público e tecnologia*. Indaiatuba: Foco, 2022. p. 397-418.

SCHMIDT-AßMANN, Eberhard. *La teoría del derecho administrativo como sistema*. Tradução do alemão para o espanhol de Mariano Bacigalupo *et al*. Madri: Marcial Pons, 2003.

SIMÃO FILHO, Adalberto. Regime jurídico do banco de dados: função econômica e reflexos na monetização. *In:* DE LUCCA, Newton; SIMÃO FILHO, Adalberto; LIMA, Cíntia Rosa Pereira de; MACIEL, Renata Mota. *Direito & Internet IV*: sistema de proteção de dados pessoais. São Paulo: Quartier Latin, 2019.

SUNDFELD, Carlos Ari; SOUZA, Rodrigo Pagani de. As modernas parcerias públicas com o Terceiro Setor. *A&C – Revista de Direito Administrativo & Constitucional*, Belo Horizonte, ano 11, n. 43, p. 57-89, jan./mar. 2011.

VOIGT, Paul; VON DEM BUSSCHE, Axel. *The EU General Data Protection Regulation (GDPR)*: a practical guide. Basileia: Springer, 2017.

WOLFF, Hans Julius; BACHOF, Otto; STOBER, Rolf. *Direito administrativo*. Tradução de António Francisco de Souza. Lisboa: Calouste Gulbenkian, 2006, v. 1.

ZENKNER, Marcelo. Sistemas públicos de integridade: evolução e modernização da Administração Pública brasileira. ZENKNER, Marcelo; CASTRO, Rodrigo Pironti Aguirre de (Coord.). *Compliance no setor público*. Belo Horizonte: Fórum, 2020.

Informação bibliográfica deste texto, conforme a NBR 6023:2018 da Associação Brasileira de Normas Técnicas (ABNT):

EHRHARDT JÚNIOR, Marcos; FALEIROS JÚNIOR, José Luiz de Moura. Reflexões sobre os impactos da Lei Geral de Proteção de Dados Pessoais para o Sistema S, Organizações Sociais e OSCIPs: compartilhamento de dados, governança e a exigência do encarregado. *In*: PIRONTI, Rodrigo (Coord.). *Lei Geral de Proteção de Dados no setor público*. 2. ed. Belo Horizonte: Fórum, 2024. p. 401-430. ISBN 978-65-5518-731-1.

CONTROLES INTERNOS E PROTEÇÃO DE DADOS

MARCUS VINÍCIUS REIS DE ALCÂNTARA

PAULO JOSÉ RIBEIRO ALVES

Não há como falar em controles internos aplicados à proteção de dados – mote deste capítulo – sem que antes apresentemos a base da compreensão deste conceito. Para tanto, precisamos retornar ao que consideramos o início de tudo. E a gênese do tema se dá na denominada Teoria da Agência, também reconhecida por meio da expressão Relação Principal-Agente.

A Teoria da Agência surge no contexto das grandes corporações privadas, empresas que assumem porte deveras elevado, impedindo aos seus proprietários o pleno controle sobre as operações ocorridas em seus mais diversos setores. Isto demandou a delegação de atribuições gerenciais para terceiros, aqui denominado de *agente,* que pudessem, no atendimento dos interesses dos proprietários, tomados neste contexto como o *principal,* orientar as atividades executadas pela organização para o atendimento de seus objetivos. A relação se resume ao seguinte ciclo: enquanto o principal confia ao agente recursos e bens da empresa, cabe ao agente a apresentação dos resultados alcançados ao principal em forma de prestação de contas ou, como cognominado, *accountability*.

Ante a completude do conceito apresentado, socorremo-nos da Instrução Normativa Conjunta CGU/MP nº 1/2016, em seu art. 21, VI, para descrevê-lo:

> *Accountability*: obrigação dos agentes ou organizações que gerenciam recursos (...) de assumir responsabilidades por suas decisões e pela

prestação de contas de sua atuação de forma voluntária, assumindo integralmente a consequência de seus atos e omissões.[1]

No entanto, embora o agente deva tomar decisões em prol dos interesses do principal, não poucas vezes verificavam-se situações em que as vontades das duas partes eram conflitantes e, diante da ausência de um efetivo acompanhamento do principal quanto à observância de seus anseios, gerava-se um comportamento oportunista por parte do agente, que passava a perseguir os seus próprios interesses, gerando o que a doutrina chama de *Conflito de Agência*. Com o distanciamento destes dois atores da relação empresarial, surge a necessidade de desenvolvimento de um remédio que os reúna em prol da organização.

A governança surge neste contexto e com o propósito de eliminar o distanciamento entre a atuação dos agentes e os interesses do principal, estes últimos manifestos na razão de existir da organização (missão), naquilo que se quer alcançar (visão), na identidade organizacional (valores) e, principalmente, em seus objetivos estratégicos, ou seja, nos caminhos que se buscará trilhar, considerando a missão, respeitando-se os valores e almejando a visão. Mas apenas desdobrando os objetivos em metas é que seria possível sair do campo da abstração para que se chegasse à concretude das ações, nunca se esquecendo da definição de métricas para a mensuração dos resultados, os chamados indicadores.

De acordo com o Instituto Brasileiro de Governança Corporativa – IBGC:

> Governança corporativa é o sistema pelo qual as empresas e demais organizações são dirigidas, monitoradas e incentivadas, envolvendo os relacionamentos entre sócios, conselho de administração, diretoria, órgãos de fiscalização e controle e demais partes interessadas.
>
> As boas práticas de governança corporativa convertem princípios básicos em recomendações objetivas, alinhando interesses com a finalidade de preservar e otimizar o valor econômico de longo prazo da organização, facilitando seu acesso a recursos e contribuindo para a qualidade da gestão da organização, sua longevidade e o bem comum.[2]

Todavia, uma afirmação surge como verdade inexorável: onde há objetivos, há riscos. Nota-se que a persecução, pelos agentes, dos objetivos

---

[1] BRASIL. Ministério do Planejamento, Orçamento e Gestão e Controladoria-Geral da União. Instrução Normativa Conjunta CGU/MP nº 1, de 10 de maio de 2016.

[2] Instituto Brasileiro de Governança Corporativa. Disponível em https://www.ibgc.org.br/conhecimento/governanca-corporativa. Acesso em: 10 nov. 2020.

definidos pelo principal pode ser acometida por eventos futuros e incertos que impeçam ou retardem o seu alcance. São os denominados riscos. De forma mais ampla e precisa, mencionamos o conceito que é apresentado no Modelo COSO ERM – modelo internacional de Gerenciamento de Riscos Corporativos –, onde são denominados "eventos" todas as situações que, ocorrendo, possam afetar o alcance dos objetivos da organização. Quando esses eventos afetam negativamente, são denominados de riscos. Quando podem vir a colaborar com o atingimento dos objetivos, são nomeados de oportunidades.

As oportunidades – eventos de efeitos positivos no alcance dos objetivos pelas organizações – são bem-vindas e não são alvo de tratamento pela organização, sendo mencionadas, por sua vez, na análise de contexto por meio da Matriz GUT ou da Análise SWOT. Os riscos, por sua vez, carecem de atenção e da consequente adoção de medidas pela organização.

Basicamente, caberá aos gestores identificar, avaliar e, verificando-se relevância nos riscos inerentes às atividades organizacionais, tratar os eventos com a implementação de medidas que mitiguem o risco, trazendo-os a um nível aceitável, medida que será acompanhada de monitoramento constante por parte do gestor que o implementou e de avaliação independente por parte da unidade de auditoria interna ou de uma empresa ou órgão que execute uma auditoria externa. Cuida-se do denominado Gerenciamento de Riscos Corporativos, sendo classificado como um "processo" exatamente por ser composto de uma sequência de atividades organizadas com um propósito predefinido, *in casu* a redução dos riscos relacionados ao atingimento dos objetivos da organização através da implementação de medidas mitigadoras. E aqui, sem nenhuma pompa ou introdução formal, exsurge o conceito de *controles internos*.

De acordo com o já citado Modelo COSO ERM – 2017:

> As atividades de controle são políticas e procedimentos que direcionam as ações individuais na implementação das políticas de gestão de riscos, diretamente ou mediante a aplicação de tecnologia, a fim de assegurar que as respostas aos riscos sejam executadas. Essas atividades podem ser classificadas com base na natureza dos objetivos da organização aos quais os riscos de estratégia, operação, comunicação e cumprimento de diretrizes estão associados.[3]

[3] Committee of Sponsoring Organizations of the Treadway Commission – COSO. Gerenciamento de Riscos Corporativos – Estrutura Integrada. Disponível em https://

Importante salientar que todos os agentes devem apoiar o GRC, respeitando o apetite a riscos da organização e administrando os riscos inerentes às suas respectivas atividades, sejam elas do nível estratégico, tático ou operacional. E quando se fala em nível aceitável de risco é porque a compreensão pacífica da doutrina sobre o tema é de que o custo do controle para "zerar" o risco seria excessivamente elevado, tornando-se mais oneroso do que o benefício almejado com a atividade organizacional e, dessa forma, perdendo o seu sentido.

Cabe dizer, no entanto, que a resposta aos riscos identificados não será unicamente a de implementar controles. Se, como já dito, onde há objetivos, há riscos, nem sempre haverá controles para todos os riscos. Na verdade, quatro serão as respostas possíveis diante de um risco identificado. A primeira delas é *aceitar* o risco. E tal resposta só será adequada quando restar demonstrado que o risco inerente – evento sem a aplicação de qualquer medida de tratamento – possui nível inferior ao apetite a riscos do órgão ou entidade, ou seja, que a probabilidade de sua ocorrência é pequena ou que, mesmo que o evento ocorra, seus impactos na estratégia são toleráveis. Por outro lado, quando o nível do risco é superior ao apetite predefinido pela organização, caberão outras três respostas. A primeira delas é *evitar* o risco e isso significará descontinuar a atividade cujo risco foi identificado. Normalmente a escolha por essa resposta ocorre quando se verifica que os controles implementados têm custo superior aos benefícios esperados de determinada atividade ou processo, deixando de agregar valor à organização ou aos *stakeholders* – partes interessadas. A segunda resposta é entregar a terceiros o risco, ou seja, *transferir*. Normalmente esta se dará pela terceirização da atividade, pela contratação de seguros ou pela alocação do risco a outra parte da relação, por uma matriz de riscos, oportunidades em que um agente privado arcará com os danos, caso o evento futuro e incerto venha a ocorrer. Por óbvio, haverá custos a serem considerados. Finalmente, temos a última e não menos importante resposta, que é *mitigar* os riscos através da implementação de medidas que reduzam o risco inerente a um risco residual que respeite o apetite a riscos da organização.

Mas o que a base conceitual e a dinâmica ora apresentadas têm a ver com a Administração Pública e mais especificamente com a proteção de dados? A resposta a tal pergunta se encontra na evolução histórica dos modelos de Administração Pública verificados em nosso país.

---

www.coso.org/Documents/COSO-ERM-Executive-Summary-Portuguese.pdf. Acesso em: 10 nov. 2020.

O modelo patrimonialista esteve presente desde o surgimento do país como nação independente de Portugal, fruto do absolutismo no qual se baseou a monarquia do Brasil Imperial. O modelo, todavia, é marcado especialmente pela ausência de diferenciação entre a coisa pública e a privada, ou seja, à disposição do monarca estavam os cargos públicos e as funções-chave relacionadas ao funcionamento da Administração Pública, tendo total liberdade para ocupá-los, o que normalmente ocorria mediante indicação de amigos e parentes, as conhecidas prebendas – cargos bem remunerados que exigiam pouco ou nenhum esforço. Daí surge também a prática do nepotismo, cujos tentáculos se verificavam até pouco tempo presentes, verdadeira ofensa aos princípios constitucionais da impessoalidade, moralidade e eficiência e que ensejou a edição de normas dos três poderes e das esferas federal, estadual, distrital e municipal para a sua expressa vedação.

Neste sentido, e por sua extrema relevância, cabe citar a Súmula Vinculante nº 13 do Supremo Tribunal Federal, na qual restou consignado que:

> A nomeação de cônjuge, companheiro ou parente em linha reta, colateral ou por afinidade, até o terceiro grau, inclusive, da autoridade nomeante ou de servidor da mesma pessoa jurídica investido em cargo de direção, chefia ou assessoramento, para o exercício de cargo em comissão ou de confiança ou, ainda, de função gratificada na administração pública direta e indireta em qualquer dos poderes da União, dos Estados, do Distrito Federal e dos Municípios, compreendido o ajuste mediante designações recíprocas, viola a Constituição Federal.[4]

E a própria jurisprudência da Corte Suprema nos informa ainda que *a vedação do nepotismo não exige a edição de lei formal para coibir a prática*, pois galgada no respeito aos princípios constitucionais citados (RE 579.951).[5] Além disso, dá-nos a compreensão de que:

> Ao editar a Súmula Vinculante 13, a Corte não pretendeu esgotar todas as possibilidades de configuração de nepotismo na Administração Pública, dada a impossibilidade de se preverem e de se inserirem, na redação do enunciado, todas as molduras fático-jurídicas reveladas na

---

4 BRASIL. Supremo Tribunal Federal. Súmula vinculante 13. Disponível em http://www.stf.jus.br/portal/jurisprudencia/menuSumario.asp?sumula=1227. Acesso em: 10 nov. 2020.

5 BRASIL. Supremo Tribunal Federal. RE 579.951, Relator: Min. RICARDO LEWANDOWSKI. Julgado em: 20 de agosto de 2008. Disponível em http://www.stf.jus.br/arquivo/cms/noticiaNoticiaStf/anexo/RE579951.pdf. Acesso em: 11 nov. 2020.

> pluralidade de entes da Federação (União, Estados, Distrito Federal, Territórios e Municípios) e das esferas de Poder (Executivo, Legislativo e Judiciário), com as peculiaridades de organização em cada caso. Dessa perspectiva, é certo que a edição de atos regulamentares ou vinculantes por autoridade competente para orientar a atuação dos demais órgãos ou entidades a ela vinculados quanto à configuração do nepotismo não retira a possibilidade de, em cada caso concreto, proceder-se à avaliação das circunstâncias à luz do art. 37, caput, da CF/1988. (MS 31.967).[6]

Nota-se, por decorrência lógica, que a Administração Pública conformada pelo patrimonialismo abria espaços para a prática deliberada de atos de corrupção, uma vez que não havia por parte dos agentes públicos quaisquer compromissos com o interesse social – repita-se: o interesse privado da autoridade tinha a estrutura do Estado como instrumento de persecução. Logo, critérios éticos de conduta e atuação não existiam ou pouco eram levados em consideração quando presentes, sendo a desorganização administrativa outra marca deste modelo clássico de Administração Pública.

Todavia, o patrimonialismo perde força no final do século XIX com a chegada do capitalismo e com as primeiras manifestações da democracia, elementos estruturais da sociedade que exigiam, por sua natureza, maior participação dos cidadãos na elaboração e definição de ações e políticas públicas. E ao ocaso deste modelo, surge alternativa que vem diretamente de encontro, com o propósito de combater e eliminar das vísceras estatais as características pérfidas supracitadas.

O modelo burocrático surge no início do século XX baseado na "Teoria de Burocracia na Administração", cujo criador e principal disseminador foi o pensador e jurista Max Weber. No Brasil, o modelo foi adotado na década de 30 por Getúlio Vargas devido às grandes mudanças econômicas decorrentes da já citada emergência do capitalismo, levando o país de um ruralismo para um industrialismo. Para atender à necessidade de modernizar a Administração, foi criado pela Constituição Federal de 1937 o Departamento Administrativo do Serviço Público – DASP, cujos principais objetivos eram centralizar e reorganizar a estrutura estatal mediante reforma, definir uma política para gestão de pessoas, racionalizar métodos, procedimentos e processos administrativos e estabelecer mecanismos de controle

[6] BRASIL. Supremo Tribunal Federal. MS nº 31.967, Relator: Min. DIAS TOFFOLI, Primeira Turma, julgado em: 11.3.2014. Disponível em: http://www.stf.jus.br/portal/jurisprudencia/menuSumario.asp?sumula=1227. Acesso em: 11 nov. 2020.

da contemporânea crise econômica, modernizando a Administração Pública brasileira.

A impessoalidade, o profissionalismo e o formalismo destacam-se como principais fundamentos do modelo weberiano, exatamente por surgir como crítica e combate ao patrimonialismo. A impessoalidade, não muito distante do que a caracteriza ainda hoje como princípio da Administração Pública, se manifesta como orientadora das relações entre a autoridade e os cargos públicos, afastando-se a afinidade pessoal e a parentela como critérios de seleção de seus ocupantes. Como decorrência direta deste raciocínio, o profissionalismo reza que o acesso aos postos da Administração Pública ocorrerá através de processos transparentes e isonômicos de seleção, baseados em competências técnicas, priorizando-se, dessa forma, a especialização da máquina pública. O formalismo, nesta seara, se torna o elemento estruturante dos princípios anteriores, visto que deveres, atribuições e as respectivas rotinas inerentes aos cargos públicos são estipulados por normas e regulamentos que padronizam a atuação dos agentes públicos, mediante, inclusive, a obrigatoriedade de formalização documental como meio de comunicação do agir estatal.

Nota-se, no entanto, que as medidas decorrentes do modelo já nascem enviesadas, partindo-se da desconfiança com o agente público. Trata-se do denominado autorreferenciamento, ou seja, o Estado pelo Estado, onde, visando combater a corrupção, o nepotismo e outros erros do modelo patrimonialista, a burocracia acaba por se tornar excessivamente rígida, focando-se no procedimento e se esquecendo do resultado e de seu cliente final: o cidadão. Em outras palavras: criado para acabar com os abusos praticados na Administração Pública, o modelo acaba por afastar-se dos interesses de seus verdadeiros clientes.

Percebendo os necessários avanços no combate ao patrimonialismo, mas carecendo de melhorias ante os defeitos identificados pelo excesso de controles da burocracia de Weber, apresenta-se o terceiro grande modelo histórico: o gerencialismo. Em apertada síntese histórica, o modelo gerencial é introduzido no Brasil com a Reforma Administrativa de 1967 e tem sua primeira relevante previsão no Decreto-Lei nº 200/1967, sendo efetivamente introduzido no ordenamento jurídico através da denominada Reforma da Gestão Pública, materializada na Emenda Constitucional nº 19/1998, que introduziu a eficiência como um dos princípios norteadores da Administração Pública, conforme o art. 37, *caput*, da Constituição Federal de 1988.

Uma administração gerencialista passa a focar a gestão na redução de custos para o seu funcionamento e, neste processo, na transparência da alocação dos recursos públicos. Com isso, os controles, que eram voltados para os procedimentos e processos administrativos, passam a se voltar para os resultados esperados pelo principal proprietário da coisa pública, restabelecendo-se a confiança para com o agente público através da exigência de uma atuação eficiente. Além disso, o organograma verticalizado decorrente da concentração de poder, responsabilidades e atribuições no alto da pirâmide organizacional é substituído por uma organização descentralizada – horizontalizada – dando autonomia aos gestores máximos dos órgãos e entidades. A ênfase passa a ser a qualidade na prestação do serviço público e a busca da satisfação do cidadão, possibilitando-se, inclusive, a utilização de mecanismos de controle social, ou seja, fiscalização da atuação estatal pela própria sociedade através de mecanismos práticos, como ouvidorias e processos administrativos públicos que materializam o princípio da transparência, corolário do princípio constitucional da publicidade.

O Estado, que no modelo patrimonialista assume papel desenvolvimentista frente à atividade econômica, passa a ter papel de coordenação, regulação e fomento no modelo gerencial. Outra grande diferença diz respeito à forma como a inovação é incentivada no gerencialismo, enquanto no burocrático se via resistência às mudanças. Mas nem só de diferenças se dá a relação entre os dois modelos, visto que o combate ao patrimonialismo, a formalização de procedimentos, a profissionalização do corpo técnico de agentes públicos, a hierarquia (ainda que reduzida), a meritocracia e a presença de controles internos perpetuam-se, estes últimos focados agora em resultados para os cidadãos-clientes, como dito alhures.

Ocorre, no entanto, que, buscando alcançar o interesse social, objetivo maior da Administração Pública gerencialista, a governança se apresenta como meio adequado para que a relação principal-agente – focada em resultados desde sua origem – seja restaurada, realinhando-se os anseios sociais e a prestação de serviços públicos. A chamada governança pública passa a ter o seu conceito próprio e adaptado ao contexto em que é aplicada, de acordo com o Referencial Básico de Governança do Tribunal de Contas da União:

> Governança no setor público compreende essencialmente os mecanismos de liderança, estratégia e controle postos em prática para avaliar,

direcionar e monitorar a atuação da gestão, com vistas à condução de políticas públicas e à prestação de serviços de interesse da sociedade.[7]

Por sinal, é neste ponto que a contextualização histórico-conceitual da Administração Pública se reencontra com a aplicação dos controles internos na proteção de dados: quando a gestão pública, em decorrência do princípio da legalidade estrita que lhe rege a atuação, vê-se responsável por tratar os dados pessoais pelos quais seja detentora, sempre orientada pelo atendimento da sua finalidade pública, perseguindo o interesse da sociedade e objetivando executar nada além ou aquém de suas competências e atribuições legais, conforme preceitua o art. 23 da Lei Geral de Proteção de Dados,[8] que abre o capítulo da norma que dispõe sobre o tratamento de dados pessoais pelo Poder Público.

Mas qual o âmbito de aplicação dos controles definidos na norma, dado que esta se refere amplamente ao Poder Público? Ora, de acordo com o mesmo art. 23 da LGPD, combinado com o art. 1º da Lei nº 12.527/2011, a Lei de Acesso à Informação – LAI, aplicar-se-á aos órgãos públicos integrantes da administração direta dos Poderes Executivo, Legislativo, Judiciário, Tribunais de Contas e do Ministério Público, bem como às autarquias, às fundações públicas, às empresas estatais e às demais entidades controladas direta ou indiretamente pela União, Estados, Distrito Federal e Municípios. No entanto, as empresas estatais dividem-se quanto à aplicação da LGPD conforme as atividades exercidas. Enquanto as estatais que operacionalizam políticas públicas – e no âmbito de execução delas – têm o mesmo tratamento dispensado aos órgãos e entidades públicas, aquelas que atuem em regime de concorrência terão o mesmo tratamento dedicado às demais pessoas jurídicas de direito privado, conforme a inteligência dos artigos 24 e 25 do normativo.[9]

---

[7] BRASIL. Tribunal de Contas da União. Referencial Básico de Governança. Brasília. 2ª Versão: 2014, p. 26. Disponível em: https://portal.tcu.gov.br/data/files/E8/14/13/3D/43B0F410E827A0F42A2818A8/2663788.PDF. Acesso em: 11 nov. 2020.

[8] Art. 23. O tratamento de dados pessoais pelas pessoas jurídicas de direito público referidas no parágrafo único do art. 1º da Lei nº 12.527, de 18 de novembro de 2011 (Lei de Acesso à Informação) deverá ser realizado para o atendimento de sua finalidade pública, na persecução do interesse público, com o objetivo de executar as competências legais ou cumprir as atribuições legais do serviço público, desde que:

[9] Art. 24. As empresas públicas e as sociedades de economia mista que atuam em regime de concorrência, sujeitas ao disposto no art. 173 da Constituição Federal, terão o mesmo tratamento dispensado às pessoas jurídicas de direito privado particulares, nos termos desta Lei.

Não à toa, quando a Lei nº 13.709/2018 é denominada de "Lei de Proteção", fica evidente que o seu objetivo primaz é definir com clareza atribuições e responsabilidades quanto aos controles que serão implementados pela Administração Pública, especialmente no manejo daqueles dados pessoais compreendidos como sensíveis, quais sejam os relacionados à *origem racial ou étnica, convicção religiosa, opinião política, filiação a sindicato ou a organização de caráter religioso, filosófico ou político, dado referente à saúde ou à vida sexual, dado genético ou biométrico, quando vinculado a uma pessoa natural*, conforme art. 5º, II, da LGPD, cuja natureza demanda controles ainda mais contundentes.[10]

A primeira obrigação que exsurge da norma – art. 23, I – é a de que *sejam informadas as hipóteses em que, no exercício de suas competências, realizam o tratamento de dados pessoais, fornecendo informações claras e atualizadas sobre a previsão legal, a finalidade, os procedimentos e as práticas utilizadas para a execução dessas atividades, em veículos de fácil acesso, preferencialmente em seus sítios eletrônicos*. Ora, o tratamento dos dados pessoais não é atividade precípua da Administração Pública, servindo-lhe apenas como meio para a execução de processos de trabalho finalísticos das organizações públicas. Todavia, ante a criticidade e relevância da matéria e do amplo interesse social que culminou na edição da lei, deve-se considerá-lo como atividade crítica, haja vista os seus riscos inerentes possuírem altíssimo impacto e probabilidade de ocorrência elevadíssima, entrando no mapa de riscos de órgãos e entidades públicas.

Neste ponto cabe distinguir os controles, classificando-os quanto ao momento em que incidem sobre os riscos, dividindo-se entre controles preventivos e corretivos, estes últimos também denominados de atenuantes ou de contingência.

Parágrafo único. As empresas públicas e as sociedades de economia mista, quando estiverem operacionalizando políticas públicas e no âmbito da execução delas, terão o mesmo tratamento dispensado aos órgãos e às entidades do Poder Público, nos termos deste Capítulo.

Art. 25. Os dados deverão ser mantidos em formato interoperável e estruturado para o uso compartilhado, com vistas à execução de políticas públicas, à prestação de serviços públicos, à descentralização da atividade pública e à disseminação e ao acesso das informações pelo público em geral.

[10] Art. 5º Para os fins desta Lei, considera-se:

I – dado pessoal: informação relacionada a pessoa natural identificada ou identificável;

II – dado pessoal sensível: dado pessoal sobre origem racial ou étnica, convicção religiosa, opinião política, filiação a sindicato ou a organização de caráter religioso, filosófico ou político, dado referente à saúde ou à vida sexual, dado genético ou biométrico, quando vinculado a uma pessoa natural;

Todo evento futuro e incerto que pode afetar negativamente o alcance dos objetivos da organização – sim, estamos falando dos riscos – tem uma ou mais causas e uma ou mais consequências. Por isso, os gestores de riscos, na etapa de identificação dos eventos, costumam utilizar o Diagrama *Bow Tie* (Gravata Borboleta), visto que por meio da ferramenta podem se referir aos riscos relacionando-os com a lista de elementos predecessores e sucessores que os rodeiam. A importância de tal medida é permitir que, para cada causa e consequência relevante, se aplique um controle que o fira mortalmente, impedindo que o evento aconteça, no caso dos controles preventivos, ou diminuindo os danos e consequências caso os eventos efetivamente ocorram. E conforme é facilmente verificável, interessa muito mais ao gestor de riscos, que também é o gestor do processo de trabalho, impedir que o evento aconteça do que lidar, ainda que mitigando, com seus efeitos. Ainda mais quando estamos a falar de dados pessoais, por vezes sensíveis, cujas consequências relacionadas são imensuráveis e irremediáveis na grande maioria dos casos. Há situações em que as ações de contingência funcionam como restauradoras, ou seja, refazem o *status quo*. Em outras, serão meramente indenizatórias. No contexto da proteção de dados, via de regra, a falha traz danos irreparáveis, razão pela qual os controles internos para proteção dos dados, preferencialmente preventivos, devem ser bastante efetivos, uma vez que nesta seara o apetite a riscos é ínfimo.

O controlador – pessoa natural ou jurídica, de direito público ou privado, a quem competem as decisões referentes ao tratamento de dados pessoais – e o operador – pessoa natural ou jurídica, de direito público ou privado, que realiza o tratamento de dados pessoais em nome do controlador – têm papel crucial na implementação dos controles relacionados à proteção de dados. Assim como em quaisquer outras atividades das organizações, caberá ao respectivo gestor aplicar as medidas mitigadoras aos riscos inerentes relevantes. Ambos, por força do art. 37 da Lei nº 13.709/2018,[11] têm a responsabilidade de manter registro de todas as operações de tratamento dos dados pessoais que realizarem, primeiro controle diretamente relacionado à proteção de dados. Caberá, por sua vez, ao operador realizar o tratamento em perfeita obediência às instruções fornecidas pelo controlador, percebendo-se que a própria

---

[11] Art. 37. O controlador e o operador devem manter registro das operações de tratamento de dados pessoais que realizarem, especialmente quando baseado no legítimo interesse.

relação entre estes dois atores, exposta no art. 39 da norma legal,[12] é um controle interno em si, pois, ao segregar as funções de operação e supervisão do tratamento, entrega ao segundo a responsabilidade de verificar o cumprimento de suas instruções e a conformidade legal dos atos praticados pelo operador.

Mas não podemos nos esquecer de mencionar outro personagem deveras importante: o encarregado. Cabe a ele a comunicação entre os titulares dos dados, a autoridade nacional e os funcionários e contratados da entidade. Dos primeiros aceitará reclamações, da segunda receberá comunicações e adotará as providências cabíveis. No que toca aos terceiros, orientará quanto às práticas que serão tomadas em relação à proteção dos dados pessoais. Mostra-se, dessa forma, verdadeiro ator de interlocução, demonstrando que a comunicação é elemento de controle cuja relevância exala da norma.

Finalizando a lista de atores da LGPD, temos a Autoridade Nacional de Proteção de Dados – ANPD, órgão da Administração Pública federal, integrante da estrutura da Presidência da República, criada sem incremento de despesa, com o objetivo de resguardar os direitos dos titulares dos dados. Funcionando como instância de governança em proteção de dados, a ANPD tem autonomia técnica e decisória em matéria de proteção de dados e atuará conforme diretrizes estratégicas propostas pelo Conselho Nacional de Proteção de Dados Pessoais e de Privacidade, a que se refere o art. 58-A da LGPD.[13]

Outro conjunto de controles diz respeito ao compartilhamento de dados pessoais pelo Poder Público. Inicialmente, referimo-nos à troca de informações entre pessoas jurídicas de direito público com o propósito de atender a finalidades específicas de execução de políticas públicas, à execução de serviços públicos ou em decorrência da atribuição legal destes órgãos ou entidades. Neste caso, a norma exige apenas que deverão ser mantidos em formato interoperável e estruturado, facilitando a comunicação e resguardando os dados durante a sua transmissão entre as organizações envolvidas.

Por sua vez, a comunicação ou o uso compartilhado de dados pessoais de pessoa jurídica de direito público a pessoa de direito privado

[12] Art. 39. O operador deverá realizar o tratamento segundo as instruções fornecidas pelo controlador, que verificará a observância das próprias instruções e das normas sobre a matéria.

[13] Art. 58-A. O Conselho Nacional de Proteção de Dados Pessoais e da Privacidade será composto de 23 (vinte e três) representantes, titulares e suplentes, dos seguintes órgãos:

encontra controles mais rígidos, a começar pelo fato de que será, via de regra, informada à autoridade nacional e dependerá de consentimento do titular dos dados. Outro controle relacionado à relação entre Poder Público e entidades privadas diz respeito à regra posta no art. 26, §1º, da LGPD, onde resta expressamente vedada a transferência de dados pessoais constantes de bases de dados a que tenha acesso, com exceção dos casos de execução descentralizada de atividades e políticas que exija a transferência, nos casos em que os dados forem acessíveis publicamente, quando houver previsão legal ou contratual expressa, e quando objetivar a prevenção de fraudes e irregularidades ou proteger e resguardar a integridade do titular. De toda feita, as transferências decorrentes de contrato, convênio ou instrumento similar devem ser comunicadas à autoridade nacional.[14]

Igualmente relevante é o entendimento presente no art. 49 da norma de que sistemas informatizados que operem dados pessoais devem ser orientados pelas diretrizes e boas práticas de governança (tema tratado em capítulo próprio), bem como pelos princípios gerais definidos na Lei Geral de Proteção de Dados e por requisitos de segurança, funcionando, dessa forma, como parâmetros mínimos do *software* desenvolvido ou adquirido pela Administração Pública para tal finalidade. Caberá, neste caso, à equipe de planejamento, quando da realização dos Estudos Técnicos Preliminares, comparar as duas soluções – desenvolvimento ou aquisição de ferramenta de TIC – e verificar qual se mostra mais adequada qualitativa e economicamente ao atendimento da necessidade do órgão ou entidade, tomando por base, dentre outros, os requisitos supramencionados. Por sinal, outro critério que deverá ser considerado na seleção da solução de TIC é a anonimização, ou seja, a utilização de meios técnicos para que se torne impossível a associação direta ou indireta do dado ao indivíduo.

Entrando, por sua vez, no âmbito dos controles corretivos, vemos a definição das responsabilidades e das hipóteses de ressarcimento dos danos causados pela má execução da atividade de tratamento dos

---

[14] Art. 26. O uso compartilhado de dados pessoais pelo Poder Público deve atender a finalidades específicas de execução de políticas públicas e atribuição legal pelos órgãos e pelas entidades públicas, respeitados os princípios de proteção de dados pessoais elencados no art. 6º desta Lei.
§1º É vedado ao Poder Público transferir a entidades privadas dados pessoais constantes de bases de dados a que tenha acesso, exceto:
I – em casos de execução descentralizada de atividade pública que exija a transferência, exclusivamente para esse fim específico e determinado, observado o disposto na Lei nº 12.527, de 18 de novembro de 2011 (Lei de Acesso à Informação).

dados pessoais. E a primeira informação relevante nessa seara é a de que a violação à legislação de proteção de dados pode gerar danos de ordem patrimonial, moral, individual ou coletiva. A segunda é que, com vistas a assegurar a indenização do titular dos dados, *o operador responde solidariamente pelos danos causados pelo tratamento quando descumprir as obrigações da legislação de proteção de dados ou quando não tiver seguido as instruções lícitas do controlador* (art. 42, §1º, I, da LGPD). De igual forma, os controladores quando estiverem diretamente envolvidos no tratamento que deu ensejo ao dano. Todavia, ambos os agentes de tratamento eximem-se da responsabilidade quando comprovarem que não exerceram as atividades de tratamento que lhe foram atribuídas, que, embora tenham realizado o tratamento, não violaram a legislação de proteção de dados ou que não há o liame entre a conduta do agente e o dano causado, sendo culpa exclusiva do titular do dado ou de terceiro. Vê-se, aqui, clara medida contingencial para que, caso o evento danoso se concretize, exista a possibilidade de mitigação das consequências.

A Lei Geral de Proteção de Dados, norma que traz embutido no seu propósito e na sua nomenclatura o controle, representa um grande avanço na salvaguarda de dados pessoais. As suas instâncias de controle e o seu bom funcionamento, especialmente no âmbito da Administração Pública, são primordiais para assegurar a preservação de direitos personalíssimos valiosos. Ao funcionar como gestores do patrimônio do principal, os agentes públicos, munidos de uma visão gerencial de sua atuação, precisam perseguir fielmente os interesses, anseios e expectativas da sociedade, incluindo-se aqui, inequivocamente, o correto tratamento de seus dados, o que incluirá o imprescindível tratamento dos riscos relevantes e a implementação dos respectivos controles internos.

Informação bibliográfica deste texto, conforme a NBR 6023:2018 da Associação Brasileira de Normas Técnicas (ABNT):

ALCÂNTARA, Marcus Vinícius Reis de; ALVES, Paulo José Ribeiro. Controles internos e proteção de dados. *In*: PIRONTI, Rodrigo (Coord.). *Lei Geral de Proteção de Dados no setor público*. 2. ed. Belo Horizonte: Fórum, 2024. p. 431-444. ISBN 978-65-5518-731-1.

LEI GERAL DE PROTEÇÃO DE DADOS PESSOAIS APLICADA AOS NOTÁRIOS E REGISTRADORES

MAURÍCIO ZOCKUN

DIXMER VALLINI NETTO

Introdução

A progressiva e acelerada evolução tecnológica, com custos cada vez mais baixos, permitiu uma grande expansão da tecnologia digital, que, aliada à expansão das redes de telecomunicações e à busca pela universalização tecnológica, ocasionou uma autêntica revolução na transmissão e intercâmbio de informações. Surge a sociedade da informação, na qual informação passa a ser mercadoria de grande importância e de valor ainda maior.

O grande volume de dados e a velocidade como são produzidos nos dias de hoje (*big data*) e a utilização de tecnologias, como a inteligência artificial, para estruturar esses dados e analisá-los (*big data analytics*), possibilitaram a utilização dessas informações de forma que não se imaginava há alguns anos.

Passa a existir a preocupação com a utilização desses dados pessoais de maneira ilícita, face à facilidade de tratamento e cruzamento de informações de diversas bases de dados esparsas, que, isoladamente, pouco risco ofereceria.

Dentro dessa nova realidade é bem possível que o detentor dessas informações tratadas conheça a pessoa melhor do que ela própria, sendo possível, inclusive, fazer previsões da forma como determinado indivíduo agirá ou mesmo induzir o indivíduo a agir de determinada maneira.

A proteção dos dados pessoais, portanto, ganha revelo e contornos de direito fundamental, para a garantia da liberdade, privacidade, intimidade, dignidade, livre desenvolvimento da personalidade, entre outros, inclusive da própria democracia, veja-se o caso da Cambridge Analytica e Facebook nas eleições norte-americanas de 2016,[1] exigindo a intervenção estatal para que sejam evitados abusos no tratamento desses dados.

O filósofo Yuval Harari, frente a essa nova lógica do que ele chama de modernidade tardia, afirma que, "se quisermos evitar a concentração de toda a riqueza e de todo o poder nas mãos de uma pequena elite, a chave é regulamentar a propriedade dos dados". O filósofo assevera que no presente "as pessoas ficam contentes de ceder seu ativo mais valioso – seus dados pessoais – em troca de serviços de e-mail e vídeos de gatinhos fofos gratuitos", a longo prazo, reunindo informações suficientes, "os gigantes dos dados poderão penetrar nos mais profundos segredos da vida" e será possível utilizá-los "para fazer escolhas por nós ou nos manipular".[2]

Preocupada com o horizonte que se aproxima e frente ao histórico de monitoramento da população por parte de governos autoritários naquele continente, a Comunidade Europeia foi pioneira na proteção de dados pessoais com a Diretiva Europeia de Proteção de Dados (95/46/CE), posteriormente revogada pelo atual Regulamento Geral sobre Proteção de Dados (RGPD – 2016/679).

No Brasil, impulsionada pelos anseios da sociedade e inspirada na RGPD europeia, foi promulgada a Lei nº 13.709, de 14 de agosto de 2018, a Lei Geral de Proteção de Dados Pessoais (LGPD), que dispõe sobre o tratamento de dados pessoais, inclusive por pessoa jurídica de direito público, "com o objetivo de proteger os direitos fundamentais de liberdade e de privacidade e o livre desenvolvimento da personalidade da pessoa natural".

É de se notar que a LGPD, como não poderia ser diferente, prevê a proteção dos dados pessoais face ao próprio Poder Público, talvez o maior detentor de informações de caráter pessoal. Muito embora, o

---

1 A Cambridge Analytica, uma empresa de análise de dados que trabalhou com a equipe responsável pela campanha de Donald Trump nas eleições de 2016, nos Estados Unidos, comprou informações pessoais de usuários do Facebook sem autorização e as usou para criar um sistema que teria permitido predizer e influenciar as escolhas dos eleitores nas urnas. Disponível em: https://www.bbc.com/portuguese/internacional-43466255.

2 HARARI, Yuval Noah. *21 Lições para o Século 21*. Trad. Paulo Geiger. São Paulo: Companhia das Letras, 2018.

móvel dessa proteção se dê em razão da necessária publicidade que circunscreve a atuação da Administração Pública.

Seguindo essa mesma linha, a LGPD, em seu art. 23, §4º, dá aos serviços notariais e de registro, por serem atividade pública típica de Estado, a mesma disciplina dispensada às pessoas jurídicas de direito público.

A questão, no entanto, não é tão simples quanto aparenta. Os serviços notariais e de registro, apesar de serem atividade pública, são exercidos em caráter privado por delegação do Poder Público, como se verá a seguir, possuem natureza jurídica de função pública, mas o exercício privado traz características *sui generis* que seguramente impactam sobre a aplicação da LGPD.

Diante dessas considerações iniciais, sem qualquer pretensão de esgotar o tema, pretendemos trazer algumas reflexões sobre questões que afligem a atividade notarial e de registro com relação à proteção de dados. Para tanto, traremos alguns esclarecimentos sobre os serviços extrajudiciais, sobre sua natureza jurídica, seus princípios norteadores, o poder fiscalizatório e consequentemente regulamentador das Corregedorias de Justiça.

Em seguida entraremos nas questões específicas da proteção de dados aplicadas à atividade notarial e de registro, principalmente tendo em vista o exercício privado da função pública, bem como o aparente conflito entre os objetivos da publicidade e segurança jurídica dessa atividade e a LGPD, entre outros pontos controvertidos.

A atividade notarial e de registro

O regime da atividade notarial e de registro está disposto no art. 236, da Constituição, posteriormente regulamentado pela Lei nº 8.935/1994, Lei dos Cartórios. Apesar de essas normas edificarem a matriz do regime jurídico aplicado aos serviços extrajudiciais, há amplo rol de normas legais e infralegais que disciplinam o exercício das múltiplas especialidades imbricadas nessa função pública, aí se incluindo as normas expedidas pelas Corregedorias de Justiça locais, a Corregedoria Nacional de Justiça e, até mesmo, pelo Conselho Nacional de Justiça (CNJ).

E sendo a função notarial e de registro uma típica função administrativa, seu exercício se aperfeiçoa na liberdade normativamente fixada pelo direito positivo. Nem poderia ser diferente, afinal, trata-se de uma função pública, típica de Estado, delegada aos particulares, que tem como objetivo pretender conferir segurança jurídica às relações sociais, aí se incluindo a prevenção e mediação de conflitos. Assim, como função pública que é, deve estar pautada na legalidade estrita em evidente regime de direito público.[3] Daí os atos notariais e registrais serem submetidos à fiscalização pelo Poder Judiciário.

A Lei nº 8.935/1994 define os serviços notariais e de registro como "os de organização técnica e administrativa destinados a garantir a publicidade, autenticidade, segurança e eficácia dos atos jurídicos". Por isso, averbarmos que essas atividades têm como objetivo "conferir segurança na produção e irradiação de atos e fatos jurídicos constituídos ou declarados por meio da chancela estatal levada a efeito, neste particular, pelos notários e registradores".[4]

Em seu voto condutor no julgamento da Ação Direta de Inconstitucionalidade nº 2415, o Ministro Ayres Britto trata sobre o tema de forma esclarecedora:

> 12. Numa frase, então, serviços notariais e de registro *são típicas atividades estatais, mas não são serviços públicos, propriamente.* Alinham-se entre as atividades de legislação, justiça, diplomacia, defesa nacional, segurança pública, trânsito, controle externo e tantos outros cometimentos de exclusiva titularidade estatal, atuando os seus prestadores ou agentes sob a presunção da verdade e licitude dos respectivos atos (alcançadas que são, entre outros dispositivos constitucionais tutelares, pelo disposto no inciso II do art. 19, *litteris: 'É vedado à União, aos Estados, ao Distrito Federal e aos Municípios: II – recusar fé aos documentos públicos'*). Donde a sua função de '*garantir a publicidade, a autenticidade, a segurança e a eficácia dos atos jurídicos*' (*Lei nº 8.935/94*, art. 1º), sem que isto os identifique de todo com aquele tipo de oferta de utilidades, préstimos ou comodidades materiais que fazem dos serviços públicos uma atividade voltada para a contínua elevação dos padrões de bem-estar da coletividade.
>
> 13. Em palavras outras, assim como o inquérito policial não é processo judicial nem processo administrativo investigatório, mas inquérito policial mesmo (logo, um *tertium genus*); assim como o Distrito Federal não é um Estado nem um Município, mas tão-somente o próprio Distrito Federal; assim como os serviços forenses não são propriamente uma

[3] Ainda que exista entendimento de a atividade notarial e de registro possuir um caráter misto (regime de direito público e de direito privado), os autores entendem que o fato de administrarem situações privadas e interesses de natureza privada não a submetem ao regime de direito privado. O que submete a atividade notarial e de registro ao regime de direito privado é a disciplina normativa de seu exercício e não as relações privadas que por meio dela se formam.

[4] ZOCKUN, Maurício. *Regime Constitucional da atividade notarial e de registro*. São Paulo: Malheiros, 2018. p. 81-82.

> modalidade de serviço público, mas apenas serviços forenses em sua peculiar ontologia, *também assim os serviços notariais e de registro são serviços notariais e de registro, simplesmente, e não qualquer outra atividade estatal.*[5]

Não há dúvidas, portanto, que a atividade notarial e de registro possui natureza jurídica própria:

> Como a atividade notarial e de registro é constitucionalmente disposta ao desempenho de uma atividade jurídica – razão porque não se amolda à noção de serviço público (...), é melhor designá-la de função notarial e de registro.[6]

Justamente por se tratar de função pública, ainda que delegada a um particular, aplicam-se à atividade notarial e de registro, entre outros, os princípios da publicidade, da fé pública, segurança jurídica, impessoalidade e legalidade.

A publicidade e a segurança jurídica, mais do que princípios aplicáveis aos notários e registradores, acabam por ser finalidades dessa atividade pública, que podem, e devem, ser alcançadas por meio da fé pública, impessoalidade e legalidade.

A fé pública dos notários e registradores atribui presunção de validade dos atos, que devem sempre ser praticados de forma impessoal, imparcial, frente aos interesses das partes, e nos estritos termos da legislação pertinente.

E como uma função pública, exercida por particulares mediante delegação pelo Poder Público, a própria Constituição Federal (art. 236, §1º) determinou a fiscalização da atividade pelo Poder Judiciário.[7] Essa fiscalização pode ser prévia, concomitante e posterior à prática do ato, incluindo-se também a regulação da atividade.

Decorre, desta forma, que a fiscalização/regulação da atividade é realizada por cada um dos Tribunais de Justiça estaduais e pelo do Distrito Federal, no âmbito de suas competências territoriais. Existem, assim, 27 entidades regulamentadoras locais, possibilitando a grande disparidade regulatória.

---

5 SUPREMO TRIBUNAL FEDERAL. Ação Direta de Inconstitucionalidade nº 2415. Relator Ministro Ayres Britto. Acórdão 22.09.2011. *DJe*-028 publicado 09.02.2012.

6 ZOCKUN, Maurício. *Op. cit.* p. 117.

7 Apesar de o texto constitucional expressamente afirmar a "fiscalização de seus atos pelo Poder Judiciário", entendemos que não é possível apurar a correção dos atos notariais e de registro sem a prerrogativa de fiscalizar a atividade pública que ensejou sua produção (ZOCKUN, Maurício. *Op. cit.* p. 212).

Na esfera regulamentar, o Regimento Interno do Conselho Nacional de Justiça (RICNJ)[8] atribuiu ao Corregedor Nacional de Justiça a expedição de atos normativos destinados ao aperfeiçoamento das atividades de serviços notariais e de registro (art. 8º, X).[9] Assim, o Corregedor Nacional de Justiça exerce a atividade regulamentadora em âmbito nacional.

É evidente, portanto, à natureza estritamente pública da atividade notarial, enquadrada inclusive nos princípios do regime de direito público. Não à toa, a LGPD deu aos serviços notariais e de registro o mesmo tratamento que deu às pessoas jurídicas de direito público.

A Lei Geral de Proteção de Dados Pessoais

Inspirada na RGPD europeia, a Lei Geral de Proteção de Dados Pessoais trouxe grande inovação no tratamento de dados pessoais, como visto, com o objetivo de proteger a liberdade, privacidade e o livre desenvolvimento da pessoa natural. A proteção, amparada pela LGPD, é dos dados pessoais da pessoa natural sujeitas à operação de tratamento realizada no Brasil, tenha por objetivo a oferta de bens ou serviços ou se refira a indivíduos localizados no país, ou que tenham sido coletados no território nacional (art. 3º da LGPD).

Importante ressaltar que para a lei tratamento é "toda operação realizada com dados pessoais, como as que se referem a coleta, produção, recepção, classificação, utilização, acesso, reprodução, transmissão, distribuição, processamento, arquivamento, armazenamento, eliminação, avaliação ou controle da informação, modificação, comunicação, transferência, difusão ou extração" (art. 5º, X, LGPD).

Ou seja, a LGPD protege desde a coleta dos dados, passando pela guarda, análise e uso, até sua eliminação. O amplo espectro de ações que a LGPD abarca em sua proteção a torna aplicável a toda e qualquer interação realizada com os dados pessoais.

---

8 O RICNJ, em razão do disposto no §2º, do art. 5º, da Emenda Constitucional nº 45, possui força de lei até que o Estatuto da Magistratura passe a disciplinar o funcionamento do CNJ e definir as atribuições do Corregedor Nacional.

9 Art. 8º Compete ao Corregedor Nacional de Justiça, além de outras atribuições que lhe forem conferidas pelo Estatuto da Magistratura: (...) X - expedir recomendações, provimentos, instruções, orientações e outros atos normativos destinados ao aperfeiçoamento das atividades dos órgãos do Poder Judiciário e de seus serviços auxiliares e dos serviços notariais e de registro, bem como dos demais órgãos correcionais, sobre matéria relacionada com a competência da Corregedoria Nacional de Justiça.

O tratamento dos dados somente pode ser realizado com base nas hipóteses legais, o que se convencionou chamar de bases legais para o tratamento de dados. A LGPD prevê dez bases legais, a saber: a) consentimento do titular, b) cumprimento de obrigação legal ou regulatória, c) pela administração pública, quando necessário para a execução de políticas públicas, d) realização de estudos por órgãos de pesquisa, e) quando necessário para a execução de contrato ou de seus procedimentos preliminares, f) exercício regular de direitos em processo judicial, administrativo ou arbitral, g) proteção da vida ou da incolumidade física, h) tutela da saúde, i) atender aos interesses legítimos do controlador ou de terceiros e j) proteção do crédito (art. 7º da LGPD).

Além disso, a LGPD traz disciplina especial para o tratamento de dados pessoais de crianças e adolescentes (art. 14 da LGPD) e de dados pessoais sensíveis (arts. 11 a 13 da LGPD), estes considerados como "dado pessoal sobre origem racial ou étnica, convicção religiosa, opinião política, filiação a sindicato ou a organização de caráter religioso, filosófico ou político, dado referente à saúde ou à vida sexual, dado genético ou biométrico, quando vinculado a uma pessoa natural" (art. 5º, II, LGPD).

A LGPD assegura a toda pessoa natural a titularidade de seus dados pessoais (art. 17 da LGPD), tendo direito a: a) confirmação da existência de tratamento, b) acesso aos dados tratados, c) correção dos dados, d) anonimização, bloqueio ou eliminação dos dados desnecessários e excessivos, e) portabilidade dos dados, f) eliminação dos dados tratados com seu consentimento, g) informação sobre compartilhamento dos dados, g) informação sobre a possibilidade de não fornecer consentimento e suas consequências, e h) revogação do consentimento.

Evidentemente os direitos não são absolutos, comportando as exceções previstas na própria lei e na natureza do tratamento dos dados.

A LGPD disciplina também o tratamento dos dados pessoais pelo Poder Público, fazendo remissão ao art. 1º da Lei de Acesso à Informação, subordinando à proteção dos dados pessoais toda a administração direta e indireta (art. 23 da LGPD). Estende aos serviços notariais e de registro o mesmo tratamento dado ao às pessoas jurídicas de direito público (art. 23, §4º, LGPD).

LGPD aplicada aos notários e registradores

Como comentado anteriormente, a LGPD, de forma acertada, dispensou aos notários e registradores o mesmo tratamento dado às entidades do Poder Público, em razão da natureza de função pública, típica de Estado, da sua atividade.

É de se reparar, no entanto, que o exercício privado dessa função pública implica a dicotomia do tratamento a ser dispensado: os dados pessoais tratados diretamente em razão da prática do ato notarial ou de registro, como atividade pública, possuem a mesma disciplina das entidades públicas; mas os dados pessoais tratados não diretamente envolvidos no ato notarial devem respeitar a disciplina prevista para as pessoas naturais, p. ex., os dados pessoais dos funcionários e fornecedores, relações adstritas a um regime jurídico exclusivamente de direito privado.

Essa dicotomia de tratamento está amparada pela própria LGPD ao tratar das empresas públicas e sociedades de economia mista, assegurando tratamento dispensado ao Poder Público somente quando "estiverem operacionalizando políticas públicas" e quando atuarem em regime de concorrência terão o mesmo tratamento dispensado às pessoas particulares" (art. 24 da LGPD).

Feita esta diferenciação, tendo em vista o objeto deste estudo, trataremos apenas da relação da LGPD frente à atividade pública, deixando a ressalva sobre a aplicação aos notários e registradores da disciplina de proteção de dados pessoais das pessoas privadas, quando se estiver diante de relações privadas entre os delegatários e outras pessoas, não diretamente envolvidas na prática dos atos notariais e de registro.

O tratamento dos dados pessoais pelo Poder Público possui uma base legal direcionada diretamente a ele quando necessários à execução de políticas públicas, que não aparenta ser aplicável diretamente aos notários e registradores. Por outro lado, a LGPD traz outras bases legais que fundamentam o tratamento de dados pessoais pelos delegatários da atividade extrajudicial, como é o caso do cumprimento de obrigação legal ou regulatória, necessário para a execução de contrato ou de procedimentos preliminares, o exercício regular de direito em processo judicial, administrativo ou arbitral, e a proteção do crédito, esta última em referência específica ao protesto de títulos.

No que concerne ao tratamento de dados pessoais pelo Poder Público e, consequentemente, pelos notários e registradores, a LGPD traz duas obrigações expressas: o dever de informar as hipóteses em que se realizam o tratamento de dados e a indicação de um encarregado pelo tratamento. As informações devem ser claras e atualizadas sobre a previsão legal, a finalidade, os procedimentos e as práticas utilizadas (art. 23, I e III, LGPD).[10]

Recentemente a Corregedora Nacional de Justiça fez publicar a Portaria nº 53, de 15 de outubro de 2020, na qual disciplina o funcionamento da Coordenadoria de Gestão de Serviços Notariais e de Registro (CONR), no âmbito da Corregedoria Nacional, aprovando também o plano de trabalho de execução das atividades para o biênio 2020/2022.

Nesse plano de trabalho, destacou-se apartado especial para a proteção de dados pessoais na atividade notarial e de registro, asseverando que a proteção de dados trará "profundos reflexos na atividade" e que "o impacto das novas tecnologias da informação e comunicação impõe uma compreensão renovada dos princípios registrais – especialmente o princípio da publicidade".

Não estamos certos se o impacto da LGPD nas serventias extrajudiciais será, ou deva ser, tão profundo como apregoado no plano de trabalho do CONR. Não vislumbramos, pelo menos neste primeiro momento, uma grande reviravolta na atividade notarial e de registro.

É certo que devem ser adotados os cuidados necessários à preservação dos dados constantes dos livros dos registros públicos e do notariado, não só contra perdas, mas também contra modificações indevidas e acessos fraudulentos. A questão é que os atos públicos são públicos em razão da necessária publicidade, que tem como finalidade precípua a garantia da segurança jurídica.

Não estamos a dizer que não é possível a limitação da publicização dos atos notariais e de registro, pois a própria legislação já prevê quais atos e informações não estão sujeitos a publicidade, como é o caso da adoção, modificação do nome e do sexo, no registro civil, por exemplo, ou o sigilo dos testamentos públicos enquanto o testador for vivo, conforme determinação das normas de algumas corregedorias estaduais.

Entendemos que não pode haver a restrição da publicidade dos atos notariais e de registro pelo simples fato da existência da LGPD, que passa a proteger os dados pessoais. Inclusive, a própria LGPD expressamente autoriza o tratamento "para o atendimento de sua

---

[10] Art. 23. (...) I - sejam informadas as hipóteses em que, no exercício de suas competências, realizam o tratamento de dados pessoais, fornecendo informações claras e atualizadas sobre a previsão legal, a finalidade, os procedimentos e as práticas utilizadas para a execução dessas atividades, em veículos de fácil acesso, preferencialmente em seus sítios eletrônicos; e III - seja indicado um encarregado quando realizarem operações de tratamento de dados pessoais, nos termos do art. 39 desta Lei.

finalidade pública, na persecução do interesse público, com o objetivo de executar as competências legais ou cumprir as atribuições legais do serviço público" (art. 23 da LGPD), estando dentre os seus fundamentos a liberdade de informação.[11]

Nesse mesmo sentido é o §3º do art. 7º da LGPD, que prevê o acesso público a dados pessoais, desde que a finalidade e o interesse público justifiquem essa disponibilização,[12] como é o caso da publicidade dos registros públicos e dos atos notariais, que têm na publicidade elemento caracterizador e garantidor da pretendida segurança jurídica.

Evidentemente essa publicidade deve abranger tão somente os dados pessoais essencialmente necessários para alcançar a finalidade pretendida, nos exatos termos do art. 6º, III, da LGPD.[13] Daí a importância de diferenciarmos os dados que são coletados para a prática do ato e aqueles essenciais para o ato. Ou seja, uma coisa são os dados coletados, como, por exemplo, telefone, e-mail, dados biométricos etc., necessários serem coletados para que se possa praticar o ato,[14] outra coisa são os dados que obrigatoriamente devem constar no ato.

Assim, os dados pessoais que serão consignados no ato público, sujeitos à publicidade, devem ser os mínimos necessários para alcançar a sua finalidade, abrangendo tão somente os dados pertinentes, proporcionais e não excessivos. Os dados mínimos necessários são aqueles impostos pela lei ou pelas normas técnicas. Todos os demais dados, ainda que coletados, não devem constar do ato.

Desta forma, a publicidade desses dados se dará em razão do cumprimento de obrigação legal, necessária inclusive pela própria natureza da atividade notarial e de registro, que, por meio da publicidade, busca alcançar a segurança dos atos e fatos jurídicos neles consignados.

---

[11] Art. 2º A disciplina da proteção de dados pessoais tem como fundamentos: (...) III - a liberdade de expressão, *de informação*, de comunicação e de opinião;

[12] Art. 7º. (...) §3º O tratamento de dados pessoais cujo acesso é público deve considerar a finalidade, a boa-fé e o interesse público que justificaram sua disponibilização.

[13] Art. 6º As atividades de tratamento de dados pessoais deverão observar a boa-fé e os seguintes princípios: (...) III - necessidade: limitação do tratamento ao mínimo necessário para a realização de suas finalidades, com abrangência dos dados pertinentes, proporcionais e não excessivos em relação às finalidades do tratamento de dados;

[14] A título de exemplo, o Provimento CNJ nº 88/2019, que trata dos procedimentos a serem adotados pelos notários e registradores visando a prevenção dos crimes de lavagem de dinheiro, prevê a criação obrigatória de um cadastro de clientes e demais envolvidos, o qual deve obter entre outras informações endereço residencial e profissional, inclusive eletrônico, telefones, inclusive celular, dados biométricos, especialmente impressões digitais e fotografias, imagens dos documentos de identificação etc.
Também o Provimento CNJ nº 61/2017 exige uma série de dados pessoais necessários à completa qualificação que devem constar dos requerimentos aos serviços extrajudiciais.

Por certo, todos os dados coletados, ainda que por obrigação legal ou regulatória e que não estariam sujeitos à publicidade por não se caracterizarem como dado mínimo necessário para alcançar a finalidade do ato, devem ter o sigilo preservado e receber o adequado tratamento.

Por outro lado, tampouco entendemos ser necessária a informação do interesse ou motivo do pedido de certidão,[15] bastando tão somente a identificação do requerente, que passará a ser o responsável pelo tratamento dos dados obtidos. A restrição de acesso aos atos e registros públicos não se justifica, afinal nem a própria LGPD prevê esta restrição.

Ainda no que concerne às certidões, a LGPD dispõe que os direitos do titular dos dados, entre eles o acesso aos dados, serão atendidos sem custos para o titular.[16] Poderia se sugerir estar diante da previsão de uma gratuidade de certidão ao titular dos dados.

Entendemos, no entanto, que há de se diferenciar o acesso aos dados, direito do titular, e a obtenção de uma certidão. O acesso aos dados, sem custos, se dará em formato simplificado ou por declaração clara e completa (art. 19 da LGPD), que não servirá como certidão, não se caracterizando como ato notarial ou de registro, não possuindo, portanto, o requisito da fé pública, o que deverá ser consignado na declaração.

No que tange aos direitos dos titulares, devemos observar que, como o tratamento de dados não decorre do consentimento, mas sim de obrigação legal ou regulatória, não há que se falar em eliminação dos dados.

A correção de dados também é mitigada na medida em que não é possível alterar diretamente o ato notarial e de registro, de forma que a correção se dará por meio de averbação no registro ou um novo ato notarial de retificação.

Por fim, não poderíamos deixar de comentar neste estudo a respeito da regulamentação, fiscalização e sanção. Quanto a este aspecto também não pretendemos esgotar o tema e, por isso, deixaremos mais indagações para reflexão do que propriamente respostas.

---

[15] O art. 17 da Lei nº 6.015/1973 (Lei de Registros Públicos) prevê que "qualquer pessoa pode requerer certidão do registro sem informar ao oficial ou ao funcionário o motivo ou interesse do pedido". Não nos parece que a LGPD tenha qualquer conflito com esta disposição legal.

[16] Art. 18. O titular dos dados pessoais *tem direito a obter do controlador*, em relação aos dados do titular por ele tratados, a qualquer momento e mediante requisição: (...) II - *acesso aos dados;* (...) §3º Os direitos previstos neste artigo *serão exercidos mediante requerimento* expresso do titular ou de representante legalmente constituído, a agente de tratamento. (...) §5º O requerimento referido no §3º deste artigo *será atendido sem custos para o titular*, nos prazos e nos termos previstos em regulamento.

A LGPD prevê nove sanções por infrações cometidas às suas normas, a saber: advertência, multa simples, multa diária, publicização da infração, bloqueio dos dados pessoais, eliminação dos dados pessoais, suspensão parcial de funcionamento do banco de dados, suspensão do exercício da atividade de tratamento dos dados pessoais e proibição total ou parcial do exercício da atividades de tratamento de dados pessoais.[17]

Entendemos que as sanções de multa simples e multa diária não se aplicam aos notários e registradores, pois tratam especificamente de pessoas jurídicas de direito privado, não lhes sedo aplicável por serem equiparados às pessoas jurídicas de direito público (art. 23, §4º, LGPD).

Também nos parece não ser possível aplicar aos notários e registradores, no exercício da atividade pública delegada, as sanções de bloqueio dos dados pessoais, eliminação dos dados pessoais, suspensão parcial de funcionamento do banco de dados e suspensão ou proibição do exercício da atividade de tratamento de dados pessoais. Isso porque a essência da atividade notarial e de registro é o tratamento de dados, a guarda e publicização de dados.

Qualquer espécie de interferência nos dados (bloqueio, eliminação, suspensão) ou da atividade de tratamento (suspensão ou proibição) prejudicaria a própria função pública, prejudicaria o serviço notarial e de registro e, consequentemente, a segurança jurídica. Não se pode imaginar, por exemplo, a interrupção do registro civil de pessoas naturais, impedindo o registro do nascimento, casamento ou óbito, ou mesmo do registro de imóveis, impedindo o registro de transações imobiliárias.

Talvez pudessem ser aplicáveis caso pudéssemos interpretar a suspensão da atividade de tratamento de dados como a suspensão do

---

[17] Art. 52. Os agentes de tratamento de dados, em razão das infrações cometidas às normas previstas nesta Lei, ficam sujeitos às seguintes sanções administrativas aplicáveis pela autoridade nacional: I - advertência, com indicação de prazo para adoção de medidas corretivas; II - multa simples, de até 2% (dois por cento) do faturamento da pessoa jurídica de direito privado, grupo ou conglomerado no Brasil no seu último exercício, excluídos os tributos, limitada, no total, a R$ 50.000.000,00 (cinquenta milhões de reais) por infração; III - multa diária, observado o limite total a que se refere o inciso II; IV - publicização da infração após devidamente apurada e confirmada a sua ocorrência; V - bloqueio dos dados pessoais a que se refere a infração até a sua regularização; VI - eliminação dos dados pessoais a que se refere a infração; VII - (VETADO); VIII - (VETADO); IX - (VETADO); X - suspensão parcial do funcionamento do banco de dados a que se refere a infração pelo período máximo de 6 (seis) meses, prorrogável por igual período, até a regularização da atividade de tratamento pelo controlador; XI - suspensão do exercício da atividade de tratamento dos dados pessoais a que se refere a infração pelo período máximo de 6 (seis) meses, prorrogável por igual período; XII - proibição parcial ou total do exercício de atividades relacionadas a tratamento de dados.

delegatário do exercício da atividade notarial e de registro, e a proibição da atividade de tratamento à perda de delegação. Mas não acreditamos ser possível tal interpretação extensiva.

Por outro lado, como afirmado anteriormente, a regulamentação, fiscalização e sanção da atividade notarial e de registro competem ao Poder Judiciário, Tribunais de Justiça estaduais e Distrito Federal e em âmbito nacional pelo Conselho Nacional de Justiça.

A LGPD, no entanto, ao criar a Autoridade Nacional de Proteção de Dados (ANPD), estabeleceu competir exclusivamente a ela a aplicação de sanção no que se refere à proteção de dados pessoais, sendo o órgão central de interpretação da LGPD e do estabelecimento de normas e diretrizes.[18]

Parece-nos, nessas reflexões iniciais sobre o regime jurídico da proteção de dados pessoais, que não caberia ao Poder Judiciário regulamentar a aplicação da LGPD para os notários e registradores, como já o fez a Corregedoria-Geral de Justiça do Estado de São Paulo[19] e como pretende fazer o Corregedoria Nacional de Justiça, veja-se o Plano de Trabalho para o biênio 2020/2022, já citado anteriormente.[20]

É certo, porém, como expressamente previsto na LGPD, que a ANDP deverá estar coordenada com os órgãos e entidades públicas responsáveis pela regulação de setores econômicos,[21] de forma que,

---

[18] Art. 55-K. A aplicação das sanções previstas nesta Lei compete exclusivamente à ANPD, e suas competências prevalecerão, no que se refere à proteção de dados pessoais, sobre as competências correlatas de outras entidades ou órgãos da administração pública. Parágrafo único. A ANPD articulará sua atuação com outros órgãos e entidades com competências sancionatórias e normativas afetas ao tema de proteção de dados pessoais e será o órgão central de interpretação desta Lei e do estabelecimento de normas e diretrizes para a sua implementação.

[19] A Corregedoria-Geral de Justiça do Estado de São Paulo editou o Provimento CGJ nº 23/2020, que altera o Código de Normas de Serviço para acrescentar seção específica sobre o tratamento e proteção dos dados pessoais.

[20] No plano de trabalho da Coordenadoria de Gestão de Serviços Notariais e de Registro, aprovado pela Portaria nº 53/2020, há apartado especial sobre a proteção de dados pessoais na atividade notarial e de registro, no qual assevera a necessidade de regulamentação por parte da Corregedoria Nacional.

[21] Além do art. 55-K, citado acima, os §§3º e 4º, do art. 55-J também preveem essa interlocução: art. 55-J. (...) §3º A ANPD e os órgãos e entidades públicos responsáveis pela regulação de setores específicos da atividade econômica e governamental devem coordenar suas atividades, nas correspondentes esferas de atuação, com vistas a assegurar o cumprimento de suas atribuições com a maior eficiência e promover o adequado funcionamento dos setores regulados, conforme legislação específica, e o tratamento de dados pessoais, na forma desta Lei. §4º A ANPD manterá fórum permanente de comunicação, inclusive por meio de cooperação técnica, com órgãos e entidades da administração pública responsáveis pela regulação de setores específicos da atividade econômica e governamental, a fim de facilitar as competências regulatória, fiscalizatória e punitiva da ANPD.

no caso da atividade notarial e de registro, o Conselho Nacional de Justiça, especialmente a Corregedoria Nacional de Justiça, terá grande influência sobre as normas a serem editadas pela ANDP.

Restaria a dúvida se a aplicação de sanções fundamentadas na Lei nº 8.935/1994, ainda que por violação à LGPD, seria possível, tendo em vista a previsão do art. 31, I, de configuração de infração disciplinar pela inobservância de prescrições legais ou normativas.[22] Nesse ponto, nessa primeira análise, temos a sensação de que não seria possível a aplicação de sanções pelo Poder Judiciário, ainda que com fundamento na lei dos cartórios, em razão de violações à LGPD.

Essas questões sobre a regulamentação, fiscalização e sanção demandam maiores reflexões e poderão ser objeto de outro artigo mais específico, quando nossas convicções sobre o tema amadurecerem.

Conclusão

A necessidade da proteção de dados pessoais é evidente. As novas tecnologias trouxeram a capacidade de tratamento de enormes quantidades de dados, tornando possível conhecer a pessoa melhor do que ela própria, a ponto de fazer previsões da forma como agirá ou mesmo induzi-la a agir de determinada maneira.

Desta forma, a proteção dos dados pessoais ganhou contornos de direito fundamental, buscando garantir a liberdade, privacidade, intimidade, dignidade, livre desenvolvimento da personalidade, inclusive para preservar a democracia.

Neste contexto surge a LGPD, inspirada na RGPD europeia, que também prevê a proteção dos dados pessoais tratados pelo Poder Público, a quem são equiparados os notários e registradores, em razão de sua natureza jurídica eminentemente pública.

O tema é novo e palpita entre os estudiosos do Direito. O aparente choque entre a proteção de dados pessoais e a necessária publicidade dos atos notariais e de registro é tema de controvérsias. Entendemos que a LGPD traz a harmonização entre os institutos de modo a preservar a segurança jurídica dos atos e a proteção dos dados pessoais, ao prever o tratamento de dados mínimos necessários para alcançar a finalidade do ato.

---

[22] Art. 31. São infrações disciplinares que sujeitam os notários e os oficiais de registro às penalidades previstas nesta lei: I - a inobservância das prescrições legais ou normativas;

Outras questões controvertidas também se avolumam em se tratando da proteção dos dados na atividade notarial e de registro, como é o caso da regulação, fiscalização e sanção. Quem tem a competência reguladora, fiscalizatória e sancionadora? Poder Judiciário ou ANPD? Quais sanções podem ser aplicadas aos notários e registradores?

Questões estas que ainda serão alvo de muitos e acalorados debates. A Corregedoria Nacional de Justiça já se arvora de competência regulamentadora e fiscalizatória, em contraponto à dicção da LGPD.

O que não se pode negar é que a proteção de dados pessoais já é uma realidade, que são necessárias interpretações e adequações, melhor regulamentação da matéria quanto à atividade notarial e de registro. Não temos dúvidas que essa regulamentação deve primar pela simplicidade, de forma a não prejudicar a essência desta atividade pública tão essencial à sociedade.

Informação bibliográfica deste texto, conforme a NBR 6023:2018 da Associação Brasileira de Normas Técnicas (ABNT):

ZOCKUN, Maurício; VALLINI NETTO, Dixmer. Lei Geral de Proteção de Dados Pessoais aplicada aos notários e registradores. *In*: PIRONTI, Rodrigo (Coord.). *Lei Geral de Proteção de Dados no setor público*. 2. ed. Belo Horizonte: Fórum, 2024. p. 445-459. ISBN 978-65-5518-731-1.

A LEI GERAL DE PROTEÇÃO DE DADOS COMO FATOR GERADOR DE DESEQUILÍBRIO ECONÔMICO-FINANCEIRO

RONNY CHARLES LOPES DE TORRES

DAVIDSON LOPES SOUSA DE BRITO

1 Introdução

A Lei nº 13.709, de 14 de agosto de 2018, também conhecida como Lei Geral de Proteção de Dados Pessoais (LGPD), dispõe sobre o tratamento de dados pessoais, inclusive por meio digital, sendo aplicável a todas as pessoas naturais ou jurídicas, de direito público ou privado, com o objetivo de proteger os direitos fundamentais de liberdade e de privacidade, além do livre desenvolvimento da personalidade da pessoa natural.

A referida legislação surge impactada pela revolução tecnológica e pela ampliação cada vez maior da transferência de informações e de dados pessoais, com finalidades econômicas diretas ou indiretas, que acabam alimentando excessos prejudiciais a direitos fundamentais, como a liberdade, a intimidade e a privacidade. A proteção a esses direitos fomentou o debate sobre os limites ao uso dos dados pessoais captados nas diversas operações virtuais realizadas e sobre quais modelos e rotinas poderiam ser estabelecidos para definir responsabilidades e mitigar os riscos de desvirtuamento no uso desses dados e informações.

Neste novo cenário, a Lei nº 13.079/2018 estabelece, por exemplo, que toda pessoa natural tem assegurada a titularidade de seus dados pessoais e garantidos os direitos fundamentais de liberdade, de intimidade e de privacidade, competindo aos agentes de tratamento[1] adotar medidas de segurança, técnicas e administrativas aptas a proteger os dados pessoais de acessos não autorizados e de situações acidentais ou ilícitas de destruição, perda, alteração, comunicação ou qualquer forma de tratamento inadequado ou ilícito.

Da mesma forma, compete aos controladores[2] e operadores[3] que realizam o tratamento de dados pessoais formular regras de boas práticas e de governança que estabeleçam as condições de organização, o regime de funcionamento, os procedimentos, incluindo reclamações e petições de titulares, as normas de segurança, os padrões técnicos, as obrigações específicas para os diversos envolvidos no tratamento, as ações educativas, os mecanismos internos de supervisão e de mitigação de riscos, entre outros aspectos relacionados ao tratamento de dados pessoais.

Parece evidente que o cumprimento das obrigações exigidas, a partir do momento de entrada em vigor da novel legislação, implicará a necessidade de mais investimento em infraestrutura e governança, refletindo em custos significativos para a iniciativa privada. Tais custos podem derivar não apenas dos gastos para a implementação das novas rotinas, mas também dos riscos de eventual violação aos dispositivos da Lei Geral de Proteção de Dados, que podem resultar na imposição de sanções relacionadas a, por exemplo, multas e suspensão do exercício de atividades.[4] Rodrigo Pironti tem advertido que o descumprimento

---

[1] Tratamento, nos termos da Lei, é toda operação realizada com dados pessoais, como as que se referem a coleta, produção, recepção, classificação, utilização, acesso, reprodução, transmissão, distribuição, processamento, arquivamento, armazenamento, eliminação, avaliação ou controle da informação, modificação, comunicação, transferência, difusão ou extração.

[2] Controlador, nos termos da Lei, é a pessoa natural ou jurídica, de direito público ou privado, a quem compete as decisões referentes ao tratamento de dados pessoais.

[3] Operador, nos termos da Lei, é toda pessoa natural ou jurídica, de direito público ou privado, que realiza o tratamento de dados pessoais em nome do controlador.

[4] Art. 52. Os agentes de tratamento de dados, em razão das infrações cometidas às normas previstas nesta Lei, ficam sujeitos às seguintes sanções administrativas aplicáveis pela autoridade nacional:
I - advertência, com indicação de prazo para adoção de medidas corretivas;
II - multa simples, de até 2% (dois por cento) do faturamento da pessoa jurídica de direito privado, grupo ou conglomerado no Brasil no seu último exercício, excluídos os tributos, limitada, no total, a R$ 50.000.000,00 (cinquenta milhões de reais) por infração;
III - multa diária, observado o limite total a que se refere o inciso II;
IV - publicização da infração após devidamente apurada e confirmada a sua ocorrência;
V - bloqueio dos dados pessoais a que se refere a infração até a sua regularização;
VI - eliminação dos dados pessoais a que se refere a infração;
VII - (VETADO);

da LGPD poderá ocasionar a aplicação do regime sancionatório da Lei, que prevê "desde multas – que podem chegar a 2% do faturamento, limitadas a R$ 50 milhões – até a suspensão parcial ou total das atividades de tratamentos de dados que, a depender da atividade de negócio, estão diretamente vinculadas à própria atividade fim da empresa sancionada".[5]

Diante da imposição desses riscos inéditos e de novas rotinas, para o atendimento da novel legislação, seria possível falar em ocorrência de álea extraordinária justificadora do reconhecimento de direito ao reequilíbrio econômico?

O objetivo deste artigo é analisar se haverá impacto nos contratos administrativos, especificamente, em relação ao reequilíbrio econômico-financeiro, diante da superveniência da Lei nº 13.709/2018 e a necessidade dos contratados de adaptação às novas regras.

2 A Lei Geral de Proteção de Dados e os contratos administrativos

As demandas absorvidas pela Administração Pública são cada vez maiores, com uma enorme diversidade de pretensões contratuais sendo executadas por parceiros privados, muitas delas envolvendo modernas soluções tecnológicas e também a captação de dados pessoais dos cidadãos.

Assim, por exemplo, é impensável imaginar o funcionamento de nosso regime previdenciário ou a atividade desenvolvida pelo Instituto Nacional do Seguro Social (INSS), sem as ferramentas tecnológicas, seus portais e ambientes virtuais que permitem cadastros, acesso a informações, solicitações de benefícios, de certidões, agendar perícias

---

VIII - (VETADO);
IX - (VETADO).
X - suspensão parcial do funcionamento do banco de dados a que se refere a infração pelo período máximo de 6 (seis) meses, prorrogável por igual período, até a regularização da atividade de tratamento pelo controlador; (Incluído pela Lei nº 13.853, de 2019)
XI - suspensão do exercício da atividade de tratamento dos dados pessoais a que se refere a infração pelo período máximo de 6 (seis) meses, prorrogável por igual período; (Incluído pela Lei nº 13.853, de 2019)
XII - proibição parcial ou total do exercício de atividades relacionadas a tratamento de dados. (Incluído pela Lei nº 13.853, de 2019)

[5] PIRONTI, Rodrigo. *Lei Geral de Proteção de Dados*: O passo a passo da primeira fase como estruturar um efetivo *risk assessement* e diagnóstico em LGPD. Curitiba/PB: Pironti Advogados, 2020. Acesso em: 10 ago. 2020. Disponível em: https://www.pirontiadvogados.com/content/lgpd---passo-a-passo-do-diagnostico/90.

e juntar recursos, entre vários outros atos, todos municiados por dados pessoais, alguns de teor sensível.

Da mesma forma em outras atividades estatais, como nos departamentos responsáveis pelo trânsito, com portais que admitem cadastro para uma atuação direta dos cidadãos e acesso a informações pessoais; ou na própria atividade fiscal, hoje impensável sem os portais dedicados aos contribuintes, nos quais estes podem acessar variadas informações, emitir certidões, incluir e extrair dados pessoais. Situação semelhante também ocorre com órgãos na área de saúde, comunicações, educação e assistência social, entre tantos outros campos de atuação cada vez mais "digitalizados". Benefícios sociais exigem cadastros com informações pessoais, o funcionamento de nossas universidades também seria impensável hoje sem todos os sistemas utilizados, nos quais constam bancos de dados, com dados pessoais relacionados a milhares de pessoas. Enfim, é fundamental compreender que, com o desenvolvimento tecnológico e a crescente inclusão digital, esta tendência cada vez mais restará acentuada.

Todos esses portais, sistemas e ambientes essenciais para o funcionamento dessas instituições públicas serão de certa forma afetados pela aplicação da Lei nº 13.079/2018. Da mesma forma, via de regra, todos esses portais, sistemas e ambientes são criados e mantidos a partir de uma contratação firmada por organizações públicas junto ao setor privado. Uma vez que a LGPD se aplica a todas as operações de tratamento realizadas no Brasil, inclusive quando o eventual serviço é executado por uma empresa estrangeira, afetando pessoas naturais ou jurídicas, seja de direito privado ou público, com algumas flexibilizações para o setor público,[6] parece evidente que sua aplicação atinge atividades públicas como as anteriormente citadas.

Uma vez que a Lei Geral de Proteção de Dados Pessoais surge com o intuito de proteger sujeitos cujos dados pessoais estão sendo tratados, muitas vezes, sem o devido cuidado, e regulamentar as mais diversas formas de tratamento de dados pessoais, impacta sobremaneira a atuação da Administração Pública Federal.[7] Pode-se dizer, inclusive, que a aplicação da LGPD impõe grandes desafios para os entes

---

6 MACIEL, Rafael Fernandes. *Manual de Práticas sobre a Lei Geral de Proteção de Dados Pessoais* (Lei nº 13.709/18). RM Digital Education. 1. ed. Goiânia – GO, 2019.

7 OLIVEIRA, Geveson de Souza. Os impactos da Lei Geral de Proteção de Dados (LGPD) na Administração Pública Federal. *Conteúdo Jurídico*, Brasília-DF: 10 nov. 2020. Disponível em: https://conteudojuridico.com.br/consulta/Artigos/55320/os-impactos-da-lei-geral-de-proteo-de-dados-lgpd-na-administrao-pblica-federal. Acesso em: 10 nov. 2020.

públicos, talvez ainda maiores que os apresentados pela Lei de Acesso à Informação – LAI (Lei nº 12.527/2011), uma vez que, conquanto na LAI, "como regra, os dados já se encontravam à disposição da Administração Pública, cabendo a esta dar-lhes publicidade, nos moldes preconizados pela novel legislação", a aplicação da LGPD afetará "operações de tratamento de dados que sequer são compreendidas como tal no âmbito da Administração Pública".[8]

Dessas constatações deriva o raciocínio de que as novas rotinas e obrigações repercutirão de alguma forma na execução desses contratos. A questão mais sensível e importante, para fins de análise deste nosso artigo, é: essas repercussões afetarão a equação econômica do contrato, de modo a gerar o direito ao reequilíbrio econômico, em favor do parceiro privado?

Segundo a Lei, o uso compartilhado de dados pessoais pelo Poder Público deve atender a finalidades específicas de execução de políticas públicas e atribuição legal pelos órgãos e pelas entidades públicas, respeitados os princípios de proteção de dados pessoais, por ela definidos.[9] Da mesma forma, o tratamento de dados pessoais,

---

[8] LARA, Rodrigo Pugliesi. Os desafios da LGPD no setor público. *Revista Consultor Jurídico*. Disponível em: https://www.conjur.com.br/2020-out-22/rodrigo-lara-desafios-lgpd-setor-publico. Acesso em: 10 nov. 2020.

[9] Art. 6º As atividades de tratamento de dados pessoais deverão observar a boa-fé e os seguintes princípios:
I - finalidade: realização do tratamento para propósitos legítimos, específicos, explícitos e informados ao titular, sem possibilidade de tratamento posterior de forma incompatível com essas finalidades;
II - adequação: compatibilidade do tratamento com as finalidades informadas ao titular, de acordo com o contexto do tratamento;
III - necessidade: limitação do tratamento ao mínimo necessário para a realização de suas finalidades, com abrangência dos dados pertinentes, proporcionais e não excessivos em relação às finalidades do tratamento de dados;
IV - livre acesso: garantia, aos titulares, de consulta facilitada e gratuita sobre a forma e a duração do tratamento, bem como sobre a integralidade de seus dados pessoais;
V - qualidade dos dados: garantia, aos titulares, de exatidão, clareza, relevância e atualização dos dados, de acordo com a necessidade e para o cumprimento da finalidade de seu tratamento;
VI - transparência: garantia, aos titulares, de informações claras, precisas e facilmente acessíveis sobre a realização do tratamento e os respectivos agentes de tratamento, observados os segredos comercial e industrial;
VII - segurança: utilização de medidas técnicas e administrativas aptas a proteger os dados pessoais de acessos não autorizados e de situações acidentais ou ilícitas de destruição, perda, alteração, comunicação ou difusão;
VIII - prevenção: adoção de medidas para prevenir a ocorrência de danos em virtude do tratamento de dados pessoais;
IX - não discriminação: impossibilidade de realização do tratamento para fins discriminatórios ilícitos ou abusivos;

pelas pessoas jurídicas de direito público, deverá ser realizado para o atendimento de sua finalidade pública, na persecução do interesse público, com o objetivo de executar as competências legais ou cumprir as atribuições legais, desde que:

a) sejam informadas as hipóteses em que, no exercício de suas competências, realizam o tratamento de dados pessoais, fornecendo informações claras e atualizadas sobre a previsão legal, a finalidade, os procedimentos e as práticas utilizadas para a execução dessas atividades, em veículos de fácil acesso, preferencialmente em seus sítios eletrônicos;
b) seja indicado um encarregado quando realizarem operações de tratamento de dados pessoais.

O tratamento de dados pessoais, pela Administração Pública, pode ser realizado, para o tratamento e uso compartilhado de dados necessários à execução de políticas públicas previstas em leis e regulamentos ou respaldadas em contratos, convênios ou instrumentos congêneres.

Nesse prumo, a LGPD impacta as relações contratuais entre público e privado, essenciais para a prestação de serviços públicos e para o moderno funcionamento da máquina estatal, sendo incontestável que, com "o avanço tecnológico, os crescentes deveres impostos ao Estado e a progressiva e cada vez maior contratualização de políticas públicas, há cada vez mais o enlace entre o Poder Público e o mercador".[10]

3 Reequilíbrio econômico-financeiro nos contratos administrativos

A Constituição Federal, no inciso XXI de seu artigo 37, garante a manutenção das condições efetivas da proposta, ou seja, o equilíbrio econômico do contrato. Essa garantia (possibilidade de recomposição para a manutenção do equilíbrio econômico-financeiro) não deve ser encarada como um benefício para o particular e sortilégio em detrimento do erário. Na verdade, essa proteção à equação econômico-financeira pode permitir que a Administração tenha o menor gasto possível com a contratação e busca reduzir riscos e compor eventuais custos

---

X - responsabilização e prestação de contas: demonstração, pelo agente, da adoção de medidas eficazes e capazes de comprovar a observância e o cumprimento das normas de proteção de dados pessoais e, inclusive, da eficácia dessas medidas.

[10] FIGUEIRÊDO NETO, Pedro Camilo de; PONTES, Mayanne (Org.). *Lei Geral de Proteção de Dados*: novos paradigmas do Direito no Brasil. Salvador: Editora Mente Aberta, 2020. p. 133.

imprevisíveis ou previsíveis, porém de consequências incalculáveis, que não tenham sido devidamente alocados no contrato.

Em uma perspectiva econômica, a ausência desta garantia resultaria em maiores incertezas e riscos, o que teoricamente ampliaria o valor das propostas. Uma vez garantido o equilíbrio contratual, os disputantes tendem a minorar seus preços, pela desnecessidade de inclusão de tais custos incertos, permitindo que a proposta vencedora seja menor.[11] Eros Grau e Paula Forgioni explicam que a adaptação do contrato administrativo às situações imprevistas é medida necessária à proteção do interesse público. Não serve a esse interesse a exigência de que o contratado, fragilizado por situações imprevisíveis, seja obrigado a suportar condições totalmente diversas das inicialmente contratadas, onerando-o excessivamente e prejudicando o êxito da relação contratual.[12]

De acordo com a alínea "d" do artigo 65 da Lei nº 8.666/93, o reequilíbrio econômico tem como objeto o restabelecimento da equação econômica (manutenção do equilíbrio econômico-financeiro), quando ela for abalada por: a) fatos imprevisíveis ou previsíveis, porém de consequências incalculáveis, retardadores ou impeditivos da execução do ajustado; b) caso de força maior, caso fortuito ou fato do príncipe, que configurem álea econômica extraordinária e extracontratual.

Importante salientar que o reconhecimento do direito à recomposição para o reequilíbrio econômico, em razão de determinado fato jurídico, com repercussão econômica, exige a demonstração de que tal fato jurídico tenha repercussão econômica na contratação e se configure como álea extraordinária e extracontratual. Enquanto álea extraordinária, deve ser identificada a condição de fato imprevisível ou previsível, mas de consequências incalculáveis; enquanto álea extracontratual, deve ser identificado se o contrato firmado não previa que o risco deste "fato" deveria ser absorvido pelo solicitante.[13]

Isso porque a condição adicional de ser "extracontratual", estabelecida pelo legislador, indica que um fato econômico extraordinário pode não dar ensejo a reequilíbrio econômico se o contrato defini-lo como responsabilidade a ser absorvida pela parte solicitante, já que o

[11] TORRES, Ronny Charles Lopes de. *Leis de licitações públicas comentadas*. 11. ed. Salvador: Juspodivm, 2020, p. 855.

[12] GRAU, Eros Roberto. FORGIONI, Paula. *O Estado, a Empresa e o Contrato*. São Paulo: Malheiros, 2005. p. 98.

[13] TORRES, Ronny Charles Lopes de. *Leis de licitações públicas comentadas*. 11. ed. Salvador: Juspodivm, 2020, p. 858.

contrato, em sua essência, é também um instrumento de alocação de riscos, inclusive em relação aos potenciais fatos geradores caracterizáveis como álea extraordinária. Assim, sendo alocado determinado fato extraordinário, como de responsabilidade do contratado, em uma matriz de riscos (ou no corpo das cláusulas contratuais), caso ele ocorra, não surgirá direito ao reequilíbrio econômico, pela definição contratual prévia de que aqueles "riscos" seriam de responsabilidade dele (o contratado).[14]

Por outro lado, inexistindo a referida regulação contratual e identificado o fato gerador pertinente, o reequilíbrio econômico-financeiro do contrato deve ser percebido como um direito, o qual independe de previsão contratual expressamente admitindo-o, pois tal direito deriva da Lei e da Constituição, conforme sedimentado pela Advocacia-Geral da União, em sua Orientação Normativa nº 22:

> Ementa: O reequilíbrio econômico-financeiro pode ser concedido a qualquer tempo, independentemente de previsão contratual, desde que verificadas as circunstâncias elencadas na letra "d" do inc. II do art. 65, da Lei nº 8.666, de 1993.[15]

Essa garantia de estabilidade jurídica serve como atrativo ao capital, já que dá segurança aos investimentos e evita que situações imprevistas, que onerem ou impactem a execução contratual, gerem um desequilíbrio desmesurado àquilo outrora pactuado, ampliando a insegurança, os riscos e, por conseguinte, dificultando a própria contratação. Por outro lado, deve-se ponderar também que o aumento da segurança jurídica contra imprevistos econômicos e jurídicos induz o aumento à competitividade, fomentando maior interesse na participação das licitações públicas, o que potencializa a busca pela melhor proposta. O Supremo Tribunal Federal, com razão, já externou que a norma constitucional do equilíbrio econômico-financeiro do contrato administrativo, derivada do princípio da segurança jurídica, busca conferir estabilidade ao ajuste, garantindo à contratada viabilidade para a execução dos serviços, nos moldes que motivaram a celebração do contrato.[16]

---

[14] TORRES, Ronny Charles Lopes de. *Leis de licitações públicas comentadas*. 11. ed. Salvador: Juspodivm, 2020, p. 861.

[15] Orientação Normativa AGU Nº 22, de 01 abril de 2009.

[16] STF. RE 571.969/DF, Relª. Minª. Cármen Lúcia.

4 As obrigações impostas pela LGPD como fator gerador de desequilíbrio econômico do contrato

O artigo 65, II, alínea "d", estabelece que:

> Art. 65. Os contratos regidos por esta Lei poderão ser alterados, com as devidas justificativas, nos seguintes casos:
>
> (...)
>
> d) para restabelecer a relação que as partes pactuaram inicialmente entre os encargos do contratado e a retribuição da administração para a justa remuneração da obra, serviço ou fornecimento, objetivando a manutenção do equilíbrio econômico-financeiro inicial do contrato, na hipótese de sobrevirem fatos imprevisíveis, ou previsíveis porém de consequências incalculáveis, retardadores ou impeditivos da execução do ajustado, ou, ainda, em caso de força maior, caso fortuito ou fato do príncipe, configurando álea econômica extraordinária e extracontratual.

Seguindo esta linha definida pelo legislador, o reequilíbrio econômico tem como objeto o restabelecimento da equação econômica (manutenção do equilíbrio econômico-financeiro) quando ela for abalada por fatos imprevisíveis ou previsíveis, porém de consequências incalculáveis, retardadores ou impeditivos da execução do ajustado; ou caso de força maior, caso fortuito ou fato do príncipe, que configurem álea econômica extraordinária e extracontratual.

A superveniência de uma legislação que afetar o equilíbrio econômico-financeiro do contrato pode se configurar como álea extraordinária e extracontratual. Não apenas novos tributos, mas também encargos e obrigações criados pelo Poder Público podem possibilitar a revisão do contrato, para mais ou para menos, a depender de como o novo contexto repercuta no valor da proposta inicialmente pactuado.

Indiscutível que a Lei Geral de Proteção de Dados Pessoais (LGPD), no âmbito dos contratos administrativos, não somente acarretará mudanças procedimentais, técnicas ou culturais com relação ao tratamento de dados, com relevante repercussão econômica, diante das obrigações e encargos impostos, mas também novos riscos.

Para buscar a conformidade com a referida normal legal, as empresas contratadas terão que implementar novos processos tecnológicos, adquirir ou aperfeiçoar os recursos humanos, materiais e a infraestrutura disponibilizada a ser utilizada no tratamento de dados, além de absorver os riscos decorrentes do novel regime estabelecido pela Lei Federal nº 13.709/2018.

Como registram Soliano e Oliveira, uma problemática sobre as consequências que a LGPD gera para as contratações públicas está relacionada aos contratos que ainda estarão em execução após o fim da *vacatio legis* e que foram celebrados antes da publicação da Lei.[17] Isso porque, certamente, em diversas atividades públicas atualmente desenvolvidas, que serão impactadas pela novel legislação, teremos contratações que foram modeladas sem a repercussão das obrigações impostas pela Lei Federal nº 13.709/2018, motivo pelo qual seus custos não foram previstos quando da apresentação das propostas.

> (...) a LGPD criará uma série de obrigações para as empresas. Em muitos casos, o cumprimento das novas obrigações legais significará verdadeira reestruturação do próprio modelo de negócio. Em outros, apesar de o impacto poder ser menor, ainda assim custos de conformidade (*compliance costs*) serão inevitáveis. Neste sentido, a LGPD finda por levar à criação de elevados custos, sejam eles investimento inicial na implementação, sejam ordinários da operação continuada da atividade empresarial. Por esta razão, os contratos administrativos celebrados entre empresas e o Poder Público poderão sofrer impacto no seu equilíbrio econômico-financeiro.
>
> (...)
>
> Parece fora de dúvida que, desconhecendo por completo as obrigações que seriam instituídas pela LGPD, ao contratado era impossível preparar o seu modelo de negócio, sua organização interna e precificar os custos inerentes à conformidade com a nova lei no momento em que participou da licitação e apresentou sua proposta. Ademais, não seria sustentável afirmar que o conjunto de novas obrigações constitui risco ordinário e inerente a qualquer atividade econômica. Está-se diante de claro exemplo de álea extraordinária que sequer poderia ter sido tratada como risco e alocá-lo para o contratado, mas de verdadeira situação de incerteza.[18]

A aplicação da Lei Geral de Proteção de Dados resultará em inafastáveis consequências contratuais, pela incidência de novas obrigações, que podem gerar custos imprevistos à contratação. Essas alterações repercutirão no aumento dos custos operacionais para a

---

[17] FIGUEIRÊDO NETO, Pedro Camilo de; PONTES, Mayanne (Org.). *Lei Geral de Proteção de Dados*: novos paradigmas do Direito no Brasil. Salvador: Editora Mente Aberta, 2020. p. 136.

[18] FIGUEIRÊDO NETO, Pedro Camilo de; PONTES, Mayanne (Org.). *Lei Geral de Proteção de Dados*: novos paradigmas do Direito no Brasil. Salvador: Editora Mente Aberta, 2020. p. 137.

prestação do serviço contratado pela Administração,[19] que não devem ser absorvidos unicamente pelo contratado/parceiro privado, sob pena de admitir-se um desequilíbrio contratual ilegítimo, que foi obstado pelo Constituinte.

Por outro lado, a constatação de eventual repercussão justificadora do reconhecimento ao reequilíbrio econômico não é uma consequência necessária, em virtude do início da vigência da Lei. Inexiste presunção absoluta da necessidade de recomposição do equilíbrio econômico-financeiro de todos os contratos em execução após o fim da *vacatio legis* da LGPD. Enquanto alguns contratos podem ser "densa e intensamente afetados, outros poderão sofrer consequências medianas e outros, por fim, serão impactados de forma irrelevante ou até mesmo não afetados de forma alguma".[20]

O reconhecimento do direito ao reequilíbrio econômico impõe à parte solicitante a demonstração do relevante impacto sobre a equação econômica inicialmente pactuada, de maneira analítica, bem como a demonstração de que, além de extraordinária, as inovações obrigacionais caracterizar-se-iam como áleas extracontratuais, sem absorção previamente definida pela parte então solicitante.

Diante da complexidade das questões contratuais envolvidas, a definição de soluções tópicas, através de negociação e diálogo, pode produzir melhores resultados para a manutenção de uma execução contratual justa e eficiente. A solução consensual é mecanismo tecnicamente adequado e que deve ser buscado estrategicamente para uma solução harmonizadora entre o interesse do particular-contratado, da Administração-contratante e o interesse público primário, o que pode fomentar a ampliação de utilização das Câmaras de Prevenção e Resolução Administrativa de Conflitos, admitidas pela Lei Federal nº 13.140/2015, como "*locus* necessário e adequado para se tentar resolver o conflito de modo consensual".[21]

---

[19] Segundo Francisco Gomes Júnior, para obedecer á LGPD, as empresas devem realizar uma série de alterações sistêmicas, jurídicas e de segurança visando ao tratamento adequado dos dados pessoais. Estima-se que o custo dessas adaptações para uma empresa de médio porte seja em média de R$ 500 mil, o que explica o resultado de pesquisas de mercado que indicam que cerca de 60% das empresas ainda não as realizaram integralmente (GOMES JUNIOR, Francisco. As polêmicas da Lei Geral de Proteção de Dados para as empresas no Brasil. *Revista Consultor Jurídico*. Disponível em: https://www.conjur.com.br/2020-out-01/gomes-junior-polemicas-lgpd-empresas. Acesso em: 10 nov. 2020.)

[20] FIGUEIRÊDO NETO, Pedro Camilo de; PONTES, Mayanne (Org.). *Lei Geral de Proteção de Dados*: novos paradigmas do Direito no Brasil. Salvador: Editora Mente Aberta, 2020. p. 138.

[21] PEDRA, Anderson Sant'Ana; TORRES Ronny Charles Lopes de. *Contratos Administrativos e as Câmaras de Prevenção e Resolução Administrativa de Conflitos em Tempos de Covid-19*. Disponível em: www.licitacaoecontrato.com.br. Acesso em: 16 nov. 2020.

5 Conclusão

A Lei nº 13.709, de 14 de agosto de 2018, também conhecida como Lei Geral de Proteção de Dados Pessoais (LGPD), dispôs sobre o tratamento de dados pessoais, inclusive por meio digital, e é aplicável a atividades executadas no bojo de contratações públicas, cada vez mais ampliadas pelas novas demandas assumidas e pela evolução do ferramental tecnológico à disposição.

Por outro lado, o atendimento às obrigações exigidas, a partir do momento de entrada em vigor da novel legislação, resultará em custos, pela necessidade de investimentos e a assunção de novos riscos.

Nessa feita, tendo em vista a proteção constitucional à manutenção das condições efetivas da proposta, entendemos que, em tese, é possível admitir que eventuais repercussões que afetem a equação econômica inicialmente pactuada, caracterizando-se como álea extraordinária e extracontratual, possam dar ensejo ao reconhecimento do direito ao reequilíbrio econômico desta contratação, nos termos da alínea "d" do artigo 65 da Lei nº 8.666/93.

De qualquer forma, eventual repercussão que legitime o reconhecimento ao direito de reequilíbrio econômico não se apresenta como uma consequência necessária ao início da vigência da Lei nº 13.709/2018. O reconhecimento deste direito impõe o ônus de demonstração do impacto sobre a equação econômica inicialmente pactuada, de maneira analítica, além de sua caracterização como extraordinária e extracontratual.

Informação bibliográfica deste texto, conforme a NBR 6023:2018 da Associação Brasileira de Normas Técnicas (ABNT):

TORRES, Ronny Charles Lopes de; BRITO, Davidson Lopes Sousa de. A Lei Geral de Proteção de Dados como fator gerador de desequilíbrio econômico-financeiro. *In*: PIRONTI, Rodrigo (Coord.). *Lei Geral de Proteção de Dados no setor público*. 2. ed. Belo Horizonte: Fórum, 2024. p. 461-472. ISBN 978-65-5518-731-1.

LIMITES AO COMPARTILHAMENTO DE DADOS: UMA ANÁLISE SOB O PRISMA DA TECNOLOGIA DA INFORMAÇÃO

SANDRO TOMAZELE

Introdução

Em um mundo cada vez mais interconectado e digital, a proteção de dados pessoais tornou-se um tema de vital importância. Globalmente, a preocupação com a privacidade e segurança dos dados tem levado a legislações rigorosas, como o GDPR na União Europeia. No Brasil, a Lei Geral de Proteção de Dados Pessoais (LGPD) representa um marco significativo nesta área. Este artigo explora os desafios e implicações do compartilhamento de dados dentro deste novo contexto legal, sob a óptica da tecnologia da informação.

Compartilhamento de dados

Um dos pontos críticos da LGPD, sob a perspectiva do titular de dados, é o compartilhamento de dados. Tal criticidade justifica-se pela evidência de que, historicamente no cenário nacional, não há a menor consideração por parte do controlador com as necessidades e desejos do titular no que se refere aos dados pessoais tratados e compartilhados.

Em setembro de 2020, por exemplo, houve uma decisão judicial histórica no campo da proteção de dados. A Cyrela foi a primeira empresa condenada no Brasil por descumprir a Lei Geral de Proteção de Dados Pessoais, justamente por compartilhar com parceiros dados de um cliente sem o devido consentimento.

De acordo com a LGPD, o compartilhamento de dados refere-se: 1) "à comunicação, difusão, transferência internacional, interconexão de dados pessoais ou" 2) "ao tratamento compartilhado de bancos de dados pessoais por órgãos e entidades públicos no cumprimento de suas competências legais, ou entre esses e entes privados, reciprocamente, com autorização específica, para uma ou mais modalidades de tratamento permitidas por esses entes públicos, ou entre entes privados".

Compartilhamento de dados por órgãos e entidades públicos

Facilitar o compartilhamento de dados no contexto governamental brasileiro tem grande importância e traz impactos na vida do cidadão. Nesta esteira, o *Decreto nº 10.046, de 9 de outubro de 2019*, que "Dispõe sobre a governança no compartilhamento de dados no âmbito da administração pública federal e institui o Cadastro Base do Cidadão e o Comitê Central de Governança de Dados", cuida de criar as bases para o compartilhamento de dados entre os diversos entes do Executivo Federal.

O Comitê Central de Governança de Dados elaborou, segundo os artigos 21 e 31 do *Decreto nº 10.046/2019*, o documento intitulado Regras para Compartilhamento de Dados,[1] "que destaca os benefícios esperados pelo compartilhamento":

A. *Redução nos custos e esforços para levantamento de informações necessárias à gestão governamental.* Atualmente, diversos agentes públicos e processos são empreendidos para levantar informações, gerando uma multiplicidade de iniciativas desarticuladas, ampliando redundâncias, sobreposições e ineficiências. Ao enxergar quais informações outros órgãos já dispõem, será mais fácil repensar processos e reaproveitar informações já coletadas.
B. *Melhoria na qualidade dos dados e informações.* Ao reduzir as barreiras para recepção e entrega de informações de outros órgãos, a tendência é que estes optem pela obtenção das fontes de dados mais confiáveis, fidedignas, padronizadas

---

1 Regras para Compartilhamento de Dados, disponível em: https://www.gov.br/governo-digital/pt-br/governanca-de-dados/regras-de-compartilhamento_v1-0.pdf. Acesso em: 16 nov. 2020.

e tempestivas. Naturalmente, as bases de dados mais qualificadas e certificadas tenderão a ser as mais requisitadas e prevalentes, fortalecendo as melhores práticas de coleta e processamento das informações e estimulando melhorias na forma como estes são gerados e mantidos.

C. *Maior transparência aos cidadãos, quanto à forma como seus dados são mantidos e compartilhados pelos órgãos públicos.* Atualmente, não há procedimentos e práticas comuns e transparentes sobre como os dados dos cidadãos podem ser compartilhados e mantidos pelas agências governamentais. Diversos são os níveis de maturidade organizacional e as formas como tratam esses dados. Com as diretrizes de compartilhamento, os órgãos passam a ter orientação comum, fundamentada em padrões de segurança e boas práticas de governança.

D. Qualificação do processo decisório nos diversos níveis das agências governamentais, em prol da melhoria dos serviços públicos ao cidadão. A obtenção e disponibilização de informações com mais facilidade, velocidade e confiança constituem condição essencial para a promoção de uma nova cultura de gestão, em que as decisões são tomadas com base em evidências. O uso de informações contextualizadas, integradas e tempestivas deve ampliar a capacidade de diagnóstico dos problemas públicos, oferecer novos insights para o desenho de políticas, práticas e procedimentos, viabilizar ações de monitoramento, auditoria e avaliação de programas governamentais, estimular inciativas inovadoras, entre outros benefícios.

Limites estabelecidos pela LGPD

Do ponto de vista da tecnologia da informação, os principais limites ao compartilhamento de dados pessoais estabelecidos pela LGPD são:

– *O consentimento do titular dos dados.* O consentimento é o principal fundamento jurídico para o tratamento de dados pessoais. Portanto, para compartilhar dados pessoais com terceiros, é necessário obter o consentimento específico do titular para essa finalidade.

– *O dever de segurança.* Os agentes de tratamento de dados têm o dever de adotar medidas técnicas e administrativas para proteger os dados pessoais contra acesso não autorizado, destruição, perda, alteração, comunicação ou difusão. Isso inclui medidas específicas para garantir a segurança do compartilhamento de dados.

- *A necessidade de adequação à LGPD*. O compartilhamento de dados pessoais deve estar em conformidade com a LGPD, incluindo os princípios de finalidade, adequação, necessidade, livre acesso, qualidade dos dados, transparência, segurança, prevenção, não discriminação, responsabilização e prestação de contas.

Funções, papéis e responsabilidades relacionados ao compartilhamento de dados

Para que o compartilhamento de dados alcance os benefícios esperados, em conformidade com a matéria que rege o tema – especialmente à luz da LGPD –, é imperioso que se definam algumas funções, papéis e responsabilidades dentro da organização. Claro que podem variar de acordo com o contexto de cada instituição, mas em geral são funções basilares para o adequado compartilhamento de dados.

A função mais importante, sob o ponto de vista da proteção de dados, é a segurança da informação e comunicação. Caberá a ela definir os requisitos para viabilizar e assegurar a autenticidade, a confidencialidade, a disponibilidade e a integridade das informações. Tais atributos estão adequadamente definidos nos incisos do artigo 2º do *Decreto nº 10.046/2019*:

> Art. 2º Para fins deste Decreto, considera-se:
>
> [...]
>
> V - autenticidade - propriedade de que a informação foi produzida, expedida, modificada ou destruída por uma determinada pessoa natural, ou por um determinado sistema, órgão ou entidade;
>
> [...]
>
> IX – confidencialidade - propriedade que impede que a informação fique disponível ou possa ser revelada à pessoa natural, sistema, órgão ou entidade não autorizado e não credenciado;
>
> [...]

> XII - disponibilidade - propriedade de que a informação esteja acessível e utilizável sob demanda por uma pessoa natural ou determinado sistema, órgão ou entidade;
>
> [...]
>
> XVII - integridade - propriedade de que a informação não foi modificada ou destruída de maneira não autorizada ou acidental;

Assim, partindo de uma perspectiva de mais alto nível, pode-se entender como premissa para o compartilhamento de dados a garantia dos atributos de segurança da informação: autenticidade, confidencialidade, disponibilidade e integridade dos dados.

A partir desta visão, caberá à função de segurança da informação estabelecer normas, padrões, políticas, práticas e procedimentos para propiciar o compartilhamento de dados com as proteções requeridas pela legislação, buscando garantir os atributos de segurança da informação dos dados compartilhados.

Um dos papéis relevantes dentro das organizações é o de gestor/curador de dados de negócio. Com um viés da área de negócios e ao mesmo tempo técnico, ele conhece os recursos tecnológicos que podem ser utilizados para coletar e organizar os dados. Também é sua responsabilidade criar ferramentas que possam ser utilizadas para compartilhar os dados de forma rápida e eficiente e com qualidade, garantindo que atendam às necessidades de negócios e aos requisitos regulamentares. Destacam-se entre suas responsabilidades:

- Definir os requisitos de dados.
- Gerenciar metadados.
- Gerenciar a qualidade de dados.
- Gerenciar a aquisição e a entrada de dados.
- Operacionalizar a governança de dados.
- Gerenciar a conformidade.

Cabe ressaltar que o gestor/curador deve possuir responsabilidades sobre um conjunto específico de ativos de dados da organização, de forma que ele possa tomar decisões a respeito de um conjunto e não sobre todos os dados da organização.

O trabalho integrado da segurança da informação e do gestor/curador de dados é que vai definir quais dados podem ou não ser compartilhados e como se dará esse compartilhamento, sempre considerando a conformidade com a LGPD.

Boas práticas de segurança da informação para o compartilhamento de dados

É imprescindível definir normas, políticas e padrões de segurança da informação claros, considerando o adequado tratamento de dados, incluindo-se o compartilhamento. Tais regras devem considerar toda a organização e todos os parceiros, fornecedores, clientes e outras partes interessadas que tenham algum papel relacionado ao compartilhamento de dados.

Neste sentido, não se pode esquecer que a responsabilidade pelos danos causados aos titulares dos dados, nos casos de negligência na fiscalização dos controles de segurança da informação, é solidária de acordo com os ditames da Lei Geral de Proteção de Dados Pessoais:

> Art. 42. O controlador ou o operador que, em razão do exercício de atividade de tratamento de dados pessoais, causar a outrem dano patrimonial, moral, individual ou coletivo, em violação à legislação de proteção de dados pessoais, é obrigado a repará-lo.
>
> §1º A fim de assegurar a efetiva indenização ao titular dos dados:
>
> I - o operador responde solidariamente pelos danos causados pelo tratamento quando descumprir as obrigações da legislação de proteção de dados ou quando não tiver seguido as instruções lícitas do controlador, hipótese em que o operador equipara-se ao controlador, salvo nos casos de exclusão previstos no art. 43 desta Lei;
>
> II - os controladores que estiverem diretamente envolvidos no tratamento do qual decorreram danos ao titular dos dados respondem solidariamente, salvo nos casos de exclusão previstos no art. 43 desta Lei.
>
> §2º O juiz, no processo civil, poderá inverter o ônus da prova a favor do titular dos dados quando, a seu juízo, for verossímil a alegação, houver hipossuficiência para fins de produção de prova ou quando a produção de prova pelo titular resultar-lhe excessivamente onerosa.

Entre os objetos que compõem o regramento de segurança da informação recomendado, destacam-se:

- Política de Segurança da Informação com processo de revisão periódica formalizado e institucionalizado, com capítulo específico sobre o compartilhamento de dados.
- Matriz de Responsabilidades com as definições claras e precisas de cada unidade organizacional interna e para fornecedores externos, relacionando suas responsabilidades no processo de compartilhamento de dados.

- Acordos de sigilo, confidencialidade e de não divulgação que demonstrem a criticidade dos dados tratados com terceiros e outros órgãos que venham a retransmitir os dados compartilhados.
- Definir e implantar processos relacionados à segurança da informação visando mitigar a ocorrência de incidentes com impacto nos dados pessoais compartilhados.
- Processo de gestão de riscos que contemple os riscos de segurança da informação e os de proteção de dados, visando minimizar a ocorrência de ameaças que podem impactar no ativo de informação, incluindo-se os dados compartilhados.
- Processo de gestão de vulnerabilidades dos ativos de informação, envolvendo a identificação, classificação, solução e redução de vulnerabilidades das aplicações e em toda a sua infraestrutura de redes e dados, para amenizar ou impedir de forma proativa a exploração de vulnerabilidades de TI, diminuindo a chance de que ocorram incidentes de segurança da informação.
- Processo de gestão de correções e atualizações de *software*, objetivando resolver os problemas efetivos e os de segurança existentes nos *softwares*, mantendo a eficácia de funcionamento destes.
- Processo de gestão de incidentes de segurança da informação, objetivando identificar, avaliar e responder incidentes de forma adequada e prevenir futuras ocorrências similares.

Obviamente os processos citados não são suficientes para implementar todo um sistema de gestão da segurança da informação e nem servem unicamente ao compartilhamento de dados, mas são fortes candidatos a serem inicialmente observados nas organizações com baixa maturidade em segurança da informação e, por consequência, em proteção de dados.

Sob o ponto de vista da segurança da infraestrutura interna, muitos procedimentos podem ser selecionados para implementação. Novamente, o foco recai nas práticas mais recomendadas como candidatas iniciais para as organizações com baixa maturidade em segurança da informação. A lista a seguir é baseada no documento "Regras para Compartilhamento de Dados" anteriormente citado:

- Segmentar logicamente a rede corporativa para limitar os danos de eventuais incidentes, protegendo dados internos e acessos indevidos.

- Implementar ferramentas de detecção e prevenção de ataques cibernéticos (ataque de negação de serviço, DDOS, *malware*, *phishing* etc.).
- Implementar mecanismos de controle de segurança de rede e estações de trabalho.
- Segregar ambientes tecnológicos de desenvolvimento, teste, homologação e produção.
- Implementar controles e procedimentos físicos e lógicos para assegurar a segurança física e do ambiente de acesso aos bancos de dados, informações, sistemas e demais ativos que utilizem os dados compartilhados.
- Gerenciar eventos de transações, usuários e infraestrutura.
- Implementar mecanismos de proteção dos *logs* contra perda, destruição, falsificação e acesso não autorizado.

Até aqui foram destacados controles de segurança da informação (normas, políticas, processos, práticas e procedimentos) que solidificam as bases para o compartilhamento de dados. Os itens seguintes tratarão mais especificamente do compartilhamento propriamente dito:

- Utilizar criptografia na transmissão de dados.
- Aplicar mecanismo de filtragem da conexão de origem, permitindo acesso apenas para órgãos/empresas/parceiros-alvo do compartilhamento de dados.
- Realizar o gerenciamento e distribuição de chaves criptográficas de forma segura.
- Habilitar, de forma restrita, somente serviços e sistemas de acesso dos órgãos receptores dos dados, com vias a restringir o acesso apenas aos órgãos/usuários devidamente autorizados.
- Anonimizar os dados sempre que necessário considerando, inclusive, a LGPD.
- Considerar a implantação de autenticação e autorização baseada em certificados ou *tokens*.
- Considerar o uso de VPNs (Rede Privada Virtual, do inglês *Virtual Private Network*) nas comunicações entre organizações.
- Utilizar HTTPS por padrão nas conexões de internet.
- Utilizar controles que assegurem confidencialidade, integridade e autenticidade das informações nas interfaces de integração dos componentes de *software*.

Desafios ao compartilhamento seguro de dados

Após implementar todos os controles discutidos na seção anterior, pode surgir o questionamento: é possível considerar que o ambiente está devidamente seguro para o tratamento de dados e em especial para o compartilhamento? Sim! E não!

A segurança é relativa, não existe proteção 100%. Os controles vistos são apenas o início da jornada de segurança da informação e de proteção de dados em uma organização e àqueles devem ser agregados outros, conforme os contextos e necessidades de cada ambiente. Para aprofundar esta questão, considere analisar a família de normas ABNT NBR ISO/IEC 27000, especialmente as 27001 (Requisitos para um sistema de gestão da segurança da informação), 27002 (Código de prática para controles de segurança da informação), 27701 (Sistema de gerenciamento de informações de privacidade).

Existem, ainda, questões que são menosprezadas nas organizações, mas podem gerar graves incidentes de segurança da informação. Podem ter efeito direto no compartilhamento irregular de dados, fazendo recair sobre os agentes de tratamento as responsabilizações advindas do uso inadequado de determinadas ferramentas ou tecnologias que serão discutidas a seguir. Contudo, é importante identificar o uso de cada uma delas ao longo da organização e mais: é preciso considerá-las durante a elaboração dos controles da segurança da informação.

Uma das tecnologias mais utilizadas atualmente é o compartilhamento de arquivos na nuvem. Diversos *players* oferecem armazenamento gratuito de arquivos, como: Google Drive, iCloud, Dropbox, OneDrive, Just Beam it, SendSpace, WeTransfer, Get.tt, File Dropper, DropCanvas GigaSize, Senduit, File Convoy, 4Shared, entre outros.

A quantidade de serviços de compartilhamento de arquivos listada foi proposital, mas existem diversos outros e a ideia aqui foi apenas alertar para a facilidade do acesso de tais serviços. Por exemplo, considere a possibilidade de algum empregado enviar arquivos contendo dados pessoais por um destes serviços e observe que, mesmo com a melhor das intenções, é irregular. Será caracterizado, provavelmente, como vazamento de dados e os agentes de tratamento poderão vir a ser responsabilizados por isto.

Veja o que dizem os incisos I e III e o §5º do artigo 7º, assim como os incisos do artigo 9º da LGPD:

> Art. 7º O tratamento de dados pessoais somente poderá ser realizado nas seguintes hipóteses:
>
> I - mediante o fornecimento de consentimento pelo titular;
>
> [...]
>
> III - pela administração pública, para o tratamento e uso *compartilhado* de dados necessários à execução de políticas públicas previstas em leis e regulamentos ou respaldadas em contratos, convênios ou instrumentos congêneres, observadas as disposições do Capítulo IV desta Lei;
>
> [...]
>
> §5º O controlador que obteve o *consentimento* referido no inciso I do caput deste artigo que necessitar comunicar ou compartilhar dados pessoais com outros controladores deverá obter consentimento específico do titular para esse fim, ressalvadas as hipóteses de dispensa do consentimento previstas nesta Lei.
>
> [...]
>
> Art. 9º O titular tem direito ao acesso facilitado às *informações* sobre o tratamento de seus dados, que deverão ser disponibilizadas de forma clara, adequada e ostensiva acerca de, entre outras características previstas em regulamentação para o atendimento do princípio do livre acesso:
>
> I - finalidade específica do tratamento;
>
> II - forma e duração do tratamento, observados os segredos comercial e industrial;
>
> III - identificação do controlador;
>
> IV - informações de contato do controlador;
>
> V - informações acerca do *uso compartilhado* de dados pelo controlador e a *finalidade;*
>
> VI - responsabilidades dos agentes que realizarão o tratamento; e
>
> VII - direitos do titular, com menção explícita aos direitos contidos no art. 18 desta Lei. (grifos nossos)

Além das questões legais já vistas, há que se observar que a LGPD determina que os dados compartilhados pelo Poder Público precisam ser mantidos em formato interoperável e estruturado, visando "à execução de políticas públicas, à prestação de serviços públicos, à descentralização da atividade pública e à disseminação e ao acesso das informações pelo público em geral". E, ainda, veda explicitamente a transferência de dados pessoais a entidades privadas, exceto quando houver previsão legal.

O artigo 27 da Lei Geral de Proteção de Dados Pessoais também regulamenta a transferência de dados entre pessoa jurídica de direito público para pessoa de direito privado, tendo como regra que a comunicação ou uso compartilhado dessa natureza precisa ser informado à Autoridade Nacional de Proteção de Dados – ANPD e depende de consentimento do titular.

Percebe agora o tamanho do risco de permitir o compartilhamento indiscriminado de arquivos pelos empregados/servidores/funcionários? O compartilhamento de dados precisa ser identificado, controlado e até impedido sempre que se detectar possível risco à proteção de dados pessoais.

Entendido o ponto, pode surgir a dúvida: é possível fazer uso de tais ferramentas no ambiente corporativo? Sim, é possível, desde que se observem os requisitos da LGPD e considerem riscos como os elencados adiante, quando da utilização de serviços em nuvem:

- Acesso não autorizado aos dados pessoais eventualmente armazenados em nuvem.
- Falhas de segurança e vulnerabilidades inerentes à tecnologia utilizada no serviço.
- Impossibilidade de impor os controles definidos na política de segurança.
- Impossibilidade de rastrear ou de realizar o *troubleshoot* nos dados e nos registros de eventos.
- Descarte ou eliminação indevidos dos dados.
- Riscos legais e de conformidade.
- Riscos relacionados à falta de controle.
- Comprometimento das APIs de gerenciamento acessíveis pela Internet.
- Abuso interno por acesso autorizado.
- Cadeia de suprimentos comprometida.

Desafios relacionados à tecnologia

Além dos limites estabelecidos pela LGPD, o compartilhamento de dados pessoais também pode enfrentar desafios relacionados à tecnologia, como exemplo, as tecnologias de inteligência artificial (IA) que estão sendo cada vez mais utilizadas para o processamento de dados pessoais e que vêm sendo utilizadas em uma variedade de propósitos, incluindo:

– *Reconhecimento facial*: a IA pode ser usada para identificar pessoas com base em suas características faciais. Essa tecnologia é usada em aplicações como segurança, controle de acesso e *marketing*.
– *Recomendação de produtos e serviços*: a IA pode ser usada para recomendar produtos e serviços a pessoas com base em seus dados de navegação e consumo. Essa tecnologia é usada em aplicações como *e-commerce, streaming* e mídia social.
– *Tomada de decisão*: a IA pode ser usada para tomar decisões sobre pessoas, como a aprovação de empréstimos ou a contratação de funcionários. Essa tecnologia é usada em aplicações como finanças, seguros e recursos humanos.

No entanto, sem desmerecer os benefícios desta tecnologia, o uso de IA para o processamento de dados pessoais também pode gerar riscos à privacidade, como o viés e a discriminação.

O viés é uma tendência de um sistema a favorecer determinado grupo de pessoas ou resultados. O viés pode ser introduzido em sistemas de IA de várias maneiras, incluindo:

– *Os dados de treinamento* usados para treinar um sistema de IA podem refletir os preconceitos existentes na sociedade.
– *A arquitetura do sistema de IA* pode favorecer inconscientemente certos grupos de pessoas ou resultados.
– *O processo de desenvolvimento* de um sistema de IA pode ser tendencioso, se não for feito com cuidado.

O viés em sistemas de IA pode ter um impacto negativo na privacidade dos titulares de dados, levando a situações como as que levam o titular a ser:

– discriminado na concessão de um empréstimo ou emprego;
– alvo de publicidade ou *marketing* direcionado;
– vítima de assédio ou violência.

A discriminação, por seu turno, é o tratamento desigual de pessoas com base em sua raça, religião, sexo, orientação sexual, identidade de gênero ou outras características. A discriminação pode ser introduzida em sistemas de IA de forma semelhante ao viés.

O uso de IA para o processamento de dados pessoais pode aumentar o risco de discriminação, pois os sistemas podem aprender e reproduzir os preconceitos existentes na sociedade.

Para mitigar os riscos de viés e discriminação associados ao uso de IA para o processamento de dados pessoais, é importante adotar medidas como:

- *Usar dados de treinamento representativos* da população a qual o sistema será usado para atender.
- *Usar arquiteturas de sistemas de IA* que sejam menos propensas a preconceitos, como redes neurais convolucionais.
- *Avaliar os sistemas de IA quanto a preconceitos* antes de serem colocados em produção.

Recomendações para organizações

Para compartilhar dados pessoais de forma segura e em conformidade com a legislação, as organizações devem adotar as seguintes medidas:

- *obter o consentimento específico* do titular dos dados para o compartilhamento;
- *adotar medidas técnicas e administrativas* para garantir a segurança dos dados pessoais;
- *avaliar os riscos relacionados* ao compartilhamento de dados pessoais;
- *adotar medidas* para mitigar os riscos.

Conclusão

O compartilhamento de dados pessoais é uma prática importante, mas deve ser realizado de forma segura e em conformidade com a legislação. A tecnologia pode ajudar, mas é essencial adotar medidas específicas para mitigar os riscos, como obter o consentimento do titular dos dados, adotar medidas técnicas e administrativas de segurança e avaliar os riscos envolvidos.

À medida que o mundo se torna cada vez mais digital, a segurança e a privacidade dos dados tornam-se essenciais. A LGPD é um passo importante, mas as organizações devem continuar a evoluir suas práticas para proteger os dados pessoais.

Informação bibliográfica deste texto, conforme a NBR 6023:2018 da Associação Brasileira de Normas Técnicas (ABNT):

TOMAZELE, Sandro. Limites ao compartilhamento de dados: uma análise sob o prisma da tecnologia da informação. *In*: PIRONTI, Rodrigo (Coord.). *Lei Geral de Proteção de Dados no setor público*. 2. ed. Belo Horizonte: Fórum, 2024. p. 473-485. ISBN 978-65-5518-731-1.

PESQUISA CLÍNICA E LGPD

SILVIO GUIDI

1 Noções introdutórias sobre proteção de dados

Dentro da realidade social atual, a Lei Geral de Proteção de Dados, nº 13.709/2018 (LGPD), surge como uma ferramenta para equilibrar os direitos ligados à personalidade, como liberdade e intimidade (privacidade), com o desenvolvimento de uma indústria que tem como ativo principal os dados de pessoas. Nesse contexto, a LGPD mostra o reconhecimento do Estado acerca desse ativo econômico como algo fundamental para qualquer nação; entretanto, impõe limites para a sua exploração.

A norma se volta de forma expressa a proteger os direitos fundamentais de liberdade, intimidade, proteção da imagem, privacidade e livre desenvolvimento da personalidade. Tal proteção visa a impor limites ao exercício de outros direitos de terceiros (que não do titular dos dados), com o destaque para o da livre iniciativa, quando exercida a partir de insumo "dado".

Essa espécie de proteção já foi vista noutras vezes no regime jurídico brasileiro. As normas de proteção ao meio ambiente e ao consumidor são bons exemplos disso. Não se trata, precisamente, de dizer que uma espécie de direito é mais importante do que a outra, mas sim de anotar que há uma potencialidade de ofensa à esfera de direitos de certo indivíduo, quando outro cidadão vem a exercer outro direito. Dessa forma, a norma parte de uma premissa de que o exercício do direito à livre iniciativa, por um ou mais indivíduos, poderá trazer danos a outros cidadãos, em razão de violação de direitos como os da intimidade ou da liberdade. A partir dessa premissa, a LGPD cria uma série de limitações a esse direito à livre iniciativa, quando, para seu exercício, houver a necessidade de lidar com o direito à intimidade e à privacidade alheios.

A norma reconhece, inclusive, um fenômeno social de décadas, qual seja, o da capacidade de certos agentes, ao exercerem suas atividades econômicas a partir de dados de titularidade de terceiros, influenciarem a escolha de outro(s) indivíduo(s), afetando a liberdade destes últimos. Essa influência acaba por afetar a autodeterminação do cidadão, que deixa de fazer escolhas à luz daquilo que entende melhor para si e passa a fazê-las a partir de premissas impostas a ele, esteja ou não o indivíduo consciente dessa imposição. Por isso, quando o art. 1º expõe que a LGPD se volta à proteção do "livre desenvolvimento da personalidade da pessoa natural", está a norma protegendo a liberdade do indivíduo de fazer suas próprias escolhas.

2 Noções introdutórias sobre pesquisa clínica

A pesquisa clínica pode ser considerada como a semente da qual irá germinar uma tecnologia a serviço da saúde individual ou coletiva. Pode ser um novo medicamento ou equipamento, uma nova técnica cirúrgica ou ainda novas utilidades para medicamentos, equipamentos ou técnicas já existentes. Todas essas formas de atenção à saúde, antes de serem oferecidas por fornecedores de produtos ou serviços de saúde (sejam públicos sejam privados), passam pela fase experimental, voltada a atestar a segurança e a eficácia da nova tecnologia. Somente após essa fase, a tecnologia é submetida às instâncias regulatórias, que têm competência para autorizar sua distribuição no país.

Imensa parte das pesquisas clínicas só são viáveis com a participação de seres humanos. São os chamados participantes, que, via de regra, voluntária e gratuitamente se dispõem a colaborar com a pesquisa. Pode ser uma participação ativa, pela qual o participante se expõe à tecnologia experimental, ou passiva, quando informações do participante (colhidas em momento anterior, como quando submetido a dado tratamento de saúde) servem de insumo para a pesquisa. É nesse ponto que a LGPD passa a incidir sobre certas relações ajustadas no âmbito da pesquisa clínica. Inevitavelmente, haverão de ser colhidos dados dos participantes e, no correr da pesquisa, outros tantos dados de titularidade do participante serão produzidos. Todo esse conjunto de dados tem proteção regulada pela LGPD.

Mas, muito antes do advento da LGPD, já havia um sistema normativo a proteger a intimidade e a privacidade dos dados dos participantes de pesquisas. A proteção de dados, no âmbito da pesquisa clínica, é uma vertente da pilastra basilar de um dos princípios da bioética, qual seja, a de não maleficência ao participante de pesquisa clínica. A esse propósito, note-se a doutrina de Luciana Dadalto:

> Pesquisas clínicas atualmente se organizam em torno do processo científico (idealização, execução e divulgação dos resultados) baseado na valorização da pessoa humana e proteção dos direitos fundamentais. Nesse sentido, esse tipo de investigação foi estruturado de forma a salvaguardar, por meio de regulamentações e instituições, o respeito a padrões éticos rigorosos, tanto nacionais quanto internacionais, para garantir que indivíduos participantes não fiquem expostos a riscos, além de assegurar que dados gerados decorrentes da pesquisa sejam válidos e precisos.[1]

Como bem exposto pela doutrina, os princípios jurídicos da bioética estão conectados com a consagração dos direitos fundamentais de participantes de pesquisa clínica. A proteção à vida, à saúde, à intimidade e à privacidade são direitos fundamentais explicitamente consagrados nos arts. 5º e 6º da Constituição Federal (CF). No âmbito da pesquisa clínica, a proteção desses direitos passou a ser objeto de dever do Estado, especialmente destacado no inc. I do art. 200 da CF. Pertencente Seção II (Da Saúde) do Capítulo II (Da Seguridade Social) do Título VIII (Da Ordem Social), o conteúdo do art. 200 irá tratar de outras ações a serem executadas pelo Sistema Único de Saúde (SUS), que não a prestação de serviços propriamente dita. O referido inc. I irá versar que compete ao SUS *controlar e fiscalizar procedimentos, produtos e substâncias de interesse para a saúde e participar da produção de medicamentos, equipamentos, imunobiológicos, hemoderivados e outros insumos*.

A pesquisa clínica se submete ao conteúdo dessa norma, seja pelo viés de que sua produção pode afetar a saúde individual ou coletiva, seja porque é etapa da produção de medicamentos e demais insumos de interesse para a saúde. Cabe, portanto, ao SUS controlar e fiscalizar as ações em pesquisa clínica, de modo a garantir que sua execução não atinja os direitos fundamentais, seja do coletivo de cidadãos, seja dos participantes de pesquisa clínica.

---

[1] DADALTO, Luciana; COSTA, Beatriz Silva; ROYO, Mayara Medeiros. Bioética e integridade científica nas pesquisas clínicas sobre Covid-19. *Revista Bioética*, Brasília, v. 28, n. 3, p. 418-425, jun./set. 2020. p. 418.

No âmbito legal, em sentido estrito, não existem leis específicas a disciplinar a pesquisa clínica no Brasil. A propósito disso, foi aprovado recentemente (12.12.2023), na Câmara dos Deputados, o Projeto de Lei nº 7.082/2017, que dispõe sobre *a pesquisa clínica com seres humanos e institui o Sistema Nacional de Ética em Pesquisa Clínica com Seres Humanos.*

No âmbito infralegal, a regulação sobre pesquisa clínica é exercida por alguns perfis de agentes reguladores. Os que compõem o Sistema de Vigilância Sanitária, a Agência Nacional de Vigilância Sanitária – Anvisa e órgãos ou entidades de regulação sanitária estaduais, municipais ou distrital, à luz do que dispõe a Lei nº 9.872/99, têm a competência ordinária comum de vigilância sanitária, de modo a regular produtos e atividades que possam afetar a saúde individual e coletiva. Sob essa perspectiva regulatória, esses agentes irão fiscalizar a pesquisa clínica sob o viés de controle de atividades e substâncias que possam colocar a saúde individual e coletiva em risco.

A atividade de pesquisa clínica é reservada a profissionais de saúde, cuja competência técnica é regulada por lei própria, como exemplo, a Lei nº 3.268/57 e a Lei nº 4.324/64, as quais regem as profissões da medicina e da odontologia, respectivamente. Seguindo nesse exemplo, as autarquias profissionais respectivas, CFM e CFO, no âmbito infralegal, editam seus códigos de ética, cuja função é dispor acerca da deontologia profissional, seja na prestação de serviços, seja na educação ou na pesquisa.

Finalmente, há o Conselho Nacional de Saúde (CNS), a quem compete, por força do inc. VII do art. 2º do Decreto nº 5.839/2006, acompanhar *o processo de desenvolvimento e incorporação científica e tecnológica na área da saúde, visado à observação de padrões éticos compatíveis com o desenvolvimento sociocultural do país.* No âmbito dessa atribuição, o CNS criou o sistema CEP/Conep (Conselho de Ética em Pesquisa/Comissão Nacional de Ética em Pesquisa).

Em rápida explicação, toda e qualquer pesquisa clínica deve ser submetida a pelo menos um CEP, o qual tem a função principal de avaliar o nível de proteção e preservação dos direitos fundamentais dos participantes da pesquisa. Sem sua autorização, não é possível iniciar a pesquisa. Já o Conep se posiciona ordinariamente como instância reguladora de pesquisas clínicas e da atuação dos CEPs, sempre sob o viés de proteção dos participantes. Além disso, tem papel de instância revisora das decisões tomadas pelos CEPs.

Atualmente, há um considerável número de normas do Conep acerca de ética em pesquisa clínica, destacando a Resolução nº 466/2012 como aquela que trará o conteúdo principal acerca dos deveres éticos voltados à proteção dos participantes. Extremamente valiosa, essa norma estabelece a legítima premissa pela qual o participante da pesquisa está em posição vulnerável em relação ao pesquisador. Não é para menos, na medida em que o pesquisador tem conhecimento técnico e o paciente não. Mas, mesmo esse conhecimento técnico não é capaz de assegurar a completa proteção ao participante, na medida em que se está num ambiente de experimentação, no qual não se sabe ainda ao certo o grau de eficácia e segurança da tecnologia pesquisada.

Dessa vulnerabilidade deriva uma camada adicional de proteção ao participante, voltada, em especial, a evitar que os objetivos da pesquisa não sejam alcançados às custas da saúde e da vida do participante.

Segundo a doutrina, as resoluções do sistema CEP/Conep *vêm apontando, desde 1996, quando das primeiras normatizações, preocupação essencial com o sigilo dos dados identificatórios dos participantes das pesquisas.*[2] Naquilo que interessa à proteção de dados, a alínea "i" do item III.2 do Capítulo III da Resolução nº 466/2012 elege como aspecto ético da pesquisa a garantia da *confidencialidade, a proteção da imagem e a não estigmatização dos participantes da pesquisa, garantido a não utilização das informações em prejuízo da pessoa e/ou das comunidades, inclusive em termos de autoestima, de prestígio e/ou de aspectos econômico-financeiros*. Outra norma relevante, no âmbito do sistema CEP/Conep, é a Resolução nº 510/2016. Sobre seu conteúdo, a doutrina explica a explícita preocupação do sistema CEP/Conep em projetos de pesquisa *cujos procedimentos metodológicos envolvam a utilização de dados diretamente obtidos com os participantes ou de informações identificáveis ou que possam acarretar riscos maiores do que os existentes na vida cotidiana.*[3]

Em resumo, se de um lado o participante, individualmente, provavelmente não irá ganhar nada por se voluntariar com a evolução científica, de outro, não poderá ter prejuízos. Esse objetivo de não prejudicialidade (princípio da não maleficência) passa muito pela perspectiva de preservação da intimidade e da privacidade do participante,

---

2 SILVA, Marlene Alves da; AVOGLIA, Hilda Rosa Capelão; ROSA, Helena Rinaldi; VILLAS BÔAS; Eliéte Ferreira. Banco de dados de saúde e pesquisa: prós e contras da LGPD. *In*: DALLARI, Analluza Bolivar; MONACO, Gustavo Ferraz de Campos. *LGPD na saúde*. São Paulo: Thompson Reuters Brasil, 2021. p. 284.

3 SILVA, Marlene Alves da; AVOGLIA, Hilda Rosa Capelão; ROSA, Helena Rinaldi; VILLAS BÔAS; Eliéte Ferreira. Banco de dados de saúde e pesquisa: prós e contras da LGPD. *In*: DALLARI, Analluza Bolivar; MONACO, Gustavo Ferraz de Campos. *LGPD na saúde*. São Paulo: Thompson Reuters Brasil, 2021. p. 284.

garantindo, em resumo, que ele não seja identificável por terceiros que não participaram da pesquisa. E mesmo sua identificação por aqueles que conduziram a pesquisa há de ser evitada. Em última hipótese, no caso de necessária identificação, os pesquisadores devem usar dessas informações somente para os fins lícitos, sempre garantindo a confidencialidade.

3 A proteção de dados de saúde a partir do advento da LGPD

Como dito anteriormente, a proteção de dados é compreendida como um direito de categoria fundamental do indivíduo, mormente porque o dado nada mais é do que a mais nova porta de entrada para sua intimidade e privacidade. A LGPD, a partir dessa premissa, volta-se a regular esse novo perfil de acesso. A regra geral é a de que só poderão adentrar à intimidade e privacidade do indivíduo aqueles que dele obtiverem consentimento para tanto.

Em se compreendendo os dados de saúde como sensíveis, há uma carga maior de exigência para a obtenção do consentimento. O tratamento de dados pessoais segue a lógica geral da LGPD, qual seja, a da necessidade de consentimento, por parte do titular, de tratamento de seus dados. O art. 7º versa sobre a dispensa de consentimento para dados não sensíveis (art. 5º, I, da LGPD). O tratamento de dados sensíveis (art. 5º, II, da LGPD) tem requisitos mais restritivos, dispostos no art. 11 da norma.

O próprio consentimento do titular para a realização de ações de tratamento de dados sensíveis é bastante diferenciado. O inc. I do referido art. 11 disciplina que o consentimento para dados sensíveis deve ser específico e destacado. Ou seja, em um termo de consentimento de tratamento de dados deve haver uma parcela do documento destinada a demonstrar a concordância do tratamento para os dados não sensíveis, e outra parte destacada especialmente para demonstrar o consentimento do tratamento dos dados sensíveis. Nesta última parte, o grau de detalhamento da finalidade do tratamento deve ser bem maior, se comparado ao da parcela do documento que versará sobre dados não sensíveis.

O consentimento, seja relativo a dados sensíveis ou não, nunca pode ser excessivamente genérico (§4º do art. 8º). O consentimento genérico equivale à nulidade do consentimento, assim como nulos serão também os consentimentos realizados de modo enganoso ou abusivo (§1º do art. 9º).

De modo mais amplo, o consentimento é guiado pelos princípios da LGPD. Assim, dirige-se a simbolizar que o titular, compreendendo quais dos seus dados serão tratados, autoriza o controlador/operador a realizar certas ações de tratamento para uma ou mais finalidades, em certo intervalo de tempo. O compartilhamento e a transferência de dados para terceiros também devem ser objeto de consentimento, o qual pode ser realizado de forma contemporânea ou posterior à coleta do consentimento para tratamento de dados original. A mudança da finalidade, do tempo ou do compartilhamento dos dados exige novo ato de consentimento do titular.

Para mais, o ato de consentimento deve estar refletido em alguma forma (documento, áudio, vídeo etc.), tal como impõe o *caput* do art. 8º. Em sendo por escrito, caso não esteja em um documento próprio (um termo de consentimento de tratamento de dados), deverá ter destaque no instrumento que estiver inserido (§1º do art. 8º).

Verticalizando o consentimento para a pesquisa clínica, há de se ter em mente, portanto, que o titular dos dados, ao anuir com sua participação na pesquisa clínica, deve também concordar com a forma de tratamento que os dados de sua titularidade irão receber. É certo que, recebendo influxos das normas que regulam a pesquisa clínica, certos temas não podem sequer ser objeto de anuência do titular. Principal exemplo é a confidencialidade e o sigilo de sua identidade. A exposição do participante/titular, por meio de seus dados, é expressamente vedada no âmbito da pesquisa clínica.

4 A dispensa de consentimento do titular para as hipóteses em que o tratamento dos dados ocorrer por "órgão de pesquisa"

Àquilo que interesse a este artigo, a hipótese principal para dispensa de consentimento está prevista no inc. IV do art. 7º da LGPD, cujo conteúdo é complementado pela alínea "c" do inc. II do art. 11. Anota-se de forma objetiva que o tratamento de dados realizado por "órgão de pesquisa" dispensa o consentimento do titular, *garantida, sempre que possível, a anonimização dos dados pessoais sensíveis*.

Nem toda instituição que realiza pesquisas foi definida na LGPD como "órgão de pesquisa". Basta considerar, como se extrai das definições da LGPD (art. 5º, inc. XVIII),[4] que instituições de pesquisa com finalidade lucrativa não foram enquadradas nesse conceito. Essas, portanto, para tratar os dados dos titulares, necessitam sempre do consentimento.

Os que se encontram no conceito referido devem ser pessoas jurídicas, que compõem a Administração Pública de forma direta ou indireta, bem como as de direito privado sem finalidade lucrativa e que: tenham sede e foro no país, sejam regidas pelas leis brasileiras e tenham a pesquisa (básica ou aplicada de caráter histórico, científico, tecnológico ou estatístico) em seu objeto estatutário.

Esses "órgãos de pesquisa" podem tratar dados sem consentimento do titular. Entretanto, ficam com uma primeira missão voltada à anonimização dos dados. O dado anonimizado, tal como disciplina o art. 12 da LGPD, não é submetido ao regramento restritivo da LGPD. Dessa forma, a diferença prática é que os "órgãos de pesquisa" podem realizar os primeiros atos de tratamento (especificamente a coleta) sem o consentimento do titular, devendo, após isso, realizar esforços para anonimizá-los. Já as demais pessoas que realizam pesquisas deverão buscar o consentimento do titular antes mesmo da coleta. Caso consigam tornar os dados coletados anônimos, poderão deles se valer para quaisquer finalidades lícitas, uma vez que tais dados deixam de ser tutelados pela LGPD.

A norma também deixa claro que os "órgãos de pesquisa" poderão seguir tratando os dados dos titulares, mesmo sem a anonimização, desde que demonstrem a impossibilidade de anonimizá-los. Essa impossibilidade não precisa ser necessariamente fática. Ou seja, meios excessivamente custosos ou que demandem trabalhos num longo espaço de tempo podem se revelar como justificativas suficientes para a não realização da anonimização. O que é importante, a revelar a rejeição de tornar os dados anonimizados, é a demonstração de um ônus excessivo à finalidade à qual a pesquisa se destina.[5]

---

4 Órgão de pesquisa: órgão ou entidade da Administração Pública direta ou indireta ou pessoa jurídica de direito privado sem fins lucrativos legalmente constituída sob as leis brasileiras, com sede e foro no país, que inclua em sua missão institucional ou em seu objetivo social ou estatutário a pesquisa básica ou aplicada de caráter histórico, científico, tecnológico ou estatístico.

5 A Autoridade Nacional de Proteção de Dados manifestou-se nesse sentido, inclusive: "59. A leitura mais adequada – e que decorre, em especial, do uso da expressão 'sempre que possível' tanto nos arts. 7º e 11 quanto nos arts. 13 e 16 – é a de que a LGPD optou por um modelo mais flexível, que busca equilibrar a proteção de dados pessoais com as peculiaridades e os propósitos de realização dos mais diversos estudos e pesquisas.

5 Anonimização e pseudonimização de dados

A LGPD afasta a incidência de seus dispositivos para os dados anonimizados. É que, uma vez que o dado não se refere a determinado(s) indivíduo(s), sua utilização não está mais a violar a intimidade de ninguém. Daí a premissa pela qual o dado anonimizado não é um dado por ela protegido. A LGPD se preocupa, portanto, com o processo realizado no ambiente do controlador voltado para a anonimização desses dados. Mas, a norma deixa claro que não se está diante de um processo que faticamente elimina qualquer chance de inversão do processo, de modo a sempre garantir que o dado anonimizado nunca revelará por processos reversos a qual indivíduo se refere. O art. 12 apresenta duas condições em que os processos de anonimização não serão aceitos. A que é a relevante ao presente artigo[6] é quando a reversão puder ser feita internamente pelo próprio controlador que cuidou da anonimização. Ou seja, se o caminho utilizado para tornar os dados anonimizados puder ser refeito de trás para frente pelo "anonimizador", o dado não será assim considerado. Esse dado, entretanto, poderá ser considerado "pseudonimizado" pois há uma separação do dado em relação ao titular, derivada de um processo de armazenamento distinto, mas reversível.

---

60. Segundo esse modelo, cabe aos próprios agentes de tratamento definir e adotar as medidas de prevenção e segurança apropriadas para a proteção de dados pessoais em cada contexto, sempre mediante a adoção de esforços razoáveis e das técnicas disponíveis à época do tratamento, considerando, ainda, a natureza da pesquisa realizada, os riscos para os titulares e os padrões éticos aplicáveis. Importante enfatizar que pesquisadores e respectivas instituições têm o dever de realizar o tratamento de dados pessoais com boa-fé, observadas a finalidade específica de realização de estudos e pesquisas e a confidencialidade dos dados pessoais utilizados, conforme o caso. Estudo técnico. A LGPD e o tratamento de dados pessoais para fins acadêmicos e para a realização de estudos por órgão de pesquisa" (Disponível em: https://www.gov.br/anpd/pt-br/assuntos/noticias/sei_00261-000810_2022_17.pdf. Acesso em: 12 fev. 2024).

[6] A segunda alternativa se revela quando a reversão puder ser feita por outros meios, os quais sabidamente são reconhecidos como tecnologias disponíveis. Dessa hipótese, deriva um dever de precaução do controlador ou operador que pretender anonimizar dados. Será sempre necessário fazer um mapeamento de riscos, a bem de identificar as tecnologias existentes à época da anonimização e demonstrar que seu processo está contra elas precavido. Mais do que isso, deverá realizar atualizações periódicas em sua matriz de riscos, voltadas a mapear novas tecnologias e delas também se precaver. Ainda, no trabalho de matriz de riscos, a precaução, tal como indica o §1º do art. 12, não necessita ser extrema a todas as hipóteses. O dispositivo apresenta um critério de razoabilidade, pelo qual os fatores tempo e custo são indicadores da vulnerabilidade do processo de anonimização. Dessa maneira, se a utilização de determinada tecnologia for excessivamente custosa ou demandar grande número de horas para reverter a anonimização, a blindagem contra essa tecnologia não precisará ser infalível. Trata-se de uma lógica de custo-benefício, pela qual o tempo ou o custo da reversão, comparados ao proveito da descoberta do indivíduo-origem dos dados, desestimularão a tentativa.

A pseudonimização é autorizada pela LGDP (art. 13), exclusivamente, para estudos de saúde pública realizados pelos "órgãos de pesquisa" que demandem acesso a banco de dados. Em resumo, dados constantes em bases de instituições de saúde (públicas ou privadas) podem ser tratados por órgãos de pesquisa sem consentimento do titular. Entretanto, havendo necessidade de compartilhamento, os estudos de saúde devem estar vinculados a determinada política pública, assim definida em lei ou regulamento (*vide* art. 11, inc. II, alínea "b").

A pseudonimização é a alternativa do meio entre um dado anonimizado e não anonimizado. O legislador a elegeu como uma hipótese que é capaz de, em certos níveis, preservar a intimidade e a privacidade do titular, sem que essa proteção tenha por consequência a inviabilidade da produção de determinado conhecimento e/ou tecnologia.

Para poder realizar pesquisas com método de pseudonimização, os "órgãos de pesquisa" deverão criar regulamentos próprios para a preservação desses dados, especificamente voltados à proteção da intimidade e privacidade do titular. Para dados pseudonimizados, tanto o compartilhamento quanto a transferência são vedados, com exceção dos dados utilizados em pesquisa pública vinculada à política pública. Além disso, o resultado dos estudos e pesquisas nunca poderá revelar a titularidade dos dados.

6 O banco de dados e o dilema envolvendo a LGPD na pesquisa clínica

Do todo aqui dito, já é possível deduzir qual o principal dilema no entrelace das normas relativas à proteção de dados e ética em pesquisa clínica. Já que raras as hipóteses nas quais o participante de pesquisa, na condição de titular, não irá anuir com o tratamento de seus dados para os fins propostos na pesquisa clínica, a questão é a seguinte: uma vez que esses dados forem tratados por "órgãos de pesquisa", poderão ser utilizados para outras pesquisas, mesmo sem o consentimento do titular? Ou, ainda, os dados de titulares colhidos quando da prestação de serviços de saúde podem ser utilizados, sem seu consentimento, para a realização de pesquisa?

A questão ganha contornos pitorescos, quando se conhece a história da célula "HeLa", muito bem relatada por Renata Rothbarth:

> Em 1951, Henrietta Lacks foi diagnosticada com câncer cervical, vindo a falecer após oito meses de tratamento. Não obstante, suas células, de codinome "HeLa", continuam vivas até hoje. O médico [...] utilizou

> as células extraídas de Henrietta antes e depois de sua morte para desenvolver a primeira linhagem de células cultivadas fora do corpo humano. Entusiasmado com o sucesso do seu experimento, passou a enviar amostras da cultura celular para seus colegas pesquisadores e universidades mundo afora.
>
> Desde então, diversos laboratórios com e sem finalidade lucrativa passaram a produzir células HeLa em larga escala, o que deu início a uma indústria multibilionária de materiais biológicos humanos comercializados para finalidade de pesquisa. Sua linhagem de células contribuiu para diversos avanços científicos no campo da biologia e da medicina, como o desenvolvimento de medicamentos e vacinas, no estudo da AIDS, na evolução das técnicas de fertilização *in vitro* e no sequenciamento do genoma humano – sendo contemplada em mais de 75.000 pesquisas publicadas. [...]
>
> Embora seja razoável argumentar que, na realidade de 1950, as discussões envolvendo autonomia do paciente ainda estivessem rompendo a superfície e o consentimento não gozasse de previsão regulatória, em 2013, pesquisadores europeus anunciaram o sequenciamento do genoma de Henriqueta e divulgaram seus dados genéticos on-line, violando a privacidade não só da paciente como, potencialmente, também dos seus descendentes – novamente, sem o consentimento dos familiares.[7]

É certo que a cultura celular não se constitui um dado, à luz do que a LGPD disciplina. Mas aquilo que se viu acontecer com a célula "HeLa" provavelmente aconteceu com infindáveis dados de titulares (anonimizados ou não). Dito isso, é de se saber se o regime jurídico atual irá permitir que o modelo "HeLa" seja parâmetro para utilização por "órgãos de pesquisa".

A pergunta inicial desse tópico merece, à luz dessas reflexões, ser dividida em outras três, todas partindo da premissa da ausência de consentimento expresso, a saber:

- É possível a utilização de dados de titular pelo "órgão de pesquisa" que realizou a coleta, para outras pesquisas que venha a realizar?
- É possível o compartilhamento e transferência desses dados entre o órgão de pesquisa responsável pela coleta com outros "órgãos de pesquisa"?
- É possível que haja a monetização a partir de dados, por "órgãos de pesquisas"?

---

7 ROTHBARTH, Renata. Monetização de dados de saúde à luz da LGPD: interpretação do artigo 11, §3º. *In*: DALLARI, Analluza Bolivar; MONACO, Gustavo Ferraz de Campos. *LGPD na saúde*. São Paulo: Thompson Reuters Brasil, 2021. p. 289.

Quanto à primeira questão, parece certo que os dados coletados para determinada pesquisa podem ser utilizados em outras, quando conduzidas pelo mesmo "órgão de pesquisa". Há expressa dispensa de consentimento nesse sentido, tal como se retira da já referida alínea "c" do inc. II do art. 11 da LGPD. É certo, no entanto, que o órgão de pesquisa haverá de realizar todos os esforços para anonimizar esses dados.

No que concerne ao compartilhamento de dados, em razão do contido no art. 13 da LGPD, todos os órgãos de pesquisa poderão ter acesso a outros bancos de dados, seja de outros órgãos de pesquisa, seja de instituições prestadoras de serviços de saúde. O acesso a esses dados há de se voltar a *estudos em saúde pública conectados à específica política pública,* primando-se pela anonimização ou pseudonimização dos dados tratados.

A terceira questão tem resposta negativa. Órgãos de pesquisa, no exercício dessa função, não poderão monetizar os dados que tratarem, enquanto sobre eles houver titularidade. É que o §4º do art. 11 da LGPD limita a possibilidade de monetização (que significa a venda a terceiro do dado protegido pela LGPD) às hipóteses de *prestação de serviços de saúde, de assistência farmacêutica ou de assistência à saúde,* não estando a pesquisa clínica incluída nesse rol. Nada obstante, os dados que forem anonimizados, como já se viu, deixam de sofrer o influxo da LGPD, podendo esses ser objeto de monetização.

Referências

DADALTO, Luciana; COSTA, Beatriz Silva; ROYO, Mayara Medeiros. Bioética e integridade científica nas pesquisas clínicas sobre Covid-19. *Revista Bioética,* Brasília, v. 28, n. 3, p. 418-425, jun./set. 2020.

ROTHBARTH, Renata. Monetização de dados de saúde à luz da LGPD: interpretação do artigo 11, §3º. *In*: DALLARI, Analluza Bolivar; MONACO, Gustavo Ferraz de Campos. *LGPD na saúde*. São Paulo: Thompson Reuters Brasil, 2021. p. 289-302.

SILVA, Marlene Alves da; AVOGLIA, Hilda Rosa Capelão; ROSA, Helena Rinaldi; VILLAS BÔAS; Eliéte Ferreira. Banco de dados de saúde e pesquisa: prós e contras da LGPD. *In*: DALLARI, Analluza Bolivar; MONACO, Gustavo Ferraz de Campos. *LGPD na saúde*. São Paulo: Thompson Reuters Brasil, 2021. p. 279-288.

Informação bibliográfica deste texto, conforme a NBR 6023:2018 da Associação Brasileira de Normas Técnicas (ABNT):

GUIDI, Silvio. Pesquisa clínica e LGPD. *In*: PIRONTI, Rodrigo (Coord.). *Lei Geral de Proteção de Dados no setor público*. 2. ed. Belo Horizonte: Fórum, 2024. p. 487-498. ISBN 978-65-5518-731-1.

A FUNÇÃO DO ESTADO NA PROTEÇÃO DE DADOS PESSOAIS NO CONTEXTO DE INVESTIGAÇÃO CRIMINAL E SEGURANÇA PÚBLICA

SÓLON CÍCERO LINHARES

LUIZ HENRIQUE CARDELLI

1 Introdução

Em um mundo globalizado, em que a informação se mostra tão valiosa quanto o petróleo (ou ainda mais), o sujeito que a detém pode utilizá-la tanto para revolucionar para o bem da coletividade quanto para práticas abusivas de mercado ou até para o cometimento de crimes.[1]

Neste contexto, não pode mais o legislador adiar a elaboração de um instrumento capaz de regular o tratamento[2] dos dados pessoais

---

1 Neste contexto, a globalização é entendida nos termos trazidos por COSTA, José Faria. *O Fenômeno da Globalização e o Direito Penal Econômico* – Direito Penal Econômico e Europeu: Textos Doutrinários. Coimbra Editora. 2009. p. 95. "Quando se fala em globalização, os primeiros segmentos da realidade que afloram ao nosso espírito prendem-se, indesmentivelmente, com o mercado financeiro e ainda com a informação. Em primeiro lugar, a tecnologia (informática), que permitiu, através de um hardware, cada vez mais barato, que a informação circulasse em tempo real e se espalhasse em rede à qual potencialmente "todos" os cidadãos do mundo podem ter acesso. Em segundo lugar, a própria natureza volátil das matérias que se consideram, seja o mercado financeiro, seja a própria informação".

2 O art. 5º, X, da LGPD conceitua tratamento como toda operação realizada com dados pessoais, como as que se referem à coleta, produção, recepção, classificação, utilização, acesso, reprodução, transmissão, distribuição, processamento, arquivamento, armazenamento, eliminação, avaliação ou controle da informação, modificação, comunicação, transferência, difusão ou extração.

e proteger os direitos fundamentais de liberdade e de privacidade e o livre desenvolvimento da personalidade da pessoa natural.

Assim, foi promulgada em 14 de agosto de 2018 a Lei nº 13.709 – Lei Geral de Proteção de Dados Pessoais (LGPD). Com ela, criou-se grande expectativa acerca dos impactos para o cenário jurídico brasileiro. Associada a isto, sua vigência também gerou controvérsias acerca dos desdobramentos cíveis e administrativos.

A discussão acerca do poder que os dados trazem ao detentor se mostra ainda maior quando o possuidor das informações é o próprio Estado no exercício de suas competências, mais em específico, aquelas relacionadas à segurança pública, investigação criminal e ao próprio poder de polícia.

Este contexto conexo de proteção de dados individuais, segurança pública e investigação criminal vem sendo recorrentemente tratado por juristas, ante a grande relevância que tem se apresentado.

Em julho de 2020, em evento on-line realizado na Câmara dos Deputados, ocorreu o Seminário Internacional sobre Proteção de Dados Pessoais, com o fim de debater ideias e buscar enfrentar os desafios de tratar dados pessoais e segurança.[3]

No evento, os juristas defenderam a proteção dos dados individuais e debateram temas como segurança pública e investigação criminal, ocasião em que foram apresentadas ideias para tratar dados pessoais e segurança de maneira proporcional e eficiente, preservando os direitos dos cidadãos.

Assim sendo, mostra-se imperioso que um ponto tão sensível como os dados pessoais seja objeto de tutela da norma penal, uma vez que o poder que é conferido àquele que detém os dados pessoais é imensurável.

Diante disto, urge a necessidade de estabelecer um conjunto normativo com mecanismos de investigação aptos a garantir uma persecução penal eficiente, contra uma criminalidade evoluída, mas também que assegure um mínimo de proteção aos direitos e garantias individuais do cidadão, possibilitando assim uma política eficaz de prevenção e contenção de crimes, salvaguardando os interesses individuais e coletivos de segurança, tutelados pelo Estado.[4]

---

3 Disponível em: https://www.youtube.com/watch?v=MtdimWUnUy8. Acesso em: 24 out. 2020.

4 Disponível em: https://feed.itsrio.org/caminhos-para-a-prote%C3%A7%C3%A3o-de-dados-pessoais-na-seguran%C3%A7a-p%C3%BAblica-e-investiga%C3%A7%C3%A3o-criminal-li%C3%A7%C3%B5es-do-595027052636. Acesso em: 20 out. 2020.

Isto posto, torna-se necessário, uma análise legal, jurisprudencial e doutrinária acerca do dever do Estado na proteção dos dados pessoais, estabelecendo ponderações e limites quanto aos interesses jurídicos do Estado, em um contexto de persecução criminal e de segurança pública.

2 O conceito de dados pessoais e o bem jurídico tutelado pela Lei Geral de Proteção de Dados (LGPD)

Para que seja possível definir a relevância dos dados pessoais em um contexto de políticas de segurança pública e investigação criminal, mostra-se prudente apontar com clareza o que são dados pessoais e qual é o bem jurídico tutelado pela LGPD, para que assim se possa estabelecer as diretrizes para sua proteção.

O art. 1º da LGPD traz como objeto o tratamento de dados pessoais por pessoa natural ou por pessoa jurídica de direito público ou privado. Já o inciso I do art. 5º traz a definição de dados pessoais, como sendo quaisquer informações que identifiquem ou tornem identificáveis uma pessoa natural, de maneira direta ou indireta, como endereço, e-mail, identidade, CPF, dados de localização, endereço de IP (protocolo de internet) e etc.[5]

O modelo brasileiro segue o disposto no art. 2º, a) da Diretiva 95/46/CE do Parlamento Europeu e do Conselho, de 24 de outubro de 1995, relativa à proteção das pessoas singulares no que diz respeito ao tratamento de dados pessoais e à sua livre circulação.[6]

O referido diploma narra que os dados pessoais são quaisquer informações relativas a uma pessoa singular identificada ou identificável. O artigo complementa que é considerado identificável todo aquele que possa ser identificado, direta ou indiretamente, nomeadamente por referência de um número de identificação ou a um ou mais elementos específicos da sua identidade física, fisiológica, psíquica, econômica, cultural ou social.

---

5 Disponível em: https://www.federasul.com.br/wp-content/uploads/2019/01/Comiss%C3%A3o-Especial-da-Lei-Geral-de-Prote%C3%A7%C3%A3o-de-Dados-LGPD-1.pdf. Acesso em: 24 out. 2020.

6 Diretiva 95/46/CE. Artigo 2º, a) «Dados pessoais», qualquer informação relativa a uma pessoa singular identificada ou identificável («pessoa em causa»); é considerado identificável todo aquele que possa ser identificado, directa ou indirectamente, nomeadamente por referência a um número de identificação ou a um ou mais elementos específicos da sua identidade física, fisiológica, psíquica, económica, cultural ou social.

O *General Data Protection Regulation*, instituído pelo Regulamento (UE) 679/2016, que substituiu a Diretiva Europeia 95/46/CE, manteve tal conceituação para o que seriam dados pessoais.

Em redação semelhante à disposta ao Regulamento (UE) 679/2016, a LGPD trouxe a classificação daquilo que seriam dados sensíveis. Para a lei, dado pessoal sensível é todo aquele de origem racial ou étnica, convicção religiosa, opinião política, filiação a sindicato ou a organização de caráter religioso, filosófico ou político, dado referente à saúde ou à vida sexual, dado genético ou biométrico, quando vinculado a uma pessoa natural.

Dito isto, a pesquisa passará a diferenciar o objeto da Lei Geral de Proteção de Dados do disposto no art. 5º, XII, da Constituição Federal – que trata sobre o direito ao sigilo e privacidade – e identificar o bem jurídico tutelado.

Inicialmente, o modelo de proteção de dados buscou transferir o foco para o operador,[7] para que ele garantisse a segurança dos dados com *accountability* e transparência.

Carloni nos diz que:

> Ao invés de focarmos no local onde os dados serão armazenados e processados (ou seja, no país considerado "adequado", o que não dá reais garantias de segurança e iria contra o fluxo de dados que já ocorre cotidianamente), o que os acadêmicos que estudam o assunto sugerem é a transferência do foco para (i) o operador do serviço, para que ele garanta a segurança dos dados com *accountability* e transparência, e para (ii) as tecnologias capazes de proteger dados como padrão (o chamado "privacy by *design*"). Ou seja, a ideia é a sempre permissão da transmissão internacional dos dados como regra, independente do país para o qual ocorra a transferência seja considerado adequado ou não (já que não podemos fugir do "status quo" gerado pela internet e computação em nuvem), transferindo assim a responsabilidade pelo respeito às demais regras de proteção de dados aos responsáveis pelo tratamento de dados.[8]

---

[7] Art. 5º, V, conceitua como titular "toda pessoa natural a quem se referem os dados pessoais que são objeto de tratamento"; o inciso VII estabelece que o "operador é pessoa natural ou jurídica, de direito público ou privado, que realiza o tratamento de dados pessoais em nome do controlador".

[8] PENSANDO O DIREITO. Consulta Pública do Anteprojeto de Lei de Proteção de Dados Pessoais. Disponível em: http://pensando.mj.gov.br/dadospessoais/texto-em-debate/anteprojeto-de-lei-para-a-protecao-de-dados-pessoais/. Acesso em: 2 nov. 2020.

Assim sendo, o operador é incumbido pela norma de tratar os dados conforme a lei.

A lei ainda confere o poder do titular dos dados de gerenciar o que fazem com as informações, ou seja, seu objetivo é proteger o direito de autodeterminação informacional.[9]

Em outras palavras, é o direito do cidadão saber quais de seus dados são disponibilizados, o que fazem com eles e, principalmente, que pessoa tem acesso.

Isto também está diretamente ligado ao direito de liberdade pessoal de tomar decisões, que permite que a pessoa tutelada possa escolher o que podem ou não fazer com os seus dados.[10]

Letícia Antunes Tavares e Bruna Acosta Alvarez afirmam que:

> Em suma, pode-se dizer que a proteção mais abrangente dos dados pessoais visa, além de remediar injustiças dos regimes totalitaristas do passado como apontado no capítulo anterior, promover o comércio eletrônico, por meio de criação de regras uniformes e, principalmente, proteger a expectativa dos cidadãos em relação à privacidade de seus dados pessoais.[11]

As autoras ainda relatam que a atividade empresarial é completamente dependente da informação, pois quanto maior a quantidade de dados pessoais recolhidos, mais fortes são as condições de concorrência, ou seja, quanto mais o consumidor entende, maior é a possibilidade de venda de produtos ou serviços.[12]

A proteção a este direito se mostra vital no mundo globalizado, uma vez que o conhecimento e a informação gerenciam praticamente todas as áreas, principalmente as atividades econômicas e sociais.

---

9 Leonardo Martins narra que o direito à autodeterminação informacional consiste no "direito que cabe a cada indivíduo de controlar e de proteger os próprios dados pessoais, tendo em vista a moderna tecnologia e processamento de informação".
MARTINS, Leonardo (Org.). *Cinquenta anos de jurisprudência do Tribunal Constitucional Federal Alemão*. Montevidéu: Fundação Kontad Adenauer, 2005, p. 233-235.

10 RUARO, R. L.; RODRIGUEZ, Daniel Piñeiro. O Direito à proteção de Dados Pessoais na Sociedade da Informação. *Direito, Estado e Sociedade* (Impresso), v. 36, p. 178-199, 2010.

11 TAVARES, L. A.; ALVAREZ, B. A. Da proteção de dados pessoais: uma análise comparada dos modelos de regulação da Europa, dos Estados Unidos da América e do Brasil. *In:* ONODERA, Marcus Vinicius Kiyoshi; FILIPPO, Thiago Baldani Gomes de (Org.). *Brasil e EUA*: Temas de Direito Comparado. 1. ed. São Paulo: Escola Paulista da Magistratura, 2017, v. , p. 157-205.

12 *Idem*.

Pode-se dizer que aquele que detém as informações consegue controlar todas as ações de mercado e até mesmo as pessoas proprietárias dos dados.

Cumpre destacar que as informações não são apenas poderosas nas mãos do privado que almeja lucro, mas o tratamento dos dados pessoais de forma incontrolada mostra-se temeroso inclusive quando o sujeito detentor das informações é o próprio Estado.

Vale aqui ressaltar o estudo realizado pela Presidência dos Estados Unidos da América que apontou que a concentração dos dados pessoais aumenta o potencial de poder do governo.[18]

Deste modo, torna-se inquestionável que a violação do direito de autodeterminação informacional necessita de uma proteção normativa.

Assim sendo, com a definição do bem jurídico tutelado, é possível ponderar, à luz dos princípios constitucionais penais, que se mostra razoável e necessária a intervenção penal para a proteção desses dados pessoais.

Adiante, será tratada a importância da tutela penal para salvaguardar os interesses dos cidadãos, bem como a importância que o tema vem carregando no Direito Comparado.

3 A relevância dos dados pessoais no contexto da criminalidade de *powerful*

O surgimento da Internet é considerado um dos maiores avanços da história da humanidade, pois permite a troca simultânea de informações e a produção de conhecimento em etapas inimagináveis. Como parte do processo de globalização, este fenômeno trouxe mudanças tremendas em diferentes áreas da sociedade, desencadeando uma verdadeira revolução na vida pessoal e na forma de interação entre as pessoas.

Na sociedade da informação,[13] as relações intersubjetivas, a educação, o trabalho e os negócios são desenvolvidos no espaço virtual, em outras palavras, quase todas as atividades humanas podem ser exercidas por meio da infraestrutura técnica da rede mundial de computadores.[14]

---

13 Pierre Levy nos ensina que a sociedade de informação ou sociedade do conhecimento seria fruto do conjunto de todos os impactos sócio-técnico-culturais da investigação, da inovação e do desenvolvimento científico e tecnológico digital. Todos estes fatores teriam propiciado as novas configurações sociais, que são próprias da atual cultura digital.

14 JAQUES, A. S.; SILVEIRA, V. O. Teledemocracia e cidadania na era das tecnologias: O príncipe eletrônico e o poder de influência das mídias sociais no processo eleitoral. *Revista em Tempo* (on-line), v. 19, p. 1984, 2020.

Jânia Maria Lopes Saldanha[15] narra que estamos diante de uma sociedade em situação nunca antes vivenciada.

> Que não apenas se espalha com uma velocidade fulgurante mas que se sofistica no que diz respeito à desterritorialização e destemporalização das informações, comunicações e registro de dados. Esse cenário de "des" mostra que não estão em jogo e em tensão apenas interesses ligados ao desenvolvimento econômico e às liberdades fundamentais. Emerge um problema geoeconômico diante dos desafios em identificar a legislação aplicável, os atores responsáveis e os graus de responsabilidades.

Infelizmente, esta tendência está afinada com a criminalidade do século XXI, que vem se adaptando à realidade virtual e se tornando um grande obstáculo à segurança pública e às políticas criminais, pondo em dúvida a eficácia dos atuais instrumentos normativos para o combate à criminalidade, principalmente quando se trata da criminalidade transnacional.[16]

Linhares e Cardelli apontam que:

> é aceitável dizer que a economia e a tecnologia têm caminhado juntas a uma evolução imensurável, trazendo a este século benefícios e vantagens, como transposição de fronteiras, facilidade no acesso a informações, movimentações bancárias, entre outras, benéficas, que impulsionam o desenvolvimento socioeconômico. Contudo, diante destes instrumentos, criminosos enxergam meios de desvirtuar o caminho lícito dessas tecnologias a fim de auferir lucros exorbitantes.[17]

---

15 SALDANHA, Jânia Maria Lopes. Qual direito para os dados pessoais em tempos de Big data? Disponível em: http://justificando.cartacapital.com.br/2015/03/16/qual-direito-para-os-dados-pessoais-em-tempos-de-big-data/. Acesso em: 2 nov. 2020.

16 ESER, Albin. Medidas nacionais e transnacionais contra a impunidade da criminalidade amparada pelo Estado e de crimes internacionais: conclusões de política jurídica a partir de um projeto comparado sobre a justiça de transição. *In:* AMBOS, Kai; BÖHM, María Laura (Coord.). *Desenvolvimentos atuais das* ciências criminais na Alemanha. 1. ed. Brasília, DF: Gazeta Jurídica, 2013. p. 155.

17 LINHARES, S. C.; CARDELLI, L. H. O confisco alargado de bens como instrumento frente à criminalidade transnacional. *Revista Jurídica da Procuradoria Geral do Distrito Federal*, v. 41, p. 121-142, 2016.

Destacam-se neste plano os crimes *powerful*[18] ou outros que são facilitados quando praticados pela internet e quando o sujeito detém uma grande base de dados.[19]

É contra o pano de fundo de mudanças e transformações conceituais que as costuras jurídicas tentam moldar seus instrumentos de tutela nas condições instáveis que a sociedade da informação sempre proporciona. Esse desafio também inclui a configuração precisa dos danos que existem nas violações de dados pessoais, a diferença entre elas e a privacidade, e o nível de necessidade para ser eficaz no Brasil.[20]

Hoje, esse cenário tecnológico, perfeitamente alicerçado à fácil obtenção de dados, constitui um ambiente favorável tanto à macro quanto à microcriminalidade, que podem obter vantagens inimagináveis com a coleta e utilização de dados pessoais.

No entanto, é necessário estar ciente dos riscos de autoritarismo e violação, não só para proteger os direitos de nível individual (proteção de dados pessoais e privacidade), mas também estar ciente das garantias insolúveis fornecidas pelos países democráticos sob o regime de lei.

4 A importância dos dados pessoais para a investigação criminal e políticas de segurança pública

É inquestionável a relevância dos dados pessoais no auxílio de investigações e programas de segurança pública.

---

[18] Para um aprofundamento sobre o tema delitos de *powerless* e *powerful*, cf. RODRÍGUEZ, Javier Llobet. La corrupción pública como parte de la criminalidad de los poderosos. *Revista Digital de la Maestría en Ciencias Penales*, RDMCP-UCR, n. 6, 2012. Segundo Javier *powerful* são delitos que têm regulação legal insuficientemente assentada ou que a dogmática se encontra em fase de elaboração, de estudo. A seu turno, delitos de *powerless* são os crimes do modelo clássico do Direito Penal, daquela dogmática já assentada, pacífica. Daí que se produza uma mudança significativa quanto ao modelo de delito que serve de referência à construção dogmática: em lugar do homicídio do autor individual, trata-se, por exemplo, de constatar atos de corrupção realizados por uma empresa privada ou pública ou em detrimento desta. Nesta senda, recentemente trazendo a lição de Roxin a respeito de uma maior intensidade do controle social e dos mecanismos invasivos de investigação, vide SÁNCHEZ RIOS, Rodrigo. Prefácio à obra. *In*: HIDEO HAYASHI, Felipe Eduardo. *Corrupção*: combate transnacional, *compliance* e investigação criminal. Rio de Janeiro: Lumen Juris, 2015, p. 5.

[19] LINHARES, S. C. *Confisco de Bens* – uma medida penal com efeitos civis contra a corrupção sistêmica. 1. ed. São Paulo: Revista dos Tribunais, 2016. v. 1. 228p.

[20] LINHARES, S. C. *Confisco de Bens* – uma medida penal com efeitos civis contra a corrupção sistêmica. 2. ed. São Paulo: Revista dos Tribunais, 2019. 279p.

Pedro Abdanur[21] destaca que o atual alicerce da segurança pública no Brasil não pode se restringir a soluções focadas em instrumentos defasados, as quais são calcadas na repressão e na intimidação, mas sim concretizados por políticas de segurança pública que demonstram estar cada vez mais eficazes.

Entretanto, em que pese ainda não fixado como elemento essencial para investigação e prevenção de crimes e até mesmo nas políticas de segurança pública, a utilização de dados para este fim vem se consolidando ao longo dos anos.

Traçando em linha cronológica a manipulação de dados utilizados na investigação e repressão de infrações penais, temos inicialmente a Lei nº 12.037/09, que dispõe sobre a identificação criminal do civilmente identificado, criando também o banco de dados de perfis genéticos para auxiliar na descoberta de infrações penais.[22]

Dentre outras hipóteses previstas em lei, destaca-se o disposto no art. 3º, IV, que narra que poderá ocorrer a identificação por meio da base de dados quando a identificação criminal for essencial às investigações policiais, mediante decisão judicial, que decidirá de ofício, ou mediante representação da autoridade policial, do Ministério Público ou da defesa.[23]

Na sequência, temos a Lei nº 12.654/12, que alterou a Lei nº 7.210/84 – Lei de Execução Penal, prevendo a coleta de perfil genético como forma de identificação criminal.[24]

A Lei nº 12.965/14 – Marco Civil da Internet estabeleceu condutas elementares ao tratamento de dados, determinando que os dados de conexão à internet de todos os usuários no país sejam armazenados

---

[21] SANTOS, Pedro Abdanur Mendes dos; SANTOS, Maria Helena Abdanur Mendes dos; CARDELLI, Luiz Henrique. Entre balas perdidas e políticas desorientadas: uma análise crítica acerca das bases da segurança pública no Brasil. *In:* ANJOS, Alexsandro dos; ALTHAUS, Bruno Margraf; COSTA, Igor Sporch da (Org.). *30 anos de Constituição para quem?* 1. ed. Porto Alegre: Editora Fi, 2019, v. , p. 453-473.

[22] BRASIL. Lei nº 12.037, de 1º de outubro de 2009. Dispõe sobre a identificação criminal do civilmente identificado, regulamentando o art. 5º, inciso LVIII, da Constituição Federal. Disponível em: http://www.planalto.gov.br/ccivil_03/_ato2007-2010/2009/lei/l12037.htm.

[23] Art. 3º Embora apresentado documento de identificação, poderá ocorrer identificação criminal quando: (...) IV – a identificação criminal for essencial às investigações policiais, segundo despacho da autoridade judiciária competente, que decidirá de ofício ou mediante representação da autoridade policial, do Ministério Público ou da defesa.

[24] BRASIL. Lei nº 12.654, de 28 de maio de 2012. Altera as Leis nºs 12.037, de 1º de outubro de 2009, e 7.210, de 11 de julho de 1984 – Lei de Execução Penal, para prever a coleta de perfil genético como forma de identificação criminal, e dá outras providências. Disponível em: http://www.planalto.gov.br/ccivil_03/_ato2011-2014/2012/lei/l12654.htm.

pelo prazo de um ano. Também determinou que os registros de acesso fossem guardados pelo prazo de seis meses, de modo que seja possível identificar a autoria de crimes praticados pela *web*.[25]

Por último, recentemente publicada, temos a Lei nº 13.964/19 – Pacote Anticrime, que tratou dos bancos de perfis genéticos e do banco nacional de perfil balístico.[26]

Como visto, o tratamento dos dados na matéria de Direito Penal, Processo Penal e Segurança Pública já vem sendo regulamentado de longa data.

A interação digital por meio das tecnologias informacionais e sua capacidade de cruzar informações em tempo real, ligar diversos polos do mundo simultaneamente e possibilitar imediata comunicação entre pessoas, sem dúvidas pode conferir ao Estado os instrumentos necessários tanto para a persecução penal quanto para a criação de políticas públicas de repressão e prevenção de crimes.

Todavia, em que pese a LGPD não ter trazido em seu bojo a tipificação de condutas, ou elementos de segurança pública e investigação criminal, a lei reservou o tratamento de dados pessoais previsto à legislação específica, que deverá prever medidas proporcionais e estritamente necessárias ao atendimento do interesse público, devendo para isto observar o devido processo legal, os princípios gerais de proteção e os direitos do tutelado pela Lei, dentre eles, a aplicação de medidas proporcionais e estritamente necessárias ao atendimento do interesse público.[27]

Conforme anteriormente mencionado, ocorreu aqui no Brasil o Seminário Internacional da Comissão de Juristas, destinado a tratar de dados pessoais, segurança pública e investigação criminal.

A comissão, que foi guiada pelo Ministro Nefi Cordeiro, destacou a importância da utilização da tecnologia como elemento fundamental no campo da persecução criminal e do processo penal, mas também

---

25 BRASIL. Lei nº 12.965, de 23 de abril de 2014. Estabelece princípios, garantias, direitos e deveres para o uso da Internet no Brasil. Disponível em: http://www.planalto.gov.br/ccivil_03/_ato2011-2014/2014/lei/l12965.htm.

26 BRASIL. Lei nº 13.964, de 24 de dezembro de 2019. Aperfeiçoa a legislação penal e processual penal. Disponível em: http://www.planalto.gov.br/ccivil_03/_ato2019-2022/2019/lei/L13964.htm.

27 O art. 4º traz em seu §1º que o tratamento de dados pessoais relativos à segurança pública; defesa nacional; segurança do Estado; ou atividades de investigação e repressão de infrações penais, será regido por legislação específica, que deverá prever medidas proporcionais e estritamente necessárias ao atendimento do interesse público, observados o devido processo legal, os princípios gerais de proteção e os direitos do titular previstos nesta Lei.

defendeu a necessidade da criação de um núcleo básico de privacidade para estabelecer a proteção mínima aos cidadãos e, ao mesmo tempo, poder conduzir processos penais eficazes para atingir seu objetivo de proteger as vítimas e a sociedade, além de apontar a cooperação internacional e os mecanismos de prova.[28]

No evento, mostrou-se imperioso que a criação deste núcleo respeite os limites que permitam a atuação do Estado na segurança pública; defesa nacional; segurança do Estado; ou atividades de investigação e repressão de infrações penais, mas que, ao mesmo tempo, separe aquelas que violem os direitos e garantias fundamentais do cidadão.

Destacou o Ministro Ney Bello,[29] vice-presidente da comissão, que a tecnologia faz parte da descoberta da verdade processual, mas que deve se observar a invasão de espaços e inconsequentemente alguma restrição de direitos fundamentais, em especial da liberdade e privacidade.

Deste modo, tem-se que a utilização dos dados pessoais é elementar para uma eficaz persecução penal e políticas de segurança púbica.

5 A proteção dos dados pessoais à luz dos princípios constitucionais penais

Em que pese o legislador brasileiro não ter tratado da tutela penal na proteção contra o tratamento nocivo dos dados pessoais, a discussão sobre este tema também se mostra indivisível ao assunto proteção de dados.

Adentrando na seara dos princípios constitucionais penais, buscar-se-á tratar a respeito da importância da tutela penal para salvaguardar os interesses dos cidadãos, bem como a importância que o tema vem carregando no Direito Comparado.

É certo que o Direito Penal é a *ultima ratio*, isto é, apenas deverá recorrer à norma penal quando as demais propostas apresentadas pelo Direito não forem suficientes para o controle de uma conduta socialmente elencada como reprovável.[30]

---

[28] Disponível em: https://feed.itsrio.org/caminhos-para-a-prote%C3%A7%C3%A3o-de-dados-pessoais-na-seguran%C3%A7a-p%C3%BAblica-e-investiga%C3%A7%C3%A3o-criminal-li%C3%A7%C3%B5es-do-59502705263. Acesso em: 2 nov. 2020.

[29] *Idem.*

[30] FAVORETTO, Affonso Celso. *Princípios Constitucionais Penais*. São Paulo: Revista dos Tribunais, 2012.

A criminalização de uma conduta é uma medida extrema. Trata-se de uma medida impositiva e agressiva por natureza, a qual pode implicar a restrição de um dos principais direitos de qualquer ser humano: sua liberdade.

O Direito Penal está aquém da mera satisfação de interesses individuais. Sua natureza e objetivos vão além dos interesses meramente privados, de modo a regular suas obrigações. Pelo contrário. O plano criminal proíbe comportamentos sob a ameaça da imposição de penas.

Sendo assim, a escolha e a delimitação de quais condutas serão ou não compreendidas como crimes, bem como a sua correspondente sanção penal por descumprimento, não devem ser permeadas por um simples arbítrio da autoridade que representa a Administração Pública. Sua aplicação deve guardar sintonia com o ordenamento jurídico e com as disposições constitucionais.[31]

Fazendo análise da regulamentação do Estado no tratamento de dados pessoais, foi pontuado anteriormente nesta pesquisa que qualquer intervenção no direito de autodeterminação informacional deve ser passiva de um controle formal e outro material.

Também surge a necessidade de se ter uma norma protetora que imponha medidas mais severas ao indivíduo que viole o tratamento dos dados.

Deste modo, se reconhece a sensibilidade dos dados pessoais, tanto como tutela direta da norma (na regulação da LGPD) quanto no dever do Estado de proteção dos dados pessoais, sob a perspectiva de tutela indireta (sendo aquela oriunda de uma atividade desenvolvida pelo Estado).

Sendo assim, cabe ao legislador, além de regulamentar por lei específica as diretrizes para o Estado percorrer durante a investigação criminal, também tipificar aquelas condutas que exceda os problemas do dia a dia, como invasão de propriedade, intimidade, abusos na relação de consumo, ações de concorrência desleal e outras práticas consideradas abusivas.

6 Os modelos de proteção de dados

Ryan Moshell[32] leciona sobre a existência de quatro modelos para a regulamentação da proteção de dados pessoais. O autor conceitua

---

31 PACELLI, Eugênio; CALLEGARI, André. *Manual de Direito Penal*: Parte Geral. 4. ed. São Paulo: Atlas, 2018, p. 20-21.

32 MOSHELL, Ryan. And there was one: the outlook for a self-regulatory United States amidst a global trend toward comprehensive data protection. *Texas Tech Law Review*, v. 37, 2005.

como sendo o modelo compreensivo aquele que estabelece leis gerais de proteção aos dados pessoais, aplicáveis aos setores privado e público; o modelo setorial tem por alvo setores específicos que demonstraram ser lesivos à privacidade do cidadão; o modelo de autorregulação prevê o estabelecimento de condutas e fiscalização mútuas pelas empresas e indústrias e, por fim, o modelo de uso de tecnologias para proteção da privacidade pelo próprio indivíduo permite ao cidadão gerenciar a cessão e distribuição de seus próprios dados pessoais.

Adiante, buscar-se-á uma análise da proteção de dados em alguns países em que a matéria já se encontra consolidada e será feito um breve comparativo com o Brasil.

Entretanto, conforme abordado no tópico anterior, parece razoável e necessária a intervenção de uma norma que assegure ao proprietário dos dados que aquele que coletar, armazenar, usar ou compartilhar as informações só o faça após observar os requisitos formais e materiais, sob pena de sofrer a sanção do Estado.

O controle formal corresponde à vinculação objetiva da norma à legalidade. Neste caso, cabe à lei estabelecer os limites para o tratamento dos dados, como também indicar ao próprio Poder Judiciário quais serão as diretrizes a serem tomadas, com os dados, a partir de sua coleta.

Já o controle material está relacionado à própria finalidade a qual ocorreu o tratamento dos dados. Em outras palavras, deve o operador se vincular ao objetivo ao qual o dado foi coletado, jamais podendo, assim, utilizá-lo para qualquer outro fim que seja sem expressa autorização do proprietário dos dados.

7 A proteção de dados no Direito Comparado

Diante da recente promulgação da LGPD no Estado Brasileiro, mostra-se necessário fazer uma imersão no Direito Comparado, buscando expor o modelo utilizado em outros países, assim como identificar se outros países já possuem regulamentação relacionada à segurança pública e investigação criminal.

7.1 A proteção de dados da União Europeia

A proteção de dados no Direito europeu não é nenhuma novidade. Julia Fromholz nos traz que na União Europeia todos os estados-membros foram impulsionados a regular o uso de dados pessoais de forma exaustiva.[33]

---

[33] FROMHOLZ, Julia M. The European Union data privacy directive. *Berkeley Technology Law Journal*, v. 15, p. 461, 2000.

Desde a década de 80, a Alemanha dispunha de elemento normativo acerca da proteção dos dados individuais. Sequencialmente, surgiram novas leis de proteção do uso ilícito de dados pessoais na Suécia, Dinamarca França.

Espanha e Portugal foram ainda além, uma vez que estabeleceram dispositivos constitucionais relativos à proteção de dados pessoais. A Espanha regulamentou em sua Carta Magna a proteção da privacidade contra invasões da atividade informática. Já a Constituição Portuguesa contemplou a previsão do direito do cidadão de conhecer o que é feito com seus dados e que esses dados sejam utilizados de acordo com a finalidade para a qual foram recolhidos e, ainda, de retificá-los em caso de erro, ou ainda de atualizá-los.

Hoje, podemos afirmar que a Europa possui um dos principais e mais completos conjuntos de leis sobre a proteção de dados pessoais. A Diretiva nº 95/46/EC, relativa à proteção das pessoas singulares no que diz respeito ao tratamento de dados pessoais e à livre circulação desses dados, estabeleceu no âmbito da União Europeia que os tratamentos de dados devem respeitar as liberdades e os direitos fundamentais.

A Diretiva, ao considerar que a integração econômica e social provocaria um aumento sensível dos fluxos transfronteiras de dados pessoais entre todos os intervenientes, privados ou públicos, cuidou de atribuir tanto ao público quanto ao privado atribuições relativas a sua proteção.

A lei que trata do uso de dados pessoais para fins de segurança pública e investigação criminal na União Europeia é a *Data Protection Law Enforcement Directive* de 2016.[34]Tal lei se refere à proteção das pessoas singulares no que diz respeito ao tratamento de dados pessoais pelas autoridades competentes para efeitos de prevenção, investigação, detecção ou repressão de infrações penais ou execução de sanções penais, e à livre circulação desses dados.

Ela tem teor similar ao da GDPR, no que se refere a objetivos e princípios, contudo, sua finalidade é o tratamento de dados pessoais para fins de prevenir, investigar ou julgar crimes ou aplicar sanções criminais, o livre fluxo de dados e proteção contra ataques à segurança pública, atingindo tanto o privado quanto o Poder Público. Nesta toada, pode-se afirmar que a União Europeia adotou a regulamentação compreensiva.

---

[34] Diretiva (UE) 2016/680. Disponível em: https://eur-lex.europa.eu/legal-content/PT/TXT/HTML/?uri=CELEX:32016L0680&from=EN. Acesso em: 2 nov. 2020.

Ainda é possível afirmar que a Lei nº 13.709/2018 (Lei Geral de Proteção de Dados Brasileira) claramente se baseou no Regulamento nº 627/2016 da UE, com diversos artigos que apresentam redação muito próxima à do referido regulamento. Alguns pontos importantes da lei brasileira aparentam estar mais simplificados do que a estrangeira, sendo inclusive visível o menor número de artigos.

7.2 A proteção de dados no Direito norte-americano

Nos Estados Unidos, por seu turno, o direito à privacidade não está explicitamente previsto na Constituição, mas existem várias legislações estaduais com esse objetivo, além de haver forte controle jurisprudencial acerca do tema.[35]

Assim, optou-se por dar um tratamento setorial à matéria, com a elaboração de leis setoriais que estipulam a proteção e o uso de dados pessoais, dados médicos ou de saúde, dados financeiros, dados pessoais inseridos em comunicações eletrônicas e outros departamentos específicos de crianças e jovens.[36]

Também se permitiu que empresas e associações utilizassem a autorregulação, com exceção de um pequeno número de normas estritamente concebidas para determinados setores da indústria.

Pode-se dizer que os Estados Unidos da América adotaram um modelo híbrido, que possui um aspecto setorial e outro autorregulatório.

8 Os limites do Estado na utilização dos dados pessoais para investigação criminal e políticas de segurança pública

De modo a evitar situações em que se diga que "os fins justificam os meios" e assegurar que não ocorrerão abusos por parte do Estado durante a persecução ou execução penal, e nas políticas de segurança pública, é imperioso que sejam impostos ao Estado limites quanto ao tratamento dos dados pessoais.

A doutrina e a jurisprudência pátria têm sinalizado quanto aos limites do Estado na manipulação dos dados pessoais para fins de investigação criminal.

---

[35] GUIDI, G. B. C. Modelos Regulatórios para Proteção de Dados Pessoais. *In:* BRANCO, Sérgio; TEFFÉ, Chiara de (Org.). *Privacidade em Perspectivas.* 1. ed. Rio de Janeiro: Lumen Juris, 2018, v. , p. 85-109.

[36] *Idem.*

Durante o Seminário Internacional da Comissão de Juristas destinado a tratar sobre dados pessoais, segurança pública e investigação criminal, Luís Greco[37] apontou alguns critérios construídos pela jurisprudência alemã, no que se refere à tutela dos dados pessoais. Em suma, a utilização de dados pessoais comporta requisitos formais que vinculam a legalidade e requisitos substantivos que vinculam a finalidade e a proporcionalidade, pelo que é proibida a construção de dados de personalidade.

No mesmo evento, o Ministro Ney Bello[38] narrou que a "pedra de toque" dessa relação é a proporcionalidade.

O Ministro ainda expôs que os métodos de investigação utilizados e o grau de violação de certas garantias decorrentes devem ser proporcionais aos crimes investigados. Da mesma forma, este método deve ser utilizado de forma eficaz para as investigações, com um limite de tempo e uma cadeia de custódia clara para a guarda de dados.

Corroborando este argumento, Luíza Ribeiro[39] nos ensina que todo elemento normativo que visar regular o tratamento dos dados pessoais deve garantir a transparência determinada em sua própria redação, procurando respeitar as premissas legais e determinando, sempre que necessário, o tratamento de dados pessoais pelo Poder Público, o agente deve informar de maneira clara as hipóteses que irão ocorrer, sempre que possível, em seus sítios eletrônicos, centralizando o tratamento em um encarregado, é a clara aplicação do princípio da transparência.

> O uso compartilhado dos dados fornecidos ao Poder Público ocorrerá unicamente quando obedecer as finalidades específicas, respeitando os princípios elencados anteriormente, como a adequação, a necessidade e a segurança.

Tem-se então que é imperioso que o Estado tenha seus deveres e limites impostos pela lei, no que tange ao tratamento de dados pessoais, seja para fins de operação comum (nas hipóteses já reguladas pela

---

[37] Disponível em: https://feed.itsrio.org/caminhos-para-a-prote%C3%A7%C3%A3o-de-dados-pessoais-na-seguran%C3%A7a-p%C3%BAblica-e-investiga%C3%A7%C3%A3o-criminal-li%C3%A7%C3%B5es-do-595027052636. Acesso em: 2 nov. 2020.

[38] *Idem.*

[39] SOUZA, L. R. M. *Proteção de dados pessoais*: estudo comparado entre o regulamento n. 2016/679 do Parlamento Europeu e o Conselho da União Europeia e o Projeto de Lei brasileiro n. 5.276 de 2016. Brasília: Periódicos IDP, 2017.

LGPD), seja para o controle de seu poder de polícia (investigações criminais e políticas de segurança pública).

9 Conclusão

É certo que a proteção de dados no Brasil ainda é algo embrionário, mas de extrema relevância.

Em um cenário de constante avanço tecnológico e consequentemente um aumento em escala no acesso à informação, a proteção dos dados pessoais se apresenta como fator elementar para garantir a proteção dos direitos fundamentais à privacidade, à intimidade, à proteção de dados pessoais, à dignidade da pessoa humana e à autodeterminação informativa.

De mais a mais, restou evidenciado que os dados pessoais são elementares no contexto de investigação e repressão a infrações penais e políticas de segurança pública, mas que o Estado assume função imperiosa de proteger esses dados, até mesmo quando ele próprio é o operador.

Observou-se que no Direito Comparado existe uma grande atenção do legislador em garantir a proteção dos dados pessoais, inclusive com a tipificação de algumas condutas aos operadores que utilizem indevidamente o tratamento dos dados pessoais.

Também se pode observar que é extremamente necessário que o Estado tenha todos os seus limites impostos na norma, seja ele formal ou material, respeitando os princípios constitucionais e concedendo transparência ao sujeito tutelado pela norma.

Assim sendo, conclui-se que o Brasil deve elaborar normativos específicos para fins de políticas de segurança pública e investigação criminal que garanta ao Estado os instrumentos necessários para uma persecução penal eficiente, mas que também assegure ao tutelado seus direitos e garantias fundamentais.

Referências

ESER, Albin. Medidas nacionais e transnacionais contra a impunidade da criminalidade amparada pelo Estado e de crimes internacionais: conclusões de política jurídica a partir de um projeto comparado sobre a justiça de transição. *In:* AMBOS, Kai; BÖHM, María Laura (Coord.) *Desenvolvimentos atuais das ciências criminais na Alemanha.* 1. ed. Brasília: Gazeta Jurídica, 2013.

FAVORETTO, Affonso Celso. *Princípios Constitucionais Penais*. São Paulo: Revista dos Tribunais, 2012.

FROMHOLZ, Julia M. The European Union data privacy directive. *Berkeley Technology Law Journal*, v. 15, p. 461, 2000.

GUIDI, G. B. C. Modelos Regulatórios para Proteção de Dados Pessoais. *In:* Sérgio BRANCO; Chiara de TEFFÉ (Org.). *Privacidade em Perspectivas*. 1. ed. Rio de Janeiro: Lumen Juris, 2018, p. 85-109.

JAQUES, A. S.; SILVEIRA, V. O. Teledemocracia e cidadania na era das tecnologias: o príncipe eletrônico e o poder de influência das mídias sociais no processo eleitoral. *Revista em Tempo* (online), v. 19, p. 1984, 2020.

LINHARES, S. C. *Confisco de Bens* – uma medida penal com efeitos civis contra a corrupção sistêmica. 1. ed. São Paulo: Revista dos Tribunais, 2016. v. 1.

LINHARES, S. C. *Confisco de Bens* – uma medida penal com efeitos civis contra a corrupção sistêmica. 2. ed. São Paulo: Revista dos Tribunais, 2019.

LINHARES, S. C.; CARDELLI, L. H. O confisco alargado de bens como instrumento frente à criminalidade transnacional. *Revista Jurídica da Procuradoria-Geral do Distrito Federal*, v. 41, p. 121-142, 2016.

MARTINS, Leonardo (Org.). *Cinquenta anos de jurisprudência do Tribunal Constitucional Federal Alemão*. Montevidéu: Fundação Kontad Adenauer, 2005.

MOSHELL, Ryan. And there was one: the outlook for a self-regulatory United States amidst a global trend toward comprehensive data protection. *Texas Tech Law Review*, v. 37, 2005.

PACELLI, Eugênio; CALLEGARI, André. *Manual de Direito Penal*: Parte Geral. 4. ed. São Paulo: Atlas, 2018.

RODRÍGUEZ, Javier Llobet. La corrupción pública como parte de la criminalidad de los poderosos. *Revista Digital de la Maestría en Ciencias Penales*, RDMCP-UCR, n. 6, 2012.

RUARO, R. L.; RODRIGUEZ, Daniel Piñeiro. O Direito à proteção de Dados Pessoais na Sociedade da Informação. *Direito, Estado e Sociedade* (Impresso), v. 36, p. 178-199, 2010.

SALDANHA, Jânia Maria Lopes. Qual direito para os dados pessoais em tempos de Big data? Disponível em: http://justificando.cartacapital.com.br/2015/03/16/qual-direito-para-os-dados-pessoais-em-tempos-de-big-data/. Acesso em: 02 nov. 2020.

SÁNCHEZ RIOS, Rodrigo. Prefácio à obra. *In*: HIDEO HAYASHI, Felipe Eduardo. *Corrupção*: combate transnacional, *compliance* e investigação criminal. Rio de Janeiro: Lumen Juris, 2015.

SANTOS, Pedro Abdanur Mendes dos; SANTOS, Maria Helena Abdanur Mendes dos; CARDELLI, Luiz Henrique. Entre balas perdidas e políticas desorientadas: uma análise crítica acerca das bases da segurança pública no Brasil. *In:* ANJOS, Alexsandro dos; ALTHAUS, Bruno Margraf; COSTA, Igor Sporch da (Org.). *30 anos de Constituição para quem?* 1. ed. Porto Alegre: Editora Fi, 2019, v. , p. 453-473.

SOUZA, L. R. M. *Proteção de dados pessoais*: estudo comparado entre o regulamento n. 2016/679 do Parlamento Europeu e o Conselho da União Europeia e o Projeto de Lei brasileiro n. 5.276 de 2016. Brasília: Periódicos IDP, 2017.

TAVARES, L. A.; ALVAREZ, B. A. Da proteção de dados pessoais: uma análise comparada dos modelos de regulação da Europa, dos Estados Unidos da América e do Brasil. *In*: ONODERA, Marcus Vinicius Kiyoshi; FILIPPO, Thiago Baldani Gomes de (Org.). *Brasil e EUA:* Temas de Direito Comparado. 1. ed. São Paulo: Escola Paulista da Magistratura, 2017, v. , p. 157-205.

SITES CONSULTADOS

BRASIL. Lei nº 12.037, de 1º de outubro de 2009. Dispõe sobre a identificação criminal do civilmente identificado, regulamentando o art. 5º, inciso LVIII, da Constituição Federal. Disponível em: http://www.planalto.gov.br/ccivil_03/_ato2007-2010/2009/lei/l12037.htm.

BRASIL. Lei nº 12.654, de 28 de maio de 2012. Altera as Leis nºs 12.037, de 1º de outubro de 2009, e 7.210, de 11 de julho de 1984 – Lei de Execução Penal, para prever a coleta de perfil genético como forma de identificação criminal, e dá outras providências. Disponível em: http://www.planalto.gov.br/ccivil_03/_ato2011-2014/2012/lei/l12654.htm.

BRASIL. Lei nº 12.965, de 23 de abril de 2014. Estabelece princípios, garantias, direitos e deveres para o uso da Internet no Brasil. Disponível em: http://www.planalto.gov.br/ccivil_03/_ato2011-2014/2014/lei/l12965.htm.

BRASIL. Lei nº 13.964, DE 24 DE DEZEMBRO DE 2019. Aperfeiçoa a legislação penal e processual penal. Disponível em: http://www.planalto.gov.br/ccivil_03/_ato2019-2022/2019/lei/L13964.htm.

Diretiva (UE) 2016/680. Disponível em: https://eur-lex.europa.eu/legal-content/PT/TXT/HTML/?uri=CELEX:32016L0680&from=EN. Acesso em: 2 nov. 2020.

Disponível em: https://feed.itsrio.org/caminhos-para-a-prote%C3%A7%C3%A3o-de-dados-pessoais-na-seguran%C3%A7a-p%C3%BAblica-e-investiga%C3%A7%C3%A3o-criminal-li%C3%A7%C3%B5es-do-595027052636. Acesso em: 20 out. 2020.

Disponível em: https://feed.itsrio.org/caminhos-para-a-prote%C3%A7%C3%A3o-de-dados-pessoais-na-seguran%C3%A7a-p%C3%BAblica-e-investiga%C3%A7%C3%A3o-criminal-li%C3%A7%C3%B5es-do-595027052636. Acesso em: 2 nov. 2020.

Disponível em: https://feed.itsrio.org/caminhos-para-a-prote%C3%A7%C3%A3o-de-dados-pessoais-na-seguran%C3%A7a-p%C3%BAblica-e-investiga%C3%A7%C3%A3o-criminal-li%C3%A7%C3%B5es-do-59502705263. Acesso em: 2 nov. 2020.

Disponível em: https://www.federasul.com.br/wp-content/uploads/2019/01/Comiss%C3%A3o-Especial-da-Lei-Geral-de-Prote%C3%A7%C3%A3o-de-Dados-LGPD-1.pdf. Acesso em: 24 out. 2020.

Disponível em: https://www.youtube.com/watch?v=MtdimWUnUy8. Acesso em: 24 out. 2020.

PENSANDO O DIREITO. Consulta Pública do Anteprojeto de Lei de Proteção de Dados Pessoais. Disponível em: http://pensando.mj.gov.br/dadospessoais/texto-em-debate/anteprojeto-de-lei-para-a-protecao-de-dados-pessoais/. Acesso em: 2 nov. 2020.

Informação bibliográfica deste texto, conforme a NBR 6023:2018 da Associação Brasileira de Normas Técnicas (ABNT):

LINHARES, Sólon Cícero; CARDELLI, Luiz Henrique. A função do Estado na proteção de dados pessoais no contexto de investigação criminal e segurança pública. *In*: PIRONTI, Rodrigo (Coord.). *Lei Geral de Proteção de Dados no setor público*. 2. ed. Belo Horizonte: Fórum, 2024. p. 499-518. ISBN 978-65-5518-731-1.

O TELETRABALHO E O "NOVO NORMAL" NA ADMINISTRAÇÃO PÚBLICA: BALANÇO ENTRE A REDUÇÃO DE CUSTOS E OS RISCOS DE SEGURANÇA DA INFORMAÇÃO

WALTER CUNHA

BRUNO AFFONSO

JULIANA LEGENTIL

1 Introdução

A Lei nº 13.709, de 14 de agosto de 2018, ementada como Lei Geral de Proteção de Dados Pessoais (LGPD), trouxe, em seu artigo 65, cláusula de eficácia temporal. Após intenso debate nas agências discursivas e governamentais sobre as consequências práticas de seu advento no ordenamento jurídico, inclusive com dois incidentes legislativos de prorrogação de prazo,[1] o núcleo sancionador da norma (concentrado nos artigos 52, 53 e 54) passou a viger a partir do dia 1º de agosto de 2020.

Concomitantemente à inaugural produção de efeitos sancionatórios da LGPD, no plano jurídico produziam efeitos o Decreto Legislativo Emergência em Saúde Pública de Importância Nacional (ESPIN) e o Regime Jurídico Emergencial e Transitório das relações jurídicas de Direito Privado (RJET). Na estrutura infralegal e regulamentar, todo um arcabouço temporário foi estruturado para o atendimento às peculiaridades de convivência com uma pandemia, inclusive no tocante ao regime de cumprimento do regime estatutário ou de emprego público.

---

1 Alude-se às Leis nº 13.853, de 8 de julho de 2019, e nº 14.010, de 10 de junho de 2020.

O setor público, no cenário delineado, teve sua força de trabalho deslocada para formas de trabalho remotas, variando em grande amplitude em capacidades institucionais, em parte, determinadas pelas ferramentas de trabalho disponíveis, bem como pela infraestrutura física e tecnológica do trabalhador. Essas condições, se tomadas em conjunto, ajudaram a determinar as respostas organizacionais para este movimento.

Os principais pontos de contato da sociedade com o aparelho do Estado – a educação, a previdência, a segurança pública – passaram a exibir uma nova roupagem, ora eletrônica, ora intermediada por máscaras, distâncias e rotinas antes desconhecidas do cidadão. Mesmo os serviços de saúde, com sua capacidade operacional comprometida, passaram a oferecer serviços em modalidades que prescindem da presença física do médico e do paciente.

A pandemia acelerou a oferta de serviços digitais oferecidos pelo governo federal brasileiro, contabilizando mais de 400 serviços transformados nessa fase e superando a marca de 80 milhões de usuários (GOVERNO DIGITAL, 2020). Contudo, a prerrogativa de acessar os dados a partir de qualquer lugar e a qualquer momento cria desafios à promoção da segurança da informação (FERRAZ, 2019). Diante disso, Ferraz assevera que a autenticação sensível ao contexto é considerada essencial à promoção de efetiva segurança para ambientes pervasivos.

A oportunidade de transformação digital também trouxe à tona um ambiente de maior vulnerabilidade à ação de *hackers*, a exemplo da recorrência do ataque sofrido por uma clínica de psicoterapia na Finlândia (KLEINMAN, Z., 2020), onde dados pessoais dos pacientes e registros das sessões de terapia teriam sido utilizados para chantagear os indivíduos e obter vantagens. De acordo com a *Fortinet Threat Intelligence Insider Latin America, o* crescimento do teletrabalho voltou a despertar o interesse dos cibercriminosos. O mapeamento dos ataques mais recorrentes aponta tentativas repetidas e sistemáticas de adivinhar uma credencial para acessar um sistema. O relatório aponta que esses ataques buscam, por exemplo, quebrar algoritmos de criptografia, obter senhas fracas e senhas de e-mail.

Em discussão anterior, Cunha *et al.* (2020) abordaram duas linhas de atuação institucional. A primeira versava sobre a necessária adaptação de estruturas e processos de trabalho ao manejo e tratamento de dados pessoais protegidos pela LGPD. A segunda relacionava-se com a produção de efeitos concretos da legislação sobre as organizações públicas, independentemente da existência das condições preconizadas pelos autores. O presente artigo não concorre com o texto anterior, mas busca complementá-lo ao aprofundar a discussão em torno de um ponto crítico: a gestão da segurança da informação.

A adoção massiva e repentina do teletrabalho, a vigência da LGPD e a capacidade de resposta institucional tempestiva potencializaram os desafios no setor público. Ainda que a vulnerabilidade inicial tenha sido eventualmente justificada pela emergência sanitária, a ausência de medidas mitigadoras poderá exacerbar os riscos. Enquanto as organizações buscam identificar e corrigir continuamente as vulnerabilidades existentes, o "usuário oportunista" dedica-se a encontrar uma única vulnerabilidade não corrigida para explorá-la (GOODALL *et al.*, 2009).

Zelar pela segurança da informação não é um dever exclusivo da TI, mas de toda a organização. Os investimentos em tecnologias, embora necessários, podem ser inócuos se os protocolos não forem internalizados pelos trabalhadores. Em última análise, há que se investir inclusive no aculturamento das partes. A flexibilidade e as facilidades têm um custo que precisa ser internalizado pelos atores envolvidos.

No presente artigo, será desenvolvida abordagem de arranjos prospectivos, com lastro na disciplina normativa de gerenciamento de riscos no setor público:[2] como lidar com as incertezas incidentes sobre o dever de cuidado objetivo com os dados pessoais em contexto de teletrabalho no setor público?

Com o objetivo de auxiliar o manejo desse desafio, foi desenvolvida uma ferramenta metodológica que favorece o diagnóstico com base na composição do arranjo vigente a partir de três variáveis-chave: propriedade de equipamentos; disponibilização de conexão; e disponibilização das aplicações. Para cada um dos arranjos, são explicitados os respectivos riscos e as sugestões de atividades de controle.

Além desta breve introdução, este artigo contará com seções que apresentarão a discussão sobre *BYOD* e *BYOD* invertido (2); a análise de arranjos e suas implicações (3) e a conclusão (4).

---

2 Instrução Normativa Conjunta MP/CGU nº 01, de 10 de maio de 2016.

2 Discussão sobre *BYOD* e *BYOD* invertido

O conceito do *BYOD*[3] surge com a explosão do mundo *mobile*: a ideia é dar liberdade ao funcionário para que ele possa usar seus próprios aparelhos e dispositivos para acessar e modificar informações da empresa. Com a comodidade de lidar com computadores ou *smartphones* que lhe convém, o funcionário consegue cuidar de questões importantes de qualquer lugar.

O *BYOD*, pelo qual o servidor podia levar seu equipamento para usar na empresa, não teve a adesão que se esperava pelas corporações por conta dos riscos de segurança concomitante aos problemas de falta padronização.

No teletrabalho sobretudo, diante da implantação forçada pela pandemia, o que se viu foi a rotina e os ativos (processos, aplicativos e/ou equipamentos) da empresa adentrarem a residência do servidor, numa espécie de "*BYOD* invertido", cenários que multiplicam os riscos já elevados do *BYOD* tradicional.

3 Análise de cenários e implicações

Utilizando a técnica de análise prospectiva de cenários consolidada por Michel Godet, é possível projetar as variáveis suscitadas – quais sejam, a propriedade dos meios físicos (*hardware*), provimento de conexão remota e acesso a sistemas – como um recurso útil para lidar com as incertezas relacionadas ao teletrabalho e à força normativa da LGPD.

Para efeito de simplificação da análise focamos apenas no uso de *laptops*, e não em *tablets* e *smartphones*, os quais requerem avaliações e tratamentos específicos. Muito embora, com algum esforço dos interessados, o modelo possa ser adaptável e eles.

3.1 Arranjo A1: equipamentos, conexão e aplicações por conta do trabalhador

O modelo em foco pode ser interessante para organizações que adotam arranjos flexíveis, que não lidem com informações críticas. Nele, a organização se beneficia do baixo custo e da baixa criticidade em casos de indisponibilidade de equipamento ou de acesso pelo trabalhador.

---

[3] Acrônimo que, em inglês, significa "Bring Your Own Device". Em livre tradução para o Português: "traga o seu próprio dispositivo". Disponível em: https://exame.com/tecnologia/voce-sabe-o-que-e-byod/.

Um segundo efeito observado na prática diz respeito a uma ausência de alinhamento, pela assimetria informacional intrínseca à complexa estrutura de composição de custos eventualmente compensados, como, por exemplo, o incremento no consumo de energia elétrica às expensas do agente *versus* a economia com despesas de deslocamento casa-trabalho.

Trata-se de modelagem relativamente comum, que alcança grande parte dos macroprocessos de apoio e alguns finalísticos e de governança dos órgãos e entidades da Administração Pública.

Face à baixa criticidade assumida dos dados manejados nesta modalidade, bem como a concentração da atividade laboral remota em meios de propriedade exclusiva do trabalhador, a exposição de dados é alta.

Como principais eventos de riscos, destaca-se:

a) limitação ou ausência de recursos de segurança;
b) armazenamento local de dados;
c) uso de redes públicas ou privadas sujeitas à interceptação; e
d) Impossibilidade ou acionamento indevido de serviços de suporte e manutenção da organização.

Como medidas preventivas para endereçar os riscos delineados, entende-se necessário um alinhamento prévio com o apetite de riscos da organização, se definido, face à assunção de riscos consciente e deliberada envolvida com a modelagem. Dessa forma, uma ponderação racional entre o risco e o custo do controle envolvido em outros cenários, na forma do artigo 14 da Instrução Normativa Conjunta MP/CGU nº 1, de 10 de maio de 2016, pode revelar tratar-se da que melhor se amolda ao interesse público.

Além disso, esforços relacionados ao treinamento e manualização de melhores práticas em uma cartilha com recomendações relativas ao uso de recursos próprios para fins laborativos podem mitigar eventos de risco relacionados, principalmente, a erros de natureza técnica (tais como armazenamento de arquivos em local inadequado ou agravamento do risco mediante conexão em redes públicas).

Cabe destacar que o monitoramento institucional na máquina de propriedade do usuário pode ser caracterizado pelo abuso de poder ou invasão de privacidade. Mesmo com a coleta formal do consentimento do trabalhador, sendo este o elo mais fraco da relação trabalhista, fica muito difícil saber se ele foi voluntário ou forçado a aceitar esta condição. Em resumo, é melhor evitar esse risco.

Por outro lado, os contratos públicos atuais de suporte (*help desk*) não preveem a permissão para dar suporte em máquinas particulares, o que é mais um limitante na garantia da segurança da informação. E antes de partir para a solução trivial de passar a permitir esse tipo de intervenção na máquina do usuário, caberia uma análise jurídica sobre se é pertinente e, se sim, em quais limites esta ação deve ser permitida, de modo a prevenir eventuais abusos ao se usar o contrato corporativo para a manutenção de máquinas particulares.

Por fim, deve-se destacar que, nada obstante a construção desses esforços mitigadores, face à ocorrência de danos a terceiros, inclusive no concernente à proteção de dados pessoais, não caberá à Administração eximir-se de responsabilidade.

3.2 Arranjo A2: equipamentos e conexão por conta do trabalhador, aplicações por conta do empregador

Cabe destacar, de início, que o cenário ora delineado constitui-se no modelo predominante de organização do teletrabalho nos órgãos e entidades da Administração Pública, diante de dois fatores, quais sejam: (i) adoção em massa de soluções de TIC que envolvem *software-as-a-service* (SaaS), ou seja, licenças múltiplas sincronizáveis; e (ii) aplicações nativas ou com versões *web*, ou seja, acessíveis a partir de qualquer navegador conectado à Internet, inclusive a partir de dispositivos móveis.

De maneira similar ao modelo anterior, por estar estruturado sobre meios de propriedade do agente, a exposição de dados é visualizada como alta, possivelmente mitigada, porém, pela camada de autenticação imposta ao acesso aos sistemas corporativos assim como pela compartimentação do seu uso.

Normalmente o modelo é adotado em organizações com níveis intermediários de maturidade em governança de TIC, de forma que o acesso aos ativos da organização envolve elementos de segurança, como autenticação de duplo fator, política de troca periódica e compulsória de senhas e monitoramento mediante trilhas de auditoria, inclusive para detecção e evidenciação de eventual acesso imotivado.

Em virtude de o acesso aos sistemas da organização oferecerem camadas adicionais de proteção em relação ao primeiro modelo, entende-se que o risco de exposição de dados aqui se apresenta em grau médio. É dizer, o agente interage com os recursos da organização de acordo com políticas e normas aplicáveis no ambiente laboral presencial.

Dessa forma, os eventos de risco concentram-se nas fontes e vulnerabilidades relacionadas com a propriedade do equipamento e a qualidade e segurança da conexão:

a) Perda de dados
b) Vazamento
c) Captura
d) Acionamento indevido de serviços de suporte e manutenção da organização
e) Baixo nível de monitoramento e supervisão (atrai a *culpa in vigilando*)

Face aos eventos de risco suscitados, algumas atividades de controle podem, à guisa de exemplo, se revelar para o gestor como medidas adequadas de prevenção. Nessa toada, além das já mencionadas iniciativas instrucionais e de manualização das técnicas e procedimentos relativos à utilização e manejo esperados dos recursos da organização, o fornecimento de solução de armazenamento de arquivos em nuvem e, ainda, de licenças para instalação de uma suíte de segurança no equipamento do usuário pode mitigar os riscos de perda, vazamento e captura de dados.

Em uma situação limite, a organização pode oferecer um completo e isolado ambiente virtual que pode ser invocado remotamente a qualquer momento pelo usuário, chamado de VDI[4] (*Infraestrutura de Desktop Virtual*) e assim toda a manipulação de dados institucionais seria feita no ambiente da organização com o mínimo de contaminação com o ambiente particular do usuário.

3.3 Arranjo A3: equipamentos e aplicações por conta do empregador, conexão do trabalhador

Neste arranjo entre as variáveis equipamento, conexão e aplicações, a concentração de meios se desloca para o polo organizacional. Além do domínio sobre o acesso às aplicações corporativas, a organização exerce em sua plenitude o exercício da propriedade sobre o equipamento no qual as atividades do agente serão desenvolvidas.

---

[4] Define-se infraestrutura de *desktop* virtual (VDI) como a hospedagem de ambientes de *desktop* em um servidor central. É uma forma de virtualização de *desktop*, uma vez que as imagens do *desktop* específico são executadas em máquinas virtuais (VMs) e entregues aos clientes finais por rede. Esses *endpoints* podem ser PCs ou outros dispositivos, como *tablets* ou terminais *thin clients*. https://www.citrix.com/pt-br/glossary/vdi.html.

Com isso, há um incremento significativo da supervisão sobre a atividade laboral, sendo possível exigir credenciais para *login*, limitações de uso do equipamento em função de dias e horários, monitoramento do uso, restrição dos aplicativos instalados àqueles previamente homologados pela organização, além de uma maior cobertura normativa.

Se no arranjo anterior apenas durante o acesso a determinado ativo da organização o usuário se sujeitava às normas da organização, neste, em virtude do comodato em que é dado o equipamento, independentemente do dia, do horário ou do uso dado, deve observar e cumpri-las.

Mediante, portanto, a assinatura de termo de responsabilidade ou instrumento equivalente que discipline o comodato, o agente passa a custodiar o equipamento, podendo utilizá-lo em sua residência, por meio de uma conexão particular o ainda, em estabelecimentos que ofereçam redes públicas, como *cybercafes* e espaços de *coworking*, por exemplo.

Sua adoção é frequente em organizações com nível de maturidade desenvolvido em governança de tecnologia da informação e comunicação, a partir da leitura de que a organização é capaz de direcionar e supervisionar adequadamente o uso do equipamento cedido, tornando o seu uso em ambiente externo muito próximo do que seria empregado no ambiente da própria organização.

Neste arranjo, os principais eventos de risco envolvem, por um lado, as fragilidades da conexão do usuário e, por outro, aqueles decorrentes do desvio de finalidade do comodato, mediante o uso do equipamento para fins que não guardem relação com objetivos institucionais, pelo usuário ou por terceiros.

Para a primeira categoria de riscos, é possível definir medidas mitigadoras como a disponibilização de conexão VPN e/ou vedação do uso de redes públicas para acesso a aplicações críticas, além daquelas já mencionadas (rotação obrigatória de senha, duplo fator de autenticação, dentre outras).

Quanto aos riscos para a integridade, deve-se instituir regramento específico que envolva restrição do uso do equipamento à finalidade institucional, instrumento de concordância formal do usuário de que o uso será monitorado pela organização e, no plano da atenuação, medidas de responsabilização em caso de uso indevido do equipamento.

3.4 Arranjo A4: equipamentos, aplicações e conexão por conta do empregador

Caracteriza-se o arranjo pela total concentração de meios e ativos no polo organizacional. O usuário, na acepção mais literal da expressão, apenas se serve dos recursos que lhe são fornecidos, quer seja por razões de ordem subjetiva – tratando-se, por exemplo, de autoridade cujas comunicações, mesmo as de natureza pessoal, devam ser protegidas – ou objetiva, quando, em função da matéria tratada, seja conveniente e oportuno que a organização se aproprie integralmente dos meios e dê garantia razoável de segurança a todos os aspectos da comunicação sobre o tema.

Trata-se de um arranjo de frequência atípica, cabível quando a criticidade dos eventos de risco objetivos e/ou subjetivos justifica o investimento relacionado, diante do custo de manutenção do arranjo elevado para a organização. Neste arranjo, a exposição de dados é residual, posto que todos os seus aspectos estejam sob controle da organização, a quem compete zelar pela sua custódia.

No arranjo em foco, em virtude do dever de cuidado objetivo exercido pela organização sobre os meios, tornando, assim, indiferente a ocorrência de teletrabalho, os eventos de risco relativos ao uso estão circunscritos à conduta do usuário, ou seja, questões afetas à integridade. As medidas mitigadoras decorrem do próprio regramento, por vezes na forma do espraiamento de um conceito principiológico – como a moralidade administrativa – no plano factual.

Uma alternativa ao fornecimento de conexão de Internet na residência do usuário seria a oferta de escritórios satélites, dedicados ou compartilhados com outros entes públicos, distribuídos em áreas com alta densidade de trabalhadores da organização. Além de mitigar o risco de interpretação de fornecimento de benefício indevido, tal configuração facilitaria a gestão da segurança da informação, bem como traria benefícios colaterais como a facilitação da garantia de mobiliários ergonômicos e a diminuição do isolamento social.

Tal medida já foi implementada em outros países, a exemplo da Coreia do Sul, que disponibilizou *Smart Work Centers* (*SWCs*), e da Austrália, que denominou os espaços de *Smart Work Hubs (SWHs)*. Nesta última experiência, os benefícios percebidos por servidores e gestores públicos, detectados a partir de um estudo longitudinal, incluíram maior produtividade; tráfego e tempos de deslocamento do trabalhador reduzidos; apoio às economias locais e melhor equilíbrio entre vida profissional e pessoal (HOUGHTON *et al.*, 2018).

4 Conclusão

Como limitações inerentes ao trabalho, destaca-se a abordagem de cenários comuns – tipos ideais – de conformação entre as três variáveis trabalhadas de forma sumária, já que a realidade das organizações pode apresentar diversas variações em intensidade de instrumentos e formas e foco apenas em riscos relacionados à segurança de dados em contexto de teletrabalho, não sendo abordados riscos relacionados à conformidade com a legislação trabalhista, fiscal e administrativa, por exemplo.

Da análise dos arranjos, alguns *insights* podem ser suscitados:

(a) A economia financeira atingida – oriunda do compartilhamento entre empregador e trabalhador quanto ao fornecimento de infraestrutura – é normalmente acompanhada de um aumento do nível de exposição dos dados;

(b) Quanto maior a carga da infraestrutura sob a responsabilidade do trabalhador, maior a necessidade de orientação (cartilha), uma vez que, na provável ausência de automação das ações de segurança da informação, a cultura e a disciplina humana são fundamentais para a mitigação dos riscos aos dados;

(c) À medida que os cenários avançam no sentido de um maior fornecimento de infraestrutura por parte do empregador, é esperada uma mitigação do risco operacional de segurança da informação. Contudo, não se deve descuidar nunca do fator humano na equação, especialmente no tocante a riscos para a integridade.

Como desfecho, alude-se ao esforço em curso pelos autores no desenvolvimento de um protocolo de análise de riscos de segurança da informação incidentes sobre a atividade laboral desenvolvida a distância, com o objetivo de apoiar o processo decisório relativo ao teletrabalho, levando em consideração os quatro arranjos aqui delineados em função das variáveis equipamento, conexão e aplicações.

Referências

BRASIL. Instrução Normativa Conjunta MP/CGU nº 1, de 10 de maio de 2016. Dispõe sobre controles internos, gestão de riscos e governança no âmbito do Poder Executivo federal. Diário Oficial da União, Brasília. Recuperado em 6 de julho de 2020. Disponível em: https://repositorio.cgu.gov.br/bitstream/1/33947/5/Instrucao%20Normativa%20Conjunta%20MP-CGU%2001-2016.pdf.

CASTRO, Rodrigo Pironti Aguirre de; CUNHA, Walter Luis Araujo da; CAMARÃO, Tatiana. Plano de intensificação do teletrabalho nos órgãos e entidades públicas. *Fórum Administrativo – FA*, Belo Horizonte, ano 20, n. 233, p. 35-42, jul. 2020.

CUNHA, Walter; AFFONSO, Bruno; LEGENTIL, Juliana. Implantação da LGPD no setor público: gerenciando riscos iminentes. *In*: PIRONTI, Rodrigo (Coord.). *Lei Geral de Proteção de Dados*: estudos sobre um novo cenário de Governança Corporativa. Belo Horizonte: Fórum, 2020. p. 157-165. ISBN 978-65-5518-043-5.

DA SILVA MANOEL, Sergio. *Governança de segurança da informação*: como criar oportunidades para o seu negócio. Rio de Janeiro: Brasport, 2014.

EOM, Seok-Jin; CHOI, Nakbum; SUNG, Wookjoon. The use of smart work in government: Empirical analysis of Korean experiences. *Government Information Quarterly*, v. 33, n. 3, p. 562-571, 2016.

FERRAZ, Claudio Augusto Novais. Gestão de riscos em computação em nuvem para a Gestão de Identidade e Acessos aplicada ao Sistema Decom Digital do Ministério da Economia. (Dissertação de Mestrado, Universidade de Brasília, Brasília-DF, Brasil). 2019. Disponível em: https://repositorio.unb.br/handle/10482/37502.

FORTINET THREAT INTELLIGENCE INSIDER LATIN AMERICA. Disponível em: https://www.fortinetthreatinsiderlat.com/en/current/landing.

GOODALL, John R.; LUTTERS, Wayne G.; KOMLODI, Anita. Developing expertise for network intrusion detection. *Information Technology & People*, 2009.

GOVERNO DIGITAL (2020). Mais de 80 milhões de pessoas são usuárias do gov.br. Disponível em: https://www.gov.br/economia/pt-br/assuntos/noticias/2020/outubro/mais-de-80-milhoes-de-pessoas-sao-usuarias-do-gov.br.

HOUGHTON, Kirralie Rochelle; FOTH, Marcus; OUÇA, Greg. Working from the Other Office: Trialling Co-Working Spaces for Public Servants. *Australian Journal of Public Administration*, v. 77, n. 4, p. 757-778, 2018.

KLEINMAN, Zoe. O pesadelo dos pacientes chantageados após vazamento das sessões de terapia. *BBC News*, 2020. Disponível em: https://www.bbc.com/portuguese/geral-54698957.

Informação bibliográfica deste texto, conforme a NBR 6023:2018 da Associação Brasileira de Normas Técnicas (ABNT):

CUNHA, Walter; AFFONSO, Bruno; LEGENTIL, Juliana. O teletrabalho e o "novo normal" na Administração Pública: balanço entre a redução de custos e os riscos de segurança da informação. *In*: PIRONTI, Rodrigo (Coord.). *Lei Geral de Proteção de Dados no setor público*. 2. ed. Belo Horizonte: Fórum, 2024. p. 521-529. ISBN 978-65-5518-731-1.

Ana Paula de Campos Serratto
Graduada em Direito pela PUCPR. Especialista em Direito Civil e Empresarial pela PUCPR. Pós-graduanda em *Compliance* e Direito Digital pela UNISOCIESC. Graduanda em Gestão da Tecnologia da Informação pela PUCPR. Advogada e Gerente de Inteligência Corporativa na BS Forensic & Security Services.

André Luiz Bäuml Tesser
Advogado, professor universitário de graduação e de pós-graduação. Mestre e Doutor em Direito pelo programa de pós-graduação em Direito da UFPR. Diretor Jurídico da Companhia de Tecnologia da Informação e Comunicação do Paraná (CELEPAR).

Augusto Neves Dal Pozzo
Professor de Direito Administrativo e Fundamentos de Direito Público da Faculdade de Direito da Pontifícia Universidade Católica de São Paulo (PUC-SP). Professor do curso de especialização em Direito Administrativo da PUC-SP. Doutor e Mestre em Direito Administrativo pela PUC-SP. Especialista em Direito do Estado pela PUC-SP. Professor convidado do Grupo de Investigación de Derecho Público Global de La Universidade da Coruña (España) como parte do cadastro permanente do Curso Euro-Brasileño de Contratación Pública. Professor do corpo docente do MBA de Parcerias Público-Privadas e Concessões da FESPSP e London School of Economics and Political Science (LSE). *Executive Education* em Infrastructure in a Market Economy e Public Private Partnerships for Infrastructure pela Harvard Kennedy School. *Corporate Governance* e *Management Program for Lawyers* pela Yale School of Management. Membro fundador e Presidente do Instituto Brasileiro de Estudos Jurídicos da Infraestrutura (IBEJI). Membro do Comité de Coordinadores Nacionales da Red Iberoamericana de Contratación Pública. Coordenador da Revista de Direito Administrativo e Infraestrutura (RDAI). Coordenador da Revista Brasileira de Infraestrutura (RBINF). Diretor da Revista Internacional de Direito Público (RIDP). Diretor do Instituto de Direito Administrativo Paulista (IDAP). Membro da Comissão Especial de Direito da Infraestrutura do Conselho Federal da Ordem dos Advogados do Brasil. Membro Benemérito do Instituto Amazonense de Direito Administrativo (IADA). Membro da Asociación Argentina de Derecho Administrativo (AADA). Membro da American Bar Association (ABA). Membro da International Bar Association (IBA). Membro do Instituto de Advogados de São Paulo (IASP). Membro do Foro Iberoamericano de Derecho Administrativo (FIDA). Associado honorário do Instituto Brasileiro de Direito e Ética Empresarial (IBDEE). Sócio-fundador do Dal Pozzo Advogados. Advogado e parecerista.

Beatriz Faria de Almeida Loureiro
Psicóloga, letróloga e auditora interna da CGE-MG, atualmente ocupando o cargo de Diretora de Transparência Passiva.

Bruna Toledo Piza Magacho
Mestranda em Direito e Políticas Públicas (UFG), especialista em *Compliance*, em Direito e Processo do Trabalho (PUC-GO) e LLM em Direito Empresarial (FGV).

Bruno Affonso
Mestre e especialista em Administração Pública pela Universidade Federal Fluminense. Auditor interno governamental. Editor do Ementário de Gestão Pública.

Caio Mário Lana Cavalcanti
Especialista em Direito Administrativo e em Direito Processual pela Pontifícia Universidade Católica de Minas Gerais (PUC Minas). Especialista em Direito Tributário pela Universidade Cândido Mendes (UCAM). Especialista em Advocacia Pública pelo Instituto para o Desenvolvimento Democrático (IDDE), conjuntamente com a Faculdade de Direito da Universidade de Coimbra e com a Faculdade Arnaldo. Especialista em Direito Administrativo, em Direito Público, em Direito Processual, em Direito Constitucional e em Direito Penal e Processual Penal pela Faculdade de Estudos Administrativos de Minas Gerais (FEAD-MG).

Christian Bachmann
Engenheiro de computação, com especialização em redes e segurança de sistemas. Possui mais de 15 anos em investigação forense com ênfase na área computacional, tendo atuado como diretor de computação forense na Kroll Brasil. Atualmente é diretor na BS Forensic & Security Services. Foi nomeado perito por juiz federal em casos ligados à área tecnológica e atuou como assistente técnico para grandes empresas. Em sua carreira realizou investigações em empresas líderes de mercado, analisando fraudes, vazamentos de informações e acesso indevido. Também realizou trabalhos de avaliação de riscos de dados pessoais e de segurança da informação. Possui certificação em Análise Forense Computacional, Eng. de Redes Linux (Prometric), Examinador AcessData (FTK, FTK Imager, Password Recovery Toolkit, Registry Viewer). É professor de pós-graduação no curso de Cyber Security na Pontifícia Universidade Católica do Paraná, onde ministra a disciplina de Investigação Forense Computacional. Recebeu o troféu Fellow of Privacy Tecnology da empresa OneTrust pelo reconhecimento do trabalho, experiência e conhecimento na área de Privacidade de Dados.

Christianne de Carvalho Stroppa
Doutora e Mestra em Direito pela Pontifícia Universidade Católica de São Paulo. Graduada em Direito pelo Centro Universitário Eurípedes Soares da Rocha de Marília (1990). Assessora de Controle Externo no Tribunal de Contas

do Município de São Paulo. Ex-assessora jurídica na Secretaria da Saúde do Município de São Paulo. Ex-Procuradora da Universidade de São Paulo. Atualmente é professora de Direito Administrativo da Pontifícia Universidade Católica de São Paulo. Membro associado do Instituto Brasileiro de Direito Administrativo (IBDA), do Instituto de Direito Administrativo Paulista (IDAP), do Instituto dos Advogados de São Paulo (IASP) e do Instituto de Direito Administrativo Sancionador Brasileiro (IDASAN). É sócia do escritório Carvalho Stroppa Sociedade de Advogados.

Cristiana Fortini
Doutora em Direito Administrativo pela UFMG. Professora da UFMG e da Faculdade Milton Campos. Vice-Presidente do IBDA. Diretora Regional (MG) do IBEJI. Professora visitante da Universidade de Pisa (Itália). *Visiting Scholar* na George Washington University (EUA). Especialista em Mediação, Conciliação e Arbitragem pelo Instituto para o Desenvolvimento Democrático (IDDE).

Daiesse Quênia Jaala Santos Bomfim
Auditora de Controle Externo no Tribunal de Contas do Município de São Paulo. Advogada. Graduação em Direito pela Universidade Federal da Bahia. Especialista em Direito do Estado e mestranda em Direito Público pela Universidade Nove de Julho.

Danielle Santi
Advogada. Mestranda na Universidade de Lisboa em Direito Penal e Ciências Criminais. Bacharel em Direito pela Universidade Positivo. Cofundadora do Grupo de Pesquisa Avançada em Direito Empresarial Econômico da Universidade Positivo. Anteriormente, advogou por dois anos na área de Direito Empresarial Tributário. Estagiou na Vara da Fazenda Pública do Estado do Paraná e no Juizado Especial Cível de Curitiba.

Davidson Lopes Sousa de Brito
Advogado, especialista com atuação na área de Licitações Públicas e Contratos Administrativos. Pós-graduando em Licitações Públicas e Contratos Administrativos. Sócio diretor da Alcance Consultoria e treinamentos.

Denise de Souza Luiz Francoski
Desembargadora do Tribunal de Justiça de Santa Catarina, coordenadora do Comitê Gestor de Proteção de Dados Pessoais do TJSC, encarregada pelo Tratamento de Dados do TJSC, membro do Grupo de Trabalho do CNJ destinado à elaboração de estudos e propostas voltadas à adequação dos Tribunais à Lei Geral de Proteção de Dados Pessoais. Mestre em Ciência Jurídica e Política pela UNIVALI, Mestre em Relações Internacionais para o Mercosul pela UNISUL, pós-graduada em Direito Empresarial Europeu pela European University de Lisboa, pós-graduada em Administração Pública e Sociedade pela UDESC, graduada em Direito pela Universidade Federal de Santa Catarina (UFSC), autora das obras: Integração Jurídico-Social do Mercosul, 1ª ed. Curitiba: Juruá,

2002, 214 p., e Evolução do Processo de Integração Social da União Europeia. 1ª ed. Florianópolis: OAB-SC, 1999, v.1. 186 p.

Dixmer Vallini Netto
Master em Informática e Direito pela Universidad Complutense de Madrid. Pós-graduado em Direito Civil e Direito Processual Civil pela Universidade Cândido Mendes. Advogado.

Eduardo Ramos Caron Tesserolli
Mestre em Direito Administrativo pelo Centro Universitário Internacional UNINTER. Especialista em Direito Administrativo pelo Instituto Bacellar. Bacharel em Direito pelo UNICURITIBA. Professor de Direito Administrativo do UNICURITIBA. Presidente da Associação Paranaense de Direito e Economia (ADEPAR). Advogado.

Felipe Razzini
Graduado em Direito pela PUC-SP. Advogado em Justino de Oliveira Advogados

Fernando Medici Guerra Martins
Mestrando em Direito Político e Econômico pela Universidade Presbiteriana Mackenzie. Advogado e Escritor.

Gabriel Chede
Graduando em Direito pela Universidade Positivo. *Trainee* em *Compliance* e Lei Geral de Proteção de Dados no escritório Pironti Advogados.

Giovanna Trad
Advogada atuante nas áreas do Direito Médico e da Saúde, especialista em Direito Médico, pós-graduada em Direito Processual Civil, Presidente da Comissão de Biodireito da OAB/MS, membro da Comissão de Direito Médico e da Saúde do Conselho Federal da OAB, membro da Comissão de Direito da Saúde da OAB/MS, membro do Comitê Executivo Estadual do Fórum Nacional da Saúde do Conselho Nacional de Justiça.

Greycielle Amaral
MBA em Direito da Economia e da Empresa pela Fundação Getúlio Vargas (FGV). Professora de Prática Jurídica.

Gustavo Justino de Oliveira
Professor Doutor de Direito Administrativo na Faculdade de Direito da USP e no IDP (Brasília). Pós-doutor em Arbitragem Internacional pelo Max-Planck-Institut für ausländisches und internationales Privatrecht (Hamburgo-Alemanha) e em Direito Administrativo pela Faculdade de Direito da Universidade de Coimbra (Portugal). *Visiting Researcher* no Amsterdam Center

for International Law da Universidade de Amsterdam (Holanda). Doutor em Direito do Estado pela Faculdade de Direito da USP. Certificate Program in Global Arbitration Law and Practice: National and Transborder Perspectives – Queen Mary, University of London (Inglaterra). International Arbitration & Mediation Training and Assistance Institute (IATAI), Fordham Law School (New York, USA). Program on Negotiation, Harvard Law School (Boston, USA). Fundador e coordenador do Grupo de Estudos "Arbitragem e Administração Pública" do Comitê Brasileiro de Arbitragem (CBAr) (2012-2016). Associado à Câmara de Comércio Internacional (CCI). Árbitro especializado em Direito Público, atuante na CCI, CAM-CCBC, CAM-BOVESPA, Câmara FGV de Conciliação e Arbitragem, CAMARB, CAESP, CBMAE e CBMA.

Irene Patrícia Diom Nohara
Livre-Docente e Doutora em Direito do Estado pela USP. Professora pesquisadora do Programa de Direito Político e Econômico da Universidade Presbiteriana Mackenzie. Advogada.

Ismar dos Santos Viana
Mestre em Direito. Especialista em Direito Administrativo. Especialista em "Combate à corrupção: prevenção e repressão aos desvios de recursos públicos". Especialista em Direito Educacional. Graduado em Direito. Graduado em Letras (Português/Inglês). Membro-fundador do Grupo de Pesquisa "Constitucionalismo, Cidadania e Concretização de Políticas Públicas" da Universidade Federal de Sergipe. Membro do Instituto de Direito Administrativo Sancionador Brasileiro (IDASAN). Auditor de Controle Externo. Professor da Escola de Contas do Tribunal de Contas do Estado de Sergipe e de pós-graduação da Escola Judicial do Estado de Sergipe. Ex-presidente da Comissão de Direito Administrativo e Controle da Administração Pública da OAB/SE. Advogado. Autor de artigos publicados em revistas e sites jurídicos especializados. Coautor de livros. Articulista. Autor do Livro "Fundamentos do Processo de Controle Externo" (Lumen Juris, 2019).

João Pedro Oliveira Stringheta
Especialista em Direito Público. Assessor jurídico da Diretoria Executiva de Informática do Tribunal de Justiça de Minas Gerais.

José Luiz de Moura Faleiros Júnior
Doutorando em Direito Civil pela Universidade de São Paulo – USP/Largo de São Francisco. Doutorando em Direito, na área de estudo Direito, Tecnologia e Inovação pela Universidade Federal de Minas Gerais – UFMG. Mestre e Bacharel em Direito pela Universidade Federal de Uberlândia – UFU. Especialista em Direito Digital. Especialista em Direito Civil e Empresarial. Associado do Instituto Avançado de Proteção de Dados – IAPD. Membro do Instituto Brasileiro de Estudos de Responsabilidade Civil – IBERC. Advogado e Professor.

Josenir Teixeira
Advogado, mestre em Direito Civil (FADISP), pós-graduado em Direito do Terceiro Setor (FGV/SP), em Direito do Trabalho (CEU Law School/SP), em Direito Empresarial (Universidade Presbiteriana Mackenzie) e em Direito Processual Civil (UNIFMU). Autor dos livros: Aspectos Jurídicos do Prontuário do Paciente; Assuntos Hospitalares na Visão Jurídica; Opiniões; Opiniões 2; Opiniões 3; Opiniões 4; Opiniões 5; O Terceiro Setor em perspectiva: da estrutura à função social. Membro da Comissão de Direito do Terceiro Setor da OAB/SP e da Comissão de Direito Sanitário da OAB/SP. Foi presidente da Comissão de Defesa das Santas Casas e Hospitais Filantrópicos da OAB/SP. É vice-presidente do Instituto Brasileiro de Advogados do Terceiro Setor (IBATS), vice-presidente da Associação Brasileira de Advogados em Saúde (ABRAS) e fundador e diretor da Revista de Direito do Terceiro Setor (RDTS), ed. Fórum. Foi Conselheiro do Conselho Nacional de Assistência Social (CNAS) de 2008 a 2010 e de 2016 a 2018.

Juliana Legentil
Doutoranda e Mestre em Administração pela Universidade de Brasília. Administradora em exercício na Coordenação Geral de Desenvolvimento de Pessoas da Presidência da República. Integra o Grupo de Pesquisa E-trabalho, certificado pelo CNPq, e a rede International Work Transformation Academy (ITA).

Julieta Mendes Lopes Vareschini
Sócia fundadora do Grupo JML Consultoria & Eventos, empresa especializada em Direito Administrativo. Mestre em Direito. Especialista em Direito Ambiental e Gestão Ambiental. Possui graduação em Direito pela Faculdade de Direito de Curitiba. Advogada e consultora na área do Direito Administrativo, com ênfase em Licitações e Contratos Administrativos. Coordenadora técnica da JML Consultoria. Professora da UNIBRASIL. Palestrante na área de Licitações e Contratos perante entidades da Administração Pública e Sistema S, com atuação em todo o território nacional. Autora da obra Licitações e Contratos no Sistema S. 7. ed. Curitiba: JML, 2017 e da obra Discricionariedade Administrativa: uma releitura a partir da constitucionalização do direito. Rio de Janeiro: Lumen Juris, 2014. Organizadora da obra Repercussões da Lei Complementar 123/06 nas Licitações Públicas: de acordo com o Decreto 6.204/07. Curitiba: JML Editora, 2008. Autora de diversos artigos jurídicos, dentre os quais: Gestão Planejada do Sistema de Registro de Preços. *In*: Diálogos de Gestão: novos ângulos e várias perspectivas. Curitiba: JML Editora, 2013.

Luiz Henrique Cardelli
Advogado. Bacharel em Direito pela PUCPR, especialista em Licitações e Contratos pela 5ª Inspetoria de Contabilidade e Finanças do Exército Brasileiro; pós-graduando em Direito Ambiental pela UFPR.

Marcelo Zenkner
Diretor de Governança e Conformidade da Petrobras. Ex-promotor de Justiça do Estado do Espírito Santo. Ex-secretário de controle e transparência do Estado do Espírito Santo, o primeiro estado do Brasil a criar uma estrutura administrativa e a aplicar sanções administrativas com base na Lei Anticorrupção Empresarial; premiado pela Controladoria-Geral da União com o primeiro lugar no cumprimento das regras da Lei de Acesso à Informação (2015) e pelo Ministério Público Federal com o primeiro lugar no *ranking* dos melhores portais de transparência no Brasil (2015). Mestre em Direitos e Garantias Fundamentais pela Faculdade de Direito de Vitória (FDV) e Doutor em Direito Público pela Universidade Nova de Lisboa (Portugal). Professor da Faculdade de Direito de Vitória (FDV) nos cursos de graduação e pós-graduação.

Marcos Ehrhardt Júnior
Advogado. Doutor em Direito pela Universidade Federal de Pernambuco (UFPE). Professor de Direito Civil da Universidade Federal de Alagoas (UFAL) e do Centro Universitário CESMAC. Editor da Revista Fórum de Direito Civil (RFDC). Vice-presidente do Instituto Brasileiro de Direito Civil (IBDCivil). Membro fundador do Instituto Brasileiro de Direito Contratual (IBDCont) e do Instituto Brasileiro de Estudos de Responsabilidade Civil (IBERC). E-mail: contato@marcosehrhardt.com.br.

Marcos Guilherme Rodrigues Mafra
Advogado com certificação profissional de *Compliance* Anticorrupção pela LEC (CPC-A). Pós-graduando em Direito Empresarial e Econômico pela ABDConst. Cursando o MBA em Privacidade e Proteção de Dados (LGPD) pela Polis Civitas/ESMAFE. Bacharel em Direito pela PUCPR e técnico em Informática pela TECPUC-PR Ex-membro do Núcleo de Estudos Avançados em Direito Trabalho e Socioeconomia. Foi *trainee* de *compliance* privado e público por quase dois anos no Escritório Pironti Advogados. Também foi assistente jurídico na área contenciosa de telefonia por mais de dois anos, atuando nos setores de apuração de riscos processuais e obrigações. Anteriormente, atuou como estagiário na área de Direito Bancário.

Marcus Vinícius Reis de Alcântara
Bacharel em Ciências Contábeis pela Universidade Federal de Sergipe (UFS). Pós-graduado em Perícia Contábil pela Fundação Visconde de Cairu/BA. Pós-graduado em Gestão Estratégica de Pessoas pela Faculdade de Negócios de Sergipe (FANESE). Pós-graduado em Licitações e Contratos pela Faculdade Amadeus (FAMA/SE). Servidor do Tribunal Regional do Trabalho da 20ª Região, titular da Secretaria de Controle Interno. Professor do MBA em Licitações e Contratos Administrativos da Faculdade Baiana de Direito/BA.

Mariana Tomasi Keppen
Mestranda em Direito e Economia pela Faculdade de Direito da Universidade de Lisboa (FDUL). Presidente da Comissão de Estudos sobre *Compliance* e

Anticorrupção Empresarial da OAB/PR. Membro consultora da Comissão Especial de Proteção de Dados do Conselho Federal da OAB. Advogada sócia e diretora da área de *Compliance* e Proteção de Dados do escritório Pironti Advogados.

Mário Spinelli
Doutor em Administração Pública e Governo pela Fundação Getulio Vargas – SP. Mestre em Administração Pública pela Fundação João Pinheiro – MG. Ouvidor-Geral, encarregado pelo tratamento de dados pessoais e autoridade de monitoramento da Lei de Acesso à Informação na Petrobras. Professor da Escola de Administração de Empresas de São Paulo da Fundação Getulio Vargas. Professor convidado do curso de pós-graduação em Controle, Detecção e Repressão a Desvios de Recursos Públicos da Universidade Federal de Lavras. Professor convidado do curso de extensão em *Compliance* e do curso de extensão na Nova Lei Geral de Proteção de Dados Pessoais da Pontifícia Universidade Católica – RJ. Foi controlador-geral do Estado de Minas Gerais, controlador-geral do Município de São Paulo, conselheiro do COAF e secretário de Prevenção da Corrupção e Informações Estratégicas da Controladoria-Geral da União.

Maurício Zockun
Professor de Direito Administrativo na PUC-SP. Mestre em Direito Tributário, Doutor e livre-docente em Direito Administrativo pela PUC-SP. Advogado.

Melissa Trento
MBA em *Compliance* e Gestão de Riscos: ênfase em Inovação e Governança (Polis Civitas) e especialista em Direito Administrativo (Unicuritiba).

Mirela Miró Ziliotto
Mestranda em Direito Econômico e Desenvolvimento pela Pontifícia Universidade Católica do Paraná (PUCPR). Especialista em Direito Administrativo pelo Instituto de Direito Romeu Felipe Bacellar. Membro do Núcleo de Pesquisas em Políticas Públicas e Desenvolvimento Humano da PUCPR. Membro da Comissão de Gestão Pública e Controle da Administração da OAB/PR. Advogada.

Natanrry Reis
Advogada atuante em Direito Digital e Proteção de Dados. Membro efetivo do Grupo de Estudos de Proteção de Dados do Instituto Goiano de Direito Digital. Professora.

Nicolle Bleme
Bacharel em Direito, auditora interna da Controladoria Municipal de Contagem-MG, atualmente ocupando o cargo de subcontroladora de transparência e integridade da CGE-MG.

Otavio Venturini

Doutorando e mestre em Direito e Desenvolvimento pela FGV Direito/SP. Professor na graduação da Escola de Negócios Saint Paul e em programas de MBA e pós-graduação em Direito Público, Proteção de Dados e *Compliance* em diversas instituições de ensino e escolas de negócios do país. Liderou programa de *Compliance* no setor publicitário reconhecido pelo selo Pró-Ética (CGU) em 2018-2019. Advogado e consultor jurídico.

Paulo José Ribeiro Alves

Bacharel em Direito pela UNICEUB, mestrando em Ciências Jurídicas (Master of Legal Science) com concentração em Riscos e *Compliance* pela Ambra University (Florida/EUA). Pós-graduado em Direito Administrativo Contemporâneo. Servidor de carreira do Superior Tribunal de Justiça, titular da unidade de Auditoria Operacional e de Governança do Conselho da Justiça Federal, palestrante e instrutor em Gestão Pública, Governança, Gestão de Riscos e Auditoria Governamental.

Rodrigo Fontenelle de A. Miranda

Economista, Mestre em Contabilidade, Auditor Federal de Finanças e Controle da CGU, atualmente ocupando o cargo de Controlador-Geral do Estado de Minas Gerais.

Rodrigo Pironti

Pós-Doutor em Direito pela Universidad Complutense de Madrid. Doutor e Mestre em Direito Econômico pela PUCPR. Advogado e parecerista.

Ronny Charles Lopes de Torres

Advogado da União. Doutorando em Direito do Estado pela UFPE. Mestre em Direito Econômico pela UFPB. Membro da Câmara Nacional de Licitações e Contratos da Consultoria-Geral da União. Autor de diversas obras jurídicas, destacando: Leis de Licitações Públicas comentadas (11ª edição); Direito Administrativo (coautor. 10ª edição); Licitações e Contratos nas Empresas Estatais (coautor. 2ª edição) e Improbidade Administrativa (coautor. 4ª edição), todos pela editora JusPodivm.

Sandro Tomazele

Mestrando em Negócios Internacionais & Marketing pela Université d'Angers, França. Cursando Advanced Project Management pela Positive Business Chair, Université de Paris, França. Pós-graduado em Redes de Computadores, graduado em TI. Professor convidado da Privacy Academy, Recife/PE. Professor convidado do MBA em Privacidade de Dados (LGPD) da faculdade Pólis Civitas, Curitiba/PR. Foi membro dos comitês de governança das corporações e de gestão de riscos corporativos, ambos da Associação Brasileira de Normas Técnicas (ABNT). Articulista de gestão de riscos, conformidade, governança e LGPD do Grupo JML. Coordenador científico em Gestão de Riscos e LGPD da JML.

Com vasta experiência também na iniciativa privada, tendo atuado, por exemplo, na Brasil Telecom (atualmente Oi). É analista judiciário do Tribunal Superior do Trabalho (TST), tendo atuando na Segurança da Informação e na Coordenadoria de Apoio à Governança e Gestão de TIC. Ministra capacitações e atua como consultor e palestrante nas temáticas de Governança, *Compliance*, Gestão de Riscos, Auditoria, Controles Internos, LGPD, tendo atuado ou ministrado cursos para servidores e empregados de órgãos e empresas como ANAC, Senado Federal, Câmara dos Deputados, TSE, TST, TRE-AL, TRE-PE, Codesp, Codevasf, Eletronuclear, nos Tribunais Regionais do Trabalho de Rondônia, Minas Gerais, Alagoas, Paraíba, Mato Grosso do Sul, Sergipe, Goiás, Paraná, no Tribunal de Justiça de Rondônia, para alunos do CSJT, CNMP, STF, Serpro, MPPI, ANEEL, Sescoop, Sebrae, Tribunal de Contas do Paraná e em mais de 50 outras instituições públicas e privadas.

Silvio Guidi
Advogado. Sócio no SPLAW. Mestre em Direito Administrativo pela PUC-SP. Membro do Comitê de Ética e Pesquisa do Instituto Butantan. Membro do Comitê de Saúde do Tribunal de Justiça do Estado de São Paulo. Membro do Fórum Executivo da Saúde do Conselho Nacional de Justiça – CNJ (2010/2012). Presidente da Comissão de Direito à Saúde da OAB/PR (2010/2012). Membro da Comissão de Direito Sanitário da OAB/SP (2019/2021). Membro do Conselho de Saúde do Estado de São Paulo (2022/2023). Membro do Conselho Editorial da *Revista de Direito Administrativo* da Editora Lex Magister. Autor dos livros: *Serviços públicos de saúde* (Quartier, 2019) e *Comentários à Lei Orgânica da Saúde* (Quartier, 2021). Coordenador e coautor do livro *Comentários à Lei Geral de Proteção de Dados sob a perspectiva do direito médico e da saúde* (Foco, 2023). Coordenador dos cursos de *Compliance*, Planos de Saúde, LGDP na Saúde e Diagnóstico e Gerenciamento de Riscos Jurídicos da Organização Nacional de Acreditação em Serviços de Saúde (ONA). Professor dos cursos de Pós-Graduação em Direito Regulatório da Saúde e em Direito Médico de diversas instituições.

Sólon Cícero Linhares
Fundador do Instituto Brasileiro de Prevenção à Lavagem de Dinheiro (IBPLD). Pós-doutor em Direito Penal Econômico pela Universidade de Coimbra/POR, pós-doutor em Direito Penal pela Università degli Studi de Palermo/ITA e pós-doutor em Direito Econômico pela PUCPR, sobre a responsabilidade penal do agente bancário por omissão em comunicações suspeitas de lavagem de dinheiro ao COAF. Integrante da Polícia Federal em Curitiba/PR desde 1999 e professor do curso de Direito na PUCPR.

Tatiana Camarão
Mestra em Direito Administrativo pela Faculdade de Direito da UFMG. Vice-presidente do Instituto Mineiro de Direito Administrativo. Professora.

Walter Cunha

Mestrando em Administração Pública e MBA em Gestão de Projetos pela Fundação Getúlio Vargas (FGV). Engenheiro Eletrônico pelo Instituto Tecnológico de Aeronáutica (ITA). Auditor federal de Finanças e Controle da Controladoria-Geral da União. Professor e palestrante nos temas Teletrabalho, Gestão de Segurança da Informação, Contratações de TIC e Governança Pública.

Esta obra foi composta em fonte Palatino Linotype, corpo 10
e impressa em papel Chambril Avena 70g (miolo) e
Supremo 250g (capa) pela Gráfica Star7.